思政殿訓義

譯註 資治通鑑綱目 15

晉 穆帝 升平 4년~晉 安帝 隆安 2년

編著 朱熹
책임번역 成百曉
공동번역 延錫煥 成昌勳

전통문화연구회

飜譯委員

責任飜譯　成百曉
共同飜譯　延錫煥 成昌勳
企劃編輯　東洋古典飜譯編輯委員會
原文校閱　吳圭根
飜譯硏究管理　南賢熙
潤　　文　南賢熙
校　　訂　李孝宰
出　　版　白俊哲
裝　　幀　김진디자인

圖書管理

弘報管理　李和春
普　　及　徐源英

思政殿訓義 資治通鑑綱目을 발간하며

본회가 東洋古典의 飜譯과 教育, 情報化 등 古典現代化 사업을 시작한 지 어느덧 25년이 지났다. 그간 많은 어려움이 있었으나 1988년 본회가 발족한 뒤 동양고전 번역사업에 착수하여 四書三經을 註까지 懸吐完譯함으로써 東洋學과 韓國學 전공자들의 필독서가 되어 教育界와 文化界까지 많은 영향을 주었다.

본회에서는 四書三經, 十三經 등 儒家의 핵심 경전을 번역하는 동시에 동양고전의 한 축인 歷史 고전에도 눈을 돌려 ≪通鑑節要≫, ≪國語≫, ≪戰國策≫뿐만 아니라, 동양 역사 철학의 진수가 담긴 ≪春秋左氏傳≫을 완역함으로써 東洋學과 韓國學 연구에 礎石과 架橋를 마련하였다. 이러한 성과를 바탕으로 經史一體의 모범인 ≪資治通鑑綱目≫ 완역을 기획하여 번역에 착수하였다.

'經史一體'란 經典과 歷史가 하나라는 동양의 독특한 관념인데, 이는 기록을 통해 인물과 사건을 도덕적으로 평가하는 풍토를 낳았다. 이러한 기록문화의 중시는 다른 문화권에서는 엄두도 못 낼 막대한 역사 기록을 남기게 하는 배경이 되었다. 굳이 중국 역사서를 언급할 것 없이 ≪朝鮮王朝實錄≫, ≪承政院日記≫, ≪日省錄≫ 같은 방대한 우리의 역사문헌은 이를 잘 보여준다. 이러한 우리 선조들의 역사 서술에 큰 영향을 미친 책이 바로 朱熹의 ≪資治通鑑綱目≫이다.

≪資治通鑑綱目≫은 조선시대 經筵에서 가장 많이 읽은 역사서이자 우리나라 역사 서술에 가장 큰 영향을 미쳤다는 점에서 현재 韓國學 研究에 필수적인 동양 역사 고전이라 할 수 있다. 비록 중국의 역사서이지만, 우리 先學들이 중국의 性理學을 독자적으로 계승 발전시킨 것처럼 ≪資治通鑑綱目≫ 역시 우리의 입장에서 보다 정밀하고 종합적으로 읽고자 하였다. 그 결실이 바로 世宗朝 때 간행된 思政殿訓義本 ≪資治通鑑綱目≫이다.

동양의 대표적 역사서는 紀傳體의 ≪史記≫, 編年體의 ≪資治通鑑≫, 綱目體의 ≪資治通鑑綱目≫으로 대변된다. 北宋 때의 司馬光은 帝王이 여가에 친람하여 정치에 도움이 되게 할 목적으로 ≪資治通鑑≫을 편찬하였고, 朱熹는 ≪資治通鑑≫을 바탕으로 이를 압축적으로 정리하여 보다 읽기 쉽게 하면서 유교적 褒貶을 엄정히 내렸다는 점에서, 이 책들은 제왕의 정치교과서 역할을 하였다. 이런 ≪資治通鑑≫과 ≪資治通鑑綱目≫에 대해 조선조 문화군주였던 세종의 주도하에 연구가 진행되었으며, 그 결과물이 바로 思政殿訓義本 ≪資治通鑑≫과 ≪資治通鑑綱目≫이다.

思政殿은 景福宮의 便殿으로, 세종이 이곳에서 당대 뛰어난 문신들을 참여시켜 ≪資治通鑑≫과 ≪資治通鑑綱目≫에 대한 訓義의 편찬을 주도하였다. 訓義는 의미를 해석한다는 뜻으로, 思政殿訓義는 기존 중국에서 이루어진 ≪資治通鑑≫과 ≪資治通鑑綱目≫의 주석을 集大成하고 군주와 신하들이 읽기 쉽도록 우리만의 주석서를 만든 것이다. 중국 이외 나라에서 ≪資治通鑑≫과 ≪資治通鑑綱目≫ 전체에 주석을 단 것은 조선이 처음일 것이다.

현재까지도 ≪資治通鑑≫과 ≪資治通鑑綱目≫을 원전으로 읽기 위해서는 중국의 연구 성과에 의지하여야 했다. 비록 ≪資治通鑑≫은 중국, 일본, 한국에서 번역되었으나 주석까지 완역되지 못하였고, ≪資治通鑑綱目≫도 중국에서 본문만 번역된 상황이다. 이번 우리나라의 독자적인 주석서인 思政殿訓義本 ≪資治通鑑綱目≫의 완역을 통해 기존에 잊혔던 세종 시기의 ≪資治通鑑綱目≫에 대한 연구 성과를 알리는 동시에, 이를 동양학과 한국학 연구에 활용할 수 있는 기반을 마련하고자 한다. 아울러 이를 통해 古典現代化의 水準을 높이고 融合的이고 自生的인 학문연구가 이루어질 수 있기를 바라는 바이다.

끝으로 이번 思政殿訓義本 ≪資治通鑑綱目≫의 번역에 참여하여 헌신하시는 모든 분들께 무한한 감사를 드린다. 또한 고전현대화에 대한 政府의 지대한 關心과 支援에 감사를 드리며, 그간 직간접으로 지도편달하여 주신 학계와 교육계 및 문화계 인사 여러분께 심심한 謝意를 표하며, 앞으로도 따뜻한 관심과 엄정한 叱正을 부탁드리며 내내 평강과 행복을 기원한다.

社團法人 傳統文化研究會 理事長 李啓晃

凡 例

1. 본서는 南宋 때 朱熹가 編著하고, 朝鮮 世宗 때 思政殿에서 訓義한 ≪資治通鑑綱目≫을 번역한 것으로 ≪譯註 思政殿訓義 資治通鑑綱目≫ 제15책이다.
2. 본서의 底本은 서울대학교 규장각 소장본(奎7500, 藍書 口訣)이며, 규장각(奎7512, 朱書 口訣)과 국립중앙도서관(한古朝50-5, 墨書 口訣) 소장본을 참조하였다. 이들은 모두 木版本으로, 大字(綱)는 晉陽大君(世祖)이 써서 鑄造한 丙辰字, 中小字(目, 訓義 등)는 甲寅字로 되어 있다.

   이 밖에도 嚴文儒와 顧宏義가 校點한 ≪資治通鑑綱目≫(≪朱子全書≫ 8~11, 上海古籍出版社・安徽教育出版社, 2002), 文淵閣四庫全書 ≪御批資治通鑑綱目≫, 朝鮮 世宗 때 간행된 思政殿訓義 ≪資治通鑑≫(국립중앙도서관 일산古221-43), 標點資治通鑑小組에서 標點한 ≪資治通鑑≫(中華書局, 1992(제5판)) 등을 참고하였다.
3. 綱과 目의 원문에는 규장각(奎7500, 奎7512)과 국립중앙도서관(한古朝50-5)의 口訣本을 참조하여 懸吐하였고, 訓義는 한국에서 재래로 사용해오던 표점방식을 보완하여 文理의 이해를 돕는 수준에서 간략히 標點하였다.
4. '綱'과 '目'을 구분하기 위해 각각 번역문 앞에 【綱】과 【目】을 표기하였다. 目은 내용이 길 경우 의미 단락별로 分節하였다. 訓義는 저본에 위치하는 곳에 따라 해당 원문에 ①, ②, ③ 등으로 표기하고 綱이나 目 아래에 번역문과 원문을 배치하였다.

예	
【綱】 5월에 황제(晉 穆帝)가 崩하니,…… 五月에 帝崩①하니……	綱
① 〈晉 穆帝가〉 향년이 19세였다. 壽, 十九.	訓義
【目】 황제가 崩하니,……낭야왕으로서 大統을 받들라. 帝崩하니……其以王奉大統①하라	目
① 元帝와 明帝, 成帝는 모두 正統으로 서로 皇位를 전하였고,…… 元帝・明帝・成帝, 皆正統相傳,……	訓義

5. 번역문은 한글과 한자를 혼용하였으며, 맞춤법과 띄어쓰기는 한글 맞춤법과 표준어 규정을 따랐다.
6. 원문이나 번역문의 한자 중에 僻字나 讀音이 특수한 글자는 한글로 音을 달아주었다.
7. 譯註는 校勘, 人物, 制度, 官職, 역사적 사건, 인용문의 出典, 異說, 故事, 전문용어, 難解語 등에 관한 사항을 밝혔다.
8. 校勘은 원문의 誤字, 脫字, 衍文, 倒文 등을 대상으로 하였다.
9. 附錄에 실린 年表는 綱을 중심으로 ① 君王의 즉위와 사망, 年號, 改元 ② 정치, 경제, 사회, 문화의 주요 사건 ③ 주요 인물의 행적과 사망 등을 서술하되, 東洋史 학술 연표들을 참고하였다(參考書目 年表 관련 자료 참조).
10. 본서의 校勘에 사용된 符號는 다음과 같다.
   ( )〔 〕: (저본의 誤字)〔교감한 正字〕
   〔 〕: 저본의 脫字 보충
   ( ): 저본의 衍字 표시
11. 본서에 사용한 주요 부호는 다음과 같다.
   " ": 인용
   ' ': " " 안의 재인용
   「 」: ' ' 안의 재인용
   『 』: 「 」 안의 재인용
   ( ): 원문의 讀音 및 번역문의 間註
   〔 〕: 번역문에서 뜻은 같으나 音이 다른 漢字, 원문의 漢字나 句節 표기
譯註에서 인용한 원문표기
   ≪ ≫: 書名
   〈 〉: 篇章名, 作品名, 補充譯
   【 】: 綱과 目의 표시
   ◑, ○ : 저본에 사용된 부호 遵用
12. 본서 訓義에 사용한 標點은 다음과 같다.
   . : 문장의 종결
   , : 한 문장 안에서 句나 節의 구분이 필요한 곳
   · : 대등한 명사나 구절의 병렬
   " ": 인용
   ' ': " " 안의 재인용
   「 」: ' ' 안의 재인용

參考書目

◇ 底本

- ≪資治通鑑綱目≫, 朱熹(宋) 撰, 思政殿 訓義, 규장각 소장본.(奎7500)

◇ 底本 관련자료

- ≪資治通鑑綱目≫, 朱熹(宋) 撰, 思政殿 訓義, 규장각 소장본.(奎7512)
- ≪資治通鑑綱目≫, 朱熹(宋) 撰, 思政殿 訓義, 국립중앙도서관 소장본.(한古朝50-5)
- ≪資治通鑑綱目≫(≪朱子全書≫ 8~11), 朱熹(宋) 撰, 嚴文儒·顧宏義 校點, 上海古籍出版社·安徽教育出版社, 2002.
- ≪御批資治通鑑綱目≫, 朱熹(宋) 撰, 聖祖(淸) 批, 文淵閣四庫全書 제689~692책 史部447~450, 臺灣商務印書館, 1983~1986.
- ≪資治通鑑≫, 司馬光(北宋) 撰, 思政殿 訓義, 국립중앙도서관 소장본.(일산古221-43)
- ≪資治通鑑≫, 司馬光(北宋) 撰, 胡三省(元) 音註, 中華書局, 1992.(제5판)

◇ 原典 및 字典類

〔經部〕

- ≪論語集註大全≫, 朱熹(宋) 集註, 胡廣(明) 等 編, 朝鮮 內閣本, 影印本, 學民文化社.
- ≪孟子集註大全≫, 朱熹(宋) 集註, 胡廣(明) 等 編, 朝鮮 內閣本, 影印本, 學民文化社.
- ≪書傳大全≫, 蔡沈(宋) 集傳, 胡廣(明) 等 編, 朝鮮 內閣本, 影印本, 學民文化社.
- ≪詩傳大全≫, 朱熹(宋) 集傳, 胡廣(明) 等 編, 朝鮮 內閣本, 影印本, 學民文化社.
- ≪周禮注疏≫, 鄭玄(後漢) 注, 賈公彦(唐) 疏, 阮元(淸) 校刻, 十三經注疏(淸 嘉慶刊本), 中華書局, 1980.
- ≪周易傳義大全≫, 程頤(宋) 傳, 朱熹(宋) 本義, 胡廣(明) 等 編, 朝鮮 內閣本, 影印本, 學民文化社.
- ≪春秋經傳集解≫, 左丘明(周) 傳, 杜預(晉) 註, 林堯叟(宋)·朱申(宋·元) 附註, 朝鮮 金屬活字本(戊申字), 影印本, 保景文化社.
- ≪春秋公羊傳≫, 十三經注疏整理委員會 整理, 北京大學出版社, 2000.
- ≪韓詩外傳≫, 韓嬰(漢) 撰, 文淵閣四庫全書 제89책, 臺灣商務印書館, 1983~1986.

〔史部〕

- ≪史記≫, 司馬遷(漢) 撰, 點校本二十四史修訂本, 中華書局, 2013.
- ≪北史≫, 李延壽(唐) 撰, 中華書局, 1974.
- ≪水經注≫, 酈道元(北魏) 撰, 文淵閣四庫全書 제573책, 臺灣商務印書館, 1983~1986.
- ≪宋書≫, 沈約(南朝 梁) 撰, 點校本二十四史修訂本, 中華書局, 2018.
- ≪隋書≫, 魏徵(唐) 等 撰, 點校本二十四史修訂本, 中華書局, 2018.
- ≪魏書≫, 魏收(北齊) 撰, 點校本二十四史修訂本, 中華書局, 2017.
- ≪晉書≫, 房玄齡(唐) 等 撰, 中華書局, 1974.
- ≪通典≫, 杜佑(唐) 撰, 文淵閣四庫全書 제603~605책 臺灣商務印書館, 1983~1986.
- ≪漢書≫, 班固(後漢) 撰, 中華書局, 2002.
- ≪漢書補註≫, 王先謙(淸) 補注, 王雲五 主編, 臺灣商務印書館, 1968.
- ≪後漢書≫, 范曄(南朝 宋) 撰, 中華書局, 1965.
- ≪後漢書集解≫, 王先謙(淸) 集解, 臺灣商務印書館, 1968.

〔子部〕

- ≪呂氏春秋≫, 呂不韋(秦) 撰, 文淵閣四庫全書 제848책, 臺灣商務印書館, 1983~1986.
- ≪世說新語≫, 劉義慶(南朝 宋) 撰, 文淵閣四庫全書 제1035책, 臺灣商務印書館, 1983~1986.
- ≪六韜直解≫, 呂尙(周) 著, 文淵閣四庫全書 제726책 臺灣商務印書館, 1983~1986.
- ≪孫子≫, 孫武(周) 著, 文淵閣四庫全書 제726책, 臺灣商務印書館, 1983~1986.

〔字典類〕

- 戴逸 主編, ≪二十六史大辭典≫, 吉林人民出版社, 1993.
- 山腰敏寛, ≪中國歷史公文書讀解辭典≫, 汲古書院, 2004.
- 施丁・沈志華 共譯, ≪資治通鑑大辭典≫ 上・下, 吉林人民出版社, 1994.
- 呂宗力 主編, ≪中國歷代官制大辭典≫, 北京出版社, 1994.
- 日中民族科學研究所 編, ≪中國歷代職官辭典≫, 國書刊行會, 1980.
- 中國大百科全書總編輯委員會 編, ≪中國大百科全書≫, 中國大百科全書出版社, 2009.

- 中國歷史大辭典編纂委員會 編, ≪中國歷史大辭典≫, 上海辭書出版社, 2000.
- 陳振江, ≪二十六史典故辭典≫ 上・下, 天津人民出版社, 1994.
- 倉修良 主編, ≪史記辭典≫, 山東教育出版社, 1991.
- ――――――, ≪漢書辭典≫, 山東教育出版社, 1996.
- 貝塚茂樹 等 編, ≪アジア歷史事典≫, 平凡社, 1952~1962.

◇ 研究論著 및 飜譯書

〔韓國〕

- 權重達, ≪資治通鑑≫ 1~32, 삼화, 2007~2010.
- ―――, 〈≪資治通鑑≫의 사학사적 의미〉, 한국사학사학보 21, 2010.
- 노요한, 〈조선전기 관찬 역사서의 주해 방식에 대하여 : ≪資治通鑑綱目思政殿訓義≫를 중심으로〉, ≪규장각≫ 50, 규장각한국학연구원, 2017.
- ―――, 〈조선전기 관찬 역사서의 주해 방식에 대하여 : ≪資治通鑑綱目思政殿訓義≫를 중심으로(2)〉, ≪진단학보≫ 129, 진단학회, 2017.
- 동북아역사재단 편, ≪三國志・晉書 譯註≫ 上・下, 동북아역사재단, 2009.
- ――――――――, ≪魏書 譯註≫ 上・下, 동북아역사재단, 2010.
- 成百曉 譯註, ≪譯註 通鑑節要≫ 1~9, 傳統文化硏究會, 2005~2011.
- 오항녕, 〈朝鮮 世宗代 ≪資治通鑑思政殿訓義≫와 ≪資治通鑑綱目思政殿訓義≫의 編纂〉, ≪태동고전연구≫ 15, 태동고전연구소, 1998.
- 池松旭, ≪詳密註釋 通鑑諺解≫, 學民文化社, 1992.

〔日本〕

- 加藤繁・公田連太, ≪國譯 資治通鑑≫, 景仁文化社, 1996.
- 岡崎文夫, ≪魏晉南北朝通史≫, 平凡社, 1989.
- 松丸道雄 等 編, ≪中國史 2 -三國~唐-≫, 山川出版社, 1996.
- 窪添慶文, ≪魏晉南北朝官僚制硏究≫, 汲古書院, 2003.
- ――――― 編, ≪魏晋南北朝史のいま≫, 勉誠出版社, 2017.
- 川勝義雄, ≪中國の歷史3 -魏晉南北朝-≫, 講談社, 1974.
- 川本芳昭, ≪中國の歷史 中華の崩壞と擴大(魏晉南北朝)≫, 講談社, 2005.

〔中國・臺灣〕

• 馬建石 主編, ≪文白對照 資治通鑑輯覽≫ 1~36, 國際文化出版公司, 2002.
• 柏楊 編譯, ≪柏楊白話版 資治通鑑≫, 北岳文藝出版社, 2006.
• 孫通海・李巨泰 主編, ≪文白對照 資治通鑑綱目≫ 1~5, 長征出版社, 1996.
• 李國祥 等, ≪資治通鑑全譯≫, 貴州人民出版社, 1994.
• 李宗侗・夏德儀 等 校註, ≪資治通鑑今註≫ 1~15, 臺灣商務印書館, 1985.
• 資治通鑑新注編纂委員會 編, ≪資治通鑑新注≫ 1~10, 陝西人民出版社, 1998.
• 張宏儒・沈志華 主編, ≪文白對照全譯 資治通鑑≫ 1~3, 改革出版社, 1991.
• 張大可・韓兆琦 注譯, ≪新譯 資治通鑑≫ 1~40, 三民書局, 2017.
• 許嘉璐 主編, ≪晉書全譯≫(二十四史全譯) 1~4, 漢語大詞典出版社, 2004.
• ──────, ≪宋書全譯≫(二十四史全譯) 1~3, 漢語大詞典出版社, 2004.
• ──────, ≪魏書全譯≫(二十四史全譯) 1~4, 漢語大詞典出版社, 2004.
• 黃惠賢, ≪中國政治制度通史4 魏晉南北朝≫, 人民出版社, 1996.

〔英美〕

• Achilles, Fang, *The chronicle of the Three Kingdoms(220~265) Chapters 69~78 from the Tzŭ chih t'ung chien*, Harvard University Press, 1952~1965.
• Yap, Joseph, *Wars With The Xiongnu, A Translation from Zizhi tongjian*, AuthorHouse, 2009.
• ──────, *Zizhi tongjian: Warring States and Qin*, CreateSpace, 2016.

◇ 데이터베이스(DB) 자료

• 한국고전종합DB(http://db.itkc.or.kr)
• 동양고전종합DB(http://db.cyberseodang.or.kr)
• 상우천고(http://www.s-sangwoo.kr)
• 電子版 文淵閣四庫全書, 上海古籍出版社.

◇ 年表 관련 자료

• 柏楊, ≪中國歷史年表 上・下≫, 南海出版社, 2006.
• 松丸道雄 等 編, ≪中國史 2 -三國~唐-≫, 山川出版社, 1996.
• 沈起煒, ≪中國歷史大事年表≫, 上海辭書出版社, 2001.
• 川本芳昭, ≪中國の歷史 中華の崩壞と擴大(魏晉南北朝)≫, 講談社, 2005.

目 次

思政殿訓義 資治通鑑綱目 제21권 상

-晉 穆帝 升平 4년(360)~晉 簡文帝 咸安 2년(372)-

≪資治通鑑綱目≫ 제21권은 庚申年 晉나라 穆帝 升平 4년(360)부터 甲申年 晉나라 孝武帝 太元 9년(384)까지이니, 모두 25년이다

起庚申晉穆帝升平四年하여 盡甲申晉孝武帝太元九年하니 凡二十五年이라

庚申年(360)

【綱】 晉나라(東晉) 穆皇帝 升平 4년이다.

四年이라

【目】 秦나라(前秦) 苻堅 甘露 2년이고 燕나라(前燕) 幽帝 慕容暐 建熙 원년이다.

秦甘露二요 燕幽帝慕容暐建熙元年이라

【綱】 봄 정월에 燕主 慕容儁이 卒하니, 太子 慕容暐가 즉위하였다.

春正月에 燕主儁이 卒하니 太子暐立하다

【目】 처음에 燕主 慕容儁이 병이 위독하자, 太原王 慕容恪에게 이르기를 “지금 秦(前秦)과 晉(東晉) 두 지방이 아직 평정되지 못하였고 景茂[1]가 나이가 어리니, 나는 社稷을 너에게 맡기려고 하는데, 너의 생각은 어떠한가.” 하자, 모용각이 말하기를 “태자가 비록 어리나 잔학한 것을 이겨내어 훌륭한 정치를 이룰 수 있는 군주입니다. 신이 어찌

1) 景茂 : 太子 慕容暐의 字이다. 원래 慕容儁의 아들 慕容曄이 태자였는데 그가 일찍 죽자 모용위가 태자가 되었다.

감히 왕실의 정통을 범하겠습니까." 하니, 모용준이 노하여 말하기를 "형제간에 어찌 빈말로 꾸미는가." 하였다. 모용각이 말하기를 "폐하께서 만일 신이 능히 천하의 임무를 맡을 수 있다고 여기신다면, 신이 어찌 어린 군주를 보필할 수 없겠습니까." 하였다. 모용준이 기뻐하며 말하기를 "네가 능히 周公이 될 수 있다면 내가 다시 무엇을 근심하겠는가. 李績이 청백하고 정직하고 충성스럽고 성실하니, 너는 그를 잘 대우하라." 하였다.

모용준은 吳王 慕容垂를 불러 鄴 땅으로 돌아오게 하였는데, 모용준이 이때 병이 위독하여 모용각과 司空 陽鶩, 司徒 慕容評, 將軍 慕輿根을 불러 함께 遺詔를 받아 조정을 보필하도록 하고서 마침내 졸하였다. 태자 慕容暐가 즉위하니, 나이가 11세였다.

初에 燕主儁이 寢疾하여 謂太原王恪曰 今二方未平하고 景茂沖幼하니 社稷을 屬汝何如①오 恪曰 太子雖幼나 勝殘致治之主也라 臣何敢干正統리잇가 儁이 怒曰 兄弟之間에 豈虛飾邪아 恪曰 陛下若以臣能荷天下之任者신댄 豈不能輔少主乎잇가 儁이 喜曰 汝能爲周公이면 吾復何憂리오 李績이 淸方忠亮하니 汝善遇之②하라 召吳王垂還鄴③이러니 至是疾篤하여 召恪及司空陽鶩, 司徒評, 將軍慕輿根하여 受遺輔政하고 乃卒한대 太子暐卽位하니 年十一이러라

① 두 지방은 晉과 秦을 이른다.
二方, 謂晉・秦也.
② 李績이 蒲池에서 대답한 것[2] 때문에 慕容暐가 능히 포용하지 못할까 염려한 것이다.
以績蒲池之對, 懼暐之不能容也.
③ 遼東에서 慕容垂를 불러 돌아오게 한 것이다.
自遼東召還也.

【綱】 2월에 燕나라(前燕)가 慕容恪을 太宰로 삼아서 조정의 정사를 모두 관리하게 하였다. 太師 慕輿根이 伏誅되었다.

二月에 燕이 以慕容恪爲太宰하여 專錄朝政하다 太師慕輿根이 伏誅하다

【目】 燕나라에서는 太原王 慕容恪을 太宰로 삼아서 朝政의 정사를 모두 관리하게 하고, 上庸王 慕容評을 太傅로 삼고 陽鶩를 太保로 삼고 慕輿根을 太師로 삼아서 조정의 정사를 함께 보필하게 하였다.

2) 李績이……것 : 己未年(359) 봄 2월에 慕容儁이 여러 신하들에게 蒲池에서 잔치를 베풀었을 적에 이적이 태자 慕容暐가 있는 데서 "타고난 자품이 높고 크지만 놀고 사냥하는 것을 좋아하고 현악기와 관악기의 음악을 좋아한다."고 모용위를 평하자, 모용위가 매우 불평하였다.(≪資治通鑑綱目≫ 제20권 하)

그런데 모여근은 자신이 前朝에서 功勳이 있는 신하였음을 믿고서 마음속으로 모용각에게 복종하지 않고 亂을 일으키고자 하였다. 그리하여 마침내 모용각에게 말하기를 "主上이 어리고 母后가 정사에 간여하니, 先帝의 喪이 끝나기를 기다렸다가 전하께서는 마땅히 스스로 존위를 차지하셔야 합니다." 하였다. 모용각이 말하기를 "공은 취했는가? 무슨 말을 이리도 이치에 어긋나게 하는가. 내가 공과 함께 遺詔를 받았는데, 어찌하여 갑자기 이런 논의를 한단 말인가." 하니, 모여근은 부끄러워 사죄하고 물러갔다.

모용각이 이 사실을 吳王 慕容垂에게 고하자, 모용수가 모용각에게 그를 죽일 것을 권하니, 모용각이 말하기를 "지금 새로 큰 喪(國喪)을 만나서 이웃에 있는 두 나라가 틈을 엿보고 있는데, 宰相들이 서로 잔인하게 죽인다면 遠近 人士들의 바람에 어긋날까 두려우니, 우선 참아야 한다." 하였다.

모여근이 또다시 可足渾后(합족혼후)와 燕主 慕容暐에게 말하기를 "太宰 모용각과 太傅 모용평이 장차 반역을 꾀하려 하니, 신은 禁衛兵을 거느리고 이들을 죽일 것을 청합니다." 하자, 합족혼후가 따르려고 하였는데, 모용위가 말하기를 "두 분은 나라의 친척이요 어진 분입니다. 先帝께서 고아와 과부를 부탁하셨으니, 반드시 배반하려고 하지 않을 것입니다. 어찌 태사 모여근이 난을 일으키고자 하는 것이 아님을 알겠습니까." 하니, 마침내 중지하였다.

모여근이 또 옛 땅을 그리워하고 동쪽으로 돌아가려고 모의하자, 모용각은 마침내 모여근의 죄상을 은밀히 아뢰어 모여근과 그 도당들을 다 죽였다.

燕人이 以太原王恪爲太宰하여 專錄朝政하고 上庸王評爲太傅하고 陽騖爲太保하고 慕輿根爲太師하여 參輔朝政하니 根이 自恃勳舊하여 心不服恪①하고 欲爲亂하여 乃言於恪曰 主上幼沖하고 母后干政하니 俟畢山陵하여 殿下宜自取之니이다 恪曰 公이 醉邪아 何言之悖也오 吾與公受遺詔하니 云何而遽有此議오 根이 愧謝而退하다 恪以告吳王垂한대 垂勸恪誅之하니 恪曰 今新遭大喪하여 二隣觀釁이어늘 而宰輔自相誅夷하면 恐乖遠近之望이니 且可忍之②니라 根이 又言於可足渾后及燕主暐曰 太宰, 太傅將謀不軌하니 臣請帥禁兵誅之라한대 后將從之러니 暐曰 二公은 國之親賢이라 先帝託以孤嫠하시니 必不肯爾니 安知非太師欲爲亂也리오하니 乃止③하다 根이 又思戀舊土하여 謀欲還東④이어늘 恪이 乃密奏根罪狀하여 誅根幷其黨與하다

① 慕容皝 이래로 慕輿根이 여러 번 戰功을 세웠다.
自皝以來, 根屢有戰功.
② 두 이웃 나라는 東晉과 前秦을 이른다.

二隣, 謂晉・秦也.

③ '孤嫠'는 孤兒(慕容暐)와 寡婦(可足渾后)이다.

孤嫠, 孤兒・寡婦也.

④ 옛 땅은 龍城을 이르니, 鄴城의 동북쪽에 있었다.

舊土, 謂龍城, 在鄴城東北.

【目】 이때 새로 큰 상을 만나고 誅戮이 낭자하니, 내외가 몹시 두려워하였다. 그러나 慕容恪은 행동거지가 평상시와 똑같아서 사람들은 그의 근심하는 기색을 보지 못하였고, 매번 궁정이나 관부를 출입할 적에 수행원을 한 명만 도보로 따르게 하였다. 혹자가 그에게 마땅히 엄하게 방비해야 한다고 설득하자, 모용각이 말하기를 "사람들의 마음이 막 두려워하고 있으니, 내가 마땅히 편안하고 진중하여 사람들의 마음을 안정시켜야 하는데, 어찌 다시 스스로 놀라고 동요하겠는가." 하였다.

모용각은 비록 큰 임무를 모두 관리하였으나 조정의 禮는 매우 조심하고 엄중히 지켰고, 매사를 반드시 司徒 慕容評과 함께 의논하였다. 그리고 마음을 비우고 선비를 대우하여 최선의 방도를 자문하고 재능을 헤아려 임무를 맡겨주어 사람들이 지위를 넘지 않았으며 조정의 신하 중에 혹 잘못이 있으면 그의 잘못된 내용을 드러내지 않고 적당히 다른 곳에 敍用하니, 당시 사람들이 크게 부끄러워해서 감히 과오를 범하는 자가 없었다. 혹 작은 과실이 있으면 자기들끼리 서로 책망하기를 "당신은 또다시 宰公이 관직을 옮겨주기를 바라는가." 하였다.

당초 東晉의 조정에서는 모용준이 죽었다는 말을 듣고 모두 中原을 수복할 수 있다고 여겼는데, 桓溫은 말하기를 "모용각이 아직 살아 있으니, 〈우리나라의〉 근심이 크다." 하였다.

時에 新遭大喪하고 誅夷狼藉하니 內外恟懼로되 恪이 擧止如常하여 人不見其有憂色하고 每出入에 一人步從①하다 或說以宜自嚴備한대 恪曰 人情이 方懼하니 當安重以鎭之니 奈何復自驚擾리오하다 恪이 雖綜大任이나 而朝廷之禮는 兢兢嚴重하고 每事를 必與司徒評議之하며 虛心待士하여 諮詢善道하며 量才授任하여 人不踰位하며 朝臣이 或有過失이면 不顯其狀하고 隨宜他敍하니 時人이 以爲大愧하여 莫敢犯者라 或有小過면 自相責曰 爾復欲望宰公遷官邪②아하다 朝廷이 初聞儁卒하고 皆以爲中原可圖라하더니 桓溫曰 慕容恪이 尙在하니 憂方大耳라하니라

① 從(따르다)은 才用의 切[3]이다.

---

3) 切 : 半切音을 표시한 것이다. '反(번)'은 뒤집는다(되치다)는 뜻으로 번역을 의미하고, '切'은 자른다

從, 才用切.

② 慕容恪이 太宰가 되었으므로 그를 칭하여 宰公이라 한 것이다.
恪爲太宰, 故稱之爲宰公.

【綱】 3월에 燕나라(前燕)가 慕容垂를 보내어 蠡臺(여대)를 지켰다.

三月에 燕이 遣慕容垂하여 守蠡臺하다

【目】 燕나라에서 징집한 郡國의 군대가 지난 겨울 鄴城에 이르니, 이들을 보내어 晉나라(東晉)를 공격하려고 하다가 燕主 慕容儁이 병이 위독함으로 인하여 크게 사열만 하고 해산했었다.

이때 연나라 조정에 어려움이 많다 해서 서로 놀라고 동요하여 제멋대로 흩어져 돌아가니, 업성 남쪽으로 도로가 완전히 두절되었다. 太宰 慕容恪은 吳王 慕容垂를 征南將軍으로 삼아 蠡臺에 진주시키고 孫希와 傅顔이 기병 2만을 거느려 河南에서 병력을 과시하고 淮水에 이른 뒤에 돌아오니, 境內가 비로소 안정되었다.

燕所徵郡國兵이 去冬集鄴하니 欲遣伐晉이라가 以燕主儁病으로 大閱而罷러니 至是에 以燕朝多難이라하여 互相驚動하여 擅自散歸하니 自鄴以南으로 道路斷塞이라 太宰恪이 以吳王垂로 爲征南將軍하여 鎭蠡臺하고 孫希, 傅顔이 帥騎二萬하여 觀兵河南하고 臨淮而還하니 境內乃安①이러라

① 觀(보여주다)은 음이 貫이다.
觀, 音貫.

【綱】 匈奴 劉衛辰이 秦나라(前秦)에 항복하였다.

匈奴劉衛辰이 降秦하다

【目】 劉衛辰이 使者를 보내어 秦나라에 항복하고는 변경 안의 땅에 들어가 농사짓고 봄에 남쪽으로 왔다가 가을에 북쪽으로 돌아가게 해줄 것을 청하자, 秦王 苻堅이 이를 허락하였다.

여름에 雲中護軍 賈雍이 기병을 거느리고 유위신을 기습하여 크게 〈사람과 재물을〉

의 의미이다. 앞 글자의 初聲을 따고 뒷글자의 中聲과 終聲을 따서 읽는다.

획득하여 돌아오자, 부견이 노하여 말하기를 "朕이 막 은혜로써 戎狄들을 회유하였는데, 네가 작은 이익을 탐하여 나의 大事를 무너트림은 어째서인가." 하고 가옹을 내쳐 평민의 신분으로 직책을 수행하게 하였다. 그리고 사자를 보내어 가옹이 탈취해온 것들을 유위신에게 돌려주어 위로하고 어루만져 달래니, 유위신이 이에 변방 안에 들어와 거주하며 끊임없이 공물을 바쳤다.

劉衛辰이 遣使降秦하고 請田內地하여 春來秋返이어늘 秦王堅이 許之①러니 夏에 雲中護軍賈雍이 帥騎襲之하여 大獲而還이어늘 堅이 怒曰 朕方以恩懷戎狄이어늘 而汝貪小利以敗之는 何也오 黜雍以白衣領職하고 遣使還其所獲하여 慰撫之하니 衛辰이 於是에 入居塞內하여 貢獻相尋이러라

① 劉衛辰은 劉虎의 손자이다.
衛辰, 虎之孫也.

【綱】 가을 8월 초하루에 개기 일식이 있었다.

秋八月朔에 日食旣[4)]하다

【綱】 〈晉나라(東晉)의〉 桓溫이 謝安을 征西司馬로 삼았다.

◑ 桓溫이 以謝安爲征西司馬하다

【目】 謝安은 젊어서부터 큰 명성이 있었다. 조정에서 그동안 禮를 갖추어 불러 벼슬을

---

4) 秋八月朔日食旣 : "개기 일식은 큰 변고이다. 漢나라 惠帝 말년 5월에 개기 일식이 있었는데 8월에 큰 喪이 있었으며, 이때 8월에 개기 일식이 있었는데 다음 해에 큰 상이 있었다.(《資治通鑑綱目》)이 끝날 때까지 개기 일식을 쓴 것이 12번인데, 그 응험이 없는 경우가 있지 않았다. 이 화를 면한 사람은 오직 漢나라 明帝뿐일 것이다.〔食旣 大變也 漢惠之末 五月食旣 八月而有大喪 於是八月食旣 明年而有大喪 終綱目 書食旣十有二 未有無其應者 免者 其惟漢明帝乎〕" 《書法》

書法은 '筆法'이란 말과 같다. 朱子는 《자치통감강목》을 편찬할 적에 孔子의 《春秋》 筆法을 따라 綱과 目으로 나누었는바, 綱은 《春秋》의 經文을, 目은 《春秋左氏傳》의 傳文을 따랐다. 《자치통감강목》의 筆法을 밝힌 것으로는 劉友益(宋)의 《綱目書法》, 尹起莘(宋)의 《綱目發明》이 그 대표작이라 할 수 있는데, 이 두 책은 현재 淸나라 聖祖(康熙帝)가 엮은 《御批資治通鑑綱目》에 모두 수록되어 있다. 이 필법은 綱에 주안점이 맞춰져 있는데, 우리나라 학자들이 특별히 이 《자치통감강목》을 愛讀한 이유는 바로 이 필법에 있다. 《어비자치통감강목》에는 이외에도 汪克寬(元)의 《綱目凡例考異》 등 많은 내용이 수록되어 있으나, 본서에서 다 소개하지 못하고 《강목서법》과 《강목발명》의 중요한 것만을 발췌하여 수록하였다. 또한 陳濟(明)의 《資治通鑑綱目集覽正誤》를 인용하여 오류를 바로잡기도 하였다. 본고에서는 각각 《書法》, 《發明》, 《正誤》로 요약하여 표기하였다.

내렸으나 모두 나아가지 않고 會稽에 우거하여 아름다운 山水와 文籍을 가지고 스스로 즐겼다. 비록 布衣의 신분이었으나 세상 사람들이 모두 그가 宰相의 임무를 맡을 것으로 기대하였다. 그리하여 사대부들은 서로 "安石이 세상에 나오지 않으니, 蒼生들을 어찌한단 말인가."라고 말하기까지 하였다.

사안은 매번 東山에서 놀 적에 항상 妓女를 데리고 갔는데, 會稽王 司馬昱이 이 말을 듣고 말하기를 "안석이 사람들과 함께 즐거워하므로 반드시 사람들과 함께 근심하지 않을 수 없을 것이니, 그를 부르면 반드시 올 것이다." 하였다.

사안의 아내는 劉惔(유담)의 妹氏였다. 친정 집안과 謝氏의 가문이 귀하고 번성하였으나, 사안이 홀로 조용히 물러나 있는 것을 보고는 그에게 이르기를 "대장부는 이렇게 살아서는 안 됩니다."라고 말하였다. 사안은 코를 막고 말하기를 "내가 벼슬하는 일을 면치 못할까 두렵소." 하였다.

謝安

아우 謝萬이 廢黜당하자, 사안은 비로소 벼슬길에 나아갈 뜻을 가졌으니, 이때 나이가 이미 40여 세였다. 桓溫이 그를 司馬로 삼을 것을 청하자, 사안은 마침내 부름에 응하여 관직에 나아가니, 환온이 매우 예우하고 소중히 여겼다.

安이 少有重名이라 前後徵辟에 皆不就하고 寓居會稽하여 以山水文籍自娛하니 雖爲布衣나 時人이 皆以公輔期之하여 士大夫至相謂曰 安石이 不出하니 當如蒼生何①오하니라 安이 每遊東山할새 常以妓女自隨②어늘 會稽王昱이 聞之하고 曰 安石이 旣與人同樂하니 必不得不與人同憂리니 召之면 必至리라 安妻는 劉惔之妹也라 見家門貴盛이로되 而安獨靜退하고 謂曰丈夫不如此也③니이다 安이 掩鼻曰 恐不免耳④로라 及弟萬廢黜에 安이 始有仕進之志하니 時已年四十餘라 桓溫이 請爲司馬한대 安이 乃赴召하니 溫이 深禮重之러라

① 安石은 謝安의 字이다.
安石, 安字.
② 胡三省이 말하였다. "東山은 지금의 紹興府 上虞縣 서남쪽 45리 지점에 있었다."
胡三省曰 "東山, 在今紹興府上虞縣西南四十五里."
③ 劉惔은 淸談을 잘하여 지위가 顯貴해졌고, 謝尙과 謝奕, 謝萬도 모두 方伯이 되어 한때 세력이 盛하였다.

惔以淸談貴顯, 而謝尙・謝奕・謝萬, 皆爲方伯, 盛於一時.

④〈"恐不免耳"는〉 또한 여러 형제들과 같이 벼슬함을 면치 못할까 두려워함을 말한 것이다.
言恐亦不免如諸兄弟也.

【綱】 겨울 10월에 烏桓의 獨孤部와 鮮卑의 沒奕干이 秦나라(前秦)에 항복하였다.

冬十月에 烏桓獨孤部와 鮮卑沒奕干이 降秦하다

【目】 獨孤部와 沒奕干이 數萬의 군대를 거느리고 秦나라에 항복하자, 秦王 苻堅이 그들을 변방 안에 거처하게 하였는데, 陽平公 苻融이 다음과 같이 간하였다.

"戎狄은 얼굴은 사람이나 마음은 짐승입니다. 仁義를 알지 못하니, 그들이 머리를 조아리고 우리에게 항복함은 실로 땅의 이로움을 탐내서요 우리나라의 仁德을 감사하게 여긴 것이 아닙니다. 그리고 감히 변경을 침범하지 못함은 실로 우리 군대의 위엄을 두려워한 것이요, 우리 나라의 은혜를 감사하게 여기는 것이 아닙니다. 지금 그들을 우리 백성들과 뒤섞여 살게 하면, 저들은 郡縣의 虛實을 엿보고서 반드시 변방의 근심거리를 만들 것이니, 그들을 변방 밖으로 옮기는 것만 못합니다."

부견은 그의 말을 받아들였다.

獨孤部及沒奕干이 各帥衆數萬降秦이어늘 秦王堅이 處之塞內①한대 陽平公融이 諫曰 戎狄이 人面獸心이라 不知仁義하니 其稽顙內附는 實貪地利니 非懷德也요 不敢犯邊은 實憚兵威니 非感恩也라 今與民雜居면 彼窺郡縣虛實하여 必爲邊患이니 不如徙之塞外라한대 堅이 從之하다

① 獨孤는 烏桓 別部의 칭호이고, 沒奕干은 鮮卑 別部의 칭호이다. 本姓은 沒이고 이름은 奕干이었는데, 뒤에 姓名으로 部落의 칭호를 삼았다.
獨孤, 烏桓別部之號也. 沒奕干, 鮮卑別部之號也. 本姓沒, 名奕干, 後因以姓名爲部落之號.

【綱】 燕나라(前燕) 李績이 卒하였다.

燕李績이 卒[5]하다

5) 燕李績卒 : "漢나라와 晉나라의 여러 신하들이 卒했을 적에 관직을 쓰지 않은 것은 貶한 말이니, 이 또한 폄한 말인가. ≪資治通鑑綱目≫에서 僭國(혼란 시기에 簒位하거나 지역에 웅거한 나라)의 경우 여러 신하의 죽음에 卒을 쓰지 않았으니, 졸을 쓴 것은 모두 어진 이를 기록한 것이요, 폄하하면 卒을 쓰지 않았다.〔屬漢及晉諸臣卒 不書官 貶辭也 此其貶歟 綱目於僭國不皆卒諸臣 其卒之者 皆錄賢也 貶之則不卒之矣〕" ≪書法≫

【目】 太宰 慕容恪이 李績을 右僕射로 삼으려 하였으나 燕主 慕容暐가 허락하지 않았다. 모용각이 여러 번 청하자, 모용위가 말하기를 "萬機의 일을 제가 모두 叔父께 맡겼습니다. 그러나 伯陽(이적의 字) 한 사람만은 제가 따로 제재하겠습니다." 하고는 그를 章武太守로 내보내니, 이적은 근심으로 卒하였다.

太宰恪이 欲以績爲右僕射호되 燕主暐 不許라 恪이 屢以爲請한대 暐曰 萬機之事를 皆委之叔父어니와 伯陽一人은 暐請獨裁之라하고 出爲章武太守하니 以憂卒하다

辛酉年(361)

【綱】 晉나라(東晉) 穆皇帝 升平 5년이다.

五年이라

【目】 秦나라(前秦) 苻堅 甘露 3년이고 燕나라(前燕) 幽帝 慕容暐 建熙 2년이다. 이해에 涼나라(前涼)가 晉나라(東晉) 升平의 연호를 받들어 사용하였다.

秦甘露三이요 燕建熙二年이라 ◑ 是歲에 涼이 奉升平之號하다

【綱】 봄 정월에 〈匈奴의〉 劉衛辰이 秦나라(前秦)를 배반하고 代나라에 항복하였다.

春正月에 劉衛辰이 叛秦降代하다

【綱】 燕나라(前燕) 河內太守 呂護가 사신을 보내어 晉나라(東晉)에 와서 항복하니, 연나라 사람이 그의 城을 포위하였다.

◑ 燕河內太守呂護 遣使來降하니 燕人이 圍之하다

【目】 呂護가 사자를 보내어 晉나라에 와서 항복하자 〈진나라에서는 그에게〉 冀州刺史를 제수하였다. 여호가 진나라 군대를 이끌고 가서 鄴을 습격하려고 하자, 燕나라 太宰 慕容恪이 군대를 거느리고 가서 그를 토벌하였는데, 여호가 城을 스스로 굳게 지켰다.

將軍 傅顔이 맹렬히 공격할 것을 청하자, 모용각이 말하기를 "늙은 역적이 변고를 많이 경험하였다. 그가 성을 수비하는 것을 살펴보니, 갑자기 공격하는 것이 쉽지 않겠다. 그러나 안으로 축적한 물자가 없고 밖으로 구원해주는 세력이 없으니, 우리가 해자를 깊이 파고 堡壘를 높게 쌓아놓고 앉아서 陣地를 굳게 지키고 병사들을 편안히 기르면서 그의 도당을 서로 이간질하게 하면, 우리에게는 수고로울 것이 없고 적의 형세는 날로 위축될 것이다. 그리하면 100일이 못 되어 반드시 그의 성을 점령할 것이다. 어찌하여 많은 士卒을 희생시키면서 일시적인 공을 취하겠는가." 하고는 마침내 긴 포위망을 구축하여 굳게 지켰다.

呂護遣使來降이어늘 拜冀州刺史하니 欲引晉兵以襲鄴한대 燕太宰恪이 將兵討之하니 護嬰城自守①하다 將軍傅顔이 請急攻之한대 恪曰 老賊이 經變多矣라 觀其守備하니 未易猝攻이라 然內無蓄積하고 外無救援하니 我深溝高壘하여 坐而守之하고 休兵養士하여 離間其黨이면 於我不勞而賊勢日蹙이리니 不過十旬에 取之必矣라 何爲多殺士卒以求旦夕之功乎아하고 乃築長圍守之하다

① ≪資治通鑑≫에는 "燕나라 군대가 野王에 이르자 呂護가 城을 스스로 굳게 지켰다." 하였다. 通鑑 "燕兵至野王, 護嬰城自守."

【綱】 여름 4월에 涼나라(前涼) 宋混이 卒하였다.

夏四月에 涼宋混이 卒하다

【目】 宋混이 병이 위독하자, 張玄靚이 祖母 馬氏와 함께 병문안을 하러 가서 말하기를 "將軍이 만약 불행하게 되면 寡婦(마씨)와 孤兒(장현정)를 장차 누구에게 의탁하겠는가?" 하니, 송혼이 말하기를 "신의 아우 宋澄이 政事를 신보다 잘하는데, 다만 그가 儒者로 느려서 機務의 일을 제대로 하지 못할까 두렵습니다. 전하가 策勵하여 그에게 직임을 맡기는 것이 옳을 것입니다." 하였다.

송혼은 송징에게 경계하기를 "우리는 나라의 큰 은혜를 받았으니, 마땅히 죽음으로써 보답하여야 한다. 그대는 세력을 믿고서 남에게 교만하지 말라." 하였고, 또 朝臣을 만나볼 적에 모두 직임을 忠貞하게 수행하라고 경계하였다. 송혼이 卒하자, 길 가는 사람들도 그를 위하여 눈물을 흘렸다. 장현정이 송징을 領軍將軍으로 삼아 정사를 보필하게 하였다.

混이 疾甚이어늘 張玄靚及其祖母馬氏往省之하여 曰 將軍이 萬一不幸이면 寡婦, 孤兒를 將何所

託고 混曰 臣弟澄이 政事愈於臣호되 但恐其儒緩하여 機事不稱耳①니 殿下策勵而使之可也②니이다 混이 戒澄曰 吾受國大恩하니 當以死報라 無恃勢位以驕人하라 又見朝臣에 皆戒之以忠貞이러니 及卒에 行路爲之揮涕리라 玄覯이 以澄爲領軍將軍하여 輔政하다

① 대체로 儒者들은 〈원리원칙대로〉 천천히 하는 것을 힘쓰므로 臨機應變해서 일을 처리하여 성과를 올리지 못한다. 稱(걸맞다)은 尺證의 切이다.
凡儒者多務爲舒緩, 而不能應機以趨事赴功. 稱, 尺證切.

② '策勵'는 채찍질하여 부리고 勉勵하는 것이다.
策勵, 驅策勉勵.

【綱】 5월에 황제(晉 穆帝)가 崩하니, 琅邪王 司馬丕가 즉위하였다.

五月에 帝崩①하니 琅邪王丕卽位하다

① 〈晉 穆帝가〉 향년이 19세였다.
壽, 十九.

【目】 황제가 崩하니 후사가 없었다. 皇太后(褚氏)[6]가 명령하기를 "琅邪王 司馬丕는 中興 이후 황실의 正統이다. 大義와 名望, 宗親의 情과 지위가 그와 더불어 견줄 만한 사람이 없으니, 낭야왕으로서 大統을 받들라." 하였다. 이에 百官들이 황제의 法駕를 구비하여 낭야왕을 맞이하여 즉위하게 하였다.

帝崩하니 無嗣라 皇太后令曰 琅邪王丕는 中興正統이라 義望情地 莫與爲比하니 其以王奉大統①하라 於是에 百官이 備法駕迎入하여 卽位하다

① 元帝와 明帝, 成帝는 모두 正統으로 서로 皇位를 전하였고, 琅邪王 司馬丕는 成帝의 長子이다. 그러므로 "中興의 正統이다."라고 한 것이다. 義는 大義를 이르고, 望은 名望을 이르고, 情은 親한 情을 이르고, 地는 지위를 이른다.
元帝·明帝·成帝, 皆正統相傳. 琅邪王丕, 成帝長子也. 故曰"中興正統." 義, 謂大義. 望, 謂聞望. 情, 謂親情. 地, 謂位地.

【綱】 가을 7월에 〈晉 穆帝를〉 永平陵에 장례하였다.

---

6) 皇太后(褚氏) : 褚裒의 딸이다. 342년에 晉 康帝의 황후가 되었다. 344년 康帝가 죽자 대리청정을 하여 357년 穆帝가 성년이 되자 정사를 돌려주었다.

秋七月에 **葬永平陵**하다

【綱】 燕나라(前燕)가 野王을 함락하니, 呂護가 滎陽으로 달아났다.

◑ 燕이 **拔野王**하니 **呂護奔滎陽**하다

【綱】 9월에 〈晉나라(東晉)가〉 皇后 王氏를 세웠다.

◑ 九月에 **立皇后王氏**하다

【目】 皇后는 王濛의 딸이다.

后는 濛之女也라

【綱】 何皇后[7)]를 높여 穆皇后라 하였다.

尊何皇后하여 **爲穆皇后**하다

【綱】 涼나라(前涼) 張邕이 宋澄을 죽이자, 겨울 10월에 張天錫이 그를 주살하니, 조서를 내려 張玄靚을 涼州刺史 西平公으로 삼았다.

◑ 涼張邕이 **殺宋澄**이어늘 **冬十月**에 **張天錫**이 **誅之**하니 **詔以張玄靚爲涼州刺史西平公**하다

【目】 張邕이 이미 宋澄을 죽이고는 張玄靚의 叔父 張天錫과 함께 정사를 보필하였다. 장옹은 교만하고 음탕하고 정권을 독점하여 형벌과 살육을 자행한 것이 많으니, 장천석이 그를 주살하고서 그의 종족들을 모두 멸하였다. 장현정은 장천석을 大將軍으로 삼아 정사를 보필하게 하고, 처음으로 晉나라(東晉)의 升平 연호를 받들어 사용하였다. 그러므로 이러한 命이 있었던 것이다.

張邕이 旣殺宋澄하고 與玄靚叔父天錫同輔政이러니 驕淫專權하여 多所刑殺이어늘 天錫이 誅之하여 盡滅其族하니 玄靚이 以天錫爲大將軍輔政하고 始奉升平年號라 故로 有是命①이러라

---

7) 何皇后 : 東晉 何準의 딸로 357년에 晉 穆帝의 황후가 되었다.

① 涼나라는 이때에 이르러 막 建康(東晉)의 연호를 받들어 사용하였다.
涼至是, 方奉建康年號.

【綱】 秦나라(前秦)가 張平[8]을 멸하였다.

秦이 滅張平하다

【綱】 秦나라(前秦)가 네 과목으로 사람을 선발하였다.

◑ 秦이 擧四科하다

【目】 秦王 苻堅은 牧伯과 守宰들에게 명하여 각각 孝悌와 廉直, 文學과 政事 네 개의 과목에 따라 인재를 천거하게 하였다. 그리하여 천거한 사람을 살펴 훌륭한 인물을 얻은 자에게는 상을 내리고, 훌륭하지 않은 사람을 얻은 자에게는 죄를 주었다. 이로 말미암아 사람들이 감히 함부로 천거하지 못하여 請託이 행해지지 못하니, 모든 선비들이 스스로 분발하였다. 그리하여 비록 宗室과 外戚이라도 재능이 없는 자는 모두 버려지고 등용되지 않으니, 이때 內外의 관리들이 대부분 직책을 잘 수행하였으며, 밭두둑이 잘 다스려지고 황폐한 田地가 개간되어 창고가 충실하였고 도적들이 조용하였다.

秦王堅이 命牧伯, 守宰하여 各擧孝悌, 廉直, 文學, 政事하여 察其所擧하여 得人者賞之하고 非其人者罪之하니 由是로 人莫敢妄擧하여 而請託不行하며 士皆自勵라 雖宗室, 外戚이나 無才能者는 皆棄不用하니 當是之時하여 內外之官이 率皆稱職하며 田疇修闢하여 倉庫充實하고 盜賊屛息이러라

【綱】 呂護가 다시 燕나라(前燕)로 달아났다.

呂護復奔燕하다

壬戌年(362)

【綱】 晉나라(東晉) 哀皇帝 隆和 원년이다.

8) 張平 : 원래 後趙의 장수였다. 後趙가 망한 후 新興, 雁門, 西河, 太原 등을 장악하고 前秦에 붙기도 하고 前燕에 붙기도 하면서 중립을 유지하고자 하였다.

哀皇帝隆和元年이라

【目】 秦나라(前秦) 苻堅 甘露 4년이요, 燕나라(前燕) 幽帝 慕容暐 建熙 3년이다.

秦甘露四요 **燕建熙三年**이라

【綱】 봄 정월에 〈晉나라(東晉)가〉 田租를 감하여 畝마다 2升을 거두었다.

春正月에 **減田租**하여 **畝收二升**①하다

① 晉 成帝 咸和 5년(330)에 처음으로 백성들의 田地를 헤아려 畝마다 10분의 1을 취하여 대체로 1畝에 稅米 3升을 내게 하였는데, 지금 이것을 견감해서 畝마다 2升을 거둔 것이다.
成帝咸和五年, 始度(탁)百姓田, 畝取十分之一, 率畝稅米三升, 今減之, 畝收二升.

【綱】 2월에 庾希를 徐州와 兗州의 刺史로 삼고 袁眞에게 豫州, 司州 등의 軍事를 감독하게 하였다.

◑ **二月**에 **以庾希爲徐・兗刺史**하고 **袁眞監豫・司等州軍事**[9]하다

【目】 庾希는 下邳에 진주하고 袁眞은 汝南에 진주하였다.

希鎭下邳하고 **眞鎭汝南**①하다

① 庾希는 庾冰의 아들이다.
希, 冰之子也.

【綱】 황제(晉 哀帝)의 생모 貴人 周氏[10]를 제수하여 皇太妃로 삼았다.

拜母貴人周氏하여 **爲皇太妃**하다

【綱】 燕나라(前燕) 呂護가 洛陽을 공격하자, 桓溫이 군대를 보내어 낙양을 구

9) 監豫司等州軍事 : 魏晉時代에 監某州軍事, 監某某等州軍事의 職이 보인다. 監某州, 監某郡 등으로 쓰일 경우 刺史나 郡守의 직권을 행하여 그 지역의 민정을 맡는 것으로 보이는데, 監某州를 간략히 監州라고 하기도 한다. 監某州軍事와 監某某等州軍事는 그 지역의 군정을 담당한 것으로 보인다. 글의 구조상 풀어서 번역하였다. 아래에서도 이처럼 처리하였다.

10) 貴人 周氏 : 晉 成帝의 貴人으로 이때 皇太妃로 높였다.

원하니, 가을 7월에 연나라 군대가 병사들을 이끌고 돌아갔다.

◑ **燕呂護 攻洛陽**이어늘 **桓溫**이 **遣兵救之**하니 **秋七月**에 **燕師引還**하다

【目】 呂護가 洛陽을 공격하니, 守將인 陳祐가 위급함을 고하자, 桓溫이 庾希와 竟陵太守 鄧遐를 보내어 수군 3천 명을 거느리고 가서 진우를 도와 지키게 하였다. 등하는 鄧嶽의 아들이다.

환온이 이로 인해 상소하여 낙양으로 천도할 것을 청하고, 永嘉의 난리[11] 이후로 江南에 流離한 자들을 일체 북쪽으로 옮겨서 河南 지방을 충실히 하여야 한다고 말하니, 조정에서는 환온을 두려워하여 감히 이견을 내지 못하였다.

桓溫上表詐遷都

11) 永嘉의 난리 : 영가는 晉나라 懷帝(재위 307~313)의 연호인데, 말년에 흉노족인 劉聰이 쳐들어와 진나라의 수도인 洛陽을 함락하고 회제를 사로잡아 시해한 일을 이른다. 이후 司馬睿가 江南에 나라를 세우고 南京에 도읍하니, 이를 東晉이라 하였고, 그 이전을 西晉이라 하였다.

呂護攻洛陽하니 守將陳祐告急이어늘 桓溫이 遣庾希, 竟陵太守鄧遐하여 帥舟師三千人하고 助祐守之하니 遐는 嶽之子也라 因上疏하여 請遷都洛陽하고 自永嘉之亂으로 播流江表者를 一切北徙以實河南①한대 朝廷이 畏溫하여 不敢爲異러라

①'播流'는 피란하여〔播越〕 流離함이다. 中原은 江南을 江外라 하고 또한 江表라 하였다. 播流, 播越流離也. 中原, 以江南爲江外, 亦曰江表.

【目】著作郎 孫綽이 다음과 같이 상소하였다.

"옛날 中宗(晉 元帝)이 등극하였을 적에 誠信과 和順함이 하늘의 뜻과 사람의 바람에 화합했을 뿐만 아니라, 실로 만 리의 長江에 의지하여 이 지역을 경계로 삼아 지켰습니다. 喪亂이 있은 이래로 60여 년이 지났는데, 黃河와 洛水 일대가 폐허가 되고 中原이 쓸쓸하니, 선비와 백성이 강남에 流離한 지 이미 몇 대가 지났습니다. 생존한 자는 아들이 늙고 손자가 자랐으며, 죽은 자는 무덤이 항렬을 이루고 있으니, 비록 북쪽 고향으로 돌아가고 싶은 마음이 평소 가슴속에 가득하나, 그들에게 눈앞의 슬픔이 실로 急切합니다. 환온의 이번 조처는 진실로 원대한 계책이라고 할 수 있으나, 백성들이 두려워하고 놀라고 있으니, 어찌 옛 수도로 돌아가는 즐거움은 오히려 요원한 일이고, 죽음으로 달려가는 근심은 눈앞의 급절한 일이 아니겠습니까.

어리석은 신은 생각하건대 마땅히 위엄과 名望, 資歷과 실질적인 능력을 갖춘 將帥를 보내어 먼저 洛陽에 진주하여 梁과 許昌 지방을 소탕하여 평정하고 河南을 깨끗이 통일시켜야 합니다. 그리하여 漕運하는 길이 통하고 개간한 곳의 곡식이 풍부하게 쌓이며, 야만스러운 異族들이 멀리 도망하여 中夏가 다소 편안해진 뒤에야 서서히 천도를 의논할 수 있습니다. 어찌하여 백 번 싸워 백 번 이길 수 있는 훌륭한 계책을 버리고, 온 천하를 한 번에 던져버린단 말입니까."

著作郎孫綽이 上疏曰① 昔中宗龍飛에 非惟信順이 協於天人이라 實賴萬里長江하여 畫而守之耳②라 喪亂已來六十餘年에 河, 洛丘墟하고 函夏蕭條③하니 士民이 播流江表가 已經數世라 存者는 老子長孫하고 亡者는 丘隴成行(항)④하니 雖北風之思 感其素心이나 目前之哀 實爲交切⑤이라 溫今此擧는 誠爲遠圖나 而百姓震駭하니 豈不以反舊之樂賖하고 而趨死之憂促哉⑥잇가 臣愚는 以爲宜遣將帥有威名資實者하여 先鎭洛陽하여 掃平梁許하고 淸壹河南⑦하여 運漕之路旣通하고 開墾之積已豐하며 豺狼遠竄하여 中夏小康이니 然後에 可徐議遷徙耳니이다 奈何捨百勝之長理하고 擧天下而一擲哉잇가

① 孫綽은 孫楚의 손자이다.
綽, 楚之孫也.

② 中宗은 元帝의 廟號이다. ≪周易≫ 〈大傳(繫辭傳)〉에 말하였다. "하늘이 돕는 것은 順함이요, 사람이 돕는 것은 信이다." 하였다.
中宗, 元帝廟號. 易大傳曰"天之所助者, 順也, 人之所助者, 信也."

③ 賈后가 廢黜을 당하고 趙王 司馬倫이 죽임을 당한 뒤에 이어서 여러 王이 서로 군대를 일으켜 싸웠고, 胡族(匈奴)과 羯族이 그 틈을 타고 일어나서 천하가 크게 어지러워졌는데, 이때 이르러 60여 년이 되었다.
自賈后之廢, 趙王倫之誅, 繼而諸王交兵, 胡・羯乘之而起, 天下大亂, 至是, 六十餘年矣.

④ 長(길다)은 知兩의 切이고, 行(항렬)은 戶剛의 切이다.
長, 知兩切, 行, 戶剛切.

⑤ 史傳에 이르기를 "胡馬는 매번 북쪽 바람이 불면 머리를 들고 북쪽을 바라본다." 하였다. 또 古詩에 "胡馬는 北風에 운다." 하였다.
史傳云"胡馬每北風, 則翹首北望." 又古詩"胡馬嘶北風."

⑥ 賒는 음이 奢이니, 멂이다.
賒, 音奢, 遠也.

⑦ 梁은 梁國(梁州)을 이르고 許는 許昌을 이르니, 모두 江南에서 洛陽으로 들어가는 要路에 해당한다.
梁, 謂梁國. 許, 謂許昌. 皆當江南入洛之要路.

【目】 孫綽은 어려서부터 高尙한 일을 사모하여 일찍이 〈遂初賦〉[12]를 지어 은둔하려는 자신의 뜻을 나타냈는데, 桓溫은 손작의 表文을 보고 기뻐하지 않으며 말하기를 "興公에게 내 뜻을 말하노니, 어찌하여 그대의 〈수초부〉에 담긴 은둔하는 삶을 찾지 않고 남의 나랏일을 알려(간섭하려) 하는가." 하였다.

綽이 少慕高尙하여 嘗著遂初賦以見志러니 溫이 見綽表하고 不悅曰 致意興公하노니 何不尋君遂初賦하고 而知人家國事邪①아하다

① 興公은 孫綽의 字이다.
興公, 綽字.

【目】 이때 조정이 근심하고 두려워하여 장차 侍中을 보내어 桓溫의 천도를 중지시키

12) 遂初賦 : 은거하며 전원생활을 즐기고 싶어 하는 내용을 담은 작품으로, 孫綽이 會稽 땅에서 10여 년 동안 山水를 즐기며 살 때 지은 것이다.(≪晉書≫ 권56 〈孫綽列傳〉)

려고 하였는데, 王述이 말하기를 "환온은 虛張聲勢하여 조정에 위엄을 보이고자 할 뿐이요, 실제로 천도하고자 하는 것은 아닙니다. 다만 그 말을 따르면 그가 스스로 아무 일도 일으키지 않을 것입니다." 하자, 조서를 내려 그 계책을 따르니, 환온은 과연 〈자신의 계획을〉 실행하지 않았다.

환온이 또다시 洛陽 궁전의 거대한 종 틀을 옮겨올 것을 의논하자, 왕술이 말하기를 "永嘉 연간에 나라가 세력을 떨치지 못해서 잠시 江南에 도읍하였습니다. 바야흐로 천하를 소탕하여 평정하고서 옛 서울(낙양)로 돌아가야 할 것이고, 만일 이렇게 하지 못하면 마땅히 先帝의 園陵을 옮겨와야 하니, 미리 종 틀을 옮겨 오는 것을 일삼아서는 안 됩니다." 하니, 환온이 마침내 중지하였다. 7월에 〈燕나라(前燕)〉 呂護가 〈군대를 거느리고〉 물러가니, 〈晉나라(東晉)〉 庾希 등도 또한 돌아갔다.

時에 朝廷이 憂懼하여 將遣侍中止溫이러니 王述曰 溫이 欲以虛聲威朝廷耳요 非事實也라 但從之면 自無所至라한대 詔從其計하니 溫이 果不行하다 溫이 又議移洛陽鍾虡(거)어늘 述曰 永嘉不競하여 暫都江左①하니 方當蕩平區宇하여 旋軫舊京이요 若其不爾면 宜改遷園陵이니 不應先事鍾虡라한대 溫이 乃止하다 七月에 護退하니 希等이 亦還하다

① 競은 강성함이다. 懷帝는 永嘉 5년(311)에 劉聰에게 사로잡혔다. 그러므로 "永嘉 연간에 강하지 못하다."라고 말한 것이다.
竸, 强也. 懷帝永嘉五年, 爲劉聰所獲. 故云 "永嘉不競也."

【綱】 秦王 苻堅이 太學에 임하였다.

秦王堅이 臨太學[13)]하다

【目】 秦王 苻堅이 친히 太學에 임하여 諸生에게 經書의 뜻을 시험 보여 등급을 매기고 博士와 講論하였는데, 이로부터 매월 한 번 태학에 이르렀다.

秦王堅이 親臨太學하여 考第諸生經義하고 與博士講論이러니 自是로 每月一至焉하니라

【綱】 겨울 12월 초하루에 일식이 있었다.

13) 秦王堅臨太學 : "晉나라에서는 生徒를 돌려보냈다고 썼고, 秦나라(前秦)에서는 군주가 太學에 임했다고 썼으니, 中國이 부끄러워할 만하다. 그리하여 특별히 써서 苻堅을 허여한 것이다.〔晉書遣生徒 秦書臨太學 中國爲可愧矣 特書予之〕" ≪書法≫

冬十二月朔에 **日食**하다

【綱】〈晉나라(東晉)의〉 庾希가 후퇴하여 山陽에 주둔하고 袁眞이 후퇴하여 壽陽에 주둔하였다.

◑ **庾希退屯山陽**하고 **袁眞**이 **退屯壽陽**하다

癸亥年(363)

【綱】 晉나라(東晉) 哀皇帝 興寧 원년이다.

興寧元年이라

【目】 秦나라(前秦) 苻堅 甘露 5년이요, 燕나라(前燕) 幽帝 慕容暐 建熙 4년이다.

秦甘露五요 燕建熙四年이라

【綱】 봄 3월에 〈晉나라(東晉)의〉 皇太妃 周氏[14)]가 薨하였다.

春三月에 **皇太妃周氏薨**[15)]하다

【目】 太妃가 琅邪王의 저택에서 薨하니, 황제(晉 哀帝)가 낭야왕의 저택에 가서 喪을 치르고 會稽王 司馬昱에게 조령을 내려 內外의 여러 사무를 총괄하게 하였다. 황제가 태비를 위하여 삼년복을 입으려 하자, 僕射 江虨(강반)이 아뢰기를 "禮에 마땅히 緦麻服을 입어야 합니다." 하였다. 황제가 오히려 期年服을 입으려 하자, 강반이 말하기를 "사사

14) 周氏 : 晉 哀帝의 생모로 隆和 원년(362)에 애제가 그녀를 皇太妃로 삼았다.

15) 皇太妃周氏薨 : "薨이라고 쓴 것은 어째서인가. 황제의 어머니여서이다. ≪資治通鑑綱目≫에서 戰國時代에 지역을 나누어 王이 된 것 외에 薨이라고 쓴 것은 제대로 人君 노릇을 이루지 못했거나 폐출된 황제나 폐출된 황후가 아니면 死後에 諡를 帝라고 하고 后라고 한 경우이다. 그렇지 않으면 황제의 어머니이거나 功이 있는 公主인 경우이다. 이것이 아니면 薨이라고 쓴 경우가 없다. 唐나라 會昌 이후에는 方鎭과 같은 大臣도 薨이라고 쓴 경우가 있는데, 이것은 잘못이다.〔書薨 何 帝母也 綱目自戰國分王外 其書薨者 非不成君 廢帝廢后 則諡爲帝爲后者也 不然則帝母也 有功公主也 非是無薨道矣 唐會昌以後 方鎭大臣有書薨者 誤也〕" ≪書法≫ 方鎭은 兵權을 잡고 한 지방을 鎭守하는 軍事長官을 말한다.

로운 情을 누르고 굽히는 것이 위로 祖考를 존경하는 것입니다." 하자, 마침내 시마복을 입었다.

太妃薨于琅邪第하니 **帝就第治喪**하고 **詔會稽王昱**하여 **總內外衆務**하다 **帝欲爲太妃服三年**①한대 **僕射江虨**이 **啓 於禮應服緦麻**②니이다 **帝猶欲服期**어늘 **虨曰 厭**(압)**屈私情**이 **所以上嚴祖考**라한대 **乃服緦麻**하다

① 爲(위하다)는 去聲이다.
爲, 去聲.

② 江虨(강반)은 江統의 아들이다. 虨은 逋閑의 切이다. ≪周禮≫에 王은 제후를 위하여 緦·縗를 하고, 弁에 環絰을 가한다."[16] 하였다. 또 禮에 남의 양자가 된 자는 그의 아들이 되므로 자기 양부를 위하여 斬衰 삼년복을 입고, 자기 생부모를 낮추어 기년복을 입는다. 강반이 "마땅히 시마복을 입어야 한다."라고 말한 것은 "황제가 入後하여 大宗을 이었으면, 周氏는 琅邪王의 어머니이니, 마땅히 제후왕의 복으로 복을 입어야 한다."는 것이다. 厭(누르다)은 於葉의 切이니, '厭降'은 굽히고 억누름이다. 嚴은 높임이다.
虨, 統之子也. 虨, 逋閑切. 周禮, 王爲諸侯緦·縗, 弁而加環絰. 又禮爲人後者, 爲之子, 故爲所後, 服斬衰三年, 而降其父母期. 虨以爲應服緦者, 蓋以帝入後大宗, 則周氏者, 琅邪之母, 當以服諸侯者服之也. 厭, 於葉切, 厭降, 屈抑也. 嚴, 尊也.

【綱】 여름 5월에 〈晉나라(東晉)가〉 桓溫에게 大司馬 都督中外諸軍 錄尙書事를 가하였다.

夏五月에 **加桓溫大司馬都督中外諸軍錄尙書事**하다

【目】 桓溫은 王坦之를 長史로 삼았는데, 왕탄지는 王述의 아들이다. 또 郗超(치초)를 參軍으로 삼고 王珣을 主簿로 삼고서 모든 일을 이 두 사람과 상의하니, 府 안의 사람들이 말하기를 "구레나루가 긴 參軍과 키가 작은 主簿가 능히 桓公을 기쁘게도 하고 환공을 노하게도 한다." 하였다.

환온은 氣概가 있고 고매하여 推重하는 사람이 적었으나, 치초와 말할 적에는 항상 스스로 "치초의 인품을 측량할 수 없다."고 칭찬하여 몸을 기울여 극진히 대우하니, 치초 또한 자연스럽게 깊이 교분을 맺고 정성을 바쳤다.

16) 王은……가한다 : 緦는 15升을 절반으로 줄여 만든 緦麻이고, 縗는 깃옷이고, 弁은 고깔(두건)이고, 環絰은 머리와 허리에 두르는 띠로, 부모상에 입는 斬縗와는 다른 것인바, 이 내용은 ≪周禮≫ 〈春官 典命〉과 〈夏官 弁師〉에 보인다. 縗는 상복으로 衰와 통한다.

王珣은 王導의 손자이다. 謝玄과 함께 모두 환온의 掾吏가 되니, 환온이 모두 소중히 여겨 말하기를 "연리 사현은 나이 40에 반드시 지방 장관의 符節을 잡을 것이요, 연리 왕순은 마땅히 검은 머리의 壯年에 上公이 될 것이니, 모두 쉽게 얻을 수 없는 재주이다." 하였으니, 사현은 謝安의 형 謝奕의 아들이다.

溫以王坦之爲長史하니 坦之는 述之子也라 又以郗超爲參軍하고 王珣爲主簿하고 每事를 必與二人謀之하니 府中이 爲之語曰 髯參軍, 短主簿 能令公喜하고 能令公怒[①]라하니라 溫이 氣概高邁하여 罕有所推하되 與超言에 常自謂不能測이라하여 傾身待之하니 超亦深自結納이러라 珣은 導之孫也라 與謝玄으로 皆爲溫掾하니 溫이 俱重之하여 曰 謝掾은 年四十에 必擁旄杖節이요 王掾은 當作黑頭公이니 皆未易才也[②]라하니 玄은 安兄奕之子也라

① '髯參軍', '短主簿'라고 한 것은 郗超는 구레나룻이 많고 王珣은 키가 작기 때문이었다.
髯參軍·短主簿, 以超多髯而珣短也.

② 旄를 잡고 節을 잡는다는 것은 方面을 담당함을 말한 것이다. '未易'는 얻기 어려움을 말한 것이다.
擁旄杖節, 言當方面也. 未易, 言難得也.

【綱】 가을 8월에 孛星이 角宿와 亢宿 사이에 나타났다.

秋八月에 有星孛于角, 亢[①]하다

① 角宿는 두 별인데, 왼쪽 귀퉁이에 있는 것은 죄인을 다스림이 되니 형벌을 주장하고, 오른쪽 귀퉁이에 있는 것은 장수가 되니 병사를 주관한다. 亢宿 네 별은 廟庭에서 정사를 다스리는 곳이 된다. 角宿, 亢宿, 氐宿는 鄭州와 兗州의 분야이다.
角, 二星. 左角爲理, 主刑. 右角爲將, 主兵. 亢四星, 爲廟庭聽政之所. 角·亢·氐, 鄭·兗州分.

【綱】 涼나라(前涼) 張天錫이 그의 군주 張玄靚을 시해하고 스스로 즉위하였다.

◑ 涼張天錫이 弑其君玄靚而自立하다

【目】 張玄靚의 庶母 郭氏가 張天錫이 정사를 전횡한다 하여 大臣과 주살할 것을 도모하였는데, 일이 누설되었다. 그리하여 장천석이 그들을 모두 죽이고 마침내 장현정을 시해하고 스스로 涼州牧 西平公이라고 칭하니, 이때 나이가 18세였다. 司馬를 보내어 奏章을 받들어 建康에 이르러 晉나라(東晉)에 命을 내려줄 것을 청하였다.

張玄靚의 庶母郭氏 以張天錫專政이라하여 與大臣謀誅之러니 事泄하니 天錫이 皆殺之하고 遂弑玄靚하고 自稱涼州牧西平公하니 時年十八이라 遣司馬하여 奉章詣建康請命①하다

① 司馬의 姓은 綸이고, 이름은 騫이다.
司馬, 姓綸, 名騫.

【綱】〈晉나라(東晉)의〉 汝南太守 朱斌(주빈)이 燕나라(前燕) 許昌을 기습하여 점령하였다.

汝南太守朱斌이 襲燕許昌하여 克之하다

甲子年(364)

【綱】晉나라(東晉) 哀皇帝 興寧 2년이다.

二年이라

【目】秦나라(前秦) 苻堅 甘露 6년이고 燕나라(前燕) 幽帝 慕容暐 建熙 5년이다. 涼나라(前涼) 西平悼公 張天錫 太淸 원년이다.

秦甘露六이요 燕建熙五年이라 ◑ 涼西平悼公張天錫(一)〔元〕[17]年이라

【綱】봄 2월에 燕나라(前燕) 慕容評이 河南 지방을 점령하였다.

春二月에 燕慕容評이 略地河南하다

【綱】3월에 〈晉나라(東晉)가〉 戶口를 크게 조사하여 所在地로 하여금 土斷[18]

17) (一)〔元〕: 저본에는 '一'로 되어 있으나, 校點本 ≪資治通鑑綱目≫(≪朱子全書≫ 9 上海古籍出版社)에 의거하여 바로잡았다.

18) 土斷 : 晉나라와 南朝에서 시행한 제도이다. 西晉時代에 잦은 戰亂으로 인해 사람들의 이주가 많아지면서 本籍으로 호적을 파악하기 어려워졌다. 이에 현 거주지에 따라 호적을 정하는 정책이 실시되는데, 이것이 土斷이다. 晉나라 衛瓘 등이 疏를 올려 九品中正制의 폐단을 논하면서 漢代 鄕擧里選制로 돌아가자고 주장한 데서 시작된 것으로 본다. 곧 현 거주지를 중심으로 호적을 재편성하고 이 호적을 중심으로 그 지역의 향론을 통해 인재를 선발할 것을 주장한 것이다. 그러나 이후 전란

을 하게 하였다.

◑三月에 **大閱戶口**하여 **令所在土斷**①하다

① 西北 지방의 백성으로서 동남 지방에 임시로 우거하는 자들을 소재지에서 土著民으로 단정하게 한 것이다.
令西北土民僑寓東南者, 所在以土著爲斷也.

【目】 이것을 庚戌制라 하였다.

謂之庚戌制①라하다

① ≪資治通鑑≫에 "3월 庚戌 朔日에 크게 戶口를 조사하여 所在地로 하여금 土斷을 하게 하여 그 법제를 엄격하게 하였는데, 이것을 庚戌制라 하였다." 하였다.
通鑑 "三月庚戌朔, 大閱戶口, 令所在土斷, 嚴其法制, 謂之庚戌制."

【綱】 황제(晉 哀帝)가 병환이 위독하니, 皇太后(康獻皇后 褚氏)가 조정에 임하여 섭정하였다.

帝寢疾하니 **皇太后臨朝攝政**[19)]하다

【目】 황제가 方術士의 말을 믿고서 곡식을 끊고 약을 먹어 장생불사하는 방법을 구하였다. 侍中 高崧(고숭)이 諫하였으나 듣지 않았는데, 얼마 뒤 약의 해독이 나타나 친히 萬機를 다스리지 못하게 되니, 太后가 다시 섭정하였다.

이 심화되어 華北 지역을 5胡에게 상실하고 강남에 東晉이 형성되는데, 이때 중원 지역의 豪族들이 江南 지방으로 많이 이주하였다. 이들은 원래 있던 중원 지역의 郡縣의 戶籍을 그대로 갖고 있어 임시로 거주하는 군현을 형성하였는바, 이들을 僑置郡縣이라 하였다. 그러다가 동진 哀帝 때에 桓溫이 土斷法을 확대 시행하여 교치군현을 합병하여 호적을 정돈하니, 이것을 '庚戌土斷'이라 칭하였다. 그 후 南朝의 각 왕조에서도 이 토단법을 시행하여 왕권을 강화하고 호족들의 노동력을 빼앗아 부역과 병력의 자원을 확대하는 수단으로 사용하였다.

19) 帝寢疾 皇太后臨朝攝政 : "漢나라 殤帝의 鄧太后와 桓帝의 梁太后는 두 번 조정에 임하여 섭정했을 때 모두 '猶(아직도)'라고 쓰고, 魏나라(北魏) 馮氏와 胡氏와 唐나라 武氏는 두 번 조정에 임하여 섭정했을 때 모두 '復(다시)'라고 썼다. 이 또한 두 번 조정에 임하여 섭정한 것인데, '猶'와 '復'라고 쓰지 않은 것은 어째서인가. 이는 褚太后의 뜻이 아니기 때문이다. 저태후가 모두 세 번 조정에 임하여 섭정했으나, 다 그의 본래 마음이 아니었다. 그러므로 ≪資治通鑑綱目≫에 비난하는 글이 없으니, 저태후처럼 조정에 임하여 섭정한다면 괜찮다. 특별히 '攝'이라고 쓴 것은 太后가 겸손하였기 때문이다.〔漢殤鄧太后 桓梁太后 再臨朝 皆書猶 魏馮氏胡氏 唐武氏 再臨朝 皆書復 此亦再臨朝者也 其不書猶與復何 非褚太后意也 褚太后凡三臨朝 皆非其意 故綱目無譏焉 臨朝若褚太后可矣 特書攝 太后謙也〕" ≪書法≫

帝信方士言하여 斷穀餌藥하여 以求長生①하니 侍中高崧이 諫不聽이러니 尋以藥發로 不能親萬機하니 太后復攝政하다

① '斷穀'은 '辟穀(곡식을 먹지 않는 수련법)'이라는 말과 같다.
斷穀, 猶言辟穀也.

【綱】 여름 4월에 燕나라(前燕)가 許昌과 汝南, 陳郡을 함락하였다.

夏四月에 燕이 陷許昌, 汝南, 陳郡하다

【目】 燕나라 李洪이 晉나라(東晉) 군대를 懸瓠(현호)에서 패퇴시키니, 汝南太守 朱斌은 壽春으로 달아나고 陳郡太守 朱輔는 후퇴하여 彭城을 지켰다. 大司馬 桓溫이 袁眞 등을 보내어 연나라 군대를 막게 하고 환온이 수군을 거느리고서 合肥에 주둔하였는데, 연나라 사람이 마침내 許昌과 汝南, 陳郡을 함락하고 將軍 慕容塵을 보내어 許昌에 주둔하게 하였다.

燕李洪이 敗晉兵於懸瓠①하니 汝南太守朱斌은 犇壽春하고 陳郡太守朱輔는 退保彭城이어늘 大司馬溫이 遣袁眞等禦之하고 溫이 帥舟師하여 屯合肥러니 燕人이 遂拔許昌, 汝南, 陳郡하고 遣將軍慕容塵하여 屯許昌하다

① 瓠는 胡와 互 두 가지의 음이 있다. 懸瓠城은 汝南郡의 치소이다.
瓠, 胡・互二音. 懸瓠城, 汝南郡治也.

【綱】 5월에 〈晉나라(東晉)가〉 王述을 尙書令으로 삼았다.

五月에 以王述爲尙書令하다

【目】 王述은 매번 관직을 받을 때마다 가식적인 겸양을 하지 않았고 사양해야 할 경우에는 반드시 받으려 하지 않았다. 그런데 尙書令이 되자, 아들 王坦之가 故事를 들어 마땅히 사양해야 한다고 아뢰자, 왕술이 말하기를 "너는 내가 이 관직을 감당할 수 없다고 여기느냐?" 하니, 대답하기를 "아닙니다. 다만 능히 겸양하는 것이 본래 아름다운 일입니다." 하였다. 왕술이 말하기를 "이미 내가 감당할 수 있다고 여긴다면 어찌하여 다시 겸양하겠느냐. 사람들은 네가 나보다 낫다고 말하지만, 내가 살펴보건대 너는 정

녕 나에게 미치지 못한다." 하였다.

述이 每受職에 不爲虛讓하고 其所辭는 必於不受러니 及爲尙書令에 子坦之白述故事當讓이라한대 述曰 汝謂我不堪邪아 曰 非也라 但克讓이 自美事耳니이다 述曰 旣謂堪之면 何爲復讓이리오 人言汝勝我러니 定不及也로다

【綱】〈晉나라(東晉)가〉 大司馬 桓溫에게 揚州牧을 加하였다.

加大司馬溫揚州牧하다

【目】 이때 桓溫을 불러서 들어와 조정의 정사에 참여하게 하였는데, 환온이 사양하고 오지 않았다.

時에 召溫하여 入參朝政이러니 辭不至하다

【綱】 6월에 秦나라(前秦)가 〈涼나라(前涼)의〉 張天錫을 西平公으로 삼았다.

六月에 秦以張天錫爲西平公하다

【綱】 가을 7월에 〈晉나라(東晉)〉 大司馬 桓溫이 赭圻(자기)에 성을 쌓았다.

◑ 秋七月에 大司馬溫이 城赭圻[20]하다

【目】 詔勅을 내려 다시 桓溫을 불러 조정으로 들어오게 하였다. 환온이 赭圻에 이르렀을 때 조령을 내려 조정에 들어오는 것을 중지하게 하니, 환온은 마침내 자기에 성을 쌓아 거주하고, 內錄을 굳게 사양하고서 멀리 揚州牧의 직책을 겸하였다.

詔復徵溫入朝러니 溫이 至赭圻어늘 詔止之하니 溫이 遂城赭圻居之하고 固辭內錄하고 遙領揚州牧①하다

---

20) 大司馬溫城赭圻 : "城은 보통은 쓰지 않고 반드시 關防의 요해처인 뒤에야 쓰는데, 赭圻에만 城이라고 쓴 것은 어째서인가. 桓溫의 권세가 극심했기 때문이다. 그러므로 성에 축성한 사람을 쓰는 경우는 있지 않은데, '大司馬 환온이 축성했다.'고 指斥한 것은 환온을 죄책한 것이다. 따라서 환온이 멋대로 자기에 축성한 것은 '대사마 환온'이라고 지척하여 쓰고,(이해(364)이다.) 徐知誥가 멋대로 宮城을 경영한 것은 '吳나라 徐知誥'라고 지척하여 썼으니,(五代時代 癸巳年(933)이다.) 모두 그 전횡을 죄책한 것이다.〔城不書 必關要而後書 赭圻耳 書城 何 溫伉也 故城未有書其人者 斥大司馬溫城 罪之也 是故桓溫擅城赭圻 則斥書大司馬溫(是年) 知誥擅營宮城 則斥書吳徐知誥(五代癸巳年) 皆罪其專也〕" ≪書法≫

① 赫圻는 宣城의 경계에 있다. 內錄은 錄尙書事를 이른다.
赫圻, 在宣城界. 內錄, 謂錄尙書事也.

【綱】 秦나라(前秦) 苻騰이 반역을 모의하다가 伏誅되었다.

秦苻騰이 謀反伏誅하다

【目】 秦나라 汝南公 苻騰은 秦王 苻生의 아우이다. 모반하다가 주살을 당하였는데, 이때 부생의 아우가 아직도 다섯 명이 있었다. 王猛이 말하기를 "다섯 公을 제거하지 않으면, 끝내 반드시 禍가 될 것입니다." 하였으나, 苻堅은 이 말을 따르지 않았다.

秦汝南公騰은 秦王生之弟也라 以謀反誅하니 時에 生弟猶有五人①이라 王猛曰 不去五公이면 終必爲患이라하되 堅이 不從이러라

① 〈다섯 사람은〉 晉公 苻柳 등 다섯 사람을 이른다.
謂晉公柳等五人.

【綱】 燕나라(前燕)가 宗廟와 百官을 鄴城으로 옮겼다.

燕이 徙其宗廟, 百官於鄴하다

【綱】 燕나라(前燕)가 河南의 여러 성을 함락하였다.

◑ 燕이 陷河南諸城하다

【目】 太宰 慕容恪이 장차 洛陽을 점령하려 할 적에 먼저 사람을 보내어 선비와 백성들을 招諭하여 받아들이니, 遠近의 여러 塢[21]가 모두 귀의하였다. 이에 悅希로 하여금 孟津에 군대를 주둔하게 하고 孫興으로 하여금 成皐에 군대를 주둔하게 하였다.

---

21) 塢 : 魏晉時代의 혼란 속에서 유민들이 많아지게 되면서 등장한 것 중에 하나가 塢이다. 塢는 작은 성채나 보루를 뜻하는데, 後漢 시기 羌族의 침략으로 변방에 塢候를 설치한 것에서 그 연원을 찾으며, 西晉 말엽에 들어서면서 백성들이 自衛를 위하여 직접 설치하게 된다. 특히 유민들에 의해서 많이 만들어졌는데, 이들 塢를 지배하는 자들을 塢主라 하였다. 塢는 그 구조와 규모가 일정하지 않으며 천연의 요새가 될 만한 곳에 세워진 경우도 많았다. 이들은 중앙정부의 통제를 받지 않고 자체 규약에 의한 독자적 활동을 하였다. 塢는 기존의 지역공동체였던 鄕里가 붕괴되면서 나타난 것으로 이 시대를 이해하는 대표적 특징이라 할 수 있다.

太宰恪이 將取洛陽할새 先遣人하여 招納士民하니 遠近諸塢皆歸之라 乃使悅希軍盟津하고 孫興軍成皐①하다

① 盟은 孟으로 읽는다.
盟, 讀曰孟.

【目】 처음에 沈充의 아들 沈勁이 자기 아버지가 逆亂에 죽었다 하여 마음속으로 功을 세워 옛 수치를 설욕하고자 하였으나, 나이 30이 넘어도 형벌 받은 집안이라는 이유로 벼슬을 얻지 못하였다. 그런데 燕나라 사람이 洛陽을 핍박하였을 때 陳祐가 낙양성을 지켰는데, 군대가 2천 명에 불과하였다. 심경은 스스로 표문을 올려 진우의 부하가 되어 힘을 바칠 것을 청하자, 조정에서는 조령을 내려 長史에 보임해서 스스로 壯士들을 모집하도록 하였다.

심경은 천여 명을 얻어 출발해서 여러 번 적은 병력으로 많은 적을 공격하여 燕나라 군대를 격파하였다. 그러나 낙양에는 양식이 바닥나고 援助가 끊기니, 진우는 스스로 낙양성을 지킬 수 없음을 헤아리고는 마침내 許昌을 구원한다는 것을 명분으로 삼고 심경에게 5백 명을 남겨주어 낙양성을 지키게 하였다.

심경은 기뻐하며 말하기를 "나는 나라를 위해 목숨을 바치고자 하는 뜻이 있었는데, 이제 기회를 얻었다." 하였다. 悅希가 군대를 이끌고 하남의 여러 성을 공략하여 모두 점령하였다.

初에 沈充之子勁이 以其父死於逆亂이라하여 志欲立功以雪舊恥호되 年三十餘에 以刑家不得仕①러니 及燕人逼洛陽에 陳祐守之하니 兵不過二千이라 勁이 自表求配祐効力한대 詔補長史하여 令自募壯士러니 得千餘人以行하여 屢以少擊衆하여 摧破燕軍이로되 而洛陽이 糧盡援絶하니 祐自度(탁)不能守②하고 乃以救許昌爲名하고 留勁以五百人守之하니 勁이 喜曰 吾志欲致命이러니 今得之矣③라하니라 悅希引兵하여 略河南諸城하여 盡取之하다

① 逆亂에 죽은 일은 晉 明帝 太寧 2년(324)에 보인다.[22)]
死於逆亂, 見明帝太寧二年.
② 度(헤아리다)은 徒洛의 切이다.
度, 徒洛切.
③ '致命'은 목숨을 바침을 이르니, '授命'이라는 말과 같다.

22) 逆亂에……보인다 : 역난은 王敦의 난을 가리킨다. 沈充은 왕돈의 謀主가 되어 전횡을 일삼다가 왕돈의 난이 진압되자 죽임을 당하였다.

致命, 謂委致其命, 猶言授命也.

【綱】秦나라(前秦) 平陽公 苻融 등이 작위가 侯로 강등되었다.

秦平陽公融等이 **降爵爲侯**①하다

① 平陽公은 위와 아래의 기록에 모두 陽平公으로 되어 있다.[23]
平陽公, 上下皆作陽平公.

【目】秦王 苻堅이 명하여 여러 公의 封國에 각각 三卿의 관직을 설치하게 하되, 기타 관직까지 아울러 모두 공의 봉국에서 직접 제수하도록 하였는데, 오직 郎中令만 秦나라 조정에서 임명하게 하였다. 부유한 商人 趙掇 등이 수레와 의복이 참람하고 사치하였다. 여러 공이 다투어 그를 데려다가 卿으로 삼자, 부견은 마침내 有司에게 명하여 辟召한 자들 중에 적임자가 아닌 자를 조사하게 하였다. 그리고 현재부터 봉국의 관리를 모두 銓衡에게 맡기게 하고 命士[24]가 아니면 말을 타지 못하고 工人과 商人과 皁隷(하인)들은 金銀과 錦繡로 장식한 옷을 입지 못하게 하였는데, 금령을 범하는 자는 棄市刑에 처하였다. 이에 다섯 공의 작위를 侯로 강등하였다.

秦王堅이 **命公國**에 **各置三卿**하되 **幷餘官皆聽自采辟**하고 **獨爲置郎中令**①하니 **富商趙掇等**이 **車服僭侈**라 **諸公**이 **競引以爲卿**이어늘 **堅**이 **乃詔有司**하여 **推檢辟召非其人者**하고 **自今國官**을 **皆委之銓衡**②하고 **非命士**어든 **不得乘馬**하고 **工商皁隷**는 **不得服金銀錦繡**호되 **犯者棄市**하니 **於是**에 **五公**이 **降爵爲侯**③라

① 晉나라 제도에 王國에 郎中令과 中尉, 大農을 설치하여 三卿으로 삼았는데, 秦나라가 그 제도를 따른 것이다. 爲(위하다)는 去聲이다.
晉制, 王國置郎中令・中尉・大農, 爲三卿, 秦因其制. 爲, 去聲.

② 銓衡은 吏部尙書를 이른다.
銓衡, 謂吏部尙書也.

③ 다섯 公은 平陽公, 平昌公, 九江公, 陳留公, 安樂公의 다섯 공을 이른다.
五公, 平陽・平昌・九江・陳留・安樂五公.

---

23) 平陽公은……있다 : 이전의 庚申年(360) 겨울 10월과 이후의 壬申年(372) 가을 8월 기사에 苻融을 각각 '陽平公'이라고 칭한 것을 가리킨다.

24) 命士 : 조정에서 관원에 임명하거나 爵位를 내린 사람을 말한다.

乙丑年(365)

【綱】 晉나라(東晉) 哀皇帝 興寧 3년이다.

三年이라

【目】 秦나라(前秦) 苻堅 建元 元年이고, 燕나라(前燕) 幽帝 慕容暐 建熙 6년이다.

秦建元元이요 燕建熙六年이라

【綱】 봄 정월에 〈晉나라(東晉)〉 皇后 王氏가 崩하였다.

春正月에 皇后王氏崩[25)]하다

【綱】〈匈奴의〉 劉衛辰이 다시 代나라를 배반하자, 代王 拓跋什翼犍이 공격하여 패주시켰다.

◑ 劉衛辰이 復叛代어늘 代王什翼犍이 擊走之하다

【目】 代王 拓跋什翼犍은 성품이 너그럽고 후덕하였다. 郎中令 許謙이 비단 두 필을 도둑질하였는데, 이것을 알고도 숨겨주고 左長史 燕鳳에게 이르기를 "내 허겸의 얼굴을 차마 보지 못하겠으니, 卿은 부디 조심하여 이 사실을 누설하지 말라. 만약 허겸이 부끄러워하여 자살하면 이는 내가 재물 때문에 선비를 죽이는 것이다." 하였다.

탁발십익건은 일찍이 西部의 배반한 자를 토벌할 적에 눈에 流矢를 맞았는데 이윽고 활을 쏜 자를 사로잡으니, 여러 신하들이 그를 칼로 난도질하여 죽이려 하였다. 그러나 탁발십익건은 말하기를 "저들은 각각 자기 군주를 위하여 싸웠을 뿐이다. 무슨 죄가 있는가." 하고, 마침내 석방하였다.

代王什翼犍이 性寬厚라 郎中令許謙이 盜絹二匹이어늘 知而匿之하고 謂左長史燕鳳曰 吾不忍視謙之面하노니 卿愼勿泄하라 若謙이 慙而自殺이면 是吾以財殺士也니라 嘗討西部叛者할새 流矢中

25) 皇后王氏崩 : "晉나라 后는 葬禮를 쓰는데, 여기서는 어찌하여 쓰지 않았는가. 이해 봄에 황제가 崩하여 安平陵에 장례하고 인하여 合葬하였기 때문이다.〔晉后書葬矣 此則曷爲不書 是春 帝崩 葬安平陵 因以合葬矣〕" ≪書法≫

目이러니 旣而獲射者하니 群臣이 欲臠割之한대 什翼犍曰 彼各爲其主鬪耳니 何罪오하고 遂釋之①하다

① 爲(위하다)는 去聲이다.
爲, 去聲.

【綱】〈晉나라(東晉)〉 大司馬 桓溫이 진영을 姑孰으로 옮기고 아우 桓豁(환활)에게 荊州·揚州 等의 軍事를 감독하게 하였다.

大司馬溫이 移鎭姑孰하고 以弟豁로 監荊揚等州軍事[26]하다

【綱】 3월에 황제(晉 哀帝)가 崩하니, 琅邪王 司馬奕이 즉위하였다.

◑ 三月에 帝崩①하니 琅邪王奕이 卽位하다

① 향년이 25세이다.
壽, 二十五.

【目】 황제가 崩하였는데 후사가 없었다. 皇太后(褚太后)가 詔命을 내려 司馬奕으로 大統을 잇게 하였다.

帝崩하니 無嗣라 皇太后 詔以奕承大統하다

【綱】 燕나라(前燕)가 洛陽을 함락하니, 〈晉나라(東晉)의〉 將軍 沈勁이 전사하였다.

燕이 陷洛陽하니 將軍沈勁이 死之하다

【目】 燕나라 太宰 慕容恪과 吳王 慕容垂가 함께 洛陽을 공격할 적에 모용각이 여러 장수들에게 이르기를 "卿 등은 항상 내가 적을 공격하지 않음을 염려하였는데, 지금 낙양은 城이 높지만 敵兵이 약하니, 두려워하지 말라." 하고는 마침내 성을 공격하여 점령해서 沈勁을 사로잡았다.

심경은 정신과 기운이 태연자약하였는데, 모용각이 장차 그를 용서하려 하였으나, 將軍 慕輿虔이 말하기를 "심경이 비록 기이한 선비이나 그 뜻과 태도를 보니, 끝내 남에게

26) 大司馬溫……監荊揚等州軍事 : "'移鎭(진영을 옮겼다)'이라고 쓰고 '以弟(아우에게)'라고 쓴 것은 〈桓溫이〉 전횡함을 나타낸 말이다.〔書移鎭 書以弟 專辭也〕" ≪書法≫

쓰이지 않을 것입니다." 하니, 마침내 그를 죽였다.

燕太宰恪及吳王垂 共攻洛陽할새 恪이 謂諸將曰 卿等이 常患吾不攻이러니 今洛陽이 城高而兵弱하니 勿畏也하라하고 乃攻克之하여 執沈勁하다 勁이 神氣自若이어늘 恪이 將宥之러니 將軍慕輿虔曰 勁雖奇士나 觀其志度하니 終不爲人用이라하니 遂殺之하다

【目】〈燕나라의〉 慕容恪이 城地를 공략하여 崤谷(효곡)과 澠池(면지)에 이르니, 關中이 크게 진동하였다. 秦王 苻堅이 직접 군대를 이끌고 陝城에 주둔하여 연나라 군대를 방어하려 하였다. 연나라에서는 慕容筑(모용축)을 金墉에 진주하게 하고 吳王 慕容垂를 魯陽에 진주하게 하였다.

모용각이 鄴城으로 돌아와서 관속들에게 이르기를 "내 지난번 廣固를 평정할 적에 辟閭蔚(벽려울)을 구조하지 못했는데, 이제 낙양을 평정함에 심경을 죽게 하였다. 비록 모두 나의 本意가 아니었으나, 실로 四海에 부끄러움이 있다." 하였다.

晉나라 조정에서는 심경의 충성을 가상히 여겨서 東陽太守를 추증하였다.

恪이 略地至崤, 澠하니 關中이 大震①이라 秦王堅이 自將屯陝城以備之②하다 燕以慕容筑鎭金墉하고 吳王垂鎭魯陽③하고 恪이 還鄴하여 謂僚屬曰 吾前平廣固에 不能濟辟閭蔚이러니 今定洛陽에 使沈勁爲戮하니 雖皆非本情이나 實有愧於四海로라 朝廷이 嘉勁之忠하여 贈東陽太守하다

① 崤는 崤谷이고, 澠은 澠池이다.
崤, 崤谷也. 澠, 澠池也.
② ≪漢書≫ 〈地理志〉에 "弘農에 陝縣이 있다." 하였다.
漢地志 "弘農有陝縣."
③ 慕容筑은 燕나라 宗室이다. 筑은 音이 竹이다.
筑, 燕宗室也. 筑, 音竹.

【目】司馬溫公(司馬光)이 평하였다.

"沈勁은 아버지(沈充)의 악행을 부끄러워하였기 때문에 목숨을 바쳐 아버지의 죄를 씻어 凶逆의 집안을 忠義의 가문으로 변화시켰으니, 능히 훌륭한 자식이 되었다고 이를 만하다."

司馬公曰 沈勁이 恥父之惡하여 致死以滌之하여 變凶逆之族하여 爲忠義之門하니 可謂能爲子矣로다

【目】 慕容恪이 장수가 되었을 적에 위엄을 앞세우지 않고 오로지 은혜와 信義를 사용하여 士卒들을 어루만졌으며, 되도록 큰 요점을 다스리고 세세하고 까다롭게 명령하지 아니하여 軍中의 모든 병사들을 편안하게 하였다. 그리하여 평상시에는 營中이 풀어져 있어 침범할 수 있을 듯하였으나, 경비가 삼엄하고 치밀하여 敵이 쳐들어왔을 적에 근접하지 못하였다. 그러므로 패한 적이 없었다.

◑恪이 爲將에 不事威嚴하고 專用恩信하여 撫士卒하며 務綜大要하고 不爲苛令하여 使人人得便安하니 平時에 營中이 寬縱하여 似若可犯이라 然警備嚴密하여 敵至에 莫能近故로 未嘗敗러라

【綱】 황제(晉 哀帝)를 安平陵에 장례하였다.

葬安平陵하다

【綱】 여름 4월에 燕나라(前燕)가 陽騖를 太尉로 삼았다.

◑夏四月에 燕以陽騖爲太尉하다

【目】 陽騖는 네 조정을 차례로 섬기고서 나이가 많고 명망이 높으니, 太宰 慕容恪 이하가 모두 그에게 절하였다. 그러나 양무는 젊었을 때보다 더욱 겸손하고 공손하고 근신하고 후덕하여 자손들을 엄하게 경계하고 단속하니, 비록 〈고관으로서〉 붉은 인끈과 자주색 官服을 입은 자손들이 많았으나 감히 그 법도를 어기거나 범하는 자가 없었다.

騖歷事四朝하여 年耆望重[①]하니 自太宰恪以下皆拜之로되 而騖謙恭謹厚가 過於少時하여 戒束子孫하니 雖朱紫羅列이나 無敢違犯其法度者러라

①〈네 조정은〉 慕容廆, 慕容皝, 慕容儁, 慕容暐 네 조정이다.
廆・皝・儁・暐四朝.

【綱】 6월에 〈晉나라(東晉)〉 益州刺史 周撫가 卒하였다.

六月에 益州刺史周撫卒하다

【目】 周撫는 益州에 있은 지 30여 년에 위엄과 은혜가 매우 많았다. 조령을 내려 그의 아들 周楚에게 주무의 지위를 대신하게 하였다.

撫在益州三十餘年에 **甚有威惠**라 **詔以其子楚代之**①하다

① 晉 穆帝 永和 3년(347)에 桓溫이 蜀 지방(成漢)을 평정하고 周撫를 남겨두어 진무하게 하였는데, 이때 진무한 지 겨우 19년이었다. 晉나라가 촉 지방을 얻기 전에 益州刺史를 巴東에 설치하여 주무가 먼저 이미 刺史가 되었는데, 환온이 촉 지방을 점령한 뒤에 주무가 그대로 익주자사가 되어 彭模에 주둔하였다. 여기에 "익주에 있은 지가 30여 년이다."라고 말한 것은 史官이 파동에 진주하고 팽모에 진주한 해를 통틀어 계산한 것이다.
穆帝永和三年, 桓溫平蜀, 留撫鎭之, 至是纔十九年. 蓋晉未得蜀之前, 置益州刺史於巴東, 撫先已爲刺史, 溫旣克蜀, 撫仍爲益州刺史, 鎭彭模. 曰"在益州三十餘年"者, 史通其鎭巴東・鎭彭模之年, 數之也.

【綱】 가을 7월에 〈晉나라(東晉)가〉 會稽王 司馬昱을 琅邪王으로 삼았다.

秋七月에 **會稽王昱爲琅邪王**①하다

① 晉 元帝가 琅邪王으로 있다가 들어와 大統을 이으니, 이후로 황제의 太子와 同母弟만이 낭야왕에 봉해질 수 있었다. 元帝 永昌 元年(322)에 司馬昱을 낭야왕으로 삼고 恭王의 제사를 받들게 했는데, 成帝 咸和 元年(326)에 낭야왕의 生母인 鄭夫人이 薨하자, 낭야왕은 울부짖고 사모하여 정부인의 喪에 중한 服을 입을 것을 청하므로 거듭 옮겨 회계왕에 봉하였다. 이후로 康帝와 哀帝 및 지금의 황제(廢帝)가 모두 낭야왕으로 있다가 들어와 大統을 이었다.
元帝自琅邪入繼大統, 自後太子・母弟得封琅邪王. 元帝永昌元年, 以昱爲琅邪王, 奉恭王祀, 成帝咸和元年, 王生母鄭夫人薨, 王號慕請服, 重徙封會稽王. 是後康帝・哀帝及今帝, 皆自琅邪入繼大統.

【目】 司馬昱이 琅邪王을 굳이 사양하고 끝내 會稽王이라 칭하였다.

昱이 **固讓**하고 **卒自稱會稽王**하다

【綱】 〈晉나라(東晉)가〉 皇后 庾氏를 세웠다.

立皇后庾氏하다

【目】 황후는 庾冰의 딸이다.

后는 冰之女也라

【綱】 匈奴 曹轂(조곡)과 劉衛辰이 秦나라(前秦)를 배반하자, 秦나라가 이들을 공격하여 항복시켰다.

匈奴曹轂, 劉衛辰이 叛秦이어늘 秦이 擊降之하다

【綱】 겨울 11월에 〈晉나라(東晉)〉 梁州刺史 司馬勳이 배반하여 〈益州의〉 成都를 포위하자, 大司馬 桓溫이 江夏相 朱序를 보내어 성도를 구원하게 하였다.

◑ 冬十一月에 梁州刺史司馬勳이 反하여 圍成都어늘 大司馬溫이 遣江夏相朱序하여 救之하다

【目】 司馬勳이 정사를 포학하고 가혹하게 하였는데, 治中과 別駕가 그의 뜻에 거슬린 말을 하자, 즉시 앉은 자리에서 그들을 참수하였다. 항상 蜀 지방을 점거하려는 뜻을 품고 있었으나, 周撫를 두려워하여 감히 반란을 일으키지 못하였다. 주무가 卒하니, 마침내 군대를 일으켜 배반하고서 스스로 成都王이라 칭하고 군대를 이끌고 劍閣으로 쳐들어가 成都를 포위하여 공격하자, 桓溫이 表文을 올려 周序를 征討都護로 삼아 성도를 구원하게 하였다.

勳이 爲政暴酷하여 治中, 別駕言語忤意어늘 卽於坐斬之하고 常有據蜀之志호되 憚周撫하여 不敢發이러니 及撫卒에 遂擧兵反하여 自號成都王하고 引兵入劍閣하여 圍成都어늘 溫이 表序爲征討都護하여 以救之하다

【綱】 〈晉나라가〉 王彪之를 僕射로 삼았다.

以王彪之爲僕射하다

丙寅年(366)

【綱】 晉나라(東晉) 帝 司馬奕 太和 元年이다.

帝奕[27]太和元年[28]이라

27) 帝奕 : 司馬奕으로 371년에 폐위되어 廢皇帝, 廢帝 海西公으로 불린다. 다만 ≪資治通鑑綱目≫에서는

【目】 秦나라(前秦) 苻堅 建元 2년이고 燕나라(前燕) 幽帝 慕容暐 建熙 7년이다.

秦建元二요 燕建熙七年이라

【綱】 여름 5월에 〈晉나라(東晉)〉 皇后 庾氏(晉 明帝의 황후)가 崩하였다.

夏五月에 皇后庾氏崩하다

【綱】 〈晉나라(東晉)의〉 朱序와 益州刺史 周楚가 司馬勳을 공격하여 참수하였다.

◑ 朱序及益州刺史周楚 擊司馬勳하여 斬之하다

【綱】 代王 拓跋什翼犍이 사신을 보내어 秦나라(前秦)에 들어가 공물을 바쳤다.

桓溫이 사마혁을 폐위한 것을 인정하지 않고 '帝奕'이라 칭한 것이다. 이에 의거하여 번역하였다.

28) 帝奕太和元年 : "황제가 廢位되어 海西公이 되었다. 역사서에는 海西公이라고 썼는데 여기서는 '帝奕'이라고 쓴 것은 어째서인가. 司馬奕이 帝位에 오른 지 6년이 되었으니, 桓溫이 그를 폐위한 것을 인정하지 않은 것이다. 그렇다면 어찌하여 이름을 썼는가. 孝武帝가 즉위한 지 14년(大元 11년(386))이 지난 뒤에 海西公이 薨하였다고 써서 이미 황제의 시호가 없으니, 그 이름을 칭하지 않으면 장차 무엇으로 칭하겠는가. 이는 ≪資治通鑑綱目≫의 變例이다. 나라를 잃었기 때문에 해서공이라 했다고 하는 것은 지나치다. 廢帝라고 칭할 수 없는가. 폐제라고 칭하면 이는 환온이 그를 폐위한 것을 인정하는 것이다.〔帝廢爲海西公矣 史以海西公書 此其書曰帝奕 何 奕卽帝位六年矣 不予溫之得廢之也 然則曷爲名之 孝武卽位十四年而後 海西公以薨書 既無帝諡 不稱其名 則將何稱 此綱目之變例也 以爲失國名之則過矣 不可稱廢帝乎 稱廢帝 是予其廢之也〕" ≪書法≫

"이 司馬奕은 海西公인데 어찌하여 '帝奕'이라고 썼는가. 桓溫이 폐위함을 인정하지 않은 것이다. 대저 帝라는 것은 天下를 소유한 칭호이다. 太和(帝奕)가 前 조정의 대통을 이어 在位했을 적에 애당초 德을 잃지 않았는데, 환온이 어떻게 폐위할 수 있는가. 그러므로 '帝奕'이라고 쓰면 황제 됨의 존엄함을 잃지 않음을 나타내고, 海西公이라고 쓰지 않으면 환온이 제 마음대로 봉할 수 없음을 나타낸 것이다. 그렇다면 어찌하여 이름을 썼는가. 대저 제후는 살아서는 이름을 쓰지 않고 땅을 잃으면 이름을 쓰는 법이니, 황제가 비록 죄 없이 폐출을 당했으나, 높이 九五의 황제 자리에 있어 한 나라의 명예와 영화를 독점하였다. 湯王은 70리를 가지고 文王은 100리를 가지고서도 오히려 천하에 정사를 하였는데, 황제는 在位한 지 6년에 참으로 드러난 잘못이 없었으나, 德도 또한 알려진 것이 없어서 마침내 강한 신하로 하여금 손바닥을 뒤집는 것보다 더 쉽게 폐위시키게 하였다. 그러므로 ≪資治通鑑綱目≫에서 그를 땅을 잃은 군주에 비하였고, 또 인군이 善을 힘쓰지 않으면 안 됨을 경계한 것이다. 書法이 이와 같으니, 어찌 엄하지 않겠는가.〔此海西公也 何以書帝奕 不予桓溫之廢也 夫帝者 有天下之稱 太和承統前朝 在位 初無失德 溫何得而廢之 故書帝奕 則見不失爲帝之尊 而不書海西公 則見溫不得而封之也 然則何以名之 夫諸侯不生名 失地則名 帝雖無罪見廢 然尊居九五 擅一國之名寵 湯以七十里 文王以百里 尙能爲政於天下 帝在位六年 固無顯過 而德亦蔑聞 遂使强臣廢之 易於反掌 故綱目比之失地之君 又以戒人君不可不自强於善爾 書法若此 豈不嚴哉〕" ≪發明≫ 九五는 ≪周易≫ 乾卦의 다섯 번째 爻로서 황제의 지위를 뜻한다.

◑ 代王什翼犍이 遣使하여 入貢于秦하다

【綱】 가을 7월에 〈晉나라(東晉)가〉 孝皇后(庾氏)를 장례하였다.

◑ 秋七月에 葬孝皇后하다

【綱】 秦나라(前秦)가 荊州를 침략하여 만여 호를 노략질하여 돌아갔다.

◑ 秦이 寇荊州하여 掠萬餘戶而還하다

【綱】 겨울 10월에 會稽王 司馬昱을 丞相 錄尙書事로 삼아 殊禮(특별한 禮遇)를 더하였다.

◑ 冬十月에 以會稽王昱으로 爲丞相錄尙書事하여 加殊禮[29)]하다

【目】 조정으로 들어와서는 종종걸음으로 달려가지 않고 배알할 때에 贊禮가 그의 성명을 부르지 않고 劍을 차고 가죽신을 신고 殿에 올라가게 하였다.

入朝不趨하고 贊拜不名하고 劍履上殿하다

【綱】 燕나라(前燕)가 兗州 지방을 침략하여 魯와 高平 등 여러 郡을 함락하였다.

燕이 寇兗州하여 陷魯, 高平數郡하다

【綱】 〈晉나라(東晉)〉 南陽督護 趙億이 宛城을 가지고 배반하자, 燕나라(前燕)가 趙盤을 보내어 완성을 지키게 하였다.

◑ 南陽督護趙億이 以宛城叛이어늘 燕이 遣趙盤戍之하다

---

29) 以會稽王昱……加殊禮 : "'殊禮'는 무엇인가. 조정에 들어와서는 종종걸음으로 달려가지 않고, 배알할 때에 贊禮가 그의 성명을 부르지 않고, 劍을 차고 가죽신을 신고 殿으로 올라가는 것 등이다. ≪資治通鑑綱目≫에 〈'入朝不趨' 등을〉 자세히 갖추어 쓴 것이 네 번인데 오직 蕭何에게만 賜라고 썼고, 이를 생략하고 '殊禮'라고만 칭한 것이 넷인데 오직 梁冀와 會稽王(司馬昱)에 加를 썼으니, 나머지(소하, 양기, 회계왕을 제외한 사람들)는 모두 참람할 뿐이다.(漢 高帝 6년에 자세히 보인다.)〔殊禮何 入朝不趨 贊拜不名 劍履上殿 是也 綱目備書者四 惟蕭何得書賜 略之稱殊禮者四 惟梁冀會稽王書加 餘皆僭而已矣(詳漢高帝六年)〕" ≪書法≫

丁卯年(367)

【綱】 晉나라(東晉) 帝 司馬奕 太和 2년이다.

二年이라

【目】 秦나라(前秦) 苻堅 建元 3년이고 燕나라(前燕) 幽帝 慕容暐 建熙 8년이다.

秦建元三이요 燕建熙八年이라

【綱】 봄 2월에 燕나라(前燕) 太宰 慕容恪이 卒하였다.

春二月에 燕太宰慕容恪이 卒[30)]하다

【目】 慕容恪이 병이 위독하자 燕主 慕容暐가 직접 가서 병을 살펴보고 그의 死後의 일을 물으니, 모용각이 대답하기를 "吳王 慕容垂는 文武의 자질을 겸하였으니, 管仲과 蕭何[31)]의 다음입니다. 만약 그에게 정사를 맡기면 국가가 편안할 수 있습니다. 이렇게 하지 않으면 秦나라(前秦)와 晉나라(東晉)가 반드시 우리나라를 엿볼 계책을 가질 것입니다." 하였다. 모용각은 말을 마치고 곧 죽었다.

恪이 疾病이어늘 燕王暐親視之하여 問以後事[①]한대 恪曰 吳王垂 文武兼資하니 管, 蕭之亞라 若任以政이면 國家可安이어니와 不然이면 秦, 晉이 必有窺窬之計리이다하고 言終而卒하다

① 王은 마땅히 主가 되어야 한다.
王, 當作主.

【綱】 匈奴의 曹轂이 사신을 燕나라(前燕)에 보내었다.

匈奴曹轂이 遣使如燕하다

---

30) 燕太宰慕容恪卒 : "慕容恪이 卒하자 燕나라를 엿보는 자가 이르렀는데, 이것을 ≪資治通鑑綱目≫에 연달아 쓴 것은 경계한 것이다. ≪자치통감강목≫에서 僭國의 신하에게 '卒'이라고 쓴 것이 21명인데,(晉나라 懷帝 永嘉 2년(308)에 자세히 보인다.) 모용각의 죽음을 더욱 크게 애석히 여긴 것이다.〔恪卒而闚國者至矣 綱目聯書之 所以戒也 綱目卒僭國臣二十一(詳晉懷帝永嘉二年) 於恪卒 尤深惜之〕" ≪書法≫

31) 管仲과 蕭何 : 관중은 이름이 夷吾, 字가 仲으로, 춘추시대 齊나라의 桓公을 도와 霸業을 이루게 한 인물이다. 소하는 沛縣 사람으로 劉邦을 도와 漢나라를 건국하는 데 중요한 역할을 한 인물이다.

【目】 秦王 苻堅은 慕容恪이 죽었다는 말을 듣고는 은밀히 燕나라를 도모할 계획이 있어서 曹轂에게 명하여 사신을 보내어 연나라에 가게 하였는데, 西戎主簿 郭辯을 副使로 삼으니, 이때 연나라 司空인 皇甫眞의 형 皇甫腆, 조카인 皇甫奮, 皇甫覆이 모두 秦나라(前秦)에서 벼슬하였다.

곽변이 연나라에 이르러 황보진에게 이르기를 "나는 본래 진나라 사람이었는데, 집안이 진나라에 주살을 당하였으므로 曹王(曹轂)에게 목숨을 의탁하고 있으니, 貴兄인 常侍 황보전 및 황보분, 황보복 형제가 모두 나와 교유하며 오랜 친분이 있다." 하였다. 황보진이 노하여 말하기를 "신하는 국경 밖의 사람과 교유함이 없으니, 이 말이 어찌하여 나에게 이르는가. 그대는 간사한 사람인 듯하니, 이를 인연 삼아 假託하는 것이 아니겠는가." 하고, 慕容暐에게 아뢰어 끝까지 조사하여 다스릴 것을 청하였으나 太傅 慕容評이 허락하지 않았다.

秦王堅이 聞慕容恪卒하고 陰有圖燕之計하여 命轂하여 發使如燕할새 以西戎主簿郭辯爲之副①러니 燕司空皇甫眞兄腆과 及從子奮, 覆이 皆仕秦②이라 辯이 至燕하여 謂眞曰 僕은 本秦人이러니 家爲秦所誅라 故로 寄命曹王③호니 貴兄常侍及奮, 覆兄弟 竝相知有素④로라 眞이 怒曰 臣無境外之交하니 此言이 何以及我오 君似姦人하니 得無因緣假託乎아하고 白暐하여 請窮治之나 太傅評이 不許하다

① 晉나라 武帝가 西戎校尉를 長安에 설치하니, 秦나라가 이것을 인습하였다. 主簿는 그 관속이다.
晉武帝置西戎校尉於長安, 秦蓋因之. 主簿, 其屬也.
② 皇甫眞은 본래 安定 사람이었는데, 燕나라에서 벼슬하였다. 皇甫奮과 皇甫覆은 두 사람의 이름이다.
眞本安定人, 仕於燕. 奮・覆, 二人名.
③ 曹王은 바로 曹轂이니, 조곡이 匈奴의 右賢王이 되었다.
曹王卽轂也, 轂爲右賢王.
④ 皇甫腆은 散騎常侍가 되었다.
腆爲散騎常侍.

【目】 郭辯이 돌아와서 苻堅에게 말하기를 "燕나라(前燕) 정사가 기강이 없으니 도모할 수 있으나, 機微를 감식하고 변화를 아는 자로는 오직 皇甫眞 한 사람이 있습니다." 하였다. 부견은 말하기를 "6州의 무리를 가지고 어찌 지혜로운 선비 한 사람을 소유하게 하지 못하겠는가." 하였다.

曹轂이 얼마 후 卒하자, 秦나라(前秦)는 그의 부락을 나누어 둘로 만들어서 그의 두 아들로 하여금 나누어 통솔하게 하고 東曹, 西曹라고 이름하였다.

辯이 還하여 爲堅言燕政無綱하니 可圖로되 鑑機識變이 唯皇甫眞耳니이다 堅曰 以六州之衆으로 豈得不使有智士一人哉[①]아 轂이 尋卒이어늘 秦이 分其部落爲二하여 使其二子分統之하고 號東, 西曹[②]하다

① 6州는 幽州, 幷州, 冀州, 司州, 兗州, 豫州이다.
六州, 幽・幷・冀・司・兗・豫也.

② 苻堅이 曹轂의 부락을 나누어 貳城의 서쪽 2만여 부락은 조곡의 長子 曹璽로 하여금 통솔하게 하고, 貳城의 동쪽 2만여 부락은 조곡의 작은 아들 曹寅으로 하여금 통솔하게 하였다.
堅分轂部落, 貳城以西二萬餘落, 使轂長子璽統之, 貳城以東二萬餘落, 使轂少子寅統之.

【綱】〈晉나라(東晉)〉 桓豁이 〈燕나라(前燕)의〉 宛城을 공격하여 함락시키고는 趙盤을 사로잡았다.

桓豁이 攻宛拔之하고 獲趙盤하다

【綱】 가을 9월에 〈晉나라(東晉)가〉 郗愔(치음)을 都督徐・兗等州軍事로 삼았다.

◑ 秋九月에 以郗愔으로 都督徐兗等州軍事하다

【綱】 겨울 10월에 秦나라(前秦) 苻柳와 苻雙, 苻廋(부수), 苻武가 군대를 일으켜 배반하자, 진나라가 군대를 보내어 토벌하였다.

◑ 冬十月에 秦苻柳, 雙, 廋, 武 擧兵反이어늘 秦이 遣兵討之하다

【目】 秦나라의 晉公 苻柳와 趙公 苻雙이 魏公 苻廋와 燕公 苻武와 함께 모의하여 亂을 일으켰다. 苻堅이 이 말을 듣고 그들을 불러 長安으로 오게 하니, 부류는 蒲坂을 점거하고 부쌍은 上邽를 점거하고 부수는 陝城을 점거하고 부무는 安定을 점거하고 배반하였다. 부견은 사자를 보내어 군대를 해산하고 지위를 편안하게 하라고 타이르고 각각 배를 깨물어 신표로 삼게 하였는데, 모두 이 말을 따르지 않았다.

秦의 晉公柳, 趙公雙이 與魏公廋, 燕公武로 謀作亂[①]이어늘 堅이 聞之하고 徵詣長安한대 柳據蒲

坂하고 雙據上邽하고 庾據陝城하고 武據安定反이어늘 堅이 遣使하여 諭以罷兵安位하고 各齧梨以爲信이러니 皆不從②하다

① 苻雙은 苻堅의 同母弟이고, 苻廋와 苻武는 모두 苻健의 아들이다.
雙, 堅母弟, 廋・武, 皆健子也.

② 배는 살이 연하여 깨물면 들어가기가 쉬우니, 이것을 가지고 친척이 이반하면 國力이 취약해져서 장차 적에게 이용당함을 비유한 것이다. 그러므로 배를 깨물어 使者에게 주어서 苻柳 등에게 하사하여 신표로 삼은 것이다.
梨, 肉脆而齧之易入, 以喩親戚離叛, 則國力脆弱, 將爲敵人所乘. 故齧梨付使者, 賜柳等, 以爲信也.

【綱】 代王 拓跋什翼犍이 匈奴의 劉衛辰을 공격하여 패주시켰다.

代王什翼犍이 擊匈奴劉衛辰走之하다

【目】 拓跋什翼犍이 劉衛辰을 공격할 적에 河水의 얼음들이 아직 제대로 연결되지 않았다. 장수들에게 명하여 갈대 끈으로 흘러가는 얼음 조각을 묶게 하니, 잠시 후 얼음이 모여 연결되었으나 아직 그리 견고하지 못하였다. 마침내 그 위에 갈대를 흩뿌리게 하니, 얼음과 갈대가 서로 엉겨 붙어 浮橋와 같았다. 병사들이 이것을 타고 하수를 건너가자, 적병이 뜻밖에 갑자기 이르니, 유위신은 마침내 서쪽으로 달아났다.

탁발십익건이 그의 부락 10개 중에 6, 7개를 거두어 돌아가니, 유위신은 秦나라(前秦)로 달아났다. 진나라에서는 그를 朔方으로 소환하고 군대를 보내어 그곳을 지키게 하였다.

什翼犍이 擊衛辰할새 河冰未合이어늘 命以葦絙約流澌하니 俄而冰合①호되 然猶未堅이러니 乃散葦於其上하니 冰草相結하여 有如浮梁이라 兵乘以度한대 衛辰이 不意兵猝至하니 遂西走라 什翼犍이 收其部落什六七而還하니 衛辰이 犇秦이어늘 秦이 送還朔方하고 遣兵戍之하다

① 葦는 갈대이다. 絙은 居登의 切이니, 큰 끈이다. 흐르는 얼음을 '澌'라 한다. 代나라에서 朔方을 공격하려면 서쪽으로 大河를 건너가야 하는데, 그 나루터를 '君子津'이라 한다.
葦, 蘆也. 絙, 居登切, 大索也. 流氷曰澌. 自代擊朔方, 西渡大河, 其津曰君子津.

戊辰年(368)

【綱】 晉나라(東晉) 帝 司馬奕 太和 3년이다.

三年이라

【目】 秦나라(前秦) 苻堅 建元 4년이고 燕나라(前燕) 幽帝 慕容暐 建熙 9년이다.

秦建元四요 燕建熙九年이라

【綱】 봄 2월에 燕나라(前燕)가 慕容沖을 大司馬로 삼았다.

春二月에 燕以慕容沖爲大司馬하다

【目】 처음에 太宰 慕容恪이 병이 있었는데, 모용각은 燕主 慕容暐는 나이가 어려서 직접 정사를 다스리지 못하고 太傅 慕容評은 시기심이 많다고 여겨서 모용위의 형 樂安王 慕容臧에게 다음과 같이 당부하였다.

"지금 남쪽에 남은 晉나라(東晉)와 서쪽에 강한 秦나라(前秦)가 항상 〈우리 나라를〉 공격하여 빼앗을 마음을 품고 있다. 우리는 大司馬가 6軍을 통솔하니, 적임자가 아니면 맡겨서는 안 된다. 내가 죽은 뒤에 親疏를 가지고 따져 말한다면 마땅히 너와 慕容沖이 맡아야 하겠지만, 너희들은 비록 재주와 식견이 明敏하나 나이가 어려서 다사다난함을 견디지 못할 것이다. 吳王(慕容垂)은 타고난 자품이 英傑하고 세상을 뛰어넘는 智略을 갖추고 있으니, 너희들이 만약 그를 추대하여 대사마의 임무를 맡기면 반드시 四海를 통일할 수 있을 것이다. 하물며 외적이겠느냐. 이익을 탐하여 폐해를 망각하는 일이 없도록 조심하라."

모용각은 또 이것으로 모용평에게 말해주었는데, 모용각이 죽자 모용평은 그 유언을 따르지 못하였다.

初에 太宰恪이 有疾하니 以燕主暐幼弱하여 政不在已하고 太傅評이 多猜忌라하여 謂暐兄樂安王臧曰 今南有遺晉하고 西有彊秦하여 常蓄進取之志하나니 大司馬 總統六軍하니 不可任非其人이라 我死之後에 以親疏言之하면 當在汝及沖①이어니와 汝曹雖才識明敏이나 然年少하여 未堪多難하고 吳王은 天資英傑하고 智略超世하니 汝曹若推以授之면 必能混壹四海리니 況外寇乎아 愼無冒利

而忘害하라하고 又以語評이러니 及恪卒에 評이 不能用②이러라

① 慕容沖은 慕容暐의 아우이다.
沖, 暐之弟也.

② '冒利而忘害'는 兵權을 얻는 이로움에 눈이 멀어 외람되이 大司馬의 임무를 담당하고 나라를 망치고 집안을 패하게 하는 폐해를 망각함을 이른다.
冒利而忘害者, 謂利在於得兵權, 而冒當大司馬之任, 而忘亡國敗家之害也.

【綱】 秦나라(前秦) 苻廋가 陝城을 가지고 燕나라(前燕)에 항복하였다.

秦苻廋 以陝城降燕하다

【目】 秦나라 魏公 苻廋가 陝城을 가지고 燕나라에 항복하고서 연나라에게 군대를 내어 지원해줄 것을 청하니, 진나라 사람이 크게 두려워하였다. 연나라 范陽王 慕容德은 다음과 같이 말하였다.

"苻氏가 골육 간에 乖離되어 정성을 바쳐 우리에게 지원을 요청하니, 이는 하늘이 진나라를 연나라에 주는 것이다. 하늘이 주는 것을 취하지 않으면 도리어 그 앙화를 받으니, 옛날 吳나라와 越나라의 일을 가지고 충분히 살펴볼 수 있다. 마땅히 皇甫眞에게 명하여 幷州와 冀州의 병력을 이끌고서 곧바로 蒲坂으로 달려가고, 吳王 慕容垂에게 명하여 許昌과 洛陽의 군대를 이끌고서 달려가 苻廋의 포위를 풀고, 太傅 慕容評에게 명하여 京師의 禁衛軍을 총괄하여 두 군대의 지원 부대가 되고서 三輔 지방에 격문을 돌려 禍福을 분명히 보여주면, 저들은 반드시 풍문만 듣고도 호응할 것이다."

태부 모용평은 말하기를 "진나라는 강대국이다. 지금 비록 어려움이 있으나 쉽게 도모할 수가 없으며, 조정(慕容暐)은 비록 현명하나 先帝만 못하고, 우리들의 智略이 또 太宰 慕容恪과 비교가 안 되니, 관문을 닫고 국경을 보존하면 충분하다."고 하였다.

부수가 모용수와 황보진에게 편지를 보내기를 "苻堅과 王猛은 모두 人傑입니다. 연나라에 禍를 끼친 것을 도모한 지가 오래이니, 지금 기회를 타서 진나라를 점령하지 않으면 후일에 甬東의 후회가 있을까 두렵습니다." 하였다. 모용수가 황보진에게 말하기를 "主上은 春秋가 너무 젊다. 그리고 太傅의 식견과 도량이 어찌 부견과 왕맹에 필적할 수 있겠는가." 하였다.

秦魏公廋 以陝降燕하여 請兵應接하니 秦人이 大懼라 燕范陽王德이 以爲苻氏骨肉乖離하여 投

誠請援하니 是는 天以秦賜燕也라 天與不取면 反受其殃이니 吳越之事 足以觀矣①라 宜命皇甫眞하여 引幷冀之衆하여 徑趨蒲坂하고 吳王垂는 引許洛之兵하여 馳解庾圍하고 太傅는 總京師虎旅하여 爲二軍後繼하여 傳檄三輔하여 示以禍福이면 彼必望風響應하리라 太傅評曰 秦은 大國也라 今雖有難이나 未易可圖요 朝廷雖明이나 未如先帝요 吾等智略이 又非太宰之比니 閉關保境이 足矣②니라 庾遺垂及眞牋曰 苻堅・王猛이 皆人傑也라 謀爲燕患이 久矣니 今不乘機取之하면 恐異日에 有甬東之悔矣③로라 垂謂眞曰 主上이 富於春秋하고 太傅識度 豈能敵堅・猛乎아

① ≪春秋≫에 吳나라가 越나라를 공격하여 패배시키자, 越王 句踐이 화친을 청하니, 吳王 夫差가 이를 허락하려 하였다. 伍子胥가 諫하였으나 오왕은 간언을 듣지 않고 마침내 월나라와 화평을 맺었다. 뒤에 월나라가 오나라를 공격하니, 오왕 부차가 월나라에 화친을 청하였다. 그러나 〈월나라의〉 范蠡가 말하기를 "하늘이 월나라를 오나라에 주었는데, 오나라가 취하지 않았다. 지금 하늘이 오나라를 월나라에 주는데, 월나라가 어찌 하늘을 거스르겠는가." 하고는 마침내 오나라를 멸망시켰다.
春秋, 吳伐越敗之, 越王句踐請成, 吳王許之, 伍子胥諫, 不聽, 遂與越平. 後越伐吳, 吳王夫差請成於越, 范蠡曰 "天以越賜吳, 而吳不取. 今天以吳賜越, 越其可逆天乎", 遂滅吳.

② 燕나라 사람은 그 군주를 일러 朝廷이라 하였다.
燕人, 謂其主爲朝廷.

③ 甬은 余隴의 切이니, 甬東은 越나라의 변방인 甬江의 동쪽이다. 越나라가 吳나라를 멸하고 吳王 夫差를 甬東으로 옮기려 하자, 오왕은 "내 伍子胥의 말을 따르지 않은 것이 후회스럽다." 하고는 마침내 스스로 목을 찔러 죽었다.
甬, 余隴切. 甬東, 越鄙甬江東也. 越滅吳, 遷吳王夫差於甬東, 吳王曰 "悔不用伍子胥之言." 遂自剄死.

【綱】 3월 초하루에 일식이 있었다.

三月朔에 日食하다

【綱】 가을 7월에 秦나라(前秦)가 苻雙, 苻武, 苻柳를 토벌하여 모두 참수하였다.

◑ 秋七月에 秦討苻雙, 武, 柳하여 皆斬之하다

【綱】 겨울에 燕나라(前燕)가 蔭戶를 혁파하였다.

◑ 冬에 燕이 罷蔭戶하다

【目】 燕나라 王公과 貴戚 대부분이 백성들을 점유하여 자기의 蔭戶[32]로 삼으니, 나라의 戶口가 私家보다 적어 창고가 텅 비어 재정이 부족하였다. 悅綰이 음호를 혁파하여 모두 郡縣으로 돌려보낼 것을 청하자, 燕主 慕容暐가 이 의견에 따라 열관에게 그 일을 전담하게 하여 간사하게 숨긴 것을 적발하게 하였다. 이에 감히 은폐하고 숨기는 자가 없어서 20여만 호를 적발해내자, 온 조정의 사람들이 원망하고 노여워하였다.

燕王公, 貴戚이 多占民爲蔭戶하니 國之戶口 少於私家하여 倉庫空竭하여 用度不足①이라 悅綰이 請罷蔭戶하여 盡還郡縣한대 燕主暐從之하여 使綰專治其事하여 糾擿姦伏하니 無敢蔽匿하여 出戶二十餘萬한대 擧朝怨怒러라

① 晉나라 제도에 官品은 1품부터 9품에 이르기까지 각각 귀천에 따라 차등을 두어 전지를 점유하게 하였다.[33] 또 각각 품계의 높고 낮음에 따라 그 친속들을 보호하여 많은 자는 9族에 미치고 적은 자도 3대에 미치게 하였다. 宗室과 國賓, 先賢의 후손 및 선비의 자손도 이와 같이 하였다. 또 보호하는 사람〔蔭人〕을 얻어서 衣食客과 佃客[34]으로 삼았다.
晉制, 官品自第一至第九, 各以貴賤占田有差, 而又各以品之高卑, 蔭其親屬, 多者及九族, 少者三世. 宗室國賓先賢之後及士人子孫, 亦如之, 而又得蔭人, 以爲衣食客及佃客.

【綱】 12월에 秦나라(前秦)가 陝城을 함락하여 苻廋를 참수하였다.

十二月에 秦이 拔陝城하여 斬苻廋하다

【目】 王猛 등이 陝城을 함락하고 魏公 苻廋를 사로잡아 長安으로 보냈다. 秦王 苻堅이 그에게 배반한 이유를 물으니, 대답하기를 "신은 본래 배반할 마음이 없었습니다. 다만 형제들이 여러 번 逆亂을 도모한 것으로 신은 함께 죽는 것이 두려웠기 때문에 〈배반하였습니다.〉" 하였다. 부견은 울며 말하기를 "너는 평소 너그러운 長者이니, 나는 진실로 네 진심이 아님을 안다. 또 高祖에게 후사가 없어서는 안 된다." 하고는 마침내 부수에

32) 蔭戶 : 豪族과 世家에 자신을 투탁하여 예속되고 국가의 호적에 편입되지 않아 세금을 내지 않는 戶口를 말한다.

33) 官品은……하였다 : 晉나라 占田法을 설명한 것이다. 점전법은 官人과 서민을 대상으로 그 소유한 전지를 국가에 신고하게 하고 제한액을 두어 초과하여 소유할 수 없게 한 것이다. 동시에 佃客이나 衣食客 같은 예속민의 숫자도 규정되었다. 예컨대 1品은 田地 50頃에 전객은 15戶 의식객 3人, 2品은 45경에 전객 15호 의식객 3人이다.

34) 衣食客과 佃客 : 晉代 권문세가에 의탁하여 생활하던 하인과 같은 부류를 '의식객'이라 하고 권문세가에 속해 있던 농민을 '전객'이라 한다.

게 사약을 내리고는 그의 일곱 아들을 용서하여 長子에게 魏公의 작위를 세습하게 하고 나머지 아들들에게는 여러 아우 중에 후손이 없는 자의 대를 잇게 하였다.

王猛等이 拔陝城하고 獲魏公廋하여 送長安한대 秦王堅이 問之하니 對曰 臣本無反心이로되 但以兄弟屢謀逆亂으로 臣懼并死故耳니이다 堅이 泣曰 汝素長者니 固知非汝心也라 且高祖不可以無後①라하고 乃賜廋死하고 原其七子하여 以長子襲魏公하고 餘子는 嗣諸弟之無後者하다

① 高祖는 苻健의 廟號이다.
高祖, 苻健廟號.

【綱】〈晉나라(東晉)가〉 大司馬 桓溫에게 殊禮를 加해주었다.

加大司馬溫殊禮[35]하다

【目】지위가 諸侯王의 위에 있게 하였다.

位在諸侯王上이러라

【綱】〈晉나라(東晉)가〉 仇池公 楊世를 秦州刺史로 삼았다.

以仇池公楊世로 爲秦州刺史①하다

① 永和 11년(355)에 故 仇池公 楊毅의 아우 楊宋奴가 그 고모의 아들 梁式王을 시켜 楊初를 찔러 죽이자, 양초의 아들 楊國이 梁式王과 양송노를 죽이고 스스로 즉위하였다. 12년(356)에는 양국의 從父 楊俊이 양국을 죽이고 스스로 즉위하였는데, 升平 4년(360)에 양준이 卒하고 아들 楊世가 즉위하였다.
永和十一年, 故仇池公楊毅弟宋奴, 使其姑子梁(武)〔式〕[36]王刺殺楊初, 初子國誅(武)〔式〕王

---

35) 加大司馬溫殊禮 : "殊禮는 무엇인가. 〈지위를〉 諸侯王의 위에 자리하게 한 것이다. 王莽과 曹操의 경우 모두 제후왕의 위에 자리하였다고 썼는데, 여기서는 다만 殊禮라고 칭한 것은 어째서인가. 생략한 것이다. 그러나 왕망은 '宰衡에 올라 제후왕의 위에 자리하였다.'고 썼는데, 조조에 이르러서는 '魏公 조조가 〈자신의〉 지위를 올려 제후왕의 위에 있게 하였다.'고 썼으니, 이것은 조조가 스스로 올린 것이다. 桓溫의 경우 비록 간략히 '殊禮'라고 칭했으나, 쓰기를 '大司馬 환온에게 加해주었다.' 하였다. 이는 명령이 그래도 황제에게서 나온 것이니, 또 조조보다 낫다. ≪資治通鑑綱目≫이 끝날 때까지 '殊禮'라고 쓴 것이 10번이다.(漢나라 殤帝 延平 元年(106)에 자세히 보인다.)〔殊禮 何 位諸侯王上也 莽操皆書位諸侯王上 此其止稱殊禮 何 略之也 然莽書升宰衡位諸侯王上 至操 則以魏公操進位諸侯王上書 是自進矣 溫雖略稱殊禮 而書曰加大司馬溫 蓋命猶上出也 又愈於操矣 終綱目 書殊禮十(詳漢殤帝延平元年)〕" ≪書法≫

36) (武)〔式〕: 저본에는 '武'로 되어 있으나, ≪資治通鑑≫ 晉 穆帝 永和 11년에 의거하여 '式'으로 바로

及宋奴, 自立, 十二年, 國從父俊殺國自立. 升平四年, 俊卒, 子世立.

【目】 楊世 또한 秦나라(前秦)에 臣을 칭하자, 진나라에서는 그를 南秦州刺史로 삼았다.

世亦稱臣於秦이어늘 秦以爲南秦州刺史하다

己巳年(369)

【綱】 晉나라(東晉) 帝 司馬奕 太和 4년이다.

四年이라

【目】 秦나라(前秦) 苻堅 建元 5년이고 燕나라(前燕) 幽帝 慕容暐 建熙 10년이다.

秦建元五요 燕建熙十年이라

【綱】 여름 4월에 〈晉나라(東晉)〉 大司馬 桓溫이 군대를 거느리고 燕나라(前燕)를 공격하자, 秦나라 사람이 연나라를 구원하였다. 가을 9월에 환온이 연나라 사람과 枋頭에서 싸우다가 승리하지 못하고 돌아오니, 袁眞이 壽春을 점거하고 배반하여 연나라에 항복하였다.

夏四月에 大司馬溫이 帥(솔)師伐燕이어늘 秦人이 救之하다 秋九月에 溫及燕人으로 戰于枋頭라가 不利而還하니 袁眞이 以壽春叛하여 降于燕[37]하다

잡았다. 아래도 같다.

37) 秋九月……降于燕 : "枋頭에서 패한 것을 孫盛의 ≪春秋≫에서 일찍이 直筆로 썼는데, 여기서는 '不利'라고만 쓴 것은 어째서인가. 中國의 체통을 보존한 것이다. 중원을 수복하는 일은 ≪資治通鑑綱目≫에서 항상 허여하였으니, '不利'라고 쓴 것은 다시 밖(오랑캐)을 가지고 안(중국)을 침범하지 못하게 한 것이다.〔枋頭之敗 孫盛春秋嘗直筆書之矣 此其止書不利 何 存中國也 開復之擧 綱目常予之 書曰不利 而還不以外加內也〕" ≪書法≫ 여기서의 ≪춘추≫는 晉나라 때 역사가 손성이 편찬한 ≪晉陽秋≫를 이르는데, 내용과 논리가 정당하여 良史로 일컬어졌다.(≪晉書≫ 권82 〈孫盛列傳〉)

"桓溫이 이번 출병에 크게 패하고 달아나 돌아와 잃은 士卒이 매우 많아서 당초 灞上의 패전에 견줄 것이 아니다. 그런데도 또한 '不利'라고만 쓴 것은 王師의 체통을 보인 것이니, 中國의 의리를 보존하여 마침내 이 일을 가지고 저 오랑캐에게 굴복하지 않은 것이다. 또 後人을 위하여 經略을 권면한 것이니, 그 뜻이 깊다.〔溫之此擧 大敗奔還 所喪士卒甚多 初非灞上之比 而亦止書不利者 示王師之體 存中國之義 終不以此而屈於彼 且爲後人經略之勸也 其旨深矣〕" ≪發明≫ '灞上의 패전'은 晉 穆帝 永和 10년(354)에 환온이 관중으로 쳐들어가 前秦의 군대를 격파하고 灞上에 주둔했다가 관중을 평정

【目】 桓溫이 徐州·兗州刺史 郗愔과 江州刺史 桓沖과 豫州刺史 袁眞 등과 함께 燕나라를 공격하였다.

처음에 치음이 北府에 있었는데, 환온은 항상 말하기를 "京口는 〈그곳의 술이 좋아〉 술을 마실 만하고 〈그곳의 군대가 잘 훈련되어〉 군대를 동원할 만한 곳이다." 하여 〈자기와 뜻을 같이하지 않는〉 치음이 이곳에 있는 것을 매우 싫어하였다.

치음이 환온에게 편지를 보내어 함께 王室을 돕고자 하여 부하 병사들을 거느리고 河水 가로 北進할 것을 청하였다. 치음의 아들 郗超가 환온의 參軍이었는데, 이 내용을 보고는 편지를 찢어버리고서 치음의 편지를 다시 작성하여 자신은 將帥의 재주가 아닌데다가 늙고 병들었으니, 한가로운 지역을 하사받아 자신의 병을 요양하고, 환온에게 자기가 통솔하고 있는 지역(徐州와 兗州)을 겸하여 맡아줄 것을 권하는 것으로 서술하였다. 그러자 환온은 〈이를 보고〉 크게 기뻐하여 즉시 치음을 會稽內史로 삼고 자신이 서주와 연주의 자사를 겸하였다.

桓溫이 請與徐, 兗刺史郗愔과 江州刺史桓沖과 豫州刺史袁眞等으로 伐燕①하다 初에 愔이 在北府러니 溫이 常云 京口는 酒可飮 兵可用이라하여 深不欲愔居之②러라 愔이 遺溫牋하여 欲共獎王室하여 請督所部出河上하니 愔子超爲溫參軍이라가 取視毁之하고 更作愔牋하여 自陳非將帥才요 加以老病하여 乞閑地自養하고 勸溫幷領己所統한대 溫이 大喜하여 卽以愔爲會稽內史하고 而自領徐兗③하다

① 桓沖은 桓溫의 아우이다.
沖, 溫之弟也.
② 晉나라는 建康에 도읍하면서 京口를 北府로 삼고 歷陽을 西府로 삼고 姑孰을 南州로 삼았다.
晉都建康, 以京口爲北府, 歷陽爲西府, 姑孰爲南州.
③ 會稽郡은 제후왕의 봉국이 되자, 太守를 고쳐 內史라 하였다.
會稽爲王國, 改太守爲內史.

【目】 여름에 〈桓溫이〉 보병과 기병 5만 명을 거느리고 姑孰을 출발하여 장차 兗州에서 燕나라(前燕)를 공격하려 하였는데, 郗超가 말하기를 "길이 멀고 汴水의 물이 얕아서 漕運이 통하기가 어렵습니다." 하였으나, 환온은 따르지 않았다.

夏에 帥步騎五萬하고 發姑孰하여 將自兗州伐燕할새 郗超曰 道遠汴淺하여 漕運難通이라호되 溫이

하지 못하고 후퇴한 일을 가리킨다.

不從①하다

① 兵亂을 겪은 뒤에 汴水가 진흙 벌로 채워졌는데, 일찍이 이것을 준설하는 사람이 없었기 때문에 물이 얕아진 것이다.
兵亂之餘, 汴水塡淤, 未嘗有人浚治, 故淺.

【目】6월에 桓溫이 金鄕에 이르니, 날씨가 가물어 물이 고갈되었다. 그리하여 將軍 毛虎生으로 하여금 鉅野 300리의 물길을 파서 汶水를 끌어다가 淸水로 모이게 하고 배를 끌고 淸水에서 黃河로 들어가니, 배의 머리와 꼬리가 100리에 이어졌다. 郗超가 다음과 같이 말하였다.

"청수에서 황하로 들어가면 조운을 통하기가 어렵습니다. 만약 적이 싸우지 않고 굳게 수비하면 우리의 조운하는 길이 또한 끊길 것이요, 우리가 적진에서 군량을 얻으려고 하다가 다시 얻을 곳이 없게 되면 이는 위태로운 방법입니다. 보유한 병력을 총동원하여 鄴城으로 곧장 쳐들어가는 것만 못합니다. 이렇게 하면 저들은 반드시 소문만 듣고도 궤멸하여 도망해서 북쪽으로 그들의 고향인 遼東과 碣石 일대로 돌아갈 것이요, 저들이 만약 나와 싸운다면 〈우리는〉 이 전쟁을 당장 결판낼 수 있습니다. 만약 필승을 장담할 수 없음을 염려해서 신중히 持久戰을 하고자 한다면 군대를 황하와 濟水 일대에 주둔시켜 조운을 통하게 해서 물자와 저축이 충분히 갖추어지기를 기다려 내년 여름에 진격하는 것만 못합니다. 이 두 계책을 버리고 군대를 연이어 북상시킬 경우, 전진하더라도 속전속결하지 못하고 후퇴하더라도 틀림없이 〈군량의 수송에〉 차질이 생겨 곤궁할 것입니다. 적이 이러한 상황을 이용하여 시일을 끌어 점점 가을과 겨울에 이르게 되면 수로의 물이 더욱 줄어들어 뱃길이 막힐 것입니다. 북쪽 땅은 추위가 일찍 찾아오는데 3군의 군사들이 갖옷과 솜옷을 입은 자가 적으니, 이때에는 군사들의 군량이 없는 것만 근심거리가 되지 않을 듯합니다."

六月에 至金鄕하니 天旱水絶①이라 使將軍毛虎生으로 鑿鉅野三百里②하여 引汶하여 會于淸하고 引舟하여 自淸入河하니 舳艫(축로)數百里라 超曰 淸水入河면 難以通運③이니 若寇不戰이면 運道又絶이요 因敵爲資라가 復無所得이면 此危道也라 不若擧衆趨鄴이니 彼必望風逃潰하여 北歸遼碣이요 若能出戰이면 則事可立決이니이다 若恐勝負難必하여 務欲持重이면 則莫若頓兵河濟하여 控引漕運하여 俟資儲充備하여 來夏乃進④이라 捨此二策하고 而連軍北上하면 進不速決이요 退必愆乏⑤이라 賊因此勢하여 以日月相引하여 漸及秋冬이면 水更澁滯하고 北土早寒이어늘 三軍裘褐者少하니 恐於

時所憂 非獨無食而已니이다

① 金鄕縣은 後漢 때에는 山陽郡에 속하였고 晉나라 때에는 高平郡에 속하였다.
金鄕縣, 後漢屬山陽郡, 晉屬高平郡.

② 毛虎生은 毛寶의 아들이다. 班固의 ≪漢書≫ 〈地理志〉에 "汶水는 泰山 萊蕪縣 서남쪽에서 발원하여 濟水로 들어간다." 하였다. ≪水經註≫에 "濟水는 동북쪽으로 흘러 鉅野의 북쪽으로 들어간다. 濟水의 옛 물길은 또 북쪽으로 흘러 오른쪽 연안에서 洪水와 합류하고 홍수의 上口(어귀)는 鉅野의 薛訓渚와 이어지는데, 이곳을 '桓公瀆'이라 이른다. 濟水가 여기에서부터는 북쪽으로 주입된다." 하였다. 杜佑가 말하였다. "濟水는 王莽의 말년에 개천이 마름으로 인하여 황하와 끊겨서 다시는 황하를 지나가지 않는다. 지금의 東平, 濟南, 淄川, 北海의 경계 가운데에 바다로 흘러 들어가는 물을 '淸河'라 하고, 실로 菏澤과 汶水가 合流하는 곳도 '濟河'라 하는데, 이는 옛 이름을 그대로 따른 것이고, 濟水가 아니다."[38]
虎生, 寶之子也. 班固地理志"汶水出泰山萊蕪縣西南, 入濟." 水經註"濟水東北入鉅野北, 故瀆又(東)[39]北, 右合洪水, 洪水上承鉅野薛訓渚, 謂之桓公瀆, 濟自是北注." 杜佑曰"濟水因王莽末渠涸, 不復截河過. 今東平·濟南·淄川·北海界中, 有水流入海, 謂之淸河, 實菏澤·汶水合流, 亦曰濟河, 蓋因舊名, 非濟水也."

③ 淸水에서 황하로 들어가는 것은 모두 물을 거슬러 올라가야 하고 또 길이 멀리 돌아가기 때문에 조운을 통하기 어렵다고 말한 것이다.
自淸水入河, 皆是泝流, 又道里回遠, 故言難以通運.

④ 河水(황하)는 成皐縣 북쪽을 지나가는데, 濟水가 북쪽에서 흘러와 황하로 주입된다. 제수와 하수가 合流하였다가 敖山 북쪽에 이르러 넘쳐 滎澤이 되고, 동쪽으로 陶丘의 북쪽으로 나온다. 이것이 또다시 동쪽으로 乘氏縣에 이르러 두 줄기로 갈라져 남쪽은 菏水가 되고, 북쪽은 濟瀆이 된다. 濟瀆은 또다시 동북쪽으로 하수와 합류한다.
河水過成皐縣北, 濟水自北來注之. 濟與河合流, 至敖山北, 而溢爲滎澤, 東出于陶丘北, 又東至乘氏縣, 分爲二, 南爲菏水, 北爲濟瀆. 濟瀆又東北合于河.

⑤ 上(올리다)은 時掌의 切이다. 愆은 잘못됨이요 乏은 고갈됨이니, 이는 군량의 수송을 말한 것이다.
上, 時掌切. 愆, 差爽也. 乏, 匱竭也. 此言糧運.

【目】 桓溫은 또다시 그의 말을 따르지 않고 병력을 보내어 胡陸을 공격하여 함락하였다. 燕主 慕容暐가 下邳王 慕容厲로 하여금 맞아 싸우게 하였으나 패전하고 돌아왔으며, 晉

---

38) 濟水는……아니다 : 이 내용은 杜佑의 ≪通典≫ 권172 〈州郡2 序目 下〉의 "연주는 옛날에 濟水와 河水의 사이였다.〔兗州舊爲濟河之間〕"에 대한 주에 보인다.

39) (東) : 저본에는 '東'으로 되어 있으나, ≪水經註≫에 의거하여 衍字로 처리하였다.

나라(東晉)의 선봉인 鄧遐와 朱序 또한 燕나라(前燕) 군대를 林渚에서 패퇴시켰다.

溫이 又不從하고 遣攻胡陸拔之①하다 燕主暐使下邳王厲로 逆戰敗還하고 前鋒鄧遐, 朱序 亦敗燕兵於林渚②하다

① 湖陸縣은 前漢 때에는 '湖陵'이라 하여 山陽郡에 소속시켰는데, 後漢 章帝때에 湖陸으로 이름을 바꾸었다. 晉나라 때에는 高平郡에 나누어 소속시켰다.
湖陸縣, 前漢曰湖陵, 屬山陽郡, 章帝更名湖陸, 晉分屬高平郡.

② ≪水經註≫에 "華水는 동쪽으로 桼城의 북쪽을 지나가니, 바로 北林亭이다." 하였다.
水經註 "華水東逕桼城北, 卽北林亭也."

【目】 7월에 桓溫이 枋頭에 이르니, 燕主 慕容暐와 太傅 慕容評이 크게 두려워하여 和龍으로 달아날 것을 도모하였는데, 吳王 慕容垂가 말하기를 "신이 한번 공격해볼 것이니, 만약 승리하지 못하면 그때 달아나도 늦지 않을 것입니다." 하였다. 모용위는 마침내 모용수로 하여금 5만의 병력을 거느리고 환온을 막게 하였는데, 모용수는 표문을 올려 申胤과 封孚, 悉羅騰을 從軍하게 하였다.

七月에 溫이 至枋頭하니 暐及太傅評이 大懼하여 謀犇和龍이러니 吳王垂曰 臣請擊之하리니 若其不捷이면 走未晚也니이다 暐乃使垂로 帥衆五萬以拒溫한대 垂表申胤, 封孚, 悉羅騰從軍①이러라

① 申胤은 申鍾의 아들이고, 封孚는 封放의 아들이고, 봉방은 封奕의 從弟이다. 悉羅는 오랑캐의 複姓이니, 騰이 이름이다.
胤, 鍾之子. 孚, 放之子也. 放, 奕之從弟. 悉羅, 虜複姓, 騰, 其名也.

【目】 慕容暐는 또 樂嵩(악숭)을 보내어 秦나라(前秦)에 구원을 청하게 하였는데, 虎牢 서쪽의 땅을 떼어주기로 허락하였다. 진나라의 여러 신하들이 의논하기를 "옛날 桓溫이 우리 나라를 공격할 적에 燕나라(前燕)가 우리 나라를 구원하지 않았으니, 지금 환온이 연나라를 공격하는데 우리가 어찌하여 구원합니까." 하였다. 이에 王猛이 다음과 같이 말하였다.

"연나라가 비록 강하고 크나 慕容評은 환온의 적수가 아닙니다. 만약 환온이 山東 지방을 점령하고 전진해서 洛邑에 주둔하여 幽州와 冀州의 병력을 거두어 모으고 幷州와 豫州의 곡식을 끌어와서 崤谷과 澠池에서 군대를 열병하면, 폐하의 大業이 잘못될 것입니다. 연나라와 군대를 연합하여 환온을 물리치는 것만 못합니다. 환온이 물러가고 나

면 연나라 또한 피폐해질 것이니, 그런 뒤에 우리가 피폐한 틈을 타 연나라를 점령하면 좋지 않겠습니까."

부견이 그의 말을 따라서 苟池와 鄧羌을 보내어 보병과 기병 2만을 거느리고 가서 연나라를 구원하게 하였다.

暐又遣樂嵩하여 請救于秦호되 許賂虎牢以西之地[①]한대 秦群臣이 議曰 昔桓溫伐我에 燕不我救하니 今溫伐燕에 我何救焉이리오 王猛曰 燕雖彊大나 慕容評은 非溫敵也니 若溫擧山東하여 進屯洛邑하여 收幽冀之兵하고 引幷豫之粟하여 觀兵崤澠이면 則陛下大事去矣라 不如與燕合兵以退溫이니 溫退면 燕亦病矣리니 然後에 我承其弊而取之하면 不亦善乎잇가 堅이 從之하여 遣苟池, 鄧羌하여 帥步騎二萬以救燕하다

① 虎牢는 關門의 이름이니, 바로 武牢關이다.
虎牢, 關名, 卽武牢也.

【目】 封孚가 申胤에게 묻기를 "이번 일이 장차 어찌 되겠는가?" 하자, 신윤이 다음과 같이 대답하였다.

"桓溫의 명성과 기세로 무슨 일인들 할 수 있을 듯하나, 내가 살펴보건대 환온은 반드시 성공하지 못할 것이다. 어째서 그러한가. 晉나라(東晉) 황실이 쇠약하여 환온이 그 나라를 제 마음대로 다스리니, 진나라 조정의 신하들이 반드시 모두 그와 마음을 함께하지 아니하여 뜻을 달리하고 방해하여 환온의 일을 망치려고 할 것이다. 또 환온은 교만하여 많은 병력을 믿고 임기응변의 상황에 〈결단을〉 주저한다. 대군이 적진으로 깊이 쳐들어가서 승리를 취할 만한 기회를 만났는데, 도리어 황하의 中流에서 배회하기만 하고 승리를 취하려 출동하지 않고 지구전을 하여 가만히 앉아 全勝을 취하기를 바란다. 그러다가 만약 군량이 제때에 도착하지 않고 끊겨서 불리한 정황이 탄로 나서 형세가 역전되면 틀림없이 싸우지도 못하고 패배할 것이니, 이는 자연의 운수이다."

封孚問於申胤曰 事將何如오 胤曰 以溫聲勢로 似能有爲나 然吾觀之호니 必無成功이라 何則고 晉室衰弱하여 溫이 專制其國하니 晉之朝臣이 未必皆與之同心하여 必將乖阻以敗其事[①]라 又溫이 驕而恃衆하고 怯於應變이라 大衆深入에 値可乘之會로되 反更逍遙中流하여 不出赴利하고 欲望持久하여 坐取全勝하니 若糧廩愆懸하여 情見(현)勢屈하면 必不戰自敗하리니 此自然之數也[②]니라

① 乖는 달리함이요, 阻는 막힘이다.
乖, 異也. 阻, 隔也.

② 愆은 군량 수송이 시한이 넘도록 도착하지 않는 것이다. 懸은 양식이 끊김이다. 見(나타나다)은 賢遍의 切이다.
愆, 謂糧運失期不至. 懸, 絶也. 見, 賢遍切.

【目】 처음에 桓溫이 袁眞으로 하여금 譙郡과 梁國을 공격하여 石門을 열어 水運을 통하게 하려다가 석문을 열지 못했는데, 9월에 燕나라 范陽王 慕容德이 기병을 거느리고 석문에 주둔하였고 李邽가 군대를 거느리고 환온의 군량 수송로를 끊었다.

모용덕이 慕容宙로 하여금 기병 1천 명을 거느리고 선봉이 되어 晉나라(東晉) 군대와 맞서 싸우게 하였는데, 모용주가 말하기를 "진나라 사람들은 경솔하고 조급하여 적진을 공격하여 함락하는 것을 회피하고 후퇴하는 적을 공격하는 것에 용맹하니, 마땅히 미끼를 만들어 저들을 낚아야 한다." 하고는 마침내 기병 2백을 적진으로 출전시키고 나머지 기병을 세 곳에 나누어 매복시켰다.

출전한 기병들이 병기를 부딪기도 전에 달아나니, 진나라 군사들이 이를 추격해왔다. 모용주가 복병을 거느려 진나라 군대를 공격하니, 전사한 진나라 군사가 매우 많았다.

初에 溫이 使袁眞으로 攻譙梁하여 開石門以通水運이라가 不克①[40]이러니 九月에 燕范陽王德이 帥騎屯石門하고 李邽帥兵하여 斷溫糧道하다 德이 使慕容宙로 帥騎一千爲前鋒하여 與晉兵遇②러니 宙曰 晉人輕剽하여 怯於陷敵하고 勇於乘退하니 宜設餌以釣之라하고 乃使二百騎挑戰하고 分餘騎爲三伏하다 挑戰者 兵未交而走하니 晉兵이 追之어늘 宙帥伏擊之하니 晉兵死者甚衆이러라

① 譙와 梁은 譙郡과 梁國을 이르니, 모두 豫州에 속하였다.
譙·梁, 謂譙郡及梁國也, 皆屬豫州.
② 慕容宙는 慕容垂의 아우의 아들이다.
宙, 慕容垂弟子.

【目】 桓溫은 여러 번 싸워 승리하지 못하고, 비축한 군량도 다시 고갈되었다. 또 秦나라(前秦) 군대가 장차 쳐들어올 것이라는 말을 듣고는 배를 불태우고 輜重과 갑옷, 병장기를 버리고 육로를 통해 달아나 돌아왔는데, 東燕에서 倉垣으로 나와 우물을 파서 마시고 700여 리를 행군하였다.

---

40) 攻譙梁……不克 : ≪資治通鑑≫에는 "攻譙梁 開石門以通水運 眞克譙梁而不能開石門 水運路塞(譙郡과 梁國을 공격하여 石門을 열어 水運을 통하게 하였는데, 袁眞이 초군과 양국을 함락시켰으나 석문을 열지 못하니, 수운의 길이 막혔다.)"라고 하였다.

燕나라(前燕) 장수들이 앞다투어 추격하려 하자, 吳王 慕容垂가 말하기를 "환온이 처음 후퇴할 적에 필시 警備를 빈틈없이 설치하고 정예병을 뽑아 후미를 방어할 것이니, 추격 시기를 늦추는 것만 못하다. 저들은 우리가 추격해오지 않는 것을 다행으로 여겨 밤낮을 쉬지 않고 급히 달아날 것이니, 그들의 기운이 쇠진하기를 기다렸다가 공격하면 승리하지 않음이 없을 것이다." 하고는 마침내 8천 기병을 거느리고서 그들을 뒤쫓았다.

桓溫伐燕大敗還

溫이 戰數(삭)不利하고 糧儲復竭이러니 又聞秦兵將至하고 焚舟棄輜重鎧仗하고 自陸道犇還할새 自東燕出倉垣하여 鑿井而飮하고 行七百餘里①하다 燕將이 爭欲追之어늘 吳王垂曰 溫初退에 必嚴設警備하고 簡精銳爲後拒리니 不如緩之라 彼幸吾未至하여 晝夜疾趨하리니 俟其氣衰하여 擊之면 無不克矣리라하고 乃帥八千騎하고 行躡其後하다

① 東燕은 郡의 이름이다. 汴水와 濟瀆이 모두 북쪽에서 남쪽으로 흐르니, 추격해오는 燕나라 군대가 그 상류에 독약을 풀까 염려하였으므로 우물을 파서 마신 것이다.
東燕, 郡名. 汴水・濟瀆, 皆自北而南, 恐追兵毒其上流, 故鑿井而飮.

【目】 桓溫이 과연 행군 속도를 배가하여 후퇴하였다. 며칠이 지나 慕容垂가 말하기를 “이제 공격할 시기가 됐다.” 하고는 마침내 급히 추격하여 襄邑에서 따라잡아 慕容德이 먼저 정예 기병을 거느리고 東澗 가운데에 매복해 있다가 모용수와 함께 환온을 협공하여 대파하여 3만여 명의 수급을 베었고, 秦나라(前秦) 苟池가 譙郡에서 환온을 요격하여 또다시 격파하였다.

환온이 흩어진 군사를 수습하여 山陽에 주둔하고는 실패한 것을 깊이 부끄러워하였다. 마침내 袁眞에게 죄를 뒤집어씌워 上奏해서 그를 庶人으로 내치게 하였다. 원진은 굴복하지 않고 표문을 올려 환온의 罪狀을 나열하였는데, 조정에서 이에 대한 답을 내리지 않으니, 원진은 마침내 壽春을 점거하고 배반하여 燕나라(前燕)에 항복하였다.

溫이 果兼道而進이어늘 數日에 垂曰 可矣라하고 乃急追之하여 及於襄邑[①]하여 德이 先帥勁騎하고 伏於東澗中이라가 與垂夾擊溫大破之하여 斬首三萬級하고 秦苟池 邀擊溫於譙하여 又破之하다 溫이 收散卒하여 屯于山陽[②]하여 深恥喪敗하고 乃歸罪袁眞하여 奏免爲庶人[③]하다 眞이 不伏하고 表溫罪狀한대 朝廷이 不報하니 遂據壽春하여 叛降燕하다

① 襄邑縣은 漢나라 이래로 陳留郡에 속하였다.
襄邑縣, 自漢以來屬陳留郡.
② 山陽은 漢나라 射陽縣의 땅이니, 晉나라는 山陽郡을 설치하고 이름을 山陽縣으로 고쳤다.
山陽, 漢射陽縣地, 晉置山陽郡, 改爲山陽縣.
③ 石門을 열지 않아 군량의 수송을 이어지지 못하게 한 것을 가지고 袁眞의 罪를 삼은 것이다.
以石門不開糧運不繼爲眞罪.

【綱】 燕나라(前燕)가 郝晷(학구)와 梁琛(양침)을 보내어 秦나라(前秦)에 가게 하였다.

燕이 遣郝晷, 梁琛하여 如秦하다

【目】 秦나라와 燕나라가 우호를 맺은 뒤에 연나라가 郝晷와 梁琛으로 하여금 연이어 진나라에 가게 하였다. 학구는 王猛과 구면이었는데, 왕맹은 그를 평소와 같이 잘 접대하고 학구에게 東方(연나라)의 일을 물었다. 학구는 연나라가 장차 망할 줄을 알고, 은근히 왕맹에게 의탁하고자 하여 연나라의 실정을 많이 누설하였다.

秦燕이 既結好라 燕使郝晷梁琛으로 相繼如秦하니 晷與王猛有舊러니 猛이 接以平生하고 問晷東

方之事한대 畧知燕將亡하고 陰欲自託하여 頗泄其實이러라

【目】 梁琛이 長安에 이르자, 秦王 苻堅은 막 萬年에서 사냥하다가 양침을 인견하고자 하였는데, 양침이 말하기를 "秦나라(前秦) 사신이 燕나라(前燕)에 왔을 적에 연나라의 군주와 신하가 朝服을 입고 禮를 갖추어 宮廷을 깨끗이 청소한 뒤에 감히 만나보았습니다. 그런데 지금 진왕이 들에서 사신을 만나고자 하시니, 사신은 감히 명령을 따를 수 없습니다." 하였다. 尙書郞 辛勁이 양침에게 이르기를 "天子를 乘輿라 칭하고 승여가 가는 곳을 行在所라 하니, 천자가 어찌 일정한 거처가 있겠는가. 또 ≪春秋≫에 또한 '길에서 우연히 만나는 禮'가 있으니, 어찌 不可하겠는가." 하였다.

琛이 至長安에 秦王堅이 方畋於萬年이라가 欲引見琛①이어늘 琛曰 秦使至燕에 燕之君臣이 朝服備禮하여 灑掃宮廷然後에 敢見이어늘 今秦王이 欲野見之하시니 使臣이 不敢聞命이니이다 尙書郞辛勁이 謂琛曰 天子稱乘輿하고 所至曰行在所니 何常居之有리오 又春秋에 亦有遇禮하니 何爲不可乎②리오

① 萬年은 秦나라의 櫟陽縣이니, 漢나라 高帝 때에 이름을 萬年으로 바꾸어 馮翊에 소속시켰고, 晉나라 때에는 京兆에 소속시켰다.
萬年, 秦之櫟陽, 漢高帝更名屬馮翊, 晉屬京兆.

② ≪春秋≫ 隱公 4년에 "隱公이 宋公과 淸에서 만났다." 하였는데, 杜預의 주에 "遇라는 것은 갑자기 만나는 것이니, 두 나라가 예를 간략히 하여 道路에서 우연히 만난 것처럼 한 것이다." 하였다.
春秋隱四年 "公及宋公遇于淸." 杜預曰 "遇者, 草次之期, 二國各簡其禮, 若道路相逢遇也."

【目】 이에 梁琛이 다음과 같이 말하였다.

"桓溫이 우리 왕의 국경 지역을 엿보니, 燕나라(前燕)가 위태롭고 秦나라(前秦)가 고립무원의 상태이다. 이 때문에 진나라 왕이 환란을 근심하여 우리 나라와 우호를 맺어 두 나라 사이에 聘問이 막 시작되었으니, 마땅히 禮를 높이고 의리를 돈독히 지켜 두 나라의 우호를 견고히 해야 할 것이다. 만약 연나라의 使臣을 소홀히 하면 이는 연나라를 깔보는 것이니, 이것이 어찌 우호를 닦는 뜻이겠는가. 天子는 四海를 집안으로 삼기 때문에 가는 것을 乘輿라 하고 멈추는 곳을 行在所라 한다. 지금 海縣(中國·海內)이 오이 조각처럼 갈라져 하늘의 빛이 여러 나라에 나뉘어 비치니, 어찌 이것(乘輿·行在所)을 가지고 말하겠는가. 禮에 기약하지 않고 서로 만나보는 것을 遇라 하였으니, 이는

일에 따라 權道를 행하여 그 예가 간략하다. 어찌 평소 한가롭고 편안할 때에 할 수 있는 것이겠는가. 사신이 單身으로 왔으므로 참으로 主人보다 열세인 상황이나, 만일 禮를 갖추어 상대하지 않으면 나 또한 감히 명을 따르지 않겠다."

苻堅은 마침내 그를 위해 行宮을 설치하고 백관들을 배석하게 한 뒤에 그를 맞이하여 相見하였다.

琛曰 桓溫이 闚我王略①하니 燕危秦孤라 是以로 秦主恤患結好하여 交聘方始하니 謂宜崇禮篤義하여 以固二國之歡이라 若忽慢使臣이면 是는 卑燕也니 豈修好之義乎리오 夫天子以四海爲家故로 行曰乘輿요 止曰行在라 今海縣瓜裂하여 天光이 分曜하니 安得以是爲言哉②아 禮에 不期而見曰遇니 蓋因事權行하여 其禮簡略이라 豈平居容與(예)之所爲哉③리오 客使單行에 誠勢屈於主人이나 然苟不以禮면 亦不敢從也로라 堅이 乃爲設行宮하고 百僚陪位然後에 延之④하다

① 略은 경계이다.
略, 界也.

② 騶衍이 말하였다. "中國에 赤縣 神州가 있고 赤縣 神州의 안에 九州가 있으니, 禹王이 차례로 구획한 九州가 이것이다. 그 밖에 裨海(작은 바다)가 있어 구주를 빙 둘렀다." 하였으니,[41] '海縣'이라는 말은 여기에 근거한 것이다.
騶衍曰 "中國有赤縣神州, 赤縣神州內有九州, 禹所敍九州是也. 其外有裨海, 環之." 海縣之說, 蓋本諸此.

③ 與는 豫로 읽으니, '容與'는 한가하고 안락함이다.
與, 讀曰豫. 容與, 容暇而安豫也.

④ 爲(위하다)는 去聲이니, 아래의 '爲吳'의 爲도 같다.
爲, 去聲, 下爲吳同.

【目】 梁琛의 從兄인 梁奕이 秦나라(前秦)의 尙書郞이 되었었는데, 苻堅이 典客으로 하여금 양침을 양혁의 집에 머물게 하자, 양침이 말하기를 "옛날 諸葛瑾[42]이 吳나라를 위하여 사신으로 蜀漢에 빙문 갔을 적에 아우인 諸葛亮을 오직 公朝에서만 만나보았고, 물러나서는 사사로이 대면하는 일이 없었다. 그런데 지금 나로 하여금 형의 사사로운 방

41) 騶衍이……하였으니 : 추연은 전국시대 齊나라 사람이고, 인용한 내용은 ≪史記≫ 권74 〈孟子荀卿列傳〉에 보인다. 추연은 陰陽의 消息을 통해 세상과 동떨어진 괴이한 일이 일어난다는 설을 10여 만 글자로 지어 제후들의 존숭을 받았다.

42) 諸葛瑾 : 174~241. 삼국시대 吳나라에서 벼슬한 사람인데, 친아우인 諸葛亮(181~234)은 蜀漢에서, 사촌 아우인 諸葛誕(?~258)은 魏나라에서 각각 벼슬하여 모두 훌륭한 명성이 있었다.(≪世說新語≫ 〈品藻〉)

에 편안히 있게 하니, 감히 할 수 없다." 하였다.

양혁이 양침에게 동쪽 燕나라(前燕)의 일을 자주 묻자, 양침이 말하기를 "형제의 본심이 각각 다른 데 있으니, 연나라의 좋은 점을 말하고자 한다면 형이 듣고자 하시는 바가 아닐까 염려되고, 나쁜 점을 말하고자 한다면 또 사신이 논할 수 있는 것이 아닙니다." 하였다.

琛의 從兄奕이 爲秦尙書郎이러니 堅이 使典客으로 館琛於奕舍[①]한대 琛曰 昔에 諸葛瑾이 爲吳聘蜀에 與諸葛亮으로 惟公朝相見하고 退無私面이러니 今使之卽安私室은 所不敢也로라 奕이 數(삭)問琛東事한대 琛曰 兄弟本心이 各有所在하니 欲言國美인대 恐非所欲聞이요 欲言其惡이면 又非使臣之所得論也니이다

① 漢나라에는 〈외국 손님의 접대를 주관하는〉 典客이 있었는데, 뒤에 이름을 고쳐 大鴻臚라 하였다. 여기서는 다만 임시로 사람을 보내 典客으로 삼은 것이다.
漢有典客之官, 後改爲大鴻臚. 此特臨時使之典客耳.

【目】 苻堅이 太子로 하여금 梁琛을 맞이하여 서로 만나보게 하니, 秦나라(前秦) 사람이 양침으로 하여금 태자에게 절을 하게 하려고 미리 넌지시 말하기를 "이웃 나라의 군주는 자기 나라의 군주와 같으니, 이웃 나라의 儲君(태자)도 어찌 다르겠는가." 하였다. 양침이 말하기를 "天子의 아들도 오히려 그 아버지의 신하를 신하로 대하지 못하는데, 하물며 다른 나라의 신하이겠는가. 禮는 오고 감이 있으니, 내 마음에 어찌 공손함을 잊을 수 있겠는가마는 억지로 낮추고 굽혀서 태자를 번거롭게 할까 두렵다." 하고는 끝내 〈태자에게〉 절하지 않았다.

王猛은 부견에게 양침을 억류할 것을 권했으나, 부견이 허락하지 않았다.

堅이 使太子로 延琛相見하니 秦人이 欲使琛拜하여 先諷之曰 隣國之君은 猶其君也니 隣國之儲君도 亦何以異乎리오 琛曰 天子之子도 尙不敢臣其父之臣이어든 況它國之臣乎아 禮有往來하니 情豈忘恭이리오 但恐降屈爲煩耳[①]라하고 乃不果拜하다 王猛이 勸堅留琛한대 堅이 不許하다

① 〈'降屈爲煩'은〉 태자가 마땅히 答拜해야 함을 말한 것이다.
言當答拜也.

【綱】 겨울 11월에 燕나라(前燕) 慕容垂가 秦나라(前秦)로 도망하였는데, 진나라에서 그를 冠軍將軍으로 삼았다.

冬十一月에 燕慕容垂 出奔秦이어늘 秦以爲冠軍將軍하다

【目】 吳王 慕容垂가 襄邑에서 鄴城으로 돌아온 뒤에 위엄과 명성이 더욱더 떨쳐졌다. 太傅 慕容評이 그를 더욱더 시기하여 모용수가 奏請한 장병들의 공에 대한 賞을 모두 저지하여 행하지 못하게 하였다. 太后 可足渾氏(합족혼씨)가 평소 모용수를 미워하였는데, 모용평과 함께 모용수를 죽일 것을 모의하였다.

太宰 慕容恪의 아들 慕容楷와 모용수의 외숙인 蘭建이 이것을 알고 모용수에게 고하기를 "먼저 움직이면 남을 제압할 수 있습니다. 모용평과 樂安王 慕容臧만 제거하면 다른 사람들은 무슨 짓을 하지 못할 것입니다." 하였다.

吳王垂 自襄邑還鄴하니 威名이 益振이라 太傅評이 愈忌之하여 垂奏將士功賞을 皆抑而不行하고 太后可足渾氏 素惡(오)垂라 與評謀誅之①러니 太宰恪之子楷及垂舅蘭建이 知之하고 以告曰 先發이면 制人이니 但除評及樂安王臧이면 餘無能爲矣②리이다

①〈太后 可足渾氏가〉 慕容垂를 미워한 일은 晉 穆帝 升平 2년(358)에 보인다.
惡垂事, 見穆帝升平二年.

②兵法에 말하기를 "먼저 움직이면 남을 제압할 수 있고, 뒤늦게 움직이면 남에게 제압당한다."43) 하였다.
兵法曰 "先發制人, 後發者人制之."

【目】 慕容垂가 말하기를 "骨肉 간에 서로 殘殺하여 나라에서 먼저 난을 일으키는 것은 내 차마 할 수 없으니, 차라리 국외로 나가 그들을 피하겠다." 하였다. 世子 慕容令이 다음과 같이 말하였다.

"主上(慕容暐)이 어리석고 나약하여 太傅 慕容評에게 모든 정사를 위임하니, 하루아침에 禍가 일어나면 駭機보다 더 빠를 것입니다. 이제 집안을 보존하고 몸을 온전히 하면서 大義를 잃지 않고자 하신다면 龍城으로 도망하고 겸손한 말로 사죄하여 主上이 밝게 살피기를 기다리는 것보다 나은 것이 없습니다. 만약 주상이 감동하여 깨닫고 조정으로 돌아오게 한다면 큰 다행입니다. 만일 그렇지 못하면 안으로는 燕·代 지방을 어루만지고 밖으로는 여러 오랑캐들을 회유하여 險固한 肥如의 땅을 지켜 스스로 보호하는 것이 또한 그 다음으로 좋은 방법입니다."

모용수는 "좋다." 하고는 11월에 大陸에서 사냥할 것을 청하고서 이를 통해 微服 차림을 하고 〈鄴城을 빠져나와〉 龍城으로 가서 邯鄲에 가려고 하였는데, 작은아들 慕容麟

43) 먼저……제압당한다 : 《漢書》 권31 〈項籍傳〉에 보인다.

이 평소 모용수에게 사랑을 받지 못하였으므로 이에 도망하여 업성으로 돌아가 실상을 고발하였다. 燕主 모용위가 정예 기병을 보내어 추격하게 하였으나, 모용수가 기병을 분산시켜 일행의 흔적을 없애 잡히지 않았다.

세자 모용령이 몇 명의 기병을 거느리고 업성을 기습할 것을 청하였으나, 모용수는 "불가하다." 하고 마침내 段夫人 및 모용령, 慕容寶, 慕容農, 慕容隆, 慕容楷, 慕容建과 郎中令 高弼과 함께 秦나라(前秦)로 달아났다.

垂曰 骨肉相殘而首亂於國은 吾不忍爲也니 寧避之於外耳로라 世子令曰 主上이 闇弱하여 委任太傅하니 一旦禍發이면 疾於駭機①리니 今欲保族全身하여 不失大義면 莫若逃之龍城하고 遜辭謝罪하여 以待主上之察이라 感寤得還이면 幸之大者요 如其不然이면 則內撫燕代하고 外懷群夷하여 守肥如之險以自保 亦其次也②니이다 垂曰 善타하고 十一月에 請畋於大陸③하여 因微服44)하여 將趨龍城하여 至邯鄲④이러니 少子麟이 素不爲垂所愛라 逃還告狀하니 燕主暐 遣精騎追之어늘 垂散騎滅迹得免하다 世子令이 請給數騎襲鄴한대 垂曰 不可라하고 乃與段夫人及令, 寶, 農, 隆, 楷, 建及郎中令高弼로 俱犇秦⑤하다

① 機는 쇠뇌의 機牙45)이다. 쇠뇌에 비유하면 적이 예측하지 못했을 때 기아를 먼저 발사하여 적으로 하여금 놀라게 하는 것과 같다. 그러므로 '駭機'라 한 것이다.
機, 弩牙也. 譬之彀弩, 不虞而機先發, 使人震駭, 故曰駭機.

② 燕·代는 두 郡의 이름이다. 肥如의 險固함은 바로 盧龍의 요새이다.
燕·代, 二郡名. 肥如之險, 卽盧龍之塞也.

③ ≪史記正義≫에 "大陸澤은 邢州와 趙州의 경계에 있으니, 一名은 廣阿澤이고 一名은 鉅鹿澤이다." 하였다.
正義 "大陸澤在邢州及趙州界, 一名廣阿澤, 一名鉅鹿澤".

④ 邯鄲縣은 漢나라 때에는 趙國에 속하였고 晉나라 때에는 廣平郡에 속하였다.
邯鄲縣, 漢屬趙國, 晉屬廣平郡.

⑤ 段夫人은 慕容垂의 前妃의 여동생이다. 高弼은 모용수 封國의 卿이다.
段夫人, 垂前妃之女弟. 高弼, 垂之國卿.

【目】 처음에 秦王 苻堅은 慕容恪이 죽었다는 말을 듣고 은근히 燕나라(前燕)를 도모할 마음을 품었으나, 慕容垂를 두려워하여 감히 군대를 일으키지 못하였다. 부견은 모용수가 왔다는 말을 듣고는 크게 기뻐하여 교외로 나가 맞이하고서 그의 손을 잡고 다음과

44) 因微服 : ≪資治通鑑≫에는 '因微服出鄴'으로 되어 있다.
45) 機牙 : 쇠뇌의 시위를 당겨 살〔矢〕을 놓는 기관을 이른다.

같이 말하였다.

"하늘이 어진 이와 호걸을 낼 적에 반드시 함께 큰 공을 이루게 하는 것이 자연의 운수이니, 내 마땅히 卿과 함께 天下를 평정하여 泰山에 이르러 성공을 아뢸 것이다. 그런 뒤에 경을 본국으로 돌려보내어 대대로 幽州 지방에 封하여 경으로 하여금 나라를 떠나서도 자식으로서 해야 할 孝를 잃지 않게 하고 朕에게 귀부해서도 군주를 섬기는 충성을 잃지 않게 하는 것이 또한 아름답지 않겠는가."

부견은 또 慕容令과 慕容楷의 재주를 아껴 다 후하게 예우하였다.

慕容垂逃降苻堅

初에 秦王堅이 聞恪卒하고 陰有圖燕之志호되 憚垂不敢發이러니 及聞垂至하고 大喜하여 郊迎執手曰 天生賢傑에 必相與共成大功이니 此自然之數也니 要當與卿共定天下하여 告成岱宗하고 然後에 還卿本邦하여 世封幽州하여 使卿去國에 不失爲子之孝하고 歸朕에 不失事君之忠이 不亦美乎아 堅이 復愛令及楷之才하여 皆厚禮之하다

【目】 王猛이 말하기를 "慕容垂 父子는 비유하면 龍이나 범과 같아서 길들일 수 있는 인물이 아닙니다. 만약 바람이나 구름을 빌려주면 장차 다시 제재하지 못할 것이니, 일찍

제거하는 것만 못합니다." 하니, 苻堅이 말하기를 "내가 막 영웅을 거두어 四海를 깨끗이 소탕하려 하니, 어찌 그를 죽일 수 있겠는가. 또 그가 처음 왔을 때 내가 이미 정성을 다하여 받아주었으니, 匹夫도 오히려 食言하지 않는데 하물며 萬乘의 천자이겠는가." 하고는 마침내 모용수를 冠軍將軍으로 삼았다.

王猛曰 垂父子 譬如龍虎하여 非可馴之物이라 若借以風雲이면 將不可復制니 不如早除之니이다 堅曰 吾方收攬英雄하여 以淸四海하니 奈何殺之리오 且其始來에 吾已推誠納之矣니 匹夫도 猶不棄言이어든 況萬乘乎아하고 乃以垂爲冠軍將軍하다

【目】 梁琛이 돌아가서 慕容評에게 말하기를 "秦나라(前秦) 사람들이 매일 군대를 사열하고 陝城 동쪽 지방에서 군량을 모으고 있으니, 진나라와의 우호가 반드시 오래 가지 못할 것입니다. 그리고 지금 吳王(慕容垂)이 또다시 진나라로 갔으니, 마땅히 대비하여야 합니다." 하였다. 모용평이 말하기를 "진나라 군주는 어떠한 사람인가." 하자, 양침이 말하기를 "현명하면서도 결단을 잘합니다." 하였다. 王猛에 대해 묻자, 대답하기를 "그의 명성이 헛되이 얻은 것이 아닙니다." 하였다. 양침은 이윽고 또다시 燕主 慕容暐에게 이것을 말하였는데, 모두들 그의 말을 옳게 여기지 않았다.

오직 皇甫眞이 이것을 깊이 우려하여 글을 올려 장수를 선발하고 병력을 더해서 未然에 방비할 것을 청했으나, 모용위와 모용평은 이 말을 듣지 않았다.

梁琛이 歸言於評曰 秦人이 日閱軍旅하고 聚糧陝東하니 和必不久요 今吳王이 又往하니 宜爲之備니이다 評曰 秦主는 何如人고 琛曰 明而善斷이니이다 問王猛한대 曰 名不虛得이니이다 旣又以告燕主暐하니 皆不然之호되 唯皇甫眞이 深以爲憂하여 上疏請選將益兵하여 以防未然호되 不聽하다

【綱】 秦나라(前秦)가 使臣을 燕나라(前燕)에 보내었다.

秦이 **遣使如燕**[46]하다

【目】 秦나라 石越이 燕나라에 빙문을 갔는데, 연나라 太傅 慕容評이 자기의 사치스러움을 드러내 보였다. 尙書郞 高泰가 말하기를 "석월이 큰소리를 치지만 보는 눈빛이 심원하니, 바로 우리의 틈을 엿보려는 것입니다. 마땅히 군대의 위세를 드러내어 그의 계책

46) 秦遣使如燕 : "慕容垂가 燕나라에서 나가자, 나라를 엿보는 자가 이르렀으니, ≪資治通鑑綱目≫에 이것을 이어서 쓴 것은 경계함을 보인 것이다.〔垂出而闚國者至矣 綱目聯書之 所以戒也〕" ≪書法≫

을 꺾어야 하는데, 지금 도리어 사치함을 보여주시니, 더욱 저들에게 경시 받을 것입니다." 하였으나, 모용평이 따르지 않으니, 고태는 마침내 병을 이유로 관직을 사양하고 고향으로 돌아갔다.

이때 연나라 太后 可足渾氏가 國政을 어지럽혔고, 모용평은 탐욕에 눈이 멀어 만족할 줄을 몰라 뇌물이 위로 집권자들에게 유입되고 관리가 재능에 따라 선발되지 않으니, 여러 아랫사람들이 원망하고 분노하였다. 이에 尙書左丞 申紹가 글을 올려 다음과 같이 말하였다.

"마땅히 守令을 엄정하게 선발하고 관청을 합병하여 직책을 줄여서 군사들의 가족을 구휼하여 公私 간의 일들이 모두 의도한 대로 이루어지게 해야 합니다. 그리고 쓸데없는 지출을 억제하고 국가의 경비를 아끼며, 賞을 반드시 功에 합당하게 내리고 형벌을 반드시 罪에 합당하게 내려야 합니다. 이와 같이 하면 桓溫과 王猛을 梟首할 수 있고, 秦나라와 晉나라를 취할 수 있으니, 어찌 다만 국경을 보존하고 백성을 편안히 하는 데에 그치겠습니까."

慕容暐는 상소문을 살펴보지 않았다.

秦石越이 聘於燕하니 太傅評이 示之以奢어늘 尙書郎高泰曰① 越이 言誕而視遠하니 乃觀釁也②라 宜耀兵以折其謀어늘 今乃示之以奢하니 益爲所輕矣리이다 評이 不從하니 泰遂謝病歸하다 時에 太后侵擾國政하고 評이 貪昧無厭하여 貨賂上流하고 官非才擧하니 群下怨憤③이라 尙書左丞申紹上疏④하여 以爲宜精擇守宰하고 倂官省(생)職하여 存恤兵家하여 使公私兩遂하며 節抑浮靡하고 愛惜用度하며 賞必當功하고 罰必當罪⑤니 如此則溫猛可梟요 二方可取⑥니 豈特保境安民而已리오 疏奏에 不省하다

① 高泰는 高瞻의 從子이다.
泰, 瞻之從子也.

② 誕은 큰소리를 치는 것이다.
誕, 大言也.

③ '貪昧'는 재물을 탐하고 이익에 눈이 멀어 그 해로움을 돌아보지 않는 것이다. 流는 물이 흘러감이니, 물은 이치상 아래로 흘러가고 위로 거슬러 흐르지 않는다. 그런데 재물이 위로 가는 것을 '上流'라고 하였으니, 이는 떳떳한 이치를 거스름을 말한 것이다.
貪昧者, 貪財昧利, 不顧其害也. 流, 水行也. 水行就下, 無逆而上流之理. 貨賂上行, 謂之上流, 言其逆於常理也.

④ 申紹는 申胤의 형이다.
紹, 胤之兄也.

⑤ 當(합당하다)은 丁浪의 切이다.
當, 丁浪切.
⑥ 溫・猛은 桓溫과 王猛을 이른다.
溫・猛, 謂桓溫・王猛.

【綱】 秦나라(前秦)에서 王猛 등을 보내어 燕나라(前燕)를 공격하여 12월에 洛陽을 점령하였다.

秦이 **遣王猛等伐燕**하여 **十二月**에 **取洛陽**[47)]하다

【目】 처음에 燕나라 사람이 虎牢關 서쪽의 땅을 떼어 秦나라에 주기로 하였는데, 晉나라(東晉) 군대가 물러간 뒤에 연나라 사람이 진나라에 이르기를 "行人이 말을 잘못하였다. 나라를 소유하고 집안을 소유한 자가 재앙을 분담하고 환란을 구제함은 떳떳한 도리이다." 하였다. 秦王 苻堅이 크게 怒하여 王猛 및 將軍 梁成, 鄧羌을 보내어 보병과 기병 3만을 거느리고 연나라를 정벌하게 해서 洛陽을 공격하니, 낙양이 항복하였다.

初에 **燕人**이 **許割虎牢以西賂秦**이러니 **晉兵既退**에 **燕人**이 **謂曰 行人失辭**로다 **有國有家者 分災救患**은 **理之常也**①니라 **秦王堅**이 **大怒**하여 **遣猛及將軍梁成, 鄧羌**하여 **帥步騎三萬伐之**하여 **攻洛陽**하니 **洛陽**이 **降**하다

① '行人失辭'는 使者가 땅을 떼어주기로 허락한 것을 말을 잘못했다고 한 것이다.
行人失辭, 謂使者許割地爲失辭也.

【綱】 〈晉나라(東晉)의〉 大司馬 桓溫이 진영을 廣陵으로 옮겼다.

大司馬溫이 **徙鎭廣陵**하다

---

47) 秦遣王猛……取洛陽 : "막 慕容垂가 秦나라로 달아났다고 쓰고, 곧바로 진나라가 王猛 등을 보내어 燕나라를 공격했다고 썼다. 진나라가 오랫동안 연나라를 도모할 마음이 있었으나 도모하기를 꺼리던 것은 모용수 때문이었는데, 지금 이미 꺼리던 바가 없어졌으니, 무엇을 꺼려 발동하지 않겠는가. 그렇다면 한 선비가 100만의 군대를 그치게 하고 한 현자가 천 리의 환란을 제재한다는 것이 빈말이 아니다. 연나라에 인재가 있었으나 제대로 등용하지 못하였고, 있던 인재도 버려 적국에 도움이 되게 하였으니, 비록 망하지 않고자 한들 가능하겠는가.〔方書慕容垂奔秦 卽書秦遣王猛等伐燕 蓋秦久有謀燕之心 而所忌者垂爾 今旣去其所忌 則何憚而不發哉 然則一士止百萬之師 一賢制千里之難 非虛語也 燕有才 不能用 棄以資敵 雖欲不亡 得乎〕" ≪發明≫

【目】桓溫이 徐州와 兗州의 백성들을 동원하여 廣陵에 城을 쌓고서 진영을 옮기니, 이때에 부역이 잦은 데다가 전염병까지 발생하여 죽은 자가 10에 4, 5명이니, 백성들이 한탄하고 원망하였다.

秘書監 孫盛이 ≪晉春秋≫를 지을 적에 당시의 일을 사실대로 썼는데, 환온이 이것을 보고 怒하여 손성의 아들에게 이르기를 "내가 枋頭에서 진실로 승리하지 못했지만 어찌 尊君이 말씀한 바와 같은 지경에 이르렀겠는가. 만약 이 史書가 마침내 세상에 통행한다면 이는 그대 집안의 흥망에 관계될 것이다." 하였다. 손성의 아들이 급히 절하여 사죄하고 아버지에게 이것을 고칠 것을 청하였다.

이때 손성이 연로하여 집에 거주하고 있었는데, 성품이 방정하고 엄숙하며 매사에 법도가 있으므로 자손들이 비록 半白의 나이였으나, 더욱 정중하게 모셨다. 이때 여러 아들이 울부짖고 눈물을 흘리며 머리를 조아려 온 집안 식구를 위한 계책을 세우기를 청하였다. 손성이 크게 노하고 허락하지 않으니, 여러 아들이 마침내 몰래 이것을 고쳤다.

손성은 이전에 이미 별도로 副本을 써서 외국에 전하였는데, 이후 晉나라 孝武帝가 진귀한 책을 현상금을 걸어 구할 적에 遼東 사람에게서 이 책을 얻으니, 현행본과 달랐다. 마침내 두 가지를 모두 보존하였다.

溫이 發徐兗州民하여 築廣陵城하여 徙鎭之하니 時에 征役旣頻하고 加之疫癘하여 死者十四五하니 百姓이 嗟怨이러라 秘書監孫盛이 作晉春秋에 直書時事①러니 溫이 見之하고 怒하여 謂盛子曰 枋頭誠爲失利어니와 何至乃如尊君所言②이리오 若此史遂行이면 自是關君門戶事③니라 其子遽拜謝하고 請改之④하다 時에 盛이 年老家居할새 性方嚴有軌度하여 子孫이 雖班白이나 待之愈峻이러니 至是하여 諸子號泣稽顙하여 請爲百口計한대 盛이 大怒不許어늘 諸子遂私改之하다 盛이 先已寫別本하여 傳之外國이러니 及孝武帝 購求異書하여 得之於遼東人하니 與見(현)本不同이라 遂兩存之⑤하니라

① 漢나라 桓帝 때에 秘書監을 설치하였다. 晉나라 武帝 때에 비서감을 中書省에 합병하였는데, 惠帝 때에 다시 비서감을 설치하였다. 그의 관속에 丞과 郎이 있고, 아울러 著作省에 통솔되었다.
漢桓帝置秘書監, 晉武帝以秘書倂中書省, 惠帝復置秘書監. 其屬有丞有郎, 幷統著作省.

② 晉나라 사람은 남의 자식 앞에서 그의 아버지를 칭하기를 '尊君', '尊公'이라 하였다.
晉人於人子之前, 稱其父爲尊君・尊公.

③ 〈'關君門戶事'는〉 그 가문을 멸망시키고자 함을 말한다.
言欲滅其門也.

④ 遽는 급하고 빠름이요, 戰은 두려워함이다.

遽, 急疾也. 戰, 慄也.
⑤ 見(현재)은 賢遍의 切이다.
見, 賢遍切.

庚午年(370)

【綱】 晉나라(東晉) 帝 司馬奕 太和 5년이다.

五年이라

【目】 秦나라(前秦) 苻堅 建元 6년이고 燕나라(前燕) 幽帝 慕容暐 建熙 11년이다. 이해에 燕나라가 망하였다. 큰 나라(前秦)가 하나이고 작은 나라(前涼, 代)가 둘이니, 합하여 僭國이 셋이다.

秦建元六이요 燕建熙十一年이라 ◑ 是歲에 燕亡하다 大一小二이니 凡三僭國이라

【綱】 봄 정월에 慕容令이 秦나라(前秦)에서 燕나라(前燕)로 달아났다.

春正月에 慕容令이 自秦奔燕하다

【目】 王猛이 長安을 출발할 적에 慕容令을 자신의 軍事에 참여시켜서 鄕導로 삼을 것을 청하였다. 왕맹은 장차 길을 떠나려 할 적에 慕容垂를 찾아가서 술을 마시다가 조용히 이르기를 "지금 멀리 작별하게 되었는데, 卿은 나에게 무엇을 선물하여 나로 하여금 물건을 보고 사람을 생각하게 하겠는가." 하자 모용수는 차고 있던 칼을 풀어 선물로 주었다.

왕맹은 洛陽에 이르러 모용수와 친분이 있는 사람에게 뇌물을 주어 거짓으로 모용수의 使者인 것처럼 꾸며 慕容令에게 이르기를 "우리 父子가 이곳에 온 것은 죽음을 피하기 위해서였는데, 지금 왕맹이 사람을 원수처럼 미워하고 秦主(苻堅)의 마음 또한 알기가 어렵다. 듣자하니 東朝(前燕)가 근래에 잘못을 뉘우쳤다 한다. 나는 이제 동쪽(前燕)으로 돌아갈 것이니, 너는 속히 출발하도록 하라." 하였다. 모용령이 이것을 의심하여 종일토록 주저하였으나 자세한 것을 알 수가 없어서 마침내 연나라 군대로 달아났다.

王猛之發長安也에 請慕容令參其軍事하여 以爲鄕導하다 將行에 造慕容垂하여 飮酒라가 從容謂曰 今當遠別하니 卿何以贈我하여 使我覩物思人고 垂脫佩刀贈之러니 猛이 至洛陽하여 賂垂所親하여 使詐爲垂使者하여 謂令曰 吾父子來此는 以逃死也러니 今王猛이 疾人如讐하고 秦主心亦難知라 聞東朝比來悔悟라하니 吾今還東호리니 汝可速發하라 令이 疑之하여 躊躇終日이라가 又不可審覆이라 乃犇燕軍①하다

① '躊躇'는 猶豫하여 발걸음을 멈추는 뜻이다.
躊躇, 猶豫住足之意.

【目】 王猛이 慕容令이 배반한 사실을 표문으로 올리자, 慕容垂가 두려워하여 도망하다가 藍田에 이르러 추격하는 기병에게 사로잡혔다. 秦王 苻堅이 모용수를 위로하기를 "卿이 나라가 화목하지 못하여 몸을 던져 짐에게 투항하였는데, 경의 어진 아들이 마음에 근본을 잊지 못하여 〈고국으로 돌아간 것은〉 각자의 뜻이 또한 다른 것이다. 그러나 망해가는 燕나라는 모용령이 능히 구원할 수 있는 바가 아니니, 그가 헛되이 범의 입에 들어감이 애석할 뿐이다. 또 父子와 兄弟 간에는 죄가 서로 미치지 않으니, 경은 어찌하여 지나치게 두려워해서 이와 같이 낭패한 짓을 하였는가." 하고는 예전처럼 우대하였다.

연나라 사람은 모용령이 배반했다가 다시 돌아왔다 하여 反間計를 한다고 의심하여 그를 沙城으로 옮겼다.

猛이 表令叛狀한대 垂懼而出走라가 及藍田하여 爲追騎所獲하니 秦王堅이 勞之曰 卿이 家國失和하여 委身投朕하니 賢子心不忘本이 亦各其志라 然이나 燕之將亡이 非令所能存이니 惜其徒入虎口耳로라 且父子兄弟罪不相及①이니 卿何爲過懼而狼狽如是乎아하고 待之如舊하다 燕人이 以令叛而復還이라하여 疑爲反間하여 徙之沙城②하다

① 晉나라 臼季가 冀缺을 晉나라 文公에게 천거하자, 문공이 말하기를 "그 아비가 죄가 있으니, 쓸 수 있겠는가." 하였다. 구계가 대답하기를 "舜임금이 죄인을 처벌할 때에는 鯀을 귀양 보내고 인물을 천거하여 쓸 때에는 그의 아들 禹를 등용시켰습니다. 〈康誥〉에 이르기를 '아비가 사랑하지 않고 자식이 공경하지 않고 형이 우애하지 않고 아우가 공손하지 않는다 하더라도 그 罰이 서로에게 미치지 않는다.' 하였습니다." 하였다.[48)]

---

48) 晉나라……하였다 : 臼季는 춘추시대 晉나라 대부이고 冀缺은 진나라 사람 郤缺을 가리키는바, 이 대화가 나온 전말은 다음과 같다. 晉나라의 重耳가 19년간의 오랜 유랑 생활 끝에 진나라로 돌아와 임금의 자리에 올라 文公이 되었는데, 당시 대신으로 있던 郤芮가 반란을 일으켰다. 그 뒤에 극

晉臼季薦冀缺於晉文公, 公曰 "其父有罪, 可乎." 對曰 "舜之罪也, 殛鯀, 其擧也, 興禹. 康誥曰 '父不慈, 子不祗, 兄不友, 弟不共, 不相及也.'"

② 沙城은 龍城 동북쪽 600리 지점에 있다.
沙城, 在龍城東北六百里.

【目】 司馬溫公(司馬光)이 다음과 같이 評하였다.

"敵國의 재주 있는 신하가 와서 자기의 쓰임이 됨은 적국으로 진격하여 승리를 취하는 데에 좋은 자산이다. 慕容垂는 재주가 뛰어나고 功이 많은데, 아무런 罪가 없이 의심을 받아 곤궁하게 되어 秦나라(前秦)로 귀의하였다. 그러므로 秦王 苻堅이 그를 예우하여 燕나라(前燕)의 名望을 거두어들이고 그를 친애하여 연나라의 실정을 다 알아내고 그를 총애하여 연나라 무리를 모두 오게 하고 그를 신임하여 연나라의 인심을 결집하였으니, 잘못된 것이 아니다. 그런데 王猛이 어찌하여 모용수를 죽임에 급급해서 마침내 시정배가 물건을 파는 행실을 하여 마치 은총을 질투하여 참소하는 자처럼 하였단 말인가. 어찌 아름다운 덕을 갖춘 군자가 마땅히 할 바이겠는가."

司馬公曰 敵國材臣이 來爲己用은 進取之良資也라 慕容垂材高功盛이로되 無罪見疑하여 窮困歸秦이라 故로 秦王堅이 禮之以收燕望하고 親之以盡燕情하고 寵之以傾燕衆하고 信之以結燕心하니 未爲過矣라 猛이 何汲汲於殺垂하여 至乃爲市井鬻賣之行하여 有如嫉其寵而讒之者오 豈雅德君子所宜爲哉리오

【綱】 燕나라(前燕) 慕容臧이 군대를 거느리고 秦나라(前秦) 군대를 막았는데, 진나라 王猛이 공격하여 패주시켰다.

燕慕容臧이 將兵拒秦師어늘 秦王猛이 擊走之하다

예의 아들인 극결이 미천한 신분으로 지내면서 冀 땅에서 밭을 갈 때 그 아내가 들밥을 내왔는데, 서로 손님처럼 공경하여 대하였다. 구계가 이것을 보고서 '평상시의 공경은 축적된 德이 겉으로 드러난 것이므로 등용하면 백성들을 덕으로 잘 다스릴 것이다.'라고 문공에게 추천하자, 문공과 구계가 이러한 대화를 한 것이다. 문공은 구계의 청원을 받아들여 극결을 下軍大夫로 삼고 冀 땅을 식읍으로 주었고, 이후 극결은 문공을 위하여 충성을 다하였다.(≪春秋左氏傳≫ 魯僖公 33년) 〈康誥〉는 ≪書經≫의 편명으로 인용한 내용은 '어떤 사람이 罪를 지었을 경우 本人만을 처벌하고 父子兄弟에게 연좌시키지 않는다.'는 말인데, 左氏가 말한 〈강고〉의 내용은 현전하는 ≪서경≫에는 보이지 않는다.

【目】 燕나라 樂安王 慕容臧이 新樂에서 전진하여 滎陽에 주둔하였다. 그러자 王猛이 梁成과 鄧羌을 보내어 공격하여 패주시키고, 등강을 남겨 金墉에 진주하게 하고, 등강 대신 桓寅에게 陝城을 지키게 하고 돌아왔다.

秦王 苻堅은 왕맹을 司徒 錄尙書事로 삼고 平陽郡侯에 봉하였는데, 왕맹이 굳이 사양하기를 "지금 燕(前燕)와 吳(東晉)가 아직 평정되지 않아서 兵車가 막 출동하였는데, 처음 한 城을 얻고서 곧바로 三事의 賞을 받는다면 두 賊을 이겨 섬멸할 경우에는 장차 무엇을 더 내려주시겠습니까." 하였다. 부견이 말하기를 "만약 짐의 기쁜 마음을 잠시 억누르지 않으면 卿의 아름다운 겸양의 덕을 어떻게 드러내겠는가." 하고는 마침내 〈왕맹에게〉 司徒와 尙書의 직책을 내리는 명령을 중지하였다.

燕樂安王臧이 自新樂으로 進屯滎陽①이어늘 猛이 遣梁成, 鄧羌하여 擊走之하고 留羌鎭金墉하고 以桓寅代羌하여 戍陝城而還하다 秦王堅이 以猛爲司徒錄尙書事하고 封平陽郡侯한대 猛이 固辭曰 今燕吳未平하여 戎車方駕어늘 而始得一城에 卽受三事之賞②인댄 若克殄二寇면 將何以加之리잇가 堅曰 苟不蹔抑朕心이면 何以顯卿謙光之美리오하고 遂寢司徒尙書之命하다

① 新樂은 마땅히 滎陽의 경계에 있을 것이다.
新樂, 當在滎陽界.
② 三事는 三公이다.
三事, 三公也.

【綱】 2월에 袁眞이 죽자 아들 袁瑾이 대신 그 무리를 거느리니, 燕나라(前燕)와 秦나라(前秦)가 모두 군대를 보내어 도왔는데, 여름 4월에 〈晉나라(東晉)의〉 大司馬 桓溫이 군대를 보내어 격파하였다.

二月에 袁眞이 死어늘 子瑾이 代領其衆하니 燕秦이 皆遣兵助之러니 夏四月에 大司馬溫이 遣兵擊破之[49]하다

49) 袁眞……遣兵擊破之 : "袁氏가 배반했다고 썼는데, 여기서는 토벌을 쓰지 않음은 어째서인가. 袁眞이 배반함은 桓溫이 격동시켰기 때문이다. ≪資治通鑑綱目≫에서는 禍를 제일 먼저 일으킨 자를 죄준다. 그러므로 謝尙이 張遇의 반란을 격동시킨 것에 대해서는 사상이 〈장우를〉 토벌했다고 쓰지 않고 공격했다〔攻〕고 썼고,(穆帝 永和 8년(352)이다.) 桓溫이 袁氏의 반란을 격동시킨 것에 대해서는 환온이 〈원씨를〉 토벌했다고 쓰지 않고 공격했다〔擊〕고 쓴 것이다.(이해(370)이다.)〔袁氏書叛矣 此其不書討 何 眞之叛 溫激之也 綱目罪首禍 故謝尙激張遇之叛 則尙不書討而書攻(穆帝永和八年) 桓溫激袁氏之叛 則溫不書討而書擊(是年)〕" ≪書法≫

【綱】 5월에 慕容令이 燕나라(前燕)의 龍城을 습격하다가 이기지 못하고 죽었다.

◑ 五月에 慕容令이 襲燕龍城이라가 不克而死하다

【目】 慕容令이 끝내 죽음을 면치 못할 것이라 판단하고는 은밀히 군대를 일으킬 것을 도모하였다. 그리하여 沙城에 귀양 와서 戍자리 서는 군사 수천 명을 모두 후하게 어루만져 위로하고는 이들을 거느리고 동쪽으로 威德城을 공격하여 점거하니, 부근에서 수자리 서는 병사들이 모두 호응하였다. 장차 龍城을 습격하려 하였는데, 아우 慕容麟이 이 사실을 연나라에 고발하니, 모용령이 나가 달아나다가 마침내 자기 부하에게 피살되었다.

令이 自度(탁)終不能免하고 密謀起兵하여 沙城中謫戍士數千人을 皆厚撫之하여 帥以東襲威德城하여 據之①하니 諸戍皆應이라 將襲龍城이러니 弟麟以告하니 令이 出走라가 遂爲其下所殺하다

① 燕王 慕容皝이 南羅城을 고쳐 威德城이라 하였다.
燕王皝改南羅城爲威德城.

【綱】 6월에 秦나라(前秦) 王猛이 여러 군대를 감독하여 다시 燕나라(前燕)를 공격하였다.

六月에 秦王猛이 督諸軍하여 復伐燕하다

【目】 秦王 苻堅이 王猛을 灞水 가에서 전송하며 다음과 같이 당부하였다.

"지금 卿에게 關東의 임무를 맡기노니, 마땅히 먼저 壺關을 격파하고 上黨을 평정하고서 승승장구하여 鄴城을 취하여야 한다. 이것은 이른바 '빠른 우레에 미처 귀를 막지 못한다.'50)는 것이다. 내 마땅히 만여 명의 병력을 친히 감독하여 경의 뒤를 이어 새벽에 일찍 출발하고 배와 수레로 군량을 운반하여 수로와 육로로 함께 나갈 것이니, 경은 뒤를 염려하지 말라."

왕맹이 말하기를 "신이 임금님의 威靈을 의지하고 세워놓은 계책을 받들어 마치 바람이 낙엽을 쓰는 것처럼 잔약한 오랑캐를 소탕할 것이니, 번거롭게 御駕가 직접 자욱한 먼지를 무릅쓰실 필요는 없습니다. 다만 속히 有司에게 칙령을 내려 鮮卑族51)의 처소

50) 빠른……못한다 : ≪六韜≫ 〈龍韜〉에 보인다.

51) 鮮卑族 : 前燕의 지배층은 鮮卑族 慕容部이기 때문에 이렇게 말한 것이다.

를 關中에 몇 部로 나누어 안치하게 하소서." 하니, 부견이 크게 기뻐하였다.

秦王堅이 送猛於灞上曰 今委卿以關東之任하노니 當先破壺關하고 平上黨하고 長驅取鄴이니 所謂疾雷不及掩耳[①]라 吾當親督萬衆하여 繼卿星發하고 舟車糧運하여 水陸俱進하리니 卿勿以爲後慮也[②]하라 猛曰 臣杖威靈하고 奉成算하여 盪平殘胡를 如風掃葉이니 不煩鑾輿 親犯塵霧니이다 但速敕所司하여 部置鮮卑之所하소서 堅이 大悅[③]이러라

① 秦나라 때에는 上黨郡을 설치하고 壺關城을 치소로 삼았는데, 前漢 때에는 長子城을 치소로 삼았고 董卓은 壺關城을 치소로 삼았다. 慕容氏는 安民城을 치소로 삼았는데 뒤에 호관성으로 옮겼다.
秦置上黨郡, 治壺關城. 前漢治長子城, 董卓治壺關城. 慕容氏治安民城, 後遷壺關城.

② '星發'은 새벽별을 보며 출발함을 이른다.
星發, 謂戴星而發行也.

③ '部置鮮卑之所'는 燕나라를 이긴 뒤에 鮮卑族을 關中으로 옮김을 말한 것이다. 다만 有司로 하여금 선비족을 안치할 처소를 〈關中에〉 몇 部로 나누게 하는 것이다.
部置鮮卑之所, 謂克燕之後, 徙鮮卑於關中也, 但令有司部分安置鮮卑之處所.

【綱】 가을 7월 초하루에 일식이 있었다.

秋七月朔에 日食하다

【綱】 8월에 秦나라(前秦)가 壺關을 점령하였다.

◑ 八月에 秦이 克壺關하다

【目】 王猛이 壺關을 공격하자, 燕主 慕容暐가 太傅 慕容評에게 명하여 中外의 精兵 30만을 거느리고 막게 하였는데, 모용평은 왕맹을 두려워하여 감히 전진하지 못하였다. 왕맹이 壺關을 점령할 적에 지나가는 郡縣들이 모두 그의 氣勢를 멀리서 바라보고 항복하여 따르니, 연나라 사람들이 크게 진동하였다.

歲星

申胤이 탄식하기를 "鄴城이 반드시 망할 것이다. 그러나 옛날 越나라가 歲星을 얻었는데, 吳나라가 월나라를 공격하여 끝내 그 禍를 받았다. 지금 福德星이 燕나라에 있으니, 秦나라가 비록 뜻을 얻더라도 1紀가 지나지 않아 연나

라가 다시 세워질 것이다." 하였다.

王猛이 **攻壺關**이어늘 **燕主暐 命太傅評**하여 **將中外精兵三十萬以拒之**러니 **畏猛不敢進**이라 **猛**이 **克壺關**에 **所過郡縣**이 **皆望風降附**하니 **燕人**이 **大震**이라 **申胤**이 **歎曰 鄴必亡矣**로다 **然**이나 **越得歲而吳伐之**하여 **卒受其禍**①러니 **今福德在燕**하니 **秦雖得志**나 **而燕之復建**이 **不過一紀耳**②리라

① 歲星은 일명은 應星이라 하고 일명은 經星이라 하고 일명은 紀星이라 한다. 1년에 한 星次(방위)[52]를 이동하는 것을 세성이라 하니, 12년에 별이 하늘을 한 번 일주한다. 〈세성은〉 東方 木의 精氣이고 蒼帝의 象이다. 세성이 있는 나라는 공격해서는 안 되고, 그 나라에서 다른 나라는 공격할 수가 있다. ≪春秋左氏傳≫ 昭公 32년에 吳나라가 越나라를 공격하자, 史墨이 말하기를 "40년이 못 되어서 월나라가 오나라를 소유할 것이다. 월나라가 세성을 얻었는데 오나라가 공격하였으니, 반드시 그 흉함을 받을 것이다." 하였다. 이에 대하여 杜預의 註에 "이해에 세성이 星紀에 있었으니, 성기는 오나라와 월나라의 분야이다. 세성이 있는 곳에는 그 나라에 福이 있으니, 오나라가 먼저 병력을 동원하여 월나라를 공격하였기 때문에 도리어 앙화를 받은 것이다." 하였다. 哀公 22년에 월나라가 과연 오나라를 멸망시켰다.
歲星, 一曰應星, 一曰經星, 一曰紀星. 歲行一次, 謂之歲星, 十二歲而星一周天. 東方木之精, 蒼帝之象也. 歲星所在之國, 不可伐, 可以伐人. 左傳昭三十二年, 吳伐越, 史墨曰"不及四十年, 越其有吳乎. 越得歲, 而吳伐之, 必受其凶." 杜預註曰"此年, 歲在星紀, 星紀. 吳·越之分也. 歲星所在, 其國有福, 吳先用兵, 故反受其殃." 哀二十二年, 越果滅吳.

② 福德은 일명은 德星이라 하니, 道가 있는 나라에 나타난다. 덕성은 바로 歲星이니, 세성이 있는 곳은 그 나라에 福이 있다. 그러므로 복덕이라 한 것이다. 복덕이 燕나라에 있음은 또한 세성이 연나라 분야에 있음을 말한 것이니, 12년을 1紀라 한다.
福德, 一曰德星, 出於有道之國. 德星卽歲星, 歲星所在, 其國有福, 故曰福德. 福德在燕, 亦謂歲星在燕分也, 十二年爲一紀.

【綱】〈晉나라(東晉)〉 大司馬 桓溫이 袁瑾을 壽春에서 패퇴시키고 마침내 그를 포위하였다.

大司馬溫이 **敗袁瑾于壽春**하고 **遂圍之**하다

【綱】 9월에 秦나라(前秦) 王猛이 晉陽으로 쳐들어가서 겨울 10월에 燕나라(前燕) 慕容評과 潞川에서 싸워 패퇴시키고 마침내 鄴城을 포위하였다.

---

52) 星次(방위) : 黃赤道 부근의 一周天을 서쪽에서 동쪽으로 12등분한 구획인 12次로, 그 명칭은 星紀·玄枵·娵訾(추자)·降婁·大梁·實沈·鶉首·鶉火·鶉尾·壽星·大火·析木이다. 木星이 1년에 12차를 차례로 하나씩 거쳐 가기 때문에 목성을 歲星이라 한 것이다.

◑ **九月**에 **秦王猛**이 **入晉陽**하여 **冬十月**에 **及燕慕容評**으로 **戰于潞川**하여 **敗之**하고 **遂圍鄴**하다

【目】 秦나라 楊安이 晉陽을 공격하여 오랫동안 함락시키지 못하자, 王猛이 군대를 이끌고 양안을 도와 공격하였는데, 지하도를 만들어서 將軍 張蚝(장자)로 하여금 壯士 수백 명을 거느리고 성안으로 잠입하여 크게 고함쳐 관문을 지키는 장수의 목을 베고 진나라 군대를 들여보내 마침내 진양으로 쳐들어갔다.

慕容評이 潞川에 군대를 주둔하고 있었다. 왕맹이 군대를 전진시켜 그와 대치할 적에 將軍 徐成을 보내어 燕나라 군대를 정탐하게 하였는데, 한낮에 오기로 기약하였으나 해가 저물어 어두울 때가 되어서야 돌아왔다. 왕맹이 장차 그를 목 베려 하자, 鄧羌이 굳이 간청하기를 "서성은 저의 郡將[53]입니다. 원컨대 그와 더불어 힘을 다해 싸워서 속죄하기를 청하노이다." 하였다. 그러나 왕맹이 허락하지 않으니, 등강은 怒하여 진영으로 돌아가서 급히 북을 울리고 군대를 무장하여 왕맹을 공격하려고 하였는데, 왕맹이 서성을 용서하였다.

등강이 왕맹에게 찾아와서 사죄하자, 왕맹은 그의 손을 잡고 말하기를 "내 장군을 한번 시험했을 뿐이다. 장군이 郡將에 있어서도 이와 같이 의리를 지키는데, 하물며 국가에 있어서이겠는가." 하였다.

秦楊安이 **攻晉陽**하여 **久未下**어늘 **猛**이 **引兵助攻**할새 **爲地道**하여 **使將軍張蚝**로 **帥壯士數百**하고 **潛入城中**하여 **大呼斬關**하고 **納秦兵**하여 **遂入晉陽**하다 **評**이 **屯潞川**①이어늘 **猛**이 **進兵與相持**할새 **遣將軍徐成**하여 **覘燕軍**호되 **期以日中**이러니 **及昏而返**이어늘 **猛**이 **將斬之**한대 **鄧羌**이 **固請曰 成**은 **羌郡將也**②라 **願與效戰以贖罪**③하노이다 **猛**이 **弗許**하니 **羌**이 **怒**하여 **還營**하여 **嚴鼓勒兵**하여 **將攻猛**④이어늘 **猛**이 **赦之**하다 **羌**이 **詣猛謝**어늘 **猛**이 **執其手**하고 **曰 吾試將軍耳**로라 **將軍於郡將**에 **尙爾**어든 **況國家乎**아

① 《水經註》를 근거해보면 "潞川은 上黨 潞縣의 북쪽에 있다. 闞駰[54]이 말하기를 '潞水는 바로 漳水이다.' 하였으니, 冀州의 浸(큰 물)이 된다." 하였다.
據水經註"潞川在上黨潞縣北. (闕)〔闞〕駰曰'潞水卽漳水也', 爲冀州浸."

---

53) 郡將 : 郡守가 군사의 권한을 겸한 데서 일컬어진 칭호로 보인다. 서성이 등강의 고향 군수이기 때문에 등강이 서성을 옹호한 것이다.

54) 闞駰 : 자는 玄陰으로, 南北朝 때 北魏의 저명한 地理學家이며 經學家이고, 벼슬은 尙書, 從事中郎 등을 지냈다. 저서로 지리 총서인 《十三州志》 10권이 있었는데, 北宋 이후에 散逸된 것을 淸나라 때 학자들이 자료를 모아 다시 책으로 만들었다.

② 徐成은 아마도 鄧羌의 本郡 太守가 되었던 듯하다.
成, 蓋爲羌本郡太守.
③ '效戰'은 힘을 바쳐 결전함을 이른다.
效戰, 謂效力決戰也.
④ '嚴鼓'는 북을 급히 쳐서 <공격함을> 이른다.
嚴鼓, 謂擊之急也.

【目】 慕容評은 사람됨이 탐욕스럽고 비루하여 山林과 샘물을 봉쇄하고 땔나무와 식수를 팔아서 돈과 비단을 丘陵처럼 쌓아놓으니, 士卒들이 원망하고 분노하여 싸울 뜻이 없었다. 왕맹은 이 말을 듣고 웃기를 "모용평은 참으로 노예의 재질이다. 비록 億兆의 무리가 있더라도 굳이 두려워할 것이 못 되는데, 하물며 수십 만의 무리이겠는가." 하였다. 마침내 장군 郭慶을 보내어 5천의 기병을 거느리고 밤중에 샛길을 따라 慕容評의 진영 뒤로 나가서 모용평의 輜重을 불태우니, 불이 鄴城 가운데에서도 보였다.

燕主 慕容暐가 두려워하여 모용평을 꾸짖기를 "府庫에 쌓인 재물을 朕이 王[55]과 함께 소유하니, 어찌 가난함을 근심할 것이 있겠는가. 나라가 패망할 경우 왕은 돈과 비단을 가지고 어느 곳에 두려고 하는가." 하고는 마침내 명하여 그 돈과 비단을 모두 軍士들에게 나누어주고 또 모용평을 재촉하여 싸우게 하였다.

評은 爲人貪鄙하여 障固山泉하고 鬻樵及水하여 積錢帛如丘陵하니 士卒怨憤하여 莫有鬪志①라 猛이 聞之하고 笑曰 慕容評은 眞奴才로다 雖億兆之衆이라도 不足畏어든 況數十萬乎아하고 乃遣將軍郭慶하여 帥騎五千하고 夜從間道하여 出評營後하여 燒評輜重하니 火見鄴中②이라 燕主暐懼하여 讓評曰 府庫之積을 朕與王共之하니 何憂於貧이리오 若家國喪亡이면 王이 持錢帛欲安所置之오하고 乃命悉以其錢帛으로 散之軍士하고 且趣(촉)使戰③하다

① 山은 나무꾼이 우러러보는 곳이요, 샘물은 물긷는 자가 우러러보는 곳이니, 산과 샘물을 봉쇄하여 병사들로 하여금 땔나무를 하거나 식수를 길어오지 못하게 하고는 땔나무와 식수를 팔아서 이익을 도모한 것이다.
山者, 樵之所仰. 泉者, 汲之所仰. 障固山泉, 使軍士不得樵汲, 而鬻薪水, 以牟利.
② 見(바라보다)은 堅遍의 切이다. 潞川은 地形이 높고 鄴城과 가까우며, 또 불이 크게 났으므로 업성 가운데에서 이것을 바라본 것이다.
見, 堅遍切. 潞川, 地形高而近鄴, 且火盛, 故鄴中望而見之.
③ 趣(재촉하다)은 促으로 읽는다.

55) 王 : 慕容評의 봉작이 上庸王이었다.

趣, 讀曰促.

【目】〈燕王의 꾸지람에〉 慕容評이 크게 두려워하여 싸울 것을 청하자, 王猛이 渭源에 진을 치고 맹세하기를 "王景略이 나라의 큰 은혜를 받고서 內外의 重職을 겸하여 이제 諸君과 함께 賊地에 깊숙이 쳐들어왔으니, 마땅히 힘을 다해 목숨을 바쳐 싸워 오직 진격만 하고 물러나지 않아서 함께 큰 공을 세워 나라에 보답하여야 한다. 그리하여 밝은 임금의 조정에서 상을 받고 부모의 방에서 축수하는 술잔을 올리는 것이 아름답지 않겠는가." 하니, 여러 병사들이 모두 기뻐 날뛰며 〈결사적으로 싸울 의지를 보여〉 가마솥을 깨트리고 양식을 버리고서 크게 함성을 지르며 앞다투어 진격하였다.

評이 **大懼**하여 **請戰**이어늘 **猛**이 **陳於渭源而誓之曰**① **王景略**이 **受國厚恩**하고 **任兼內外**②하여 **今與諸君**으로 **深入賊地**하니 **當竭力致死**하여 **有進無退**하여 **共立大功**하여 **以報國家**하여 **受爵明君之朝**하고 **稱觴父母之室**이 **不亦美乎**③아하니 **衆皆踊躍**하여 **破釜棄糧**하고 **大呼競進**이러라

① 살펴보건대 渭水는 潞縣에서 발원하지 않는다. ≪水經註≫에 "涅水(날수)가 潞縣 서쪽 覆甑山에서 발원한다." 하였으니, 어쩌면 '渭'자는 '涅'자의 오자일 것이다. 또 살펴보건대 司馬溫公(司馬光)의 ≪稽古錄≫에 "王猛이 慕容評을 淸原에서 격파했다."고 썼는데, 杜預는 "河東 聞喜縣 북쪽에 淸原이 있다."고 하였다. 그 땅은 또 潞川과 거리가 머니, 우선 의심스러운 것을 남겨두어 아는 자를 기다린다. 杜佑의 ≪通典≫에는 '潞川'이 '潞源'으로 되어 있다.
按渭水不出潞縣. 水經注有涅水出潞縣西覆甑山, 或者渭字, 其涅字之誤乎. 又按溫公稽古錄書"王猛破評于淸原." 杜預曰 "河東聞喜縣北有淸原." 其地又與潞川相遠, 姑存疑以待知者. 杜佑通典, 作潞源.

② 景略은 王猛이 자기의 字를 스스로 칭한 것이다.
景略, 猛自稱其字.

③ '受爵明君之朝'는 功이 있어 조정에서 상을 받음을 말한 것이요, '稱觴父母之室'은 상을 받고 돌아가서 술잔을 들어 부모를 위해 축수함을 말한 것이다.
受爵明君之朝, 謂有功而受賞於朝也. 稱觴父母之室, 謂受賞而歸擧酒爲父母壽也.

王景略

【目】 王猛이 燕나라(前燕) 군대의 무리를 바라보고 鄧羌에게 이르기를 "오늘 將軍이 아

니면 강한 敵을 격파할 수가 없으니, 장군은 노력하라." 하였다. 등강이 말하기를 "만약 공이 司隷의 자리를 나에게 준다면 공은 걱정하지 마소서." 하였다. 왕맹이 이르기를 "이것은 내가 미칠 바가 아니니, 반드시 安定太守와 萬戶侯를 그대에게 내리게 하도록 하겠다." 하니, 등강은 기뻐하지 않고 물러갔다.

잠시 후 두 나라 군대가 교전할 적에 왕맹이 등강을 불렀으나 등강은 잠을 자고 응하지 않았다. 왕맹이 달려가서 사예의 자리를 주기로 허락하니, 등강은 마침내 장막 안에서 크게 술을 마시고 張蚝(장자)와 徐成 등과 함께 말을 타고 창을 휘두르며 연나라 진영으로 달려가서 옆에 아무 사람이 없는 것처럼 거리낌 없이 서너 차례 출입하며 적병 수백 명을 살상하였다.

점심 무렵에 연나라 군대가 크게 패하니, 사로잡고 참수한 것이 5만여 명이었고 승세를 타고 추격하여 다시 죽이고 항복시킨 것이 또다시 10여만 명이었다. 慕容評은 단신으로 말을 타고 달아나 鄴城으로 돌아갔다.

猛이 望燕兵之衆하고 謂鄧羌曰 今日에 非將軍이면 不能破勍敵이니 將軍은 勉之①하라 羌曰 若能以司隷見與[56]者면 公勿以爲憂하소서 猛曰 此非吾所及也니 必以安定太守萬戶侯相處②호리라 羌이 不悅而退하다 俄而兵交에 猛이 召羌한대 羌이 寢弗應이어늘 猛이 馳就許之하니 羌이 乃大飮帳中하고 與張蚝, 徐成等으로 跨馬運矛하여 馳赴燕陳하여 出入數四호되 旁若無人하여 所殺傷數百이라 及日中에 燕兵이 大敗하니 俘斬五萬餘人하고 乘勝追擊하여 所殺及降이 又十萬餘라 評이 單騎走還鄴하다

① 勍은 음이 擎이니, 강함이다.
勍, 音擎, 强也.

② 秦나라 雍州刺史는 安定을 치소로 삼으니, 안정은 진나라 지역에 있어 큰 郡이다.
秦雍州刺史治安定, 安定在秦中爲大郡.

【目】 崔鴻이 다음과 같이 평하였다.

"鄧羌이 郡將을 살려줄 것을 간청하여 法을 어지럽힘은 사사로움을 따른 것이요, 군대를 무장하여 王猛을 공격하고자 함은 윗사람을 무시한 것이요, 전투에 임하여 미리 司隷의 자리를 요구함은 군주에게 강요한 것이다. 이 세 가지 잘못이 있으니, 어떠한 죄가 이보다 크겠는가. 그런데도 왕맹이 사나운 호랑이를 길들이고 억센 말을 어거하듯 능히 그의 단점을 포용하고 장점을 거두어 써서 큰 공을 이루었다. '순무를 채취하는 것

56) 見與 : 見은 동사 與(주다) 앞에서 일인칭 대명사로 쓰인 것이다.

은 뿌리 때문만이 아니다.'[57] 하였으니, 왕맹을 두고 한 말이다."

崔鴻曰① 鄧羌이 請郡將以撓法은 徇私也요 勒兵欲攻王猛은 無上也요 臨戰에 豫求司隷는 邀君也라 有此三者하니 罪孰大焉이리오 猛이 能容其所短하고 收其所長하여 若馴猛虎馭悍馬하여 以成大功하니 采葑采菲 無以下體라하니 猛之謂矣로다

① 崔鴻은 後魏(北魏)의 散騎常侍였으니, ≪十六國春秋≫를 지었다.
鴻, 後魏散騎常侍, 著十六國春秋.

【目】 秦나라(前秦) 군대가 승승장구하여 鄴城을 포위하니, 號令이 엄격하고 분명해서 군사들이 사사로이 백성들을 침범함이 없었고, 法이 간략하고 政事가 너그러우니 燕나라 백성들이 각각 자기 생업에 편안히 종사하였다. 그리하여 서로 말하기를 "오늘 다시 太原王을 만나보게 되리라고는 생각하지 못했다." 하였다.

王猛은 이 말을 듣고 감탄하기를 "慕容玄恭은 옛날의 遺愛라고 이를 만하다." 하고는 太牢를 장만하여 그에게 제사하였다. 秦王 苻堅이 왕맹에게 명하기를 "朕이 이제 직접 6軍을 거느리고서 새벽 일찍 출동하여 번개처럼 달려갈 것이니, 장군은 장병들을 편안히 쉬면서 보양하게 하고, 짐이 도착한 뒤에 연나라를 점령하라." 하였다.

◑ 秦兵이 長驅圍鄴하니 號令이 嚴明하여 軍無私犯하고 法簡政寬①하니 燕民이 各安其業하여 更相謂曰 不圖今日에 復見太原王②이로라 猛이 聞之하고 歎曰 慕容玄恭은 可謂古之遺愛矣라하고 設太牢以祭之③하다 秦王堅이 詔猛曰 朕今親帥六軍하여 星言電赴하리니 將軍은 其休養將士하여 以俟朕至然後에 取之④하라

子産

① '軍無私犯'은 군사들이 감히 鄴城의 백성을 사사로이 침범하지 않았다는 말이다.
軍無私犯, 言軍士不敢私犯鄴民也.

② 太原王은 慕容恪을 이른다. 이때 죽은 지가 4년이 지났으니, 현재의 王猛이 모용각이 다시 나타난 것과 같다는 말이다.
太原王, 謂慕容恪也, 死四年矣, 今有王猛猶再見恪.

③ 玄恭은 慕容恪의 字이다. ≪春秋左氏傳≫ 昭公 20년에 "子産이 죽자, 仲尼가 그 소식을 들으시고 눈물을 흘리며

57) 순무나……아니다 : 순무는 잎은 좋으나 뿌리는 좋지 못한바, 사람이 단점이 있더라도 그에게 좋은 점이 있다면 좋은 점을 버리지 말고 취해야 한다는 뜻이다.(≪詩經≫ 〈邶風 谷風〉)

말씀하기를 '옛날의 遺愛이다.' 하셨다." 하였는데, 그 註에 이르기를 "자산이 백성들을 사랑해주어 古人의 遺風이 있었다." 하였다.

玄恭, 恪字. 左傳昭公二十年 "子産卒, 仲尼聞之, 出涕曰 '古之遺愛也.' 註云 "子産見愛, 有古人之遺風."

④ ≪詩經≫ 〈鄘風 定之方中〉에 "별을 보고 일찍 말에 멍에를 한다." 하였으니, 일찍 멍에를 하여 별을 보고 길을 떠남을 이른다. '電赴'는 빠름을 말한 것이다.

詩曰 "星言夙駕." 謂早駕, 見星而行也. 電赴, 言其疾也.

【綱】 11월에 秦王 苻堅이 鄴城으로 들어가서 燕主 慕容暐를 잡고 王猛을 冀州牧 都督關東六州軍事로 삼았다.

十一月에 **秦王堅**이 **入鄴**하여 **執燕主暐**하고 **以王猛爲冀州牧都督關東六州軍事**[58]하다

【目】 秦王 苻堅이 李威를 남겨두어 太子를 보필하게 하고는 정예병 10만을 직접 거느리고 鄴城으로 달려갔는데, 7일 만에 安陽에 도착해서 할아버지와 아버지 때의 故老들에게 잔치를 베풀었다.

燕主 慕容暐가 慕容評 등과 함께 龍城으로 달아나자, 부견이 鄴城의 宮으로 들어갔다. 慕容垂가 燕나라 公卿 및 옛 관리들을 보고 서운해하는 기색이 있자, 高弼이 은밀히 말하기를 "지금 비록 국가가 傾覆되었으나 이것이 국운을 부흥시키는 시발점이 되지 않을 줄을 어찌 알겠습니까. 마땅히 江海처럼 넓은 도량으로 저들의 마음을 위로하고 결속시켜 삼태기의 흙을 쏟아 엎어 기초를 만들어 아홉 길〔九仞〕의 큰 공을 이루어야 하니,[59] 어찌하여 한 번의 노여움 때문에 이것을 버린단 말입니까." 하니, 모용수가 기뻐

58) 秦王堅……都督關東六州軍事 : "劉氏와 石氏, 苻氏, 姚氏는 똑같이 오랑캐이다. 그러나 苻堅은 능히 王猛을 등용하였고 군대가 출동할 적에 기강을 갖추었다. 그러므로 燕나라를 공격할 적에 사람들을 목 베고 도륙하는 참상을 볼 수 없었으니, 다른 오랑캐의 행위와 차이가 있었다. 이 때문에 위에서는 '晉陽으로 쳐들어갔다.〔入晉陽〕'고 쓰고 여기서는 '鄴城으로 쳐들어갔다.〔入鄴〕'고 써서 모두 장황하게 쓰지 않았는데 〈그 사이에〉 연나라가 이미 함락되었다. 한 大國을 멸망시키는 것을 손을 뒤집는 것처럼 쉽게 하였으니, 왕맹이 이른바 '6州의 선비와 서민들로 하여금 군주가 바뀐 것을 깨닫지 못하게 하였다.'고 한 것은 아마도 진실한 말일 것이다. 그리고 부견은 또 왕맹을 등용하여 6주를 통합하여 연나라의 백성들을 편안히 살도록 하였으니, 다른 나라들이 남의 나라를 멸망시킨 뒤에 대부분 불안하여 전전반측하였던 것과는 차이가 있다. 이는 부견이 홀로 5胡 중에 强盛하게 된 이유이다.〔劉石苻姚 均之夷狄也 然堅能用猛 師行有紀 故伐燕之擧 不見其斬艾屠戮之慘 異乎他虜所爲 是以上書入晉陽 此書入鄴 詞皆不費 而燕已擧矣 滅一大國 易若反手 如猛所謂使六州士庶 不覺易主者 蓋眞實語也 而堅又能就用猛 統六州 以安其衆 異於他滅國之後 多有反側不安者 此堅之所以獨盛於五胡也〕" ≪發明≫

59) 삼태기의……하니 : 燕나라의 公卿 및 옛 관리들을 위로하고 결속시키는 것이 국가 復興의 대업을

하여 따랐다.

秦王堅이 留李威하여 輔太子하고 自帥精銳十萬하여 赴鄴하여 七日而至安陽하여 宴祖父時故老①하다 燕主暐與慕容評等으로 犇龍城이어늘 堅이 入鄴宮하다 慕容垂 見燕公卿及故僚吏하고 有慍色하니 高弼이 密言曰 今雖國家傾覆이나 安知其不爲興運之始邪잇가 宜恢江海之量하여 慰結其心하여 以立覆簣之基하여 成九仞之功②이니 奈何以一怒捐之오한대 垂悅從之하다

① ≪晉書≫ 〈地理志〉에 "安陽縣은 魏郡에 속한다." 하였다. 魏收의 ≪魏書≫ 〈地形志〉에 "天平 초년에 蕩陰과 安陽을 합병하여 鄴縣에 소속시켰다." 하였고, 또 "汲郡의 北脩武縣에 安陽城이 있었다." 하였다. 苻洪의 父子가 먼저 枋頭에 주둔하였는데, 故老가 아직 살아 있다가 苻堅이 왔다는 말을 듣고는 安陽에서 맞이하였다. 그러므로 이들에게 잔치를 베풀어준 것이다.
晉志 "安陽縣屬魏郡." 魏收志曰 "天平初, 併蕩陰·安陽, 屬鄴." 又"汲郡北脩武縣有安陽城." 苻洪父子先屯枋頭, 有故老尙存, 聞堅之來, 迎於安陽, 故宴之.

② 비유하건대 산을 만들 적에 한 삼태기의 흙을 쏟아붓는 것을 시작으로 나아가 아홉 길의 공을 이루는 것과 같음을 말한 것이다.
言譬如爲山, 自覆一簣而進, 成九仞之功.

【目】 慕容暐가 鄴城을 빠져나온 뒤에 호위하는 병사들이 모두 흩어졌는데 오직 將軍 孟高가 곁에서 부축하여 시중드는 수고로움을 다하였다. 곳곳에서 賊을 만났을 적에 이리저리 이동하여 싸우며 전진하다가 장군 艾朗과 함께 모두 적에게 죽임을 당하였다.

모용위가 말을 잃고 도보로 달아났는데, 苻堅이 장군 郭慶으로 하여금 추격하게 하자, 高陽에서 따라잡아 모용위를 사로잡아 가지고 부견에게 왔다. 부견이 항복하지 않는 情狀을 따져 물으니, 모용위는 대답하기를 "여우가 죽을 때 옛날 살던 언덕 쪽에 머리를 두니, 先人의 墳墓로 돌아가 죽고자 해서입니다." 하였다. 부견은 그를 가엾게 여겨 석방하여 宮으로 돌아가서 文武의 관원을 거느리고 나와 항복하게 하였다.

모용위가 孟高와 艾朗의 충성을 부견에게 칭찬하자, 부견이 명을 내려 후한 예로 그들의 시신을 거두어 안장하게 하고 그들의 자식을 郎中에 제수하게 하였다.

暐旣出城에 衛士皆散하고 惟將軍孟高扶侍에 極其勤瘁하고 所在遇盜하면 轉鬪而前이라가 與將

이루는 기초이니, 소홀히 여겨서는 안 된다는 말이다. 이 내용은 ≪論語≫ 〈子罕〉의 "비유하자면 산을 쌓는데, 마지막 흙 한 삼태기를 쏟아붓지 않아 산을 이루지 못하는 것도 내 자신이 중지한 것과 같고, 평지에 흙 한 삼태기를 쏟아부어 산을 만들기 시작해서 점점 만들어 나가는 것도 내가 해 나가는 것과 같다.〔譬如爲山 未成一簣 止 吾止也 譬如平地 雖覆一簣 進 吾往也〕"라는 말과 ≪書經≫ 〈周書 旅獒〉의 "아홉 길 높이의 산을 쌓는데, 공이 한 삼태기의 흙이 모자라서 무너진다.〔爲山九仞功虧一簣〕"는 말에서 온 것이다.

軍艾朗으로 俱死於賊[①]하다 暐失馬步走러니 堅이 使將軍郭慶追之한대 及於高陽하여 執以詣堅이어늘 堅이 詰其不降之狀하니 對曰 狐死首丘하나니 欲歸死於先人墳墓耳[②]로라 堅이 哀而釋之하여 令還宮하여 帥文武出降하다 暐稱高朗之忠於堅이어늘 堅이 命厚加斂葬하고 拜其子爲郎中하다

① 艾는 姓이다.
艾, 姓也.

② '首丘'는 여우가 머리를 옛날 살던 언덕 쪽으로 향해 죽으니, 태어난 곳을 잊지 않음을 말한 것이다. ≪禮記≫ 〈檀弓〉에 "여우가 죽을 적에 바로 머리를 옛 언덕 쪽으로 두는 것은 仁이다." 하였다. 慕容氏의 선조는 모두 昌黎에 安葬되었다.
首丘, 謂狐以首枕丘而死, 不忘其所自生也. 檀弓曰 "狐死, 正丘首, 仁也." 慕容氏之先, 皆葬昌黎.

【目】 慕容評이 高句麗로 달아나자, 고구려가 그를 사로잡아 秦나라(前秦)로 보냈다. 진나라가 얻은 郡이 모두 157개이고 家戶가 246만이고 인구가 999만이었다. 燕나라의 궁녀와 진귀한 보물을 장병들에게 나누어 주었다.

評이 犇高句麗어늘 高句麗執送於秦하니 凡得郡이 百五十七이요 戶二百四十六萬이요 口九百九十九萬이라 以燕宮人珍寶로 分賜將士하다

【目】 慕容評이 패전하자, 慕容暐는 梁琛이 秦나라(前秦)의 계책을 알았다고 의심하고는 그를 체포하여 옥에 가두었다. 이때 이르러 苻堅이 그를 석방하고 불러와서 이르기를 "卿이 기미를 보고 일찍 떠나가지 못하여 도리어 몸소 禍를 불러왔으니, 지혜롭다고 이를 수 있겠는가." 하자, 그는 다음과 같이 대답하였다.

"신이 듣건대 '기미라는 것은 動함이 은미한 것이므로 吉凶이 먼저 나타난다.' 하니, 신과 같이 어리석고 어두운 자는 실로 알 수 없는 것입니다. 그러나 신하가 되어서는 충성보다 좋은 것이 없고 자식이 되어서는 효도보다 좋은 것이 없습니다. 이 때문에 烈士는 위태로움에 처하여도 지조를 바꾸지 않고 죽음을 눈앞에 두고도 피하지 아니하여 군주와 어버이를 위해 희생하는데, 저 기미를 아는 자들은 마음속으로 자신의 安危를 분명하게 살피고 자신의 거취를 택하면서도 국가의 안위를 돌보지 않습니다. 신은 비록 기미를 안다 하더라도 오히려 이러한 짓을 차마 할 수가 없는데 하물며 여기에 미칠 수 없음에 있어서이겠습니까."

부견은 悅綰의 충성을 듣고서 그를 미처 보지 못한 것[60]을 한스럽게 여기고는 그의

아들에게 郎中 벼슬을 제수하였다.

評之敗也에 暐疑梁琛知秦謀하여 收繫獄이러니 至是하여 堅이 召釋之하고 謂曰 卿이 不能見幾而作하여 反爲身禍하니 可謂智乎아 對曰 臣聞幾者는 動之微로 吉凶之先見者也①라하니 如臣愚暗이 實所不及이니이다 然이나 爲臣莫如忠이요 爲子莫如孝라 是以로 烈士는 臨危不改하고 見死不避하여 以徇君親이어늘 彼知幾者는 心達安危하고 身擇去就하여 不顧家國하나니 臣雖知之나 尙不忍爲어든 況非所及邪잇가 堅이 聞悅綰之忠하고 恨不及見하여 拜其子爲郎中하다

① 이 내용은 《周易》〈繫辭傳〉의 말이다.
易大傳之辭.

【目】苻堅은 王猛을 使持節 都督關東六州諸軍事 冀州牧으로 삼아 鄴城에 진주하게 하고 慕容評의 집에 있는 물건을 모두 그에게 하사하였으며, 守令 중에 결원이 생기면 왕맹으로 하여금 편의에 따라 보임하게 하였다. 또 장병들에게 각기 차등을 두어 封地를 하사하고 상을 주었다. 州縣의 守長을 모두 옛사람을 그대로 등용하고, 燕나라의 申紹와 〈秦나라(前秦)의〉 韋儒를 모두 繡衣使者[61]로 삼아 關東 지방을 순행해서 풍속을 관찰하게 하였다. 그리하여 농업과 뽕나무 가꾸는 일을 권장하였으며 곤궁한 자들을 구휼하고 사망한 자들을 거두어 장례하였다. 그리고 節行이 있는 자를 旌表하고 燕나라 政事 중에 백성들을 불편하게 하는 것들을 모두 바꾸고 제거하였다.

堅이 以猛爲使持節都督關東六州諸軍事冀州牧하여 鎭鄴하고 悉以評第中之物賜之하고 守令有闕에 令以便宜補授하고 將士封賞을 各有差하다 州縣守長을 皆因其舊①하고 以燕申紹與韋儒로 俱爲繡衣使者하여 循行關東하여 觀省風俗하고 勸課農桑하며 振恤窮困하고 收葬死亡하며 旌顯節行하고 燕政에 有不便於民者를 皆變除之②하다

① 州縣의 州牧과 郡守, 縣令을 모두 바꾸면 사람들의 귀와 눈을 놀라게 하는 데다 인정상 新官과 舊官이 서로 편안하지 못하다. 그러므로 모두 구관을 그대로 둔 것이다.
盡易州縣牧守令長, 旣駭觀聽, 且人情新舊不相安, 故皆因舊.
② 韋儒는 京兆 사람이다. 燕나라와 秦나라의 사람을 함께 등용하여 繡衣使者로 삼았으니, 연

60) 悅綰의……것 : 《資治通鑑》 권101 太和 3년(368) 9월 조에 悅綰의 일이 보인다. 열관이 왕공과 귀척의 蔭戶를 적발해내었는데, 이에 힘쓰다 지병이 심해져 태화 3년 11월에 죽었다.

61) 繡衣使者 : 繡衣御史, 繡衣直指御史, 繡衣直指, 繡衣直指使者로 불리며 暗行御史라고도 한다. 前漢 武帝 때에 설치하였는데, 繡衣를 입으므로 皇帝가 직접 내린 사법 안건을 집행한다. 지위가 높으며 항상 설치되지는 않는다.

나라 사람을 등용한 것은 그가 관동 지방의 풍속에 익숙하기 때문이요, 진나라 사람을 등용한 것은 苻堅의 덕스러운 뜻을 펴게 하려는 것이었다.
儒, 京兆人. 竝用燕・秦之人, 爲繡衣使者, 用燕人者, 以其習關東風俗, 用秦人者, 使宣堅之德意也.

【綱】 12월에 秦나라(前秦)가 前 燕主 慕容暐와 鮮卑族 4만 호를 長安으로 옮겼다.

十二月에 秦이 遷故燕主暐及鮮卑四萬戶於長安하다

【目】 秦王 苻堅은 慕容暐와 그의 百官 및 鮮卑族 4만여 戶를 長安으로 옮겼다.

王猛은 表文을 올려 梁琛을 머무르게 하여 主簿로 삼았다. 왕맹은 다른 날에 관료들과 잔치할 적에 燕나라 사신을 언급하였는데,[62] 왕맹이 말하기를 "사람의 마음은 똑같지 않다. 옛날에 梁君(梁琛)은 本朝(前燕)를 찬미하였고 郝君(郝晷)은 燕나라의 병폐를 약간 말하였다." 하였다. 參軍 馮誕이 말하기를 "감히 묻겠습니다. 신하를 취하는 도는 무엇을 우선해야 합니까." 하니, 왕맹이 말하기를 "학군은 기미를 알았으니, 학군이 우선이 된다." 하였다. 풍탄이 말하기를 "그렇다면 明公은 丁公을 상주고 季布를 주벌하겠습니다." 하자, 왕맹은 크게 웃었다.

秦나라는 慕容暐를 봉하여 新興侯를 삼고 慕容評을 給事中으로 삼고 皇甫眞을 奉車都尉로 삼았다.

燕나라 前 太史인 黃泓이 탄식하기를 "연나라가 반드시 中興할 것이니, 아마도 吳王(慕容垂)에게 달려 있을 것이다. 내가 늙어서 미처 보지 못하는 것이 한스럽다." 하였다.

秦王堅이 遷慕容暐及其百官幷鮮卑四萬餘戶于長安하다 猛이 表留梁琛爲主簿하다 它日에 與僚屬宴할새 語及燕使한대 猛曰 人心不同이라 昔에 梁君은 專美本朝하고 郝君은 微說國弊①로라 參軍馮誕曰 敢問取臣之道 何先이니잇고 猛曰 郝君知幾하니 爲先이로라 誕曰 然則明公이 賞丁公而誅季布也②라하니 猛이 大笑러라 秦이 封暐爲新興侯하고 以評爲給事中하고 皇甫眞爲奉車都尉하다 燕故太史黃泓이 歎曰 燕必中興이니 其在吳王乎인저 恨吾老不及見耳③라하니라

① 梁君은 梁琛을 이르고 郝君은 郝晷를 이른다. '本朝'와 '國弊'는 모두 燕나라를 이른다.
梁君, 謂梁琛. 郝君, 謂郝晷也. 本朝・國弊, 皆謂燕也.

---

62) 燕나라……언급하였는데 : 이는 본서 太和 4년(369) 7월에 前燕이 郝晷와 梁琛을 前秦에 사신으로 보냈는데, 학구는 평소 王猛과 친분이 있어 왕맹에 의탁하고자 전연의 실정을 누설하였다. 반면에 양침은 전연의 위신을 높이려 노력하였다.

② 신하를 취하는 道가 漢 高祖와 다름을 말한 것이다.[63]
言取臣之道, 與漢高帝異.
③ 慕容氏가 처음 일어날 적에 黃泓이 귀의하였고, 慕容儁이 中原을 취할 적에 황홍이 그 계책의 결정을 도왔으니, 황홍은 운수를 아는 자이다.
慕容之初興, 泓歸之, 及儁之取中原, 泓贊其決, 泓知數者也.

【目】 처음에 燕나라(前燕)는 宜都王 慕容桓에게 군대를 거느려 慕容評의 지원 부대가 되게 하였는데, 모용환은 모용평이 패했다는 말을 듣고 和龍으로 달려가 遼東을 공격하니, 이때는 이미 요동이 秦나라(前秦)에 항복한 뒤였다. 진나라가 모용환을 추격하여 죽였는데, 모용환의 아들 慕容鳳은 이때 나이가 11세였다. 은밀히 복수할 뜻을 품고서 鮮卑와 丁零의 사람 중에 氣魄과 才幹이 있는 자를 모두 자신을 낮추어 사귀었다. 權翼이 그에게 이르기를 "어린아이로서 지금 막 재주와 명망으로 스스로 이름이 드러났으니, 天命을 알지 못한 너의 부친을 본받지 말라." 하였다.

모용봉이 정색을 하고 말하기를 "先王(모용환)이 나라를 위해 충성을 세우고자 하셨으나 이루지 못하셨으니, 이는 바로 신하의 절개입니다. 君侯께서 하시는 말씀이 어찌 후배를 장려하는 도리라 하겠습니까." 하니, 권익이 용모를 고쳐 사과하고 苻堅에게 말하기를 "모용봉이 慷慨하고 재주와 기국이 있으나 이리 새끼의 野心을 가졌으니, 끝내 우리의 쓰임이 되지 못할까 두렵습니다." 하였다.

初에 燕以宜都王桓將兵하여 爲評後繼①러니 聞敗하고 走和龍하여 攻遼東하니 時에 遼東已降秦이라 秦이 追桓하여 擊而殺之하다 其子鳳이 年十一이라 陰有復讐之志하여 鮮卑丁零有氣幹者를 皆傾身與之交러니 權翼이 謂曰 兒方以才望自顯하니 勿效爾父不識天命하라 鳳이 厲色曰 先王이 欲建忠而不遂하시니 此乃人臣之節이라 君侯之言이 豈奬勸將來之義乎리오 翼이 改容謝之하고 言於堅曰 鳳이 忼慨有才器호되 但狼子野心이니 恐終不爲人用耳니이다

63) 신하를……것이다 : 漢 高祖가 丁公을 주벌하고 季布에게 상을 주었던 것과 다름을 이른다. 정공은 계포의 同母弟인데, 項羽의 부하 장수가 되어 彭城 서쪽에서 劉邦(漢 高祖)을 궁지에 몰아넣어 거의 죽일 뻔하였으나, 유방이 둘 다 좋은 사람끼리 너무 심하게 싸울 필요가 없다고 설득하자, 정공은 군대를 돌려 돌아갔다. 항우가 죽고 유방이 漢나라를 건국하였는데, 정공이 유방을 찾아가니, 유방은 항우가 천하를 잃게 만든 不忠한 죄인으로 지목하여 정공의 목을 베어 후세의 신하들이 정공을 본받지 않도록 본을 보였다. 계포는 본래 항우의 부하 장수로 여러 번 유방을 곤경에 몰아넣었다. 유방이 항우를 멸하고 천하를 평정하자, 계포를 잡기 위해 千金의 현상금을 내걸고서 "만약 집에 숨겨주는 자가 있으면 三族을 멸할 것이다."라고 하였다. 그러나 계포를 숨겨두고 있던 朱氏의 말에 의해 滕公이 한 고조에게 계포를 사면해주라고 말하니, 고조가 죄를 사면하고 郎中으로 삼았다.(≪史記≫ 권7 〈項羽本紀〉, 권100 〈季布列傳〉)

① 慕容桓은 慕容儁의 아우이다.
桓, 儁之弟也.

辛未年(371)

【綱】 晉나라(東晉) 太宗 簡文皇帝 咸安 元年이다.

太宗簡文皇帝咸安元年이라

【目】 秦나라(前秦) 苻堅 建元 7년이다.

秦建元七年이라

【綱】 봄 정월에 〈晉나라(東晉)〉 大司馬 桓溫이 壽春을 함락하고 袁瑾을 사로잡아 참수하였다.

春正月에 **大司馬溫**이 **拔壽春**하고 **獲袁瑾**하여 **斬之**하다

【目】 袁瑾이 秦나라(前秦)에 구원을 청하자, 진나라가 將軍 王鑒과 張蚝(장자)를 보내어 보병과 기병 2만을 거느리고 가서 그를 구원하게 하였는데, 桓溫이 桓伊 등을 보내어 왕감과 장자를 石橋에서 공격하여 大破하고 마침내 壽春을 함락하고 원근을 사로잡아 建康으로 보내어 참수하게 하였다.

袁瑾이 求救於秦이어늘 秦이 遣將軍王鑒張蚝하여 帥步騎二萬하고 救之러니 溫이 遣桓伊等하여 擊鑒蚝於石橋하여 大破之하고 遂拔壽春하고 擒瑾送建康하여 斬之[①]하다

① 桓伊는 桓宣의 아들이다. ≪晉書≫ 〈桓溫傳〉에 근거하면 石橋는 肥水의 북쪽에 있다.
伊, 宣之子也. 據桓溫傳, 石橋在肥水北.

【綱】 秦나라(前秦)가 關東 지방의 豪傑과 여러 오랑캐 15만 호를 關中 지방으로 옮겼다.

秦이 **徙關東豪傑及雜夷十五萬戶于關中**하다

【綱】 涼州(前涼)의 張天錫이 秦나라(前秦)에 藩臣을 칭하였다.

◑ 涼州張天錫이 稱藩于秦하다

【目】 秦王 苻堅이 王猛에게 명하여 글을 지어 張天錫에게 유시하기를 "옛날 貴先公이 劉氏와 石氏에게 번신을 칭했던 것은 彊弱의 형세를 자세히 살폈기 때문이다. 지금 우리 秦나라가 위엄을 사방으로 끝없이 떨쳐 關東 지방이 이미 평정되었으므로 장차 군대를 河西 지방으로 옮기려 하노니, 하서 6개 郡의 선비와 백성들이 항거할 수 있는 바가 아닐 듯하다." 하였다. 장천석이 크게 두려워하여 使者를 보내어 번신을 칭하자, 부견은 장천석을 涼州刺史 西平公에 봉하였다.

秦王堅이 命王猛爲書하여 諭天錫曰 昔에 貴先公이 稱藩劉石者는 爲審於彊弱也①라 今秦之威旁振無外하여 關東既平일새 將移兵河右하노니 恐非六郡士民所能抗也②라하니 天錫이 大懼하여 遣使稱藩이어늘 堅이 拜天錫涼州刺史西平公하다

① 張茂가 〈前趙의〉 劉曜에게 번신을 칭한 일은 〈東晉〉 明帝 太寧 元年(323)에 보이고, 張駿이 〈後趙〉 石勒에게 번신을 칭한 일은 〈東晉〉 成帝 咸和 5년(330)에 보인다.[64]
張茂稱藩於劉曜事, 見明帝太寧元年. 張駿稱藩於石勒事, 見成帝咸和五年.

② 涼州 6郡은 張軌가 처음 河西에 진주했을 때에 武威, 張掖, 酒泉, 敦煌, 西郡, 西海의 6郡을 통치함을 말한 것이다. 元康 이후에 張氏가 나누어 설치한 郡이 많다.
涼州六郡, 以張軌初鎭河西之時, 統治武威・張掖・酒泉・敦煌・西郡・西海六郡, 言之也. 元康以後, 張氏所分置其爲郡多矣.

【綱】 吐谷渾(토욕혼)이 秦나라(前秦)에 들어가 공물을 바쳤다.

吐谷渾이 入貢于秦하다

【目】 吐谷渾의 王 慕容辟奚가 使者를 보내어 말 1천 필과 金銀 5백 근을 秦나라에 바치니, 진나라는 그를 漒川侯로 삼았다. 모용벽해는 학문을 좋아하고 마음씨가 인자하고 후덕하나 위엄과 과단성이 없으니, 세 아우가 방자하여 전횡을 하였다. 나라 사람들이 이것을 근심하였는데, 長史 鍾惡地가 司馬 乞宿雲과 함께 그들을 체포하여 죽이니, 모

64) 張茂가……보인다 : 張茂는 前涼의 3대 군주이고 張駿은 전량의 4대 군주이다. 당시 전량은 東晉과는 우호관계를 유지하면서 前趙・後趙와는 때에 따라 자세를 달리하여 전조와 후조가 강성할 때에는 臣屬하고 약해질 때에는 영토를 다투었다.

용벽해가 이로 말미암아 병이 나고 제정신을 잃게 되자, 世子 慕容視連에게 명하기를 "나는 禍가 아우들에게 미치게 하였으니, 무슨 면목으로 그들을 지하에서 만나보겠는가. 國事는 네가 스스로 다스려라. 나는 얼마 남지 않은 쇠잔한 목숨으로 빌붙어 먹고 살 뿐이다." 하였는데, 마침내 근심 때문에 卒하였다.

吐谷渾王辟奚 遣使하여 獻馬千匹, 金銀五百斤于秦하니 秦以爲漒川侯①하다 辟奚好學仁厚로되 而無威斷하여 三弟專恣한대 國人이 患之러니 長史鍾惡地 與司馬乞宿雲으로 收殺之하니 辟奚由是發病恍惚②하여 命世子視連曰 吾禍及同生하니 何以見之於地下리오 國事를 汝自治之하라 吾餘年殘命이 寄食而已라하고 遂以憂卒하다

① 慕容辟奚는 慕容葉延의 아들이다. 漒은 음이 強이다. 물 이름인데, 河南에 있다.
辟奚, 葉延之子也. 漒, 音強, 水名, 在河南.
② 사람이 제정신을 잃은 것을 '恍惚'이라 이른다.
人無精爽, 謂之恍惚.

【目】 慕容視連이 즉위하여 술을 마시며 놀고 사냥하지 않은 지가 7년이었고, 軍國의 일을 장수와 보좌관들에게 위임하였다. 鍾惡地가 諫하기를 "군주는 마땅히 스스로 향락을 즐겨서 위엄을 세우고 은덕을 펴야 합니다." 하니, 모용시련이 울며 다음과 같이 말하였다.

"우리 王家는 先代 이래로 仁孝와 忠恕로 왕위를 계승해왔는데, 先王께서 형제간의 友愛를 제대로 끝마치지 못함을 염려하여 슬퍼하고 노하시다가 병을 얻어 별세하셨으니, 내 비록 기업을 이었으나, 살아 있는 송장일 뿐이다. 음악과 여색, 즐기고 노는 것이 어찌 마음에 편안하겠는가. 위엄과 은덕을 세우는 것은 마땅히 後人에게 맡겨야 한다."

視連이 立하여 不飮酒遊畋者七年이요 軍國之事를 委之將佐하니 惡地諫하여 以爲人主 當自娛樂하여 建威布德이니이다 視連이 泣曰 孤自先世以來로 以仁孝忠恕相承이러니 先王이 念友愛之不終하사 悲憤而亡하시니 孤雖纂業이나 尸存而已①라 聲色遊娛 豈所安也[65]리오 威德之建은 當付之將來耳로라

① '尸存'은 비록 살아 있으나 시신과 같음을 말한 것이다.
尸存, 言雖存而如尸也.

---

65) 也 : ≪資治通鑑綱目≫(≪朱子全書≫ 9, 上海古籍出版社)에는 '耶'자로 되어 있으나, ≪資治通鑑≫과 저본에는 '也'로 되어 있고 의미에 지장을 주지 않기 때문에 저본의 글자를 따랐다.

【綱】 代나라 世子 拓跋寔이 卒하였다.

代世子寔이 卒하다

【目】 처음에 代나라 장수 長孫斤이 代王 拓跋什翼犍을 시해할 것을 도모하자, 拓跋寔이 그를 공격하다가 갈비뼈를 상하였는데, 이때 卒하였다. 탁발식이 東部大人 賀野干의 딸에게 장가들어 遺腹子가 있었는데, 탁발십익건이 그 아이의 이름을 涉圭라 하였다.

初에 代將長孫斤이 謀弑代王什翼犍이어늘 寔이 格之라가 傷脇이러니 至是卒①하다 寔이 娶東部大人賀野干之女하여 有遺腹子하니 什翼犍이 名之曰涉圭②라하다

① 脇(갈비뼈)은 脅과 같다.
脇, 脅同.

② ≪北史≫를 근거해보면 賀野干은 바로 賀蘭部의 酋長이다. ≪魏書≫ 〈官氏志〉에 "北方의 賀蘭이 뒤에 이름을 고쳐 賀氏라 했다." 하였다.
據北史, 賀野干卽賀蘭部酋長. 魏書官氏志 "北方賀蘭, 後改爲賀氏."

【綱】 秦나라(前秦)가 仇池를 공격하여 함락하고 楊纂을 사로잡아 돌아갔다.

秦이 伐仇池克之하고 執楊纂以歸①하다

① 楊纂은 楊世의 아들이다.
纂, 世之子也.

【綱】 秦나라(前秦)가 鄧羌을 鎭軍將軍으로 삼았다.

◑ 秦이 以鄧羌爲鎭軍將軍하다

【目】 王猛은 潞川의 戰功을 가지고 鄧羌을 司隷校尉로 삼을 것을 청하였는데,[66] 秦王 苻堅이 조령을 내리기를 "사예교위는 경기 지방을 감독하고 다스리니, 관리의 책임이 매우 무겁다. 名將을 예우하는 방법이 아니니, 漢나라 光武帝가 政務가 번다한 관리의 일

66) 王猛은……청하였는데 : 본서 太和 5년(370) 9월에 보면, 王猛이 前燕 慕容評의 군대와 潞川에서 대치하였는데, 왕맹이 鄧羌에게 잘 싸울 것을 면려하였다. 등강이 司隷校尉의 자리를 요구하자 왕맹이 安定太守와 萬戶侯를 약속하였다. 전연의 군대와 교전할 때 왕맹이 등강을 불렀으나 등강이 응하지 않았다. 왕맹이 등강에게 사예교위를 약속하자 비로소 진격하여 전연의 진영을 무너뜨렸다.

을 功臣에게 맡기지 않은 것[67]은 실제로 그들을 귀하게 여긴 것이다. 등강은 廉頗와 李牧[68]의 재능이 있으니, 朕은 이제 그에게 征伐하는 일을 맡기려 한다. 북쪽으로 匈奴(代國)를 평정하고 남쪽으로 揚・越 지방(東晉)을 소탕하는 것이 등강의 임무이다. 사예교위로 어찌 그를 얽어놓을 수 있겠는가. 그의 칭호를 鎭軍將軍으로 올리고 特進의 자리에 있게 하라." 하였다.

王猛이 以潞川之功으로 請以羌爲司隷한대 秦王堅이 下詔曰 司隷校尉는 董牧皇畿하니 吏責甚重이라 非所以優禮名將①이니 光武不以吏事處功臣은 實貴之也라 羌有廉李之才②하니 朕이 方委以征伐之事하노니 北平匈奴하고 南蕩揚越이 羌之任也라 司隷何足以嬰之③리오 其進號鎭軍將軍位特進하라

① 董은 감독하여 바로잡음이다. 牧은 기름이다.
董, 督正也. 牧, 養也.
② 廉・李는 廉頗와 李牧을 이른다.
廉・李, 謂廉頗・李牧.
③ 嬰은 얽어맴이다.
嬰, 繞也.

【綱】 겨울 10월에 秦王 苻堅이 鄴城에 갔다.

冬十月에 秦王堅이 如鄴하다

【目】 秦王 苻堅이 鄴城에 이르러 西山에서 사냥하여 열흘이 넘도록 돌아갈 것을 잊었다. 伶人인 王洛이 말고삐를 잡고 諫하기를 "폐하께는 여러 생민이 매여 있는데, 지금 오랫동안 사냥하고 돌아가지 않으시니, 하루아침에 예측하지 못하는 우환이 생기면 太后와 天下를 어찌하려 하십니까." 하니, 부견이 그의 간언을 받아들여 사냥을 파하고 宮으로 돌아갔다.

王猛이 인하여 進言하기를 "수렵은 참으로 시급한 일이 아니니, 왕락의 말을 잊어서는 안 됩니다." 하였다. 부견은 왕락에게 비단 1백 필을 하사하고 官箴左右를 제수하였

---

67) 漢나라……것 : 이 내용은 漢 光武帝 建武 13년(37)에 보인다.(≪思政殿訓義 資治通鑑綱目≫ 제9권 中)
68) 廉頗와 李牧 : 모두 전국시대 趙나라의 뛰어난 장수로, 염파가 장군이었을 적에는 강한 秦나라조차도 감히 조나라를 얕보지 못하였으며, 이목이 흉노족을 방비하고 있을 때에는 흉노가 남쪽으로 내려오지 못하였다.(≪史記≫ 권81 〈廉頗藺相如列傳〉)

으며, 이후로는 다시 사냥하지 않았다.

秦王堅이 至鄴하여 獵于西山하여 旬餘忘返이라 伶人王洛이 叩馬諫曰[①] 陛下는 群生所繫어늘 今久獵不歸하시니 一旦患生不虞하면 奈太后天下何니잇고 堅이 爲之罷獵還宮하다 王猛이 因進言曰 畋獵이 誠非急務니 洛之言을 不可忘也니이다 堅이 賜洛帛百匹하고 拜官箴左右하고 自是로 不復獵[②]이러라

① 伶은 음이 零이니, 伶官은 樂官이다. 伶氏는 대대로 악관을 맡아서 음악을 잘하였으므로 後世에 樂官을 伶官이라 많이 칭하였다.
伶, 音零. 伶官, 樂官也. 伶氏世掌樂官而善焉, 故後世多號樂官, 爲伶官.

② ≪春秋左氏傳≫ 襄公 4년에 "옛날 周나라 辛甲이 太史가 되었을 적에 百官에게 명하여 관원들로 하여금 임금의 잘못을 경계하게 하니, 虞人의 경계에 이르기를 '아득하고 아득한 禹임금의 발자취여, 구획하여 9州를 만들었네. 9주의 길을 경영하여 만드니, 백성들과 짐승들이 각각 거처할 수 있는 寢廟와 무성한 풀밭이 있어 德이 이 때문에 흔들리지 않았는데, 夷羿는 帝王이 되어 사냥만을 탐하여 국가의 근심을 잊고 야생 동물 잡는 것만 생각하였네. 〈사냥하는 데〉 무력을 거듭 사용해서는 안 되는데, 이예는 이 때문에 夏나라를 넓히지 못하였다. 짐승을 맡은 신하가 들판을 담당하였으므로 감히 僕夫에게 고하네.' 하였다. 虞人의 경계가 이와 같다." 하였으니, 이로써 사냥을 경계한 것이다. 苻堅이 그 뜻을 따라 王洛을 官箴左右로 임명한 것이다. 일설에 "'拜官'은 관직을 더 올려준 것이고, '箴左右'는 그에게 諷諫하게 한 것이다." 하였다.
左傳 "昔周辛甲之爲太史也, 命百官, 官箴王闕, 於虞人之箴曰 '芒芒禹跡, 畫爲九州. 經啓九道, 民有寢廟, 獸有茂草, 各有攸處, 德用不擾, 在帝夷羿, 冒于原獸, 忘其國恤, 而思其麀牡, 武不可重, 用不恢于夏家. 獸臣司原, 敢告僕夫.' 虞箴如是." 以戒獵也. 堅倣其意, 拜洛爲官箴左右. 一說 "拜官, 加以職也. 箴左右, 使諷諫也."

【綱】 11월에 大司馬 桓溫이 조정에 들어와 황제(司馬奕)를 廢하여 東海王으로 삼고 會稽王 司馬昱을 영입하여 즉위하게 하였다.

十一月에 大司馬溫이 入朝하여 廢帝爲東海王하고 迎會稽王昱하여 入卽位[69)]하다

69) 大司馬溫……入卽位 : "'入'이라고 쓰고 '廢'라고 쓰고 '迎卽位(영입하여 즉위하게 하였다.)'라고 썼으니, 여기에서 환온의 兇惡하고 悖倫한 氣燄을 볼 수 있다.〔書入 書廢 書迎卽位 兇悖之氣燄 可見矣〕" ≪書法≫
"여러 조정에서 군주를 폐하고 새로운 군주를 세울 적에 만일 霍光처럼 충성스러운 자가 아니면 또한 모두 그 跋扈한 자취를 드러냈다. 桓溫에 이르러서는 그렇지 않아서 겨우 '조정에 들어왔다.〔入朝〕'고 쓰자마자 즉시 황제를 廢하고 會稽王을 세웠음을 썼는데 나뭇가지를 꺾는 것처럼 쉽게 하였고 또한 여러 신하들이 항거하고 이견을 세우며 목숨을 걸고 배척한 사람을 볼 수 없는 것은 어째서인가. 환온이 오랫동안 큰 권한을 독점하여 晉나라 조정이 그의 손안에 있었으니, 天子는 다만 有名無實할 뿐이었다. 그러므로 말하는 사이에 군주 바꾸는 것을 바둑알 바꾸듯이 하여 거리끼는 바가 조금도 없음을 드러내었으니, 만일 환온이 이때 그대로 문물제도(왕조)를 바꾸었다면

【目】 桓溫은 자기의 재주와 지략, 지위와 명망을 믿고 은근히 皇帝의 자리를 탈취하려는 마음을 품고서 일찍이 베개를 어루만지며 탄식하기를 "남자가 百世에 아름다운 명성을 남기지 못한다면 또한 마땅히 萬年에 악취를 남겨야 한다." 하였다.

術士 杜炅(두경)이 사람의 貴賤을 잘 맞추었는데, 환온이 그에게 묻자 두경이 말하기를 "明公은 공로가 온 천하에 이르고 지위가 신하 중에 비견할 자가 없다." 하자, 환온이 기뻐하지 않았다. 환온은 먼저 河朔 지방에서 공을 세워 당시의 威望을 거두고 돌아와 九錫을 받고자 하였는데, 枋頭에서 패전하자 위엄과 명성이 크게 꺾였다. 壽春을 점령한 뒤에 郗超에게 이르기를 "방두에서 패전한 치욕을 설욕하기 충분한가." 하자, 치초가 말하기를 "아직 아닙니다." 하였다.

溫이 恃其材略位望하고 陰蓄不臣之志하여 嘗撫枕歎曰 男子不能流芳百世면 亦當遺臭萬年이라하더라 術士杜炅이 能知人貴賤[①]이러니 溫이 問之한대 炅曰 明公은 勳格宇宙하고 位極人臣이리이다 溫이 不悅[②]하다 溫이 欲先立功河朔하여 以收時望하고 還受九錫이러니 及枋頭之敗하여 威名이 頓挫[③]라 旣克壽春에 謂郗超曰 足以雪枋頭之恥乎아 超曰 未也로라

① 炅은 古迥의 切이다.
炅, 古迥切.
② 格은 이름이다. 그의 뜻과 소원이 여기에 그치지 않았으므로 좋아하지 않은 것이다.
格, 至也. 其志願不止於此, 故不悅.
③ 挫는 꺾임이다.
挫, 摧折也.

【目】 오랜 뒤에 郗超가 桓溫을 찾아가서 잠을 잤는데, 한밤중에 환온에게 이르기를 "明公이 伊尹과 霍光의 일[70]을 하지 않으면, 큰 권위를 세워서 四海를 진압할 수 없을 것

또한 무슨 어려움이 있었겠는가. 書法이 이와 같으니, 이는 나라를 소유한 자가 은미한 것을 삼가서 서리를 밟는 조짐을 엄하게 방비하지 않을 수 없음을 경계한 것이다. 환온에게 무슨 책할 것이 있겠는가.〔累朝廢立 自非如霍光之忠 亦皆先著其跋扈之迹 至溫則不然 纔書入朝 卽書廢帝 立會稽王 易若折枝 亦不見群臣有抗拒立異 死斥之人 何哉 溫久專大權 晉朝在其掌握 天子特擁虛器 故立談之頃 視置君 如奕棊略無少齟齬其間者 使溫是時 因而改物 則亦何難之有 書法若此 所以戒有國者 不可不謹其微 而嚴履霜之漸爾於溫乎 何誅〕" ≪發明≫ '서리를 밟는 조짐'은 일의 조짐을 보고 미리 그 禍를 경계하라는 말로, ≪周易≫ 坤卦 初六에 "서리를 밟으면 단단한 얼음이 이른다.〔履霜堅冰至〕"라는 말에서 유래하였다.

70) 伊尹과 霍光의 일 : 국가의 重臣으로서 군주를 廢立한 일을 말한다. 이윤은 殷나라 湯王을 도와 夏나라 桀王을 정벌하고 재상이 되었다. 탕왕이 죽은 뒤 그의 손자 太甲이 즉위하여 탕왕의 법을 무너뜨리자 이윤은 그를 桐宮으로 내쫓았는데, 3년 후에 태갑이 잘못을 뉘우치자 다시 맞아들여 복위시켰다.(≪史記≫ 권3 〈殷本紀〉) 곽광은 漢나라 武帝 때 大司馬 大將軍으로 遺詔를 받아 어린 昭帝

입니다." 하니, 환온은 마침내 치초와 더불어 의논하여 계책을 정하였는데, 황제(司馬奕)가 평소 조심하여 허물이 없으나 침상의 일을 가지고 誣陷하기 쉽다 해서, 마침내 "황제가 일찍부터 陰痿의 병환이 있었는데, 총애하는 신하 朱靈寶 등이 內寢에서 가까이 모시면서 두 부인이 세 아들을 낳으니, 장차 황제의 基業을 옮기려 한다."고 소문을 퍼트렸다. 사람들은 그 소문의 眞僞를 자세히 살피지 못하였다.

久之에 超就溫宿이러니 中夜에 謂曰 明公이 不爲伊霍之擧면 無以立大威權하여 鎭壓四海리이다 溫이 遂與定議[①]하되 以帝素謹無過로되 而床(第)〔笫〕[71]易誣[②]라하여 乃揚言帝早有痿疾이어늘 嬖人朱靈寶等이 參侍內寢하여 二美人이 生三男하여 將移皇基라하니 人이 莫能審其虛實[③]이러라

① 郗超는 桓溫의 마음을 알고 영합하니, 환온이 마침내 그와 더불어 의논을 결정한 것이다.
超知溫心而迎合之, 溫遂與定議.

② 笫는 側里와 壯士 두 가지의 切이니, 침상의 자리이다. ≪春秋左氏傳≫ 襄公 27년에 "鄭伯이 垂隴에서 趙孟에게 연향을 베풀 적에 伯有가 ≪詩經≫ 〈鄘風〉의 〈鶉之奔奔(메추라기는 짝 맞추어 날다.)〉의 시를 읊자, 조맹이 말하기를 '침상의 말은 문지방 밖으로 넘어가지 않는다.' 하였다." 하였는데, 杜預의 注에 "이 시는 淫亂을 풍자한 것이다. 그러므로 침상의 말이라 한 것이다." 하였다.
(第)〔笫〕, 側里·壯士二切. 床簀也. 左傳"鄭伯享趙孟于垂隴, 伯有賦鶉之賁賁, 趙孟曰'牀(第)〔笫〕之言不踰閾.'" 杜注云"此詩刺淫亂, 故云牀(第)〔笫〕之言."

③ 痿는 人垂와 於隹 두 가지의 切이니, 이는 陰痿를 말한 것이다. 두 미인은 田氏와 孟氏이다.
痿, 人垂·於隹二切, 此蓋言陰痿也. 二美人, 田氏·孟氏也.

【目】 桓溫은 마침내 建康에 이르러 褚太后에게 넌지시 말하여 황제를 폐하고 會稽王 司馬昱을 황제로 세울 것을 청하고, 아울러 태후가 내릴 令의 초고를 지어서 태후에게 올리게 하였다. 그러자 태후가 말하기를 "나는 본래부터 이 일을 의심했다." 하고는 곧 붓을 달라 하여 더 보태 쓰기를 "未亡人이 불행하여 온갖 근심에 걸려드니, 돌아가신 임금님을 생각함에 가슴이 칼로 도려내는 듯하다." 하였다.

溫이 乃詣建康하여 諷褚太后하여 請廢帝而立會稽王昱하고 幷作令草하여 呈之太后[①]하니 太后曰 我本自疑此라하고 便索筆益之하여 曰 未亡人이 不幸罹此百憂하니 感念存沒에 心焉如割[②]이로라

① '令草'는 太后가 내릴 令의 초고이니, 〈'作令草 呈之太后'는〉 먼저 태후의 令을 초고로 정해

를 보좌하였다. 소제가 죽은 뒤 昌邑王을 황제로 세웠는데, 그가 음란한 행동을 자행하자, 폐위시키고 宣帝를 세웠다.(≪漢書≫ 권68 〈霍光傳〉)

71) (第)〔笫〕: 저본에는 '第'로 되어있으나, ≪春秋左氏傳≫에 의거하여 '笫'로 바로잡았다. 아래도 같다.

서 태후에게 올린 것이다.
令草, 太后下令之草也. 先草定太后令, 而呈之於太后.
② 婦人이 과부가 되고 나면 자신을 未亡人이라 칭한다.
婦人旣寡, 自稱曰未亡人.

【目】 桓溫이 百官을 朝堂에 모아놓자, 百官이 떨고 두려워하니, 환온 또한 얼굴빛이 변하여 어찌할 바를 알지 못하였는데, 尙書僕射 王彪之가 명하여 《漢書》의 〈霍光傳〉을 가져오게 해서 廢位와 卽位에 대한 禮度와 儀制를 잠깐 사이에 결정하였다. 왕표지가 朝服을 입고 계단에 서 있으니, 정신과 풍채가 毅然하였다. 이에 太后의 令을 선포하여 황제를 폐하여 東海王으로 삼자, 황제가 송아지가 끄는 수레를 타고 神虎門으로 나가니, 侍御史가 군대를 거느리고 호위하여 동해왕의 집으로 전송하였다.

이에 환온이 백관을 거느리고 司馬昱을 맞이하여 황제의 지위에 오르게 하였다. 이때 환온은 발에 병이 있었는데, 황제가 조령을 내려 수레를 타고 殿으로 들어오게 하였다. 환온이 글을 지을 적에 황제를 폐하고 다시 새로운 황제를 세운 本意를 진술하려 하였는데, 황제가 그를 引見할 적에 한동안 눈물을 줄줄 흘리니, 환온은 조심하고 두려워해서 끝내 말을 한마디도 못 하고 나왔다.

桓溫廢主立新君

溫이 集百官於朝堂한대 百官이 震慄하니 溫亦色動하여 不知所爲러니 尙書僕射王彪之 命取霍光傳하여 禮度儀制를 定於須臾하다 彪之朝服當階하니 神彩毅然이라 於是에 宣太后令하여 廢帝爲東海王한대 帝乘犢車하고 出神虎門하니 侍御史 將兵衛送東海第[①]하고 溫이 帥百官하여 迎昱卽帝位하다 溫이 有足疾이라 詔乘輿入殿하다 溫이 撰辭에 欲陳述廢立本意[②]러니 帝引見에 便泣下數十行[③]하니 溫이 兢懼하여 竟不能一言而出이러라

① 晉나라 제도에 여러 公에게는 朝車와 安車, 검은 바퀴가 달린 송아지 수레 각각 한 대를 지급하였다. 神虎門은 建康宮의 서쪽 문이다.
晉制, 諸公給朝車·安車·皁輪犢車各一乘. 神虎門, 建康宮西門.
② 〈'撰辭 欲陳述廢立本意'는〉 미리 글을 지어놓고서 들어가 황제를 알현하고 아뢰고자 한 것이다.
預撰辭, 欲入見而陳之.
③ 行(줄)은 戶剛의 切이다.
行, 戶剛切.

【目】 太宰인 武陵王 司馬晞가 군대의 일을 익히기를 좋아하였다. 환온은 그를 시기하여 表文을 올려서 그의 관직을 파면하고 褚太后를 높여 崇德太后라 하였다. 그리고 新蔡王 司馬晃을 핍박하여 사마희와 殷浩의 아들 殷涓과 庾蘊의 아우 庾倩, 庾柔 등과 모반했다고 自述하게 하였다. 그리하여 사마황을 체포해서 廷尉에 넘기고 또 東海王의 세 아들과 그 어미를 죽였다.

太宰武陵王晞 好習武事라 溫이 忌之하여 表免其官하고 尊褚太后曰 崇德太后라하고 逼新蔡王晃하여 自列與晞及殷浩之子涓及庾蘊弟倩柔等謀反하여 收付廷尉[①]하고 又殺東海王三子及其母[②]하다

① 司馬晃은 汝南王 司馬亮의 曾孫인데, 그의 부친 司馬邈이 新蔡王의 뒤를 이었다. '自列'은 그 일을 스스로 진술하는 것이다. 庾蘊은 庾希의 아우이다. 倩은 倉甸의 切이다. 庾倩과 庾柔는 유온의 두 아우의 이름이다. 처음에 殷浩가 죽었을 적에 桓溫이 사람을 보내면서 위문하는 서신을 가지고 가서 조문하게 하였으나, 殷涓은 답하지 않았고 또한 환온에게 찾아가지 않았으며 武陵王 司馬晞와 교유하였다. 유온은 평소 환온과 틈(원한)이 있었으니, 환온은 殷氏와 庾氏의 종족이 강성함을 미워하여 두 종족을 제거하고자 하였다.
晃, 汝南王亮之曾孫. 父邈嗣新蔡王後. 自列, 自陳列其事也. 蘊, 希之弟也. 倩, 倉甸切. 倩·柔, 庾蘊二弟名. 初殷浩卒, 溫使人齎書弔之, 涓不答, 亦不詣溫, 而與武陵王晞遊. 庾蘊素與溫有隙, 溫惡殷·庾宗彊, 欲去之.

② 〈東海王의 세 아들과 그 어미는〉 田氏와 孟氏 및 이들이 낳은 세 명의 사내아이이다.
卽田氏・孟氏及所生三男也.

【目】 有司가 桓溫의 뜻을 받들어서 司馬晞를 주살할 것을 청하자, 황제는 조령을 내리기를 “내 마음이 비통하고 황공하여 차마 들어줄 수 있는 일이 아니다.” 하였다. 환온이 굳이 청하자, 황제가 손수 조령을 쓰기를 “만약 晉나라의 국운이 계속 이어진다면 公은 곧바로 앞의 조령을 받들어 행해야 할 것이요, 만약 大運이 진나라를 떠난다면 내 임금의 자리를 현자에게 양보하겠다.” 하니, 환온이 이 조령을 보고서 진땀을 흘리고는, 마침내 奏請하여 사마희를 폐하여 新安으로 귀양 보내고, 司馬晃을 파면하여 庶人으로 삼고, 殷涓, 庾倩, 庾柔는 모두 그 일족을 멸하였다.

侍中 謝安이 환온을 보고 멀리서 절하자, 환온이 놀라며 말하기를 “安石[72]은 무엇 때문에 이렇게 하는가.” 하니, 사안이 말하기를 “임금께서 그대의 앞에서 절하시는데 신하가 그대의 뒤에서 읍을 하는 도리는 없다.” 하였다. 환온은 마침내 姑孰으로 돌아갔다.

有司承溫旨하여 請誅晞한대 詔曰 悲惋惶怛하여 非所忍聞이로라 溫이 固請한대 帝手詔曰 若晉祚靈長이면 公이 便宜奉行前詔요 如大運去矣면 請避賢路하노라 溫이 覽之流汗하여 乃奏廢晞徙新安하고 免晃爲庶人하고 涓, 倩, 柔는 皆族誅①하다 侍中謝安이 見溫遙拜한대 溫이 驚曰 安石아 卿何事乃爾오 安曰 未有君拜於前하고 臣揖於後니라 溫이 遂還姑孰하다

① 吳나라 孫權이 丹楊을 나누어 新都郡을 세웠는데, 晉나라 武帝 太康 元年(280)에 이름을 新安郡으로 바꾸었다.
吳孫權分丹楊, 立新都郡, 武帝大康元年, 更名新安郡.

【目】 秦王 苻堅은 桓溫이 군주를 廢하고 새 군주를 세웠다는 말을 듣고 여러 신하들에게 이르기를 “환온이 지난번 灞水 가에서 패하고 뒤에 또 枋頭에서 패하였는데, 능히 자신의 잘못을 반성하고 자책하여 백성들에게 사죄하지 못하고, 이제 다시 군주를 폐하여 스스로 즐거워하는구나. 60세 된 늙은이의 행동거지가 이와 같으니, 장차 어떻게 四海에 용납되겠는가. 속담에 ‘아내에게 화가 났는데, 〈오히려〉 자기 부친(황제)에게 화난 낯빛을 짓는다.’ 하였으니, 환온을 두고 한 말이다.” 하였다.

秦王堅이 聞溫廢立하고 謂群臣曰 溫이 前敗灞上하고 後敗枋頭어늘 不能思愆自貶以謝百姓하고

72) 安石 : 謝安의 字이다.

方更廢君以自說①이라 六十之叟 擧動如此하니 將何以容於四海乎리오 諺曰 怒其室而作色於父라하니 溫之謂矣②니라

① 說은 ≪晉書≫ 〈載記〉에 悅로 되어 있으니, 마땅히 悅로 따라 읽어야 한다. 일설에는 "說은 본음대로 읽으니, 스스로 해명함을 이른다." 하였다.
說, 載記作悅, 讀當從悅. 一曰"說, 讀如字[73], 謂自解說也."
② 室은 아내이다.
室, 妻也.

【綱】 12월에 〈晉나라(東晉)가〉 東海王(司馬奕)을 강등하여 海西縣公에 봉하였다.

十二月에 降封東海王하여 爲海西縣公하다

【目】 大司馬 桓溫이 아뢰기를 "폐위되어 추방당한 사람은 백성들에게 군림할 수가 없으니, 東海王은 마땅히 漢나라 昌邑王의 故事[74]를 따라야 합니다." 하자, 太后(崇德太后)가 조령을 내려 海西縣公에 봉하였다. 환온의 위엄이 내외에 진동하니, 황제(晉 簡文帝)는 비록 帝位에 있었으나 拱手하고 침묵할 뿐이었다.

大司馬溫이 奏호되 廢放之人은 不可以臨黎元이니 東海王을 宜依昌邑故事라한대 太后詔封海西縣公하다 溫이 威震內外하니 帝雖處尊位나 拱默而已러라

【目】 이보다 앞서 熒惑星이 太微垣의 端門에 자리하였는데, 한 달 뒤에 海西公이 폐위되었다. 이때 이르러 형혹성이 역행하여 태미원으로 들어가니, 황제는 이것을 몹시 싫어하여 中書侍郎 郗超에게 이르기를 "목숨의 길고 짧음은 본래 예측할 수 없지만 진실로 마땅히 근래의 사태가 더 이상 없겠는가." 하자, 치초가 말하기를 "大司馬 臣 桓溫이 막 안으로는 社稷을 견고히 하고 밖으로는 經略을 넓히니, 非常한 일이 〈다시 발생하지 않을 것을〉 臣의 온 식구의 목숨을 가지고 保障하겠습니다." 하였다.

치초가 급히 휴가를 내어 아버지(郗愔)를 문안할 것을 청하자, 황제가 말하기를 "尊公

73) 如字 : 한 글자에 여러 독음이 있는 경우 본음대로 읽으라는 것이다.
74) 漢나라……故事 : 漢나라 昭帝가 죽은 뒤에 후사가 없자, 霍光 등이 武帝의 손자인 昌邑王 劉賀를 옹립하였으나, 창읍왕의 행실이 음란하고 無道하자 즉위한 지 27일 만에 곽광이 上官太后의 허락을 받아 결국 창읍왕을 폐위시키고 宣帝를 황제로 옹립하였는바, 이 고사를 가리킨다.(≪資治通鑑≫ 권24 〈漢紀16〉 漢 昭帝 元平 元年)

에게 나의 뜻을 전달하라. 나라와 집안일이 마침내 여기에 이르렀으니, 이는 내가 도리로 나라와 집안을 바로잡아 保衛하지 못했기 때문이다." 하였다. 황제는 인하여 庾闡[75]의 詩를 읊기를 "志士는 조정의 위태로움을 애통해하고 忠臣은 군주의 욕됨을 슬퍼한다." 하고는 마침내 눈물을 흘려 옷깃을 적셨다.

先是에 熒惑이 守太微端門하여 踰月에 而海西廢①러니 至是에 又逆行入太微하니 帝甚惡(오)之하여 謂中書侍郎郗超曰 命之修短은 本所不計어니와 故當無復近日事邪②아 超曰 大司馬臣溫이 方內固社稷하고 外恢經略하니 非常之事는 臣以百口保之하노이다 及超請急省其父③한대 帝曰 致意尊公하라 家國之事 遂至於此하니 由吾不能以道匡衛라하고 因詠庾闡詩云 志士痛朝危하고 忠臣哀主辱이라하고 遂泣下霑襟이러라

① ≪晉書≫ 〈天文志〉에 "太微垣 南藩 가운데의 두 별 사이를 端門이라 한다." 하였다.
天文志"太微南藩中二星間, 曰端門."

② 황제가 撫軍將軍이 되었을 적에 郗超를 불러 掾으로 삼았다.[76] 그러므로 지금 감히 실정을 가지고 물은 것이다.
帝之爲撫軍也, 辟超爲掾, 故於今敢以情問之.

③ 急은 휴가이다. 晉나라 법령에 휴가를 받는 자는 한 달에 다섯 번 휴가를 받을 수 있는데, 1년 중에는 60일을 한도로 삼았다.
急, 假也. 晉令, 急假者, 一月五急, 一年中以六十日爲限.

【目】 황제는 風儀가 아름답고 행동거지가 훌륭하였으며 典籍 공부에 마음을 쏟고 〈거처에는 마음을 쓰지 않아〉 자리에 먼지가 가득하였으나 편안해하였다. 비록 정신과 의식이 편안하고 활달하였으나, 세상을 구제할 큰 經略이 없었다. 謝安은 평하기를 "晉 惠帝[77]의 부류인데, 다만 혜제에 비해 淸談이 조금 나을 뿐이다." 하였다.

帝美風儀하고 善容止하고 留心典籍하여 凝塵滿席호되 湛如也러라 雖神識恬暢이나 然無濟世大

75) 庾闡 : 字는 仲初로, 東晉 때 문장가이며 官員이다. 9세 때부터 글을 잘 지었는데, 江東의 鄕試에 응시하여 秀才로 뽑혔다. 西陽王 司馬羕의 掾屬과 尙書郎을 지내다가 蘇峻의 난리 때 도망하여 郗鑒의 아래에 들어가 給事中이 되어 글 짓는 일을 담당하였다. 문집 10권이 있었는데 모두 일실되었고, 몇몇 문헌에 그의 작품들이 산견된다. 시호는 貞이다.

76) 황제가……삼았다 : ≪資治通鑑≫ 권97 〈晉紀 20〉 晉 穆帝 永和 원년(345)에 보면 司馬昱(簡文帝)이 郗超를 辟召하여 撫軍掾으로 삼았다.

77) 晉 惠帝 : 西晉의 제2대 임금이다. 어리석기 그지없던 인물로, 황후인 賈氏가 전횡을 하도록 내버려두었다가 나라를 망하게 하였다. 혜제는 또한 수행원과 개구리 울음소리의 公과 私를 밝히려 한 일화와 飢餓에 허덕이는 백성에게 왜 고기 죽을 먹지 않느냐고 물은 일화로 유명하다.(≪晉書≫ 권4 〈孝惠帝紀〉)

略이라 謝安이 以爲惠帝之流로되 但淸談差勝耳라하니라

【目】郗超는 桓溫과 가까웠기 때문에 조정의 사람들이 모두 그를 두려워하며 섬겼다. 謝安이 일찍이 左衛將軍 王坦之와 함께 치초에게 찾아갔을 적에 해가 저물어도 치초를 만날 수 없자 왕탄지가 돌아가려 하니, 사안이 말하기를 "그대는 목숨을 위하여 잠시를 참지 못하는가." 하였다.

超以溫故로 朝中이 皆畏事之라 謝安이 嘗與左衛將軍王坦之로 共詣超하여 日旰未得前하여 坦之欲去하니 安曰 獨不能爲性命忍須臾邪[①]아하니라

① 爲(위하다)는 去聲이다.
爲, 去聲.

壬申年(372)

【綱】晉나라(東晉) 太宗 簡文皇帝 咸安 2년이다.

二年이라

【目】秦나라(前秦) 苻堅 建元 8년이다.

秦建元八年이라

【綱】봄 2월에 秦나라(前秦)가 慕容評을 范陽太守로 삼았다.

春二月에 秦以慕容評으로 爲范陽太守하다

【目】慕容垂가 秦王 苻堅에게 말하기를 "臣의 叔父 慕容評은 燕나라의 惡來 革입니다. 다시 聖朝를 더럽혀서는 안 되니, 연나라를 위하여 그를 죽이시기를 원합니다." 하니, 부견이 마침내 그를 范陽으로 내보냈다.

慕容垂 言於秦王堅曰 臣叔父評은 燕之惡來革也라 不宜復汙聖朝니 願爲燕戮之하소서 堅이 乃出之范陽[①]하다

① 惡은 본음대로 읽는다. 또는 哀都의 切이다. 惡來의 이름이 革이니, 蜚廉의 長子이다. 一說에 "惡來와 革은 본래 두 사람이니, 모두 紂王의 아첨하는 신하이다." 하였다. 爲(위하다)는 去聲이니, 아래의 '爲人'의 爲도 이와 같다.
惡, 如字, 又哀都切. 惡來, 名革, 蜚廉長子也. 一說 "惡來與革, 自是兩人, 皆紂之佞臣." 爲, 去聲, 下爲人同.

【目】 司馬溫公(司馬光)이 다음과 같이 評하였다.

"옛사람이 남의 나라를 멸망시켰는데도 사람들이 기뻐한 것은 어째서인가. 사람들을 위하여 害惡을 제거하였기 때문이다. 秦王 苻堅은 慕容評을 첫 번째로 주벌하지 않고, 또 따라서 총애하여 관직을 내려주었다. 이는 한 사람을 사랑하고 한 나라의 사람들은 사랑하지 않은 것이니, 인심을 많이 잃은 것이다. 이 때문에 사람들에게 은혜를 베풀어도 사람들이 은혜로 여기지 않고 사람들에게 정성을 다하여도 사람들이 정성으로 여기지 아니하여 끝내 功名을 이루지 못하고 몸을 용납할 곳이 없었으니, 이는 그의 행위가 도리를 얻지 못했기 때문이다."

司馬公曰 古之人이 滅人之國而人悅은 何哉오 爲人除害故也라 秦王堅이 不以評爲誅首하고 又從而寵秩之①하니 是愛一人而不愛一國之人也니 其失人心이 多矣라 是以로 施恩於人이로되 而人莫之恩하고 盡誠於人이로되 而人莫之誠하여 卒於功名不遂하고 容身無所하니 由不得其道故也니라

① 秩은 차례이고 관직이다. '寵秩'은 총애하여 관직을 내려주어 官次를 잃지 않게 함을 이른다.
秩, 序也, 官也. 寵秩, 謂寵而序其官, 使不失次也.

【綱】 3월에 秦나라(前秦)가 關東 지방에 명하여 經書를 통달하고 기예를 갖춘 선비를 예우하여 올려 보내게 하였다.

三月에 秦이 命關東하여 禮送經藝之士하다

【目】 秦王 苻堅이 조령을 내려서 關東의 백성 중에 학문은 經書 하나를 통달하고 재주는 기예 하나를 이룬 자를 所在한 郡縣에서 예우하여 올려 보내게 하였다. 또 관직을 맡고 있고 연봉 100石 이상인 자 중에 학문은 경서 하나를 통달하지 못하고 재주는 기예 하나를 이루지 못한 자를 파면하여 평민 신분으로 되돌아가게 하였다.

秦王堅이 詔關東之民에 學通一經하고 才成一藝者를 在所郡縣이 以禮送之하고 在官百石以

上에 學不通一經하고 才不成一藝者를 罷遣還民하다

【綱】 여름 4월에 〈晉나라(東晉)가〉 海西公(司馬奕)을 吳縣으로 옮겼다.

夏四月에 遷海西公於吳縣하다

【綱】 6월에 秦나라(前秦)가 王猛을 丞相으로 삼고 苻融을 冀州牧으로 삼았다.

◑六月에 秦이 以王猛爲丞相하고 苻融爲冀州牧하다

【綱】 가을 7월에 황제(晉 簡文帝)가 崩하니, 太子 昌明(司馬曜의 字)이 즉위하였다.

◑秋七月에 帝崩①하니 太子昌明이 卽位하다

① 향년이 53세였다.
壽, 五十三.

【目】 황제가 병환이 있어 급히 大司馬 桓溫을 불러 조정에 들어와 보필하게 하였다. 하루의 낮과 밤 동안 조령을 네 차례 내렸는데 환온이 사양하고 오지 않았다.

조령을 내려 皇子 昌明을 세워 皇太子로 삼으니, 이때 나이가 10세였다. 司馬道子가 琅邪王이 되어 會稽國을 겸하여 다스리면서 황제의 어머니 鄭太妃의 제사를 받들게 하였다. 환온에게 遺詔를 내려 周公이 居攝한 故事[78]를 따르게 하고, 또 말하기를 "少子가 보필할 만하거든 보필하고 만일 보필할 만하지 못하거든 그대가 스스로 황제의 자리를 취하라." 하였다.

侍中 王坦之가 이 조령을 가지고 황제 앞에 들어가서 찢어버리자, 황제가 말하기를 "우연히 오는 天下의 운수를 그대가 어찌 혐의할 것이 있는가." 하니, 왕탄지가 아뢰기를 "천하는 宣帝와 元帝의 천하이니, 폐하가 어떻게 마음대로 하실 수 있습니까." 하였다. 황제가 마침내 사람을 시켜 조령을 고치기를 "집안과 나라의 일을 한결같이 大司馬에게 稟하기를 諸葛武侯(諸葛亮)와 王丞相의 故事와 같이 하라." 하였다.

78) 周公이……故事 : 주공은 姓은 姬이고 이름은 旦으로, 文王의 아들이고 武王의 아우인데, 무왕이 殷나라를 치고 천하를 통일하는 데 크게 기여하였으며, 무왕이 죽자 나이 어린 조카인 成王을 보좌하여 7년 동안 섭정을 하였고, 성왕이 장성하자 다시 정사를 돌려주고 신하의 신분으로 돌아갔다.(≪史記≫ 권4 〈周本紀〉)

帝不豫하여 急召大司馬溫入輔할새 一日一夜에 發四詔로되 溫이 辭不至라 詔立皇子昌明爲皇太子하니 生十年矣라 道子爲琅邪王하여 領會稽國하여 以奉帝母鄭太妃之祀[①]하고 遺詔溫依周公居攝故事하고 又曰 少子可輔者면 輔之하고 如不可면 君自取之하라 侍中王坦之持詔하고 入於帝前하여 毁之한대 帝曰 天下儻來之運을 卿何所嫌[②]고하니 坦之曰 天下는 宣元之天下니 陛下何得專之[③]리잇가 帝乃使改詔曰 家國事 一稟大司馬를 如諸葛武侯王丞相故事[④]하라하다

① 황제가 琅邪王에 봉해졌었는데 자신을 낳은 어머니 鄭夫人이 薨하자, 낭야왕이 굳이 무거운 服을 입을 것을 청하므로 옮겨 會稽王으로 봉하고 정부인을 追號하여 會稽太妃라 하였다.
帝封琅邪王, 所生母鄭夫人薨, 固請服重, 徙封會稽王, 追號鄭夫人, 爲會稽大妃.

② '儻來'는 우연히 옴을 이른다.
儻來, 謂適然而來.

③ 宣帝(司馬懿)는 황제의 기업을 처음 다졌고, 元帝(司馬睿)는 晉나라를 中興하였기 때문에 이렇게 말한 것이다.
宣帝肇基帝業, 元帝中興, 故云然.

④ 王丞相은 王導[79]를 이른다.
王丞相, 謂王導.

【目】 이날 황제가 崩하니, 여러 신하들이 말하기를 "마땅히 大司馬(桓溫)의 처분을 기다려야 한다." 하였는데, 王彪之가 正色을 하고 말하기를 "天子가 崩하여 太子가 대를 이어 즉위하는 것에 대사마가 어찌 이의를 제기할 수 있겠는가." 하니, 조정의 의논이 마침내 정해져서 태자가 즉위하였다.

太后가 환온으로 하여금 居攝하게 하려고 하자, 왕표지가 말하기를 "이것은 평상시와 다른 큰일이니, 대사마가 반드시 굳이 사양할 것입니다. 이렇게 되면 조정의 정무가 停滯되고 山陵의 일도 지체하여 폐해질 것이니, 감히 명령을 받들 수가 없습니다." 하니, 이에 환온이 거섭하는 일이 마침내 시행되지 못하였다.

是日에 帝崩하니 群臣曰 當須大司馬處分[①]이라한대 王彪之正色曰 天子崩에 太子代立을 大司馬何容得異리오하니 朝議乃定하여 太子卽位하다 太后欲令溫居攝한대 彪之曰 此異常大事라 大司馬必當固讓이요 使萬機停滯하고 稽廢山陵이니 未敢奉令이라하니 事遂不行[②]하다

---

79) 王導 : 晉나라 元帝가 琅邪王으로 있을 때 천하가 어지러운 것을 보고 인재들을 거두어 모아서 국사를 상의할 것을 왕에게 권유했고, 원제가 帝位에 오르자 승상이 되었으며, 원제·明帝·成帝를 섬기면서 出將入相하여 많은 공훈을 세웠다.(≪晉書≫ 권65 〈王導列傳〉)

① 處는 昌呂의 切이니, 만들고 定함이다. 分은 去聲이니, 당연한 바이다.
處, 昌呂切, 制也, 定也. 分, 去聲, 所當然也.
② 稽는 지체함이다.
稽, 留也.

【目】 桓溫은 簡文帝가 임종할 적에 자신에게 禪位할 것을 바랐고, 그렇지 않으면 마땅히 居攝할 것이라고 여겼는데, 이미 자신의 소망에 부응하지 못하였다. 그는 아우 桓沖에게 편지를 보내기를 "황제가 遺詔를 남겨 나로 하여금 諸葛武侯와 王公의 故事를 따르게 했다." 하고는 王坦之와 謝安이 이렇게 한 것이라고 의심하여 그들을 원망하였다.

溫이 望簡文臨終禪位하고 不爾면 便當居攝이러니 既不副所望이라 與弟沖書曰 遺詔使吾依武侯王公故事耳라하고 疑王坦之謝安所爲하여 心銜之러라

【綱】 8월에 秦나라(前秦)가 王猛에게 都督中外諸軍事를 가하였다.

八月에 秦이 加王猛都督中外諸軍事[80)]하다

【目】 王猛이 長安에 이르자, 다시 都督中外諸軍事를 더 내려주었다. 왕맹이 사양하는 글을 서너 번 올렸으나, 秦王 苻堅이 허락하지 않고 말하기를 "朕이 이제 四海를 통일하려 하노니, 卿이 아니면 누구에게 이것을 맡기겠는가. 경이 재상의 지위를 사양할 수 없음

80) 秦加王猛都督中外諸軍事 : "苻堅처럼 王猛을 임명하여야 비로소 그의 재주를 다 발휘할 수 있는데, 桓溫은 마침내 왕맹을 軍謀祭酒로 처우하여 함께 남쪽으로 가고자 하였으니, 왕맹이 따라가지 않은 것이 당연하다. 또 환온은 이미 江東 지방에 왕맹과 같은 사람이 없음을 알았는데도, 전쟁하고 分裂하는 세상을 당하여 마침내 그물질하여 데려오지 못하고 내버려두어 적국을 도와준 것은 어째서인가. 그러나 왕맹의 재주와 지략이 환온보다 뛰어났으니, 왕맹 또한 스스로 반드시 환온에게 용납받지 못할 줄을 안 것이다. 秦나라는 능히 왕맹을 등용하였고 晉나라는 환온을 제대로 등용하지 못하였다. 그러므로 왕맹의 功業은 傑出하고 환온은 끝내 跋扈하는 신하가 되었으니, 이는 또 군주와 신하가 서로 投合하느냐의 여부에 달려 있는 것이다. 왕맹은 이때에 苻秦을 도와서 군대가 彊하고 나라가 부유하였고 境內가 크게 다스려졌다. 그런데 환온은 그와 對峙하면서 스스로 반성하지 못하였고, 또 황제를 폐하고 새로운 군주를 세워 조정을 어지럽혀 옳지 않은 자리에 처함을 달게 여겼으니, 왕맹에게 미치지 못함이 많다. ≪資治通鑑綱目≫에 왕맹이 重한 임무를 받은 것만을 썼는데, 진나라를 보좌한 공렬이 진실로 이미 은연히 이 가운데에 들어 있으니, 후인들이 왕맹을 일러 苻堅의 管仲이라고 한 것이 당연하다.〔堅之任猛如此 方盡其才 而桓溫乃以軍謀祭酒處之 欲與俱南 宜乎猛之不就也 且溫既知江東無猛之比 當戰攻分裂之世 乃不能羅而致之 棄以資敵 何哉 然猛才略出溫之右 亦自知必不爲溫所容 秦能用猛 而晉不能用溫 故猛功業傑出 而溫終爲跋扈之臣 此又繫乎君臣遇合與否爾 猛是時輔相苻秦 兵彊國富 境內大治 溫與之對局 不能自反 方且廢立亂朝 甘處不韙之域 其不及猛多矣 綱目止書猛受任之重 而佐秦之烈 固已隱然在中 宜乎後人謂爲苻堅之管仲也〕" ≪發明≫

은 짐이 천하를 사양할 수 없는 것과 같다." 하였다.

猛이 至長安에 復加都督中外諸軍事한대 辭章三四上호되 秦王堅이 不許하고 曰 朕方混壹四海하노니 非卿이면 誰可委者오 卿之不得辭宰相은 猶朕不得辭天下也라하니라

【目】王猛이 정승이 되자, 苻堅은 위에서 단정히 앉아 拱手하고 百官은 자기 직책을 아래에서 총괄하였는데, 軍國의 일이 왕맹을 거치지 않음이 없었다. 왕맹은 강직하고 밝고 청렴하고 엄숙하였고 善과 惡을 명백히 드러냈으므로 지위만 차지하여 공밥 먹는 자들을 추방하거나 내치고, 은둔한 자들을 드러내고 발탁하였다. 그리고 농사와 뽕나무 가꾸는 일을 권장하고 군대를 훈련시켰으며 관원은 반드시 재주에 합당한 사람을 쓰고 형벌은 반드시 죄에 합당하게 내렸다. 이로 말미암아 나라가 부유해지고 군대가 강해져서 싸우면 승리하지 못함이 없었고 秦나라(前秦)가 매우 잘 다스려졌다.

부견은 太子 苻宏과 長樂公 苻丕 등에게 칙령을 내리기를 "너희들은 王公(왕맹)을 섬기기를 나를 섬기는 것처럼 하라." 하였다.

猛이 爲相에 堅은 端拱於上하고 百官은 總己於下하여 軍國之事를 無不由之①러라 猛이 剛明淸肅하고 善惡著白하여 放黜尸素하고 顯拔幽滯하며 勸課農桑하고 練習軍旅하며 官必當才하고 刑必當罪②하니 由是로 國富兵彊하여 戰無不克하고 秦國大治러라 堅이 敕太子宏及長樂公丕等曰 汝事王公을 如事我也하라

① 端은 바름이요, 拱은 拱手함이다. '端拱'은 하는 일이 없음을 말한다.
端, 正也. 拱, 拱手也. 端拱, 言無爲也.

② '尸素'는 지위만 차지하고 공밥을 먹는 자이다.
尸素, 尸位素餐者也.

【目】陽平公 苻融은 젊은 나이에 冀州〈의 刺史로〉 있으면서 정사를 할 적에 新奇한 것을 좋아하고 까다롭게 살피는 것을 귀하게 여겼다. 治中別駕 申紹가 자주 타일러 바로잡아 너그럽고 온화한 방법으로 인도하였는데, 부융은 비록 그를 공경하였으나 다 따르지는 못하였다. 뒤에 신소가 지방으로 나가 濟北太守가 되자, 부융은 여러 번 잘못이 알려져 자주 견책을 받으니, 마침내 신소의 말을 따르지 못한 것을 한스럽게 여겼다.

陽平公融이 年少在冀州하여 爲政에 好新奇貴苛察이어늘 治中別駕申紹 數(삭)規正하여 導以寬和하니 融이 雖敬之나 未能盡從이러니 後에 紹出爲濟北太守에 融이 屢以過失聞하여 數(삭)致譴

讓하니 乃恨不用紹言이러라

【目】苻融이 일찍이 마음대로 學舍를 일으킨 죄에 걸려 有司에게 규찰을 당하였다. 부융은 申紹에게 “누가 使臣이 될 만한가.”[81]라고 묻자, 신소가 말하기를 “燕나라 尙書郎으로 있던 高泰가 청렴하고 말을 잘하고 담력과 지략이 있으니, 사신이 될 만합니다.” 하였다.

그를 보내어 그가 장안에 도착하여 王猛을 만나보고 말하기를 “옛날 魯나라 僖公은 泮宮을 수리한 일로 칭송을 받았고, 齊나라 宣王은 稷下로써 명성을 남겼습니다. 지금 陽平公이 學宮을 열어 세웠는데, 도리어 번거롭게 有司에게 탄핵을 받았습니다. 明公이 상벌을 이와 같이 하시니, 아래 관리들이 어떻게 죄를 피할 수 있겠습니까.” 하자, 왕맹이 말하기를 “이것은 나의 잘못이다.” 하여 이 일이 마침내 해결되었다.

嘗坐擅起學舍라가 爲有司所糾하고 問紹誰可使者오 紹曰 燕尙書郎高泰 淸辯有膽智하니 可使也니이다 使至長安하여 見猛하고 曰 昔에 魯僖公이 以泮宮發頌하고 齊宣王이 以稷下垂聲①이러니 今陽平公이 開建學宮이어늘 乃煩有司擧劾하니이다 明公懲勸如此하시니 下吏何所逃罪乎잇가 猛曰 是吾過也라하여 事遂釋하다

① ≪詩經≫ 〈魯頌 泮水〉에 魯나라 僖公이 능히 泮宮을 수리함을 칭송했다 하였다. ≪史記≫ 〈田敬仲完世家〉에 “齊나라 宣王이 문학을 하고 유세를 하는 선비들을 좋아해서 騶衍과 淳于髡, 田駢, 愼到, 接予, 環淵의 무리 76명에게 모두 列第(邸宅)을 하사하여 稷下의 學士가 장차 수백 명에서 천 명에 이르게 되었다.” 하였는데, 〈그 주(≪史記集解≫)에〉 劉向의 ≪別錄≫에 말하기를, “齊나라에 稷門이 있는데, 城門이다. 유세하는 선비들이 직문 아래〔稷下〕에 모이기로 약속하였다.” 하였다. 虞喜가 말하기를 “齊나라에 稷山이 있으니, 그 아래에 관사를 세워 유세하는 선비를 대우했다.” 하였다.
詩泮水, 頌魯僖公能修泮宮也. 史記 “齊宣王喜文學遊說之士, 騶衍・淳于髡・田駢・愼到・接予・環淵之徒七十六人, 皆賜列第, 稷下學士且數百千人.” 劉向別錄曰 “齊有稷門, 城門也, 談說之士期會於稷下也.” 虞喜曰 “齊有稷山, 立館其下, 以待遊士.”

【目】王猛이 인하여 탄식하기를 “高子伯이 어찌 陽平公이 관리로 삼을 수 있는 인물이겠는가.” 하고는 秦王 苻堅에게 말하자, 부견이 그를 불러보고 정치하는 근본을 물으니, 고태가 대답하기를 “정치의 근본은 인재를 얻음에 달려 있고, 인재를 얻음은 인물을 신

81) 누가……만한가 : 자기를 대신하여 長安에 가서 해명할 사람이 누가 적임자이냐고 물은 것이다.

중히 살펴 천거함에 달려 있고, 인물을 신중히 살펴 천거함은 진실을 추구함에 달려 있으니, 관리가 적임자를 얻고서 국가가 다스려지지 않은 경우는 없었습니다." 하였다. 부견이 칭찬하기를 "말이 간략하면서도 이치가 넓다고 할 수 있다." 하고는 그를 尙書郞으로 삼았는데, 그는 굳이 州로 돌아갈 것을 청하니, 부견이 허락하였다.

猛이 因歎曰 高子伯이 豈陽平所宜吏乎①아하고 言於秦王堅한대 堅이 召見하고 問以爲治之本하니 對曰 治本在得人이요 得人在審擧요 審擧在核眞이니 未有官得其人而國家不治者也②니이다 堅曰 可謂辭簡而理博矣라하고 以爲尙書郞한대 固請還州하니 許之하다

① 子伯은 高泰의 字이다.
子伯, 泰字.
② 核은 그 진실을 추구하는 것이다.
核, 究其實也.

【綱】 겨울 10월에 황제(晉 簡文帝)를 高平陵에서 장례하였다.

冬十月에 葬高平陵하다

【綱】 三吳[82] 지방이 크게 가물어 기근이 들었다.

◑ 三吳大旱饑하다

82) 三吳 : 장강 하류 일대의 吳 지역을 가리키는바, 漢 高祖가 삼등분한 오나라의 吳興, 吳郡, 會稽이다.

思政殿訓義 資治通鑑綱目 제21권 하

-晉 孝武帝 寧康 원년(373)~晉 孝武帝 太元 9년(384)-

癸酉年(373)

【綱】 晉나라(東晉) 烈宗 孝武皇帝 寧康 원년이다.

烈宗孝武皇帝寧康元年이라

【目】 秦나라(前秦) 苻堅 建元 9년이다.

秦建元九年이라

【綱】 봄 2월에 〈晉나라(東晉)〉 大司馬 桓溫이 와서 조회하였다.

春二月에 大司馬溫이 來朝[1)]하다

【目】 桓溫이 와서 조회하자, 吏部尙書 謝安과 侍中 王坦之에게 명하여 新亭에서 맞이하게 하였다. 이때 도성의 인심이 흉흉하여 말하기를 "환온이 왕탄지와 사안을 주살하고 인하여 晉나라의 國統을 탈취하고자 한다." 하니, 왕탄지는 매우 두려워하였으나 사안은 안색이 변치 아니하여 말하기를 "진나라 국통의 存亡이 우리의 이번 행차에 달려있다." 하였다.

桓溫이 來朝어늘 詔吏部尙書謝安과 侍中王坦之하여 迎于新亭하다 時에 都下恟恟하여 云 欲誅王謝하고 因移晉祚라하니 坦之는 甚懼호되 安은 神色不變하여 曰 晉祚存亡이 決於此行이라하니라

1) 大司馬溫來朝 : "大司馬 桓溫이 와서 조회했다고 쓰고 애초에 별다른 말은 쓰지 않았다. 그러나 그의 흉악한 위엄과 포학한 기염이 진실로 이 가운데에 은연히 나타나니, 그렇다면 당시의 기상이 어떠한가. 아, 두려워할 만하였다.〔書大司馬溫來朝 初無異詞 而其兇威虐燄 固自隱然於中 則當時之氣象爲如何耶 吁 可畏也哉〕" ≪發明≫

王謝新亭迎桓溫

【目】桓溫이 도착한 뒤에 百官들이 길가에서 절을 하니, 환온은 호위병을 크게 포진시켜 놓고 조정의 관원들을 접견하였다. 이때 王坦之는 땀을 흘려 옷을 적시고 手版(홀)을 거꾸로 잡았으나, 謝安은 침착하게 자리에 나아가 환온에게 이르기를 "내 듣건대 제후가 道가 있으면 사방의 이웃이 그를 지켜준다 하니, 明公은 어찌 壁 뒤에 호위병을 진열할 필요가 있겠는가." 하였다. 이에 환온은 웃으며 말하기를 "바로 이렇게 하지 않을 수 없었기 때문이다." 하고는 마침내 명하여 호위병들을 거두어 물러가게 하고서 사안과 함께 장시간 동안 웃으며 말하였다.

溫이 旣至에 百官이 拜於道側하니 溫이 大陳兵衛하고 延見朝士라 坦之는 流汗沾衣하고 倒執手版호되 安은 從容就席하여 謂溫曰 安聞諸侯有道에 守在四隣이라하니 明公이 何須壁後置人邪①아 溫이 笑曰 正自不能不爾라하고 遂命撤之하고 與安笑語移日이러라

① '守在四隣'은 옛날 제후는 仁한 사람과 친하게 지내고 이웃나라와 잘 지냈으므로 모든 이웃나라가 침공하지 않고 그를 위하여 지켜주고 호위함을 말한다. ≪春秋左氏傳≫에 楚나라

沈尹戌이 말하기를 "天子는 사방의 오랑캐가 지켜주고 제후는 사방의 이웃이 지켜준다." 하였다.

守在四隣, 謂古之諸侯親仁善隣, 故隣國不侵, 皆爲之守衛. 左傳楚沈尹戌曰 "天子守在四夷, 諸侯守在四隣."

【目】郗超가 장막 가운데에 누워 그들이 말하는 것을 듣고 있었는데, 한 줄기 바람이 불어 장막이 열리니, 謝安이 웃으며 말하기를 "郗生은 장막에 들어온 손님이라고 이를 만하다." 하였다.

이때에 天子가 幼弱하고 외부에 강한 신하가 있었으나, 사안이 王坦之와 함께 충성을 다하여 보필하고 호위해서 끝내 晉나라 황실을 안정시켰다. 3월에 桓溫이 병이 들어 姑孰으로 돌아갔다.

郗超臥帳中하여 聽其言이라가 風動帳開하니 安이 笑曰 郗生은 可謂入幕之賓矣로다 時에 天子幼弱하고 外有彊臣호되 安與坦之로 盡忠輔衛하여 卒安晉室하니라 三月에 溫이 有疾하여 還姑孰하다

【綱】가을 7월에 大司馬 桓溫이 卒하자, 桓沖을 都督揚·豫·江州軍事로 삼았다.

秋七月에 大司馬溫이 卒이어늘 以桓沖으로 都督揚豫江州軍事[2]하다

---

2) 大司馬溫……豫江州軍事 : "≪資治通鑑綱目≫에 蜀漢과 晉나라의 여러 신하들이 卒했을 적에 姓을 쓰지 않은 자가 없는데, 여기에서 桓溫에 대해 성을 쓰지 않은 것은 어째서인가. 삭제한 것이다. 蜀漢으로부터 晉나라에 이르기까지 卒하였는데 姓을 쓰지 않은 경우는 대사마 환온 한 사람 뿐이다.〔綱目卒蜀漢及晉諸臣 無不書姓者 此其不書 何 削之也 自蜀漢及晉 卒不書姓者 大司馬溫一人而已矣〕" ≪書法≫

"환온이 졸했을 적에 그의 관직을 썼으나, 결국에는 그의 작위를 쓰지 않고, 또 그의 姓도 삭제한 것은 어째서인가. 환온은 晉나라에서 진실로 跋扈한 인물이지만 만일 그가 曹操나 司馬懿처럼 한결같이 무도한 짓을 자행하였다면 또한 무슨 어려움이 있었겠는가. 오직 환온만은 그래도 자신의 언행을 다소 염려하고 꺼릴 줄 알았다. 그러므로 비록 晉나라의 솥(황제의 자리)에 군침을 흘렸으나 끝내 솥의 국에 손가락을 담그지는 않았다. 이 때문에 ≪資治通鑑綱目≫에 그의 죄를 저울질하여 書法의 사이에 붙여 인정하였으나 다 인정하지는 않았으므로 다만 그의 관직을 썼으며, 폄척하였으나 다 폄척하지는 않았으므로 겨우 그의 작위를 제거하기만 하였다. 이름을 쓰되 氏를 쓰지 않은 것은 또 그의 강대한 실제가 王莽이나 董卓과 같아서 묻지 않아도 그가 환온이 됨을 알 수 있음을 드러낸 것이다. 아, 이것이 ≪자치통감강목≫이 ≪자치통감강목≫이 된 이유일 것이다.〔桓溫之卒 旣書其官 乃不書其爵 又削其姓 何哉 溫在晉 誠爲跋扈 然使其爲操爲懿 一以無道行之 則亦何難之有 惟溫尙能稍知顧忌 故雖垂涎晉鼎 終莫染指 是以綱目權其輕重 寓諸書法之間 予之而不盡予 故止書其官 貶之而不盡貶 故僅去其爵 至於名而不氏 又以著其强大之實 若莽卓然 不問可知其爲溫也 噫 此綱目之所以爲綱目也歟〕" ≪發明≫

'晉나라의 솥에 군침을 흘렸으나 끝내 솥의 국에 손가락을 담그지는 않았다.'는 것은 환온이 분수를 벗어난 짓을 하였으나 황제 자리는 함부로 넘보지 않았다는 뜻으로, 고기 국물 속에 손가락을 넣어 맛보면서 침을 흘린다는 뜻의 '染指垂涎'을 원용한 것이다. 춘추시대 楚나라 사람이 鄭나라 靈公에게 자라를 바쳤다. 子公이 子家와 더불어 영공을 만나러 가는데 자공의 食指가 저절로 움직이니,

【目】 처음에 桓溫이 병이 위독하자, 朝廷에 넌지시 말하여 九錫을 요구하고서는 여러 번 사람을 보내어 재촉하였는데, 謝安과 王坦之가 고의로 시일을 끌다가 袁宏으로 하여금 〈환온에게 九錫을 加하는〉 詔書의 초고를 작성하게 하였다. 원굉은 작성한 초고를 王彪之에게 보여주자, 왕표지가 文辭의 아름다움에 감탄하고 인하여 말하기를 "卿은 참으로 뛰어난 글재주를 가졌다. 어찌 이것을 사람들에게 보일 수 있겠는가." 하였다. 사안은 원굉의 초고를 보고서 번번이 더 수정하니, 이 때문에 열흘이 지나도록 완성하지 못하였다.

환온의 아우 江州刺史 桓沖이 사안과 왕탄지의 職任을 묻자, 환온이 말하기를 "저들은 너의 처분을 따르지 않을 것이다." 하였다.

初에 溫이 疾篤에 諷朝廷하여 求九錫하여 屢使人趣(촉)之어늘 謝安, 王坦之 故緩其事하여 使袁宏具草①하니 宏以示王彪之한대 彪之歎其文辭之美하고 因曰 卿固大才라 安可以此示人②이리오 安이 見其草하고 輒改之하니 由是로 歷旬不就러라 溫弟江州刺史沖이 問安坦之所在[3]한대 溫曰 渠等이 不爲汝所處分也③리라

① 마음을 두고 고의적으로 하는 것을 故라 한다.
有心爲之, 謂之故.
② 〈'安可以此示人'은〉 마땅히 이러한 글을 지어서는 안 됨을 말한 것이다.
言不當爲此文也.
③ 吳 지방의 풍속에 他人을 일러 渠儂이라 한다.
吳俗, 謂他人爲渠儂.

【目】 桓溫은 世子 桓熙가 재주가 부족하다 하여 아우 桓沖으로 하여금 자기의 군대를 통솔하게 하였는데, 환온이 죽자 환희와 아우 桓濟가 환충을 죽일 것을 모의하므로 환충이 그들을 長沙로 귀양 보내고 환온의 遺命을 칭하여 작은아들 桓玄을 후사로 삼았다. 환현이 이때 나이가 막 다섯 살이었는데, 南郡公을 襲封하였다.

溫以世子熙(寸)〔才〕[4]弱이라하여 使沖領其衆이러니 溫卒에 熙及弟濟謀殺沖이어늘 沖이 徙之長

자공이 자가에게 "평소 내 손가락이 이렇게 움직이면 반드시 맛있는 음식을 먹었다."라고 하였다. 영공을 만나보니, 요리사가 자라를 요리하므로 서로 돌아보며 웃었다. 영공이 "왜 웃느냐?"고 묻자, 자가는 들은 대로 얘기하였다. 이에 영공은 대부들에게 자라 끓인 국을 나누어 줄 적에 자공을 빼놓고 주지 않으니, 자공은 화가 나서 손가락으로 솥 안의 자라 국물을 찍어 맛보고 나왔다고 한다. (≪春秋左氏傳≫ 宣公 4년)

3) 問安坦之所在 : ≪新譯資治通鑑≫(張大可 等 譯注, 三民書局)에 장래에 사안과 왕탄지가 맡을 직무로 해석하였다.

4) (寸)〔才〕 : 저본에는 '寸'으로 되어 있으나, ≪資治通鑑綱目≫(奎7512)에 의거하여 '才'로 바로잡았다.

沙하고 稱溫遺命하여 以少子玄爲嗣하니 時方五歲라 襲封南郡公하다

【目】 桓沖이 桓溫을 대신하여 임무를 맡자, 황실에 충성을 다하였다. 혹자가 당시 명망 있는 사람들을 주살하여 제거할 것을 권하였으나, 환충은 따르지 않았다. 당초에 환온은 姑孰의 진영에 있을 적에 사형을 모두 자기 마음대로 결단하였는데, 환충은 "生殺與奪의 중대한 권한은 마땅히 조정에 귀속되어야 한다." 하여 반드시 조정의 비답을 기다린 뒤에 형벌을 하였다.

沖이 旣代溫居任에 盡忠王室하여 或이 勸誅除時望호되 沖이 不從이러라 始에 溫在鎭에 死罪를 皆專決이러니 沖以爲生殺之重은 當歸朝廷이라하여 須報後行하니라

【綱】 〈晉나라(東晉)〉 皇太后(褚太后)가 조정에 임하여 攝政하고 王彪之를 尙書令으로 삼고 謝安을 僕射로 삼았다.

皇太后 臨朝攝政하고 以王彪之爲尙書令하고 謝安爲僕射[5]하다

【目】 謝安은 天子가 유약하다 하여 崇德太后[6]에게 조정에 임할 것을 청하려고 하자, 王彪之가 말하기를 "上의 나이가 관례하고 혼례할 때에 이르렀는데, 도리어 從嫂(사촌 형수)로 하여금 조정에 임하게 하면 어찌 성상의 덕을 밝게 드날리게 하는 방법이겠는가." 하였다. 그러나 사안은 桓沖에게 정사를 위임하고자 하지 않았으므로 태후로 하여금 조정에 임하게 하고서 자기가 마음대로 정사를 결단할 수 있게 하여 마침내 왕표지의 말을 따르지 않았다.

---

5) 皇太后……謝安爲僕射 : "太后가 이때 조정에 세 번 임하였다. 漢나라 殤帝의 鄧太后와 桓帝의 梁太后가 두 번 조정에 임했을 때에는 '猶(아직도)'라고 썼고, 北魏 馮氏와 胡氏, 唐나라 武氏가 두 번 조정에 임했을 때에는 '復(또다시)'라고 썼는데, 이때 세 번 조정에 임하였는데도 《資治通鑑綱目》에 평상적인 말처럼 쓴 것은 오직 褚太后가 조정의 정사를 독단할 뜻이 없어서이다. 무릇 조정에 임했다고 쓰는 것은 비난한 것인데, 오직 저태후에게는 비난함이 없고 두 번 '攝'이라고 쓴 것도 뜻이 이와 같다.〔太后於是三臨朝矣 漢殤鄧太后 桓梁太后 再臨朝 則書猶 魏馮胡 唐武氏 再臨朝 則書復 於是三臨朝 而綱目書之如恒辭 惟無意於擅朝也 凡書臨朝 譏也 惟褚太后無譏焉 再書攝 義同〕" 《書法》

6) 崇德太后 : 褚太后로 晉 康帝의 황후이다. 344년 강제 사후 대리청정을 하였고 357년 아들 穆帝에게 정사를 돌려주었다가 361년 목제가 후사 없이 죽자 저태후가 司馬丕를 세우니, 이가 哀帝이다. 364년 애제의 병환으로 다시 저태후가 대리청정을 하였고, 365년 애제가 죽자 司馬奕이 황제가 되니, 이가 廢帝이다. 桓溫이 폐제를 폐하고 簡文帝를 세웠는데, 372년 간문제가 죽으니 孝武帝가 즉위하였다. 373년 권력자 환온이 죽자 저태후가 다시 대리청정을 하였다.

왕표지가 사안과 함께 조정의 정사를 맡으니, 사안이 매번 감탄하기를 "조정의 큰 사안 중에 여러 사람이 결단하지 못하는 것을 王公에게 자문하면 바로 결단하지 못하는 것이 없다." 하였다.

謝安이 以天子幼沖이라하여 欲請崇德太后臨朝한대 彪之曰 上年이 垂及冠婚이어시늘 反令從嫂臨朝면 豈所以光揚聖德乎①리오 安이 不欲委任桓沖이라 故로 使太后臨朝하고 己得專決하여 遂不從其言하다 彪之與共掌朝政하니 安이 每歎曰 朝廷大事에 衆所不能決者를 以諮王公하면 無不立決이라하니라

① 황제는 元帝의 손자이니, 康帝에게 從弟가 된다. 그러므로 太后가 從嫂가 되는 것이다.
帝, 元帝之孫, 於康帝爲從弟, 故太后爲從嫂.

【綱】 겨울에 秦나라(前秦)가 〈晉나라(東晉)의〉 梁州와 益州를 침략하여 함락하였다.

冬에 秦寇梁益하여 陷之하다

【目】 秦王 苻堅이 王統과 朱肜(주융)으로 하여금 2만의 병력을 인솔하여 漢川으로 출동하고 毛當과 徐成으로 하여금 3만의 병력을 인솔하여 劍門으로 출동해서 梁州와 益州를 침략하게 하니, 梁州刺史 楊亮이 이들을 막다가 敗戰하였다. 주융이 마침내 漢中을 함락하고 서성 또한 검문을 함락하고 楊安이 梓潼으로 진격하자, 太守 周虓(주효)가 涪城을 굳게 지키면서 보병과 기병을 보내어 아내와 부인을 호송해서 江陵으로 가게 하였는데, 중도에 주융이 이들을 막아서 사로잡으니, 주효는 마침내 항복하였다.

秦王堅이 使王統朱肜으로 帥卒二萬하여 出漢川하고 毛當徐成으로 帥卒三萬하여 出劍門하여 以寇梁益①하니 梁州刺史楊亮이 拒之라가 戰敗하다 肜이 遂拔漢中하고 徐成亦克劍門하고 楊安이 進攻梓潼한대 太守周虓 固守涪城하여 遣步騎하여 送母妻하여 趣江陵이러니 肜이 邀而獲之하니 虓遂降②하다

① 王統은 王擢의 아들이다. 漢川은 바로 漢中郡의 땅이다.
統, 擢之子也. 漢川, 卽漢中郡之地.

② 周虓는 周楚의 손자이다. 虓는 虛交의 切이다.
虓, 楚之孫也. 虓, 虛交切.

【目】 11월에 秦나라(前秦)가 梁州와 益州 두 주를 점령하니, 邛筰(공작)과 夜郎이 모두 歸附하였다. 그러자 진나라는 楊安을 成都에 진주시키고 毛當을 漢中에 진주시키고 姚萇을 墊江(첩강)에 주둔시키고 王統을 仇池에 진주시켰다.

十一月에 秦取二州하니 邛筰夜郎이 皆附之어늘 秦以楊安鎭成都하고 毛當鎭漢中하고 姚萇屯墊江하고 王統鎭仇池[①]하다

① 墊은 음이 疊이다.
墊, 音疊.

【目】 苻堅이 周虓를 尙書郎으로 삼으려 하자, 주효가 말하기를 "내 晉나라(東晉)에 많은 은혜를 입었는데, 다만 노모가 사로잡혔기 때문에 충절을 잃고 秦나라(前秦)에 歸附하였다. 우리 母子가 생명을 온전히 할 수 있었던 것은 秦나라의 은혜이다. 비록 公侯의 귀한 지위라도 나는 榮華로 여길 수 없다." 하고는 마침내 秦나라에서 벼슬하지 않았고, 부견을 만나볼 때마다 두 다리를 뻗고 걸터앉아 '氐賊'이라 부르곤 하였다.

일찍이 元會(정월 초하루의 조회)를 할 적에 의장과 호위병이 매우 융성하였는데, 부견이 주효에게 묻기를 "晉나라 조정의 元會는 이것과 비교하면 어떠한가." 하자, 주효가 소매를 걷어붙이고 큰 소리로 말하기를 "개와 양 같은 오랑캐가 서로 모여 있는 것을 어찌 감히 天朝와 비교할 수 있겠는가." 하였다. 秦나라 사람들은 주효가 불손하다 하여 여러 번 그를 죽일 것을 청하였으나, 부견은 그를 더욱 厚待하였다.

堅이 欲以周虓爲尙書郎한대 虓曰 蒙晉厚恩이러니 但老母見獲하여 失節於此하니 母子獲全이 秦之惠也라 雖公侯之貴라도 不以爲榮하노라하고 遂不仕하고 每見堅에 或箕踞而坐하여 呼爲氐賊[①]이러라 嘗值元會하여 儀衛甚盛이러니 堅이 問之曰 晉朝元會 與此何如오 虓攘袂厲聲曰 犬羊相聚하여 何敢比擬天朝[②]리오 秦人이 以虓不遜이라하여 屢請殺之하되 堅이 待之彌厚러라

① 苻堅은 본래 氐族이다. 그러므로 그를 '氐賊'이라 부른 것이니, 이는 필시 周虓의 어머니가 죽은 뒤의 일일 것이다.
堅, 本氐也, 故以氐賊呼之. 此必虓母死後事.

② 秦나라의 君主와 신하가 모두 여섯 夷族으로 구성되어 있었다. 그러므로 秦나라를 개와 양이라 꾸짖은 것이다. 天朝는 晉나라를 이른다.
秦之君臣, 皆六夷也, 故詆之爲犬羊. 天朝, 謂晉也.

【綱】〈晉나라(東晉)가〉 王坦之를 中書令으로 삼아 丹楊尹을 겸하게 하였다.

以王坦之爲中書令하여 領丹楊尹하다

【綱】 彗星이 나타났다.

◑ 彗星이 見(현)[7)]하다

【目】 彗星이 尾宿와 箕宿에 나타나니, 길이가 10여 丈이었다. 太微垣을 지나 東井을 쓸어버렸는데, 4월에 나타나 겨울까지 없어지지 않았다. 秦나라(前秦) 太史令 張孟이 말하기를 "미수와 기수는 燕나라 분야이고, 동정은 진나라 분야입니다. 지금 혜성이 미수와 기수에서 시작하여 동정을 쓸었으니, 10년 뒤에 연나라가 마땅히 진나라를 멸망시킬 것이요, 20년 뒤에 代나라가 마땅히 연나라를 멸망시킬 것입니다. 慕容氏가 朝廷에 포진해 있으므로 臣은 삼가 근심스러우니, 마땅히 그중에 걸출한 자들을 제거하여 하늘의 변고를 사라지게 하여야 합니다." 하였으나, 苻堅은 듣지 않았다.

彗星이 出于尾箕하니 長十餘丈이라 經太微하고 掃東井하여 自四月見(현)하여 及冬不滅①이러라 秦太史令張孟이 言尾箕는 燕分이요 東井은 秦分也②라 今彗起尾箕而掃東井하니 十年之後에 燕當滅秦이요 二十年之後에 代當滅燕③이라 慕容氏布列朝廷하여 臣竊憂之하니 宜剪其魁傑하여 以消天變이니이다 堅이 不聽하다

① 長(길이)은 直亮의 切이다.

---

7) 彗星見 : "彗星이 尾宿와 箕宿에서 나와 東井을 쓸었으니, 燕나라(後燕 등)가 秦나라(前秦)를 멸망시킬 조짐임이 분명하다. ≪資治通鑑綱目≫에 혜성이 어느 곳에서 나왔다고 쓰지 않은 것은 대략 '하늘에 큰 경계가 있으니, 무릇 나라를 소유한 자가 다 마땅히 경계하고 두려워하는 마음을 가져야 한다.'고 한 뜻과 같다.〔彗星出尾箕 掃東井 燕滅秦之兆明矣 綱目不書所出 若曰天有大戒 凡有國者 皆當有警懼之心云耳〕" ≪書法≫

"별의 변고가 이와 같자, 秦나라(前秦)의 太史가 燕나라와 진나라의 興하고 멸망할 과정을 말하였는데, 후일에 이 말이 모두 맞았다. 그러나 苻堅으로 하여금 선비족들을 다 주살하여 하늘의 변고에 응하게 하고자 한 것은 잘못이다. 또 부견이 망한 것은 선비족을 죽이지 않음에 달려 있는 것이 아니요, 또 무력을 남용하고 전쟁을 함부로 일으켜 그치지 않음에 달려 있으니, 이는 진나라 太史가 능히 알 수 있는 바가 아니다. 이때 천하가 오이조각처럼 분열되었다. ≪資治通鑑綱目≫에 혜성이 나타났다고 썼으나, 分野를 쓰지 않았으니, 이는 바로 사람들에게 공경하고 두려워하여 몸을 닦고 반성하는 실제를 알게 한 것이요, 한갓 천문에 소속된 곳에 집착하여 그 마음을 달리함이 없도록 한 것이다.〔星變如此 秦太史言燕秦興滅之由 他時皆驗 然欲使之誅殺之應之 則非矣 且堅之亡 非在於不殺鮮卑 而在於窮黷不已 此則非秦太史之所能知也 是時 宇宙瓜分 綱目書彗見 而不書分野 正欲夫人知敬畏修省之實 無徒泥於天象之所屬 而異其心也〕" ≪發明≫

長, 直亮切.

② ≪晉書≫ 〈天文志〉에 "尾宿 아홉 별과 箕宿 네 별은 燕나라 幽州의 분야이고, 東井의 여덟 별은 秦나라 雍州의 분야이다." 하였다.
天文志 "尾九星·箕四星, 燕幽州分, 東井八星, 秦雍州分."

③ 살펴보건대 ≪晉書≫ 〈天文志〉에 "雲中은 東井으로 1度가 들어갔고, 定襄은 東井으로 8도가 들어갔고, 雁門은 東井으로 16도가 들어갔고, 代郡은 東井으로 28도가 들어갔다." 하니, 이는 모두 拓跋氏가 소유한 땅이다. 代나라가 마땅히 燕나라를 멸망할 줄을 안 이유는 天道가 돌려주기를 좋아하여 彗星이 연나라 분야에서 시작되어 秦나라 분야를 쓸었기 때문이니, 이는 연나라가 진나라를 멸망시킬 조짐이다. 그리고 진나라가 멸망한 뒤에 代나라는 天道가 돌려주기를 좋아하는 운수를 타고서 다시 연나라를 멸망시킨 것이니, 이는 자연의 큰 운수이다. 太元 10년(385)에 慕容沖이 長安을 격파하니, 이해와의 거리가 겨우 11년이었다. 安帝 隆安 元年(397)에 拓跋珪가 中山을 함락하니, 이해와의 거리가 23년이었다.
按天文志 "雲中入東井一度, 定襄入東井八度, 雁門入東井十六度, 代郡入東井二十八度." 是皆拓跋氏所有之地也. 所以知代當滅燕者, 天道好還, 彗起燕分而掃秦分, 此燕滅秦之徵, 秦已滅矣, 代乘天道好還之運, 反而滅燕, 自然之大數也. 太元十年, 慕容沖破長安, 距是歲, 僅十一年, 安帝隆安元年, 拓跋珪克中山, 距是歲, 二十三年.

【目】 陽平公 苻融 또한 상소하여 慕容氏를 제거할 것을 말하니, 苻堅이 답하기를 "朕은 막 六合을 통일하여 한 집안으로 삼고 오랑캐를 나의 갓난아이처럼 여기노니, 너희들은 마땅히 염려를 그치고 근심하는 마음을 품지 말라. 오직 德을 닦으면 재앙을 물리칠 수 있으니, 만일 자기 몸을 살핀다면 어찌 外患을 두려워하겠는가." 하였다.

陽平公融이 亦上疏言之하니 堅이 報曰 朕方混六合爲一家하고 視夷狄爲赤子하노니 汝宜息慮하여 勿懷耿介①[8)]하라 夫惟修德이면 可以禳災니 苟能內求諸己면 何懼外患乎리오

① 耿은 굳셈이요, 介는 꼿꼿함이다.
耿, 勁也. 介, 特也.

【目】 그 뒤에 어떤 사람이 秦나라(前秦) 明光殿에 들어가서 크게 고함치기를 "갑신년(384)과 을유년(385)에 魚羊이 사람을 잡아먹을 것이니, 슬프구나! 다시는 남은 종자가 없을 것이다." 하였다. 苻堅은 그를 잡으라고 명하였으나 잡지 못하니, 朱肜과 趙整

8) 耿介 : 아래 訓義의 뜻으로 보면 고집스럽고 꼿꼿하여 남과 화합하지 못하는 뜻으로 풀었으나, ≪資治通鑑≫ 胡三省의 註에서 '耿'을 '憂心耿耿'으로 보고 또 '介介'는 '耿耿'과 같다고 하여 근심하는 뜻으로 풀었다.

은 여러 鮮卑族들을 주살할 것을 굳이 청하였으나, 부견은 듣지 않았다.

其後에 有人이 入秦明光殿하여 大呼曰 甲申乙酉에 魚羊食人하리니 悲哉라 無復遺[①]로다 堅이 命執之不獲하니 朱肜趙整이 固請誅諸鮮卑호되 堅이 不聽이러라

① 魚羊은 합하여 '鮮'자가 되니, 鮮卑族을 말한 것이다. 이 뒤에 선비족인 慕容氏가 군대를 일으켜 秦나라를 공격한 것이 과연 갑신년과 을유년에 있었다.
魚羊, 合成鮮字, 謂鮮卑也. 是後慕容起兵攻秦, 果在甲申・乙酉之歲.

【目】 趙整은 宦官이었다. 문견이 넓고 기억력이 좋았으며 문장을 잘 지었고 직언을 좋아하고 面前에서 간쟁하였는데, 慕容垂의 夫人이 苻堅에게 총애를 얻었다. 부견이 그녀와 함께 輦을 타고 後庭에서 놀자, 조정이 노래하기를 "참새가 와서 제비집에 들어옴은 보지 못하고 다만 뜬구름이 밝은 해를 가림을 볼 뿐이다." 하니, 부견이 용모를 고쳐 사과하고 부인에게 명하여 輦에서 내리게 하였다.

整은 宦官也라 博聞彊記하고 能屬(촉)文하고 好直言하고 面諫이러니 慕容垂夫人이 得幸於堅[①]이라 堅이 與之同輦하여 遊于後庭이어늘 整이 歌曰 不見雀來入鷰室이요 但見浮雲蔽白日이라한대 堅이 改容謝之하고 命夫人下輦하다

① 夫人은 바로 段夫人이다.
夫人, 卽段夫人也.

甲戌年(374)

【綱】 晉나라(東晉) 烈宗 孝武皇帝 寧康 2년이다.

二年이라

【目】 秦나라(前秦) 苻堅 建元 10년이다.

秦建元十年이라

【綱】 봄 2월에 〈晉나라(東晉)가〉 王坦之를 都督徐・兗等州軍事로 삼고 謝安에게 명하여 中書省을 총괄하게 하였다.

春二月에 **以王坦之**로 **都督徐兗等州軍事**하고 **詔謝安**하여 **總中書**하다

【目】 謝安이 聲律(음악)를 좋아하여 期·功의 喪에 관현악을 폐하지 않으니, 사대부들이 본받아 마침내 이것이 풍속이 되었다. 王坦之가 여러 번 편지를 보내어 굳이 간하기를 "천하의 보배인 예법을 마땅히 천하 사람들을 위하여 애석히 여겨야 한다." 하였으나, 사안은 그의 말을 따르지 못하였다.

또 일찍이 王羲之와 冶城에 올라가 悠然히 세속을 초탈한 생각을 하며 고상한 뜻을 나타내자, 왕희지가 그에게 이르기를 "夏나라 禹임금은 王業을 부지런히 하여 손발이 단단하게 굳었고, 文王은 날마다 정사에 바빠 늦은 시간이 되어서야 밥을 먹었습니다. 지금 사방 교외에 적을 방위하는 堡壘가 많으니, 마땅히 나라를 위해 힘을 바칠 것을 생각하여야 합니다. 그런데 公은 空談으로 사무를 폐하고 浮華한 文辭로 중요한 정무를 방해하니, 當世에 마땅한 바가 아닐 듯합니다." 하였다. 사안은 말하기를 "秦나라가 정사를 商鞅에게 맡겨 2대 만에 망하였으니, 어찌 淸談이 화를 불러온 것이겠는가." 하였다.

安이 好聲律하여 期功之慘에 不廢絲竹[①]하니 士大夫效之하여 遂以成俗이어늘 坦之屢書苦諫曰 天下之寶를 當爲天下惜之[②]라호되 安이 不能從하다 又嘗與王羲之로 登冶城하여 悠然遐想하여 有高世之志어늘 羲之謂曰 夏禹勤王하사 手足胼胝(변지)하시고 文王旰食하사 日不暇給[③]이라 今四郊多壘하니 宜思自效어늘 而虛談廢務하고 浮文妨要하니 恐非當世所宜로라 安曰 秦任商鞅하여 二世而亡하니 豈淸言致患邪아

① 期와 功은 期年과 大功 9월, 小功 5월의 상이다.
期·功, 期及大功·小功之喪也.

② 〈'天下之寶'는〉 禮法이 天下의 보배가 됨을 말한 것이다. 爲(위하다)는 去聲이다.
言禮法爲天下之寶. 爲, 去聲.

③ 胼은 蒲眠의 切이고 胝는 張尼의 切이니, '胼胝'는 〈일을 많이 하여〉 피부가 단단하게 굳고 두꺼워지는 것이다.
胼, 蒲眠切. 胝, 張尼切. 胼胝, 皮堅厚也.

乙亥年(375)

【綱】 晉나라(東晉) 烈宗 孝武皇帝 寧康 3년이다.

三年이라

【目】 秦나라(前秦) 苻堅 建元 11년이다.

秦建元十一年이라

【綱】 여름 5월에 〈晉나라(東晉)가〉 徐·兗都督 藍田侯 王坦之가 卒하였다.

夏五月에 **徐兗都督藍田侯王坦之卒**하다

【目】 王坦之는 임종할 적에 謝安과 桓沖에게 편지를 보내었는데, 오직 국가의 일을 근심하고 집안의 사사로운 일을 언급하지 않았다. 그가 卒하니, 시호를 獻이라 하였다.

坦之臨終에 與謝安桓沖書하여 惟以國家爲憂하고 言不及私러라 卒하니 謚曰獻이라하다

【綱】 〈晉나라(東晉)가〉 桓沖을 徐州刺史로 삼고 謝安이 揚州刺史를 겸하게 하였다.

以桓沖爲徐州刺史하고 **謝安領揚州刺史**하다

【目】 桓沖은 謝安이 평소 중한 명망이 있다 하여 揚州를 그에게 사양하고 스스로 외직으로 나갈 것을 청하니, 桓氏의 친족들이 간곡하게 간하지 않는 이가 없었으나, 환충은 담담하게 대처하였다.

沖이 以安素有重望이라하여 以揚州讓之하고 自求外出하니 桓氏族黨이 莫不苦諫하되 沖이 處之澹然이러라

【綱】 가을 7월에 秦나라(前秦) 丞相 淸河侯 王猛이 卒하였다.

秋七月에 **秦丞相淸河侯王猛**이 **卒**[9]하다

9) 秦丞相淸河侯王猛卒 : "무릇 오랑캐 나라에서 벼슬한 자들은 다 死라고 썼는데, 王猛만은 官을 쓰고 爵을 쓰고 卒이라고 쓴 것은 어째서인가. 그의 본래 마음을 따진 것이다. 왕맹이 세상의 높은 자품을 지니고 亂離의 세상에 태어나서 부득이 秦나라에 벼슬하였으나, 그의 마음은 중국의 백성들을 간절히 염려하였다. 살펴보건대 그가 임종할 적에 秦나라 군주가 사후의 일을 묻자 대답하기를 '晉나라가 비록 궁벽하게 江南에 있으나, 正朔이 서로 이어지고 윗사람과 아랫사람이 편안하고 화목하

【目】王猛이 병이 위독하자 秦王 苻堅이 직접 郊外와 宗廟, 社稷에서 기도하고, 近臣들을 파견하여 河・嶽에 두루 기도하게 하니, 왕맹의 병이 조금 차도가 있으므로 그를 위하여 死刑 이하의 죄인들을 사면하였다. 이에 왕맹은 다음과 같이 상소하였다.

"뜻밖에 폐하께서 臣의 목숨 때문에 天地의 은덕을 훼손하시니, 천지가 개벽한 이래로 일찍이 없었던 일입니다. 신은 듣건대 은덕을 보답함은 충직한 말을 다하는 것보다 더 나은 것이 없다 하니, 신이 삼가 죽게 된 목숨으로 남은 정성을 바치겠습니다. 시작을 잘한 자가 반드시 성공을 잘하는 것은 아니고 처음을 잘한 자가 반드시 끝마침을 잘하는 것은 아니므로 옛날 명철한 왕들이 功業을 세우기가 쉽지 않음을 알아 깊은 골짜기에 임한 듯 戰戰兢兢하며 정사를 다스리셨습니다. 엎드려 바라건대 폐하께서는 옛 성인의 자취를 따르시면 천하 백성들에게 매우 다행일 것입니다."

부견은 이 글을 보고 비통해하였다.

猛이 寢疾이어늘 秦王堅이 親爲祈郊廟社稷하고 分遣侍臣하여 徧禱河嶽①하니 疾少瘳어늘 爲之赦殊死以下하다 猛이 上疏曰 不圖陛下以臣之命而虧天地之德하시니 開闢以來로 未之有也라 臣聞報德이 莫如盡言이라하니 謹以垂沒之命으로 竊獻遺款②하노이다 夫善作者 不必善成이요 善始者 不必善終이니 古先哲王이 知功業之不易(이)하여 戰戰兢兢하여 如臨深谷하시니 伏惟陛下 追蹤前聖하시면 天下幸甚하리이다 堅이 覽之悲慟하다

① 爲(위하다)는 去聲이니, 아래의 '爲之'의 爲도 같다. 河・嶽은 黃河와 華嶽의 여러 神을 이르니, 四嶽의 모든 신을 포괄한 것은 아니다.
爲, 去聲, 下爲之同. 河・嶽, 蓋黃河及華嶽諸神, 不盡徧四嶽也.

② 款은 정성이다.
款, 誠也.

【目】7월에 苻堅이 직접 王猛의 집에 가서 병을 살펴보고 사후의 일을 묻자, 왕맹이 말하기를 "晉나라가 비록 궁벽하게 長江의 남쪽에 있으나, 正朔이 서로 이어지고 윗사람과 아랫사람이 편안하고 화목하니, 신이 죽은 뒤에 晉나라를 도모하지 마시기를 원합니

니, 신이 죽은 뒤에 晉나라를 도모하지 마시기를 원합니다.' 하였으니, 아! 이른바 '正朔이 서로 이어졌다.'는 한 마디 말은 그가 중화와 오랑캐의 구분을 깊이 밝히고 逆順의 이치를 안 것이다. 이것을 표출하여 불행히 오랑캐 나라에서 벼슬한 자의 법으로 삼은 것이다.〔凡仕夷者 皆以死書 而猛獨書官書爵書卒 何 原其心也 猛負高世之資 生亂離之世 不得已而仕秦 其心蓋惓惓 然以中國生靈爲念 觀其臨終 秦主訪以後事 猛曰 晉雖僻處江南 然正朔相承 上下安和 臣沒之後 願勿以晉爲圖 噫 所謂正朔相承一言 其深明華夷之分 識順逆之理也歟 表而出之 以爲不幸而仕夷者之法〕"≪發明≫

다. 鮮卑와 西羌은 우리의 원수이고 적입니다. 끝내 사람의 근심이 될 것이니, 마땅히 점차적으로 제거해서 社稷을 편안하게 하소서." 하고는 말을 마치고서 卒하였다.

부견은 염습할 때까지 세 번 가서 哭하였고, 太子 苻宏에게 이르기를 "하늘이 나로 하여금 六合을 통일하게 하고자 하지 않으시는가. 어찌 나의 景略(王猛의 字)을 이리도 속히 빼앗아 가시는가." 하였으며, 장사 지내기를 漢나라 霍光의 故事[10]와 같게 하고 시호를 '武'라 하였다.

七月에 堅이 親至猛第하여 視疾하고 訪以後事한대 猛曰 晉이 雖僻處江南이나 然正朔相承하고 上下安和하니 臣沒之後에 願勿以晉爲圖하소서 鮮卑西羌은 我之仇敵이라 終爲人患이니 宜漸除之하여 以便社稷하소서 言終而卒①하다 堅이 比斂에 三臨哭②하고 謂太子宏曰 天不欲使吾平一六合邪아 何奪吾景略之速也③오하고 葬之를 如漢霍光故事하고 諡曰武라하다

① 鮮卑와 西羌은 慕容垂와 姚萇을 이른다. 그 뒤에 秦나라 땅은 과연 이 두 종족에게 점거당하였다.
鮮卑·西羌, 謂慕容垂及姚萇也. 其後秦地果爲二族所據.

② 臨(가다)은 본음대로 읽는다.
臨, 如字.

③ 六合은 天地와 四方이다.
六合, 天地·四方也.

【綱】 8월에 〈晉나라(東晉)가〉 皇后 王氏를 세웠다.

八月에 立皇后王氏하다

【目】 황후는 王濛의 손녀이다.

后는 濛之孫也라

【綱】 9월에 〈晉나라(東晉)가〉 徐邈을 中書舍人으로 삼았다.

---

10) 霍光의 故事 : 곽광(?~B.C. 68)은 前漢 武帝 때의 장군이자 정치인으로, 곽광의 고사는 그의 사후에 나라에서 황제급으로 대우하여 장례를 치러준 것을 말한다. 곽광이 죽자 宣帝와 皇太后가 喪에 친림하였고, 황제급의 장례 의식에 따라 玉衣, 梓宮, 便房, 黃腸題湊 등의 葬具를 사용하고 轀輬車와 黃屋으로 시신을 옮겨 茂陵에 안장하였다. 곽광은 생전에 武帝의 遺詔를 받들어 어린 昭帝를 보필하고 宣帝를 옹립하였으며, 大司馬 大將軍에 임명되고 博陸侯에 봉해졌으며, 20년 가까이 정권을 잡고서 황실의 안정에 이바지하였다.(≪漢書≫ 권68 〈霍光傳〉)

九月에 **以徐邈爲中書舍人**하다

【目】 황제(晉 孝武帝)가 《孝經》을 講하고서 처음으로 典籍을 보고 儒學하는 선비들을 초빙하니, 謝安이 徐邈을 천거하여 中書舍人으로 보임하였는데, 매번 임금의 顧問에 응할 적에 잘못된 것을 바로잡고 유익하게 해줌이 많았다. 황제가 혹 잔치 모임을 갖거나 술에 취하여 흥취가 무르익게 되면 詩章을 짓기를 좋아하였는데, 지은 文詞가 거칠고 잡되면 서막이 그때마다 詩章을 거두어 中書省으로 돌아가 수정해서 재차 황제의 열람을 거친 뒤에야 외부에 내놓았다.

帝講孝經하고 **始覽典籍**하고 **延儒士**하니 **謝安**이 **薦邈**하여 **補中書舍人**한대 **每被顧問**하여 **多所匡益**이라 **帝或宴集酣樂之後**에 **好爲詩章**이러니 **文詞穢雜**이면 **邈**이 **應時收斂**하여 **還省刊削**하여 **經帝重覽然後**에 **出之**①러라

① 省은 中書省을 이른다. 重(다시)은 直龍의 切이다.
省, 謂中書省. 重, 直龍切.

【綱】 겨울 10월 초하루에 일식이 있었다.

冬十月朔에 **日食**하다

【綱】 秦나라(前秦)가 聽訟觀을 설치하고 太子를 보내어 입학하게 하고 老莊學과 圖讖學을 금하였다.

◑ **秦**이 **置聽訟觀**하고 **遣太子入學**하고 **禁老莊, 圖讖之學**[11]하다

【目】 秦王 苻堅이 조령을 내리기를 "새로 어진 보필(王猛)을 잃고 나서 백관들이 혹 짐의 마음에 걸맞지 못한 경우가 있으니, 聽訟觀을 설치하도록 하여 5일에 한 번 〈짐이〉 그

11) 禁老莊圖讖之學 : "晉나라 초기부터 〈秦나라는〉 星氣와 讖緯의 학문을 금하였다고 썼는데, 이때 다시 老莊學과 圖讖學을 금하였다고 썼으니, 苻堅은 숭상할 바를 알았다고 이를 만하다. 《資治通鑑綱目》은 苻氏에게 취함이 있었으니, 바로 이러한 종류이다. 그러나 부견이 끝내 도참학으로 잘못된 것은 어째서인가.(太元 10년(385)에 보인다.) 《자치통감강목》이 끝날 때까지 圖讖을 금했다고 쓴 것이 네 번이요,(武帝 泰始 3년(267)에 자세히 보인다.) 老莊을 금했다고 쓴 것은 이때 한 번뿐이다.〔自晉初 書禁星氣讖緯之學 於是復書禁老莊圖讖 堅可謂知所尙矣 綱目於苻氏有取焉 此類是也 然終以讖誤 何哉(太元十年) 終綱目 書禁圖讖四(詳武帝泰始三年) 禁老莊則一而已〕" 《書法》

곳에 임하여 백성들의 폐해를 살펴보겠다. 지금 천하가 비록 크게 안정되지는 못하였으나, 임시로 무력을 중지하고 文德을 닦아서 武侯(왕맹)의 평소 뜻에 걸맞게 하여야 하니, 儒教를 더 높이고 老莊學과 圖讖學을 금하되 이것을 범하는 자는 棄市하라.” 하였다.

학생을 신중히 선발하고 太子 및 여러 신하의 아들들이 모두 학교에 나아가서 수업받게 하였다. 尙書郎 王佩가 도참서를 읽자 부견이 그를 죽이니, 도참학이 마침내 끊겼다.

秦王堅이 詔曰 新喪賢輔에 百司或未稱朕心하니 可置聽訟觀하여 五日一臨하여 以求民隱①하고 今天下雖未大定이나 權可偃武修文하여 以稱武侯雅旨니 其增崇儒教하고 禁老莊圖讖之學하되 犯者棄市하라 妙簡學生하고 太子及群臣之子 皆就學受業하다 尙書郎王佩 讀讖이어늘 堅이 殺之하니 讖學이 遂絶하니라

① 稱(걸맞다)은 尺證의 切이니, 아래도 같다. 觀(누관)은 古玩의 切이다. 隱은 병폐이다.
稱, 尺證切, 下同. 觀, 古玩切. 隱, 病也.

丙子年(376)

【綱】 晉나라(東晉) 烈宗 孝武皇帝 太元 元年이다.

太元元年이라

【目】 秦나라(前秦) 苻堅 建元 12년이다. 이해에 涼나라(前涼)와 代나라가 모두 망하니, 僭國이 하나이다.

秦建元十二年이라 ◑ 是歲에 涼代皆亡하니 僭國一이라

【綱】 봄 정월 초하루에 황제(晉 孝武帝)가 冠禮를 하니, 太后(褚氏)가 정사를 돌려주고 謝安을 中書監 錄尙書事로 삼았다.

春正月朔에 帝冠하니 太后歸政하고 以謝安으로 爲中書監錄尙書事[12]하다

12) 帝冠……錄尙書事 : “褚太后가 세 번 조정에 임했을 적에 정사를 돌려주었다고 쓴 것이 두 번이나, 모두 황제가 冠禮한 것을 앞에 놓았으니, 태후는 절제할 줄을 알았다고 이를 만하다. 위에서는 정사를 돌려주었다고 쓰고 아래에서는 태후가 죽었다고 쓴 것,(이는 漢나라 桓帝 梁太后이다.) 그리고 위에서는 정사를 돌려주었다고 쓰고 아래에서는 다시 制를 칭했다고 쓴 것(이는 唐나라 高宗 武氏이

【綱】 秦나라(前秦)가 近臣을 보내어 郡縣을 나누어 순행하게 하였다.

◑ 秦이 遣侍臣하여 分巡郡縣하다

【目】 秦王 苻堅이 조령을 내리기를 "지난번에 丞相(王猛)을 얻었을 적에는 내 항상 帝王이 되기가 쉽다고 여겼는데, 승상이 세상을 떠난 뒤부터는 짐의 수염과 머리털이 반은 세었다. 이제 천하에 승상이 없으니, 아마 政教가 침체할 것이다. 近臣을 보내어 郡縣을 나누어 순행하여 백성들의 疾苦를 探問하도록 하라." 하였다.

秦王堅이 下詔曰 往得丞相에 常謂帝王易(이)爲[①]러니 自丞相違世로 鬚髮半白이라 今天下旣無丞相하니 或政教淪替[②]라 可遣侍臣分巡郡縣하여 問民疾苦하라

① 丞相은 王猛을 이른다. 易(쉽다)는 以豉의 切이다.
丞相, 謂王猛. 易, 以豉切.
② 替는 폐함이다.
替, 廢也.

【綱】 가을 7월에 秦나라(前秦)가 군대를 보내어 涼州(前涼)를 공격하여 8월에 양주의 군대를 패퇴시키자, 양주의 장수 掌據가 전사하니, 張天錫이 항복하였다.

秋七月에 秦이 遣兵擊涼州하여 八月에 敗其兵한대 涼將掌據 死之하니 張天錫이 降하다

【目】 張天錫이 술과 여색에 빠져 여러 정사를 직접 다스리지 않았으며 世子 張大懷를 내치고 총애하는 妾의 아들 張大豫를 세우니, 人心이 분노하고 원망하였다.

天錫이 荒于酒色하여 不親庶務하고 黜世子大懷하고 而立嬖妾之子大豫하니 人情이 憤怨이러라

【目】 秦王 苻堅은 張天錫의 신하된 도리가 순수하지 못하다 하여 將軍 荀萇과 梁熙 등을 보내어 군대를 거느리고 가서 西河에 임하게 하고, 尙書郎 閻負와 梁殊로 하여금 조서를

다.)과는 크게 다르다. 《資治通鑑綱目》에서 태후가 정사를 돌려주었다고 쓴 것이 네 번인데, 오직 褚氏에게만은 비난하는 말이 없다.〔褚太后三臨朝 凡再書歸政矣 皆以帝冠首之 后可謂知節者也 與上書歸政 下書太后喪(漢桓帝梁太后) 上書歸政 下書復稱制者(唐高宗武氏) 大異矣 綱目書太后歸政四 惟褚氏無譏焉〕" 《書法》

받들고 장천석을 부르게 하되 "만약 명령을 어기거든 즉시 진군하여 토벌하라." 하였다.

秦王堅이 以天錫臣道未純이라하여 遣將軍苟萇梁熙等하여 將兵臨西河하고 尙書郞閻負梁殊奉詔徵之하되 若有違命이어든 卽進師撲討①하라

① 河水는 敦煌, 酒泉, 張掖郡의 남쪽과 武威郡의 동북쪽을 지나 西河가 된다.
河水, 過敦煌·酒泉·張掖郡南, 武威郡東北, 爲西河.

【目】 閻負와 梁殊가 姑臧에 이르자, 張天錫이 여러 관원을 모아놓고 의논하니, 모두 노하여 말하기를 "우리가 대대로 晉나라 조정을 섬겨서 忠節이 海內에 드러났는데, 지금 하루아침에 賊의 조정(前秦)에 몸을 맡기면 수치가 이보다 큰 것이 없습니다. 또 우리 河西는 천연적인 험지이니, 만약 境內에 있는 정예병을 모두 동원하여 오른쪽으로 西域을 부르고 북쪽으로 匈奴를 끌어와 적을 막으면 어찌 승리하지 못할 것을 대번에 알 수 있겠습니까." 하였다.

負殊至姑臧에 天錫이 會官屬謀之하니 皆怒曰 吾世事晉朝하여 忠節이 著於海內하니 今一旦에 委身賊庭이면 醜莫大焉이요 且河西天險이니 若悉境內精兵하여 右招西域하고 北引匈奴以拒之면 何遽知其不捷也리잇고

【目】 張天錫이 소매를 걷어붙이고 큰소리치기를 "나의 계책이 결정되었으니, 항복하겠다고 말하는 자는 참수하겠다." 하고는 使者를 보내어 閻負와 梁殊에게 "그대들은 살아서 돌아가고자 하는가, 죽어서 돌아가고자 하는가." 하였는데, 양수 등의 말소리와 기색에 전혀 굴복함이 없었다.

장천석이 노하여 이들을 활로 쏘아 죽이니, 그의 어머니 嚴氏가 울며 말하기를 "秦나라 군주는 위엄과 세력으로 천하를 제압하여 군대가 〈가는 곳마다 석권하여〉 지체함이 없다. 네가 만약 그에게 항복하면 그래도 몇 년의 목숨을 연장할 수 있을 터인데, 이제 대항을 하는 데다가 그의 사자까지 죽였으니, 머지않아 망할 것이다." 하였다. 장천석은 장군 馬建으로 하여금 2만 명의 병사를 거느리고 진나라 군대를 막게 하였다.

天錫이 攘袂大言曰 孤計決矣니 言降者는 斬하리라하고 使謂負殊曰 君欲生歸乎아 死歸乎아 殊等이 辭氣不屈이어늘 天錫이 怒하여 射殺之하니 其母嚴氏泣曰 秦主橫制天下하여 兵不留行①하니 汝若降之면 猶可延數年之命이어늘 今旣抗衡하고 又殺其使者하니 亡無日矣리라 天錫이 使將軍馬

建으로 帥衆二萬拒秦하다

① 橫은 胡盲의 切이니, 위엄과 세력으로 상대를 위협함을 橫이라 한다. '不留行'은 군대가 지체하는 바가 없음을 말한다.
橫, 胡盲切, 以威勢相脅曰橫. 不留行, 言無所礙也.

【目】 8월에 秦나라(前秦) 군대가 河水를 건너가자, 張天錫은 또다시 掌據를 보내어 3만의 병력을 거느려 洪池에 주둔하게 하였다. 진나라의 苟萇이 姚萇을 선봉으로 삼자, 馬建은 이들을 맞이하여 항복하였고, 장거는 군대가 패하여 장막에 나아가 투구를 벗고 서쪽을 향하여 머리를 조아리고서 칼로 자살하였다.

八月에 秦師濟河어늘 天錫이 又遣掌據하여 帥衆三萬하여 軍于洪池①러니 苟萇이 使姚萇爲前驅한대 馬建이 迎降하고 據兵敗하여 就帳免冑하고 西向稽首하고 伏劍而死하다

① '掌據'는 ≪晉書≫에 '常據'로 되어 있으니, 마땅히 이를 따라야 한다. 洪池는 고개의 이름이니, 姑臧의 남쪽에 있다.
掌據, 晉書作常據, 當從之. 洪池, 嶺名, 在姑臧南.

【目】 秦나라(前秦) 군대가 마침내 姑臧에 이르자, 張天錫이 얼굴을 내놓고 두 손을 등 뒤로 포박하여 나와 항복하니, 涼州의 郡縣이 모두 항복하였다. 진나라는 梁熙를 涼州刺史로 삼아 고장에 진주시키고 장천석을 歸義侯에 봉하였다.

처음 진나라 군대가 출동할 적에 먼저 장천석을 위하여 長安에 집을 건축해두었는데, 장천석이 이곳으로 와서 여기에 거처하였다. 양희는 청렴하고 검소하고 백성을 사랑하니, 河西 지방이 편안하였다.

〈晉나라(東晉)〉 桓沖은 진나라가 양주를 공격한다는 소식을 듣고 군대를 파견해서 길을 나누어 진나라를 교란하여 양주를 구원하게 하였는데, 이기지 못하고 해산하였다.

秦兵이 遂至姑臧이어늘 天錫이 面縛出降하니 涼州郡縣이 悉下라 秦以梁熙爲涼州刺史하여 鎭姑臧하고 封天錫歸義侯하다 初에 秦兵之出也에 先爲天錫하여 築第於長安이러니 至則居之①러라 熙淸儉愛民하니 河右安之라 桓沖이 聞秦攻涼州하고 遣兵分道撓秦하여 以救涼이러니 不克而罷하다

① 爲(위하다)는 去聲이다.
爲, 去聲.

【綱】〈晉나라(東晉)가〉 조령을 내려 田地를 헤아려 조세를 거두는 제도를 없앴다.

詔除度(탁)**田收租之制**하다

【目】당초 哀帝가 田租를 減하여 1畝에 2升을 거두었는데, 이때 이것을 없애고 王公 이하는 식구마다 稅米 3斛을 거두고 兵役이나 勞役 중인 사람은 賦稅를 면제하였다.

初에 哀帝減田租하여 畝收二升이러니 至是除之하고 王公以下 口稅米三斛하고 蠲在役之身하다

【綱】겨울 11월 초하루에 일식이 있었다.

冬十一月朔에 **日食**하다

【綱】秦나라(前秦)가 군대를 보내어 代나라를 공격하여 패주시켰는데, 12월에 대나라 拓跋寔君이 그의 군주 拓跋什翼犍을 시해하자, 진나라가 그를 토벌하여 죽이고 마침내 대나라를 나누어 두 部로 만들었다.

◑**秦**이 **遣兵擊代敗之**러니 **十二月**에 **代寔君**이 **弑其君什翼犍**이어늘 **秦**이 **討殺之**하고 **遂分代爲二部**[13)]하다

【目】〈匈奴의〉 劉衛辰이 代나라에 핍박을 받고는 秦나라에 구원을 요청하자, 秦王 苻堅이 行唐公 苻洛과 鄧羌, 朱肜 등을 보내어 군대를 거느리고 대나라를 공격하게 하였는데, 이때 유위신을 鄕導로 삼았다. 代王 拓跋什翼犍이 南部大人 劉庫仁으로 하여금 군대를 거느리고 가서 진나라 군대를 막고 싸우게 하였는데 대패하였다. 탁발십익건은 병이 들어 군대를 거느리고 출정하지 못하고 마침내 陰山의 북쪽으로 달아났는데, 진나라 군대가 차츰 후퇴한다는 말을 듣고는 다시 雲中으로 돌아왔다.

劉衛辰이 爲代所逼하여 求救於秦①이어늘 秦王堅이 遣行唐公洛, 鄧羌, 朱肜等하여 將兵擊之할새

---

13) 秦遣兵擊代……分代爲二部 : "代나라에서 시해한 사건이 발생하자 秦나라가 '討'라고 쓴 것은 어째서인가. 군주를 시해한 역적은 누구나 토벌할 수 있기 때문이니, ≪資治通鑑綱目≫에서 악한 자를 주벌함이 엄격하다. 이 때문에 祖約이 晉나라에서 배반하자 趙나라(後趙)가 〈토벌한 것을〉 '誅'라 썼고,(成帝 咸和 5년(330)이다.) 拓跋寔君이 대나라에서 시해하자 진나라가 〈토벌한 것을〉 '討'라 쓴 것이다.(이해(376)이다.)〔代弑也 秦書討, 何 弑逆之賊 夫人得而討之 綱目之誅惡 嚴矣 是故祖約反於晉 而趙書誅(成帝咸和五年) 寔君弑於代 而秦書討(是年)〕" ≪書法≫

以衛辰爲鄕導②하다 代王什翼犍이 使南部大人劉庫仁으로 將兵拒戰이러니 大敗③라 什翼犍이 病하여 不能自將하여 乃奔陰山之北이러니 聞秦兵稍退하고 復還雲中하다

① 寧康 2년(374) 代王 拓跋什翼犍이 劉衛辰을 공격하니, 유위신이 남쪽으로 달아났다.
寧康二年, 代王什翼犍擊劉衛辰, 衛辰南走.

② 行唐은 전국시대 趙나라의 邑인데, 秦나라가 縣으로 삼은 곳이니, 바로 漢나라 남쪽의 行唐縣이다. 이곳을 常山郡에 소속시켰는데, 魏나라와 晉나라가 이를 인습하였다. 苻洛은 苻菁의 아우이다.
行唐, 戰國時趙邑, 秦以爲縣, 卽漢之南行唐縣也. 屬常山郡, 魏·晉因之. 洛, 菁之弟也.

③ 劉庫仁은 劉衛辰의 집안이니, 拓跋什翼犍의 생질이다.
庫仁者, 衛辰之族, 什翼犍之甥也.

【目】 당초에 拓跋什翼犍의 세자인 拓跋寔이 일찍 죽었는데, 탁발식의 아들 拓跋珪는 아직 어리고 慕容妃가 낳은 여러 아들은 모두 나이가 많아 후계자를 정하지 못하였다. 庶長子인 拓跋寔君이 마침내 여러 아우를 죽이고 아울러 탁발십익건을 시해하자, 秦나라 군대가 雲中으로 달려가니, 부락의 무리들이 흩어져 도망하여 代나라 안이 크게 혼란하였다. 탁발규의 어머니 賀氏는 탁발규를 데리고 달아나 賀訥에게 의지하였다.

初에 什翼犍世子寔이 早卒하니 寔子珪尙幼하고 慕容妃諸子皆長이라 繼嗣未定①이러니 庶長子寔君이 遂殺諸弟하고 倂弑什翼犍이어늘 秦兵이 趨雲中하니 部衆이 逃潰하여 國中이 大亂이라 珪母賀氏 以珪走하여 依賀訥②이러라

① 慕容妃는 燕나라 여자(慕容皝의 여동생)이다.
慕容妃, 燕女也.

② 賀訥은 賀野干의 아들이다.
訥, 野干之子也.

【目】 秦王 苻堅은 代나라 長史 燕鳳을 불러 대나라에 난리가 난 이유를 묻자, 연봉은 자세히 대답하였다. 부견은 "천하의 惡은 똑같다." 하고는 마침내 拓跋寔君을 잡아 長安에 도착하여 그를 車裂刑으로 죽였다.

秦王堅이 召代長史燕鳳하여 問代亂故한대 鳳이 具以對어늘 堅曰 天下之惡이 一也라하고 乃執寔君至長安하여 車裂之하다

【目】 苻堅이 拓跋珪를 長安으로 옮기려고 하자, 燕鳳이 다음과 같이 굳이 청하였다.

"代王의 남은 손자가 나이가 어려서 전체를 도맡아 다스리지 못합니다. 劉庫仁은 용맹하고 지혜가 있고, 劉衛辰은 교활하여 변고가 많으니, 두 사람 모두 代나라를 단독으로 맡길 수가 없습니다. 마땅히 여러 部를 나누어 둘로 만들어서 이 두 사람으로 하여금 한 部씩 다스리게 하여야 합니다. 두 사람은 평소 깊은 원한이 있으나, 형세상 감히 먼저 난을 일으키지는 못할 것입니다. 그래서 손자가 자랄 때까지 기다렸다가 그를 왕으로 세우면 폐하는 代나라에 멸망한 나라를 보존하고 끊어진 대를 이어주는 은덕이 있게 되어 그 자손을 영원히 침략하지 않고 배반하지 않는 신하로 만들 수 있으니, 이는 변경을 편안히 하는 좋은 계책입니다."

부견은 그의 말을 따라 대나라를 나누어 두 부로 만들어서 河水 동쪽 지방은 유고인에게 소속시키고 河水 서쪽 지방은 유위신에게 소속시켜 그들에게 각각의 백성을 통솔하게 하였다.

堅이 欲遷珪於長安한대 鳳이 固請曰 代王遺孫이 沖幼하여 莫相統攝하고 庫仁은 勇而有智하고 衛辰은 狡猾多變하니 皆不可獨任이라 宜分諸部爲二하여 令此兩人統之니 兩人이 素有深讐나 而勢莫敢先發이라 俟其孫稍長하여 立之하면 是陛下有存亡繼絶之德於代하여 使其子孫으로 永爲不侵不叛之臣이니 此安邊之良策也니이다 堅이 從之하여 分代爲二部하여 自河以東은 屬庫仁하고 自河以西는 屬衛辰하여 使統其衆하다

【目】 賀氏가 拓跋珪를 데리고 劉庫仁에게 의지하자, 유고인이 離散한 자들을 불러 어루만져 은혜와 신의가 크게 드러났고 慈愛와 勞苦를 두루 다하여 탁발규를 받들어 섬겼는데, 拓跋氏의 興廢를 가지고 태도나 생각을 바꾸지 않았다. 유고인은 일찍이 여러 아들에게 이르기를 "탁발규 이 아이가 천하에 우뚝한 뜻이 있어서 반드시 할아버지의 基業을 크게 높일 것이니, 너희들은 마땅히 삼가 대우하라." 하였다.

慕容紹가 은밀히 형 慕容楷에게 이르기를 "秦나라(前秦)가 강대함을 믿고서 끊임없이 이기기를 힘쓰므로 북쪽으로 雲中을 지키고 남쪽으로 蜀漢을 지키고 만 리 먼 길로 군량을 운반하느라 도로에서 굶어 죽는 자가 서로 이어지고 군사들이 피로하고 백성들이 곤궁하니, 위태롭고 멸망할 날이 가까워지고 있습니다." 하였다.

賀氏以珪依庫仁한대 庫仁이 招撫離散하여 恩信甚著하고 奉事拓跋珪하여 恩勤周備하여 不以廢興易意러라 常謂諸子曰 此兒有高天下之志하니 必能恢隆祖業이니 汝曹當謹遇之하라 慕容紹私

謂其兄楷曰 秦恃其彊大하고 務勝不休하여 北戍雲中하고 南守蜀漢하고 轉運萬里에 道殣相望하여 兵疲民困하니 危亡이 近矣①라하니라

① 殣은 음이 覲이니, 길가의 무덤이다. 또 굶어 죽은 시체를 殣이라 한다.
殣, 音覲, 路冢也. 又餓殍爲殣.

丁丑年(377)

【綱】 晉나라(東晉) 烈宗 孝武皇帝 太元 2년이다.

二年이라

【目】 秦나라(前秦) 苻堅 建元 13년이다.

秦建元十三年이라

【綱】 봄에 高句麗와 新羅와 西南에 있는 오랑캐들이 모두 秦나라(前秦)에 사신을 보내어 조공을 바쳤다.

春에 高句麗, 新羅, 西南夷 皆遣使朝貢于秦①하다

① 新羅는 본래 辰韓의 종족이니, 德業이 날로 새로워져 四方을 망라하는 뜻을 취해서 國號로 삼은 것이다. 魏나라 때에는 新盧國이라 하다가 晉나라와 宋나라 때에는 신라라고 하였다. 이 나라는 百濟의 동남쪽 500여 리에 있으니, 沃沮와 不耐, 韓, 濊의 땅을 겸하여 소유하였다.
新羅, 本辰韓種, 取德業日新網羅四方之義爲號. 魏時, 爲新盧國, 晉·宋曰新羅. 其國在百濟東南五百餘里, 兼有沃沮·不耐·韓·濊地.

【綱】 秦나라(前秦)가 熊邈을 將作長史로 삼았다.

◑ 秦이 以熊邈爲將作長史[14]하다

【目】 趙나라(後趙)의 옛 將作功曹인 熊邈이 여러 번 秦王 苻堅에게 石氏(後趙)의 궁실과

14) 秦以熊邈爲將作長史 : "일개 長史일 뿐인데, 어찌하여 썼는가. 秦나라 군주의 교만하고 사치함을 드러낸 것이다.〔一將作長史耳 何以書 著秦主之驕侈也〕" ≪書法≫

그릇과 완호품의 훌륭함을 말하자, 부견은 웅막을 將作長史로 삼아서 戰艦과 兵器를 크게 수리하여 金銀으로 꾸며서 매우 精巧하게 만들었다.

慕容農이 은밀히 慕容垂에게 말하기를 "王猛이 죽은 뒤로부터 秦나라의 法制가 날로 쇠퇴하고 있고, 지금 또다시 사치를 숭상하니, 재앙이 장차 이를 것입니다. 大王이 마땅히 영웅호걸들과 결탁하여 하늘의 뜻을 받들어야 합니다." 하니, 모용수는 웃으며 말하기를 "천하의 일은 네가 헤아릴 수 있는 바가 아니다." 하였다.

趙故將作功曹熊邈이 屢爲秦王堅하여 言石氏宮室器玩之盛한대 堅以邈爲將作長史하여 大修舟艦兵器하여 飾以金銀하여 頗極精巧라 慕容農이 私言於垂曰 自王猛之死로 秦之法制 日以頹靡[①]하고 今又重以奢侈하니 殃將至矣라 大王이 宜結納英傑하여 以承天意라한대 垂笑曰 天下事는 非爾所及이라하다

① 頹는 기울고 무너짐이요, 靡는 쓰러짐이다.
頹, 傾頹也. 靡, 偃也.

【綱】〈晉나라(東晉)가〉 朱序를 梁州刺史로 삼아서 襄陽에 진주시켰다.

以朱序로 爲梁州刺史하여 鎭襄陽하다

【綱】가을 7월에 〈晉나라(東晉)가〉 謝安을 都督揚·豫等州軍事로 삼았다.

◑ 秋七月에 以謝安으로 都督揚豫等州軍事하다

【綱】겨울 10월에 桓沖을 都督江·荊等州軍事로 삼고 謝玄에게 江北의 軍事를 감독하게 하였다.

◑ 冬十月에 以桓沖으로 都督江荊等州軍事하고 謝玄監江北軍事하다

謝玄

【目】桓沖은 秦나라(前秦) 사람들이 강성하다 하여 長江 남쪽으로 진영을 옮겨 막고자 하였다. 그래서 奏請하여 江陵에서 上明으로 진영을 옮기고 劉波로 강릉을 지키게 하고 楊亮으로 江夏를 지키게 하였다.

처음에 中書郎 郗超는 스스로 생각하기를 자기 아버지 郗愔의 지위가 응당 謝安의 위에 있어야 하는데, 아버지가 散地에서 한가롭게 노닌다 하여 항상 憤慨하는 마음을 말소리와 얼굴빛에 드러내었다. 이로 말미암아 謝氏와 틈이 생겼다.

桓沖이 **以秦人彊盛**이라하여 **欲移阻江南**하여 (秦)〔奏〕[15] **自江陵**으로 **徙鎭上明**하고 **使劉波守江陵**하고 **楊亮守江夏**①하다 **初**에 **中書郎郗超 自以其父愔位遇 應在謝安之右**어늘 **而優游散地**[16]라하여 **常憤悒形於詞色**하니 **由是**로 **與謝氏有隙**②이러라

① 이 '江南'은 바로 上明이다. 《晉書》 〈地理志〉에 "上明은 漢나라 武陵郡 孱陵縣의 경계에 있다." 하였다.
此江南, 卽上明也. 晉志 "上明在漢武陵郡孱陵縣界."

② 散은 上聲이니, '散地'는 '閑處(한가한 곳)'라는 말과 같다. 郗愔은 徐·兗二州刺史에서 진영을 會稽로 옮겼다.[17]
散, 上聲. 散地, 猶言閑處也. 愔自徐·兗二州刺史, 移鎭會稽.

【目】 이때 조정에서 막 秦나라(前秦)의 침략을 우려하였다. 그리하여 조령을 내려 文武를 갖춘 훌륭한 장수로서 北方에 진주하여 적의 공격을 방어할 자를 구하자, 謝安은 형의 아들 謝玄을 천거하여 조령에 응하였다.

郗超가 이 소식을 듣고 감탄하기를 "사안의 현명함이 마침내 衆論을 어기고 친척을 등용하였으나, 사현의 재주가 충분히 천거한 바를 저버리지 않을 것이다." 하니 여러 사람들이 모두 옳지 않다고 하였다. 치초가 말하기를 "내 일찍이 사현과 함께 桓公(桓溫)의 막부에 있을 적에 그가 사람의 재주를 부리는 것을 보니, 비록 사소한 가죽신과 나막신을 담당하는 자라도 그 적임자를 얻지 않은 적이 없었다. 이 때문에 아는 것이다." 하였다.

사현이 廣陵에 진주하자, 날래고 용맹한 병사들을 모집하여 彭城의 劉牢之 등 몇 사람을 얻었다. 그리하여 유뇌지를 參軍으로 삼아 항상 정예병을 거느려 선봉으로 싸우게 하면 승리하지 못함이 없었다. 이때 이들을 北府兵이라 이름하였으니, 적들이 그들을 두려워하였다.

---

15) (秦)〔奏〕: 저본에는 '秦'으로 되어 있으나, 《資治通鑑》에 의거하여 '奏'로 바로잡았다.

16) 而優游散地 : 《資治通鑑》 권104 〈晉紀 26〉에는 "而安入掌機權 愔優遊散地(謝安은 조정에 들어와 국가의 권력을 장악하였고 郗愔은 散地에서 한가롭게 노닐었다.)"라고 하였다.

17) 郗愔은……옮겼다 : 《晉書》 권41 〈郗愔傳〉에 보면 처음에 徐·兗二州刺史로 있다가 桓溫이 北伐할 때에 군사의 일을 감당하지 못해 환온에게 이 지위를 양도하고 會稽內史로 자리를 옮겼다.

時에 朝廷이 方以秦寇爲憂라 詔求文武良將可鎭禦北方者한대 安以兄子玄應詔하니 超聞之하고 歎曰 安之明이 乃能違衆擧親이니 玄之才足以不負所擧라하니 衆이 咸以爲不然이어늘 超曰 吾嘗與玄으로 共在桓公府하여 見其使才호니 雖履屐間이나 未嘗不得其任이라 是以知之[①]로라 玄이 鎭廣陵에 募驍勇之士하여 得彭城劉牢之等數人하여 以牢之爲參軍하여 常領精銳爲前鋒하여 戰無不捷이라 時號北府兵이라하니 敵人이 畏之[②]러라

① 桓公은 桓溫을 이른다. 履(가죽신)는 가죽으로 만들고, 屐(나막신)는 나무로 만드는데 앞뒤로 굽〔齒〕이 있다.
桓公, 謂桓溫. 履, 以皮爲之. 屐, 以木爲之, 有前後齒.

② 晉나라 사람은 京口를 일러 北府라 하였다. 謝玄이 俱難 등을 격파하고서 비로소 徐州를 겸하여 통솔하였으니, 칭호를 北府兵이라 한 것은 史官이 종말을 위주하여 말한 것이다.
晉人, 謂京口爲北府. 玄破俱難等, 始兼領徐州, 號北府兵者, 史終言之.

【綱】〈晉나라(東晉)의〉 散騎常侍 王彪之가 卒하였다.

散騎常侍王彪之 卒하다

【目】 처음에 謝安이 궁실을 더 늘리려고 하자, 王彪之가 다음과 같이 말하였다.

"中興하는 초기에 東府를 宮으로 삼았는데 자못 검소하고 누추하였고, 蘇峻의 난리에 成帝가 蘭臺의 都坐에 거처하셨는데 궁실이 비바람을 가리지 못하였다. 이 때문에 다시 새로운 궁궐을 경영하였으니, 이것을 漢나라와 魏나라의 궁실과 비교하면 검소하지만, 처음 長江을 건너왔을 때와 비교하면 사치하다. 지금 침입하는 적(前秦)이 막 강성한데, 어찌 토목공사를 크게 일으켜 백성들을 번거롭게 하고 피로하게 할 수 있겠는가."

이에 사안이 "궁실이 누추하고 피폐하니, 後世에 '사람들이 우리를 무능하다.'고 말할 것이다."라고 하자, 왕표지가 말하기를 "무릇 천하의 중임을 맡은 자는 마땅히 나라를 보전하고 집안을 편안히 하여 정사를 光明하게 해야 하는데, 도리어 집안을 수리하는 것을 능함으로 삼는가." 하였다. 사안은 왕표지를 설복할 수 없었으므로 왕표지가 죽기 전까지는 궁궐을 경영하여 만든 바가 없었다.

初에 謝安이 欲增修宮室이어늘 彪之曰 中興之初에 卽東府爲宮하니 殊爲儉陋[①]요 蘇峻之亂에 成帝止蘭臺都坐하여 不蔽風雨[②]라 是以로 更營新宮하니 比之漢魏則爲儉이어니와 比之初過江則爲侈矣라 今寇敵方彊하니 豈可大興功役하여 勞擾百姓邪아 安曰 宮室弊陋하니 後世謂人無

能이리라 彪之曰 凡任天下之重者는 當保國寧家하여 緝熙政事니 乃以修室屋爲能邪[③]아 安이 不能奪故로 終彪之之世토록 無所營造하니라

① 東府는 建康 臺城의 동쪽에 있다.
東府, 在建康臺城之東.
② 蘭臺는 御史臺요, 都坐는 御史臺의 관원들이 모여 앉는 자리이다.
蘭臺, 御史臺也. 都坐, 御史臺官會坐之地.
③ 緝은 계속함이요, 熙는 넓힘이다.
緝, 續也. 熙, 廣也.

【綱】〈晉나라(東晉)〉 臨海太守 郗超가 卒하였다.

臨海[①]太守郗超 卒[18)]하다

① 臨海는 본래 會稽東部都尉의 치소가 있는 곳이다. 沈約의 ≪宋書≫ 〈州郡志〉에 "前漢의 회계동부도위는 鄞을 치소로 하였는데, 後漢 때에 會稽를 나누어 吳郡으로 만들었으니, 아마도 이 도위는 옮겨 章安을 치소로 삼은 듯하다. 孫亮 太平 2년(257)에 臨海郡을 세웠다."라고 하였다.
臨海, 本會稽東部都尉治. 沈約曰"前漢都尉治鄞, 後漢分會稽爲吳郡, 疑是都尉徙治章安. 孫亮太平二年, 立臨海郡."

【目】 처음에 郗超가 桓氏에게 붙어 당이 되었으나, 아버지 郗愔이 晉나라 황실에 충성한다 하여 이것을 알리고자 하지 않았는데, 병이 심하자 한 상자의 편지를 꺼내어 門生에게 주면서 말하기를 "公(치음)이 연세가 높으시니, 내가 죽은 뒤에 만약 자식의 죽음을 놀라워하고 애통해하시어 잠을 자고 음식 드시는 것을 제대로 하지 못하여 건강을 해치시거든 이 편지를 드릴 것이요, 그렇지 않으면 즉시 편지를 불태워라." 하였다. 치초가 죽자, 치음이 과연 병을 얻었으므로 門生이 상자를 바치니, 그 편지는 모두 桓溫과 왕

18) 臨海太守郗超卒 : "太守가 卒한 것은 쓰지 않았는데, 郗超에게 '卒'을 쓴 것은 어째서인가. 郗愔의 충성을 드러낸 것이다. ≪資治通鑑綱目≫이 끝날 때까지 태수에게 卒을 쓴 것이 네 번이니,(愍帝 建興 원년(313)에 자세히 보인다.) 모두 인정한 것인데, 오직 치초에 대해서는 인정한 말이 아니다.〔太守卒 不書 書卒超 何 著愔忠也 終綱目 卒太守四(詳見愍帝建興元年) 皆予之也 惟郗超 非予辭〕" ≪書法≫
"郗超는 본래 기록할 것이 못 되는데 특별히 卒을 기록한 것은 그가 桓氏의 무리가 된 죄를 드러낸 것이다. 그렇다면 어찌하여 그의 관직을 썼는가. 치초가 아버지가 자신의 죽음을 슬퍼하여 병을 얻을까 염려하였으므로 死後의 惡을 드러내어 아버지의 애통함을 그치게 하였으니, 이 뜻이 또한 애처롭다. 그러므로 특별히 민망히 여겨 남겨둔 것이다.〔超本不足錄 而特卒之者 著其黨於桓氏之罪也 然則何以書官 超慮其父哀惋成疾 故暴其身後之惡 以止之 志亦可哀 故特憫而存之也〕" ≪發明≫

래하며 은밀히 계책한 내용들이었다. 치음은 이것을 보고 크게 노하여 말하기를 "小子가 죽음이 너무 늦었다." 하고는 마침내 더 이상 통곡하지 않았다.

初에 超黨於桓氏로되 以父愔忠於王室이라하여 不令知之러니 及病甚에 出一箱書하여 授門生曰 公이 年尊하시니 我死之後에 若以哀惋害寢食者어시든 可呈此요 不爾면 卽焚之[①]하라 超卒에 愔이 果成疾이어늘 門生이 呈箱하니 皆與桓溫往反密計라 愔이 大怒曰 小子死已晩矣라하고 遂不復哭하다

① 惋은 음이 腕이니, 놀라고 탄식함이다.
惋, 音腕, 驚歎也.

戊寅年(378)

【綱】 晉나라(東晉) 烈宗 孝武皇帝 太元 3년이다.

三年이라

【目】 秦나라(前秦) 苻堅 建元 14년이다.

秦建元十四年이라

【綱】 봄 2월에 〈晉나라(東晉)가〉 새 궁궐을 지었다.

春二月에 作新宮하다

【綱】 秦나라(前秦)가 梁州를 침략하여 여름 4월에 南陽을 함락하였다.

◑ 秦이 寇梁州하여 夏四月에 陷南陽하다

【目】 秦王 苻堅이 長樂公 苻丕와 將軍 苟萇, 石越, 慕容垂 등을 보내어 네 길로 모여 襄陽을 공격하였다. 梁州刺史 朱序가 秦나라에는 배와 노가 없다 하여 대비하지 않고 있었는데, 이윽고 석월이 기병 5천 명을 거느리고서 배를 띄워 漢水로 건너오자, 주서는 두렵고 놀라워 中城을 굳게 수비하였다. 석월이 그 外城을 함락시키고 兵船 백여 척을 얻어 나머지 군대를 건너오게 하였고, 苻丕가 여러 장수들을 독려하여 中城을 공격하였다.

주서의 어머니 韓氏는 秦나라 군대가 장차 처들어온다는 말을 듣고는 스스로 성에 올라 신을 신고 서북쪽 귀퉁이로 가서 성이 견고하지 못하다 하여 백여 명의 계집종과 성안의 젊은 여자들을 거느리고 그 안에 邪城[19]을 쌓았는데, 秦나라 군대가 이르자 서북쪽 귀퉁이가 과연 무너졌다. 그리하여 이동하여 새로 쌓은 邪城을 지키니, 襄陽 사람들은 이 성을 '夫人城'이라 하였다.

秦王堅이 遣長樂公丕, 將軍苟萇, 石越, 慕容垂等하여 四道會攻襄陽하다 梁州刺史朱序 以秦無舟楫이라하여 不以爲虞러니 旣而요 石越이 帥騎五千하고 浮渡漢水하니 序惶駭하여 固守中城이어늘 越이 克其外郭하고 獲船百餘艘하여 以濟餘軍하고 丕督諸將攻中城하다 序母韓氏 聞秦兵將至하고 自登城하여 履行西北隅하여 以爲不固라하여 帥百餘婢 及城中女丁하여 築邪城於其內①러니 及秦兵至에 西北隅果潰어늘 移守新城하니 襄陽人이 謂之夫人城이라하니라

① 行(가다)은 去聲이다. 邪(비스듬하다)는 卽斜의 切이다.
行, 去聲. 邪, 卽斜切.

【目】桓沖이 上明에서 7만의 병력을 보유하고 있었으나, 秦나라(前秦) 군대를 두려워하여 감히 전진하지 못하였다. 苻丕가 襄陽을 급히 공격하려 하자, 苟萇이 말하기를 "우리 병력이 적보다 10배나 많고 미숫가루와 양식이 산처럼 쌓였으니, 다만 漢水와 沔水의 백성들을 許昌과 洛陽으로 약간 옮겨서 적의 군량을 운반하는 길을 막고 구원병을 차단한다면 저들은 그물 속에 잡힌 새와 같을 것입니다. 어찌 사로잡지 못함을 근심하여 많은 장병을 죽이며 급히 성공을 구할 필요가 있겠습니까." 하니, 부비가 그의 말을 따랐다. 慕容垂가 南陽을 함락하고 太守 鄭裔를 사로잡아 부비와 만났다.

桓沖이 在上明하여 擁衆七萬이러니 憚秦兵하여 不敢進이라 丕欲急攻襄陽한대 苟萇曰 吾衆이 十倍於敵하고 糗糧山積하니 但稍遷漢沔之民於許洛하여 塞其運道하고 絶其援兵이면 譬如網中之禽이라 何患不獲이완대 而多殺將士하여 急求成功哉아 丕從之하다 慕容垂拔南陽하고 執太守鄭裔하여 與丕會하다

【綱】가을 7월에 새 궁궐이 완성되었다.

秋七月에 新宮이 成[20]하다

19) 邪城 : 城의 한쪽 모서리에 비스듬히 쌓은 성벽을 이른다.
20) 新宮成 : "모든 宮室을 지을 적에 '作'을 쓰거나 '成'을 씀은 공사를 오랫동안 함을 비판한 말이다. 이

【綱】 秦나라(前秦)가 군대를 보내어 길을 나누어 盱眙(우이), 彭城, 魏興을 침략하였다.

◑ 秦이 遣兵分道하여 寇盱眙, 彭城, 魏興하다

【目】 彭超가 沛郡太守 戴逯(대둔)을 彭城에서 공격할 것을 청하고는 또 말하기를 "원컨대 다시 큰 장수를 보내어 淮南을 공격해서 棊劫의 형세로 만들어 동쪽과 서쪽으로 함께 진격하면 丹楊을 굳이 평정할 것이 없습니다." 하였다. 秦王 苻堅은 그 말을 따라서 俱難으로 하여금 보병과 기병 7만을 거느리고 淮陰과 盱眙를 침략하게 하였다. 8월에 팽초가 팽성을 공격하자, 〈晉나라(東晉)가〉 右將軍 毛虎生에게 명하여 무리를 거느리고 姑孰에 진주하여 방어하게 하니, 秦나라가 또다시 韋鍾으로 하여금 魏興太守 吉挹을 西城에서 포위하게 하였다.

彭超 請攻沛郡太守戴逯於彭城①하고 且曰 願更遣重將하여 攻淮南하여 爲棊劫之勢하여 東西竝進하면 丹楊을 不足平也②니이다 秦王堅이 從之하여 使俱難으로 帥步騎七萬하고 寇淮陽盱眙③하다 八月에 超攻彭城이어늘 詔右將軍毛虎生하여 帥衆鎭姑孰以禦之하니 秦이 又使韋鍾으로 圍魏興太守吉挹於西城하다

① 逯은 遁의 古字이다. 戴逯이 沛郡太守를 겸하여 彭城에 주둔하였다.
逯, 古遁字. 逯領沛郡太守, 戍彭城.

② '棊劫'은 바둑 두는 형세를 가지고 군대의 형세를 비유한 것이다. 바둑을 두는 자가 오른쪽을 공격하여 敵手가 이에 대응하면 그 왼쪽을 공격하여 취함을 劫이라 이른다.
棊劫者, 以棊勢喩兵勢也. 圍棊者攻其右, 而敵手應之, 則擊其左, 取之, 謂之劫.

③ 俱는 姓이다. '淮陽'은 ≪晉書≫의 〈載記〉에 '淮陰'으로 되어 있으니, 마땅히 이것을 따라야 한다. 淮陰과 盱眙는 前漢 때에는 모두 臨淮郡에 속하였는데 後漢과 晉나라 때에는 淮陰을 廣陵에 소속시켰다.

궁실은 겨우 5개월 만에 지은 것인데, '成'이라고 쓴 것은 어째서인가. 속히 완성하였기 때문이다. ≪資治通鑑綱目≫에는 오랜 시간을 들여 완성한 것도 '成'이라고 쓰고 속히 완성한 것도 '成'이라고 썼다. 晉나라는 蘇峻이 임금을 石頭城으로 옮긴 뒤부터 궁궐이 불타고 재만 남았었는데, 成帝가 다시 새 궁궐을 지었으니, 급박하게 대충 지었음을 알 수 있다. 이때까지 근 60년이 되었는데, 다시 새롭게 지음은 당연하다. 2월에 처음 시작하여 7월에 완성을 고하였으니, 그렇다면 孝武帝는 절제할 줄을 알았다고 이를 만하다. 그러므로 특별히 成이라고 쓴 것이다. ≪자치통감강목≫이 끝날 때까지 궁이 완성되었다고 쓴 것이 네 번인데,(漢 高帝 7년(B.C. 200)에 자세히 보인다.) 모두 비판한 글이고 오직 이것만 찬미한 글이다.〔凡宮室 書作書成 久辭也 此僅五月耳 書成 何 速成也 綱目久成書成 速成 書成 晉自蘇峻遷帝石頭 宮闕灰燼矣 成帝更造新宮 倥偬可知 至此近六十年 改而新之宜也 二月經始七月告成 則孝武可謂知節矣 故特書成 終綱目 書宮成 四(詳見漢高帝七年) 皆譏也 惟此爲美辭〕" ≪書法≫

俱, 姓也. 淮陽, 晉書載記作淮陰, 當從之. 淮陰・盱眙, 前漢竝屬臨淮郡, 後漢・晉以淮陰屬廣陵.

【綱】 9월에 秦王(前秦) 苻堅이 여러 신하들에게 잔치를 벌였다.

九月에 秦王堅이 宴群臣하다

【目】 秦王 苻堅이 여러 신하들과 술을 마실 적에 만취할 때까지 마시도록 하자, 趙整이 酒德歌를 짓기를 "땅에는 酒泉이 나열되어 있고, 하늘에는 酒旗가 드리워져 있도다. 杜康이 술맛을 묘하게 알았고, 儀狄이 술맛을 먼저 알았도다. 紂王은 술로 인해 殷나라를 망쳤고, 桀王은 夏나라를 기울게 하였도다. 이것을 가지고 말하건대 앞 시대의 위태로움은 후세의 본보기가 된다." 하였다. 부견이 크게 기뻐하여 조정에게 이것을 써서 酒戒로 삼게 하고 이때부터 여러 신하들에게 잔치를 베풀 적에 禮로 절제하여 〈술 석 잔을〉 마시게 했을 뿐이다.

秦王堅이 與群臣飮酒할새 以極醉爲限이어늘 趙整이 作酒歌曰 地列酒泉이요 天垂酒池로다 杜康妙識이요 儀狄先知①로다 紂喪殷邦하고 桀傾夏國이로다 由此言之컨대 前危後則②이로다 堅이 大悅하여 命整書之하여 以爲酒戒하고 自是로 宴群臣에 禮飮而已③러라

① ≪九州春秋≫에 "曹公(曹操)이 술을 금하자, 孔融이 편지를 써서 조롱하기를 '하늘에는 酒旗의 별이 있고 땅에는 酒泉의 郡이 나열되어 있다.' 하였다." 하였는데, ≪晉書≫ 〈天文志〉에 "軒轅의 오른쪽 귀퉁이의 남쪽에 있는 두 별을 '酒旗'라 하니, 酒官의 깃발이다." 하였다. 그런데 여기서 "天垂酒池(하늘이 酒池를 드리웠다.)"라고 하였으니, 이미 '垂(드리웠다)'라고 말했으면 池는 마땅히 旗가 되어야 한다. 杜康은 옛날에 술을 만든 자이다. ≪戰國策≫에 이르기를 "儀狄이 술을 만들자, 禹임금이 이것을 마시고 달게 여기고 말씀하기를 '後世에 반드시 술 때문에 나라를 망치는 자가 있을 것이다.' 하시고는 마침내 儀狄을 멀리하고 맛있는 술을 끊었다." 하였다.

九州春秋曰 "曹公禁酒, 孔融以書嘲之曰 '天有酒旗之星, 地列酒泉之郡.'" 天文志曰 "軒轅右角南二星曰酒旗, 酒官之旗也." 此曰 "天垂酒池", 旣曰垂矣, 池當作旗. 杜康, 古之造酒者. 戰國策曰 "儀狄作酒, 禹飮而甘之曰 '後世必有以酒亡其國者.' 遂疏儀狄, 而絶旨酒."

② 紂王이 酒池와 肉林을 만들어 긴긴밤 마셔서 殷나라를 멸망하게 하였다. 역사책에 이르기를 "夏나라 桀王이 음탕하고 교만하자, 湯王이 마침내 그를 鳴條로 추방했다." 하였으니, 하나라 또한 술 때문에 망한 것이다. '前危後則'은 前人의 위태로움은 後人의 본보기임을 말한 것이다.

紂爲酒池肉林, 長夜之飮, 以亡殷. 史曰 "夏桀淫驕, 乃放鳴條", 蓋亦以酒也. 前危後則, 謂前人之危, 後人之法則也.

③禮에 의하면 신하가 군주를 모시고 잔치할 때에는 술이 세 잔을 넘지 않는다.
禮, 臣侍君宴, 不過三爵.

【綱】 겨울 10월에 大宛에서 秦나라(前秦)에 말을 바쳤으나, 받지 않았다.

冬十月에 **大宛**이 **獻馬于秦**하니 **不受**하다

【目】 大宛이 汗血馬를 秦나라에 바쳤는데, 秦王 苻堅이 말하기를 "내 일찍이 漢나라 文帝의 인품을 사모하노니, 千里馬를 어디에 쓰겠는가." 하고는 여러 신하에게 명하여 止馬詩를 짓게 하고 말을 돌려주었다.

大宛이 獻汗血馬于秦하니 秦王堅曰 吾嘗慕漢文帝爲人하노니 用千里馬何爲리오하고 命群臣하여 作止馬詩而反之하다

【綱】 秦나라(前秦) 豫州刺史 苻重이 반역을 도모하였는데, 사면하여 자기 집으로 돌아가게 하였다.

秦豫州刺史苻重이 **謀反**이어늘 **赦就第**[21]하다

【目】 北海公 苻重이 洛陽에 진주하여 반역을 도모하자, 秦王 苻堅이 말하기를 "長史 呂光은 사람이 충성스럽고 정직하니, 반드시 그와 함께 모의하지 않았을 것이다." 하고는

---

21) 秦豫州刺史……赦就第 : "반역을 도모했는데 사면했다고 쓴 것은 형벌을 제대로 시행하지 못함을 비난한 것이다. ≪資治通鑑綱目≫이 끝날 때까지 모반했을 때 '사면했다'고 쓴 것이 두 번이니, 燕王 劉旦과 苻重인데, 다시 배반하지 않은 자가 없었다.〔謀反 書赦 譏失刑也 終綱目 謀反書赦二 燕王旦 苻重 未有不復反者也〕" ≪書法≫

"신하는 장차 나쁜 일을 하려는 마음이 없어야 하니, 그런 마음을 가지게 되면 반드시 주살된다. 苻重에 대해 이미 '반란했다'고 썼는데, 또다시 '사면하여 자기 집으로 돌아가게 했다'고 썼으니, 이는 그를 풀어주어 반역하게 한 것이다. 그렇다면 반란의 계제가 어떻게 그치겠는가. 후일에 다시 반란한 것이 당연하다.〔人臣無將 將則必誅 苻重旣書其反 而又書赦之就第 是縱使爲逆爾 亂階 何自而弭 宜乎他日復反也〕" ≪發明≫

'人臣無將 將則必誅'는 ≪春秋公羊傳≫ 莊公 32년에 "君親無將 將而誅焉(임금과 어버이에게는 나쁜 일을 하려는 마음이 없어야 하니 그런 마음을 갖기만 해도 주살된다.)"이라 하였고, ≪史記≫ 〈叔孫通列傳〉에도 "人臣無將 將卽反 罪死無赦(신하는 나쁜 일을 하려는 마음이 없어야 하니, 그런 마음을 가지게 되면 곧바로 반역을 일으켜 그 죄는 죽더라도 용서되지 않는다.)"라 하였다.

즉시 여광에게 명하여 부중을 체포해서 檻車에 태워 長安으로 압송하게 하였다. 그리하여 그를 사면하고서 公의 신분으로 자기 집으로 돌아가게 하였다.

北海公重이 **鎭洛陽**하여 **謀反**①한대 **秦王堅曰 長史呂光**이 **忠正**하니 **必不與之同**②이라하고 **卽命光收重**하여 **檻車送長安**하여 **赦之**하고 **以公就第**하다

① 苻重은 苻洛의 형이다.
重, 洛之兄也.
② 呂光은 呂婆樓의 아들이다.
光, 婆樓之子也.

己卯年(379)

【綱】 晉나라(東晉) 烈宗 孝武皇帝 太元 4년이다.

四年이라

【目】 秦나라(前秦) 苻堅 建元 15년이다.

秦建元十五年이라

【綱】 봄 2월에 秦나라(前秦)가 〈晉나라(東晉)의〉 襄陽을 함락하고 刺史 朱序를 사로잡아 돌아갔다.

春二月에 **秦**이 **陷襄陽**하고 **執刺史朱序以歸**[22)]하다

【目】 秦나라의 御史中丞 李柔가 탄핵하여 아뢰기를 "長樂公 苻丕 등이 10만의 병력을 거느리고 작은 城을 공격하여 포위하고서 날마다 1만 금을 허비하나 오랫동안 공효가 없으니, 청컨대 그를 불러 廷尉에게 회부하여 죄를 심리하소서." 하였다. 秦王 苻堅이 使者를 보내어 節을 가지고 가서 부비 등을 크게 꾸짖고 부비에게 劍을 하사하며 말하기를 "내년 봄까지 승리하지 못하면 네 스스로 자결할 것이요, 다시는 두꺼운 낯을 가지

22) 秦陷襄陽……朱序以歸 : "執은 좋게 여긴 말이니, 힘에 굴복하여 잡힌 것이다.〔執 善辭也 力屈而被執也〕" ≪書法≫

고 나를 볼 생각을 말라." 하였다. 부비 등은 황공하여 여러 군대에 명해서 힘을 합쳐 襄陽을 공격하게 하였다.

秦御史中丞李柔 劾秦長樂公丕等이 擁衆十萬하고 攻圍小城하여 日費萬金하고 久而無效하니 請徵下廷尉하노이다 秦王堅이 遣使持節하여 切讓丕等하고 賜丕劍曰 來春不捷이면 汝可自裁요 勿復持面見吾也하라 丕等이 惶恐하여 命諸軍하여 并力攻襄陽하다

【目】苻堅이 직접 군대를 거느리고 가서 공격하려 하자, 陽平公 苻融이 諫하기를 "폐하께서 江南(東晉)을 취하고자 하신다면 진실로 마땅히 여럿이 모여 모의하여 심사숙고해야 할 것이요, 창졸간에 군대를 일으켜서는 안 됩니다. 다만 襄陽을 점령하려 하실 경우 직접 大駕를 수고롭게 하신다면 이른바 '隨侯의 구슬로 천 길 높이 나는 참새를 맞힌다.'는 것입니다." 하니, 부견이 마침내 중지하였다.

堅이 欲自將來攻이어늘 陽平公融이 諫曰 陛下欲取江南인댄 固當博謀熟慮요 不可倉猝이니이다 若止取襄陽에 親勞大駕하시면 所謂以隨侯之珠로 彈千仞之雀也니이다하니 乃止①하다

① ≪呂氏春秋≫에 말하였다. "隨侯의 진주로 천 길 높이의 참새를 쏘아 맞히면 세상 사람들이 반드시 비웃으니, 이는 사용하는 도구가 귀중하고 얻길 바라는 것이 비천하기 때문이다." ≪搜神記≫에 말하였다. "수후가 길을 가다가 상처를 입은 큰 뱀을 보고 구원하여 치료하였는데, 그 뒤에 뱀이 진주를 물고 와서 은혜에 보답하니, 그 진주는 지름이 한 치이고 순백색이며 한밤중에도 광채가 집을 환히 비췄다. 그러므로 대대로 '隨珠'라고 칭했다."
呂氏春秋曰 "以隨侯之珠彈千仞之雀, 世必笑之, 所用重, 所要輕也." 搜神記曰 "隨侯行見大蛇傷, 救而治之. 其後蛇含珠以報之, 徑盈寸, 純白, 而夜光, 可燭堂, 故歷世稱隨珠焉."

【目】朱序가 여러 번 秦나라(前秦) 군대를 격파하였다. 〈이를 믿고〉 마침내 진나라의 반격에 대비를 하지 않았는데, 苻丕가 諸軍에게 명하여 진격할 적에 督護 李伯護가 內應이 되어 마침내 襄陽을 함락하고 주서를 사로잡아 長安으로 보냈다. 부견은 주서는 능히 절개를 지켰다 하여 그에게 度支尙書를 제수하였고, 이백호는 不忠하다 하여 참수하였다.

진나라 장수 慕容越이 順陽을 함락시키고 太守 丁穆을 사로잡았는데, 부견이 그에게 벼슬을 내리려고 하자, 정목이 굳게 사양하고 받지 않았다. 부견은 梁成을 荊州刺史로 삼아 襄陽에 진주시켜 그 지역의 재주 있고 명망 있는 인물을 선발해서 예우하여 등용하게 하였다.

朱序屢破秦兵이라 遂不設備러니 丕命諸軍進攻할새 督護李伯護 爲內應하여 遂克襄陽하고 執序送長安한대 堅以序能守節이라하여 拜度(탁)支尙書하고 以伯護爲不忠이라하여 斬之[①]하다 秦將慕容越이 拔順陽하고 執太守丁穆이어늘 堅이 欲官之한대 穆이 固辭不受라 堅이 以梁成爲荊州刺史하여 鎭襄陽하여 選其才望하여 禮而用之[②]하다

① 曹魏 때에 度支尙書를 두었다.
曹魏, 置度支尙書.
② 梁成은 梁平老의 아들이다.
成, 平老之子也.

【綱】 秦나라(前秦)가 〈晉나라(東晉)의〉 彭城과 淮陰을 함락시켰다.

秦이 陷彭城淮陰하다

【目】〈晉나라(東晉)의〉 謝玄이 만여 명의 병력을 거느리고 彭城을 구원할 적에 泗水 어귀에 군대를 주둔하여 間使를 보내어 戴逯(대둔)에게 보고하고자 하였으나 얻을 수가 없었다. 그런데 部曲將 田泓이 물에 잠수하여 은밀히 갈 것을 청하자, 사현이 그를 보냈는데 秦나라 사람에게 사로잡혔다. 진나라 사람은 전홍에게 많은 뇌물을 주어 남쪽의 晉나라 군대가 이미 패했다고 말하게 하자, 전홍은 거짓으로 이것을 허락하였다. 얼마 후에 전홍이 성안에 고하기를 "남쪽의 援軍이 장차 이를 것이니, 힘을 내라." 하니, 진나라 사람이 그를 죽였다.

彭超가 輜重을 留城에 두었는데 사현이 '군대를 파견하여 留城을 공격할 것이다.'라고 소문을 퍼트리니, 팽초가 이 말을 듣고 팽성의 포위를 풀고서 군대를 거느리고 유성으로 돌아가 輜重을 보호하였다. 그러자 대둔이 군대를 거느리고 사현에게 달려가니, 팽초가 마침내 팽성을 점거하고서 그곳에 徐褒를 남겨두어 지키게 하고 남쪽으로 盱眙를 공격하였으며, 俱難이 淮陰을 점령하고서 邵保를 그곳에 남겨두어 지키게 하였다.

謝玄이 帥衆萬餘하고 救彭城할새 軍于泗口하여 欲遣間使하여 報戴逯而不可得이러니 部曲將田泓이 請沒水潛行이어늘 玄이 遣之라가 爲秦人所獲하고 厚賂하여 使云南軍已敗라한대 泓이 僞許之하고 旣而告城中曰 南軍垂至하니 勉之라하니 秦人이 殺之하다 彭超置輜重於留城[①]이러니 玄이 揚聲遣軍向留城하니 超聞之하고 釋彭城圍하고 引兵還保輜重이어늘 逯이 帥衆奔玄하니 超遂據彭城하여 留徐褒守之하고 南攻盱眙하며 俱難이 克淮陰하고 留邵保戍之[②]하다

① 留城은 留縣의 城이니, 漢나라 이래로 彭城郡에 소속하였다.
留城, 留縣城也, 自漢以來, 屬彭城郡.

② 淮陰縣은 淮水와 50보 거리에 있으니, 북쪽으로 10리 떨어진 淸河口와 마주하고 있다. 나아가면 山東 지방을 엿볼 수 있고, 안으로는 장강 연안의 방위가 될 수 있으니, 晉나라와 宋나라가 중요한 진영으로 삼았다.
淮陰縣, 距淮五十步, 北對淸河口十里. 進可以窺山東, 內則蔽沿江, 晉・宋以爲重鎭.

【綱】 3월에 〈晉나라(東晉)이〉 조령을 내려 재정의 사용을 줄이게 하였다.

三月에 **詔減省**(생)**用度**하다

【目】 다음과 같이 조령을 내렸다. "국경에 근심이 많고 농사는 흉년이 들어서 供御하는 물건을 되도록 검약함을 따르게 하였다. 그리고 황실의 9親에 供給하는 물자와 여러 관원의 녹봉을 임시로 반으로 줄이게 하고, 모든 부역의 비용의 경우 軍國의 중대한 일에 필요한 것이 아니면 모두 정지하게 하였다."

詔以疆埸多虞하고 年穀不登으로 其供御所須를 事從儉約하고 九親供給과 衆官廩俸을 權可減半①하고 凡諸役費 非軍國事要면 皆宜停省하라하다

① 九親은 바로 九族이다.
九親, 卽九族.

【綱】 여름 4월에 秦나라(前秦)가 〈晉나라(東晉)의〉 魏興을 함락하니, 魏興太守 吉挹이 전사하였다.

夏四月에 **秦**이 **陷魏興**하니 **太守吉挹**이 **死之**하다

【目】 秦나라 韋鍾이 魏興을 함락하니, 吉挹이 칼을 가져다가 자살하려고 하자, 左右의 부하들이 그 칼을 빼앗았다. 마침 秦나라 사람들이 몰려와서 그를 사로잡으니, 길읍이 아무 말도 하지 않고 음식도 먹지 않다가 죽었다.

秦王 苻堅은 감탄하기를 "周孟威는 앞에서 굽히지 않았고,[23] 丁彦遠은 뒤에서 자기

---

23) 周孟威는……않았고 : 본서 제21권 하 寧康 원년(373) 11월 기사에 보인다. 周虓가 前秦에 항복한 후에 苻堅을 볼 때 자신의 지조를 굽히지 않은 것을 말한 것이다.

몸을 깨끗이 하였고, 吉祖沖은 아무 말도 하지 않고 아무것도 먹지 않다가 죽었으니, 晉나라에는 忠臣이 어찌 이리도 많은가." 하였다.

길읍의 參軍인 史頴이 도망하여 晉나라 조정으로 돌아오니, 조정에서 길읍이 죽을 때 손수 쓴 상소문을 얻고서 조령을 내려 길읍에게 益州刺史를 추증하였다.

秦韋鍾이 **拔魏興**하니 **吉挹**이 **引刀欲自殺**이어늘 **左右奪其刀**러니 **會**에 **秦人至**하여 **執之**하니 **挹**이 **不言不食而死**하다 **秦王堅**이 **歎曰 周孟威不屈於前**하고 **丁彦遠**이 **潔己於後**하고 **吉祖沖**이 **閉口而死**하니 **何晉氏之多忠臣也**[①]오하다 **挹參軍史頴**이 **逃歸**하니 **得挹臨終手疏**하고 **詔贈益州刺史**하다

① 孟威는 周虓의 字이고, 彦遠은 丁穆의 자이고, 祖沖은 吉挹의 자이다.
孟威, 虓字. 彦遠, 穆字. 祖沖, 挹字.

【綱】 5월에 秦나라(前秦)가 盱眙를 함락하고서 전진하여 三阿를 포위하니, 〈晉나라(東晉)의〉 謝玄이 연달아 싸워 이들을 패주시켰다.

五月에 **秦**이 **陷盱眙**하고 **進圍三阿**하니 **謝玄**이 **連戰敗走之**하다

【目】 秦나라 俱難과 彭超가 盱眙를 함락하여 內史 毛璪之를 사로잡고 마침내 田洛을 三阿에서 포위하니, 이곳은 廣陵과 100리 떨어진 곳이었다. 〈晉나라〉 朝廷이 크게 놀라 강가에 임하여 수비병을 진열하였다. 謝玄이 廣陵에서 三阿를 구원하니, 구난과 팽초가 싸우다가 패하고서 후퇴하여 盱眙를 지켰다.

秦俱難彭超 拔盱眙하여 **執內史毛璪之**[①]하고 **遂圍田洛于三阿**하니 **去廣陵百里**[②]라 **朝廷**이 **大震**하여 **臨江列戍**러라 **謝玄**이 **自廣陵救三阿**하니 **難超戰敗**하여 **退保盱眙**하다

① 璪는 음이 무이다.
璪, 音早.

② 田洛은 幽州刺史이니, 晉나라가 幽州, 冀州, 靑州, 幷州 네 州를 長江 북쪽 지역에 僑置하였다. 胡三省이 말하였다. "三阿는 바로 지금의 寶應軍이다."
洛, 幽州刺史也, 晉僑置幽・冀・靑・幷四州於江北. 胡三省曰"三阿, 今寶應軍, 卽其地."

【目】 6월에 謝玄이 俱難과 彭超를 공격하였는데, 〈구난과 팽초가〉 또다시 패하고서 후퇴하여 淮陰에 주둔하였다. 사현이 何謙을 보내어 수군을 거느리고 潮水를 타고 淮水를 거슬러 올라가 밤에 회수의 교각을 불태우니, 구난과 팽초는 후퇴하여 회수 북쪽에 주

둔하였다. 사현과 하겸 등이 함께 추격하여 君川에서 싸워 또다시 그들을 대파하니, 구난과 팽초가 북쪽으로 달아나 겨우 죽음을 면하였다.

사현이 廣陵으로 돌아오니, 조정에서는 徐州刺史의 직위를 더 겸임하게 하였다. 秦王 苻堅이 크게 노하여 팽초를 불러 廷尉에게 회부하여 그 죄를 심리하게 하니, 팽초는 자살하고 구난은 삭탈관작되어 평민이 되었다.

六月에 玄이 進攻之하니 又敗하여 退屯淮陰이라 玄이 遣何謙하여 帥舟師하고 乘潮而上하여 夜焚淮橋①하니 難超退屯淮北이라 玄謙이 共追之하여 戰于君川하여 復大破之②하니 難超北走하여 僅以身免이어늘 玄이 還廣陵하니 加領徐州刺史하다 秦王堅이 大怒하여 徵超下廷尉하니 超自殺하고 難은 削爵爲民하다

①〈'淮橋'는〉 秦나라가 淮水에 다리를 만들어 병사들을 건너게 한 것이다.
秦作橋於淮水, 以渡兵.

② 胡三省이 말하였다. "지금 盱眙縣 북쪽 6리 지점에 君山이 있으니, 君川은 아마도 君山의 냇물일 것이다."
胡三省曰 "今盱眙縣北六里有君山, 此蓋君山之川也."

【目】 謝安이 정승이 되었을 적에 秦나라(前秦) 사람이 여러 번 쳐들어오니, 사람들의 마음이 위태로워하고 두려워하였다. 그런데 사안은 매번 온화하고 안정된 방법으로 진정시키고, 정사를 할 적에는 되도록 큰 綱領만 살피고 세세한 것까지 살피지 않으니, 당시 사람들이 사안을 王導[24]에 비유하면서도 文雅는 왕도보다 낫다고 하였다.

謝安이 爲相에 秦人이 屢入寇하니 衆心危懼어늘 安이 每鎭以和靜하고 其爲政에 務擧大綱하고 不爲小察하니 時人이 比安於王導로되 而謂文雅過之라하니라

【綱】 秦나라(前秦)에 큰 기근이 들었다.

秦이 大饑하다

24) 王導 : 晉 元帝가 琅邪王으로 있을 때 천하가 어지러울 것을 미리 알고 인재들을 거두어 모아서 국사를 상의할 것을 낭야왕에게 권유했고, 원제가 帝位에 오르자 승상이 되었으며, 원제·明帝·成帝를 섬기면서 出將入相하여 많은 공훈을 세웠던 인물이다.(≪晉書≫ 권65 〈王導列傳〉)

庚辰年(380)

【綱】 晉나라(東晉) 烈宗 孝武皇帝 太元 5년이다.

五年이라

【目】 秦나라(前秦) 苻堅 建元 16년이다.

秦建元十六年이라

【綱】 봄에 秦나라(前秦)가 다시 苻重을 鎭北大將軍으로 삼아 薊城을 지키게 하였다.

春에 **秦**이 **復以苻重爲鎭北大將軍**하여 **守薊**[25)]하다

【綱】 秦나라(前秦)가 敎武堂을 지었다.

◑ **秦**이 **作敎武堂**[26)]하다

---

25) 秦復……守薊 : "'復以'라고 씀은 어째서인가. 허물을 두 번 저지른 것을 비난한 것이다. 苻重이 반역을 도모하였는데 사면하였고, 사면하였다가 다시 그를 등용하였다. 그러므로 이것을 써서 비난한 것이다. '復以爲(다시 아무개를 무엇으로 삼다.)'의 말에는 네 가지가 있으니, 허물을 고친 것을 드러낸 말이 있고, 허물을 두 번 다시 저지른 것을 드러낸 말이 있고, 제대로 명령하지 못한 것을 드러낸 말이 있고, 남을 따른 것을 드러낸 말이 있다. 부중을 鎭北將軍으로 삼은 것과 北魏가 蕭寶寅을 西道大都督으로 삼은 것과 唐나라가 宇文融을 勸農使로 삼은 것과 前蜀이 張格을 同平章事로 삼은 것과 後唐이 嚴旭을 蓬州刺史로 삼은 것과 後晉이 馮暉를 朔方節度使로 삼은 것과 南唐이 馮延已를 平章事로 삼은 것은 모두 허물을 두 번 저지른 것을 비난한 것이다.(漢나라 文帝 14년(B.C. 166)에 자세히 보인다.)〔書復以 何 譏貳過也 謀反而赦 赦而復用 故書譏之 復以爲之辭 有四 有改過之辭 有貳過之辭 有不能令之辭 有因人之辭 苻重鎭北將軍 魏蕭寶寅西道大都督 唐宇文融勸農使 蜀張格同平章事 唐嚴旭蓬州刺史 晉馮暉朔方節度 南唐馮延已平章事 皆譏貳過者也(詳漢文帝十四年)〕" ≪書法≫

"苻重이 이미 반역의 죄가 있었는데, 그를 사면하고 죽이지 않았으니, 이미 잘못이다. 더구나 또 그에게 중한 임무를 맡긴단 말인가. 그러므로 특별히 '復'라고 써서 비난한 것이다.〔苻重旣有反逆之罪 赦而不誅 已爲過矣 況又委之重任乎 故特書復譏之〕" ≪發明≫

26) 秦作敎武堂 : "'敎武'라고 쓴 것은 어째서인가. 武를 욕되게 함을 비난한 것이다. 그러므로 비록 諫言으로 그치게 하였어도 오히려 쓴 것이다. ≪資治通鑑綱目≫이 끝날 때까지 堂을 지었다고 쓴 것이 세 번인데,(漢나라 靈帝의 萬金堂과 秦王 苻堅의 敎武堂과 唐나라 武后의 天堂이다.) 모두 비난한 것이다.〔書敎武 何 譏黷武也 故雖以諫止 猶書之 終綱目 書作堂三(漢靈帝萬金 秦王堅敎武 唐武后天堂) 皆譏也〕" ≪書法≫

"살펴보건대 分注(目)에는 '苻堅이 敎武堂을 짓자 朱肜이 간하여 그치게 했다.' 하였는데, 지금

【目】 秦나라가 渭城에 敎武堂을 짓고는 太學生 중에 陰陽과 兵法에 밝은 자에게 명하여 여러 장수들을 가르치게 하자, 朱肜(주융)이 간하기를 "폐하가 四海의 땅을 열 가운데 여덟을 얻으셨으니, 마땅히 무력을 그치고 文德을 닦아야 합니다. 그런데 도리어 다시 學舍를 세워 사람들에게 전투하는 방법을 가르치시니, 이는 태평성대를 점진적으로 이루는 방법이 아닙니다. 또 여러 장수가 전장에서 100번 이상의 전투를 경험했는데 어찌 병법을 익히지 못한 것을 염려하여 장수들로 하여금 다시 書生들에게 가르침을 받게 하십니까. 이것은 意志와 氣槪를 강하게 하는 방법이 아니니, 이는 실제에도 유익할 것이 없고 명성에도 손해를 입히는 것입니다." 하니, 苻堅이 마침내 중지하였다.

秦이 作敎武堂於渭城하고 命太學生明陰陽兵法者하여 敎授諸將①한대 朱肜이 諫曰 陛下四海之地를 什得其八하시니 宜稍偃武修文이어늘 乃更始立學舍하여 敎人戰鬪之術하시니 殆非所以馴致升平也니이다 且諸將百戰之餘에 何患不習於兵이완대 而更使受敎於書生이니잇고 非所以彊其志氣也니 此無益於實而有損於名이니이다 堅이 乃止하다

① 漢 高帝 원년(B.C. 206)에 咸陽을 고쳐 '新城'이라 하였는데, 武帝 元鼎 3년(B.C. 114)에 이름을 '渭城'으로 바꿨다가 後漢과 晉나라 때에는 없앴다. 石勒 때에는 石安縣을 두었는데, 苻氏의 秦나라(前秦) 때에 다시 '渭城'이라 하였다.
漢高帝元年, 改咸陽曰新城, 武帝元鼎三年, 更名渭城. 後漢・晉省. 石勒置石安縣, 苻秦復曰渭城.

【綱】 여름 4월에 秦나라(前秦) 幽州刺史 苻洛과 苻重이 군대를 일으켜 배반하자, 진나라가 군대를 보내어 공격해서 부중을 참수하고 부락을 사로잡아 사면하였다.

夏四月에 秦幽州刺史苻洛及苻重이 擧兵反이어늘 秦이 遣兵擊之하여 斬重하고 擒洛하여 赦之[27]하다

《資治通鑑綱目》에서는 일찍이 그치지 않은 것처럼 썼다. 부견은 군대가 강하고 땅이 넓은데도 끊임없이 이기기를 힘써서 이제 堂을 만들어 무예를 가르쳐 욕심을 펼치려 하였으니, 비록 朱肜이 諫言을 올렸으나 부견의 뜻하는 바를 이미 바꿀 수가 없었다. 이것을 특별히 쓴 것은 또한 부견의 본래 뜻을 나타내기 위한 것이니, 어찌 과하겠는가.〔按分注堅作敎武堂 朱肜諫之而止 今綱目書之 則若未嘗止者 堅兵强地廣 務勝不休 方且作堂敎武 求逞其欲 雖有朱肜之諫 然其志嚮 已不可移 特筆書之 亦所以見其本志也 夫豈過哉〕" 《發明》

27) 秦幽州刺史……擒洛赦之 : "'反'이라고 썼는데 '討'라고 쓰지 않음은 어째서인가. 하늘의 토벌이 있는 자는 이와 같지 않음을 알게 한 것이다. 그러므로 〈'討'라고 쓰지 않고〉 '擊'이라고 쓴 것이다. 苻重이 일찍이 반역을 도모하였을 적에 사면하였는데 이때 다시 苻洛과 함께 배반하였으니, 그렇다면

【目】秦나라 行唐公 苻洛이 용맹스럽고 힘이 세므로 능히 앉은 자리에서 달리는 소를 제재하고 활을 쏘면 두껍고 단단한 보습의 볏을 뚫곤 하였다. 부락은 스스로 代나라를 멸망한 功이 있다 하여 開府儀同三司를 요구하였으나 자신의 요구가 받아들여지지 않으므로 조정을 원망하고 분노하였다.

秦行唐公洛이 勇而多力하여 能坐制奔牛하고 射洞犁耳①라 自以有滅代之功이라하여 求開府儀同三司호되 不得하니 由是怨憤이러라

① 洞은 관통함이다. 보습은 밭을 개간하는 기구인데, 보습의 볏의 쇠는 두껍고 단단하다.
洞, 貫也. 犁, 墾田器. 犁耳之鐵, 厚而堅.

【目】秦王 苻堅이 苻洛을 益州牧으로 삼자, 부락이 자기 관속들에게 이르기를 "내가 들어가 장수와 정승이 되지 못하고 또다시 서쪽 변방으로 보내지니, 제군들의 생각에 어떠한가." 하였다. 治中 平規가 말하기를 "主上이 무력을 남용하여 마음대로 전쟁을 일으키신 탓에 지친 어깨를 쉬고자 하는 백성이 열 가호에 아홉 가호입니다. 마땅히 조령을 받들었다고 소문을 퍼트리고 幽州의 병력을 총동원하여 남쪽으로 常山으로 나가면 陽平公(苻融)이 반드시 교외에서 맞이할 것입니다. 인하여 양평공을 사로잡고 전진하여 冀州를 점거해서 關東 지방의 병력을 거느려 서쪽 지방을 도모한다면 깃발로 지휘하는 것만으로도 천하를 평정할 수 있습니다." 하니, 부락이 그 말을 따랐다.

秦王堅이 以洛爲益州牧한대 洛이 謂官屬曰 孤不得入爲將相하고 而又投之西裔하니 於諸君意에 何如오 治中平規曰 主上이 窮兵黷武하시니 民思息肩者 十室而九라 宜聲言受詔하고 盡幽州之兵하여 南出常山하면 陽平公이 必郊迎하리니 因而執之하고 進據冀州하여 總關東之衆하고 以圖西土면 天下를 可指麾而定也①리이다 洛이 從之하다

① 陽平公 苻融이 冀州牧으로 鄴城에 진주하였으니, 平規가 苻洛으로 하여금 中山으로 출동하여 鄴城에 임하게 하고자 한 것이다.
陽平公融以冀州牧鎭鄴, 規使洛出中山以臨鄴.

사면하는 것이 사람으로 하여금 스스로 새로워지게 할 수 없는 것임을 알 수 있다. 부중을 참수한 것은 마땅한데 다시 부락을 사면한 것은 무엇이라고 말하겠는가. ≪資治通鑑綱目≫에 '부락을 사로잡아 사면하였다.'고 썼으니, 호랑이를 우리 안에서 내보냄을 비난한 것이다.〔書反矣 不書討 何 知有天討者不若是矣 故書擊 重嘗謀反 赦之矣 於是而復與洛反 則赦之 不能使人自新 可知也 斬重當矣 復赦洛焉 謂之何哉 綱目書曰擒洛赦之 譏出虎於柙中也〕" ≪書法≫

【目】 4월에 苻洛이 7만의 병력을 거느리고 和龍을 출발하자, 苻堅이 將軍 竇衝과 呂光을 보내어 그를 토벌하게 하였다. 北海公 苻重이 薊城에 있는 무리를 총동원하여 부락과 함께 회합하여 中山에 주둔하였는데, 5월에 두충 등이 이들과 싸워 패퇴시키고 부락을 사로잡아 長安으로 보냈다. 부중은 달아나 계성으로 돌아갔는데, 여광이 추격하여 참수하니, 幽州가 모두 평정되었다. 부견은 부락을 사면하여 죽이지 않고 西海郡으로 귀양 보냈다.

四月에 **帥衆七萬**하고 **發和龍**하니 **堅**이 **遣將軍竇衝呂光討之**하다 **北海公重**이 **悉薊城之衆**하여 **與洛會**하여 **屯中山**이러니 **五月**에 **衝等**이 **與戰敗之**하여 **擒洛送長安**하고 **重**은 **走還薊**어늘 **光**이 **追斬之**하니 **幽州悉平**이러라 **堅**이 **赦洛不誅**하고 **徙西海郡**①하다

① 漢 獻帝 興平 2년(195)에 武威太守 張雅가 청하여 西海郡을 居延에 설치하였다.
漢獻帝興平二年, 武威太守張雅, 請置西海郡於居延.

【目】 司馬溫公(司馬光)이 다음과 같이 評하였다.

"功이 있어도 賞을 주지 않고 罪가 있어도 주벌하지 않으면 비록 堯·舜이라도 정치를 할 수 없는데, 하물며 다른 사람이랴. 秦王 苻堅이 매번 배반한 자를 잡으면 번번이 사면하여 신하들로 하여금 반역에 익숙해져 위험한 짓을 행하면서 요행을 바라게 하였다. 비록 힘에 굴복하여 사로잡히더라도 죽음을 걱정하지 않았으니, 환란이 어디로 말미암아 그치겠는가."

司馬公曰 夫有功不賞하고 **有罪不誅**면 **雖堯舜**이라도 **不能爲治**어든 **況它人乎**아 **秦王堅**이 **每得反者**면 **輒宥之**하여 **使其臣狃於爲逆**하여 **行險僥幸**하니 **雖力屈被擒**이라도 **猶不憂死**라 **亂何自而息哉**리오

【綱】 〈晉나라(東晉)가〉 謝安을 衛將軍으로 삼아 桓沖과 함께 開府儀同三司가 되게 하였다.

以謝安爲衛將軍하여 **與桓沖**으로 **竝開府儀同三司**하다

【目】 朝廷에서는 秦나라(前秦)의 군대가 후퇴한 것을 謝安과 桓沖의 공이라 하였다. 그러므로 이러한 命이 있었다.

朝廷이 以秦兵之退로 爲謝安桓沖之功이라 故有是命이러라

【綱】 6월에 秦나라(前秦)가 苻融을 中書監 都督諸軍 錄尙書事로 삼고, 苻丕를 冀州牧으로 삼고 苻暉를 豫州牧으로 삼았다.

六月에 秦以苻融으로 爲中書監都督諸軍錄尙書事하고 苻丕爲冀州牧하고 苻暉爲豫州牧하다

【目】 秦王 苻堅은 여러 氐族의 종류가 많다 하여 三原, 九嵕(구종), 武都, 汧(견), 雍 등의 氐族 15만 호를 나누어 여러 宗親으로 하여금 거느리게 하였다. 그리하여 흩어져 方鎭에 거처하기를 옛날의 諸侯國처럼 하였는데, 자신의 아들인 長樂公 苻丕를 鄴城에 진주시키고 平原公 苻暉를 洛陽에 진주시키고, 石越, 梁讜, 毛興, 王騰 등을 모두 여러 州의 刺史로 삼았다.

秦王堅이 以諸氐種類繁滋라하여 分三原, 九嵕, 武都, 汧, 雍氐十五萬戶하여 使諸宗親領之하여 散居方鎭하여 如古諸侯①할새 以其子長樂公丕로 鎭鄴하고 平原公暉로 鎭洛陽하고 石越, 梁讜, 毛興, 王騰等으로 皆爲諸州刺史하다

① 嵕은 祖紅의 切이다. 九嵕山은 漢나라 馮翊 雲陽縣의 경계에 있었다. 〈宗親으로 하여금 옛날의 제후국처럼 흩어져 方鎭에 거처하게 했다는 것은〉 ≪春秋左氏傳≫ 定公 4년에 "魯公에게 殷나라 백성 여섯 집안을 나누어주고 康叔에게 殷나라 백성 일곱 집안을 나누어주고 唐叔에게 懷姓의 아홉 종족을 나누어주었다." 한 것을 가리킨다.
嵕, 祖紅切. 九嵕山, 在漢馮翊雲陽縣界. 左傳 "分魯公以殷民六族, 分康叔以殷民七族, 分唐叔以懷姓九宗."

【目】 苻堅이 苻丕를 전송하여 灞水 가에 이르니, 부비가 거느리고 있던 氐族 3천 가호가 父兄을 작별할 적에 모두 통곡하였다. 趙整은 인하여 모시고 잔치할 적에 비파를 연주하며 노래하기를 "阿得脂여 阿得脂여, 博勞의 외숙은 仇綏이니, 꼬리는 길고 날개는 짧아 날지 못하네. 자기 종족들을 먼 곳으로 옮겨놓고 鮮卑族을 남겨두니, 하루아침에 급한 일이 있으면 마땅히 누구에게 말할까." 하였는데, 부견이 웃기만 하고 그 간언을 받아들이지 않았다.

堅이 送丕至灞上하니 丕所領氐三千戶 別其父兄할새 皆慟哭이러라 趙整이 因侍宴하여 援瑟而歌

曰[①] 阿得脂阿得脂여 博勞舅父是仇綏니 尾長翼短不能飛[②]라 遠徙種人留鮮卑하니 一旦緩急當語誰[③]오하니 堅이 笑而不納이러라

① 援은 于元의 切이니, 끌어옴이다.
援, 于元切, 引也.

② ≪爾雅≫에 "鶪은 伯勞이다." 하였는데, 郭璞이 말하기를 "伯勞는 〈산꿩의 일종인〉 鶷鴡(할갈)과 같은데 몸집이 크므로 날아도 높이 날지 못하고 위로 솟구쳤다가 아래로 떨어질 뿐이다." 하였다. ≪廣雅≫에 "伯勞는 일명 '博勞'요, 일명 '伯趙'이다." 하였다. 仇綏는 어떤 물건인지 알지 못한다.
爾雅 "鶪(격), 伯勞." 郭璞曰 "伯勞, 似鶷鴡而大, 飛不能翱翔, 竦翅上下而已." 廣雅曰 "伯勞, 一曰博勞, 一名伯趙." 仇綏, 不知爲何物.

③ 種(종족)은 章勇의 切이다. 〈'遠徙種人留鮮卑'는〉 여러 氏族을 옮기고 慕容氏를 남겨둠을 말한 것이다.
種, 章勇切. 謂徙諸氏而留慕容也.

【綱】 가을 9월에 〈晉나라(東晉)의〉 皇后 王氏가 崩하니, 겨울 11월에 定皇后를 장례하였다.

秋九月에 皇后王氏崩하니 冬十一月에 葬定皇后하다

辛巳年(381)

【綱】 晉나라(東晉) 烈宗 孝武皇帝 太元 6년이다.

六年이라

【目】 秦나라(前秦) 苻堅 建元 17년이다.

秦建元十七年이라

【綱】 봄 정월에 〈晉나라(東晉)가〉 부처의 精舍를 內殿에 세웠다.

春正月에 立佛精舍於內殿[28)]하다

28) 立佛精舍於內殿 : "불교가 漢나라 明帝 때 중국에 들어온 뒤로부터(漢나라 永平 8년(65)이다.) 佛舍

【目】 황제(晉 孝武帝)가 처음으로 佛法을 신봉하여 精舍를 궁전 안에 세우고 여러 沙門(승려)을 끌어와 거처하게 하자, 左丞 王雅가 간하였으나 따르지 않았다.

帝初奉佛法하여 立精舍於殿內하고 引諸沙門居之①어늘 左丞王雅諫호되 不從②이러라

① 精舍는 佛寺이니, 자기가 학업하는 바를 專心하여 講習하는 것으로 뜻을 삼은 것이다. 지금 儒家와 釋家의 학업을 익히는 곳을 통틀어 精舍라 한다.
精舍, 佛寺也, 蓋以專精講習所業爲義. 今儒・釋肄業之地, 通曰精舍.

② 王雅는 王肅의 曾孫이다.
雅, 肅之曾孫也.

【綱】 2월에 東夷와 西域 62개국이 秦나라(前秦)에 조공을 바쳤다.

二月에 東夷西域六十二國이 朝貢于秦하다

【綱】 여름 6월 초하루에 일식이 있었다.

◑夏六月朔에 日食하다

【綱】 겨울 11월에 秦나라(前秦)가 竟陵을 침략하였는데, 晉나라의 桓沖이 격파하고서 마침내 管城을 함락하고 이곳을 지키던 장수 閻振과 吳仲을 사로잡았다.

◑冬十一月에 秦寇竟陵이어늘 桓沖이 擊破之하여 遂拔管城하고 獲其將閻振吳仲①하다

① 管城은 마땅히 漖水의 북쪽에 있었을 것이다.

를 세웠다고 쓴 적이 있지 않았으니, 불사를 세웠다고 쓴 것은 오랑캐의 가르침을 숭상함을 비난한 것이다. 內殿에 세움은 더욱 올바른 장소가 아니다. 이 때문에 孝武帝가 精舍를 세울 적에 內殿에 세웠다고 썼고(이해(381)이다.) 肅宗이 도량을 설치할 적에 三殿에 설치하였다고 썼고(唐나라 上元 2년(761)이다.) 武宗이 望僊臺를 세울 적에 禁中에 세웠다고 썼으니,(唐나라 會昌 3년(843)이다.) 모두 비판한 것 중에 비판한 것이다.〔佛自明帝時入中國(漢永平八年) 未有書立佛舍者 書立佛舍 譏尙夷敎也 於內殿 益非所矣 是故孝武之立精舍 以於內殿書(是年) 肅宗之置道場 以於三殿書(唐上元二年) 武宗之立望僊臺 以於禁中書(唐會昌三年) 皆譏之譏也〕"≪書法≫

"부처는 西域의 神이니, 神의 있고 없음을 논할 것이 없고 우선 그 본래의 법을 가지고 말하면 淸虛하고 寂滅한 것이다. 지금 內殿이 어떤 곳인데, 마침내 내전 안에 精舍를 세운단 말인가. 더구나 또 沙門의 무리들을 뒤섞어 끌어다가 거처하게 한단 말인가. 直筆로 썼으니, 그 잘못이 저절로 드러난다.〔佛 西域之神也 不論有無 姑就其本法言之 淸虛寂滅者也 今內殿 何地 乃立精舍於中 況又雜引沙門輩 居之哉 直筆書之 其失自見〕"≪發明≫

管城, 當在溵水北.

【綱】 江東 지방에 큰 기근이 들었다.

◑ **江東**이 **大饑**하다

壬午年(382)

【綱】 晉나라(東晉) 烈宗 孝武皇帝 太元 7년이다.

七年이라

【目】 秦나라(前秦) 苻堅 建元 18년이다.

秦建元十八年이라

【綱】 봄 3월에 秦나라(前秦) 司農 苻陽과 侍郞 王皮, 尙書郞 周虓가 반란을 도모하다가 일이 발각되어 변방으로 귀양 갔다.

春三月에 **秦司農苻陽, 侍郞王皮, 尙書郞周虓 謀反**이라가 **事覺徙邊**[29]하다

【目】 秦나라 東海公 苻陽과 王皮, 周虓가 반역을 도모하다가 일이 발각되었는데, 체포되어 廷尉에게 회부되었다. 秦王 苻堅이 배반한 이유를 묻자, 부양은 대답하기를 "신의 아비 哀公(苻法)이 죽을 적에 죄로 죽지 않았습니다. 신은 아비를 위하여 복수하려고 했을 뿐입니다." 하니, 부견이 울면서 말하기를 "애공이 죽은 것은 책임이 짐에게 있지 않다." 하였다. 왕피는 말하기를 "승상을 지낸 신의 아비(王猛)가 佐命의 공훈이 있는데, 신이 가난하고 천함을 면치 못하니, 富貴를 도모하고자 하였을 뿐입니다." 하였다. 부견이 말

29) 秦司農苻陽……事覺徙邊 : "周虓는 晉나라 신하이다. 秦나라에 항복했을 때는 쓰지 않았는데, 여기에서 쓴 것은 어째서인가. 그를 죄책한 것이다. 주효가 秦나라의 관직을 받지 않은 것은 의리이다. 그러므로 그가 항복한 것을 쓰지 않아서 그의 의리를 온전히 하였는데, 이때 이르러 尙書郞이 되었으니, 그렇다면 그는 秦나라의 신하이다. 애초에 다른 계책을 품었으니, 이는 두 마음을 품은 것이다. 이에 배반했다고 써서 苻陽 등과 죄가 똑같게 하였으니, 뜻을 지키는 것을 제대로 마치지 못한 자가 鑑戒로 삼을 만하다.〔虓 晉臣也 降秦 不書 此 何以書 罪之也 虓不受秦官 義也 故不書其降以全之 至是 爲尙書郞 則秦臣矣 始復異謀 是二心也 於是以反書之 與苻陽等同科 守志不終者可以鑑矣〕" ≪書法≫

하기를 “승상이 임종할 적에 卿에게 10具의 소를 내려주어 田地를 경작하는 밑천으로 삼게 해줄 것을 부탁하였고, 일찍이 경을 위하여 관직을 요구하지 않았으니, 자식을 아는 것은 아버지만 한 사람이 없다. 어쩌면 그리도 현명한가.” 하였다. 주효는 말하기를 “나는 대대로 晉나라(東晉)의 은혜를 입었으니, 살아서는 晉나라의 신하가 되고 죽어서는 晉나라의 귀신이 될 것이니, 다시 무엇을 묻습니까.” 하였다.

秦東海公陽及王皮, 周虓 謀反事覺하여 收下廷尉①하다 秦王堅이 問其反狀한대 陽曰 臣父哀公이 死不以罪라 臣爲父復讐耳②니이다 堅이 泣曰 哀公之死는 事不在朕이로라 皮曰 臣父丞相이 有佐命之勳이어늘 而臣不免貧賤하니 欲圖富貴耳니이다 堅曰 丞相이 臨終託卿에 以十具牛로 爲治田之資요 未嘗爲卿求官하니 知子莫若父라 何其明也③오 虓曰 世荷晉恩호니 生爲晉臣하고 死爲晉鬼니 復何問乎리오

① 王皮는 王猛의 아들이다.
皮, 猛之子也.

② 穆帝 升平 원년(357)에 秦나라 太后 苟氏가 宣明臺에 놀러가서 東海公 苻法의 집 문 앞에 수레와 말이 輻湊한 것을 보고는 끝내 秦王 苻堅을 불리하게 할까 염려해서 李威와 모의하고 부법에게 사약이 내려지게 하였다. 부견은 형 부법과 東堂에서 결별할 적에 慟哭하여 피를 토하고는 시호를 '獻哀公'이라 하였다. 爲(위하다)는 去聲이니, 아래 '嘗爲'의 爲도 이와 같다.
穆帝升平元年, 秦太后苟氏遊宣明臺, 見東海公法之第門, 車馬輻湊, 恐終不利於秦王堅, 乃與李威謀, 賜法死. 堅與法訣於東堂, 慟哭歐血, 諡曰獻哀公. 爲, 去聲, 下嘗爲同.

③ ≪風俗通≫에 이르기를 “북쪽 지방의 풍속에는 세 마리 소를 1具라 하여 한 보습을 메었으니, 10具는 30마리의 소이다.
風俗通云 “北俗, 三牛爲一具, 以荷一犁. 十具, 三十牛也.”

【目】 이보다 앞서 周虓가 여러 번 반역을 도모하였다. 좌우의 신하들이 그를 죽일 것을 청하자, 苻堅이 말하기를 “孟威(주효)는 烈士이다. 지조를 지킴이 이와 같으니, 어찌 죽음을 두려워하겠는가. 그를 죽이면 다만 그의 명예를 이루어줄 뿐이다.” 하였다.

부견은 이들을 모두 용서하여 죽이지 않고, 부양을 高昌으로, 왕피와 주효를 朔方 북쪽으로 귀양 보내었다. 왕피의 형 王永은 행실이 깨끗하고 학문을 좋아한다 하여 幽州刺史로 발탁하였다.

先是에 虓屢謀反이라 左右請殺之한대 堅曰 孟威는 烈士라 秉志如此하니 豈憚死乎리오 殺之면 適足成其名耳라하다 皆赦不誅하여 徙陽高昌皮虓朔方之北하고 以皮兄永이 淸修好學이라하여 擢

爲幽州刺史하다

飛廉

【綱】 秦나라(前秦)가 鄴城에 있던 구리로 만든 낙타와 말, 飛廉, 翁仲(銅像)을 長安으로 옮겨왔다.

秦이 徙鄴銅駝馬·飛廉·翁仲于長安[30]하다

【綱】 秦나라가 苻融을 征南大將軍으로 삼았다.

◑秦이 以苻融爲征南大將軍하다

【目】 晉나라를 정벌하는 것을 도모하기 위해서였다.

謀伐晉也라

【綱】 여름 5월에 幽州에 蝗蟲이 발생하였다.

夏五月에 幽州蝗하다

【目】 蝗蟲이 발생하니, 너비와 길이가 천 리에 이르렀다. 秦王 苻堅이 使者를 보내어 백성들을 동원하여 박멸하게 하였다.

蝗生廣袤千里라 秦王堅이 遣使하여 發民撲除之하다

【綱】 가을 8월에 秦나라(前秦)가 裴元略을 巴西·梓潼太守로 삼았다.

秋八月에 秦以裴元略으로 爲巴西梓潼太守①하다

---

30) 秦徙鄴銅駝……翁仲于長安 : "魏나라가 長安의 종 틀과 낙타를 옮겼을 때 그것을 쓰지 않고, 구리로 주조한 銅人만 옮겼다고 썼었다. 지금도 옮겼을 뿐인데 여기에 쓴 것은 어째서인가. 백성들을 수고롭게 함을 중함으로 여긴 것이다. 위나라가 구리로 만든 사람을 옮기고자 하였는데, 무거워서 가져갈 수가 없으니, 그런 뒤에 다시 주조하였다. 위나라는 옮기지 못했는데 秦나라는 옮겼으니, 그 백성을 돌아보지 않음이 심하다. 여기에 특별히 써서 진나라를 죄책한 것이다.〔魏徙鍾簴橐駝 不書 書鑄銅人 此徙耳 則其書 何 重勞民也 魏嘗欲徙銅人矣 重不可致 然後更鑄 魏不能徙 而秦徙之 其不卹民 甚矣 特書罪之〕" ≪書法≫ 魏나라가 長安의 종 틀과 동으로 만든 낙타 등을 洛陽으로 옮긴 것은 ≪資治通鑑綱目≫ 제15권 중 建興 15년(237) 10월 조에 보인다. 여기 '綱'에 金同人을 주조한 것만을 쓰고 나머지는 '目'에 기록하였다.

① 巴西와 梓潼은 두 郡이다.
巴西·梓潼, 二郡也.

【目】 晉나라(東晉)를 공격하기 위하여 裴元略으로 하여금 은밀히 水軍을 갖추게 한 것이다.

爲伐晉故로 使密具舟師也라

【綱】 9월에 秦나라(前秦)가 將軍 呂光을 보내어 군대를 거느리고 가서 西域을 공격하게 하였다.

九月에 秦이 遣將軍呂光하여 將兵擊西域하다

【目】 車師와 鄯善이 秦나라에 들어와 조회하면서 鄕導가 되어 西域 가운데 복종하지 않는 자들을 공격할 것을 청하고, 인하여 漢나라 法처럼 都護府를 설치하여 통솔해줄 것을 청하였다. 그러자 秦王 苻堅이 呂光을 都督으로 삼아 10만의 병력을 거느리고 가서 서역을 공격하게 하니, 陽平公 苻融이 諫하기를 "서역은 매우 멀어서 그 백성을 얻더라도 부릴 수가 없고, 그 지역을 얻더라도 곡식을 먹을 수가 없습니다. 漢나라 武帝가 정벌했을 적에 소득이 손실을 보충할 수 없었으니, 신은 삼가 애석하게 생각합니다." 하였으나, 부견은 듣지 않았다.

車師, 鄯善이 入朝于秦하여 請爲鄕導하여 以伐西域之不服者하고 因如漢法 置都護以統理之어늘 秦王堅이 以呂光爲都督하여 總兵十萬하여 以伐西域하니 陽平公融이 諫曰 西域이 荒遠하여 得其民이라도 不可使요 得其地라도 不可食이라 漢武征之에 得不補失하니 臣竊惜之하노이다 不聽하다

【綱】 〈晉나라(東晉)〉 桓沖이 군대를 보내어 襄陽을 공격하였다.

桓沖이 遣兵伐襄陽[31)]하다

【目】 桓沖이 將軍 朱綽을 보내어 襄陽을 공격해서 沔水 북쪽의 屯田을 불태우고 파괴하고서 600여 가호를 노략질하고 돌아왔다.

---

31) 桓沖遣兵伐襄陽 : "나라일 경우 '伐'이라고 쓰는데, 襄陽은 한 城일 뿐인데도 伐이라고 쓴 것은 어째서인가. 襄陽을 가지고 秦나라에 허여하지 않았기 때문이다. 이때 秦나라가 襄陽을 함락한 지가 4년이었다.〔國而書伐 襄陽 一城耳 其書伐 何 不以襄陽予秦也 於是秦陷襄陽 四年矣〕" ≪書法≫

桓沖이 遣將軍朱綽하여 擊襄陽하여 焚踐沔北屯田하고 掠六百餘戶而還하다

【綱】 겨울 10월에 秦나라(前秦)가 여러 신하들을 太極殿에 모이게 하였다.

冬十月에 秦이 會群臣于太極殿하다

【目】 秦王 苻堅이 여러 신하들을 太極殿에 모아놓고 發議하기를 "지금 四方이 대략 평정되었으나, 오직 동남쪽 한 귀퉁이가 王者의 교화를 입지 못하고 있다. 나의 士卒들을 계산해보면 97만 명을 얻을 수 있으니, 내 직접 군대를 거느리고 晉나라(東晉)를 토벌하고자 하니, 어떠한가?" 하였다. 이에 左僕射 權翼이 다음과 같이 말하였다.

"옛날 紂王이 無道한 짓을 하였으나, 三仁[32]이 조정에 있으므로 武王은 오히려 군대를 되돌렸습니다. 지금 晉나라가 비록 微弱하나 큰 죄악이 있지 않고 謝安과 桓沖은 모두 江表의 偉人입니다. 군주와 신하가 화목하니, 도모할 수가 없습니다."

箕子　　微子　　比干

太子 左衛率 石越은 다음과 같이 말하였다.

"지금 歲星과 鎭星이 斗宿를 지키고 있으니, 福德이 吳 지방(東晉)에 있습니다. 오 지방을 정벌하면 반드시 하늘의 재앙이 있을 것이요, 또 저들은 험한 長江이 있고 백성들이 나라를 위해 쓰이고자 하니, 아마도 공격해서는 안 될 듯합니다."

秦王堅이 會群臣于太極殿하고 議曰 今四方略定하되 唯東南一隅 未霑王化라 計吾士卒하면 可得九十七萬이니 欲自將討之하노니 何如오 左僕射權翼曰 昔에 紂爲無道호되 三仁在朝어늘 武王이

32) 三仁 : 殷나라의 세 仁者로, 比干과 箕子, 微子를 가리키는바, 비간과 기자는 紂王의 叔父이고 미자는 주왕의 庶兄이다.

猶爲之旋師[①]하니이다 今晉雖微弱이나 未有大惡이요 謝安桓沖이 皆江表偉人이라 君臣輯睦하니 未可圖也니이다 太子左衛率石越曰 今歲鎭이 守斗하니 福德在吳라 伐之면 必有天殃[②]이요 且彼處長江之險하고 民爲之用하니 殆未可伐也니이다

① ≪史記≫에 말하였다. "武王이 즉위한 지 9년에 동쪽으로 군대를 열병하여 孟津에 이르니, 諸侯들이 약속하지 않고 모인 자가 8백 명이었다. 이들이 모두 말하기를 '紂王은 공격할 만하다.' 하자, 무왕이 말하기를 '아직 안 된다.' 하고 마침내 회군하였다. 2년 뒤에 주왕의 포학함이 점점 더 심해져서, 王子 比干을 죽이고 箕子를 가두고, 微子가 周나라로 달아났다. 무왕은 제후에게 통고하기를 '주왕이 殷나라에 무거운 죄가 있으니, 정벌하지 않을 수 없다.' 하고는 마침내 정벌하여 멸망하였다."
史記"武王卽位九年, 東觀兵, 至于孟津, 諸侯不期而會者八百, 皆曰'紂可伐矣', 武王曰'未可也', 乃還師. 居二年, 紂暴虐滋甚, 殺王子比干, 囚箕子, 微子奔周, 武王告諸侯曰'殷有重罪, 不可不伐', 遂滅之."

② 歲星은 木星이고 鎭星은 土星이다. 斗宿, 牛宿, 女宿는 吳·越과 揚州의 분야이다.
歲, 木星. 鎭, 土星. 斗·牛·女, 吳·越·揚州分.

【目】 苻堅은 말하기를 "天道는 아득하고 요원하니, 쉽게 알 수가 없다. 그리고 우리 군대로 볼 때 채찍만 長江에 던져 넣어도 충분히 흐르는 강물을 차단할 수가 있는데, 晉나라가 또 어찌 험고한 지형을 믿을 수 있겠는가." 하였다.

이에 여러 신하들이 각각 利害를 말하며 오랫동안 결정을 내리지 못했는데, 부견이 말하기를 "이는 이른바 '길가에 집을 지으면 〈이래라저래라 말들이 많아〉 완성될 날을 기약할 수 없다.'는 것이니, 내가 홀로 마음속으로 결단하겠다." 하였다.

堅曰 天道幽遠하니 未易可知요 以吾之衆으로 投鞭於江이면 足斷其流니 又何險之足恃乎아 於是에 群臣이 各言利害하여 久之不決이러니 堅曰 此所謂築室道旁이면 無時可成이라 吾當內斷於心耳라하다

【目】 여러 신하들이 모두 밖으로 나가자, 홀로 陽平公 苻融을 남게 하였다. 苻堅이 그에게 물으니, 다음과 같이 대답하였다.

"지금 晉나라를 공격함에 세 가지 어려움이 있으니, 하나는 天道에 順하지 못한 것이고, 하나는 晉나라에 아무런 잘못이 없는 것이고, 하나는 우리가 자주 싸워 병사들이 피로하여 백성들이 적을 두려워하는 마음이 있는 것입니다. 따라서 여러 신하들 중에

晉나라를 공격해서는 안 된다고 말하는 자들은 다 忠臣입니다. 원컨대 폐하는 그들의 말을 들으소서."

부견은 얼굴빛을 붉히고 말하기를 "그대도 이와 같은 말을 하니, 내 더 이상 무엇을 기대하겠는가." 하였다. 이에 부융이 울면서 다음과 같이 말하였다.

"晉나라를 멸망시킬 수 없는 이유가 매우 분명하게 드러나 있기 때문입니다. 또 신이 우려하는 바는 이뿐만이 아닙니다. 폐하께서 鮮卑와 羌族, 羯族을 총애하여 길러서 그들이 畿甸 지방에 가득 퍼져 있으니, 太子가 홀로 약한 병사들과 남아서 京師를 지키면 신은 변란이 매우 가까운 데에서 발생하여 후회막급할까 염려됩니다. 완악하고 어리석은 신의 말은 진실로 채택할 것이 못 되지만, 王景略(王猛)은 한때의 英傑이었습니다. 폐하는 항상 그를 諸葛武侯(諸葛亮)에 견주셨으니, 어찌 그가 임종할 때 남긴 말[33]을 기억하지 못하십니까."

부견은 그의 말을 듣지 않았다.

群臣이 皆出이어늘 獨留陽平公融하여 問之한대 對曰 今伐晉이 有三難하니 天道不順하고 晉國無釁하고 我數(삭)戰兵疲하여 民有畏敵之心하니 群臣言晉不可伐者 皆忠臣也니 願陛下는 聽之하소서 堅이 作色曰 汝亦如此하니 吾復何望이리오 融이 泣曰 晉未可滅이 昭然甚明하고 且臣之所憂는 不止於此니이다 陛下寵育鮮卑, 羌, 羯하여 布滿畿甸하니 太子獨與弱卒로 留守京師면 臣懼變生肘腋하여 不可悔也라 臣之頑愚는 誠不足采어니와 王景略은 一時英傑이라 陛下常比之諸葛武侯하시니 獨不記其臨沒之言乎잇가 堅이 不聽하다

【目】이에 조정의 신하로서 간언을 올리는 자가 많자, 苻堅은 말하기를 "우리의 군사력으로 晉나라를 공격함은 빠른 바람이 가을의 낙엽을 쓰는 것과 같은데, 안팎에서 모두 不可하다고 말함은 어째서인가." 하였다.

太子 苻宏이 말하기를 "금년 歲星이 吳 지방에 있고, 또 晉나라 군주가 죄가 없으니, 만약 크게 군대를 일으켰다가 승리하지 못하면 위엄과 명성이 밖으로 꺾이고 財力이 안으로 고갈될까 두렵습니다." 하니, 부견이 말하기를 "옛날 내가 燕나라(前燕)를 멸망시킬 적에도 또한 歲星을 범하고 싸워서 승리하였고, 〈戰國時代의〉 秦나라가 6국(齊·楚·燕·韓·趙·魏)을 멸망할 적에 6국의 군주가 어찌 모두 포악하였겠는가." 하였다.

---

33) 어찌……말 : 본서 寧康 3년(375) 7월 조에 보인다. 王猛이 죽기 전에 苻堅에게 晉나라를 도모하지 말라고 유언하였다.

於是에 朝臣進諫者衆이어늘 堅曰 以吾擊晉은 猶疾風之掃秋葉이어늘 而內外皆言不可는 何也오 太子宏曰 今歲在吳分하고 又晉君無罪하니 若大擧不捷이면 恐威名外挫하고 財力內竭耳니이다 堅曰 昔吾滅燕에 亦犯歲而捷하고 秦滅六國에 豈皆暴虐乎아

【目】 冠軍將軍 慕容垂만 홀로 苻堅에게 다음과 같이 말하였다.

"폐하께서는 훌륭한 무예와 용맹을 갖추시어 위엄이 海外에까지 가해지고 있는데, 작은 江南 지방이 홀로 王命을 거역하니, 어찌 다시 그것을 남겨두어 자손에게 물려주겠습니까. ≪詩經≫에 이르기를 '도모하는 사람들이 매우 많다. 이 때문에 일이 이루어지지 않는다.'[34] 하였으니, 폐하께서 聖스러운 마음으로 결단하시면 충분합니다. 晉나라 武帝가 吳나라를 평정할 적에 의지한 것은 張華와 杜預 두세 명의 신하뿐이었으니,[35] 만약 그때 여러 사람의 말을 따랐으면 어찌 천하를 하나로 통일하는 공이 있었겠습니까."

부견은 크게 기뻐하여 말하기를 "나와 함께 천하를 평정할 자는 卿 하나뿐이다." 하였다.

冠軍慕容垂 獨言於堅曰 陛下神武①하사 威加海外어시늘 而蕞爾江南이 獨違王命하니 豈可復留之하여 以遺子孫哉리오 詩云 謀夫孔多라 是用不集이라하니 陛下斷自聖心이 足矣니이다 晉武平吳에 所仗者 張·杜二三臣而已②니 若從衆言이면 豈有混壹之功乎리잇가 堅이 大悅曰 與吾共定天下者는 獨卿而已라하다

① 冠軍은 바로 冠軍將軍이다.
冠軍, 卽冠軍將軍也.
② 張·杜는 張華와 杜預를 이른다.
張·杜, 謂張華·杜預也.

【目】 苻堅이 江東 지방(東晉)을 점령하고자 하는 마음을 단단히 먹고서 새벽까지 잠들지 못하자, 苻融이 간하기를 "예로부터 병력을 동원하여 무력을 끝까지 사용하면 망하지

34) 도모하는……않는다 : 이 내용은 ≪詩經≫ 〈小雅 小旻〉에 보인다.

35) 晉나라……신하뿐이었으니 : 晉나라 武帝 때 益州刺史 王濬이 吳나라를 정벌해야 한다는 내용으로 상소를 올리고 杜預 또한 그와 같은 내용의 表文을 올렸으나 무제가 결정하지 못하고 있었다. 이후 무제가 張華와 바둑을 두고 있을 때 마침 두예의 두 번째 표문이 올라왔는데, 장화가 바둑판을 물리고서 "폐하께서는 武德을 갖추신 데다 나라가 부강합니다. 반면에 吳主는 淫虐한 데다 어질고 재능 있는 신하를 죽이고 있으니, 지금 공격하면 큰 힘을 들이지 않고 오나라를 평정할 수 있습니다. 원컨대 이러한 의견을 의심하지 마소서."라고 건의하였다. 마침내 무제가 결정을 내리고 군대를 크게 일으켜 오나라를 정벌하였다.(≪資治通鑑≫ 권80 〈晉紀 2〉)

않은 자가 없었습니다. 그리고 강동 지방이 비록 미약하나, 中華의 正統입니다. 하늘의 뜻이 반드시 정통을 끊으려 하지 않을 것입니다." 하니, 부견이 말하기를 "帝王의 교체가 어찌 일정한 순서가 있겠는가. 오직 德이 있는 곳에 있을 뿐이다." 하였다.

堅이 銳意欲取江東하여 寢不能旦이어늘 融이 復諫曰 自古窮兵極武면 未有不亡者요 江東雖微弱이나 然中華正統이라 天意必不絶之리이다 堅曰 帝王歷數 豈有常邪아 惟德之所在耳니라

【目】苻堅은 평소 沙門인 道安을 믿고 소중히 여기므로 여러 신하들이 도안으로 하여금 틈을 타서 말씀을 아뢰게 하였다. 부견이 도안과 함께 동쪽 동산에서 놀 적에 "짐이 장차 公과 함께 남쪽으로 吳·越 지방을 유람하고, 長江에 배를 띄우고서 滄海에 임하려 하노니, 이렇게 하면 즐겁지 않겠는가." 하니, 도안이 말하기를 "폐하께서 天命에 응하여 세상을 통치하시고 中原에 처하여 四維(四方)를 통제하시니, 자연히 융성함을 堯·舜에 견주기에 충분합니다. 어찌 반드시 빠른 바람에 빗질하고 빗물로 머리를 감으면서 먼 지방을 경영할 것이 있겠습니까." 하였으나, 부견은 그 말을 듣지 않았다.

堅이 素信重沙門道安이라 群臣이 使乘間進言이러니 堅이 與遊東苑할새 曰 朕將與公南遊吳越하고 泛長江하여 臨滄海하노니 不亦樂乎아 安曰 陛下應天御世하여 居中土而制四維하시니 自足以比隆堯舜이라 何必櫛風沐雨하여 經略遐方이리잇고 堅이 不聽①하다

① 櫛은 빗질함이다. 빠른 바람과 부딪치면 머리가 저절로 빗질이 되고 소낙비를 무릅쓰면 머리를 감게 된다.
櫛, 梳也. 衝疾風而梳頭, 冒驟雨而沐髮.

【目】苻堅의 총애하는 張夫人이 다음과 같이 간하였다.

"하늘과 땅이 만물을 번식시키고 聖王이 천하를 다스림은 모두 자연을 순히 따름으로 인해 功을 이루지 않음이 없습니다. 黃帝가 소를 부리고 말을 탄 것은 소와 말의 성질을 따른 것이요, 禹임금이 9州의 냇물을 깊이 파고 9주의 못을 막은 것은 산천의 형세를 순히 따른 것이요, 后稷이 百穀을 파종하여 번식시킨 것은 계절을 순히 따른 것이요, 湯王과 武王이 천하를 거느리고서 桀王과 紂王을 공격한 것은 민심을 따른 것입니다. 지금 朝野의 사람들이 모두 晉나라를 공격해서는 안 된다고 말하는데, 폐하께서 홀로 결심하여 행하려 하시니, 첩은 무슨 이유인지 알지 못하겠습니다. 가을과 겨울 이래로 닭이 이른 밤에 울고 개가 슬피 울부짖고 마구간의 말이 많이 놀라고 武庫의 兵器가

저절로 움직이니, 이는 모두 출병할 때의 祥瑞가 아닙니다."

부견은 말하기를 "군대의 일은 부인이 관여할 바가 아니오." 하였다.

所幸張夫人이 諫曰 天地之生萬物과 聖王之治天下는 皆因其自然而順之라 故로 功無不成하나니 黃帝服牛乘馬는 因其性也[①]요 禹濬九川障九澤은 因其勢也[②]요 后稷이 播殖百穀은 因其時也[③]요 湯武率天下而攻桀紂는 因其心也[④]라 今朝野 皆言晉不可伐이어늘 陛下獨決意行之하시니 妾不知何所因也니이다 自秋冬以來로 鷄夜鳴하고 犬哀嗥(호)하고 廐馬多驚하고 武庫兵器自動하니 皆非出師之祥也[⑤]니이다 堅曰 軍旅之事는 非婦人所當預니라

① 〈'黃帝服牛乘馬 因其性也'는〉 소와 말을 그 성질을 따라 부렸으므로 무거운 짐을 끌어오고 먼 곳에 갈 수 있었음을 말한 것이다.
言因牛馬之性, 故可引重而致遠.

② 〈'禹濬九川障九澤 因其勢也'는〉 산천의 높고 낮은 지세를 따랐기 때문에 근원을 깨끗하게 만들어 하류에 못을 만들 수 있었음을 말한 것이다.
言因高下之勢, 故可滌源而陂澤.

③ 天時를 순히 따라 곡식을 파종하고 번식시키면 百穀이 제대로 성숙하는 것이다.
因天時而播殖, 則百穀成.

④ 人心을 순히 따라 用兵을 하면 천하가 복종하는 것이다.
因人心而用兵, 則天下服.

⑤ 嗥(울다)는 음이 豪이다.
嗥, 音豪.

【目】 苻堅의 어린 아들 苻詵(부신)이 부견에게 가장 큰 총애를 받았는데, 또한 간하기를 "나라가 흥하고 망함은 어진 사람을 등용하느냐 버리느냐에 달려 있습니다. 지금 陽平公(苻融)은 나라의 대사를 主謀하는 신하인데 폐하께서 그의 의견을 따르지 않고 계십니다. 반면에 晉나라에는 謝安과 桓沖이 있는데 폐하께서 그들을 공격하시니, 신은 삼가 곤혹스럽습니다." 하니, 부견이 말하기를 "천하의 대사를 어린아이가 어찌 알겠는가." 하였다.

堅의 幼子詵이 最有寵[①]이러니 亦諫曰 國之興亡이 繫賢人之用捨하니 今陽平公은 國之謀主어늘 而陛下違之하시고 晉有謝安, 桓沖이어늘 而陛下伐之하시니 臣竊惑焉하노이다 堅曰 天下大事를 孺子安知리오하다

① 詵은 所臻의 切이다.
詵, 所臻切.

【綱】 秦나라(前秦)에 大豐이 들었다.

秦이 大熟[36]하다

【目】 秦나라 劉蘭이 蝗蟲을 잡았으나 박멸하지 못하자, 有司가 그를 불러 廷尉에 회부하여 그 죄를 심리할 것을 청하니, 秦王 苻堅이 말하기를 "天災가 발생하였으니, 人力으로 능히 제거할 수 있는 것이 아니다. 이는 짐이 정사를 잘못해서이니, 유란이 무슨 죄가 있겠는가." 하였다. 이해에 大豐이 드니, 황충이 깨와 콩을 먹지 않았다.

秦劉蘭이 討蝗不能滅이어늘 有司請徵下廷尉한대 秦王堅曰 災降自天하니 非人力所能除라 此由朕之失政이니 蘭何罪乎리오 是歲에 大熟하니 蝗不食麻豆러라

癸未年(383)

【綱】 晉나라(東晉) 烈宗 孝武皇帝 太元 8년이다.

八年이라

【目】 秦나라(前秦) 苻堅 建元 19년이다.

秦建元十九年이라

【綱】 여름 5월에 〈晉나라(東晉)의〉 桓沖이 군대를 거느리고 秦나라(前秦)를 공격하여 筑陽을 함락하였다.

36) 秦大熟 : "이는 하늘이 秦나라를 교만하게 하여 멸망시킨 것이다. 그러므로 특별히 쓴 것이다. ≪資治通鑑綱目≫이 끝날 때까지 '大有年'이라고 쓴 것이 네 번이고, '有年'이라고 쓴 것이 두 번이고, '大熟'이라고 쓴 것이 한 번이고, '大稔'이라고 쓴 것이 네 번이고, '稔'이라고 쓴 것이 한 번이다.(漢나라 明帝 永平 9년(166)에 자세히 보인다.)〔此 天所以驕秦而滅之也 故特書之 終綱目 書大有年四 有年二 大熟一 大稔四 稔一(詳漢明帝永平九年)〕" ≪書法≫ '大有年', '有年', '大熟', '大稔', '稔'은 모두 풍년이 든 것을 말한다.

"앞에서는 東夷와 西域 62개국이 秦나라에 朝貢했다고 쓰고, 여기에서는 진나라에 곡식이 크게 잘 익었다고 썼으니, 이는 찬미한 것이 아니요, 바로 하늘이 진나라의 악을 조장하여 교만하게 해서 전복하고 패망하는 화에 빠지게 했는데도 진나라가 스스로 알지 못하였음을 드러낸 것이다.〔前書東夷西域六十二國朝貢于秦 此書秦大熟 非美之也 正以著天稔其惡而驕之 使陷於覆亡之禍 而不自知爾〕" ≪發明≫

夏五月에 **桓沖**이 **帥師伐秦**하여 **拔筑陽**하다

【目】 桓沖이 10만의 병력을 거느리고 秦나라를 공격하여 襄陽을 공격할 적에 別將이 筑陽城을 공격하여 함락하였다. 秦나라가 慕容垂를 보내어 구원하게 하자, 모용수는 전진하여 沔水에 임해서 밤중에 군사들에게 명하여 각자 10개의 횃불을 잡게 해서 나뭇가지에 매다니, 횃불의 빛이 수십 리를 비추었다. 환충이 두려워하고 후퇴하여 上明으로 돌아가서 표문을 올려 형의 아들 桓石民에게 襄陽太守를 겸하게 하여 夏口를 지키게 하고 자신은 江州刺史를 겸하게 할 것을 청하니, 조정에서 조령을 내려 허락하였다.

桓沖이 帥衆十萬하고 伐秦하여 攻襄陽할새 別將이 攻筑陽拔之①하다 秦이 遣慕容垂來救한대 進臨沔水하여 夜命軍士하여 人持十炬하여 繫于樹枝하니 光照數十里라 沖이 懼하여 退還上明하여 表其兄子石民하여 領襄陽太守하여 戍夏口하고 自求領江州刺史하니 詔許之하다

① 筑은 음이 逐이다. 筑陽縣은 漢나라 때에는 南陽郡에 소속하였고, 晉나라 때에는 順陽郡에 소속하였다.
筑, 音逐. 筑陽縣, 漢屬南陽郡, 晉屬順陽郡.

【綱】 가을 8월에 秦王 苻堅이 크게 군대를 일으켜 晉나라(東晉)를 침략하자, 晉나라에서는 征討都督 謝石과 冠軍將軍 謝玄 등을 명하여 군대를 거느리고 나가서 막게 하였다.

秋八月에 **秦王堅**이 **大擧入寇**어늘 **詔征討都督謝石**과 **冠軍將軍謝玄等**하여 **帥師拒之**[37]하다

【目】 秦王 苻堅이 조령을 내려 군대를 크게 동원하여 晉나라를 공격할 적에 백성들은 10丁마다 한 병사를 내게 하고 良家의 자제 중에 나이 20세 이하로 재주와 용맹이 있는 자를 모두 羽林郞에 제수하였다. 또 조령을 내리기를 "晉나라의 司馬昌明(晉 孝武帝)을 尙書左僕射로, 謝安을 吏部尙書로, 桓沖을 侍中으로 삼고 〈長安에〉 미리 이들을 위하

37) 秦王堅……帥師拒之 : "'秦나라가 크게 군대를 일으켜 들어와 침략했다.'고 말하지 않고 '秦王 苻堅'이라고 말한 것은 秦나라의 온 나라 사람들이 모두 출정을 원하지 않았으나 유독 부견이 여러 사람의 의견을 어기고서 남쪽으로 향할 것을 결심하였기 때문이다. 그러므로 ≪資治通鑑綱目≫에 특별히 써서 부견의 죄를 드러낸 것이다.〔不曰秦大擧入寇 而必曰秦王堅者 此行 秦人擧國皆不欲 獨堅違衆決意南向 是以綱目特書之 以著堅之罪也〕" ≪發明≫

여 집을 지으라." 하였다. 良家의 자제 중에 징집에 응한 자가 3만여 기병이었는데, 趙盛之를 임명하여 少年都統으로 삼았다.

秦王堅이 下詔大學할새 民每十丁에 遣一兵하고 其良家子年二十已下로 有材勇者를 皆拜羽林郞하다 又曰 其以司馬昌明爲尙書左僕射하고 謝安爲吏部尙書하고 桓沖爲侍中하여 先爲起第[①]하라하다 良家子至者 三萬餘騎어늘 拜趙盛之하여 爲少年都統[②]하다

① '先爲'의 爲(위하다)는 去聲이다.
　先爲之爲, 去聲.
② 都統은 官名이니, 이때 처음 만들었다.
　都統, 官名, 起於此.

【目】이때 秦나라 조정의 신하들은 모두 苻堅이 출정하는 것을 원치 않았으나, 오직 慕容垂와 姚萇 및 良家의 자제들만이 권하였다. 陽平公 苻融이 간하기를 "모용수와 요장은 우리의 원수이고, 양가의 소년들은 모두 부유한 집안의 자제여서 군대의 일에 익숙하지 않으니, 어찌 그들의 말을 따를 수 있습니까." 하였으나, 부견은 듣지 않았다.

是時에 朝臣이 皆不欲堅行호되 獨慕容垂姚萇及良家子勸之라 陽平公融이 諫曰 垂萇은 我之仇讐요 良家少年은 皆富饒子弟라 不閑軍旅하니 何可聽也리잇고 堅이 不聽하다

【目】8월에 苻堅은 苻融을 보내어 張蚝(장자), 慕容垂 등 보병과 기병 25만을 감독하여 선봉이 되게 하였다. 그리고 姚萇을 龍驤將軍으로 삼아 益州와 梁州의 여러 군대를 감독하게 하고, 요장에게 이르기를 "옛날 짐이 용양장군으로 있으면서 왕업을 이루었으니, 내 일찍이 함부로 남에게 용양장군을 제수하지 않았다. 卿은 노력하라." 하였다. 竇衝이 말하기를 "王者는 농담을 하지 않는 법이니, 이것은 상서롭지 못한 조짐입니다." 하자, 부견이 침묵하였다.

慕容紹가 모용수에게 말하기를 "主上이 교만하고 자랑함이 너무 심하니, 叔父가 中興의 업적을 세우는 것이 이번 걸음에 달려 있습니다." 하였다.

八月에 遣融하여 督張蚝慕容垂等步騎二十五萬하여 爲前鋒하고 以姚萇爲龍驤將軍하여 督益梁州諸軍하고 謂曰 昔에 朕以龍驤建業하니 未嘗輕以授人이라 卿其勉之[①]하라 竇衝曰 王者는 無戲言이니 此不祥之徵也니이다 堅이 默然이러라 慕容紹 言於垂曰 主上이 驕矜已甚하니 叔父建中興之業이 在此行也니이다

① 苻堅이 龍驤將軍으로 苻生을 죽이고서 秦나라를 차지하였다.
堅以龍驤將軍殺苻生, 得秦國.

【目】 苻堅이 마침내 長安을 출발하니, 병졸이 60여 만이요, 기병이 27만이었다. 9월에 項城에 이르니 涼州의 병사가 처음으로 咸陽에 도달하였고, 蜀 지방과 漢中의 군대가 막 長江의 강물을 타고 내려왔다. 그리고 幽州와 冀州의 병사가 彭城에 이르러 동쪽과 서쪽 만 리의 수로와 육로로 일제히 진군하였는데, 漕運하는 배가 만 척이었다. 苻融 등의 병사 30만이 먼저 潁水 어귀에 이르렀다.

堅이 遂發長安하니 戎卒이 六十餘萬이요 騎二十七萬이러라 九月에 至項城하니 涼州兵이 始達咸陽하고 蜀漢兵이 方順流而下하고 幽冀兵이 至于彭城하여 東西萬里에 水陸齊進하고 運漕萬艘라 融等兵三十萬이 先至潁口①하다

① 潁口는 潁水가 淮水로 들어가는 입구이다. ≪地理志≫에 "潁水는 陽城縣 陽乾山에서 발원하여 동쪽으로 下蔡에 이르러 淮水로 들어간다." 하였다.
潁口, 潁水入淮之口也. 地理志"潁水, 出陽城縣陽乾山, 東至下蔡, 入淮."

【目】〈晉나라의〉 조정에서는 조령을 내려 謝石을 征討大都督으로 삼고 謝玄을 前鋒都督으로 삼아 將軍 謝琰, 桓伊, 胡彬 등과 함께 8만의 군대를 감독하여 秦나라 군대를 막게 하니, 이때 도성 아래의 백성들이 놀라고 두려워하였다.

謝玄이 조정에 들어와 謝安에게 계책을 묻자, 사안은 태연히 대답하기를 "〈황제께서〉 이미 별도로 명령이 있을 것이다." 하고서는 이윽고 아무 말이 없었다. 사안은 마침내 말에 멍에를 하도록 명하여 조정에서 나와 산의 별장에서 노니, 친구들이 다 모였다. 사안은 사현과 별장을 걸고 내기 바둑을 두니, 평소 사안의 바둑 실력이 사현만 못하였는데, 이날은 사현이 두려운 마음이 있었기 때문에 〈집중을 하지 못하여〉 對局을 개시했을 때에는 막상막하였을 뿐만 아니라 이기지도 못하였다. 사안은 마침내 산으로 놀러 갔다가 밤이 되어서야 돌아왔다.

詔以謝石爲征討大都督하고 謝玄爲前鋒都督하여 與將軍謝琰, 桓伊, 胡彬等으로 督衆八萬拒之①하니 時에 都下震恐이라 玄이 入問計於謝安한대 安이 夷然答曰 已別有旨라하더니 旣而寂然②이라 遂命駕하여 出遊山墅③하니 親朋이 畢集이라 與玄圍棊賭墅하니 安棊常劣於玄이러니 是日에 玄이 懼하여 便爲敵手하고 而又不勝④하다 安이 遂遊陟이라가 至夜乃還⑤하다

① 謝石은 謝安의 아우이고, 謝琰은 사안의 아들이다.
石, 安之弟. 琰, 安之子也.
② 夷는 평탄함이요 평소이니, 〈'夷然'은〉 평탄하여 평일과 다름이 없음을 말한 것이다.
夷, 坦也, 平也. 言坦然無異平日也.
③ 墅는 承與의 切이니, 전원의 별장이다.
墅, 承與切, 園廬也.
④ '敵手'는 바둑알을 놓아 行馬를 잡으려고 다투는데, 지략과 수를 계산함이 서로 대등함을 말한 것이다. 사현은 뜻이 바둑에 있지 않았으므로 사안을 이기지 못한 것이다.
敵手, 謂下子爭行劫, 智筭相敵也. 玄意不在棊, 故不能勝安.
⑤ '遊陟'은 산에 놀러 가서 높은 곳에 오름을 이른다.
遊陟, 遊山登高也.

【目】 桓沖은 京師가 공격 받을까 크게 우려하여 정에 기병 3천을 보내어 경사로 들어가 구원하려 하였으나, 謝安은 굳이 퇴각시키고 말하기를 "朝廷의 처분이 이미 정해져서 병기와 갑옷에 부족함이 없으니, 이들을 남겨두어 서쪽 변방을 막게 함이 마땅하다." 하였다.

환충은 탄식하기를 "謝安石이 조정 大臣의 국량은 있으나 장수의 智略에는 익숙하지 못하다. 그러므로 지금 큰 적이 쳐들어오는데도 노닐며 淸談을 즐기기에 겨를이 없는 것이다. 그리고 큰일을 경험해보지 못한 소년들을 보내어 적을 막게 하고 병력도 적고 약하니, 천하의 일을 이미 알 만하다. 〈결국 오랑캐의 통치를 받아〉 나는 아마도 옷깃을 왼쪽으로 여미게 될 것이다." 하였다.

桓沖이 深以根本爲憂하여 遣精騎三千入援이어늘 安이 固却之曰 朝廷處分已定하여 兵甲無闕하니 宜留以防西藩하라 沖이 歎曰 安石이 有廟堂之量호되 不閑將略하여 今大敵垂至에 方遊談不暇하며 遣諸不經事少年拒之하고 衆又寡弱하니 天下事를 已可知라 吾其左衽矣로다

【綱】 〈晉나라(東晉)가〉 琅邪王 司馬道子를 錄尙書六條事로 삼았다.

以琅邪王道子로 錄尙書六條事하다

【綱】 겨울 11월에 〈晉나라(東晉)의〉 謝石과 謝玄 등이 秦나라(前秦) 군대를 肥水에서 대파하여 그 대장 苻融을 죽이니, 秦王 苻堅이 패주하여 長安으로 돌

아갔다.

○**冬十一月**에 **謝石, 謝玄等**이 **大破秦兵于肥水**하여 **殺其大將苻融**하니 **秦王堅**이 **走還長安**[38]하다

【目】秦나라 陽平公 苻融 등이 壽陽을 공격하여 함락하니, 晉나라의 胡彬이 후퇴하여 硤石을 지켰다. 그러자 부융은 협석으로 진격하고 梁成 등이 洛澗에 군대를 주둔하여 淮水에 木柵을 설치하여 강동의 군대를 막으니, 謝石과 謝玄 등이 두려워하여 감히 전진하지 못하였다.

호빈은 군량이 다하자 은밀히 사자를 보내어 사석 등에게 고하기를 "지금 적이 강성하고 우리의 군량이 다하였으니, 다시는 우리의 大軍을 보지 못할까 염려됩니다." 하였다. 秦나라 사람이 이 사자를 사로잡아 부융에게 보내자, 부융이 사자를 급히 보내어 秦王 苻堅에게 아뢰기를 "賊은 병력이 적어 쉽게 사로잡을 수 있으나 다만 도망할까 염려되니, 속히 晉軍을 향해 달려오셔야 합니다." 하였다.

부견은 이에 大軍을 項城에 남겨두고 輕武裝한 기병 8천 명을 인솔하고 밤낮으로 행군하여 부융에게 왔다. 그리고 朱序를 보내어 사석 등을 설득하기를 "속히 항복하는 것만 못하다." 하였다. 주서가 은밀히 사석 등에게 이르기를 "만약 秦나라의 병력이 다 도착하면 진실로 이들과 대적하여 싸우기가 어려우니, 지금 군대가 아직 집결하지 않았을

38) 謝石謝玄等……走還長安 : "위에서 '大擧(크게 군대를 일으켰다.)'라고 쓴 것은 어째서인가. 秦나라가 많은 병력을 믿었기 때문이다. 그러므로 아래에 秦나라 군대를 대파했다고 쓰고 그 대장을 죽였다고 썼으니, 이는 통쾌하게 여긴 말이다. 앞서 '大熟(大豊이 들었다.)'이라 쓰고 뒤이어 '大擧'라고 쓰고 여기서는 '大破'라 썼으니, 그렇다면 하늘의 요행을 믿는 자가 거울로 삼을 만하다.〔書大擧 何 秦恃衆也 故下書大破秦兵 書殺其大將 快辭也 前書大熟 繼書大擧 此書大破 然則恃天幸者 可以鑑矣〕" ≪書法≫

"晉나라 淝水의 승리는 또한 하늘의 요행이 있어서였다. 그러나 ≪資治通鑑綱目≫에서 謝石 등에게 공을 돌린 것은 이때 謝安이 정승이 되어 政事가 화평하였으며 謝石 등의 재능이 관직에 걸맞고 上下가 화목하여 진실로 본래 秦나라를 이길 이치가 있어서였다. 저 苻堅이 강대함을 믿고 여러 번 승리하여 교만해져서 晉나라가 비록 미약하나 기회를 탈 수 있는 틈이 없음을 알지 못하였다. 이에 경거망동하여 온 나라의 병력을 동원해서 남쪽으로 내려왔으니, 진실로 본래 敗亡할 이치가 있었다. 그러므로 비록 초목도 사람의 모습으로 보이고 바람과 鶴도 황제의 군대로 보였는데, ≪資治通鑑綱目≫에서는 사석 등이 秦나라 군대를 대파했다고 쓰고, 秦나라 군대가 스스로 패했다고 쓰지 않은 것은 장차 후세 사람들로 하여금 사람의 일을 중하게 여겨 하늘의 요행을 마음에 두지 않게 한 것이니, 이는 서법의 깊은 뜻이다.〔晉淝水之捷 亦有天幸 然綱目歸功謝石等者 是時謝安爲相 政事和平 石等才能稱職 上下輯睦 固自有勝秦之理 彼苻堅恃其强大 屢勝而驕 不知晉雖微弱 無釁可乘 輕擧妄動 傾國南下 固自有敗亡之理 故雖草木人形 風鶴王師 而綱目 則書石等大破秦兵 不書秦兵自敗者 將使後世以人事爲重 而不以天幸爲心 此書法之深意也〕" ≪發明≫

때에 미쳐 속히 공격하여야 한다. 만약 그들의 선봉 부대를 패퇴시키면 저들은 사기가 크게 떨어질 것이니, 마침내 격파할 수 있다." 하였다.

秦陽平公融等이 攻壽陽克之하니 胡彬이 退保硤石이어늘 融이 進攻之①하고 梁成等이 屯于洛澗하여 柵淮以遏東兵②하니 謝石謝玄等이 憚不敢進이라 彬이 糧盡이어늘 潛遣使告石等曰 今賊盛糧盡하니 恐不復見大軍이로라 秦人이 獲之하여 送於融한대 融이 馳使하여 白秦王堅曰 賊少易(이)擒이라 但恐逃去하오니 宜速赴之하소서 堅이 乃留大軍於項城하고 引輕騎八千하고 兼道就融하여 遣朱序하여 來說(세)石等호되 不如速降이니라 序私謂石等曰 若秦衆盡至면 誠難與爲敵이니 今乘諸軍未集하여 宜速擊之라 若敗其前鋒이면 則彼已奪氣리니 可遂破也라하다

① ≪水經註≫에 "淮水는 동쪽으로 壽春縣 북쪽을 지나 오른쪽으로 肥水와 합류한다. 또 북쪽으로 山峽 가운데를 지나가니, 이곳을 '峽石'이라 이른다. 對岸의 산 위에 두 城을 쌓아 중요한 나루터를 막았다." 하였다.
水經注"淮水, 東過壽春縣北, 右合肥水. 又北逕山峽中, 謂之峽石. 對岸山上結二城, 以防津要."

② ≪水經註≫에 "洛澗은 위로 死馬塘의 물을 받아 북쪽으로 秦墟를 지나 아래로 淮水에 주입하니, 이곳을 洛口라 한다." 하였다.
水經注"洛澗, 上承死馬塘水, 北歷秦墟, 下注淮, 謂之洛口."

【目】 11월에 謝玄이 廣陵相 劉牢之를 보내어 정병 5천 명을 거느리고 洛澗으로 달려가게 하자, 梁成이 낙간을 막고 陣을 쳐 대비하였다. 유뇌지가 곧장 앞으로 물을 건너가서 양성을 공격하여 대파해서 참수하고 군대를 나누어 秦軍이 되돌아갈 나루터를 차단하니, 秦나라 보병과 기병이 붕괴하여 淮水에 뛰어들어 죽은 자가 1만 5천 명이었다.

十一月에 玄이 遣廣陵相劉牢之하여 帥精兵五千하고 趣洛澗한대 成이 阻澗爲陳以待之①어늘 牢之直前渡水하여 擊成하여 大破斬之하고 分兵斷其歸津하니 秦步騎崩潰하여 赴淮死者 萬五千人이라

① 陳은 陣으로 읽으니, 아래도 같다.
陳, 讀曰陣, 下同.

【目】 이에 謝石 등이 수로와 육로로 계속 전진하니, 苻堅은 苻融과 함께 壽陽城에 올라 이것을 바라보다가 晉나라 군대의 진영이 매우 엄격하고 정돈된 것을 보고서 다시 八公山 위의 초목들을 바라보고는 이것을 모두 晉나라 병사라고 여겨 부융을 돌아보고 이르기를 "이들 또한 강한 적이니, 어찌 약하다고 하겠는가." 하고는 망연자실하여 처음으로 두려워하는 기색이 있었다.

於是에 石等이 水陸繼進하니 堅이 與融으로 登壽陽城望之라가 見晉兵部陣嚴整하고 又望見八公山上草木하고 皆以爲晉兵이라하여 顧謂融曰 此亦勍敵이니 何謂弱也오하고 憮然始有懼色①이러라

① 胡三省이 말하였다. "八公山은 지금의 壽春縣 북쪽 4리 지점에 있다. 세상에 전하기를 '漢나라 淮南王 劉安이 신선을 좋아하였는데, 갑자기 수염과 눈썹이 하얗게 센 여덟 公이 문으로 찾아와 만나볼 것을 청하였다. 문지기가 말하기를「우리 왕은 長生하고자 하시는데, 지금 선생은 노쇠함을 멈추는 방법이 없으니, 감히 아뢸 수가 없습니다.」하자, 여덟 公이 모두 변하여 동자가 되었으므로 마침내 사당을 산 위에 세웠다.'고 한다." '憮然'은 失意한 모양이다.
胡三省曰 "八公山, 在今壽春縣北四里. 世傳 '漢淮南王安好神仙, 忽有八公, 皆鬚眉皓素, 詣門求見, 門者曰「吾王好長生, 今先生無駐衰之術, 未敢以聞.」八公皆變成童, 遂立廟於山上.'" 憮然, 失意貌.

【目】秦나라 군대가 肥水 가까이에 진을 치자, 謝玄이 사자를 보내어 苻融에게 이르기를 "그대가 군대를 이끌고 적진 속에 깊이 쳐들어가 강물 가까이 陣을 설치하니, 이것은 바로 持久戰을 하려는 계책이요, 속히 싸우고자 하려는 것이 아니다. 만약 진영을 뒤로 조금만 물려 우리 군대로 하여금 비수를 건너 승부를 결단하게 한다면 좋지 않겠는가." 하였다.

秦나라의 여러 장수들이 모두 말하기를 "우리들은 병력이 많고 저들은 적으니, 저들을 막아서 올라오지 못하게 하는 것만 못합니다. 이렇게 하면 萬全을 기약할 수 있습니다." 하였으나, 苻堅은 말하기를 "다만 적을 반쯤만 건너오게 하여 우리가 鐵騎로써 압박하여 죽이면 이기지 못할 리가 없다." 하였다. 부융 또한 그 말을 옳게 여겨 마침내 군대를 지휘하여 퇴각하게 하니, 秦나라 군대가 마침내 후퇴하여 다시는 멈출 수가 없었다.

秦兵이 逼肥水而陳이어늘 玄이 使謂融曰 君懸軍深入하여 而置陳逼水하니 此乃持久之計요 非欲速戰者也라 若移陳小却하여 使我兵得渡하여 以決勝負 不亦善乎아 秦諸將이 皆曰 我衆彼寡하니 不如遏之使不得上이니 可以萬全이니이다 堅曰 但使半渡하여 我以鐵騎로 蹙而殺之면 蔑不勝矣리라 融亦以爲然하여 遂麾兵使却하니 秦兵이 遂退하여 不可復止러라

【目】謝玄 등이 肥水를 건너가 공격하자, 苻融이 말을 타고 陣을 〈정비하고자〉 순행하여 퇴각하는 군사들을 통솔하고자 하였는데, 타고 있던 말이 쓰러져 부융이 晉나라 병사들에 의해 죽임을 당하니, 秦나라 군대가 마침내 궤멸하였다.

사현 등이 승세를 타고 추격하여 青岡에 이르니, 秦나라 군대가 대패하여 자기들끼리 밟혀 죽은 자가 들을 뒤덮고 냇물을 막았다. 그리고 도망간 자들은 바람 소리와 학 울음소리를 듣고는 모두 晉나라 군대가 장차 이를 것이라고 여겨 밤이나 낮이나 감히 휴식하지 못하며 〈인적이 드문〉 草野의 길을 가고 露宿을 하였다. 게다가 굶주림과 추위가 겹쳐 죽은 자가 10에 7, 8명이었다.

玄等이 引兵渡水擊之한대 融騎略陳하여 欲以帥退者①러니 馬倒하여 爲晉兵所殺하니 秦兵이 遂潰라 玄等이 乘勝追擊하여 至于青岡②하니 秦兵이 大敗하여 自相蹈藉而死者 蔽野塞川하고 其走者 聞風聲鶴唳하고 皆以爲晉兵且至③라하여 晝夜不敢息하여 草行露宿하고 重以飢凍하여 死者什七八④이러라

謝玄破秦百萬兵圖

① 帥은 率로 읽는다.
帥, 讀曰率.

② 胡三省이 말하였다. "青岡은 지금의 壽春과 30리 거리에 있다."
胡三省曰 "青岡, 去今壽春三十里."

③ 唳는 鶴이 우는 것이다.
唳, 鶴鳴也.

④ '草行'은 감히 큰길을 따라가지 못하고 풀이 난 거친 땅을 밟고 가는 것이요, '露宿'은 감히 인가에 들어가 자지 못하고 들에서 留宿하는 것이니, 모두 추격하는 晉軍을 두려워하였기 때문이다. 重(거듭)은 直用의 切이다.
草行者, 涉草而行, 不敢由路. 露宿者, 宿於野次, 不敢入人家, 皆懼追兵也. 重, 直用切.

【目】 처음에 秦나라 군대가 조금 퇴각할 적에 朱序가 진영 뒤에 있으면서 큰 소리로 "秦나라 군대가 패했다." 하니, 秦나라 무리가 마침내 크게 도망하였다. 주서는 이로 인하여 張天錫[39]과 함께 모두 晉나라로 도망하여 오니, 晉나라가 부견이 타던 雲母車와 儀

服과 器械를 이루 계산할 수 없을 정도로 많이 노획하였고, 또다시 壽陽을 점령하였다.

初에 秦兵小却에 朱序在陳後하여 呼曰 秦兵敗矣라하니 衆遂大奔이러라 序因與張天錫으로 皆來奔하니 獲堅所乘雲母車及儀服器械를 不可勝計요 復取壽陽①하다

① 晉나라 제도에 雲母車는 雲母를 가지고 송아지가 끄는 수레를 꾸민 것이니, 신하는 이 수레를 탈 수가 없어 王公에게 하사할 뿐이었다. 雲母는 흙과 돌 사이에서 생산되는데, 작은 조각들이 층을 이루고 있어 조각을 나눌 수 있는바, 밝고 매끄럽고 빛나고 백색인 것이 上品이다. 晉制, 雲母車, 以雲母飾犢車, 臣下不得乘, 以賜王公耳. 雲母, 生土石間, 作片成層, 可析, 明滑光白者, 爲上.

【目】苻堅이 流矢를 맞고 單騎로 달아나 淮水 북쪽에 이르러 몹시 굶주렸다. 백성 중에 음료와 밥과 돼지 다리를 올리는 자가 있으므로 부견이 그에게 비단을 하사하자, 사양하기를 "폐하께서 안락함을 싫어하고 괴로워하여 스스로 위태로움과 곤궁함을 초래하셨습니다. 臣은 폐하의 자식이고 폐하는 신의 아버지이시니, 어찌 자식이 아버지에게 음식을 먹이면서 보답을 바라겠습니까." 하고는 돌아보지 않고 떠나갔다.

부견은 張夫人에게 이르기를 "나는 이제 다시 무슨 면목으로 천하를 다스리겠는가." 하고는 눈물을 줄줄 흘렸다.

堅이 中流矢하고 單騎走至淮北하여 飢甚이러니 民有進壺飧豚髀(비)者①어늘 堅이 賜之帛한대 辭曰 陛下厭苦安樂하여 自取危困하시니 臣爲陛下子요 陛下爲臣父라 安有子飼其父而求報乎잇가하고 弗顧而去하다 堅이 謂張夫人曰 吾今復何面目治天下乎아하고 潸然流涕러라

① 壺는 병의 음료이고 飧은 밥이다. 豚은 작은 돼지요, 髀는 다리이다.
壺, 漿. 飧, 食也. 豚, 小豕也. 髀, 股也.

【目】이때 慕容垂가 거느리고 있는 3만의 병력만 온전하였다. 苻堅은 천여 명의 기병을 거느리고 모용수에게 달려가자, 世子 慕容寶가 모용수에게 말하기를 "이때를 놓쳐서는 안 되니, 원컨대 意氣와 작은 은혜 때문에 중대한 社稷의 계책을 잊어서는 안 됩니다." 하니, 모용수가 다음과 같이 말하였다.

"그가 진심으로 나에게 오니, 어떻게 그를 해치겠는가. 하늘이 만약 그를 버린다면

---

39) 주서는……張天錫 : 본서 太元 4년(379)에 보면 前秦이 晉나라의 襄陽을 함락시켰을 때 朱序를 사로잡았는데, 苻堅이 그를 度支尙書로 삼았다. 張天錫은 前涼의 군주로 太元 원년(376)에 前秦의 침공을 받아 항복하였다.

어찌 그가 망하지 않음을 근심하겠는가. 그의 위태로움을 보호하여 옛날 은덕에 보답하고서 천천히 기회를 기다려 도모하는 것만 못하니, 이렇게 하면 이미 평소의 마음을 저버리지 않으면서도 의리로써 천하를 취할 수 있다."

是時에 惟慕容垂 所將三萬人이 獨全이라 堅以千餘騎赴之한대 世子寶言於垂曰 此時를 不可失이니 願不以意氣微恩으로 忘社稷之重①이니이다 垂曰 彼以赤心投我하니 若之何害之리오 天苟棄之면 何患不亡이리오 不若保護其危以報德하여 徐俟其釁而圖之니 既不負宿心이요 且可以義取天下니라

① 意氣와 작은 은혜는 부견이 모용수 父子를 후대하고 예우한 것을 이른다.
意氣微恩, 謂堅厚禮垂父子也.

【目】慕容德이 慕容垂에게 말하기를 "이것은 원수를 갚는 것이니, 옛 마음을 저버리는 것이 아닙니다." 하니, 모용수가 다음과 같이 말하였다.

"내가 옛날에 太傅(慕容評)에게 용납되지 못하여 몸을 의탁할 곳이 없었는데, 秦王이 나를 國士로 대우하였다. 뒤에 다시 王猛에게 모함받았는데, 진왕이 홀로 이것을 능히 살펴주었으니, 이 은혜를 어찌 잊을 수 있겠는가. 만약 氐族의 運이 반드시 궁하게 된다면 내 마땅히 關東 지방을 회유하여 先代의 공업을 회복할 것이다."

모용수는 병력을 모두 苻堅에게 주었다.

慕容德曰 此爲報仇니 非負宿心也니이다 垂曰 吾昔爲太傅所不容하여 置身無所어늘 秦王이 以國士遇我하고 後復爲王猛所賣어늘 秦王이 獨能明之하니 此恩을 何可忘也리오 若氐運必窮이면 吾當懷集關東하여 以復先業耳라하고 悉以兵授堅하다

【目】謝安이 파발로 전달한 勝戰報〔驛書〕를 받고 秦나라 군대가 이미 패퇴했음을 알고서는 막 손님과 바둑을 두었는데, 승전보를 접어 상 위에 놓고는 조금도 기뻐하는 기색이 없고 예전처럼 그대로 바둑을 두었다. 손님이 문서의 내용을 묻자, 천천히 대답하기를 "작은 아이들이 마침내 적을 격파했다." 하였다. 사안은 바둑이 끝나고 나서 내실로 돌아갔는데, 문턱을 지날 적에 나막신의 굽이 부러지는 것도 알지 못하였다.

謝石 등이 建康으로 돌아와 秦나라 樂工을 얻었다. 악공들이 능히 옛 음악을 익숙히 아니, 晉나라 宗廟에 비로소 金石의 음악(雅樂)이 갖추어졌다.

謝安이 得驛書하여 知秦兵已敗하고 方與客圍棊러니 攝書置牀上하고 了無喜色하고 圍棊如

故①어늘 客이 問之한대 徐答曰 小兒輩 遂已破賊이로라 既罷에 還內할새 過戶限에 不覺屐(극)齒之折②이러라 石等이 歸建康하여 得秦樂工하여 能習舊聲하니 於是에 宗廟始備金石之樂③하다

圍棋報捷圖

① 攝은 거둠이다.
攝, 收也.

②〈'過戶限不覺屐齒之折'은〉 謝安이 몹시 기뻐함을 말한 것이다.
言其喜甚也.

③ 永嘉의 亂에 伶官과 樂器를 모두 劉聰과 石勒에게 빼앗겼다. 江東에 처음 나라를 세울 적에 宗廟에 雅樂의 악기와 이를 연주할 伶人이 없다 하여 太樂과 鼓吹令을 없앴는데, 이후에 자못 登歌, 食擧[40]의 음악을 얻었으나, 아직도 미비하였다. 太寧 말년에 明帝가 또다시 阮孚 등에게 물어 음악을 더 보탰고, 咸和 연간에 成帝가 다시 太樂官을 설치하고 남은 工人들을 모았으나, 아직도 金石의 음악이 갖추어지지 못하였다. 그러다가 慕容儁이 冉閔을 평정하게 되자, 전쟁하는 즈음에 鄴下의 악공들 중에 진나라에 온 자가 자못 있었다. 그리고 謝尙이 壽陽에 진주했을 적에 악공들을 선발하여 太樂을 구비하였고, 아울러 石磬을 만들어 雅樂이 처음으로 크게 구비되었다. 王猛이 鄴城을 평정하자, 慕容氏가 얻은 음악이 또 關西 지방으로 들어왔다. 지금 苻堅을 격파하고 그 악공인 楊蜀 등을 얻었는데 옛날 음악에 익숙하니, 이에 비로소 金石의 음악이 갖추어졌다.
永嘉之亂, 伶官樂器皆沒於劉・石. 江左初立, 宗廟以無雅樂及伶人, 省太樂幷鼓吹令. 是後, 頗得登歌・食擧之樂, 猶有未備. 太寧末, 明帝又訪阮孚等, 增益之, 咸和中, 成帝乃復置太樂官, 鳩集遺工, 而尙未有金石也. 及慕容儁平冉閔, 兵戈之際, 鄴下樂人頗亦有來者. 謝尙鎭壽陽, 採拾樂人, 以備太樂, 幷制石磬, 雅樂始頗具, 而王猛平鄴, 慕容氏所得樂聲, 又入關右. 今破苻堅, 獲其樂工楊蜀等, 閑習舊樂, 於是, 金石始備焉.

【目】 苻堅이 離散한 자들을 거두어 모으니, 洛陽에 이르렀을 때 무리가 10여만에 이르렀다. 慕容農이 慕容垂에게 이르기를 "尊前께서 험한 처지에 남을 몰아넣지 않으셨으

40) 登歌 食擧 : 등가는 고대 제왕의 조회 등 각종 의식에서 악사가 堂上에 올라가 연주하던 노래 또는 樂懸(악기를 배열해놓는 법식)을 이르고, 식거는 고대에 제왕이 연회를 베풀 때 사용한 樂典을 이른다.

니, 의로운 명성이 충분히 하늘과 땅을 감동시킬 수 있습니다. 과일이 익기 전에 취함과 과일이 익어 저절로 떨어졌을 때 취함은 그 간격은 열흘을 늦추는 데에 불과하나, 어렵고 쉬움과 아름답고 아름답지 못한 차이는 큽니다." 하니, 모용수가 그의 말을 좋게 여겼다.

堅이 收集離散하니 比至洛陽에 衆十餘萬이라 慕容農이 謂垂曰 尊이 不迫人於險하시니 其義聲이 足以感動天地[①]라 夫取果於未熟與自落이 不過晩旬日之間이나 然其難易美惡이 相去遠矣니이다 垂善其言하다

① 尊은 慕容農의 아버지 慕容垂를 이른다. 慕容令 또한 모용수를 불러 尊이라 하였으니, 이는 그들 부자간이 서로 칭한 호칭이다.
尊, 謂其父垂也. 慕容令亦呼垂爲尊, 蓋其父子間相稱也.

【目】〈秦軍이〉 행군하여 澠池에 이르러 慕容垂가 苻堅에게 말하기를 "북쪽 변방에서 왕의 군대가 승리하지 못했다는 말을 듣고는 서로 가벼이 煽動하니, 臣은 詔書를 받들어 그들을 진무하기를 청합니다." 하자, 부견이 이를 허락하였다.

이에 權翼이 諫하기를 "모용수는 용맹과 지략이 보통 사람보다 뛰어나 대대로 東夏 지방(중국 동부 지역)의 호걸이 되었습니다. 비유하건대 기르는 매와 같아 굶주리면 사람의 명령을 따르나 회오리바람이 일어나는 소리를 들으면 항상 하늘 높이 날려는 뜻이 있으니, 바로 그의 목줄과 새장을 신중히 살펴야 합니다. 어찌 풀어놓고 그가 하고자 하는 대로 내버려두십니까." 하자, 부견이 다음과 같이 말하였다.

"卿의 말이 옳다. 그러나 朕이 이미 이를 허락하였으니, 匹夫도 오히려 食言을 하지 않는데, 하물며 萬乘의 천자임에랴. 만약 天命이 흥하게 하고 망하게 함이 있다면 그것은 참으로 지혜와 힘으로 바꿀 수 있는 것이 아니다."

권익이 말하기를 "폐하께서 작은 신의를 중하게 여기시고 社稷을 경시하시므로 신은 그가 갔다가 돌아오지 않을 것임을 보게 될 것입니다. 따라서 關東 지방의 亂은 이로부터 시작될 것입니다." 하였으나, 부견은 듣지 않았다.

권익이 은밀히 壯士를 보내어 모용수를 河橋에서 요격하게 하였는데, 모용수가 이를 의심하고서 涼馬臺에서 갈대를 엮어 뗏목을 만들어 河水를 건너갔다.

부견은 長安에 이르러 陽平公 苻融의 상에 곡한 뒤에 궁중으로 들어갔다.

行至澠(면)池하여 言於堅曰 北鄙聞王師不利하고 輕相煽動하니 臣請奉詔書하여 以鎭慰之하노이다

堅이 許之어늘 權翼이 諫曰 垂勇略過人하여 世豪東夏하니 譬如養鷹하여 飢則附人이나 每聞風飇(표)之起면 常有凌霄之志하니 正宜謹其絛籠이라 豈可解縱하여 任所欲哉①잇가 堅曰 卿言이 是也라 然朕已許之호니 匹夫도 猶不食言이어든 況萬乘乎아 若天命有廢興이면 固非智力所能移也니라 翼曰 陛下重小信而輕社稷하시니 臣見其往而不返이니 關東之亂이 自此始矣리이다 堅이 不聽하다 翼이 密遣壯士하여 邀垂於河橋러니 垂疑之하여 自涼馬臺로 結草筏以渡②러라 堅이 至長安에 哭陽平公融而後入하다

① 飇는 卑遙의 切이니, 회오리바람이다. 빠른 바람이 아래에서 위로 올라가는 것을 飇라 한다. 絛는 他刀의 切로, 실끈이니, 매를 묶어놓는 것이다. 籠은 새를 가두어 기르는 새장이다.
飇, 卑遙切, 扶搖風也. 疾風自下而上曰飇. 絛, 他刀切, 絲繩也, 所以紲鷹. 籠, 所以蓄鳥也.

② 이 涼馬臺는 아마도 富平津 다리의 서쪽에 있었을 것이다. 양마대는 옛사람이 황하 물가에서 말을 목욕시키고서 목욕이 끝나면 말을 몰아 높은 곳에 올라가 시원하게 해주었으므로 인하여 붙여진 이름이다. 筏은 음이 伐이다. 筏은 큰 뗏목[簰筏]인데, 갈대를 엮으면 뗏목을 만들 수 있다.
此涼馬臺, 蓋在富平津橋之西也. 涼馬臺, 由昔人於河渚浴馬. 浴竟, 驅馬就高納涼, 因名. 筏, 音伐. 筏者, 簰筏也. 編蘆葦, 可以爲筏.

【綱】〈晉나라(東晉)가〉 謝石을 尙書令으로 삼고 謝玄의 칭호를 前將軍으로 올려주었는데, 굳이 사양하고 받지 않았다.

以謝石爲尙書令하고 進謝玄號前將軍한대 固讓不受[41]하다

【綱】〈晉나라(東晉)가〉 王國寶를 尙書郞으로 삼았다.

41) 以謝石爲尙書令……固讓不受 : "'不受(받지 않았다)'라고 쓴 것은 어째서인가. 능히 사양함을 가상히 여긴 것이다. ≪資治通鑑綱目≫에 들어와서 除拜에 '不受'라고 쓴 것이 많으나, '固讓(굳이 사양했다)'이라고 쓴 경우는 있지 않으니, '固讓'이라고 쓴 것은 깊이 가상히 여긴 것이다. '不受'라고 쓴 것이 19번이고, '不拜(숙배하지 않았다)'라고 쓴 것이 1번이고, '讓還(사양하여 돌려주었다)'이라고 쓴 것이 1번인데, '固讓'이라고 쓴 것은 한 번 뿐이다.[書不受 何 嘉能讓也 入綱目 除拜 書不受多矣 未有書固讓者 書固讓 深嘉之也 書不受十九 不拜一 讓還一 書固讓者 一而已]" ≪書法≫
"앞에서는 謝石 등이 秦나라 군대를 대파했다고 썼으니, 그 功이 거룩하다. 이제 그의 관직을 승진시킴은 진실로 당연하다. 그러나 사석 등이 굳이 사양하고 그 지위에 거하지 않음은 誠心에서 나온 것이다. 그러므로 특별히 '굳이 사양하고 받지 않았다.'고 써서 찬미하였다. 후세에는 능히 적을 제압하지 못하고서 외람되이 賞을 받고 功을 바란 자가 있었으니, 이것을 본다면 부끄럽지 않겠는가.[前書石等大破秦兵 厥功懋矣 今而進職 固其宜也 然石等推而弗居 出於由衷 故特書固讓不受以美之 後世有未能制敵而冒賞邀功者 視此 得無愧乎]" ≪發明≫

◑ **以王國寶爲尙書郞**하다

【目】謝安의 사위 王國寶는 王坦之의 아들이다. 사안은 그의 사람됨을 미워하여 매번 억누르고 등용하지 않으니, 왕국보가 이 때문에 사안을 원망하였다. 왕국보의 從妹가 會稽王 司馬道子의 妃가 되었다. 황제(孝武帝)와 사마도자는 모두 술을 좋아하고 서로 친압하니, 왕국보가 마침내 사안을 사마도자에게 참소하여 이간질하게 하였다. 사안은 功名이 이미 높았으나, 음험하고 사특한 마음으로 등용되기를 구하는 무리 대다수가 사안을 훼방하니, 황제가 차츰 그를 멀리하고 미워하였다.

謝安壻王國寶는 坦之之子也라 安이 惡(오)其爲人하여 每抑而不用하니 由是怨安이러니 國寶從妹 爲會稽王道子妃라 帝與道子 皆嗜酒狎昵하니 國寶乃譖安於道子하여 使離間之하다 安이 功名旣盛이로되 而險詖求進之徒 多毁短安하니 帝稍踈忌之①러라

①'險詖'는 바르지 못한 것이다.
險詖, 不正也.

【綱】〈晉나라(東晉)가〉 처음으로 술의 금령을 解制하고, 백성들의 稅米를 늘려서 인구마다 다섯 石을 거두었다.

初開酒禁하고 **增民稅米**하여 **口五石**①[42]하다

① 漢나라 建安 연간에 曹公(曹操)이 술의 금령을 엄하게 하였다.
漢建安中, 曹公嚴酒禁.

【綱】秦나라(前秦) 呂光이 龜玆를 공격하였다.

◑ **秦呂光**이 **攻龜玆**하다

---

42) 初開酒禁 增民稅米口五石 : "'初'라고 쓴 것은 어째서인가. 처음을 삼간 것이다. ≪資治通鑑綱目≫에 백성에게 稅를 취하는 것을 중하게 여겼다. 그러므로 삼가 썼으니, '增稅'라고 쓴 것이 이때 처음 시작되었다. ≪자치통감강목≫이 끝날 때까지 戶稅에 '增'이라고 쓴 것이 2번이고(이해(383)와 唐나라 德宗 建中 3년(782)이다.) 稅錢과 雜稅에 增이라고 쓴 것이 두 번이다.(唐나라 德宗 建中 2년(781)과 文宗 太和 9년(乙卯)이다.)〔書初 何 謹始也 綱目重取民 故謹書之 書增稅 始此 終綱目 戶稅書增二(是年唐德宗建中三年) 增稅錢雜稅 書增二(唐德宗建中二年 文宗太和九年)〕" ≪書法≫ '增稅錢雜稅'의 '增'은 문맥상 衍文이므로 번역하지 않았다.

【目】 呂光이 流沙를 넘어 〈西域으로〉 進軍하니 焉耆 등 여러 나라가 모두 항복하였으나, 오직 龜茲王 帛純이 굳게 지키므로 여광이 龜茲로 진격하였다.

呂光이 行越流沙하니 焉耆等諸國이 皆降하되 惟龜茲王帛純이 固守어늘 光이 進攻之①하다

① 玉門關에서 나가 流沙를 넘어 서쪽으로 가서 鄯善에 이르고, 북쪽으로 가서 車師에 이른다. 또 且末國(저말국)이 鄯善의 서쪽에 있는데, 이 나라의 서북쪽에 수백 리의 流沙가 있다.
自玉門出, 渡流沙, 西行至鄯善, 北行至車師. 又且末國在鄯善西, 其國之西北, 有流沙數百里.

【綱】 秦나라(前秦) 장군 乞伏國仁이 배반하여 隴右(隴西)를 점거하였다.

秦將軍乞伏國仁이 叛하여 據隴右①하다

① 乞伏은 鮮卑部落의 이름이니, 뒤에 이것을 姓으로 삼았다.
乞伏, 鮮卑部落之名, 後以爲姓.

【目】 乞伏國仁은 본래 隴西의 鮮卑族이었다. 勇士川에 거주하여 秦나라의 前將軍이 되어 秦王 苻堅을 따라 晉나라(東晉)에 쳐들어갔는데, 叔父 乞伏步頹가 秦나라 군대가 패했다는 말을 듣고 隴西의 병사들을 거느리고 배반하였다. 秦나라에서 걸복국인으로 하여금 그를 토벌하게 하자, 걸복국인은 마침내 걸복보퇴와 연합하니, 무리가 10만에 이르렀다. 그리하여 隴右를 점거하였다.

國仁은 本隴西鮮卑라 居勇士川①하여 爲秦前將軍하여 從秦王堅入寇러니 叔父步頹 聞秦師敗하고 率隴西叛之어늘 秦使國仁討之한대 國仁이 遂與步頹合하니 衆至十萬이라 據隴右하다

① 勇士川은 바로 漢나라 天水郡 勇士縣의 땅이다.
勇士川, 卽漢天水勇士縣之地.

【綱】 丁零의 翟斌이 군대를 일으켜 洛陽을 공격하자, 秦나라(前秦)가 慕容垂로 하여금 그를 토벌하게 하였는데, 모용수가 진나라를 배반하고 적빈과 연합하였다.

丁零翟斌이 起兵攻洛陽이어늘 秦이 使慕容垂討之한대 垂叛秦하고 與斌合[43)]하다

---

43) 丁零翟斌……與斌合 : "翟斌에게 '起兵'이라고 쓴 것은 어째서인가. 羌族이기 때문이다. '討'라고 쓴 것은 어째서인가. 강족이기 때문이다. 慕容垂는 어찌하여 '叛'이라고 썼는가. 秦나라의 命을 받았기 때문이다. 그러므로 군대를 일으킨 자를 모두 擊이라고 썼으나 오직 강족은 '討'라고 썼고, 慕容泓

【目】 慕容垂가 安陽에 이르러 長樂公 苻丕에게 편지를 써서 우호를 청하자, 부비가 직접 맞이하였다. 趙秋가 모용수에게 이 자리에서 부비를 사로잡고 인하여 鄴城을 점거하여 군대를 일으킬 것을 권하였는데, 모용수가 따르지 않았다. 부비가 모용수를 습격할 것을 도모하자, 侍郎 姜讓이 諫하기를 "모용수가 배반하려는 形迹이 아직 드러나지 않았는데, 마음대로 죽이면 臣子의 도리가 아닙니다. 그를 上賓의 예로 대우하고 군대를 엄밀히 갖추어 방위하며 情況을 은밀히 표문으로 보고하고서 조령을 들은 뒤에 일을 도모하는 것만 못합니다." 하니, 부비가 이 말을 따라서 모용수를 업성 서쪽에 머물게 하였다.

慕容垂 至安陽①하여 修牋於長樂公丕한대 丕身自迎之어늘 趙秋勸垂於座取丕하고 因據鄴起兵하니 垂不從이라 丕謀襲擊垂어늘 侍郎姜讓이 諫曰② 垂反形未著어늘 而擅殺之하면 非臣子之義라 不如待以上賓하고 嚴兵衛之하며 密表情狀하여 聽敕而後圖之니이다 丕從之하여 館垂於鄴西하다

① 安陽은 鄴城의 서남쪽에 있다.
安陽, 在鄴城西南.
② 晉나라 제도에 제후왕의 나라에 侍郎 세 명을 두었다.
晉制, 王國置侍郎三人.

【目】 慕容垂가 은밀히 燕나라(前燕)의 옛 신하들과 함께 연나라의 기업을 회복할 것을 모의하였는데, 마침 丁零의 翟斌이 秦나라를 배반하여 洛陽을 공격할 것을 도모하자, 秦王 苻堅이 파발마로 글을 보내어 모용수로 하여금 토벌하게 하였다.

石越이 苻丕에게 말하기를 "모용수가 옛 기업을 회복할 마음이 있었는데, 이제 다시 그에게 병력을 빌려주면 이는 호랑이에게 날개를 붙여주는 것입니다." 하니, 부비가 말하기를 "모용수가 이곳에 있으면 항상 가까이 있는 재난이 될까 두려우니, 이제 그를 밖으로 멀리 보내는 것이 낫지 않겠는가." 하고는 마침내 파리한 병사와 낡은 병기를 주었다. 또 苻飛龍을 보내어 氐族의 기병 1천 명을 거느리고서 副將이 되게 하고 은밀히 부비룡에게 경계하기를 "모용수는 三軍의 統師가 되고 卿은 모용수를 도모하는 장수가 되었으니, 부디 가서 노력하라." 하였다.

垂潛與燕故臣으로 謀復燕祚러니 會에 丁零翟斌이 叛秦하여 謀攻洛陽①이어늘 秦王堅이 驛書로 使垂討之한대 石越이 言於丕曰 垂有興復舊業之心이어늘 今復資之以兵이면 此爲虎傅翼也②니이다

과 慕容沖은 '叛'이라고 쓰지 않았으나 오직 모용수는 '叛'이라고 썼으니, ≪資治通鑑綱目≫을 편수한 목적은 內外와 君臣의 구분을 밝혔을 뿐이다.〔翟斌書起兵 何 羌也 書討 何 羌也 垂則曷爲書叛 受秦命也 是故起兵者 皆書擊 惟羌則書討 泓沖不書叛 惟垂則書叛 綱目之修 內外君臣之分而已矣〕" ≪書法≫

丕曰 垂在此면 常恐爲肘腋之變하노니 今遠之於外 不猶愈乎③아하고 乃以羸(리)兵弊鎧(개)給之하고 又遣苻飛龍하여 帥氐騎一千하여 爲之副하고 密戒飛龍曰 垂爲三軍之帥하고 卿爲謀垂之將하니 行矣勉之하라

① 丁零의 종족 부락은 본래 中山에 거주하였는데, 苻堅이 燕나라를 멸망했을 적에 그들을 新安으로 옮겼다. 翟斌이 秦나라에서 벼슬하여 衛軍從事中郎이 되었다.
丁零種落, 本居中山, 苻堅之滅燕也, 徙於新安. 斌仕秦, 爲衛軍從事中郎.

② 傅(붙이다)는 附로 읽는다.
傅, 讀曰附.

③ 遠(멀리하다)은 去聲이다.
遠, 去聲.

【目】 慕容垂가 鄴城에 들어가 선조의 사당에 배알할 것을 청하였으나 苻丕가 허락하지 않자, 마침내 편한 복장 속에 갑옷을 입고 들어갔는데, 亭을 관리하는 亭長이 진입을 허락하지 않으니, 모용수가 노하여 그 관리를 참수하고서 亭을 불태우고 떠나갔다.

石越이 부비에게 말하기를 "모용수의 배반한 형적이 이미 드러났으니, 이 기회를 통해 제거하여야 합니다." 하니, 부비가 말하기를 "淮南에서 敗戰하였을 적에 모용수가 乘輿(苻堅)를 侍衛하였으니, 이 공을 잊을 수 없다." 하였다. 석월이 물러가서 사람들에게 말하기를 "長樂公의 父子가 작은 仁을 행하기 좋아하고 국가의 큰 계책을 돌보지 않으니, 끝내 마땅히 남에게 사로잡힐 것이다." 하였다.

垂請入鄴城拜廟호되 丕弗許①한대 乃潛服而入이어늘 亭吏禁之하니 垂怒하여 斬吏燒亭而去하다 石越이 言於丕曰 垂反形已露하니 可因此除之니이다 丕曰 淮南之敗에 垂侍衛乘輿하니 此功을 不可忘也니라 越이 退告人曰 公父子 好爲小仁하고 不顧大計하니 終當爲人擒耳리라

① 燕나라(前燕)는 鄴城에 도읍하였는데, 옛 사당이 업성에 있었다.
燕都鄴, 故廟在鄴城.

【目】 慕容垂가 慕容農과 慕容楷, 慕容紹를 鄴城에 남겨두고 행군하여 安陽에 이르렀는데, 苻丕가 苻飛龍과 모의했다는 말을 듣고 인하여 수하의 군사들을 激怒시키기를 "내가 苻氏에게 충성을 다하였는데, 저들은 오로지 우리 父子를 도모하고자 하니, 내 비록 그만두고자 하나 될 수 있겠는가." 하고는 마침내 河內에 머물며 군대를 모집하니, 열흘 사이에 8천 명의 병력을 보유하였다. 밤에 부비룡의 氐族의 군대를 기습하여 모두 죽이

고 편지를 秦王 苻堅에게 보내어 그 緣故를 말하였다. 그리고 慕容鳳 등도 각기 部曲을 거느리고 翟斌에게 歸附하였다.

垂留慕容農及楷·紹於鄴하고 行至安陽하여 聞丕與飛龍謀하고 因激怒其衆曰 吾盡忠於苻氏어늘 而彼專欲圖吾父子하니 吾雖欲已나 得乎[①]아하고 乃停河內募兵하니 旬日間에 有衆八千이라 夜襲飛龍氐兵하여 盡殺之하고 以書遺秦王堅하여 言其故하고 而慕容鳳等이 亦各帥部曲하고 歸翟斌[②]하다

① 已는 그만둠이다.
已, 止也.

② '言其故'는 苻丕가 苻飛龍으로 하여금 자기를 도모하게 하였으므로 그를 죽인 일을 이른다. ≪資治通鑑≫에 "慕容鳳과 燕나라 옛 신하의 아들인 燕郡 王騰과 遼西 段延 등은 翟斌이 군대를 일으켰다는 말을 듣고는 각기 部曲을 거느리고 적빈에게 귀부했다." 하였다.
言其故, 蓋言丕使飛龍圖己, 故殺之也. 通鑑"慕容鳳及燕故臣之子燕郡王騰·遼西段延等, 聞翟斌起兵, 各帥部曲歸之."

【目】 마침 秦나라(前秦) 豫州牧 平原公 苻暉가 毛當을 보내어 翟斌을 토벌하자, 慕容鳳이 그를 격파하여 참수하였고, 慕容垂가 마침내 河水를 건너 다리를 불태웠는데, 이때 모용수가 3만 명의 병력을 보유하였다. 모용수는 사람을 보내어 慕容農 등에게 고하여 군대를 일으키게 하자, 모용농 등은 마침내 그믐날에 수십 기병을 거느리고 微服 차림으로 鄴城을 나와 列人으로 달아나서 烏桓族 魯利의 집에 머물렀다. 노리가 그를 위하여 음식을 대접하였으나, 모용농은 웃기만 하고 먹지는 않았다.

會에 秦豫州牧平原公暉 遣毛當討斌이어늘 鳳이 擊破斬之하고 垂遂濟河焚橋하니 有衆三萬이러라 遣人告農等하여 使起兵한대 農等이 遂以晦日로 將數十騎하고 微服出鄴하여 奔列人하여 止於烏桓魯利家[①]하니 利爲之置饌이어늘 農이 笑而不食하다

① 列人縣은 漢나라 때에는 鉅鹿郡에 속하였고, 魏나라와 晉나라 때에는 廣平郡에 속하였으니, 이 지역은 鄴城 동북쪽에 있다. 魏收의 ≪魏書≫ 〈地形志〉에 의하면 魏郡의 臨漳縣에 列人城이 있고, 또 별도로 列人縣이 있으니, 또한 魏郡에 소속하였다.
列人縣, 漢屬鉅鹿郡, 魏·晉屬廣平郡, 其地在鄴城東北. 魏收地形志, 魏郡臨漳縣, 有列人城, 又別有列人縣, 亦屬魏郡.

【目】 魯利가 그의 아내에게 이르기를 "못된 계집종아, 저 郎君은 貴人인데, 우리집이 가

난하여 음식을 대접할 것이 없으니, 어찌하겠는가." 하니, 아내가 말하기를 "郎君은 웅대한 재주와 큰 뜻이 있는데 지금 이유 없이 왔으니, 틀림없이 평상적이지 않은 일이 있을 것입니다. 음식을 먹으러 온 것이 아니니, 그대는 빨리 나가 멀리 망을 보고 비상사태에 대비하십시오." 하니, 노리가 그 말을 따랐다.

모용농이 노리에게 이르기를 "내 列人에서 군대를 모집하여 옛 燕나라를 회복하기를 도모하고자 하니, 卿은 나를 따르겠는가." 하자, 노리가 말하기를 "죽는 일이든 사는 일이든 오직 郎君을 따르겠습니다." 하였다. 모용농은 마침내 烏桓族의 張驤에게 가서 그를 설득하자, 장양이 再拜하고 말하기를 "옛 주인을 얻어 받들게 되었으니, 감히 죽을힘을 다하지 않겠습니까." 하였다.

利謂其妻曰 惡奴아 郎은 貴人이어늘 家貧하여 無以饌之하니 奈何①오 妻曰 郎有雄才大志어늘 今無故而至하니 必將有異라 非爲飮食來也니 君亟出遠望하여 以備非常하라하니 利從之하다 農이 謂利曰 吾欲集兵列人하여 以圖興復하노니 卿能從我乎아 利曰 死生을 唯郎是從호리이다 農이 乃詣烏桓張驤하여 說(세)之한대 驤이 再拜曰 得舊主而奉之하니 敢不盡死리잇고

① '惡奴'는 그의 아내를 꾸짖은 말이다. 郎은 郎君이라 칭함과 같으니, 慕容農을 가리킨 것이다. 胡三省이 말하였다. "지금 세속에도 주인을 郎主라 부르는 경우가 많고, 또 주인의 아들을 郎君이라 부른다."
惡奴, 蓋詈其妻之語. 郎, 猶稱郎君, 指慕容農也. 胡三省曰 "今世俗多呼其主爲郎主, 又呼其主之子爲郎君.

甲申年(384)

【綱】 晉나라(東晉) 烈宗 孝武皇帝 太元 9년이다.

九年이라

【目】 秦나라(前秦) 苻堅 建元 20년이다. 燕나라(後燕) 世祖 慕容垂의 燕元 원년이다. 後秦 太祖 姚萇의 白雀 원년이다. 예전의 큰 나라(前秦)가 하나이고, 새로 생긴 큰 나라(後燕·後秦)가 둘이니, 합하여 僭國이 셋이다.

秦建元二十年이라 ◑ 燕世祖慕容垂〔燕元〕[44]元年이라 ◑ 後秦太祖姚萇白雀元年이라 ◑ 舊大國一이요 新大國二니 凡三僭國이라

【綱】 봄 정월에 慕容垂가 스스로 燕王을 칭하고 秦나라(前秦) 군대를 대파하여 그 장수 石越을 참수하였다.(後燕의 건국)

春正月에 慕容垂自稱燕王하고 大破秦兵하여 斬其將石越하다

【目】 정월 초하루에 長樂公 苻丕가 賓客들을 크게 모으고 慕容農을 초청하였으나 사람을 보지 못하였다. 비로소 변고가 있음을 깨닫고 사람을 사방으로 내보내어 찾게 하고서 마침내 그가 列人縣에 있으면서 이미 군대를 일으켰음을 알았다.

慕容鳳이 翟斌에게 권하여 慕容垂를 받들어 盟主로 삼게 하였는데, 적빈이 그의 말을 따랐다. 모용수가 洛陽에 이르니, 平原公 苻暉가 문을 닫고 막았다. 적빈이 모용수에게 尊號를 칭할 것을 권하였는데, 모용수가 말하기를 "新興侯는 나의 군주이니, 마땅히 그를 영접하여 돌아와 다시 帝位에 올려야 한다." 하였다.

正月朔에 長樂公丕 大會賓客하고 請慕容農不得하여 始覺有變하고 遣人四出求之하여 乃知其在列人하여 已起兵矣러라 慕容鳳이 勸翟斌奉垂爲盟主한대 斌이 從之어늘 垂至洛陽하니 平原公暉 閉門拒之라 斌이 勸垂稱尊號한대 垂曰 新興侯는 吾主也니 當迎歸反正耳①리라

① 新興侯는 옛 燕나라(前燕) 군주인 慕容暐이다. 秦나라가 그를 封하여 신흥후를 삼았는데, 이때 長安에 있었다.
新興侯, 故燕主暐也. 秦封爲新興侯, 時在長安.

【目】 慕容垂는 洛陽이 四面으로 적의 침공을 받을 수 있다 하여 鄴城을 취하여 의거하고자 하였다. 마침내 군대를 이끌고 동쪽으로 滎陽에 이르니, 여러 부하들이 모용수에게 尊號를 올려 이를 칭할 것을 굳게 청하였다. 모용수는 마침내 燕王을 칭하고 統府를 세워 制命을 받들어 일을 행하였다. 그리고 慕容德을 봉하여 范陽王으로 삼고 慕容楷를 太原王, 翟斌을 河南王으로 삼고는 20여 만의 병력을 인솔하고서 石門으로부터 河水를 건너 말을 몰아 鄴城을 향하여 곧장 나아갔다.

그런데 이때 慕容農도 列人縣에 거주하는 백성을 몰아 병졸을 삼고, 뽕나무와 느릅나무를 베어 병기로 삼고, 옷의 앞자락과 치마를 잘라 깃발을 삼고는 趙秋를 보내서 屠各族과 東夷族, 烏桓族을 설득하여 각각 部落의 무리 수천 명을 거느리고 달려오게 하였다. 그리하여 館陶를 격파하고 군수물자와 兵器를 거두었으며, 康臺에서 사육하는 말

44) 〔燕元〕: 저본에는 '燕元'이 없으나, ≪資治通鑑綱目≫의 기술 방식에 따라 추가하였다.

수천 필을 빼앗으니, 이에 보병과 기병이 구름 떼처럼 모여 무리가 수만 명에 이르렀다. 모용농을 추대하여 驃騎大將軍으로 삼아 여러 장수들을 감독하여 다스리게 하자, 모용농이 재주에 따라 部署를 정하니, 윗사람과 아랫사람의 位階가 엄숙해졌다.

垂以洛陽四面受敵이라하여 欲取鄴而據之하여 乃引兵東至滎陽하니 群下固請上尊號라 垂乃稱燕王하고 立統府하여 承制[45]行事하고 封德爲范陽王하고 楷爲太原王하고 翟斌爲河南王①하고 帥衆二十餘萬하여 自石門濟河하여 長驅向鄴한대 而農이 亦驅列人居民爲卒하여 斬桑楡爲兵하고 裂襜裳爲旗②하고 使趙秋로 說(세)屠各及東夷, 烏桓하여 各帥部衆數千赴之하여 攻破館陶하고 收其軍資器械하고 取康臺牧馬數千匹③하니 於是에 步騎雲集하여 衆至數萬이라 推農爲驃騎大將軍하여 監統諸將한대 隨才部署하니 上下肅然이러라

① 燕나라는 본래 慕容德을 봉하여 范陽王으로 삼았는데, 이제 옛 칭호를 회복한 것이다. 慕容楷는 慕容恪의 아들이다. 모용각을 太原王에 봉했는데, 이제 모용해로 하여금 아버지의 작위를 세습하게 한 것이다.
燕本封德爲范陽王, 今復其故. 楷, 恪子也. 恪封太原王, 今令楷襲父爵.

② 襜은 昌占의 切이니, 앞을 덮어 가리는 옷이다.
襜, 昌占切, 衣蔽前也.

③ 館陶縣은 漢나라 때에는 魏郡에 속하였고, 魏나라와 晉나라 때에는 陽平郡에 속하였다. 魏收의 ≪魏書≫ 〈地形志〉에 의하면 廣平郡의 平恩縣에 康臺澤이 있다.
館陶縣, 漢屬魏郡, 魏・晉屬陽平郡. 魏收地形志, 廣平郡平恩縣有康臺澤.

【目】 慕容農은 慕容垂가 아직 이르지 않았다 하여 감히 賞을 행하지 못하니, 趙秋가 말하기를 "군대에 賞이 없으면 군사들이 달려가 싸우지 않습니다. 이번에 올 적에 모두 공을 세워 이익을 도모하고자 하였으니, 마땅히 制命을 받들어 封地를 하사하고 직위를 제수해서 中興의 기반을 넓혀야 합니다." 하니, 모용농이 이 말을 따랐다. 이에 달려오는 자가 앞뒤로 이어졌다. 모용농은 號令이 엄숙하고 분명해서 군사들이 사사로이 노략질함이 없으니, 士女들이 기뻐하였다.

農以垂未至라하여 不敢行賞하니 趙秋曰 軍無賞이면 士不往①이라 今之來也에 皆欲建功規利②하니 宜承制封拜하여 以廣中興之基니이다 農이 從之하니 於是에 赴者相繼라 農이 號令整肅하여 軍無私掠하니 士女喜悅③이러라

45) 承制 : 制는 황제의 명령이다. 承制는 황제의 명을 받들어 일을 처리하는 뜻이지만, 실제로는 황제의 명령 범위 안에서 재가를 받지 않고 편의대로 일을 처리하는 것을 말한다. 황제의 권력이 약화되어 權臣이 이를 칭하거나 황제가 없을 경우 이를 칭하기도 하였다.

① 〈'軍無賞士不往'은〉 賞으로써 장려하고 격려함이 없으면 병사들이 가서 싸움에 달려가지 않음을 말한 것이다.
言無賞以奬激之, 則士不往赴戰也.
② 規는 도모함이다.
規, 圖也.
③ '軍無私掠'은 군사들이 감히 거주하는 백성들을 노략질하여 그 물건을 사사로이 취하지 않음을 이른다.
軍無私掠, 言其軍不敢掠居民而私其物.

【目】 長樂公 苻丕가 石越로 하여금 慕容垂를 토벌하게 하자, 慕容農이 말하기를 "석월은 지혜롭고 용맹하다는 명성이 있었는데, 지금 남쪽으로 大軍을 막지 않고 이곳에 왔으니, 이는 燕王을 두려워하고 나를 얕잡아본 것이다. 반드시 대비하지 않았을 것이니, 계책을 써서 패배시킬 수 있다." 하였다.

長樂公丕 使石越討之한대 農曰 越이 有智勇之名이러니 今不南拒大軍而來此하니 是는 畏王而陵我也라 必不設備리니 可以計取之[①]니라

① 王은 慕容垂를 이른다.
王, 謂慕容垂.

【目】 여러 사람들이 列人城을 治所로 삼을 것을 청하자, 慕容農은 말하기를 "지금 義兵을 일으킴에 오직 敵을 찾아 싸워야 한다. 마땅히 山과 河水를 城과 해자로 삼아야 하니, 어찌 열인성을 치소로 삼을 것이 있겠는가." 하였다.

石越이 列人의 서쪽에 이르자, 모용농의 參軍인 趙謙이 급히 공격할 것을 청하니, 모용농이 말하기를 "저들은 갑옷이 밖에 있고, 우리 병사들은 갑옷이 마음속에 있다. 낮에 싸우면 士卒들이 그들의 겉모습을 보고 두려워할 것이므로 날이 저물기를 기다려 공격하는 것만 못하니, 저녁에 공격하면 필승을 거둘 수 있다." 하고는 戰士들로 하여금 엄하게 대비하여 기다리고 輕擧妄動하지 못하게 하였다.

衆이 請治列人城한대 農曰 今起義兵에 唯敵是求라 當以山河爲城池니 何列人之足治也리오 越이 至列人西어늘 農參軍趙謙이 請急擊之한대 農曰 彼甲在外하고 我甲在心[①]이라 晝戰則士卒이 見其外貌而憚之하리니 不如待暮擊之니 可以必克이라하고 令戰士嚴備以待하고 毋得妄動하다

① 군사들의 마음이 싸우고자 하면 비록 갑옷과 투구가 없더라도 용감하게 싸움에 달려가므로

"갑옷이 마음속에 있다." 한 것이다.
士心欲鬪, 則雖無甲冑, 而勇於赴戰, 故曰甲在心.

【目】石越이 木柵을 세워 스스로 견고히 하자, 慕容農이 웃으며 말하기를 "석월은 군대가 정예롭고 병사가 많은데, 처음 도착했을 때의 銳氣를 타고 우리를 공격하지 않고 다시 목책을 세우니, 나는 그가 무슨 일을 해낼 수 없음을 알겠다." 하였다.

저물녘에 모용농이 북을 치고 함성을 지르고 나가서 列人城의 서쪽에 陣을 쳤다. 牙門 劉木이 壯士 400명을 거느리고 목책을 뛰어넘어 들어오자, 모용농이 큰 병력을 감독하여 뒤따라가서 秦兵을 대파하고 석월을 참수하였다. 석월과 毛當은 모두 秦나라(前秦)의 용맹한 장수였는데, 서로 이어 패전하여 죽으니, 진나라 사람들이 騷動하여 盜賊들이 떼로 일어났다.

모용수는 鄴城에 이르러 改元을 하고 의복의 색깔과 조정의 儀式을 옛날 법도와 똑같이 만드니, 모용농이 군대를 이끌고 가서 회합하였다. 모용수는 마침내 世子 慕容寶를 세워 太子로 삼고 王公 100여 명에게 작위를 내려주거나 관직을 제수하였다.

越이 立柵自固어늘 農이 笑曰 越이 兵精士衆이어늘 不乘其初至之銳以擊我하고 方更立柵하니 吾知其無能爲也로라 向暮에 農이 鼓譟出하여 陳于城西하다 牙門劉木이 帥壯士四百하고 騰柵而入한대 農이 督大衆隨之하여 大敗秦兵하고 斬越하다 越與毛當이 皆秦驍將이러니 相繼敗沒하니 秦人이 騷動하여 盜賊群起①러라 垂至鄴하여 改元하고 服色朝儀를 皆如舊章하니 農이 引兵會하다 垂遂立世子寶爲太子하고 封拜王公百餘人하다

① 騷는 근심함이요 소요함이다.
騷, 愁也, 擾也.

【目】苻丕가 姜讓으로 하여금 慕容垂를 꾸짖게 하자, 모용수가 말하기를 "내 主上(苻堅)에게 세상에 드문 은혜를 받았다. 이 때문에 長樂公(苻丕)을 편안히 보전하여 京師로 달려가게 한 뒤에 옛 기업을 회복하여 길이 이웃 나라로 우호를 맺게 하려고 하였는데, 만약 鄴城을 우리에게 돌려주지 않으면 응당 병력을 총동원하여 싸울 것이니, 그때에는 한 필의 말로 살기를 구하더라도 어찌할 수 없을까 염려스럽다." 하였다.

丕使姜讓誚讓垂한대 垂曰 孤受主上不世之恩이라 故로 欲安全長樂公하여 使赴京師然後에 修復舊業하여 永爲隣好①하노니 若不以鄴城見歸면 當窮極兵勢니 恐單馬求生이나 亦不可得也하노라

① 京師는 長安을 이른다.
京師, 謂長安也.

【目】姜讓이 얼굴빛을 엄하게 하여 다음과 같이 慕容垂를 책망하였다.

"將軍은 당초에 자기 집안과 나라에서 용납되지 못하고 聖朝(前秦)에 몸을 맡겼으니, 燕나라의 한 자 되는 땅을 장군이 어찌 나눠 가질 수 있겠는가. 主上(苻堅)은 장군과 풍속이 다르고 종족이 달랐으나, 한 번 만나보시고는 마음을 기울여 종족과 친척처럼 친애하고 勳舊의 신하보다 더 총애하셨다. 그런데 하루아침에 王師가 약간 패전한 것을 인하여 갑자기 딴마음을 품었다. 長樂公은 한 지역을 나누어 다스리는 重任을 받았으니, 어찌 손을 묶고서 장군에게 여러 城의 땅을 바치겠는가. 장군이 冠을 찢고 면류관을 부수어 〈군주를 배반하고자 한다면,〉 자연히 군대의 세력을 끝까지 동원할 수 있을 것이다. 다만 장군이 70세의 늙은 나이로 잘린 머리가 白旗에 매달리고, 세상의 뛰어난 충신이었다가 다시 역적의 귀신이 되는 것이 애석할 뿐이다."

이에 모용수는 침묵하였다.

讓이 厲色責之曰 將軍이 不容於家國하여 投命聖朝하니 燕之尺土를 將軍이 豈有分乎①리오 主上이 與將軍風殊類別이로되 一見傾心하여 親如宗戚하고 寵踰勳舊②어늘 一旦에 因王師小敗하여 遽有異圖하니 長樂公은 受分陝之任이라 寧可束手하여 輸將軍以百城之地乎③리오 將軍이 欲裂冠毁冕인댄 自可極其兵勢④어니와 但惜將軍이 以七十之年으로 懸首白旗하고 高世之忠으로 更爲逆鬼耳⑤로라 垂默然이러라

① 分(나누다)는 扶問의 切이다.
分, 扶問切.

② '風殊類別'은 氐族은 關西에 거주하고 鮮卑는 동북 지방에 거주하고 있어서 이미 풍속이 똑같지 않고 族類가 또 다름을 말한 것이다.
風殊類別, 言氐處關西, 鮮卑在東北, 旣不同風, 族類又別也.

③ '受分陝之任'은 苻丕를 周나라의 周公과 召公에 비유한 것이다.[46]
受分陝之任, 以(慕容)〔苻〕[47]丕比周公·召公也.

---

46) 苻丕를……것이다 : 苻堅 재위 때 부비가 長樂公에 봉해져 襄陽과 鄴城을 나누어 다스린 것을 周나라 때 周公과 召公이 文王과 武王을 보좌하며 陝西城 서쪽 땅과 동쪽 땅을 나누어 다스리며 善政을 베풀었던 것에 견주어서 한 말이다. 주공은 주나라 문왕의 아들이자 무왕의 아우인데, 어린 나이에 즉위한 조카 成王을 보필하여 예악과 법도를 제정하였다. 소공은 문왕의 서자인 奭으로, 성왕 때 주공과 함께 三公이 되어 섬서성 서쪽 땅을 다스리며 선정을 베풀었다.

47) (慕容)〔苻〕: 저본에는 '慕容'으로 되어 있으나, 본문의 문맥에 의거하여 '苻'로 바로잡았다.

④ ≪春秋左氏傳≫ 昭公 9년에 "晉나라 率陰의 戎族이 周나라의 潁 지방을 공격하자, 周나라 景王이 詹桓伯을 사신으로 보내어 晉나라에 말하였다. '내가 伯父에 있어서는 衣服에 冠과 면류관이 있고 나무와 물에 뿌리와 근원이 있는 것과 같고, 人民에 謀主가 있는 것과 같다. 伯父가 만약 관을 찢고 면류관을 부숴버리고 나무뿌리를 뽑고 물의 근원을 막고 謀主를 멋대로 버린다면 비록 戎狄이라 하더라도 어찌 나 한 사람을 眼中에 두겠는가.'" 하였다.
左傳 "晉率陰戎伐潁, 景王使詹桓伯辭於晉曰 '我在伯父, 猶衣服之有冠冕, 木水之有本原, 民人之有謀主也. 伯父若裂冠毁冕, 拔本塞原, 專棄謀主, 雖戎狄, 其何有余一人.'"

⑤ 武王이 紂王의 머리를 베어 大白(태백)의 깃발에 달았다.
武王斬紂首, 懸於大白之旗.

【目】 左右 신하들이 姜讓을 죽일 것을 청하자, 慕容垂가 말하기를 "저들은 각기 그 군주를 위할 뿐이니, 무슨 죄가 있겠는가." 하고 예우하여 보내고는 表文을 올려 秦王 苻堅에게 苻丕를 보내어 長安으로 돌아가게 할 것을 청하자, 부견이 노하여 答書를 써서 모용수를 크게 책망하였다.

左右請殺之한대 垂曰 彼各爲其主耳니 何罪리오하고 禮而歸之하고 上秦王堅表하여 請送丕歸長安한대 堅怒하여 復書切責之하니라

【綱】 〈晉나라(東晉)가〉 將軍 劉牢之를 보내어 秦나라(前秦)를 공격하게 하여 譙城을 함락하고 桓沖이 秦나라를 공격하여 魏興과 上庸, 新城을 함락하였다.

遣將軍劉牢之하여 **伐秦**하여 **拔譙城**하고 **桓沖**이 **伐秦**하여 **拔魏興, 上庸, 新城**하다

【綱】 2월에 〈晉나라(東晉)〉 荊·江都督 豐城公 桓沖이 卒하였다.

◑ 二月에 **荊江都督豐城公桓沖**이 **卒**하다

【目】 桓沖은 謝玄 등이 功을 세웠다는 말을 듣고는 스스로 失言했다 하여 부끄럽고 한스러운 마음으로 병이 나서 졸하였는데, 시호를 宣穆이라 하였다.

조정에서는 의논하여 사현을 荊州·江州刺史로 삼고자 하니, 謝安은 스스로 자기 父子의 명성과 지위가 너무 盛하고 또 桓氏가 관직을 잃고 원망할까 염려하여 마침내 桓石民을 형주자사로, 桓石虔을 豫州刺史로, 桓伊를 江州刺史로 삼았다.

沖이 聞謝玄等有功하고 自以失言이라하여 慙恨成疾而卒이어늘 諡曰宣穆①이라하다 朝議欲以玄爲荊江刺史하니 謝安이 自以父子名位太盛하고 又懼桓氏失職怨望하여 乃以桓石民爲荊州하고 桓石虔爲豫州하고 桓伊爲江州②하다

① '失言'은 지난해에 "내가 옷깃을 왼쪽으로 하는 오랑캐가 될 것이다."라고 했던 말을 이른다.
失言, 謂去年吾其左衽之言也.

② 桓石虔은 桓溫의 아우의 아들이다.
石虔, 溫之弟子也.

【綱】 燕王(後燕) 慕容垂가 鄴城을 포위하였다.

燕王垂 圍鄴하다

【目】 燕王 慕容垂가 鄴城을 공격하여 그 外郭을 함락하자, 長樂公 苻丕가 후퇴하여 中城을 지켰는데, 모용수가 긴 포위망을 구축하여 지키니, 關東 여섯 州의 郡縣이 대부분 燕나라에 항복하였다.

秦나라(前秦) 征東府의 官屬들은 參軍 高泰가 두 마음을 품는다고 의심하니, 고태가 두려워하여 같은 郡 사람 吳韶와 함께 도망하여 勃海로 돌아갔다. 오소가 말하기를 "연나라 군대가 가까이 肥鄕에 있으니, 마땅히 그를 따라야 한다."라고 하자, 고태는 말하기를 "나는 禍를 피했을 뿐이니, 한 군주를 버리고서 다른 한 군주를 섬기는 짓은 하지 않는다." 하였다.

燕王垂 攻鄴하여 拔其外郭한대 長樂公丕 退守中城이어늘 垂築長圍守之하니 關東六州郡縣이 多降於燕이라 秦征東府官屬이 疑參軍高泰有貳心①하니 泰懼하여 與同郡吳韶로 逃歸勃海②러니 韶曰 燕軍이 近在肥鄕하니 宜從之③니라 泰曰 吾以避禍耳니 去一君事一君은 吾所不爲也로라

① 苻丕가 征東大將軍이 되었다. 高泰가 먼저 燕나라(前燕)에서 벼슬하니, 慕容垂가 그를 從事中郎으로 삼았다.
苻丕爲征東大將軍. 泰先仕燕, 慕容垂以爲從事中郎.

② 高泰와 吳韶는 모두 勃海 사람이다.
泰與韶, 皆勃海人也.

③ ≪晉書≫ 〈地理志〉에 "肥鄕縣은 廣平郡에 속한다." 하였다.
晉志 "肥鄕縣屬廣平郡."

【綱】燕나라(後燕)가 秦나라(前秦)의 枋頭와 館陶를 공격하여 점령하였다.

燕이 擊秦枋頭館陶하여 取之하다

【目】燕나라 范陽王 慕容德이 秦나라의 枋頭를 공격하여 점령하고, 東胡王 慕容晏이 館陶를 점거하여 鄴中의 聲援이 되었는데, 오랑캐와 中夏의 백성으로서 연나라를 따르지 않는 자가 아직도 많았다. 燕王 慕容垂가 太原王 慕容楷를 보내어 陳留王 慕容紹와 함께 이들을 공격하게 하자, 모용해가 모용소에게 이르기를 "지금 大業이 시작되었는데 사람들 마음이 흡족해하지 못하니, 오직 마땅히 德으로써 백성들을 편안히 살도록 해야 할 것이요, 위엄으로써 진동해서는 안 됩니다." 하고는 마침내 辟陽에 군대를 주둔하였다.

燕范陽王德이 擊秦枋頭하여 取之하고 東胡王晏이 據館陶하여 爲鄴中聲援하니 夷夏不從燕者 亦尙衆이라 燕王垂 遣太原王楷하여 與陳留王紹로 擊之한대 楷謂紹曰 今大業始爾에 人心未洽하니 唯宜綏之以德이요 不可震之以威라하고 乃屯于辟陽①하다

① 魏收의 ≪魏書≫ 〈地形志〉에 의하면 長樂郡 信都縣에 辟陽城이 있다.
魏收地形志, 長樂郡信都縣, 有辟陽城.

【目】慕容紹가 수백 명의 기병을 거느리고 가서 王晏을 설득하자, 왕안이 항복하였다. 이에 거주하던 백성과 오랑캐 중에 항복하는 자가 수십만 명이었다. 慕容楷는 노약자를 남겨두고서 수령을 어루만지게 하고, 壯丁 10여만 명을 징발하여 왕안과 함께 鄴城에 이르니, 慕容垂가 크게 기뻐하기를 "너희 형제(모용소·모용해)의 재주가 文武를 겸하였으니, 충분히 先王을 이을 수 있다." 하였다.

紹帥騎數百하고 往說王晏한대 晏이 降하니 於是에 民夷降者數十萬口라 楷留其老弱하여 置守宰以撫之하고 發其丁壯十餘萬하여 與晏詣鄴하니 垂大悅曰 汝兄弟才兼文武하니 足以繼先王矣①로다

① 〈'足以繼先王矣'는〉 충분히 慕容恪을 이을 수 있다는 말이다.
言足以繼慕容恪也.

【綱】3월에 〈晉나라(東晉)가〉 謝安을 太保로 삼았다.

三月에 以謝安爲太保하다

【綱】 燕나라(西燕) 慕容泓이 군대를 華陰에서 일으키고 慕容沖이 군대를 平陽에서 일으키자, 秦나라(前秦)에서는 苻叡를 보내어 모용홍을 공격하게 하였는데, 패전하여 죽었다. 여름 4월에 부예의 司馬인 姚萇이 北地에서 군대를 일으켜 스스로 秦王(後秦)이라 칭하였다.

◑ **燕慕容泓**이 **起兵華陰**하고 **慕容沖**이 **起兵平陽**이어늘 **秦**이 **遣苻叡擊泓**이러니 **敗死**하니 **夏四月**에 **叡司馬姚萇**이 **起兵北地**하여 **自稱秦王**[48]하다

【目】 慕容泓이 秦나라의 北地長史로 있었는데, 燕王 慕容垂가 鄴城을 공격한다는 말을 듣고는 도망하여 關東 지방으로 달아나서 鮮卑族을 수집하여 華陰으로 돌아와 주둔하니, 무리가 마침내 盛하였으므로 스스로 雍州牧이라 칭하였다.

---

48) 燕慕容泓……自稱秦王 : "慕容垂에게는 '배반했다'고 썼는데, 慕容泓과 慕容沖에게는 '군대를 일으켰다'고 쓴 것은 어째서인가. 이들은 燕나라의 遺民이기 때문이다. 멸망한 나라를 일으키고 끊어진 대를 이음은 ≪資治通鑑綱目≫에서 인정하는 바이므로 용서한 것이다. 그렇다면 모용수는 연나라의 유민이 아닌가. 苻堅의 命을 받아 羌族을 토벌하다가 도리어 강족과 연합하였으니, 모용홍과 모용충에 비할 바가 아니다. 이 때문에 군대를 일으킴은 똑같으나 翟斌은 강족이므로 討를 쓰고, 모용홍과 모용충은 연나라의 遺民이므로 擊을 썼으니, ≪자치통감강목≫에서 분명하게 판단한 것이다. 姚萇을 苻叡의 司馬라고 썼으면 秦나라를 배반한 것인데, 어찌하여 배반했다고 쓰지 않았는가. 요장이 이미 싸우다가 패하고 사람을 보내어 부견에게 가서 謝罪하였으나, 부견이 노하여 그 사자를 죽이니, 요장이 두려워하여 마침내 馬牧으로 달아났다. 이에 尹詳이 요장을 추대하였으니, 이는 요장의 본심이 아니다. ≪자치통감강목≫에서는 이에 대해 헤아려 살핀 것이다.〔垂書叛矣 泓沖書起兵 何 燕餘也 興滅繼絶 綱目所予也 故恕之 然則垂非燕餘乎 受命討羌 反與羌合 非泓沖比矣 是故起兵一也 翟斌羌種 則書討 泓沖燕餘 則書擊 綱目之權衡審矣哉 萇書叡司馬 則叛秦也 曷爲不以叛書 萇旣戰敗 遣人謝罪 堅怒殺之 萇懼遂奔馬牧 於是尹詳推萇 則非萇心也 綱目於此有以亮之矣〕" ≪書法≫

"苻堅이 패배하자, 여러 오랑캐들이 기회를 틈타 고슴도치 털처럼 많이 일어났다. 그러나 慕容垂와 姚萇은 같은 처지의 사람인데, 모용수는 이미 '배반했다'고 썼으나, 요장은 마침내 '군대를 일으켰다'고 쓴 것은 어째서인가. 모용수는 부견의 두터운 知遇를 받았으니, 요장에 비할 바가 아니다. 부견이 모용수로 하여금 翟斌을 토벌하게 하였는데, 모용수가 도리어 적빈과 연합하였다. 그러므로 '배반했다'라고 써서 그 죄를 바로잡은 것이다. 요장으로 말하면 苻叡를 도왔는데, 부예가 그의 간언을 따르지 못하고 적을 경시하다가 패하여 죽었다. 요장이 이때 두려워하여 사자를 부견에게 보내어 謝罪하였으나, 부견이 마침내 노하여 그 사자를 죽였으니, 이는 부견이 요장을 몰아 반란을 하게 한 것이다. 그러므로 '군대를 일으켰다'고 써서 본래 배반할 뜻이 없음을 밝힌 것이다. 그러나 부견이 교만하고 음탕하고 도리를 잃어서 스스로 패망을 초래했으므로 적빈과 모용홍, 모용충 무리에 대해 모두 '군대를 일으켰다'고 쓴 것이다. 이로써 또 나라가 강하고 크다 하여 덕을 힘쓰지 않고 무력을 끝까지 동원하여 멀리 경략을 일삼는 자의 감계로 삼은 것이다.〔苻堅敗北 群寇乘之如蝟毛而起 然垂萇一體之人 垂旣書叛 萇乃書起兵 何耶 垂受堅知遇之厚 非萇之比 堅使垂討翟斌 而垂反與斌合 故書叛以正其罪 若萇則佐叡 叡不能用其諫 輕敵敗死 萇方恐懼 遣使謝罪 堅乃怒而殺之 是驅之使亂也 故書起兵以原其本無叛意爾 然堅驕淫失道 自取敗滅 故翟斌泓沖輩皆以起兵書之 又以爲强大不務德 黷武事遠略者之鑑也〕" ≪發明≫

秦王 苻堅이 權翼에게 이르기를 "내 卿의 말을 따르지 아니하여 鮮卑族으로 하여금 이 지경에 이르게 하였으니, 관동 지방의 땅은 내 다시는 다투지 못할 것이다. 장차 慕容泓을 어찌하겠는가." 하였다. 부견은 마침내 廣平公 苻熙로 하여금 蒲坂에 진주하게 하고, 鉅鹿公 苻叡를 불러 都督中外諸軍事로 삼아서 군대 5만 명을 나누어주고, 竇衝을 長史로 삼고 姚萇을 司馬로 삼아 모용홍을 토벌하게 하였다.

泓이 爲秦北地長史[①]러니 聞燕王垂攻鄴하고 亡奔關東하여 收集鮮卑하여 還屯華陰하니 其衆이 遂盛이어늘 自稱雍州牧하다 秦王堅이 謂權翼曰 不用卿言하여 使鮮卑至此하니 關東之地는 吾不復爭이라 將若泓何오 乃使廣平公熙로 鎭蒲坂하고 徵鉅鹿公叡하여 都督中外諸軍事하여 配兵五萬하고 以竇衝爲長史하고 姚萇爲司馬하여 以討泓[②]하다

① 慕容泓은 慕容暐의 아우이다.
泓, 暐之弟也.
② 苻熙와 苻叡는 모두 苻堅의 아우이다.
熙・叡, 皆堅之子也.

【目】平陽太守 慕容沖 또한 平陽에서 군대를 일으켜 蒲坂으로 진격하자, 苻堅은 竇衝으로 하여금 그를 토벌하게 하였다. 慕容泓은 秦나라 군대가 장차 쳐들어온다는 말을 듣고 두려워하여 여러 장수들을 거느리고 關東 지방으로 달아났는데, 苻叡는 성품이 거칠고 사납고 敵을 경시하였다. 군대를 몰고 가서 요격하려고 하자, 姚萇이 諫하기를 "鮮卑族들은 모두 고향으로 돌아갈 것을 그리워하고 있습니다. 그러므로 일어나 반란을 일으킨 것이니, 마땅히 그들을 몰아 관문을 나가게 할 것이요, 막아서는 안 됩니다. 생쥐도 꼬리를 잡으면 오히려 뒤돌아 사람을 무는 법이니, 다만 북을 울려 따라가면 됩니다. 이렇게 하면 저들은 장차 무너져 패하기에도 겨를이 없을 것입니다." 하였으나, 부예는 그 말을 따르지 않고 모용홍과 싸우다가 과연 패하여 피살되었다.

平陽太守 慕容沖이 亦起兵於平陽하여 進攻蒲坂이어늘 堅이 使竇衝討之하다 泓이 聞秦兵且至하고 懼하여 帥衆將奔關東이러니 叡麤猛輕敵이라 欲馳兵邀之어늘 姚萇이 諫曰 鮮卑皆有思歸之志라 故로 起而爲亂하니 宜驅令出關이요 不可遏也라 夫執鼷鼠之尾에도 猶能反噬於人이니 但可鳴鼓隨之니 彼將奔敗不暇矣리이다 叡弗從하고 與戰이라가 果敗見殺하다

【目】姚萇이 長史를 보내어 苻堅에게 가서 謝罪하게 하자, 부견이 노하여 장사를 죽이

니, 요장이 두려워하여 渭水의 북쪽 馬牧으로 달아났다. 이에 天水의 尹緯와 尹詳, 南安의 龐演 등이 羌族의 土豪 5만여 가호를 규합하고 선동해서 요장을 추대하여 盟主로 삼으니, 요장이 스스로 秦王이라 칭하고 전진하여 北地에 주둔하자, 항복한 羌族과 胡族이 10여만 명이었다.

萇이 遣其長史하여 詣堅謝罪한대 堅이 怒殺之하니 萇이 懼하여 奔渭北馬牧[①]하다 於是에 天水尹緯, 尹詳, 南安龐演等이 糾扇羌豪五萬餘家하여 推萇爲盟主하니 萇이 自稱秦王하고 進屯北地한대 羌胡降者 十餘萬이러라

① 馬牧은 말을 기르는 곳이니, 漢나라의 牧苑과 같다.
馬牧, 牧馬之地, 猶漢之牧苑也.

【綱】 秦나라(前秦)의 苻定과 苻紹가 信都와 高城을 가지고 燕나라(後燕)에 항복하였다.

秦苻定苻紹 以信都高城降燕[①]하다

① 苻定은 苻堅의 從叔인데 信都를 가지고 항복하였고, 苻紹는 苻堅의 從弟인데 高城을 가지고 항복하였다.
定, 堅之從叔, 以信都降. 紹, 堅之從弟, 以高城降.

【綱】 秦나라(前秦)가 군대를 보내어 慕容沖을 공격해서 깨트리니, 모용충이 華陰으로 달아나자, 慕容泓이 마침내 長安을 핍박하였다.

◑ **秦**이 **遣兵擊慕容沖**하여 **破之**하니 **沖**이 **奔華陰**이어늘 **泓**이 **遂逼長安**하다

【目】 秦나라 竇衝이 慕容沖을 공격하여 깨트리니, 모용충이 華陰으로 달아났다. 慕容泓의 무리가 10여만에 이르렀는데, 使者를 보내어 진왕 苻堅에게 이르기를 "吳王(慕容垂)이 이미 關東 지방을 평정하였으니, 속히 大駕를 준비하여 家兄인 皇帝(慕容暐)를 보내어 鄴都로 돌려보내라. 우리는 秦나라와 虎牢를 경계로 삼겠다." 하였다.

그러자 부견은 크게 노하여 慕容暐를 불러 꾸짖기를 "卿의 宗族은 사람의 얼굴에 짐승의 마음을 가졌다고 할 만하다. 國士가 될 것을 기대할 수 없다." 하고는 모용위에게 편지를 써서 모용홍과 모용충 및 모용수를 招諭하게 하자, 모용위가 은밀히 사자를 보

내어 모용홍에게 이르기를 "나는 새장에 갇힌 사람이니, 반드시 살아서 돌아갈 리가 없다. 또 燕나라 황실의 죄인이니, 나를 다시 돌아볼 것이 없다. 너는 부지런히 大業을 세워 내가 죽었다는 소문을 듣거든 즉시 尊位에 오르라." 하였다. 모용홍이 이에 전진하여 長安으로 향하였다.

秦竇衝이 **擊沖破之**하니 **沖**이 **奔華陰**이러라 **泓衆**이 **至十餘萬**이러니 **遣使謂秦王堅曰 吳王**이 **已定關東**하니 **可速備大駕**하여 **送家兄皇帝**하여 **還鄴都**하라 **與秦以虎牢爲界**[①]호리라 **堅**이 **大怒**하야 **召慕容暐**하여 **責之曰 卿之宗族**이 **可謂人面獸心**이라 **不可以國士期也**라하고 **命暐以書招諭泓·沖及垂**한대 **暐密遣使**하여 **謂泓曰 吾**는 **籠中之人**이니 **必無還理**요 **且燕室之罪人也**니 **不足復顧**[②]라 **汝勉建大業**하여 **聽吾死問**이어든 **便卽尊位**하라 **泓**이 **於是**에 **進向長安**이러라

① 慕容暐는 慕容泓의 형이다.
暐, 泓之兄也.

② 慕容暐가 燕나라(前燕)의 社稷을 보전하지 못하였으므로 스스로 죄인이라 한 것이다.
暐不能保燕之社稷, 故自謂爲罪人.

【綱】 〈晉나라(東晉)〉 竟陵太守 趙統이 襄陽을 공격하여 함락하고 梁州刺史 楊亮이 군대를 거느리고 蜀을 정벌하여 巴郡에 주둔하였다.

竟陵太守趙統이 **伐襄陽克之**하고 **梁州刺史楊亮**이 **帥兵伐蜀**하여 **屯巴郡**하다

【綱】 5월에 秦나라(前秦) 洛州刺史 張五虎가 豐陽을 점거하고 와서 항복하였다.

◑ **五月**에 **秦洛州刺史張五虎 據豐陽**하여 **來降**[①]하다

① 苻氏의 秦나라가 당초에 洛州刺史로 陜城에 진주시키고 荊州刺史로 豐陽에 진주시켰는데, 이미 襄陽을 얻어 荊州로 삼고 洛州를 풍양으로 옮겼다. 풍양은 漢나라 上洛縣의 땅이다.
苻秦初以洛州刺史鎭陜城, 荊州刺史鎭豐陽, 旣得襄陽, 以爲荊州, 徙洛州於豐陽. 豐陽, 漢上洛縣地也.

【綱】 6월에 〈晉나라(東晉)〉 崇德太后 褚氏가 崩하였다.

◑ **六月**에 **崇德太后褚氏崩**하다

【綱】 秦王(前秦) 苻堅이 後秦을 공격하여 패퇴시켰다.

◑秦王堅이 擊後秦敗之하다

【目】 後秦王 姚萇이 나아가 北地에 주둔하니, 秦나라 華陰, 北地, 新平, 安定의 羌族과 胡族 가운데 항복해온 자가 10여만이었다.

秦王 苻堅이 직접 보병과 기병 2만을 거느리고 요장을 공격하니, 後秦의 군대가 여러 번 패하였고 軍中에 우물이 없었다. 秦나라 사람이 安公의 골짝을 막아 물의 흐름을 차단해서 곤궁하게 하니, 후진의 군사 중에 목말라 죽은 자가 있었는데, 마침 하늘에서 큰비가 내려 후진의 진영 안에 물이 3尺이고, 진영 밖은 한 치 남짓일 뿐이었다. 이로써 후진의 군대가 다시 떨쳐 일어나니, 부견은 탄식하기를 "하늘 또한 賊을 돕는가." 하였다.

後秦王萇이 進屯北地[①]하니 秦華陰, 北地, 新平, 安定羌胡降之者 十餘萬이라 秦王堅이 自帥步騎二萬以擊之하니 後秦兵이 屢敗하고 軍中無井이라 秦人이 塞安公谷하여 堰水以困之하니 有渴死者[②]러니 會에 天大雨하여 後秦營中에 水三尺이요 營外는 寸餘而已라 後秦軍이 復振하니 堅이 嘆曰 天亦祐賊乎아하니라

① 姚萇을 後秦이라고 써서 苻氏의 秦(前秦)과 구별한 것이다.
姚萇書後秦, 以別於苻秦也.

② 胡三省이 "安公의 골짜기는 지금 耀州의 경계에 있다." 하였다.
胡三省曰 "安公谷, 在今耀州界."

【綱】 燕나라(西燕)의 여러 장수들이 慕容泓을 죽이고 慕容沖을 皇太弟로 삼았다.

燕諸將이 殺慕容泓하고 立沖爲皇太弟하다

【目】 慕容泓의 謀臣인 高蓋 등은 모용홍의 德望이 慕容沖만 못하고, 법을 집행함이 까다롭고 준엄하다 하여 마침내 모용홍을 죽이고 모용충을 세워 皇太弟로 삼았다. 모용충이 制命을 받들어 일을 행하고 百官을 설치하였다. 그러자 後秦王 姚萇이 아들 姚嵩(요숭)을 모용충에게 보내어 그의 인질이 되어 화친을 맺기를 청하였다.

慕容泓謀臣高蓋等이 以泓德望不如沖하고 且持法苛峻이라하여 乃殺泓하고 立沖爲皇太弟하여 承制行事하고 置百官하니 後秦王萇이 遣其子嵩하여 爲質於沖하여 以請和[①]하다

① 군대를 연합하여 秦나라를 피폐하게 하려 해서였고, 또 慕容沖의 군대가 강함을 두려워해서였다.
欲連兵以斃秦, 且畏沖兵之彊也

【綱】 燕나라(後燕) 장군 慕容麟이 常山과 中山을 함락하고, 〈西燕의〉 慕容沖이 秦나라(前秦) 군대를 대파하고 마침내 阿房城을 점거하였다.

燕將軍慕容麟이 **拔常山, 中山**하고 **慕容沖**이 **大破秦兵**하고 **遂據阿房城**하다

【目】 秦나라 平原公 苻暉가 洛陽과 陝城의 병력 7만을 거느리고서 長安으로 돌아갔다. 秦王 苻堅은 慕容沖이 장안으로 점점 가까이 오고 있다는 말을 듣고는 마침내 군대를 이끌고 돌아가서 부휘를 보내어 모용충을 막게 해서 鄭 지방의 서쪽에서 싸웠는데, 모용충이 부휘를 대파하고 마침내 阿房城을 점거하였다.

秦平原公暉 帥洛陽・陝城之衆七萬하여 **歸于長安**하니 **秦王堅**이 **聞沖去長安浸近**하고 **乃引兵歸**하여 **遣暉拒沖**하여 **戰於鄭西**러니 **沖**이 **大破之**하여 **遂據阿房城**[①]하다

① 〈阿房城은〉 바로 秦나라의 阿房宮城이다.
卽秦之阿房宮城.

【綱】 가을 7월에 秦나라(前秦) 梓潼太守 壘襲이 涪城을 가지고 와서 항복하였다.

秋七月에 **秦梓潼太守壘襲**이 **以涪城來降**[①]하다

① 壘襲은 사람의 姓名이다.
壘襲, 姓名.

【綱】 〈晉나라(東晉)가〉 康獻皇后(褚太后)를 장례하였다.

◑ **葬康獻皇后**하다

【綱】 燕나라(後燕)가 丁零의 翟斌을 죽였다.

◑ **燕**이 **殺丁零翟斌**하다

【目】 翟斌이 功을 믿고 교만 방자하여 만족할 줄 모르고 계속 요구하였다. 또 鄴城이 오랫동안 함락되지 않는다 하여 남몰래 두 마음을 품자, 太子 慕容寶가 제거할 것을 청하니, 燕王 慕容垂는 다음과 같이 말하였다.

"河南의 맹세를 저버릴 수가 없다. 만약 그가 반란을 일으킨다면 죄가 적빈에게 있는 것이다. 일이 아직 형체가 드러나지 않았는데 그를 죽이면 사람들은 반드시 내가 그의 공과 재능을 시기한다고 생각할 것이다. 그리고 내가 막 영웅호걸들을 거두어 大業을 높이려 하니, 사람들에게 좁은 도량을 보여 천하의 바람을 잃어서는 안 된다. 설령 그가 우리를 도모하는 계책이 있더라도 내가 지혜로써 막을 것이니, 그러면 그가 할 수 있는 것이 없을 것이다."

적빈이 과연 은밀히 秦나라(前秦) 長樂公 苻丕와 함께 모의를 通하다가 일이 발각되니, 모용수가 그를 죽였다.

翟斌이 恃功驕縱하여 邀求無厭[①]하고 又以鄴城久不下라하여 潛有貳心이어늘 太子寶請除之한대 燕王垂曰 河南之盟을 不可負也[②]요 若其爲難은 罪由於斌[③]이라 今事未有形而殺之면 人必謂我忌其功能하리니 吾方收攬豪傑以隆大業하노니 不可示人以狹하여 失天下之望이라 藉彼有謀라도 吾以智防之리니 無能爲也[④]리라 斌이 果密與秦長樂公丕로 通謀라가 事覺하니 垂殺之하다

① 厭(만족하다)은 於鹽의 切이다.
厭, 於鹽切.
② 翟斌이 군대를 이끌고 慕容垂와 洛陽에서 만나자, 모용수가 그와 더불어 맹세하였는데, 그는 이때 河南縣에 있었다.
斌引兵會垂於洛陽, 垂與之盟, 蓋在河南縣.
③ 難(난리)은 去聲이다.
難, 去聲.
④ 藉는 가령이다.
藉, 借也.

【綱】 秦나라(前秦) 呂光이 龜茲를 대파하고 쳐들어가 그 城을 점거하였다.

秦呂光이 大敗龜茲하고 入據其城하다

【目】 龜茲王 帛純이 곤궁하고 급하여 獪胡(괴호)에게 많은 뇌물을 주어 구원을 요청하자, 獪胡王이 여러 나라의 병사 70여만을 거느리고 와서 구원하였는데 呂光이 그와 싸

워 대파하니, 백순이 밖으로 도망하였다.

여광이 그 城으로 쳐들어가니, 성은 長安城과 같아서 시장과 도읍, 宮室이 매우 盛하였다. 여광이 西域의 나라들을 어루만져 편안히 하고 위엄과 은혜가 매우 드러나니, 먼 지방의 여러 나라 중에 前代에 복종시키지 못한 자들이 모두 와서 歸附하였다. 여광은 백순의 아우 帛震을 세워 龜玆王으로 삼았다.

龜玆王帛純이 窘急하여 重賂獪胡以求救[①]어늘 獪胡王이 引諸國兵七十餘萬以救之러니 呂光이 與戰大破之하니 帛純이 出走라 光이 入其城하니 城如長安하여 市邑宮室이 甚盛이라 光이 撫寧西域하니 威恩甚著하여 遠方諸國前世所不能服者 皆來歸附러라 光이 立帛純弟震하여 爲龜玆王하다

① 呂光이 지난해에 進軍하여 龜玆를 공격하였다. 獪는 음이 卦이다. 獪胡는 또 龜玆의 서쪽에 있었다.
呂光自去年進軍, 攻龜玆. 獪, 音卦. 獪胡, 蓋又在龜玆之西.

【綱】 8월에 燕王(後燕) 慕容垂가 鄴城의 포위를 풀고 新城으로 달려갔다.

八月에 燕王垂 解鄴圍하고 趨新城하다

【目】 당초에 燕王 慕容垂는 鄴城이 아직도 견고하다 하여 관료와 보좌관들을 모아 의논하자, 右司馬 封衡이 漳水의 물을 끌어와 업성에 주입할 것을 청하므로 그 말을 따랐다. 모용수는 포위한 지역을 순행하고서 인하여 華林園에서 술을 마셨는데, 秦나라(前秦) 사람이 은밀히 군대를 출동시켜 습격하여 화살을 비처럼 쏘아댔다. 모용수가 거의 탈출할 수 없었는데, 冠軍將軍 慕容隆이 기병을 거느리고 와서 돌격하자, 모용수가 겨우 죽음을 면하였다.

初에 燕王垂 以鄴城猶固라하여 會僚佐議之한대 右司馬封衡이 請引漳水灌之어늘 從之[①]하다 垂行圍라가 因飮於華林園[②]이러니 秦人이 密出兵掩之하여 矢下如雨하니 垂幾不得出이라가 冠軍隆이 將騎衝之하여 垂僅而得免[③]하다

① 封衡은 封裕의 아들이다.
衡, 裕之子也.

② 行은 순행함이다. 洛都와 鄴都에 모두 華林園이 있었는데, 업도의 華林은 魏나라 武帝(曹操)가 건축한 것이다.
行, 按行也. 洛都・鄴都皆有華林園, 鄴之華林, 則魏武所築也.

③ '冠軍隆'은 冠軍將軍 慕容隆이다.
冠軍隆, 冠軍將軍慕容隆.

【目】 이때 鄴城 가운데의 꼴과 곡식이 모두 소진되어 소나무와 나무를 깎아 말에게 먹였는데, 慕容垂가 말하기를 "苻丕가 반드시 항복할 리가 없으니, 부비가 서쪽으로 돌아갈 수 있는 길을 열어주어 秦王 苻堅이 옛날에 베푼 은혜를 보답하는 것만 못하다." 하고는 마침내 포위를 풀고서 新城으로 달려갔다.

그러고는 慕容農을 보내어 淸河와 平原을 순행하여 조세를 징수하고 감독하게 하자, 모용농은 법규를 분명하게 세워서 백성의 재물의 있고 없음을 균등하게 조절하여 〈세금을 부과하였고,〉 軍令을 엄격하게 정돈하여 침해하고 포학한 바가 없도록 하였다. 이 때문에 곡식과 비단을 바치는 사람이 길에 끊이지 않아 군수물자가 풍족해졌다.

至是에 鄴中芻糧俱盡하여 削松木以飼馬러니 垂曰 苻丕必無降理하니 不如開丕西歸之路하여 以謝秦王疇昔之恩이라하고 乃解圍하여 趨新城[①]하다 遣慕容農하여 徇淸河平原하여 徵督租賦한대 農이 明立約束하여 均適有無하고 軍令이 嚴整하여 無所侵暴하니 由是로 穀帛屬(촉)路하여 軍資豐給[②]이러라

① 新城은 바로 肥鄕의 新興城이다.
新城, 卽肥鄕之新興城也.
② 屬(이어지다)은 음이 燭이다.
屬, 音燭.

【綱】 〈晉나라(東晉)가〉 都督 謝玄을 보내어 군대를 거느리고 秦나라(前秦)를 공격하게 하여 황하 남쪽 지역을 점령하였다.

遣都督謝玄하여 **率師伐秦**하여 **取河南**[49)]하다

【目】 太保 謝安이 苻氏가 기울고 패한 틈을 타서 中原을 개척할 것을 주청하자, 謝玄을 前鋒都督으로 삼아 桓石虔 등을 거느리고 秦나라를 공격하게 하였다. 사현이 下邳에 이

49) 遣都督……取河南 : "신하가 병권을 전횡하는 일을 앞에서 이미 자세히 논하였다. 지금 謝玄이 秦나라를 공격할 적에 '遣'이라고 쓰고 이전에 謝石 등이 秦나라를 막을 때 '詔'라고 썼는데, 이때 謝安이 정승이 되어 명령이 朝廷에서 나왔으므로 書法이 이와 같은 것이다. 만일 晉나라의 征伐이 모두 능히 이와 같다면 또 어찌 跋扈하여 조정을 제재하는 일이 있었겠는가. 아, 슬프다.〔人臣專兵之事 前已論之詳矣 今此謝玄伐秦 則書遣 與前此謝石等拒秦則書詔者 是時 謝安爲相 命出朝廷 是以書法如此 使晉之征伐皆能若是 又安有跋扈制朝之事哉 噫〕" ≪發明≫

르니, 秦나라 徐州刺史 趙遷이 彭城을 버리고 달아났으므로 사현이 전진하여 팽성을 점거하였다. 그리고 彭城內史 劉牢之로 하여금 秦나라 兗州刺史 張崇을 공격하게 하니, 장숭이 鄄城을 버리고 燕나라(後燕)로 달아났다. 그래서 유뇌지가 견성을 점거하니, 황하 남쪽 지역의 城堡가 모두 와서 歸附하였다.

太保安이 奏請乘苻氏傾敗하여 開拓中原한대 以玄爲前鋒都督하여 帥桓石虔等하여 伐秦하다 玄이 至下邳하니 秦徐州刺史趙遷이 棄彭城走어늘 玄이 進據之하다 使彭城內史劉牢之로 攻秦兗州刺史張崇하니 崇이 棄鄄城奔燕이어늘 牢之據鄄城하니 河南城堡 皆來歸附러라

【綱】〈晉나라(東晉)가〉 太保 謝安에게 都督十五州諸軍事를 가하고 黃鉞을 주었다.

加太保安都督十五州諸軍事하고 假黃鉞[①]하다

① 15州는 揚州, 徐州, 南徐州, 兗州, 南兗州. 豫州, 南豫州, 江州, 靑州, 冀州, 幽州, 幷州, 司州, 荊州, 雍州이다.
十五州, 蓋揚・徐・南徐・兗・南兗・豫・南豫・江・靑・冀・幽・幷・司・荊・雍也.

【綱】〈西燕의〉 慕容沖이 전진하여 長安을 핍박하였다.

◑ 慕容沖이 進逼長安하다

【綱】 겨울 10월 초하루에 일식이 있었다.

◑ 冬十月朔에 日食하다

【綱】〈晉나라(東晉)의〉 謝玄이 군대를 보내어 秦나라(前秦) 靑州를 공격해서 항복시켰다.

◑ 謝玄이 遣兵攻秦靑州하여 降之하다

【綱】 燕나라(後燕) 慕輿文이 劉庫仁을 죽였다.

◑ 燕慕輿文이 殺劉庫仁하다

【目】 劉庫仁이 苻丕를 구원하고자 하여 雁門과 上谷, 代郡의 병사들을 징발하여 繁畤에 주둔하였다. 燕나라(前燕) 慕輿句의 아들 慕輿文이 유고인의 처소에 있었는데, 세 郡의 병사들이 멀리 정벌하러 가는 것을 좋아하지 않음을 알고는 인하여 亂을 일으켜 밤에 유고인을 공격하여 죽이고, 駿馬를 훔쳐 燕나라(後燕)로 달아나니, 유고인의 아우 劉頭眷이 부족의 무리를 대신 거느렸다.

庫仁이 欲救苻丕하여 發雁門, 上谷, 代郡兵하여 屯繁畤러니 燕慕輿句之子文이 在庫仁所하여 知三郡兵不樂遠征하고 因作亂하여 夜攻庫仁殺之하고 竊其駿馬하여 奔燕하니 庫仁弟頭眷이 代領部衆하다

【綱】〈晉나라(東晉)가〉 謝玄에게 都督七州軍事를 더해주었다.

加謝玄都督七州軍事하다

【目】 秦나라(前秦) 長樂公 苻丕가 전진하거나 후퇴할 길이 막혀서 관료와 보좌관들에게 상의하니, 司馬 楊膺이 스스로 晉나라로 귀의할 것을 청하자, 부비가 허락하지 않았다.

마침 謝玄이 劉牢之 등을 보내어 碻磝(교오)를 점거하고 郭滿이 滑臺를 점거하였다. 그리고 顏肱과 劉襲이 河北에 주둔하였는데, 유습이 黎陽을 함락하였다. 그러자 부비가 두려워 마침내 參軍 焦逵를 보내어 사현에게 편지를 전달해서 길을 빌리고 양식을 구하여 서쪽으로 國難에 달려가고자 한다고 말하였다. 초규는 參軍 姜讓과 함께 은밀히 양응에게 고하여 편지를 고쳐 표문으로 만들어 王師(東晉의 군대)가 이르면 마땅히 몸을 바쳐 남쪽(동진)으로 돌아갈 것을 허락하였다. 또 의논하여 부비가 만약 이 말을 따르지 않으면 핍박하고 포박하여 晉나라에 넘겨주기로 하였다.

秦長樂公丕 進退路窮하여 謀於僚佐하니 司馬楊膺이 請自歸於晉이어늘 丕未許하다 會에 謝玄이 遣劉牢之等하여 據碻磝(교오)하고 郭滿이 據滑臺하고 顏肱劉襲이 軍于河北하여 襲이 克黎陽①하니 丕懼하여 乃遣參軍焦逵하여 致書於玄하여 稱欲假途求糧하여 西赴國難한대 逵與參軍姜讓으로 密告楊膺하여 改書爲表하여 許以王師之至에 當致身南歸라하고 且議丕若不從이면 則逼縛與之하다

① 碻는 丘交의 切이고, 磝는 牛交의 切이다. 碻磝城은 濟北郡의 治所가 있는 곳이니, 沿河의 중요한 지역이다. 滑臺는 漢나라의 白馬와 唐나라의 滑州이다. 河北은 滑州의 北岸이다.
碻, 丘交切. 磝, 牛交切. 碻磝城, (齊)〔濟〕[50]北郡治所, 沿河要地也. 滑臺, 漢之白馬・唐之滑州也. 河北, 滑州之北岸也.

【目】 이에 謝玄이 晉陵太守 滕恬之를 보내어 황하를 건너 黎陽을 지키게 하니, 朝廷에서는 兗州, 靑州, 司州, 豫州가 이미 평정되었다 하여 사현에게 都督徐·兗·靑·司·冀·幽·幷州諸軍事를 가하였다.

於是에 玄이 遣晉陵太守滕恬之하여 渡河守黎陽하니 朝廷이 以兗靑司豫旣平이라하여 加玄都督徐兗靑司冀幽幷州諸軍事하다

【綱】 後秦王 姚萇이 新平을 공격하였다.

後秦王萇이 攻新平하다

【目】 後秦王 姚萇은 慕容沖이 長安을 공격한다는 말을 듣고 여러 관료들을 모아 진격할 것인지 멈출 것인지를 의논하니, 모두 말하기를 "마땅히 먼저 장안을 점령하여 근본을 세운 뒤에 사방을 경영해야 합니다." 하였다. 요장이 말하기를 "燕나라(西燕) 사람들은 그 무리가 고향으로 돌아가고 싶어 함을 이용하여 군대를 일으켰으니, 저들은 만약 뜻을 얻으면 반드시 오랫동안 關中(長安)에 머무르지 않을 것이다. 내 마땅히 진영을 옮겨 嶺北에 주둔해서 물자와 곡식을 널리 거두어놓고서 秦나라(前秦)가 망하고 연나라가 떠난 뒤에 팔짱을 끼고 취하겠다." 하고는 마침내 長子 姚興을 남겨 北地를 지키게 하고 자신은 병력을 거느리고 新平을 공격하였다.

後秦王萇이 聞慕容沖攻長安하고 會群僚하여 議進止하니 皆曰 宜先取長安하여 建立根本然後에 經營四方이니이다 萇曰 燕人이 因其衆思歸以起兵하니 若得志면 必不久留關中이라 吾當移屯嶺北하여 廣收資實하여 以待秦亡燕去然後에 拱手取之耳①라하고 乃留長子興하여 守北地하고 自將其衆하여 攻新平하다

① 嶺北은 九嵕山의 북쪽을 이르니, 무릇 新平, 北地, 安定의 땅이 모두 이곳이다.
嶺北, 謂九嵕之北. 凡新平·北地·安定之地, 皆是也.

【目】 처음에 新平 사람이 그 郡將(郡守)을 죽이자, 秦王 苻堅이 그 城의 모퉁이를 허물어 치욕을 주니, 신평의 民望들이 이것을 크게 부끄러워하여 忠義를 세워 설욕하고자 하였다.

初에 新平人이 殺其郡將이어늘 秦王堅이 缺其城角以恥之①하니 新平民望이 深以爲病하여 欲立

---

50) (齊)〔濟〕: 저본에는 '齊'로 되어 있으나, ≪資治通鑑≫ 註에 의거하여 '濟'로 바로잡았다.

忠義以雪之②하다

① 石虎의 말년에 淸河의 崔悅이 新平의 相이 되었었는데, 郡 사람에게 피살되었다. 최열의 아들 崔液이 苻堅에게 벼슬하여 尙書郎이 되었는데, 스스로 표문을 올려 "아버지의 원수와는 하늘과 땅을 함께 하지 않으니, 冀州로 돌아가게 해주시기를 청합니다." 하자, 부견은 그를 가엾게 여겨 신평 사람들을 禁錮하고 그 城의 모퉁이를 허물어 치욕을 준 것이다.
石虎之末, 淸河崔悅爲新平相, 爲郡人所殺. 悅子液仕堅, 爲尙書郎, 自表"父仇不同天地, 請還冀州." 堅愍之, 禁錮新平人, 缺其城角以恥之.

② 民望은 郡의 어진 자와 호걸로 한 군의 사람들에게 推重을 받는 자이다. 病은 부끄럽다는 말과 같다.
民望, 郡之賢豪, 爲一郡所宗嚮者. 病, 猶言恥也.

【目】 姚萇이 新平에 도착하자 太守 苟輔가 항복하고자 하니, 郡의 사람 馮傑 등이 간하기를 "옛날 田單은 한 城을 가지고도 齊나라를 보존하였습니다.51) 지금 秦나라(前秦)는 도리어 이어진 城이 100개가 넘는데, 어찌하여 대번에 배반하는 신하가 되려고 하십니까." 하였다. 구보가 기뻐하여 말하기를 "이것이 나의 본래 뜻이다. 다만 오랫동안 구원 세력이 없어 郡의 백성들이 죄 없이 억울하게 죽을까 염려했었는데, 諸君이 능히 이와 같으니, 내 어찌 살기를 도모하겠는가." 하고는 이에 성에 의지하여 굳게 지켰다.

後秦이 土山과 지하도를 만들어 공격하자, 구보 또한 성안에 토산과 지하도를 만들어 지하에서 싸우기도 하고 산 위에서 싸우기도 하니, 후진의 무리가 죽은 자가 만여 명이었다. 구보가 거짓으로 항복하겠다 하여 요장을 유인하였다. 요장이 장차 성으로 들어오려다가 속임수임을 깨닫고 되돌아가자, 구보가 군대를 매복하여 요격해서 거의 잡을 뻔하였으며, 또다시 만여 명을 죽였다.

及萇至에 太守苟輔欲降①하니 郡人馮傑等이 諫曰 昔에 田單이 以一城存齊러니 今秦이 猶連城過百하니 奈何遽爲叛臣乎잇가 輔喜曰 此吾志也로되 但恐久而無救하여 郡人橫被無辜러니 諸君能爾하니 吾豈顧生哉리오 於是에 憑城固守한대 後秦이 爲土山地道어늘 輔亦於內爲之하여 或戰地下하고 或戰山上하니 後秦之衆이 死者萬餘人이라 輔詐降以誘萇하니 萇이 將入城이라가 覺之而返이어늘 輔伏兵邀擊하여 幾獲之하고 又殺萬餘人하다

51) 田單은……보존하였습니다 : 전국시대에 燕나라 昭王이 명장 樂毅를 시켜 齊나라를 공격하게 했는데, 제나라 湣王은 도망가고 거의 멸망할 지경에 이르렀지만, 이후 전단이 남아 있는 卽墨城과 莒城을 끝까지 고수하여 마침내 연나라를 물리쳐 빼앗겼던 70개의 성을 되찾은 일을 말한다.(≪史記≫ 권82 〈田單列傳〉)

① 苟輔는 氐族이니, 秦나라의 外戚이다.
輔, 氐也, 秦之外戚.

【綱】 12월에 秦나라(前秦)가 新興侯 慕容暐를 죽였다.

十二月에 秦이 殺其新興侯慕容暐하다

【目】 鮮卑族으로서 長安城 안에 있는 자가 아직도 천여 명이었다. 慕容肅이 慕容暐와 함께 군대를 매복하여 苻堅을 죽일 것을 도모하다가 일이 발각되니, 부견이 모용위와 모용숙을 불러 이르기를 "내가 그대들을 어떻게 대우하였는데, 어찌 이러한 생각을 가진단 말인가." 하자, 모용숙이 말하기를 "집안과 나라의 일이 중하니, 어찌 意氣의 일을 논하겠습니까." 하였다. 부견은 마침내 선비족을 아울러 남녀노소를 막론하고 모두 죽였다. 燕王 慕容垂의 어린 아들 慕容柔가 太子 慕容寶의 아들 慕容盛과 함께 틈을 타 탈출하여 慕容沖에게 달려갔다.

鮮卑在長安城中者 猶千餘人이라 慕容肅이 與慕容暐로 謀伏兵殺堅이라가 事覺①하니 堅이 召暐・肅曰 吾相待何如완대 而起此意오 肅曰 家國事重하니 何論意氣②리오 堅이 乃幷鮮卑하여 無少長男女히 皆殺之하다 燕王垂幼子柔 與太子寶之子盛으로 乘間得出하여 奔慕容沖하다

① 慕容肅은 慕容紹의 형이다.
肅, 紹之兄也.
② '意氣'는 苻堅이 그들을 후대하였음을 이른다.
意氣, 謂堅相待之厚.

【綱】 燕王(後燕) 慕容垂가 다시 〈秦나라(前秦)의〉 鄴城을 포위하니, 〈晉나라(東晉)의〉 謝玄이 劉牢之를 보내어 구원하게 하고 또 곡식을 주었다.

燕王垂 復圍鄴하니 謝玄이 遣劉牢之救之하고 且饋之粟하다

【綱】 秦나라(前秦) 梁州刺史 潘猛이 漢中을 버리고 달아났다.

◑ 秦梁州刺史潘猛이 棄漢中走①52)하다

52) 秦梁州刺史潘猛棄漢中走 : "무릇 '구원했다'고 씀은 의로움을 인정한 것인데, 여기에서 '구원했다'고 씀은 어째서인가. 원수를 잊음을 비난한 것이다. 그러므로 苻丕가 원군을 청했을 때 쓰지 않다가

① 梁州 땅이 이로부터 다시 晉나라로 돌아오게 되었다.
梁州之地, 自此復歸于晉.

'구원하게 하고 또 곡식을 주었다.'고 썼으니, '또〔且〕'라는 것은 심하다는 말이다.〔凡書救 予義也 此其書救 何 譏忘讐也 故苻丕請帥 不書 書救之且饋之粟 且也者 甚辭也〕" ≪書法≫

"≪春秋≫에 '구원했다'고 쓸 적에 좋게 여기지 않은 경우가 없었다. 더구나 남의 곤궁하고 급함을 구원함은 그 善함이 더욱더 더할 나위가 없는 것이다. 이 때문에 鄭나라를 구원하고 許나라를 구원했을 적에 經文에서 霸主에게 中夏를 편안히 한 공을 인정하였고, 蔡나라에 곡식을 보냈을 적에 傳에서 諸侯들이 위급함을 구휼한 의리를 찬미하였다. 그런데 지금 晉나라 사람들이 鄴城을 구원하여 곡식을 주자, ≪資治通鑑綱目≫에서 특별히 이것을 썼으니, 또한 인정한 것인가. 대답은 다음과 같다. '經文에 말은 같으나 뜻이 다른 경우가 있고, 또한 표창함을 통하여 폄하함을 드러낸 경우가 있고, 또 말은 여기에 있으나 뜻은 저기에 있는 경우가 있으니, 요컨대 때와 일을 살펴보고서 본의가 어디에 있는가를 살피면 이것을 알 것이다. 晉나라가 江南으로 천도한 것은 겨우 끊기지 않은 제사를 연장한 것일 뿐이었다. 秦나라(前秦) 사람들이 여러 번 국경을 침략하여 梁州와 益州를 함락하고 襄陽을 함락하고 魏興을 함락하였을 적에 그러한 사실을 특별히 쓰거나 누차 쓴 것이 어찌하여 한 번만 쓰고 그치지 않았는가. 돌아보건대 秦나라에서 막 군대를 크게 일으켜 晉나라로 쳐들어와 침략했을 때에는 반드시 吳·越 지방을 소탕하고 평정한 뒤에 그만두고자 하였는데, 다행히 하늘이 晉나라를 도와주어 淮水와 肥水에서 秦나라를 물리쳤다. 이는 晉나라 군주가 나라가 없다가 나라가 있게 되었고, 晉나라 신하가 집이 없다가 집이 있게 된 것이다. 지금 苻丕는 바로 苻堅의 아들이다. 도적과 적에게 곤궁을 당하여 계략을 세워 우리에게 왔으니, 다만 창을 휘둘러 상대하여 싸우지 않은 것이 한스러운데, 하물며 따라서 구원해준단 말인가. 재난을 구원하고 이웃 나라를 구휼함은 예로부터 있었다. 그러나 재난을 구원함은 괜찮지만 원수를 구원함은 불가하고, 이웃을 구휼함은 괜찮지만 적을 구휼함은 불가하다. 晉나라 사람들이 大義를 알지 못하고 가볍게 원수와 적을 도와주었는데, ≪자치통감강목≫에서 이것을 쓰되 대략 「이미 장수를 보내어 오랑캐를 구원하고 또 곡식을 주었다.」 하였으니, 「또〔且〕」라는 한마디 말은 晉나라 사람들을 부족하게 여긴 뜻을 나타낸 것이다. 그렇지 않고 구원함을 좋게 여기는 데다 곡식을 준 것을 가지고 곤궁함을 구휼하는 의리로 삼기까지 한다면 ≪자치통감강목≫의 본지를 잃는 것이다.'〔春秋書救 未有不善之者 況賙人困急 則其善尤不可加 是故救鄭救許 經所以予伯主安夏之功 而歸粟于蔡 傳所以美諸侯周亟之義 今晉人救鄴 饋之以粟 綱目特筆書之 亦予之乎 曰 經有詞同而義異者 亦有因褒以見貶者 又有言在此而意在彼者 要在觀其時察其事 考其旨意之所在 則得之矣 晉遷江表 僅足以延不泯之祀 夫何秦人屢寇疆埸 陷梁益 陷襄陽 陷魏興 特書屢書 不一書而止 顧方大擧入寇 必欲蕩平吳越而後已 幸而天誘其衷 淮肥奏捷 是晉君無國而有國 晉臣無家而有家也 今苻丕乃堅之子 困於寇敵 以計投我 特恨不能奮戈相待 況從而援之乎 夫救災恤隣 自古有之 然救災可也 救讐則不可也 卹隣可也 卹寇則不可也 晉人不知大義 輕助讐賊 綱目書此 若曰旣遣將救虜 又且饋之以粟 且之一詞 所以示其不足於晉人之意也 不然 旣以救爲善 而又以饋粟爲賙窮之義 則失綱目之旨矣〕" ≪發明≫

思政殿訓義 ≪資治通鑑綱目≫ 제22권 상

-晉 孝武帝 太元 10년(385)~晉 孝武帝 太元 18년(393)-

≪資治通鑑綱目≫ 제22권은 乙酉年 晉나라(東晉) 孝武皇帝 太元 10년(385)부터 戊戌年 晉나라 孝安皇帝 隆安 2년(398)까지이니, 모두 14년이다.

起乙酉晉孝武皇帝太元十年하여 盡戊戌晉安帝隆安二年하니 凡十四年이라

乙酉年(385)

【綱】 晉나라(東晉) 孝武皇帝 太元 10년이다.

十年이라

【目】秦王(前秦) 苻丕 大安 원년이고, 燕나라(後燕) 世祖 慕容垂 燕元 2년이고, 後秦 太祖 姚萇 白雀 2년이다. 西燕主 慕容沖 更始 원년이다. 西秦王 乞伏國仁 建義 원년이다. 옛날에 있던 큰 나라(前秦, 後燕, 後秦)가 셋이고, 새로 생긴 큰 나라(西燕)가 하나이고, 작은 나라(西秦)가 하나이니, 합하여 僭國이 다섯이다.

秦王苻丕大安元이요 燕〔燕元〕[1]二요 後秦白雀二年이라 ◑ 西燕主慕容沖 更始元年이라 ◑ 西秦王乞伏國仁 建義元年이라 ◑ 舊大國三이요 新大國一이요 小國一이니 凡五僭國이라

【綱】 봄 정월에 燕나라(西燕) 慕容沖이 阿房에서 황제를 칭하였다.

春正月에 燕慕容沖이 稱帝于阿房①하다

① 이보다 앞서 동요에 "봉황이 아방에 앉는다."라고 하니, 苻堅은 "봉황은 오동나무가 아니면 깃들지 않고, 대나무 열매가 아니면 먹지 않는다."라고 하고, 마침내 오동나무와 대나무 수

1) 〔燕元〕 : 저본에는 '燕元'이 없으나, ≪資治通鑑綱目≫의 기술 방식에 따라 추가하였다.

십만 그루를 阿房城에 심어서 봉황이 오기를 기다렸다. 慕容沖의 어릴 적 字가 鳳凰인데, 이때에 阿房城에 올랐다.

先是, 謠曰 "鳳凰止阿房." 堅以"鳳凰非梧桐不棲, 非竹實不食." 乃植桐・竹數十萬株于阿房城, 以待之, 沖小字鳳凰, 至是上阿房城.

【目】 이것이 西燕이다.

是爲西燕①이라

① 慕容垂가 다시 山東에서 일어났는데, 慕容沖이 關中에서 황제를 칭하였다. 그러므로 西燕이라고 써서 구별한 것이다.
垂復興於山東, 而沖稱號於關中, 故書西燕以別之.

【目】 慕容沖이 황제를 칭하고 개원하고서 자못 스스로 만족해하는 뜻이 있어서 자기 마음대로 상을 주고 벌을 내렸다. 慕容盛이 이때 나이가 13살이었는데, 慕容柔에게 이르기를 "열 사람의 우두머리라도 재주가 아홉 사람보다 뛰어난 뒤에야 편안할 수 있다. 지금 中山王은 재주가 남에게 미치지 못하고 공을 이루지 못하였는데 교만함이 이미 심하니, 아마도 성공하기 어려울 것이다."라고 하였다.

◑ **沖**이 **稱帝改元**하고 〔**頗**〕[2] **有自得之志**하여 **賞罰任情**이러니 **慕容盛**이 **年十三**에 **謂慕容柔曰 十人之長**도 **亦須才過九人然後**에 **得安**①이라 **今中山王**이 **才不逮人**이요 **功未成**이어늘 **而驕已甚**하니 **殆難濟乎**②인저

① 長(우두머리)은 知兩의 切이다.
長, 知兩切.
② 慕容沖이 前燕에 있을 때에 中山王에 봉해졌다.
沖在前燕時, 封中山王.

【綱】 西燕主 慕容沖이 長安을 습격하니, 秦王(前秦) 苻堅이 그와 싸워 패주시켰다.

西燕主沖이 **襲長安**하니 **秦王堅**이 **與戰敗之**하다

2) 〔頗〕: 저본에는 '頗'가 없으나, ≪資治通鑑綱目≫(≪朱子全書≫ 9, 上海古籍出版社)에 의거하여 보충하였다.

【目】 秦王 苻堅이 西燕主 慕容沖과 함께 仇班渠와 雀桑에서 싸워서 모두 격파하였는데, 또다시 白渠에서 싸워서는 秦나라(前秦) 군대가 패하였다. 모용충이 尙書令 高蓋를 보내어서 밤에 長安을 기습하여 장안 남쪽의 성으로 들어가니, 秦나라 장군 　竇 衝 등이 격파시키고 진왕 부견이 장안성 서쪽에서 그와 싸워서 또다시 대파시키고는 달아나는 군대를 阿城까지 추격하고 돌아왔다.

秦王堅이 與西燕主沖으로 戰于仇班渠(于)〔及〕[3] 雀桑하여 皆破之①러니 又戰于白渠하여 秦兵이 敗②하다 沖이 遣尙書令高蓋하여 夜襲長安하여 入其南城하니 秦將軍竇衝等이 擊破之하고 秦王堅이 與戰于城西하여 又大破之하고 追奔至阿城而還③하다

① 仇班渠와 雀桑은 모두 지명이니, 장안의 京兆 동북쪽에 있었다.
仇班渠・雀桑, 皆地名, 在京兆東北.
② 白渠는 바로 漢나라 때 白公이 판 개천이다.[4]
白渠, 卽漢時白公所鑿者也.
③ 阿城은 바로 阿房宮城이다.
阿城, 卽阿房宮城.

【綱】 秦나라(前秦) 益州刺史 王廣이 成都를 버리고 달아났다.

秦益州刺史王廣이 棄成都走①하다

① 王廣은 王統의 아우이다.
廣, 統之弟也.

【綱】 燕나라(後燕) 장군 平規가 薊城을 공격하여 함락하였다.

◑ 燕將軍平規 攻薊拔之하다

【綱】 西燕의 馮翊太守 韋謙이 달아나 晉나라(東晉)로 왔다.

◑ 西燕馮翊太守韋謙이 來奔하다

---

3) (于)〔及〕: 저본에는 '于'로 되어 있으나, ≪資治通鑑綱目≫(≪朱子全書≫9, 上海古籍出版社)에 의거하여 '及'으로 바로잡았다.

4) 白渠는……개천이다 : ≪資治通鑑綱目≫ 제5권 상 漢 武帝 太始 2년(B.C. 95)에 자세히 보인다.

【目】西燕主 慕容沖이 秦나라(前秦) 尙書 韋鍾을 사로잡고 그의 아들 韋謙을 馮翊太守로 삼아서 그로 하여금 三輔 지역의 백성들을 불러 모으게 하자, 壘主[5](풍익 지역 보루의 우두머리) 邵安民이 위겸을 꾸짖기를 "그대는 雍州의 望族(명망 있는 가문)인데, 지금 도리어 역적을 따르며 그와 함께 불충하고 불의한 짓을 하니, 무슨 면목으로 세상을 살아가겠는가."라고 하였다. 위겸이 이 말을 위종에게 고하자 위종이 자살하니, 위겸이 달아나서 晉나라로 왔다.

西燕主沖이 執秦尙書韋鍾하고 以其子謙爲馮翊太守하여 使招集三輔어늘 壘主邵安民이 責之曰 君은 雍州望族①이어늘 今乃從賊하여 與之爲不忠不義하니 何面目以行於世乎리오 謙以告鍾한대 鍾이 自殺하니 謙이 來奔이러라

①〈韋謙의 집안은〉 7명의 정승과 5명의 公이 나온 雍州의 望族이니, 위종은 아마도 韋賢[6]의 후손일 것이다.
七相五公雍州之望族. 鍾, 蓋韋賢後也.

【綱】滎陽郡이 〈晉나라(東晉)에〉 항복하였다.

滎陽郡이 降하다

【綱】燕나라(後燕)가 장군 慕容麟을 보내서 信都에 주둔하고 慕容溫은 中山에 주둔하였다.

◑燕이 遣將軍慕容麟하여 屯信都하고 溫은 屯中山하다

【目】燕王 慕容垂가 鄴城을 공격하였으나 오랫동안 함락하지 못하여 장차 북쪽의 冀州로 가려고 하였다. 그리하여 趙王 慕容麟에게 명하여 信都에 주둔하게 하고 樂浪王 慕容溫은 中山에 주둔하게 하고 遼西王 慕容農을 불러서 업성에 돌아오게 하니, 이에 원근의 사람들이 燕나라가 떨치지 못한다고 생각하여 자못 떠날 마음을 품었다.

---

5) 壘主 : 여기의 壘는 魏晉南北朝 시기에 등장했던 塢壁의 한 종류이다. 이 혼란 시기에 중앙정부의 힘이 약화되면서 각 지역의 백성이나 유민들이 自衛를 위해 세운 작은 성채나 보루로 중앙정부의 통제에서 벗어나 자체 규약에 의해 독자적 활동을 하였다. 塢·壁·堡·營·壘 등으로 불렸으며, 그 우두머리를 塢主·壁主·堡主·壘主 등으로 불렀다.

6) 韋賢 : 漢나라 때 鄒魯의 大儒로 일컬어진 인물로, 자는 長孺이고 시호는 節侯이다. 인품이 질박하고 욕심이 없었으며, 武帝 때 經學博士를 지냈고, 宣帝 때에 丞相을 지냈다.(≪漢書≫ 권73 〈韋賢列傳〉)

燕王垂 攻鄴久不下라 將北詣冀州할새 乃命趙王麟하여 屯信都하고 樂浪王溫은 屯中山하고 召遼西王農하여 還鄴①하니 於是에 遠近이 以燕爲不振이라하여 頗懷去就러라

① 慕容溫은 慕容垂의 아우의 아들이다.
溫, 垂之弟子也.

【目】 慕容農이 高邑에 이르러 從事 眭邃(수수)를 보내어 가까운 곳에 나갔다가 오게 하였는데, 기한을 어기고 돌아오지 않았다. 長史 張攀이 수수를 토벌할 것을 청하자 모용농이 응하지 않고, 임시로 수수를 高陽太守로 삼고 참모와 보좌관들 중에 家屬이 趙國[7] 북쪽 지역에 있는 자들에게 모두 임시로 그 지역의 관직을 주어서 돌려보내고, 물러나와 장반에게 이르기를 "그대의 소견이 매우 잘못되었다. 지금에 어찌 우리끼리 서로 죽여서야 되겠는가. 내가 북쪽으로 돌아갈 때가 되어 〈돌아가게 되면〉 수수 등이 마땅히 길 왼쪽에서 맞이할 것이다."라고 하였다.

農이 至高邑하여 遣從事眭邃近出이러니 違期不還①하다 長史張攀이 請討之어늘 農이 不應하고 假邃高陽太守하고 參佐家在趙北者를 悉假署遣歸②하고 退謂攀曰 君所見이 殊誤라 當今에 豈可自相魚肉이리오 俟吾北還하여 邃等이 當迎於道左耳리라

① 高邑은 본래 鄗縣(호현)이니, 漢나라 光武帝가 이곳에서 즉위하고는 高邑이라 고쳤는바, 常山에 속하였다. 《晉書》 〈地理志〉에는 "趙國에 속한다."라고 하였다. 眭는 음이 雖이니, 眭邃는 사람의 성명이다.
高邑, 本鄗縣, 漢光武卽位于此, 改曰高邑, 屬常山. 晉志, 屬趙國. 眭, 音雖, 眭邃, 姓名.

② '趙北'은 趙國의 이북 지역이다. '假署'라는 것은 임시로 假板[8]을 가지고 관직에 임용하고 아직 燕王 慕容垂에게 아뢰지 않은 것이다.
趙北, 趙國以北也. 假署者, 權時以假板署置其官, 未以白燕王垂也.

【目】 慕容溫이 中山에 있을 적에 병력이 매우 약했는데, 예전에 있던 백성들을 어루만지고 새로 들어오는 자들을 불러 모아 농업과 잠업을 권장하고 감독하니, 귀의하는 백성들이 서로 이어졌고, 壁壘에서는 앞 다투어 군량을 보내니 창고가 넘쳐났다. 〈丁零의〉 翟眞이 밤에 중산을 기습하자, 모용온이 적진을 격파하고 마침내 慕容垂에게 군대를 보

---

7) 趙國 : 《晉書》 〈地理志〉에 보면 司州에 속해 있다.

8) 假板 : 조정의 정식 선포를 거치지 않고 상황에 따라 임시로 임명하는 일이나 그 증서를 말한다. 假版이라고도 한다.

내고 군량을 운반하여 공급하고 또 중산의 宮室을 경영하였다.

溫이 在中山하여 兵力甚弱이러니 撫舊招新하며 勸課農桑하니 民歸附者相繼라 壁壘爭送軍糧하니 倉庫充溢이러라 翟眞이 夜襲中山이어늘 溫이 擊破之①하고 乃遣兵運糧以餉垂하고 且營中山宮室②하다

① 翟眞은 翟斌의 형의 아들이다.
眞, 斌之兄子也.
② 〈中山에 궁실을 경영함은〉 慕容垂를 맞이하여 중산에 도읍하고자 한 것이다.
欲迎垂都中山也.

【綱】 여름 4월에 〈晉나라(東晉)의〉 劉牢之가 진군하여 鄴城에 이르니, 燕王(後燕) 慕容垂가 맞이해 싸우다가 패하여 中山으로 달아났다. 유뇌지가 추격하였다가 대패하고 돌아왔다.

夏四月에 劉牢之가 進兵至鄴하니 燕王垂逆戰이라가 敗走中山이어늘 牢之追擊이라가 大敗而還하다

【目】 劉牢之가 枋頭에 이르니, 楊膺과 姜讓의 계책[9)]이 누설되어 長樂公 苻丕가 이들을 체포하여 죽였다. 유뇌지는 이 말을 듣고 머뭇거리고 전진하지 못하다가 이때에 이르러서야 마침내 鄴城에 이르니, 燕王 慕容垂가 맞아 싸우다가 패하였다. 모용수가 마침내 포위망을 풀고 북쪽으로 달아나자 유뇌지가 군대를 이끌고 추격하여 200리를 급히 달려가서 五橋澤에 이르러 앞다투어 연나라의 군수품을 빼앗고 있었는데, 모용수가 맞받아 공격하여 대파하였다. 유뇌지는 한 필의 말을 타고 도망하였는데, 마침 秦나라(前秦)의 구원병이 도착하여 죽음을 면하였다.

牢之至枋頭하니 楊膺・姜讓謀泄하여 長樂公丕收殺之어늘 牢之聞之하고 盤桓不進이러니 及是하여 乃至鄴하니 燕王垂 逆戰而敗라 遂撤圍北遁이어늘 牢之引兵追之하여 疾趨二百里하여 至五橋澤하여 爭燕輜重①이러니 垂邀擊大破之라 牢之單馬走러니 會秦救至하여 得免하다

① 五橋澤은 臨漳縣 북쪽에 있었다.

9) 楊膺과 姜讓의 계책 : 본서 제21권 하 晉 孝武帝 太元 9년(384) 10월 조에 보인다. 苻丕가 고립되어 焦逵를 東晉에 사신으로 보내어 길과 양식을 구하여 서쪽으로 돌아가고자 하였다. 초규가 姜讓과 楊膺과 함께 모의하여 東晉에 귀의하고 동진의 劉牢之의 군대가 이르면 부비를 포박하여 넘겨주고자 하였다.

五橋澤, 在臨漳縣北.

【目】〈秦나라(前秦)의〉 鄴城이 몹시 굶주리니, 苻丕가 병력을 인솔하여 枋頭에 가서 晉나라가 원조한 곡식을 취하였다. 劉牢之가 업성에 들어가 주둔하니, 군대의 사기가 다시 조금 떨쳐졌는데, 얼마 안 되어 군대가 패한 죄에 걸려 유뇌지는 부름을 받아 돌아가고 부비 또한 업성으로 돌아갔다. 燕나라와 秦나라가 1년이 넘게 서로 대치하자, 幽州와 冀州에서는 양식이 떨어져 사람들이 서로 잡아먹어 고을과 부락에 인적이 드물었다. 慕容垂가 뽕나무 열매인 오디를 군량으로 삼아서 북쪽의 中山으로 달려갈 적에 慕容農으로 하여금 먼저 가게 하니, 眭邃(수수) 등이 모두 와서 맞이하였다. 그리하여 그들의 상하 관계가 예전과 같아졌다.

鄴中이 饑甚이라 丕帥衆하고 就晉穀於枋頭하다 牢之入屯鄴城하니 兵復少振이러니 尋坐軍敗徵還하고 丕亦還鄴하다 燕・秦相持經年에 幽・冀人相食하여 邑落蕭條라 垂以桑椹爲軍糧하여 北趣中山할새 使農先驅하니 (眭)〔睦〕[10]邃等이 皆來迎이라 上下如初러라

【綱】〈晉나라(東晉)의〉 太保 謝安이 나가 廣陵에 진주하였다.

太保安이 出鎭廣陵[11]하다

【目】會稽王 司馬道子가 권력을 전횡하고 또 간사한 사람들의 아첨하는 말을 들어 謝安과 틈이 있었는데, 마침 秦나라(前秦)에서 와서 구원을 청하였다. 사안이 마침내 직접

10) (眭)〔睦〕: 저본에는 '眭'로 되어 있으나, ≪資治通鑑綱目≫(≪朱子全書≫ 9, 上海古籍出版社)에 의거하여 '睦'로 바로잡았다.

11) 太保安 出鎭廣陵 : "앞서(제18권 상) '太傅 司馬越이 나가 許昌에 진주하였다.〔大傅越 出鎭許昌〕'라고 쓴 것은 전횡함을 죄준 것이었다. 이때 秦나라(前秦)가 와서 구원을 청하자 謝安이 직접 군대를 거느리고 구원할 것을 청하였으니, 이것은 황제에게 명을 청한 것인데, 사마월과 똑같이 쓴 것은 어째서인가. 晉나라를 나쁘게 여긴 것이다. 사안이 淮水와 淝水에서 승리한 뒤로부터 上이 그의 공로를 시기하고 司馬道子는 권력을 독점하여 참소와 아첨이 서로 뒤엉키니, 사안이 나가기를 구한 것은 스스로 위태롭게 여겨서이다. ≪資治通鑑綱目≫에 '太保安出鎭'이라고 썼으니, 이것은 晉나라의 군주와 신하에게 남은 죄책이 있는 것이다. 이 때문에 '出鎭許昌'이라고 썼으니, 사마월이 스스로 전횡한 것을 드러낸 것이요,(懷帝 永嘉 6년(312)이다.) '出鎭廣陵'이라고 쓴 것은 사안이 스스로 위태롭게 여긴 것을 드러낸 것이니,(이해(385)이다.) 좋은 일과 나쁜 일을 서술함에 글이 똑같음을 혐의하지 않는다.〔前書太傅越出鎭許昌 罪專也 於是秦來求救 安請自將救之 則請命矣 書與越同 何 病晉也 安自淮淝之捷 上忌其功 道子專權 讒諂交構 安之求出 蓋自危也 書曰太保安出鎭 則晉之君臣 有餘責矣 是故書出鎭許昌 所以著越之自專(懷帝永嘉六年) 書出鎭廣陵 所以著安之自危(是年) 美惡不嫌同辭〕" ≪書法≫

군대를 거느리고 가서 구원할 것을 청하여 나가 廣陵에 진주하여 새로 성을 쌓고 거주하였다.

會稽王道子 專權하고 復爲姦諂所構하여 與安有隙이러니 會에 秦來求救하니 安이 乃請自將救之하여 出鎭廣陵하여 築新城而居之하다

【綱】〈晉나라(東晉)의〉 蜀郡太守 任權이 成都를 공격하여 함락하고, 다시 益州를 점령하였다.

蜀郡太守任權이 攻拔成都하고 復取益州하다

【綱】後秦이 秦나라(前秦) 新平을 공격하여 함락하였다.

◑ 後秦이 攻秦新平하여 拔之하다

【目】秦나라 新平太守 苟輔가 성을 굳게 지키면서 後秦의 군대를 막았는데, 군량은 떨어지고 화살은 다하였는데도 외부의 구원병이 이르지 않았다. 後秦王 姚萇이 사람을 시켜서 구보에게 말하기를 "내가 지금 막 의리로써 천하를 취하려 하니, 어찌 충신을 원수로 삼겠는가. 경은 다만 군대를 거느리고 長安으로 돌아가라. 내 다만 新平城을 얻고자 하는 것이다."라고 하였다. 구보가 백성들을 거느리고 성을 나가자, 요장이 이들을 포위하여 전부 구덩이에 묻어 죽였다.

秦新平太守苟輔 堅守以拒後秦이러니 糧竭矢盡하고 外救不至라 後秦王萇이 使人謂曰 吾方以義取天下하니 豈讐忠臣邪아 卿이 但帥衆還長安하라 吾正欲得城耳로라 輔帥民出하니 萇이 圍而阬之하다

【綱】5월에 西燕이 長安을 공격하니, 秦王(前秦) 苻堅이 나가 五將山으로 달아났다.

五月에 西燕이 攻長安하니 秦王堅이 出奔五將山하다

【目】西燕主 慕容沖이 長安을 공격하자, 秦王 苻堅이 직접 전투를 지휘하다가 날아온 화살이 온몸에 가득 꽂혔다. 모용충이 군대를 풀어서 사납게 노략질하니, 〈關中의〉 선비와 백성들이 흩어지고 도로에 인적이 끊겼다. 堡壁[12] 30여 곳이 맹약을 맺고 환란을

피하지 않고서 군대와 군량을 보내어 부견을 돕다가 대부분 西燕의 군대에게 죽임을 당하였다.

西燕主沖이 攻長安이어늘 秦王堅이 身自督戰하여 飛矢滿體러라 沖이 縱兵暴掠하니 士民流散하고 道路斷絶이라 有堡壁三十餘 結盟冒難하여 遣兵糧助堅이라가 多爲西燕兵所殺이러라

【目】慕容沖에게 침략당한 三輔 지역 백성들이 은밀히 사람을 보내어 苻堅에게 고하기를 "불을 질러 안에서 응하고자 합니다."라고 하니, 부견이 말하기를 "卿들의 충성이 매우 가엾다. 내 용맹한 병사와 예리한 병기를 가지고도 오합지졸의 오랑캐에게 곤궁하니, 어찌 천운이 아니겠는가. 다만 경들로 하여금 죽임을 당하게 할까 두렵다. 내 차마 하지 못하노라."라고 하였다. 그 지역 사람들이 굳이 청하였는데, 과연 이기지 못하고 죽었다.

三輔民爲沖所略者 密遣人告堅호되 欲縱火爲內應이라한대 堅曰 甚哀諸卿忠誠하노라 吾以猛士利兵으로 困於烏合之虜하니 豈非天乎아 恐徒使諸卿夷滅하니 吾不忍也하노라 其人이 固請이러니 果不克而死①하다

① ≪資治通鑑≫에 "그 사람이 그치지 않고 굳이 청하자 마침내 기병 700을 보내어 慕容沖의 진영으로 달려가게 했는데, 불을 놓은 자가 도리어 세차게 타오르는 불에 타 죽고 죽음을 면한 자는 열에 한두 명이었다."라고 하였다.
通鑑 "其人固請不已, 乃遣七百騎, 赴之沖營, 縱火者反爲風火所燒, 其得免者什一二."

【目】苻堅의 용맹한 장수 楊定이 싸우다가 또다시 사로잡히니, 부견이 크게 두려워하여 '황제가 五將山으로 나가면 장구한다.'는 圖讖書를 근거로 마침내 태자 苻宏을 남겨 장안을 지키게 하고, 기병 수백을 거느리고서 張夫人과 中山公 苻詵(부신)과 함께 오장산으로 달아나면서 州郡에 고하여 10월에 長安을 구원하기로 기약하였다.

堅驍將楊定이 戰復被禽①하니 堅이 大懼하여 以讖書云 帝出五將久長得이라하여 乃留太子宏하여 守長安하고 帥騎數百하여 與張夫人・中山公(誠)〔詵〕[13]으로 奔五將山하고 告州郡하여 期以孟冬救長安②하다

12) 堡壁 : 본서 217쪽 역주 5) '壘主' 참조.

13) (誠)〔詵〕: 저본에는 '誠'으로 되어 있으나, ≪資治通鑑綱目≫(≪朱子全書≫ 9, 上海古籍出版社)에 의거하여 '詵'으로 바로잡았다.

① 楊定은 苻堅의 사위이다. ≪資治通鑑≫에 "양정은 楊佛奴의 손자이다."라고 하였고, ≪北史≫에는 "양정은 양불노의 아들이고 불노는 楊宋奴의 아들이다."라고 하였다.
定, 堅之壻也. 通鑑 "定, 佛奴之孫也." 北史 "定, 佛奴之子, 佛奴, 宋奴之子也."
② ≪水經註≫에 "扶風의 杜陽縣에 五將山이 있다."라고 하였다.
水經註 "扶風杜陽縣, 有五將山."

【綱】 6월에 秦나라(前秦) 太子 苻宏이 下辨으로 달아나니, 西燕主 慕容沖이 長安에 들어갔다.

六月에 **秦太子宏**이 **奔下辨**하니 **西燕主沖**이 **入長安**하다

【目】 秦나라의 苻宏이 長安을 지키지 못하여 달아나자 西燕主 慕容沖이 장안으로 들어가서 군대를 풀어 크게 노략질하니, 죽은 자들을 이루 헤아릴 수 없었다.

宏이 **不能守**하여 **出奔**이어늘 **沖**이 **入長安**하여 **縱兵大掠**하니 **死者不可勝計**러라

【綱】 가을 7월에 〈晉나라(東晉)에〉 가뭄이 들어 백성들이 굶주리고 우물이 말랐다.

秋七月에 **旱**하여 **饑**하고 **井竭**하다

【綱】 後秦이 五將山을 포위하여 秦王(前秦) 苻堅을 사로잡아 돌아갔다.

○ **後秦**이 **圍五將山**하여 **執秦王堅以歸**하다

【綱】 秦나라(前秦) 太子 苻宏이 달아나 晉나라(東晉)로 오자, 그를 江州에 거처하게 하였다.

◑ **秦太子宏**이 **來奔**이어늘 **處之江州**하다

【綱】 8월에 太保 建昌公 謝安이 卒하였다.

◑ **八月**에 **太保建昌公謝安**이 **卒**하다

【目】 謝安이 병이 들어 돌아가기를 청하여 建昌에 이르러 卒하니, 詔令을 내려서 특별한 예를 더하여 장례하게 하고 시호를 文靖이라 하였다.

安이 有疾求還하여 至建昌而卒하니 詔加殊禮以葬하고 諡曰文靖이라하다

【綱】 〈晉나라(東晉)는〉 琅琊王 司馬道子를 領揚州刺史 錄尙書 都督中外諸軍事로 삼았다.

以琅琊王道子로 領揚州刺史錄尙書都督中外諸軍事하다

【綱】 後秦王 姚萇이 秦王(前秦) 苻堅을 시해하였다.

◑後秦王萇이 弑秦王堅[14)]**하다**

【目】 後秦王 姚萇이 秦王 苻堅을 별실에 유치하고 사람을 보내어 傳國璽를 요구하자, 부견이 꾸짖기를 "五胡의 차서에 너희 羌族의 이름은 없으니, 옥새를 이미 晉나라(東晉)로 보냈다. 너는 얻을 수 없다."라고 하였다. 요장이 다시 右司馬 尹緯를 보내어 부견을 설득하자, 부견이 윤위에게 묻기를 "그대가 짐의 조정에 있을 때 무슨 벼슬을 하였는가?" 하니, 윤위가 대답하기를 "尙書令史였습니다."라고 하였다. 부견은 탄식하기를 "경은 王景略(王猛)의 무리인데 짐이 알아보지 못했으니, 내가 망한 것이 당연하다."라고 하였다.

---

14) 後秦王萇 弑秦王堅 : "姚萇을 '起兵'이라고 썼는데 여기서 秦王을 시해했다고 쓴 것은 어째서인가. 요장이 苻堅의 신하였기 때문이다. 비록 요장과 부견을 똑같이 왕이라고 칭했으나 군신의 분별이 진실로 있는 것이다. 그러므로 배반한 것은 쓰지 않을 수 있으나 시해한 것은 쓰지 않을 수 없으니, 요장이 시해했다고 쓰지 않으면 난신적자의 발자취가 천하에 이어졌을 것이다. 이 때문에 臧荼와 徐廣이 모두 왕이었으나 장도가 일찍이 서광의 신하가 되었으니 그리하여 '燕王 장도가 遼東王 서광을 시해했다.'고 쓴 것이요(漢나라 초기 을미년(B.C. 206)이다.) 요장과 부견이 모두 왕이었으나 요장이 일찍이 부견의 신하가 되었으니, 그리하여 '후진왕 요장이 진왕 부견을 시해했다.'고 쓴 것이다. 그러므로 '≪資治通鑑綱目≫을 편수한 것은 군주와 신하의 구분을 밝혔을 뿐이다.'라고 하는 것이다.〔萇書起兵矣 此以王書弑 何 萇 堅臣也 雖竝稱王 而君臣之分固在也 故叛可不書 弑不可以不書 萇不書弑 則亂臣賊子接跡於天下矣 是故荼廣皆王也 荼嘗臣廣 則書燕王荼弑遼東王廣(漢初乙未年)萇堅皆王也 萇嘗臣堅 則書後秦王萇弑秦王堅 故曰綱目之修 君臣之分而已矣〕" ≪書法≫

"요장이 전일에 秦나라를 배반했을 적에 '起兵'이라고 쓴 것은 요장이 자기 몸을 구원하는 데에 급박하였기 때문에 그 실정을 근원하여 죄를 용서한 것이요, 오늘날 부견을 죽인 것에 대해서는 시해했다고 썼으니, 이는 요장이 실로 부견에게 신하가 되었으므로 명분을 바로잡아 그 죄를 정한 것이다.〔萇前日叛秦 書起兵者 迫於自救 故原情而恕其罪也 今日殺堅 則書弑者 已實臣之 故正名而定其罪也〕" ≪發明≫

後秦王萇이 幽秦王堅于別室하고 使求傳國璽한대 堅이 叱之曰 五胡次序에 無汝羌名하니 璽已送晉이라 不可得也[①]니라 萇이 復遣右司馬尹緯하여 說(세)堅[②]한대 堅이 問緯호되 在朕朝何官고 緯曰 尙書令史[③]로이다 堅이 歎曰 卿은 王景略之儔어늘 而朕不知하니 宜其亡也로다

① 胡, 羯, 鮮卑, 氐, 羌이 五胡의 차서이다. "너희 강족의 이름이 없다."는 것은 讖文을 이를 뿐이다. 姚萇이 스스로 자기가 王者의 차례상 曆數(황제의 운수)에 응한다고 하니, 苻堅이 일부러 또한 도참의 말로 말한 것이다.
胡·羯·鮮卑·氐·羌, 五胡之次序也. 無汝羌名, 謂讖文耳. 姚萇自謂次應曆數, 堅故亦以讖文爲言.

② 〈'萇復遣右司馬尹緯 說堅'은〉 황위를 姚萇에게 선양하기를 요구한 것이다.
求爲禪代也.

③ 後漢 이래로 尙書省에는 令史 18명이 있었으니, 秩이 二百石이다.
後漢以來, 尙書有令史十八人, 秩二百石.

【目】 苻堅은 스스로 생각하기를 평소 姚萇을 은혜롭게 대우했다 하여 더욱 분노해서 자주 요장을 꾸짖어 죽기를 바라니, 요장이 사람을 보내어 그를 목매 죽이자, 張夫人과 中山公 苻詵이 다 자살하였다. 이에 後秦의 장병들이 또한 모두 애통해하였다. 요장은 부견을 시해한 오명을 숨기고자 하여 부견을 시호하여 壯烈天王이라 하였다.

姚萇縊殺前秦王

堅이 自以平生遇萇有恩이라하여 尤忿之하여 數(삭)罵萇求死하니 萇이 遣人縊之한대 張夫人, 中山公詵이 皆自殺이라 後秦將士 亦皆哀慟이러라 萇이 欲隱其名하여 謚堅曰壯烈天王이라하다

【目】 司馬溫公(司馬光)이 다음과 같이 평하였다.

"의논하는 자들은 모두 '苻堅이 망한

것은 慕容垂와 姚萇을 죽이지 않았기 때문이다.'라고 하지만 나는 홀로 옳지 않다고 생각한다. 만일 부견이 나라를 다스릴 적에 그 道를 잃지 않았다면 모용수와 요장은 모두 秦나라의 유능한 신하였으니, 어찌 반란을 저질렀겠는가. 李克이 말하기를 '자주 싸우면 백성들이 피로하고 자주 승리하면 군주가 교만하니, 교만한 군주로써 피로한 백성을 거느리면 망하지 않는 자가 없다.'[15]라고 하였으니, 부견이 이와 비슷하다."

司馬公曰 論者 皆以爲堅之亡이 由不殺慕容垂, 姚萇이라호되 臣獨以爲不然이라하노라 使堅治國이 無失其道면 則垂, 萇이 皆秦之能臣也니 烏能爲亂哉리오 李克이 有言호되 數(삭)戰則民疲하고 數勝則主驕니 以驕主御疲民이면 未有不亡者也라하니 堅이 似之矣로다

【綱】 秦나라(前秦) 苻丕가 晉陽에서 황제를 칭하였다.

秦苻丕 稱帝于晉陽하다

【目】 秦나라 長樂公 苻丕가 장차 長安으로 가려고 했는데, 이때 幽州刺史 王永이 薊城에서 壺關으로 달려와 사자를 보내어 부비를 불렀다. 부비는 마침내 鄴城의 남녀 6만여 명을 거느리고 서쪽 潞川으로 가니, 장군 張蚝와 幷州刺史 王騰이 부비를 맞이하여 晉陽으로 들어가고 왕영이 기병을 데리고 와서 회합하였다. 부비는 이때에 부견이 죽었다는 것을 알고는 마침내 喪을 발표하고 즉위하였다.

秦長樂公丕 將赴長安이러니 時에 幽州刺史王永이 自薊走壺關하여 遣使招之어늘 丕乃帥鄴中男女六萬餘口하고 西如潞川하니 將軍張蚝(자)와 幷州刺史王騰이 迎入晉陽하고 永以騎來會라 丕始知堅死하고 乃發喪卽位하다

【綱】 燕나라(後燕)가 南中郎將 慕容和를 보내어 鄴城을 지키게 하였다.

燕이 遣南中郎將慕容和하여 守鄴①하다

① 慕容和는 慕容垂의 아우의 아들이다.
和, 垂之弟子也.

15) 자주……없다 : 전국시대 魏나라 文侯가 李克에게 제후들 중 누가 먼저 망할지를 묻자, 이극이 吳나라가 가장 먼저 망할 것이라고 답하면서 했던 말이다.(≪韓詩外傳≫ 권10) 이극은 전국시대 魏文侯를 최초의 패자로 만든 인물로, 平糴法을 창안하여 나라를 부강하게 하고, 刑名學의 비조인 ≪法經≫ 6편을 편찬하였다.

【綱】〈匈奴의〉 劉顯이 그 군주 劉頭眷을 시해하고 스스로 즉위하였다.

◑**劉顯**이 **弑其君頭眷而自立**하다

【目】劉顯은 劉庫仁의 아들이다. 이미 劉頭眷을 시해하고 또 장차 拓跋珪를 죽이려 하니, 탁발규가 마침내 賀蘭部로 달려가 외숙 賀訥에게 의지하였다. 하눌의 형 賀染干이 탁발규가 대중의 마음을 얻는 것을 시기하여 군대를 일으켜 포위하자, 탁발규의 어머니가 이르기를 "너희들이 어느 곳에 나를 두고자 하여 내 아들을 죽이려 하는가?"라고 하니, 하염간이 부끄러워하며 떠나갔다.

顯은 庫仁之子也라 既殺頭眷에 又將殺拓跋珪[①]하니 珪遂奔賀蘭部하여 依其舅賀訥이러니 訥兄染干이 忌珪得衆心하여 擧兵圍之어늘 珪母謂曰 汝等이 欲於何置我而殺吾子乎아하니 染干이 慙而去하다

① 拓跋珪가 劉庫仁에게 의지한 것은 위의 太元 원년(376)에 보인다.
珪依庫仁, 見上元年.

【綱】9월에 秦나라(前秦) 呂光이 龜茲에서 돌아와 涼州를 공격하여 涼州刺史 梁熙를 죽이고 대신하였다.

九月에 **秦呂光**이 **還自龜茲**하여 **擊涼州**하여 **殺其刺史梁熙而代之**하다

【目】처음에 呂光은 龜茲가 풍요롭고 안락하다 하여 여기에 머물러 거처하려 하였는데, 天竺國의 沙門인 鳩摩羅什이 말하기를 "이곳은 머물 만한 곳이 못 되니, 장군은 다만 동쪽으로 돌아가라. 자연 거처할 만한 복스러운 땅이 있을 것이다."라고 하였다. 여광은 마침내 낙타 2만여 마리에 외국의 진귀한 보물과 기이한 물건을 싣고 준마 1만 필을 몰고 돌아가서 군대가 宜禾에 이르니, 涼州刺史 梁熙가 모의하여 경내를 폐쇄하고 막았다. 高昌太守 楊翰이 다음과 같이 말하였다.

鳩摩羅什

"여광이 새로 西域을 격파하여 군대가 강성하고 사기가 드높아 중원(秦나라)이 망했다는 말을 들으면 반드시

딴마음을 품을 것이니, 그가 만약 流沙로 나오면 그 기세를을 대적하기 어렵습니다. 高梧谷口는 매우 험한 요새이니, 마땅히 먼저 지키고서 그 물길을 끊으면 저들이 이미 물이 고갈되어 앉아서 제재할 수 있고, 만일 이곳이 멀다고 생각된다면 伊吾關 또한 막을 만합니다. 이 두 험한 곳을 지나오면 비록 子房(張良)의 계책이 있더라도 베풀 곳이 없습니다."

그러나 양희가 그의 말을 듣지 않았다.

初에 呂光이 以龜玆饒樂이라하여 欲留居之①러니 天竺沙門鳩摩羅什曰② 此不足留니 將軍은 但東歸하라 自有福地可居③하니라 光이 乃以駝二萬餘頭로 載外國珍寶奇玩하고 驅駿馬萬匹而還하여 兵至宜禾④하니 涼州刺史梁熙 謀閉境拒之어늘 高昌太守楊翰曰⑤ 光이 新破西域하여 兵彊氣銳하고 聞中原喪亂에 必有異圖니 若出流沙면 其勢難敵이라 高梧谷口는 險阻之要니 宜先守之而奪其水⑥하면 彼旣窮渴하여 可以坐制요 如以爲遠이어든 伊吾關이 亦可拒也⑦라 度此二阨이면 雖有子房之策이나 無所施矣리라 熙不聽하다

① 樂(즐겁다)은 음이 洛이다.
樂, 音洛.

② 鳩摩羅는 성이고 什은 그의 이름이다. 일설에는 "鳩摩는 오랑캐의 복성이고 羅什은 그의 이름이다."라고 한다.
鳩摩羅, 姓也. 什, 其名. 一云 "鳩摩, 虜(復)〔複〕[16]姓. 羅什, 其名."

③ 구마라습이 하늘의 운수를 알아 呂光이 틀림없이 涼州 지역을 얻어 점거할 것을 안 것이다.
鳩摩羅什, 知數, 知呂光必得涼州之地而據之.

④ ≪漢書≫ 〈地理志〉에 "敦煌郡 廣至縣 昆侖障은 宜禾都尉가 있는 치소인데 晉나라 때에 나누어 宜禾縣을 만드니, 晉昌郡에 속하였다."라고 하였다.
班志 "敦煌郡廣至縣昆侖障, 宜禾都尉治, 晉分爲宜禾縣, 屬晉昌郡."

⑤ 李延壽가 말하였다. "高昌은 車師前王國의 옛 땅이다. 옛날 漢나라 武帝가 군대를 보내어 서쪽을 토벌할 때, 군대가 피폐해지니, 그중에 더욱 곤궁한 자들이 더욱 이곳에 머물렀다. 이 지역은 지세가 높고 평평하고 사람들이 번창하였으므로 인하여 고창이라 이름하였다. 이 땅에 漢나라 때의 高昌壘가 있었고 晉나라 때에 高昌郡을 만들었는데, 뒤에 인하여 國名으로 삼았다."
李延壽曰 "高昌者, 車師前王之故地. 昔漢武帝遣兵西討, 師旅頓弊, 其中尤困者住焉. 地勢高敞, 人庶昌盛, 因名高昌. 其地有漢時高昌壘, 晉爲高昌郡, 後因爲國名."

⑥ 高梧谷口는 마땅히 高昌郡 서쪽 경계에 있었을 것이다.
高梧谷口, 當在高昌西界.

---

16) (復)〔複〕: 저본에는 '復'으로 되어 있으나, 문맥을 살펴 '複'으로 바로잡았다.

⑦ 伊吾縣은 晉나라 때에 설치하였다. 晉昌郡에 소속하였으니, 伊吾關이 있었다.
伊吾縣, 晉置. 屬晉昌郡, 有伊吾關.

【目】 美水令 張統이 다음과 같이 말하였다.

"行唐公 苻洛은 上(苻堅)의 從弟입니다. 용맹이 當今의 으뜸이니, 만약 그를 받들어 맹주로 삼아서 여러 호걸을 거느리게 하면 呂光이 비록 이곳에 오더라도 감히 다른 마음을 품지 못할 것이니, 그의 정예 병력을 이용하여 동쪽으로 4개의 州[17]를 연합해서 흉악한 반역자들을 소탕하고 황실을 편안히 하면 이는 齊 桓公과 晉 文公과 같은 霸者의 일입니다."

그러나 梁熙는 또다시 듣지 않고 西海에서 부락을 죽였다. 여광은 楊翰의 계책을 듣고 두려워해서 감히 전진하지 못하였는데, 杜進이 말하기를 "양희는 文雅에는 충분하나 機智와 鑑識이 부족하니, 끝내 양한의 계책을 쓰지 못할 것입니다. 마땅히 그 윗사람과 아랫사람의 마음이 이산했을 때에 속히 취하소서."라고 하였다.

美水令張統曰 行唐公洛은 上之從弟라 勇冠一時하니 若奉爲盟主하여 以帥群豪하면 則光雖至나 不敢有異心이니 資其精銳하여 東合四州하여 掃兇逆하고 寧帝室이면 此桓文之擧也①니이다 熙又不聽하고 而殺洛於西海②하다 光이 聞翰謀하고 懼不敢進이어늘 杜進曰 熙文雅有餘나 機鑑不足하니 終不能用이니 宜及其上下離心하여 速取之하라

① ≪資治通鑑≫에 "동쪽으로 毛興을 겸하고 王統과 楊璧을 연합하여 4개 州의 무리를 모은다."라고 하였고, 그 註에 "모흥은 이때 河州刺史였고, 왕통은 이때 秦州刺史였고, 양벽은 이때 南秦州刺史였다."라고 하였다.
通鑑 "東兼毛興, 連王統・楊璧, 合四州之衆." "興時刺河州, 統時刺秦州, 璧時刺南秦州."
② 위의 太元 5년(380)에 苻洛이 배반하여 사로잡혔는데, 苻堅이 용서하여 죽이지 않고 涼州의 西海郡으로 귀양 보내었다.
上五年, 洛反被禽, 堅赦不誅, 徙涼州之西海郡.

【目】 呂光이 高昌郡에 이르니 楊翰이 고창군을 가지고 항복하였다. 여광이 玉門關에 이르니, 梁熙가 격문을 돌려서 여광이 제멋대로 명령하여 회군한 것을 책망하고 자기 아들 梁胤을 보내어 군대를 거느리고 막게 하자, 여광이 격파하여 사로잡았다. 武威太守 彭濟가

17) 4개의 州 : 아래의 訓義에 보이는 毛興의 河州, 王統의 秦州, 楊璧의 南秦州에다가 涼州를 더한 것으로 보인다.

양희를 사로잡아 항복하자, 여광이 양희를 죽이고 姑臧에 들어가서 스스로 涼州刺史를 겸하니, 郡縣이 다 항복하였으나 홀로 酒泉의 宋皓와 西郡의 索泮이 항복하지 않았다.

光이 至高昌하니 翰以郡降하다 至玉門하니 熙移檄하여 責光擅命還師하고 遣其子胤하여 帥衆拒之어늘 光이 破擒之하다 武威太守彭濟 執熙以降이어늘 光이 殺之하고 入姑臧하여 自領涼州刺史하니 郡縣皆降호되 獨酒泉宋皓와 西郡索(삭)泮이 不下①러라

① 漢나라 때에는 張掖의 日勒縣과 刪丹縣 등을 나누어 西郡을 설치하니, 이 땅은 고개의 요지〔嶺要〕에 해당한다.
漢分張掖之日勒·刪丹等縣, 置西郡, 其地當嶺要.

【目】 呂光이 이들을 공격하여 사로잡고는 索泮이 항복하지 않은 것을 책망하자, 삭반이 말하기를 "장군이 西域을 평정하라는 詔命은 받들었으나 涼州를 혼란하게 하라는 조명은 받들지 않았는데, 梁公(梁熙)이 무슨 죄가 있기에 장군이 죽였습니까. 나는 힘이 부족해서 복수하지 못하니, 군주가 멸망하면 신하가 죽는 것이 진실로 당연합니다."라고 하니, 여광이 이들을 모두 죽였다.

主簿 尉祐가 간사하고 아첨하고 사벽하고 음험하여 彭濟와 함께 梁熙를 사로잡으니, 여광이 그를 총애하고 신임하였다. 위우가 참언을 퍼트려 名士 10여 명을 죽이니, 양주 사람들이 이 때문에 좋아하지 않았다.

光이 攻而執之하여 責泮不降한대 泮曰 將軍이 受詔平西域이요 不受詔亂涼州하니 梁公何罪而將軍殺之오 泮力不足하여 不能報讐하니 主滅臣死가 固其宜也니라 光皆殺之하다 主簿尉祐 姦佞傾險하여 與濟同執熙①하니 光寵信之라 祐譖殺名士十餘人하니 涼州人이 由是不悅이러라

① 尉는 본음대로 읽으니, 姓이다.
尉, 讀如字, 姓也.

【綱】 乞伏國仁이 스스로 單于를 칭하였다.(西秦의 건국)

乞伏國仁이 自稱單于하다

【目】 乞伏國仁이 單于를 칭하고는 장수와 정승의 직위를 설치하고 그 지역을 나누어 12개의 郡을 설치하고 勇士城을 쌓고 도읍하였는데, 秦나라(前秦)가 봉하여 苑川王을 삼으니, 이것이 西秦이다.

國仁이 稱單于置將相하고 分其地하여 置十二郡하고 築勇士城而都之어늘 秦이 封以爲苑川王하니 是爲西秦①이라

① 12개의 郡은 武城, 武陽, 安固, 武始, 漢陽, 天水, 略陽, 漒川, 甘松, 匡朋, 白馬, 苑川이다. 苑은 菀(원)과 통한다. ≪水經註≫에 "苑川水는 勇士縣의 子城 南山에서 발원하여 북쪽으로 牧師菀을 지나니, 옛 漢나라 목장〔牧菀〕이 있는 땅이다. 동쪽과 서쪽에 두 菀城이 있으니, 그 성의 거리가 7里이다. 西城은 바로 乞伏國仁이 도읍한 곳이다."라고 하였다.
十二郡, 武城·武陽·安固·武始·漢陽·天水·略陽·漒川·甘松·匡朋·白馬·苑川也. 苑, 通作菀. 水經註 "苑川水, 出勇士縣之子城南山, 北逕牧師菀, 故漢牧菀之地也. 有東西二菀城, 其城相去七里. 西城, 卽乞伏[18]所都."

【綱】河北의 州郡들이 다시 秦나라(前秦)에 항복하였다.

河北州郡이 復降於秦하다

【目】苻定과 苻紹, 苻謨와 苻亮이 모두 河北에서 사자를 보내어 〈燕나라(後燕)에 항복한 것을〉 사죄하고 中山太守 王兗이 博陵을 굳게 지켜 秦나라를 위해 燕나라에게 항거하자, 苻丕가 부정 등을 모두 河北의 牧守로 삼았다.

楊定이 西燕에서 도망하여 隴右로 달아나 옛 무리를 수합하고 竇衝이 玆川을 점거하여 수만 명의 병력을 보유하였다. 양정과 秦州刺史 王統, 河州刺史 毛興, 益州刺史 王廣, 南秦州刺史 楊壁과 함께 모두 隴右에서 사자를 보내어 부비를 맞이해서 함께 後秦을 공격하자, 부비는 각각 그들의 지위와 칭호를 올려주었다.

부정이 얼마 후 歷城으로 치소를 옮겨서 스스로 仇池公이라 칭하고 사자를 보내어 晉나라(東晉)에 藩臣을 칭하였는데, 뒤에 또다시 天水와 略陽 지역을 점령하고 스스로 隴西王이라 칭하였다.

苻定, 苻紹, 苻謨, 苻亮이 皆自河北으로 遣使謝罪①하고 中山太守王兗이 固守博陵하여 爲秦拒燕②이어늘 丕以定等으로 皆爲河北牧守하다 楊定이 自西燕으로 亡奔隴右하여 收集舊衆하고 竇衝이 據玆川하여 有衆數萬이라 與定及秦州刺史王統, 河州毛興, 益州王廣, 南秦州楊壁으로 皆自隴右로 遣使邀丕하여 共擊後秦③이어늘 丕各進其位號하다 定이 尋徙治歷城하여 自稱仇池公하고 遣使稱藩于晉이러니 後에 又取天水, 略陽之地하고 自稱隴西王하다

18) 伏 : 저본에는 '伏'으로 되어 있으나, ≪水經註≫ 권2에는 '佛'로 되어 있다.

① 苻謨는 苻堅의 從弟이고 苻亮은 부견의 從子이다. 上年(384)에 燕나라(後燕) 慕容麟이 常山을 함락하니, 부모와 부량이 모두 항복하였다.
謨, 堅之從弟. 亮, 堅之從子也. 上年, 燕慕容麟, 拔常山, 謨·亮皆降.
② 博陵國은 冀州에 속하였다.
博陵國, 屬冀州.
③ 玆川은 바로 霸川이다. 霸水는 옛날에는 滋水라고 하였는데, 秦 穆公이 霸者가 되자 滋水를 霸水로 바꾸어 패자가 된 공을 드러내었다. 지금 玆川이라 한 것은 옛 이름을 따른 것이다. 楊壁은 苻堅의 사위이다.
玆川, 卽霸川也. 霸水, 古曰滋水, 秦穆公之霸也, 更滋水曰霸水, 以顯霸功. 今曰玆川, 因古名也. 壁, 堅之壻也.

【綱】 겨울 11월에 燕나라(後燕)가 慕容農을 幽州牧으로 삼아 龍城을 지키게 하였다.

冬十一月에 **燕以慕容農**으로 **爲幽州牧**하여 **守龍城**하다

【目】 燕나라 장군 餘巖이 배반하여 令支를 점거하고 高句麗 또한 遼東의 두 郡을 공격하여 점령하자, 燕王 慕容垂는 慕容農을 보내어 여암을 토벌해서 참수하였으며 고구려로 진격하여 다시 두 군을 점령하고 돌아와 龍城에 이르러서 능과 사당을 수리하였다.
모용수가 모용농을 幽州牧으로 삼아서 〈용성에〉 머무르며 진수하게 하자, 모용농은 법제가 너그럽고 간략하여 형벌과 옥사를 공정하게 처리하고 부역을 줄이고 농사와 누에치기를 권장하였다. 그리하여 거주하는 백성들이 부유해지니, 사방에서 이른 유민들이 수만 명이었다.

燕將軍餘巖이 **叛據令支**하고 **而高句麗亦擊取其遼東二郡**이어늘 **燕王垂 遣農**하여 **討巖斬之**하고 **進擊高句麗**하여 **復取二郡**하고 **還至龍城**하여 **繕修陵廟**[①]하다 **垂以農爲幽州牧**하여 **留鎭之**한대 **農**이 **法制寬簡**하여 **淸刑獄**하고 **省賦役**하고 **勸農桑**하니 **居民富贍**이라 **四方流民至者 數萬**이러라

① 燕나라는 慕容皝 이전에는 모두 遼西에 장례하였으므로 이곳에 능과 사당이 있는 것이다.
燕自慕容皝以前, 皆葬遼西, 故陵廟在焉.

【綱】 12월에 燕나라 慕容麟이 秦나라(前秦) 博陵을 공격하니, 이곳을 지키던 장수 王兗이 전사하였다.

十二月에 燕慕容麟이 攻秦博陵하니 守將王兗이 死之[19]하다

【目】慕容麟이 博陵을 공격하니, 성안에 양식이 떨어지고 화살이 다하였다. 功曹 張猗가 성을 넘어 나가서 무리를 모아 모용린에게 호응하자, 王兗은 성에 임하여 다음과 같이 꾸짖었다.

"卿은 바로 秦나라 백성이고 나는 경의 군주이다. 경이 군대를 일으켜 적에게 호응하면서 의병이라고 칭하니, 어찌하여 名과 實이 서로 어긋나는가. 옛사람은 충신을 구하기를 반드시 효자의 가문에서 하였으니, 경의 어미가 성안에 있는데도 버리고 돌아보지 않으니, 어찌 나를 돌아보겠는가. 지금 사람들이 경의 일시적인 功을 취하는 것은 괜찮지만 不忠과 不孝의 죄를 저지른 경을 어찌 잊을 수 있겠는가. 中州(中原)의 禮義를 지키는 나라에 마침내 경과 같은 자가 있을 줄을 생각지도 못하였다."

모용린이 박릉을 함락하고 왕연을 사로잡아 죽였다.

麟이 攻博陵하니 城中이 糧竭矢盡이라 功曹張猗 踰城出하여 聚衆以應麟이어늘 兗이 臨城數之曰 卿是秦民이요 吾是卿君이라 卿이 起兵應賊而號義兵하니 何名實之相違也오 古人은 求忠臣을 必於孝子之門이라 卿母在城이어늘 棄而不顧하니 吾何有焉이리오 今人이 取卿一時之功則可矣어니와 寧能忘卿不忠不孝之罪乎아 不意中州禮義之邦에 乃有如卿者也니라 麟拔博陵하고 執兗殺之하다

【綱】燕나라(後燕)가 中山에 도읍을 정하였다.

燕이 定都中山하다

【目】燕王 慕容垂가 북쪽으로 中山에 가서 장수들에게 이르기를 "樂浪王이 흩어져 떠도는 백성들을 모으고 창고를 채워 밖으로 군량을 공급하고 안으로 궁실을 수리하였으니, 비록 蕭何[20]라도 어찌 이보다 더하겠는가."라고 하고는 마침내 중산으로 도읍을 정하였다.

---

19) 燕慕容麟……死之 : "秦나라가 비록 오랑캐 종족이나 劉聰과 石虎와는 다르다. 그러므로 절개를 지키는 신하가 있어서 서책에 썼으니, 이는 中國으로 나아간 것이다. 후면에 徐嵩과 毛后를 쓴 것도 같은 의리이다.〔秦雖夷狄 非劉石比 故其臣有能守節者 得書于冊 此則進于中國者也 後書徐嵩及毛后 其義亦同〕" ≪發明≫

20) 蕭何 : 劉邦을 도와 漢나라를 건국한 개국공신이다. 유방이 沛王으로 函谷關에 들어갔을 때 秦나라 相府의 律令과 圖書를 거두어 한나라의 국가 기반을 정비하였고, 진나라 법률을 정리해 ≪九章律≫을 편찬했다.(≪史記≫ 권53 〈蕭相國世家〉)

燕王垂 北如中山하여 謂諸將曰 樂浪王이 招流散하고 實倉廩하여 外給軍糧하고 內修宮室하니 雖蕭何나 何以加之리오하고 乃定都焉하다

丙戌年(386)

【綱】 晉나라(東晉) 孝武皇帝 太元 11년이다.

十一年이라

【目】 秦王(前秦) 苻登 太初 원년이고, 燕나라(後燕) 世祖 慕容垂 建興 원년이고, 後秦 太祖 姚萇 建初 원년이고, 西燕主 慕容永 中興 원년이다. 魏나라(北魏) 太祖 道武帝 拓跋珪 登國 원년이다. 涼王(後涼) 呂光 太安 원년이다. 옛날에 있던 큰 나라(前秦, 後燕, 後秦, 西燕)가 넷이고, 西秦 같은 작은 나라가 하나이고, 새로 생긴 큰 나라(北魏)가 하나이고 작은 나라(後涼)가 하나이니, 합하여 僭國이 일곱이다.

秦王苻登太初元이요 燕建興元이요 後秦建初元이요 西燕主慕容永中興元年이라 ◑魏太祖道武帝拓跋珪登國元年이라 ◑涼王呂光大安元年이라 ○舊大國四요 西秦小國一이요 新大國一이요 小國一이니 凡七僭國이라

【綱】 봄 정월에 拓跋珪가 다시 즉위하여 代王이 되었다.

春正月에 拓跋珪 復立爲代王하다

【目】 拓跋珪의 從曾祖 拓跋紇羅(탁발흘라)가 여러 部의 大人들과 함께 賀訥에게 청하여 탁발규를 추대하여 군주로 삼으니, 牛川에서 크게 모여 탁발규를 代王의 자리에 오르게 하고 長孫嵩과 叔孫普洛을 南部와 北部의 大人으로 삼아서 나누어 그 무리를 다스리게 하고, 張袞을 左長史로, 許謙을 右司馬로, 王建 등을 外朝大人으로, 奚牧을 治民長으로 삼아서 모두 宿衛를 관장하고 모의에 참여하게 하였으며, 長孫道生 등이 教命을 출납하게 하였다.

珪從曾祖紇羅 與諸部大人으로 共請賀訥하여 推珪爲主하여 大會於牛川하여 即代王位①하고 以長

孫嵩, 叔孫普洛으로 爲南北部大人하여 分治其衆②하고 以張袞爲左長史하고 許謙爲右司馬하고 王建等爲外朝大人하고 奚牧爲治民長하여 皆掌宿衛하고 及參謀議③하고 長孫道生等이 出納敎命④하다

① 武周塞(무주새)로부터 서쪽으로 나와 牛川에 이르니, 우천 이북은 모두 大漠이다.
自武周塞, 西出至牛川, 牛川以北, 皆大漠也.

② 長孫嵩은 南部大人이 되고 叔孫普洛은 北部大人이 되었다. ≪魏書≫에 "魏나라(北魏) 초기에 북쪽 변방에서 남쪽으로 옮겨와 四部大人을 설치하고 王庭에 앉아 詞訟를 다스리되 말로 약속하고 문자를 새겨 일을 기록하며, 감옥과 심문하는 법이 없이 범죄자들을 모두 그때마다 판결하여 처리하였다."라고 하였다.
嵩爲南部大人, 普洛爲北部大人. 魏書曰"魏初, 自北荒南遷, 置四部大人, 坐王庭, 決詞訟, 以言語約束, 刻契記事, 無囹圄考訊之法, 諸犯罪者, 皆臨時決遣."

③ 王建은 拓跋什翼犍의 사위이다. 外朝大人은 정해진 인원수가 없으니, 주로 조명을 받으며 외부로 사신을 나가고 대궐을 출입하며 나라에 큰 喪과 큰 禮가 있으면 다 참여하여 일에 따라 맡은 임무가 있었다.
建, 什翼犍之壻也. 外朝大人, 無常員, 主受詔命, 外使, 出〔入〕[21]禁中, 國有大喪大禮, 皆與參知, 隨所典焉.

④ 長孫道生은 長孫嵩의 從子이다.
道生, 嵩之從子也.

【綱】 燕王(後燕) 慕容垂가 皇帝를 칭하였다.

燕王垂 稱皇帝하다

【目】 처음으로 公卿과 百官을 설치하고 宗廟와 社稷을 수리하였다.

始置公卿百官하고 **繕治宗廟社稷**하다

【綱】 丁零의 翟遼가 黎陽을 점거하였다.

丁零翟遼 據黎陽하다

【目】 翟眞이 죽자 翟遼가 黎陽으로 달아나니, 太守 滕恬之가 매우 그를 아끼고 신임하였다. 등염지가 사냥을 좋아하고 사졸들을 보살피지 않으니, 적료가 은밀하게 간악한 은혜

21) 〔入〕: 저본에는 '入'이 없으나, ≪魏書≫ 권113 〈官氏志〉에 의거하여 보충하였다.

를 베풀어 여러 사람의 마음을 얻었다. 마침내 등염지를 사로잡고 그 郡을 점거하였다.

翟眞之死也에 遼奔黎陽하니 太守滕恬之 甚愛信之[①]러니 恬之喜畋獵하고 不愛士卒하니 遼潛施姦惠以收衆心하여 遂執恬之하고 而據其郡하다

① 翟遼는 翟眞의 從兄이다.
遼, 眞之從兄也.

【綱】 2월에 西燕이 그 군주 慕容沖을 시해하고 段隨를 세워 燕王으로 삼았다.

二月에 西燕이 弑其主沖하고 立段隨爲燕王하다

【目】 慕容沖은 長安에 있는 것을 좋아하고 또 燕主 慕容垂의 강함을 두려워하여 농사를 권장하고 궁실을 지어 오랫동안 편안할 계책을 삼으니, 鮮卑族이 모두 원망하였다. 장군 韓延이 대중의 마음을 따라 모용충을 죽이고 모용충의 장수 段隨를 세워 燕王으로 삼았다.

沖이 樂在長安하고 且畏燕主垂之彊하여 課農築室하여 爲久安計하니 鮮卑咸怨[①]이라 將軍韓延이 因衆心殺之하고 立沖將段隨하여 爲燕王하다

① 鮮卑族은 동쪽으로 돌아갈 것을 생각하였는데, 慕容沖이 장안에 있는 것을 편안히 여겼으므로 원망한 것이다.
鮮卑思東歸, 而沖安於長安, 故怨.

【綱】 張大豫가 군대를 일으켜 姑臧을 공격하였다.

張大豫 起兵攻姑臧하다

【目】 처음에 〈前涼의 군주〉 張天錫이 남쪽으로 달아날 적에 秦나라(前秦) 長水校尉 王穆이 장천석의 世子 張大豫를 숨기고서 함께 河西로 달아났는데, 이때에 魏安 사람 焦松이 병력을 모아 장대예를 맞이해 군주로 삼아서, 昌松을 공격하여 함락하고 전진하여 姑臧을 핍박하였다.

왕목이 말하기를 "呂光은 양식이 풍족하고 성이 견고하며 갑옷과 병기가 정교하고 날카로우니, 嶺西 지역을 석권하여 병기를 수리하고 곡식을 모은 뒤에 동쪽으로 향하는

것만 못합니다. 이렇게 하면 1년이 안 되어 여광을 사로잡을 수 있습니다."라고 하였다. 그러나 장대예가 따르지 않고 스스로 涼州牧이라 칭하고 왕목으로 하여금 영서의 여러 郡을 설득하고 회유하게 하니, 모두 군대를 일으켜 그에게 호응하였다. 그리하여 楊塢를 확보하여 점거하였다.

初에 張天錫之南奔也에 秦長水校尉王穆이 匿其世子大豫하여 與俱奔河西러니 至是에 魏安人焦松이 聚兵하고 迎大豫爲主하여 攻拔昌松하고 進逼姑臧①하다 穆曰 呂光이 糧豐城固하고 甲兵精銳하니 不如席卷嶺西하여 厲兵積粟然後東向이니 不及期年에 光可取也니이다 大豫不從하고 自稱涼州牧하고 使穆으로 說(세)諭嶺西諸郡하니 皆起兵應之라 保據楊塢②하다

① 魏安縣은 武威郡 昌松縣 경계에 있으니, 대개 曹魏(삼국시대 魏나라) 때에 설치한 것인데, ≪晉書≫ 〈地理志〉에는 보이지 않는다. 後魏(北魏) 때에는 魏安郡을 설치하였다. 昌松은 바로 漢나라 倉松縣 지역이다. 본래 武威郡에 속하였는데, 대개 河西의 張氏(前涼) 때에 나누어 군을 설치하였다. 呂光은 뒤에 郭黁의 말을 따라 昌松을 東張掖郡으로 고쳤다.
魏安縣, 在武威昌松縣界, 蓋曹魏所置也, 而晉志不見. 後魏置魏安郡. 昌松, 卽漢倉松縣地. 本屬武威郡, 蓋河西張氏分置郡也. 呂光後以郭黁言, 改昌松, 爲東張掖郡.

② 西郡에서부터 張掖, 酒泉, 建康, 晉昌에 이르기까지 이 지역이 모두 嶺西이다. 楊塢는 姑臧城 서쪽에 있다.
自西郡至張掖·酒泉·建康·晉昌, 其地皆嶺西也. 楊塢, 在姑臧城西.

【綱】 代나라가 盛樂으로 천도하였다.

代徙都盛樂하다

【目】 代王 拓跋珪가 定襄의 盛樂으로 천도하여 농업에 힘쓰고 백성들을 쉬게 하니, 나라 사람들이 기뻐하였다.

代王珪 徙居定襄之盛樂하여 務農息民하니 國人이 悅之러라

【綱】 3월에 泰山太守 張願이 〈晉나라(東晉)를〉 배반하니, 謝玄이 후퇴하여 淮陰에 주둔하였다.

三月에 泰山太守張願이 叛하니 謝玄이 退屯淮陰하다

【目】 처음에 謝玄이 朱序를 梁國에 주둔시키고 자신은 彭城에 주둔하여 북쪽으로 河上을 견고히 하고 서쪽으로 洛陽을 구원하고자 하였는데, 조정의 의논은 군사들이 이미 오랜 시간 전쟁에 동원되었다는 이유로 사현으로 하여금 수비병을 설치하고 돌아오게 하려고 하였다. 이때 張願이 泰山郡을 가지고 배반하여 翟遼에게 항복하니, 북방이 소란스러웠다. 사현이 사죄하고 해직을 청하니, 조서를 내려 위로하여 타이르고 淮陰으로 돌아오게 하였다.

初에 謝玄이 欲使朱序屯梁國하고 而自屯彭城하여 以北固河上하고 西援洛陽하니 朝議以征役旣久라하여 欲令玄置戍而還이러니 至是에 張願以郡叛하여 降翟遼하니 北方騷動이라 玄이 謝罪乞解職한대 詔慰諭하고 令還淮陰하다

【綱】 燕主(後秦) 慕容垂가 모친인 蘭氏를 추존하여 文昭皇后라 하였다.

燕主垂 追尊母蘭氏하여 爲文昭皇后하다

【目】 燕主 慕容垂가 文明段后를 별실로 옮기고 蘭后를 太祖(慕容皝)에게 배향하고자 하니,[22] 의논하는 자들이 모두 당연하다고 하였다. 그러나 博士 劉詳과 董謐은 말하기를 "堯임금의 어머니가 帝嚳의 妃가 되었는데, 지위가 세 번째였습니다. 아들이 귀하다 하여 姜原을 능멸하지 않았으니, 文昭后는 마땅히 別廟를 세워야 합니다."라고 하였다.

모용수가 노하여 협박하자, 유상과 동밀이 말하기를 "임금이 하고자 하시는 바를 신에게 묻지 마소서. 신은 ≪禮經≫을 상고하여 예를 받들어 행하니, 감히 다르게 할 수 없습니다."라고 하였다. 모용수는 마침내 더 이상 묻지 않고 끝내 행하였다.

모용수는 또 可足渾后(합족혼후)가 社稷을 전복했다 하여 추후에 그를 폐위하고 烈祖의 昭儀 段氏를 높여 景德皇后라 하고서 배향하였다.[23]

燕主垂 欲遷文明段后於別室하고 而以蘭后配享太祖①하니 議者皆以爲當然이어늘 博士劉詳, 董謐(밀)이 以爲堯母爲帝嚳妃로되 位第三이라 不以子貴陵姜原②[24]하니 文昭后는 宜立別廟니이다

---

22) 文明段后를……하니 : 前燕 太祖 慕容皝은 시호가 文明이다. 황후는 文明皇后인데, 이때 慕容垂가 자신의 모친 蘭氏(모용황의 妃)를 추존하여 文昭皇后로 삼은 것이다.

23) 可足渾后가……배향하였다 : 可足渾后는 烈祖 慕容儁의 황후로 시호는 景昭皇后이다. 종신 慕容恪이 죽자 慕容評과 권력을 휘두르며 慕容垂를 쫓아내었다. 이때 모용수가 그녀를 폐위하고 모용준의 昭儀 段氏를 景德皇后로 추존하였다.

24) 姜原 : 姜嫄으로도 표기한다.

垂怒逼之한대 詳, 謚曰 上所欲爲를 無問於臣하소서 臣은 按經奉禮하니 不敢有貳니이다 垂乃不復問而卒行之하다 又以可足渾后 傾覆社稷이라하여 追廢之하고 尊烈祖昭儀段氏하여 爲景德皇后하여 配享③하다

① 段氏는 慕容皝의 元妃이니, 慕容儁의 어미이다. 蘭氏는 모용황의 側室이다. 慕容皝은 廟號가 太祖이고 시호가 文明皇帝이다.
段氏, 皝之元妃, (雋)〔儁〕[25]之母. 蘭氏, 皝之側室也. 皝廟號太祖, 謚文明皇帝.

② 帝嚳에게는 4명의 妃가 있었으니, 元妃 姜嫄은 有部氏의 따님으로 后稷을 낳았고, 다음 妃인 簡狄은 有娀氏의 따님으로 卨〔契〕을 낳았고, 다음 비인 慶都는 陳豐氏의 따님으로 堯임금〔放勛〕을 낳았고, 다음 비인 常義는 娵訾氏의 따님으로 伊尹〔摯〕을 낳았다.
帝嚳有四妃. 元妃有部氏女, 曰姜嫄, 生后稷. 次妃有娀氏女, 曰簡狄, 生卨. 次妃陳豐氏女, 曰慶都, 生放勛. 次妃娵訾氏女, 曰常義, 生摯.

③ 可足渾后은 慕容儁의 元妃이니, 慕容垂와 옛 원한이 있었는바, 晉 穆帝 升平 2년(358)과 帝司馬奕 太和 4년(369)에 보인다. 모용준은 廟號가 烈祖이고 시호가 景昭皇帝이다. 段氏는 모용준의 側室이다.
可足渾后, (雋)〔儁〕之元妃也, 與垂有故怨, 事見穆帝升平二年, 及帝奕太和四年. (雋)〔儁〕廟號烈祖, 謚景昭皇帝. 段氏, (雋)〔儁〕之側室也.

【目】崔鴻이 다음과 같이 평하였다.

"齊 桓公이 제후들에게 명할 적에 '妾을 妻로 삼지 말라.'[26]라고 하였으니, 남편이 아내에 대해서도 오히려 妾으로 대신할 수가 없는데, 하물며 자식으로서 그 어머니를 바꾼단 말인가. ≪春秋≫에서 '어머니가 자식 때문에 귀해진다.'[27]라고 한 것은 君母[28]가 이미 죽었으면 첩의 신분의 어머니를 小君이라고 할 수 있는 것이니, 享祀의 경우에는 배향할 수 없는 것이다. 君父의 행위를 臣子가 반드시 익혀 본받는 것이니, 慕容寶가 제 어머니를 죽인 것은 慕容垂가 조짐을 만들었기 때문이다. 可足渾氏가 비록 前朝에 죄가 있었으나, 小君의 禮를 이루었는데, 모용수가 사사로운 감정으로 폐위하고 또 형의 첩

---

25) (雋)〔儁〕: 저본에는 '雋'으로 되어 있으나, 오자이므로 '儁'으로 바로잡았다. 아래도 같다.

26) 妾을……말라 : 춘추시대 패자였던 齊 桓公이 제후들과 葵丘에서 會盟할 적에 했던 다섯 가지 명령 중 첫 번째 명령이다.(≪孟子≫ 〈告子 下〉)

27) 어머니가……귀해진다 : 庶子가 지위를 계승한 경우 그 생모 또한 아들로 인하여 지위가 높아지는 것으로, ≪春秋公羊傳≫ 隱公 원년에 "환공은 어찌하여 귀한가? 어머니의 신분이 귀하기 때문이다. 어머니의 신분이 귀하면 자식은 어찌하여 귀해지는가? 자식은 어머니 덕분에 귀해지고 어머니는 자식 덕분에 귀해지는 것이다.〔桓 何以貴 母貴也 母貴則子何以貴 子以母貴 母以子貴〕"라고 하였다.

28) 君母 : 庶子가 아버지의 正妻를 부르는 호칭이다.

중에 자식이 없는 자를 세웠으니, 모두 예가 아니다."

崔鴻曰 齊桓公이 命諸侯에 無以妾爲妻하니 夫之於妻에도 猶不可以妾代之어든 況子而易其母乎아 春秋所稱母以子貴者는 君母旣沒에 得以妾母爲小君也니 至於享祀하여는 則不得爲配矣라 君父之所爲를 臣子必習而效之니 寶之殺母는 由垂爲之漸也①라 可足渾氏 雖有罪於前朝나 然小君之禮成矣어늘 垂以私憾廢之하고 又立兄妾之無子者하니 皆非禮也②니라

① 慕容寶가 모친을 죽인 것은 일이 아래 太元 21년(396)에 보인다.
寶之殺母, 事見下二十一年.

② '私憾'은 可足渾后가 참소하여 慕容垂의 비인 段氏를 죽이고 또 모용수를 참소하여 내쫓아 秦나라(前秦)로 도망가게 한 것을 이른다.
私憾, 謂譖殺垂妃段氏, 又譖垂而逐之奔秦也.

【綱】西燕 사람이 段隨를 죽이고 동쪽으로 갔는데, 聞喜에 이르러 慕容忠을 세워서 다시 황제라 칭하였다.

西燕人이 殺段隨而東이러니 至聞喜하여 立慕容忠하여 復稱帝[29]하다

【目】燕나라(西燕) 慕容恒과 慕容永이 段隨를 죽이고 宜都王(慕容桓)의 아들 慕容顗를 세워서 鮮卑族 남녀 40여만 명을 거느리고 長安을 떠나 동쪽으로 갔는데, 모용항의 아우 慕容韜가 모용의와 모용항을 죽이고 또 慕容沖의 아들 慕容瑤를 세웠다.

모용영이 또다시 모용요를 죽이고 마침내 慕容泓의 아들 慕容忠을 세워 황제로 삼았다. 모용충이 모용영을 승상으로 삼자, 모용영은 관대하고 공평하게 법을 집행하니, 선비족들이 안정되었다. 聞喜縣에 이르러 燕主 慕容垂가 이미 황제를 칭했다는 말을 듣고 감히 전진하지 못하고, 燕熙城을 쌓아 거주하니, 모용영은 慕容廆 아우의 손자이다.

燕慕容恒, 慕容永이 殺段隨하고 立宜都王子顗(의)하여 帥鮮卑男女四十餘萬口하고 去長安而東①이러니 恒弟韜殺顗恒하고 又立沖之子瑤하다 永이 又殺之하고 乃立泓之子忠爲帝하니 忠以永爲丞相한대 永이 持法寬平하니 鮮卑安之러라 至聞喜하여 聞燕主垂 已稱帝하고 不敢進하여 築燕熙城而居之②하니 永은 廆弟之孫也라

29) 西燕人 殺段隨而東 : "段隨를 세워서 왕을 삼았다고 썼는데 弑라고 쓰지 않은 것은 어째서인가. 그를 외면한 것이다. 어찌하여 그를 외면한 것인가. 세워서는 안 되기 때문이다. 그러므로 그를 정상적인 군주로 인정하지 않아서 동등한 쌍방이 상대를 죽인 것으로 쓴 것이다.〔段隨書立爲王矣 不書弑 何 外之也 曷爲外之 不當立也 故不成其君 而以兩下相殺書之〕" ≪書法≫

① 慕容顗는 燕나라(前燕) 宜都王 慕容桓의 아들이다.
顗, 蓋燕宜都王桓之子.

② 聞喜縣은 河東郡에 속하였으니, 春秋時代에 晉 武公이 거주했던 曲沃이다. 秦나라 때에 명칭을 左邑으로 바꾸었는데 漢 武帝가 이곳에서 南越이 격파되었다는 소식을 듣고 이름을 고쳐 '聞喜(기쁜 소식을 듣다)'라고 하였다. 後魏(北魏) 때에 나누어 絳郡에 소속시켰다.
聞喜縣, 屬河東郡, 春秋時, 晉武公所居之曲沃也. 秦改爲左邑, 漢武帝於此, 聞南越破, 改曰聞喜. 後魏分屬絳郡.

【綱】 여름 4월에 代나라가 魏나라(北魏)로 국명을 바꾸었다.

夏四月에 **代改稱魏**하다

【綱】 後秦王 姚萇이 長安을 점령하고 황제를 칭하였다.

◑ **後秦王萇**이 **取長安**하고 **稱皇帝**하다

【目】 鮮卑族(西燕)이 동쪽으로 가자 長安이 텅비었다. 姚萇이 장안을 점령하고 처음으로 황제를 칭하고 백관을 두었다.

鮮卑旣東에 長安이 空虛라 萇이 取之하고 始稱皇帝하고 置百官하다

【綱】 6월에 〈晉나라(東晉)가〉 楊亮을 雍州刺史로 삼아서 〈洛陽에〉 진주하여 山陵을 지키게 하고, 荊州刺史 桓石民이 弘農을 취하고는 처음으로 湖縣과 陝縣에 두 수비하는 곳을 설치하였다.

六月에 **以楊亮爲雍州刺史**하여 **鎭衛山陵**하고 **荊州刺史桓石民**이 **取弘農**하고 **初置湖, 陝二戍**①하다

① 황제(晉 孝武帝)가 襄陽에 雍州를 설치하였는데, 이제 楊亮을 보내어 옹주자사를 겸하고 洛陽에 진주하였다. 湖縣과 陝縣 두 현은 모두 弘農에 속하였다.
帝置雍州於襄陽, 今遣亮, 帶雍州, 鎭洛. 湖・陝二縣, 皆屬弘農.

【綱】 西燕이 그 군주 慕容忠을 시해하고 慕容永을 세워 河東王이라 하였다.

◑ **西燕**이 **弑其主忠**하고 **立慕容永**하여 **爲河東王**[30]하다

【綱】秦나라(前秦) 河北의 州郡이 다시 燕나라(後燕)에 항복하였다.

◑秦河北州郡이 復降於燕[31)]하다

【綱】關中과 隴 지역의 여러 郡이 다시 군대를 일으켜 秦나라(前秦)가 되었다.

◑關隴諸郡이 復起兵爲秦하다

【目】秦主 苻丕가 王永을 左丞相으로 삼아서 사방에 격문을 돌려 함께 姚萇과 慕容垂를 토벌하게 하였다. 이에 天水, 馮翊, 河東, 京兆, 扶風이 모두 군대를 일으켜 사자를 보내어 秦나라에 왔다.

秦主丕 以王永爲左丞相하여 傳檄四方하여 共討姚萇, 慕容垂하니 於是에 天水, 馮翊, 河東, 京兆, 扶風이 咸起兵하여 遣使詣秦하다

【綱】가을 8월에 秦나라(前秦)가 苻登을 南安王으로 삼았다.

秋八月에 秦이 以苻登爲南安王하다

【目】枹罕의 여러 氐族은 河州刺史 衛平이 노쇠했다 하여 의논하고 폐위하려 하였는데,

30) 西燕……爲河東王 : "西燕이 이미 慕容沖을 시해하고 段隨를 세웠는데, 또다시 단수를 죽이고〔殺〕 慕容忠을 세웠다가 오래지 않아 모용충이 또다시 시해당하고 慕容永이 즉위하였다. 반년 사이에 4번 그 군주가 바뀌었으니, 추악한 무리들이 서로 잔악한 짓을 하는 것이 이와 같다. ≪資治通鑑綱目≫에서 모두 그 죄를 바로잡은 것은 夷狄이 혼란하다는 이유로 上下의 구분을 폐하지 않은 것이다. 단수를 '殺'이라고 쓴 것은 慕容氏의 족속이 아니기 때문에 정식 임금으로 인정하지 않은 것이다.〔西燕旣弑沖而立段隨 又殺隨而立忠 未幾 忠又見弑而永立矣 半年之間 四易其主 醜類相殘如此 綱目皆正其罪者 不以夷狄昏亂之故 而廢上下之分也 段隨書殺 非慕容氏之族 故不成乎君〕" ≪發明≫

31) 秦河北州郡 復降於燕 : "앞에서는 河北의 州郡이 다시 秦나라에 항복했다고 쓰고 燕나라의 河北이라고 쓰지 않았는데, 이때 다시 연나라에 항복하였는데도 '秦나라 河北'이라고 쓴 것은 어째서인가. 하북을 연나라로 인정하지 않은 것이다. 하북은 옛날 연나라 땅인데 어찌하여 연나라로 인정하지 않은 것인가. 慕容垂는 배반한 자이기 때문이다. ≪資治通鑑綱目≫에 모용수가 〈진나라를〉 배반했다고 썼으니, 하북을 그의 영토로 인정해줄 수가 없는 것이다. 그렇다면 西燕에서 군대를 일으켰다고 썼으니 배반한 자가 아니요, 關中과 隴의 여러 군을 서연이 일찍이 얻었는데, 어찌하여 서연에 귀속시키지 않았는가. 서연이 이미 동쪽으로 갔으면 관중과 농 지역은 진나라의 옛 영토인 것이다. 혹은 귀속시키고 혹은 귀속시키지 않았으니, ≪자치통감강목≫의 판단이 정확하다.〔前書河北州郡復降於秦 不書燕河北 於是 復降於燕 則書秦河北 何 不以河北予燕也 河北故燕土 曷爲不以予燕 垂 叛者也 綱目書垂以叛 固不得以河北予之矣 然則西燕書起兵 非叛者也 關隴諸郡 西燕嘗得之 何以不繫之西燕 西燕而旣東矣 關隴則秦舊地 或繫 或不繫 綱目之權衡審矣〕" ≪書法≫

마침 七夕날 잔치에 저족인 啖青이 검을 빼들고 앞으로 나와 말하기를 "천하가 크게 혼란하니, 현능한 주군이 아니면 성공하지 못한다. 衛公은 늙었으니, 마땅히 〈관복을 벗고〉 예전에 입던 의복(예전의 신분)으로 되돌아가야 할 것이요, 狄道長 苻登은 왕실의 먼 친족으로 뜻이 웅대하고 지략이 밝으니, 함께 세우기를 청한다. 이에 동의하지 않는 자가 있으면 즉시 이의를 제기하라." 하고는 마침내 검을 휘두르며 소매를 걷어붙이고서 장차 자신과 뜻을 달리하는 자를 베려 하니, 여러 사람이 모두 따랐다.

이에 부등을 추대하여 雍州와 河州 두 州의 牧으로 삼아서, 5만 명의 병력을 인솔하고 隴으로 내려가 南安을 공격하여 함락하고 사자를 급히 보내 명을 청하니, 秦主(前秦) 苻丕가 즉시 명하고 이어서 南安王에 봉하였다.

枹罕諸氐 以河州刺史衛平이 衰老라하여 議欲廢之①러니 會七夕宴에 氐啖青이 抽劍而前曰② 天下大亂하니 非賢主면 不可濟라 衛公이 老矣니 宜返初服③이요 狄道長苻登은 王室疎屬으로 志略雄明하니 (諸)〔請〕[32]共立之하노니 有不同者면 即下異議④라하고 乃奮劍攘袂하여 將斬異己者하니 衆皆從之라 於是에 推登爲雍河二州牧하여 帥衆五萬하고 下隴하여 攻南安拔之하고 馳使請命하니 秦主丕 即而命之하고 仍封南安王하다

① 여러 氐族은 秦王 苻堅이 毛興으로 하여금 거느리게 해서 枹罕에 진주했던 자들이다.
諸氐, 蓋秦王堅, 使毛興領之, 以鎭枹罕者也.

② 啖은 徒覽의 切이니, 啖青은 성명이다.
啖, 徒覽切. 啖青, 姓名.

③ 衛平은 본래 毛興의 部將이었다.
衛平, 本毛興部將.

④ 長(우두머리)은 知兩의 切이니, 苻登은 苻丕의 族子이다.
長, 知兩切. 登, 丕之族子也.

【綱】 겨울 10월에 西燕이 秦나라(前秦)를 공격하여 패주시키자, 秦主 苻丕가 東垣으로 달아나니, 〈晉나라(東晉)〉 장군 馮該가 그를 공격하여 죽였다.

冬十月에 西燕이 擊秦敗之한대 秦主丕 奔東垣하니 將軍馮該 擊殺之하다

【目】〈西燕의〉 慕容永이 사자를 보내어 秦主 苻丕에게 가서 길을 빌려 동쪽으로 돌아갈

32) (諸)〔請〕: 저본에는 '諸'로 되어 있으나, ≪資治通鑑≫에 의거하여 '請'으로 바로잡았다.

것을 요구하였다. 부비가 허락하지 않고 그와 더불어 襄陵에서 싸웠는데, 秦나라 군대가 크게 패하여 丞相 王永 등이 모두 죽었다. 부비가 수천 기병을 거느리고 남쪽 東垣으로 달아나서 洛陽을 기습할 것을 모의하자, 馮該가 陝城에서 그를 요격해 죽이고 태자 苻寧 등을 잡아 建康으로 보냈는데, 조령을 내려 용서하고 죽이지 않았다.

慕容永이 遣使詣秦主丕하여 求假道東歸어늘 丕不許한대 與戰于襄陵하여 秦兵大敗하니 丞相王永等이 皆死①라 丕帥騎數千하고 南奔東垣하여 謀襲洛陽②이어늘 馮該自陝邀擊殺之하고 執其太子寧等하여 送建康이러니 詔赦不誅하다

① 襄陵縣은 漢나라 때에는 河東郡에 속하였고, 晉나라 때에는 平陽郡에 속하였다.
襄陵縣, 漢屬河東郡, 晉屬平陽郡.

② 東垣縣은 漢나라 때에 이미 眞定으로 고쳤으니, 여기의 東垣은 河南 新安縣 경계에 있다.
東垣縣, 漢已改爲眞定. 此東垣, 在河南新安縣界.

【綱】 西燕의 慕容永이 長子에서 황제를 칭하였다.

西燕慕容永이 **稱帝於長子**하다

【目】 慕容永이 전진하여 長子를 점거하고서 제위에 올라 장차 秦나라(前秦)의 后인 楊氏를 上夫人으로 삼으려 하였는데, 양씨가 검을 가지고 모용영을 죽이려다가 모용영에게 살해당하였다.

永이 進據長子하고 卽帝位하여 將以秦后楊氏로 爲上夫人이러니 楊氏引劍刺之라가 爲永所殺하다

【綱】 〈晉나라(東晉)〉 海西公 司馬奕이 吳에서 薨하였다.

海西公奕이 **薨於吳**①[33]하다

---

33) 海西公奕 薨於吳 : "일찍이 '帝奕'이라고 썼었는데 여기서 '帝'라고 쓰지 않은 것은 어째서인가. 지금의 황제를 피한 것이다. '薨'이라고 쓴 것은 어째서인가. 옛 晉나라 군주이기 때문이니, 여러 신하와 구별한 것이다. ≪資治通鑑綱目≫에 '〈전국시대에〉 지역을 나누어 왕 노릇 한 것〔分王〕' 외에 薨이라고 쓴 것이 14번인데, 廢主에 薨이라고 쓴 것이 2번이다.(晉나라 海西公과 唐나라 鄰公이다.)〔嘗書帝奕矣 此其不書帝 何 避今帝也 書薨 何 故晉主也 所以別於諸臣也 綱目自分王外書薨十有四 而廢主書薨者二(晉海西公 唐鄰公)〕" ≪書法≫

"여기에서 어찌하여 海西公이라고 썼는가. 지금의 황제를 피한 것이다. 여기에서 이름을 쓴 것은 나라를 잃은 군주이기 때문이요, 薨이라고 쓴 것은 여러 신하와 달리한 것이다.〔此何以書海西公 避今帝也 名之 失國之君也 書薨 異乎臣也〕" ≪發明≫

① 향년이 45세였다.
壽, 四十五.

【綱】 秦나라(前秦) 苻登이 後秦主 姚萇과 싸워서 대파하였다.

◑ **秦苻登**이 **及後秦主萇戰**하여 **大破之**하다

【目】苻登이 이미 南安을 점령하자 오랑캐와 漢族 중에 귀의한 자가 3만여 가호였다. 마침내 전진하여 秦州에서 後秦主 姚萇의 아우 姚碩德을 공격하니, 요장이 직접 가서 구원하였는데 부등이 그와 싸워 크게 격파하고 啖青이 화살을 쏘아 요장을 맞추니 요장이 달아나 上邽를 지켰다. 요석덕이 대신 그 무리를 통솔하였다.

登이 既克南安에 夷夏歸之者 三萬餘戶라 遂進攻後秦主萇之弟碩德于秦州한대 萇이 自往救之어늘 登이 與戰大破之하고 啖青이 射萇中之하니 萇이 走保上邽라 碩德이 代統其衆하다

【綱】 11월에 秦나라(前秦) 苻登이 南安에서 황제를 칭하였다.

十一月에 **秦苻登**이 **稱帝於南安**하다

【目】秦나라 尙書 寇遺가 渤海王 苻懿를 받들어 杏城에서 南安으로 달려오자 苻登이 苻丕의 상을 발표하고 상복을 입고서 부의를 세워 군주로 삼을 것을 의논하였는데, 사람들이 말하기를 "발해왕은 나이가 어려서 많은 어려움을 감당하지 못하니, 대왕이 아니면 안 된다."라고 하자, 부등이 마침내 제위에 오르고 백관을 설치하였다.

秦尙書寇遺 奉渤海王懿하여 自杏城奔南安①이어늘 登發丕喪하여 行服하고 議立懿爲主러니 衆曰 渤海年幼하여 未堪多難하니 非大王이면 不可라한대 登이 乃即帝位하고 置百官하다

① 苻懿는 苻丕의 아들이다.
懿, 丕之子也.

【綱】 12월에 呂光이 스스로 酒泉公이라 칭하였다.

十二月에 **呂光**이 **自稱酒泉公**하다

【目】 처음에 呂光이 秦主 苻堅의 부음을 듣고 전군에게 소복을 입혔는데, 이때에 이르러 스스로 涼州牧 酒泉公이라 칭하였다.

初에 光이 得秦主堅凶問하고 擧軍縞素러니 至是하여 自稱涼州牧酒泉公하다

【綱】 秦主(前秦) 苻登이 後秦을 정벌하였다.

秦主登이 伐後秦[34)]하다

【目】 秦主 苻登이 世祖(苻堅)의 神主를 軍中에 세우고서 輜軿(치병)에 싣고 虎賁으로 호위하게 하고는 무릇 자신이 하고자 하는 일을 반드시 신주에게 아뢴 뒤에 행하였다. 5만 명의 병력을 인솔하고 동쪽으로 後秦을 공격할 적에 장병들이 모두 투구와 갑옷에 '死休(죽은 뒤에야 그만둔다.)'라는 글자를 새기고 매번 싸울 때마다 검과 창을 잡은 병력으로 방형과 원형의 큰 陣을 만들어서 병력이 너무 몰려 있거나 부족한 곳이 있으면 중앙에서 군대를 분배하였다. 그러므로 병사들이 각자 전투하여 향하는 곳마다 앞을 가로막는 적이 없었다.

秦主登이 立世祖神主於軍中하여 載以輜軿하고 衛以虎賁하여 凡所欲爲를 必啓而後行①하다 引兵五萬하고 東擊後秦할새 將士皆刻鉾鎧(모개)爲死休字②하고 每戰에 以劍矟(삭)爲方圓大陣하여 知有厚薄이면 從中分配라 故로 人自爲戰하여 所向無前이러라

① 秦主 苻堅의 廟號가 世祖이다. 수레 4면을 병풍으로 가린 것을 輜軿이라 한다.
秦主堅, 廟號世祖. 車四面有屛蔽者, 曰輜軿.

② 鉾는 음이 牟이니, 머리의 투구〔頭牟〕이다. 옛사람은 대부분 兜鍪를 頭牟라 하였는데, 후대의 사람들은 頭牟를 쇠로 만드는 것에 인하여 牟의 偏傍에 '金'자를 더하여 〈'鉾'자를〉 만든 것일 뿐이다. 鎧는 갑옷이다. '死休'는 복수하기를 원하여 반드시 죽어야 비로소 그만둠을 말한 것이다.
鉾, 音牟, 頭牟也. 古人多以兜鍪爲頭牟, 後人因頭牟以鐵爲之, 遂旁加金耳. 鎧, 甲也. 死休, 言欲復讐必死乃休也.

---

34) 秦主登 伐後秦 : "'伐'이라고 쓴 것은 어째서인가. 苻登을 의롭게 여긴 것이다. 이때에 부등이 世祖(苻堅)를 軍中에서 제사하고 하는 바를 반드시 세조의 신주에게 아뢰었으며, 장병들이 모두 투구와 갑옷에 '死休'라는 글자를 새겼으니, 거의 그 복수할 뜻이 있다고 할 것이다. 그러므로 특별히 '伐'이라고 썼다. 얼마 있다가 군대가 각각 병력을 인솔해 돌아갔으니, 義로써 토벌을 행할 수 있는 자가 아니다. 그러므로 뒤에는 다시 '擊'이라고 쓴 것이다.〔書伐 何 義登也 於是登祀世祖於軍中 所爲必啓 將士皆刻鉾鎧爲死休字 庶乎其有復讐之志矣 故特書伐 旣而兵各引還 則非能義討者也 故後復書擊〕" ≪書法≫

【目】 처음에 長安이 장차 함락될 적에 장군 徐嵩과 胡空이 각각 병력을 모아 보루를 만들어 스스로 견고히 방비하였는데, 이윽고 後秦의 관작을 받으니, 후진이 왕의 예로서 秦主 苻堅을 서숭과 호공 두 보루의 사이에서 장례하였다.

苻登이 이곳에 오자 서숭과 호공이 보루를 가지고 항복하니, 부등은 서숭을 雍州刺史에, 호공을 京兆尹에 임명하고 부견을 천자의 예로 改葬하였다.

初에 長安之將敗也①에 將軍徐嵩, 胡空이 各聚衆하여 結壘自固러니 旣而요 受後秦官爵하니 後秦以王禮로 葬秦主堅於二壘之間하다 及登至에 嵩, 空이 以壘降하니 登이 拜嵩雍州刺史空京兆尹하고 改葬堅以天子之禮하다

①〈장안이 함락될 때는〉 苻堅이 慕容沖에게 곤궁을 당했을 때를 말한다.
謂苻堅爲慕容沖所困之時.

丁亥年(387)

【綱】 晉나라(東晉) 孝武皇帝 太元 12년이다.

十二年이라

【目】 秦나라(前秦) 苻登 太初 2년이고, 燕나라(後燕) 世祖 慕容垂 建興 2년이고, 後秦 太祖 姚萇 建初 2년이고, 魏나라(北魏) 太祖 道武帝 拓跋珪 登國 2년이다.

秦太初二요 燕建興二요 後秦建初二요 魏登國二年이라

【綱】 봄 정월에 晉나라(東晉)가 朱序를 靑州와 兗州의 刺史로 삼아 淮陰에 진주시키고 謝玄을 會稽內史로 삼았다.

春正月에 以朱序爲靑兗刺史하여 鎭淮陰하고 謝玄爲會稽內史하다

【綱】 燕나라(後燕)가 東阿를 침략하여 함락하였다.

◑燕이 寇東阿하여 陷之하다

【目】〈晉나라(東晉)〉 濟北太守 溫詳이 東阿에 주둔하였는데, 燕主 慕容垂가 河上에서 군대를 열병하여 무용을 보여주고 군대를 나누어 공격하자, 온상이 彭城으로 달아나니, 그 무리가 모두 항복하였다. 모용수는 太原王 慕容楷를 兗州刺史로 삼아서 이곳에 진주하게 하였다.

濟北太守溫詳이 屯東阿①러니 燕主垂 觀兵河上하여 分兵擊之②어늘 詳奔彭城한대 其衆皆降하니 垂以太原王楷로 爲兗州刺史하여 鎭之하다

① 처음에 燕나라 太子洗馬 溫詳이 달아나 晉나라로 오자, 晉나라에서 그를 濟北太守로 삼아 東阿에 주둔시켰다.
初燕太子洗馬溫詳來奔, 以爲濟北太守, 屯東阿.
② 觀(보여주다)은 古玩의 切이다.
觀, 古玩切.

【目】처음에 慕容垂가 長安에 있을 적에 秦主 苻堅이 일찍이 모용수와 손을 잡고 말하였는데, 冗從僕射 光祚가 부견에게 말하기를 "폐하께서는 자못 모용수를 의심하십니까. 모용수는 오랫동안 남의 아래에 있을 자가 아닙니다."라고 하였다.

燕나라(後燕)가 鄴城을 점령하자 광조가 晉나라(東晉)로 달아나니, 晉나라에서는 그를 河北郡守로 삼았는데, 이때 연나라 軍中에 와서 항복하였다. 모용수는 그를 만나고는 눈물을 흘리며 말하기를 "秦主(부견)가 나를 깊이 우대하고 나 역시 秦主를 극진히 섬겼는데, 다만 두 公에게 시기를 받고 죽음을 두려워하여 秦主를 저버렸으니, 매번 늘 이것을 생각할 때마다 한밤중에도 잠을 이루지 못하였다."라고 하였다. 이에 광조 또한 비통해하였다.

初에 垂在長安에 秦主堅이 嘗與之交手語러니 冗從僕射光祚 言於堅曰① 陛下頗疑慕容垂乎잇가 垂는 非久爲人下者니이다 及燕取鄴에 祚奔晉하니 晉以爲河北郡守러니 至是에 詣燕軍降이어늘 垂見之하고 流涕曰 秦主待我深하고 吾事之亦盡이로되 但爲〔二〕[35]公猜忌하여 懼死而負之하니 每一念之에 中宵不寐로라 祚亦悲慟하다

① 漢나라 제도에 中宮冗從僕射는 환관이 하였으니, 黃門을 주관하였다. 冗從은 秩이 六百石이다.
漢制, 中宮冗從僕射, 宦者爲之, 主黃門. 冗從, 秩六百石.

35) 〔二〕: 저본에는 '二'가 없으나 ≪資治通鑑≫에 의거하여 보충하였다. ≪자치통감≫ 註에 "二公은 長樂公 苻丕와 平原公 苻暉를 이른다."라고 하였다.

【目】慕容垂가 光祚에게 금과 비단을 하사하자, 광조가 사양하였다. 모용수가 말하기를 "경이 다시 나를 의심하는가?" 하자, 광조가 말하기를 "신이 옛날에는 오직 내가 섬기던 분에게 충성할 줄만 알았는데, 뜻밖에 폐하께서 이제 〈제가 苻堅에게 충성한 것에〉 유감을 갖고 계시니, 신이 감히 죽음을 피하겠습니까."라고 하였다. 모용수가 말하기를 "이는 경의 충성이니 진실로 내가 바라는 바이다. 앞서 한 말은 농담이다."라고 하고는 더욱 후대하였다.

垂賜祚金帛한대 祚辭어늘 垂曰 卿復疑邪아 祚曰 臣이 昔者에 惟知忠於所事러니 不意陛下 至今懷之라 臣敢逃死리잇가 垂曰 此卿之忠이니 固吾之所求也라 前言은 戲之耳라하고 待之彌厚러라

【綱】秦나라(前秦)가 苻纂을 봉하여 魯王으로 삼았다.

秦이 封苻纂爲魯王하다

【目】처음에 苻纂이 長安에서 晉陽으로 달아났고, 襄陵의 전투에서 패하여 杏城으로 달아났는데, 이때에 秦主 苻登이 사자를 보내어 부찬을 大司馬로 삼아서 魯王에 봉하자, 부찬이 성을 내며 말하기를 "渤海王(苻懿)은 先帝의 아들이다. 南安王(苻登)이 어찌하여 발해왕을 세우지 않고 스스로 즉위한 것인가."라고 하였다.

長史 王旅가 간하기를 "남안왕이 이미 즉위하였으니, 중간에 바뀔 리는 만무합니다. 지금 오랑캐가 아직 멸망하지 않았으니, 宗室 안에서 스스로 원수가 되어서는 안 됩니다."라고 하였다. 부찬이 마침내 명을 받았다. 이에 盧水胡, 彭沛穀, 新平羌, 雷惡地 등이 모두 부찬에게 붙으니, 십여만 명의 병력을 보유하게 되었다.

初에 纂이 自長安奔晉陽하고 襄陵之敗에 奔杏城이러니 至是에 秦主登이 遣使하여 拜纂爲大司馬하여 封魯王한대 纂이 怒曰 渤海王은 先帝之子라 南安王이 何以不立而自立乎아 長史王旅諫曰 南安王已立하니 理無中改라 今寇虜未滅하니 不可宗室中自爲仇敵也니라 纂乃受命하다 於是에 盧水胡, 彭沛穀, 新平羌, 雷惡地等이 皆附於纂하니 有衆十餘萬①이러라

①〈盧水胡 등이 苻纂에 귀의한 것은〉 苻登과 苻纂이 군대를 연합하여 聲勢가 점점 성하였으므로 서로 함께 귀의한 것이다.
以登・纂連兵, 聲勢浸盛, 故相與歸之.

【綱】燕나라(後燕)가 張願[36]을 공격하여 격파하고 慕容紹를 靑州刺史로 삼아

歷城을 지키게 하였다.

燕이 擊張願破之하고 以慕容紹爲靑州刺史하여 守歷城하다

【目】靑州, 兗州, 徐州의 郡縣에 있는 壁壘들이 대부분 燕나라에 항복하였다. 慕容垂가 陳留王 慕容紹를 靑州刺史로 삼아서 歷城을 진주하게 하였다.

靑, 兗, 徐州郡縣壁壘 多降於燕이라 垂以陳留王紹로 爲靑州刺史하여 鎭歷城①하다

① 歷城縣은 漢나라 이래로 濟南郡에 속하였다.
歷城縣, 自漢以來, 屬濟南郡.

【綱】여름 4월에 〈晉나라(東晉)가〉 황제(晉 孝武帝)의 모친 李氏를 높여 皇太妃라 하였다.

夏四月에 尊帝母李氏하여 爲皇太妃하다

【綱】燕나라 사람 慕容柔 등이 長子(西燕의 도읍)에서 燕나라(後燕)로 돌아갔다.

○燕慕容柔等이 自長子로 歸于燕하다

【目】燕主 慕容垂의 아들 慕容柔와 및 손자 慕容盛, 慕容會가 모두 長子에 있었는데, 모용성이 모용유와 모용회에게 이르기를 "主上(모용수)이 중흥하심에 동쪽과 서쪽이 아직 통일되지 못했으니, 우리들은 혐의스러운 처지에 있어서 지혜롭게 처신하든 어리석게 처신하든 모두 장차 화를 면치 못할 것이다. 상황을 보아 동쪽으로 돌아가서 가만히 앉아 남이 죽여주기를 기다리지 않게 되는 것만 못하다."라고 하고는 마침내 함께 도망하여 돌아갔다.

모용수가 長子의 민심이 어떠한지 묻자, 모용성이 대답하기를 "西燕의 군대가 혼란해서 사람마다 동쪽으로 돌아갈 뜻이 있으니, 만약 대군이 한 번 왕림하면 반드시 창을 던지고 오기를 효자가 사랑하는 아버지에게 의지하는 것처럼 할 것입니다."라고 하였다. 그 후 1년 뒤에 西燕이 모용수의 자손을 죽여서 남은 자가 없었다.

燕主垂之子柔及孫盛, 會 皆在長子①러니 盛이 謂柔, 會曰 主上中興에 東西未壹②하니 吾屬이

36) 張願 : 원래 東晉의 泰山太守로 太元 11년(386)에 동진을 배반하고 丁零인 翟遼에게 항복하였다.

居嫌疑之地하여 爲智爲愚에 皆將不免이니 不若以時東歸하여 無爲坐待魚肉也라하고 遂相與亡歸하다 垂問長子人情如何한대 盛曰 西軍擾擾하여 人有東歸之志하니 若大軍一臨이면 必投戈而來하여 若孝子之歸慈父也리이다 後歲餘에 西燕이 殺垂子孫하여 無遺者러라

① 慕容會는 慕容盛의 아우이다.
會, 盛之弟也.

② 主上은 燕主(後燕) 慕容垂를 말한다. 東은 燕主 모용수를 이르고 西는 燕主(西燕) 慕容永을 이른다.
主上, 謂燕主垂. 東, 謂燕主垂, 西, 謂燕主永.

【綱】 5월에 燕나라(後燕)가 太原王 慕容楷로 하여금 翟遼를 공격하게 하여 항복시켰다.

五月에 燕이 使其太原王楷로 擊翟遼降之하다

【目】 高平 사람 翟暢이 太守를 사로잡고서 高平郡을 가지고 翟遼에게 항복하자, 燕主 慕容垂가 말하기를 "적요가 한 城의 무리를 가지고 두 나라 사이를 왔다 갔다 하니, 토벌하지 않을 수 없다."라고 하고는 마침내 여러 장수를 거느리고 남쪽으로 적요를 공격할 적에 太原王 慕容楷를 선봉으로 삼았다. 적요의 병사가 모두 燕과 趙 지방의 사람이어서 그들이 모용해가 왔다는 말을 듣고 말하기를 "태원왕(慕容恪)의 아드님은 우리의 부모이시다."라고 하고 서로 무리를 거느리고 귀의하니, 적요가 두려워하여 사자를 보내어 항복할 것을 청하였다.

高平人翟暢이 執太守하여 以郡降遼어늘 燕主垂曰 遼以一城之衆으로 反覆二國之間하니 不可不討[①]라하고 乃帥諸將하여 南攻遼할새 以太原王楷로 爲前鋒하니 遼衆이 皆燕趙人이라 聞楷至하고 曰 太原王子는 吾之父母也[②]라하고 相帥歸之하니 遼懼하여 遣使請降하다

① 두 나라는 ≪資治通鑑≫에는 세 나라로 되어 있으니, 세 나라는 晉나라(東晉), 燕나라(後燕), 西燕을 이른다.
二國, 通鑑作三國. 三國, 謂晉及燕·西燕.

② 慕容楷의 아버지 慕容恪이 燕나라(前燕)의 정승이었으니, 燕·趙 지방의 사람들이 그를 그리워하였으므로 이렇게 말한 것이다.
楷父恪相燕, 燕·趙之人懷之, 故云然.

【綱】 晉나라(東晉)가 處士 戴逵를 불렀으나 오지 않았다.

徵處士戴逵하니 **不至**하다

【目】 조명을 내려 會稽의 處士 戴逵를 불렀는데, 대규가 여러 번 사양하고 나오지 않으니, 군현에서는 계속하여 압박하였다. 대규가 吳로 도망하여 숨으니, 內史 謝玄이 상소하기를 "대규가 스스로 자신 뜻을 추구하는데 지금 왕명을 회수하지 않으시니, 장차 곤란한 근심에 빠질 것입니다. 폐하께서 이미 그를 아끼고 소중히 여기시니, 마땅히 그의 몸과 이름이 함께 보존되어야 합니다. 부르는 명을 거두어주소서."라고 하니, 황제(晉 孝武帝)가 이를 허락하였다.

戴逵

詔徵會稽處士戴逵[①]한대 **逵累辭不就**하니 **郡縣**이 **敦逼不已**어늘 **逵逃匿于吳**하니 **內史謝玄**이 **上疏曰 逵自求其志**[②]어늘 **今王命未回**하시니 **將罹風霜之患**이라 **陛下旣已愛而器之**하시니 **宜使其身名竝存**이니 **請絶召命**하노이다 **帝許之**[③]하다

① 戴逵는 戴逯의 형이다.
逵, 逯之兄也.

② ≪論語≫ 〈季氏〉에 "은거하면서 그 뜻을 구한다."라고 하였다.
論語 "隱居以求其志."

③ 謝玄이 會稽內史가 되었으므로 戴逵를 위하여 상소한 것이다.
玄爲會稽內史, 故爲逵上疏.

【綱】 가을 7월에 西秦이 鮮卑族의 세 部를 공격하여 항복시켰다.

秋七月에 **西秦**이 **擊鮮卑三部**하여 **降之**[①]하다

① 〈鮮卑族의〉 세 部는 密貴部, 裕苟部, 提倫部이다.
三部, 謂密貴爲一部, 裕苟爲一部, 提倫爲一部.

【綱】 後秦主 姚萇이 陰密에 군대를 주둔하고, 太子 姚興으로 長安을 지키게 하였다.

◑ **後秦主萇**이 **軍陰密**하고 **以太子興**으로 **守長安**하다

【綱】 魏王(北魏) 拓跋珪가 燕나라(後燕) 군대를 거느리고 〈匈奴族〉 劉顯을 공격하여 대파하니, 유현이 西燕으로 달아났다.

◑ **魏王珪 以燕師擊劉顯**하여 **大破之**하니 **顯**이 **奔西燕**하다

【目】 劉顯은 땅이 넓고 군대가 강하여 북방에 군림하였다. 마침 형제 사이에 틈이 벌어져 다투었는데, 魏나라 張袞이 魏王 拓跋珪에게 말하기를 "유현은 병탄에 뜻을 두고 있으니, 지금 내분이 있을 때를 틈타서 정벌하지 않으면 반드시 후일의 근심이 될 것입니다. 燕나라와 연합하여 공격하소서."라고 하였다.

탁발규가 마침내 연나라에 사자를 보내어 군대를 청하였다. 때마침 柔然이 연나라에 말을 바쳤는데 유현이 이를 약탈하니, 燕主 慕容垂가 노하여 군대를 보내 魏나라 군대와 함께 유현을 공격해서 대파하였다. 유현이 西燕으로 달아나자, 모용수가 그의 아우를 세워 烏桓王으로 삼아서 그 무리를 어루만지게 하고 8천여 부락을 中山으로 옮겼다.

劉顯이 **地廣兵彊**하여 **雄於北方**이러니 **會**에 **其兄弟乖爭**하니 **魏張袞**이 **言於魏王珪曰 顯**이 **志在幷呑**하니 **今不乘其內潰而取之**면 **必爲後患**이니 **請與燕攻之**①하노이다 **珪乃遣使**하여 **乞師於燕**이러니 **會**에 **柔然**이 **獻馬於燕**에 **而顯掠之**②하니 **燕主垂怒**하여 **遣兵會魏擊顯**하여 **大破之**하다 **顯奔西燕**이어늘 **垂立其弟**하여 **爲烏桓王**하여 **以撫其衆**하고 **徙八千餘落於中山**하다

① 劉顯의 族人인 劉奴眞과 아우 劉肺埿가 서로 계속하여 항복해왔으므로 '內潰(내분이 있다)'라고 한 것이다.
顯族人奴眞及弟肺(泥)〔埿〕37)相繼來降. 故云內潰.

② 柔然은 夷狄의 국명이니, 姓은 郁久閭氏이다. 처음 元魏(北魏) 神元帝(174~277, 拓跋力微) 말년에 기병을 노략질하여 한 종을 사로잡으니, 머리가 벗겨져 눈썹에 이르렀다. 본래의 성명은 잃어버렸고 그의 주인이 木骨閭라고 字를 지어주었으니, 목골려는 머리가 벗어졌다는 뜻이다. 목골려는 郁久閭와 발음이 서로 비슷하므로 뒤에 인하여 氏로 삼았다. 그 아들 車鹿會에 이르러 強健하여 힘이 있어 처음으로 部의 무리를 소유하고 스스로 柔然이라고 칭하였는데, 北魏 太武帝가 그들이 무지하여 모양이 벌레와 같다 하여 그 칭호를 고쳐 蠕蠕(연연)이라 하였다. 蠕은 乳袞의 切이니, 蠕蠕은 벌레가 움직이는 모양이다.
柔然, 夷狄國名, 姓郁久閭氏. 始元魏神元之末, 掠騎得一奴, 髮始齊眉. 忘本姓名, 其主字之曰

37) (泥)〔埿〕: 저본에는 '泥'로 되어 있으나, ≪資治通鑑≫에 의거하여 '埿'로 바로잡았다.

木骨閭, 木骨閭者, 首禿(독)也. 木骨閭與郁久閭聲相近. 故後因以爲氏. 至其子車鹿會, 雄健始有部衆, 自號柔然, 魏太武帝以其無知, 狀類於蟲. 故改其號曰蠕蠕也. 蠕, 乳兗切, 蠕蠕, 動貌.

【綱】〈後涼의〉 呂光이 張大豫를 죽였다.

呂光이 殺張大豫하다

【綱】 8월에 〈晉나라가 孝武帝의〉 아들 德宗을 세워 皇太子로 삼았다.

◑ 八月에 立子德宗하여 爲皇太子하다

【綱】 秦나라(前秦) 苻師奴가 그의 형 苻纂을 죽이자 後秦이 공격하여 패주시키고 그 무리들을 항복시켰다.

◑ 秦苻師奴 殺其兄纂이어늘 後秦이 擊走之而降其衆하다

【目】 秦나라 馮翊太守 蘭櫝이 2만 명의 병력을 거느리고서 魯王 苻纂과 함께 長安을 공격할 것을 도모하였다. 부찬의 아우 苻師奴가 존호를 칭할 것을 부찬에게 권하였으나 부찬이 따르지 않으니, 부사노가 그를 죽이고 대신하였다. 난독이 마침내 부사노와 절교하니, 後秦이 공격하였다. 부사노가 패주하니 그 무리가 마침내 항복하였다.

秦馮翊太守蘭櫝이 帥衆二萬하여 與魯王纂으로 謀攻長安이러니 纂弟師奴 勸纂稱尊號어늘 纂不從하니 師奴殺而代之라 櫝이 遂與師奴絶이러니 後秦攻之한대 師奴敗走하니 其衆悉降하다

【綱】 秦主 苻登이 전진하여 將軍 胡空의 보루를 점거하였다.

秦主登이 進據將軍胡空堡①하다

① 보루는 新平의 경계에 있었다.
堡, 在新平界.

【目】 戎族과 夏族이 귀의한 자가 십여만 명이었다.

戎夏歸之者 十餘萬이러라

【綱】겨울 10월에 〈丁零의〉 翟遼가 다시 燕나라(後燕)를 배반하였다.

冬十月에 翟遼復叛燕하다

【綱】12월에 後秦이 秦나라(前秦)를 공격하여 將軍 徐嵩의 보루를 함락하니 서숭이 전사하였다.

◑ 十二月에 後秦이 攻秦하여 拔將軍徐嵩(숭)壘하니 嵩이 死之하다

【目】後秦의 姚方成이 徐嵩의 보루를 함락하고 그를 사로잡아 책망하자, 서숭이 다음과 같이 꾸짖었다.

"너 姚萇은 만 번 죽어야 할 죄를 지었으나 先帝(苻堅)께서 용서하여 내외의 직임을 맡기셨으니, 영화와 은총이 지극하였다. 일찍이 자기를 길러준 은혜를 아는 개와 말만도 못하여 친히 대역무도한 죄를 저질렀으니, 너희 羌族에게 어찌 사람의 도리를 기대할 수 있겠는가. 어찌하여 빨리 나를 죽여서 내 일찍 지하에 가서 선제를 만나 뵙고, 지하에서 요장을 잡아다가 죄를 다스리게 하지 않는가."

요방성이 노하여 세 번 서숭을 베고 그의 병사들을 모두 구덩이에 묻어 죽였다. 요장은 秦主 부견의 시신을 꺼내어 채찍질을 하고 옷을 벗겨 나체로 만들어서 가시나무로 싸고 땅을 파고 묻었다.

後秦姚方成이 拔嵩壘하고 執而數之한대 嵩이 罵曰 汝姚萇이 罪當萬死어늘 先帝赦之하여 授任內外하시니 榮寵極矣라 曾不如犬馬識所養之恩하여 親爲大逆[①]하니 汝羌輩 豈可以人理期也리오 何不速殺我하여 早見先帝하여 取萇於地下治之오 方成怒하여 三斬嵩하고 悉坑其士卒[②]하다 萇이 掘秦主堅尸하여 鞭撻剝裸하여 薦之以棘하고 坎土而埋之[③]하다

① 〈'親爲大逆'은 姚萇이〉 秦王 苻堅을 죽인 것을 말한다.
謂殺秦王堅也.

② 세 번 베었다는 것은 발, 허리, 목을 벤 것이다.
三斬者, 斬其足, 斬其腰, 斬其頸也.

③ 苻堅을 徐嵩과 胡空의 두 보루 사이에 장례하였는데, 서숭의 보루가 이미 함락되었으므로 姚萇이 묘를 파내고 시신을 채찍질하여 그 분풀이를 한 것이다. '剝裸'는 옷을 벗겨 형체를 나체로 만든 것이다. 薦은 깖이다.
堅葬於徐嵩·胡空二壘之間, 徐嵩之壘旣陷. 故萇得掘墓鞭尸, 以逞其忿. 剝裸, 謂剝衣倮形

也. 薦, 藉也.

【綱】 涼州 지방에 큰 기근이 들어서 사람이 서로 잡아먹었다.

涼州大饑하여 **人相食**[38)]하다

戊子年(388)

【綱】 晉나라(東晉) 孝武皇帝 太元 13년이다.

十三年이라

【目】 秦나라(前秦) 苻登 太初 3년이고, 燕나라(後燕) 世祖 慕容垂 建興 3년이고, 後秦 太祖 姚萇 建初 3년이고, 魏나라(北魏) 太祖 道武帝 拓跋珪 登國 3년이다. 西秦王 乞伏乾歸 太初 원년이다.

秦太初三이요 燕建興三이요 後秦建初三이요 魏登國三年이라 ◑ 西秦王乞伏乾歸太初元年이라

【綱】 봄 정월에 〈晉나라(東晉)의〉 康樂公 謝玄이 卒하였다.

春正月에 **康樂公謝玄**이 **卒**[①]하다

① 樂은 음이 洛이다. 康樂縣은 豫章郡에 속하였다.
樂音洛. 康樂縣, 屬豫章郡.

【目】 시호를 獻武라 하였다.

諡獻武라하다

【綱】 秦主(前秦) 苻登은 朝那에 군대를 주둔하고 後秦主 姚萇은 武都에 군대를 주둔하였다.

---

38) 人相食 : "≪資治通鑑綱目≫에서 사람이 서로 잡아먹었다고 쓴 것이 10번이니,(漢나라 병신년(B.C. 205)에 자세히 보인다.) 이것을 제외하고는 쓴 적이 없다.〔綱目書人相食十(詳漢丙申年) 舍是無書者矣〕" ≪書法≫

秦主登이 **軍朝那**하고 **後秦主萇**이 **軍武都**[①]하다

① 朝那縣은 漢나라 이래로 安定郡에 소속하였으니, 이 武都 또한 마땅히 안정군의 경계에 있었을 것이다. ≪五代志≫(≪隋書≫ 〈地理志〉)에 "朝那縣은 西魏 때에 安武郡을 설치하였다." 라고 하였다. 安武는 漢나라의 옛 縣의 명칭이니, 武都라는 이름은 마땅히 이 安武로 인하여 이름했을 것이다.
朝那縣, 自漢以來, 屬安定郡, 此武都, 亦當在安定界. 五代志"朝那縣, 西魏置安武郡." 安武, 漢舊縣名, 武都之名, 當是因安武而名.

【綱】 翟遼가 스스로 魏天王이라고 칭하였다.

◑ **翟遼 自稱魏天王**하다

【目】 翟遼가 사자를 보내어 燕나라(後燕)에 사죄하자, 燕主 慕容垂는 그가 이랬다저랬다 한다고 하여 사신을 참수하니, 적료가 마침내 스스로 魏王을 칭하고 滑臺로 주둔지를 옮겼다.

遼遣使하여 **謝罪於燕**이어늘 **燕主垂 以其反覆斬之**하니 **遼乃自稱魏王**하고 **徙屯滑臺**[①]하다

① 翟遼가 黎陽에서 滑臺로 주둔지를 옮기니, 燕나라와 절교한 상황에서 河水를 경계로 하여 견고함으로 삼고자 한 것이다.
遼自黎陽, 徙屯滑臺, 旣與燕絶, 欲阻河爲固也.

【綱】 〈涼州(後涼)의〉 呂光이 武威太守 杜進을 죽였다.

呂光이 **殺其武威太守杜進**하다

【目】 呂光이 涼州를 평정할 적에 杜進의 공이 많았다. 두진은 신분이 귀하고 임금에게 총애를 받아 권력을 행사해서 다른 신료들이 미치지 못하였다. 여광의 생질 石聰이 關中에서 오자, 여광이 그에게 묻기를 "中州의 사람들은 나의 정사에 대해 무어라고 평하는가?"라고 하니, 석총이 대답하기를 "다만 두진이 있음을 들을 뿐이요 외숙이 있다는 말은 듣지 못하였습니다."라고 하였다. 여광이 이 때문에 두진을 시기하여 죽였다.

光之定涼州也에 **進功**이 **居多**라 **貴寵用事**하여 **群僚莫及**이러니 **光甥石聰**이 **自關中來**어늘 **光**이 **問之曰 中州人**이 **言我爲政何如**오 **聰曰 但聞有杜進耳**요 **不聞有舅**라하니 **光**이 **由是**로 **忌進殺之**하다

【目】 다른 날에 呂光이 신료들과 대화를 나누다가 말이 정사에 미쳤는데, 參軍 段業이 말하기를 "明公께서는 너무 준엄하게 법을 적용하십니다."라고 하니, 여광이 말하기를 "吳起는 은혜를 베풀지 않아 楚나라가 강하였고, 商鞅은 형벌을 엄하게 적용하여 秦나라가 흥왕했다." 하였다. 단업이 말하기를 "오기는 자기 몸을 죽였고 상앙은 자기 집안을 망쳤으니, 이는 모두 잔혹한 형벌이 불러온 결과인데 명공께서 이들을 사모하시니, 이 어찌 涼州의 백성들이 바라는 것이겠습니까." 하니, 여광이 용모를 고쳐 사과하였다.

他日에 與群僚로 語及政事할새 參軍段業曰 明公이 用法太峻하시니이다 光曰 吳起無恩而楚彊하고 商鞅이 嚴刑而秦興이니라 業曰 起喪其身하고 鞅亡其家하니 皆殘酷之致也어늘 明公慕之하시니 豈此州士女所望哉리잇고 光이 改容謝之러라

【綱】 여름 4월에 〈晉나라(東晉)가〉 朱序를 都督司·雍等州軍事로 삼아 洛陽을 지키게 하고, 譙王 司馬恬으로 都督兗·冀等州軍事를 삼아 淮陰에 진주하게 하였다.

夏四月에 以朱序로 都督司雍等州軍事하여 戍洛陽하고 譙王恬으로 都督兗冀等州軍事하여 鎭淮陰[①]하다

① 司馬恬은 司馬無忌의 아들이다.
恬, 無忌之子也.

【綱】 6월에 西秦王 乞伏國仁이 卒하니, 아우 乞伏乾歸가 즉위하였다.

◑ 六月에 西秦王乞伏國仁이 卒하니 弟乾歸立하다

【目】 乞伏乾歸가 河南王이라 칭하고 金城으로 천도하였는데, 秦나라(前秦)가 봉하여 金城王으로 삼으니, 秦州와 涼州의 鮮卑族, 羌族, 胡族이 대부분 그를 따랐다.

乾歸 號河南王[①]하고 遷都金城이어늘 秦이 封以爲金城王하니 秦涼鮮卑羌胡 多附之러라

① 이때 乞伏氏가 涼州의 황하 남쪽의 땅을 점유하고는 마침내 西秦이라고 국호를 삼았다.
時乞伏氏跨有涼州河南之地, 遂爲國號.

【綱】 가을 7월에 두 秦나라(前秦과 後秦)가 군대가 각각 병사를 이끌고 돌아갔다.

秋七月에 兩秦兵이 各引還하다

【目】두 秦나라가 봄부터 서로 대치하여 여러 번 전투를 치르면서 서로 이길 때도 있고 질 때도 있었다. 그런데 이때 이르러 각기 해산하고 돌아가니, 關西의 호걸들은 後秦이 이룬 공이 없다 하여 대부분 그를 버리고 秦나라(前秦)를 따랐다.

兩秦이 自春相持하여 屢戰에 互有勝負러니 至是에 各解歸하니 關西豪傑이 以後秦無成功이라하여 多去而附秦이러라

【綱】8월에 魏나라(北魏)가 燕나라(後燕)에 사신을 보내었다.

八月에 魏遣使如燕하다

【目】魏王 拓跋珪가 은밀히 燕나라를 도모할 뜻이 있어서 九原公 拓跋儀를 보내어 使命을 받들고 中山에 가게 하였는데, 탁발의가 돌아와서 탁발규에게 말하기를 "燕主(慕容垂)는 노쇠하였고 태자는 어리석고 연약하며, 范陽王(慕容德)은 자신의 재주와 기개를 자부하니, 어린 군주의 신하가 될 사람이 아닙니다. 燕主가 죽고 나면 반드시 내란이 일어날 것이니, 그때 비로소 도모할 수 있습니다. 지금은 안 됩니다."라고 하니, 탁발규가 옳게 여겼다.

魏王珪 密有圖燕之志하여 遣九原公儀하여 奉使至中山①이러니 還言於珪曰 燕主衰老하고 太子闇弱하며 范陽王이 自負材氣하니 非少主臣이라 燕主旣沒이면 內難이 必作이니 於時에 乃可圖也라 今則未可니이다 珪善之하다

① 拓跋儀는 拓跋珪의 동모제인 拓跋翰의 아들이다.
儀, 珪母弟翰之子也.

己丑年(389)

【綱】晉나라(東晉) 孝武皇帝 14년이다.

十四年이라

【目】秦나라(前秦) 苻登 太初 4년이고, 燕나라(後燕) 世祖 慕容垂 建興 4년이고, 後秦 太祖 姚萇 建初 4년이고, 魏나라(北魏) 太祖 道武帝 拓跋珪 登國 4년이다. 涼王(後涼) 呂光 麟嘉 원년이다.

秦太初四요 燕建興四요 後秦建初四요 魏登國四年이라 ◑ 涼麟嘉元年이라

【綱】봄 정월에 燕나라(後燕)가 慕容隆을 幽州牧으로 삼아 龍城을 지키게 하였다.

春正月에 燕이 以慕容隆爲幽州牧하여 守龍城하다

【目】遼西王 慕容農이 龍城에 있은 지 5년에 여러 政務가 잘 거행되었다. 表文을 올려 교대하여 돌아갈 것을 청하자, 燕主 慕容垂가 모용농을 불러 돌아온 뒤에 侍中 司隷校尉를 삼고 高陽王 慕容隆으로 대신하게 하였다. 모용농은 留臺를 용성에 세우고서 모용륭으로 하여금 留臺의 尙書의 일을 맡게 하였는데, 모용륭은 모용농의 옛 규정을 따라서 잘 정비하고 확대하니, 遼와 碣 지역이 마침내 안정되었다.

遼西王農이 在龍城五年에 庶務修擧라 表請代還이어늘 燕主垂 乃召農하여 還爲侍中司隷校尉하고 而以高陽王隆代之하다 農①이 建留臺龍城하여 使隆錄留臺尙書事한대 隆이 因農舊規하여 修而廣之하니 遼碣이 遂安이러라

① ≪資治通鑑≫에는 '農'자가 없다.
通鑑, 無農字.

【綱】2월에 〈涼州(後涼)의〉 呂光이 스스로 三河王이라 칭하였다.

二月에 呂光이 自稱三河王①하다

① 呂光은 이때에 涼州의 황하 서쪽 지역을 소유하였고 三河(金城河, 賜支河, 湟河)를 겸하여 소유하지는 못하였다.
光, 時有涼州河西之地, 未能兼有三河也.

【綱】가을 8월에 秦主 苻登이 安定을 공격하자, 後秦主 姚萇이 습격하여 輜重 부대를 격파하니, 秦나라(前秦)의 后인 毛氏가 죽었다.

◑ 秋八月에 秦主登이 擊安定이어늘 後秦主萇이 襲破其輜重하니 秦后毛氏 死之[39]하다

【目】 처음에 後秦主 姚萇은 秦나라(前秦)가 싸워 자주 승리하는 이유는 秦主 苻堅이 도와주기 때문이라고 여겨 또한 군중에 부견의 畫像을 세우고 기도하기를 "新平의 禍는 신이 신의 형 姚襄을 위하여 원수를 갚은 것입니다. 또 폐하께서 신에게 龍驤將軍으로 삼아 왕업을 세울 것을 명하셨으니, 신이 어찌 감히 어기겠습니까."라고 하였다.

秦主(前秦) 苻登이 누대에 올라가서 멀리 요양에게 이르기를 "신하가 되어 군주를 시해하고서 화상을 세워 복을 구하면 무슨 유익함이 있겠는가?" 하고 인하여 큰소리로 고함치기를 "군주를 시해한 요장은 어찌하여 스스로 출전하지 않는가? 내 너와 결전을 하겠다."라고 하였다. 요장이 이에 응하지 않았는데, 오랜 뒤에 〈요장은 부견의 화상이〉 군대에 이로울 것이 없다고 생각하여 화상의 머리를 베어 秦나라에 보냈다.

初에 後秦主萇이 以秦戰屢勝은 謂得秦主堅之助라하여 亦於軍中에 立堅像而禱之曰 新平之禍는 臣爲兄襄報讐耳①니이다 且陛下 命臣以龍驤建業하시니 臣敢違之②리잇가 秦主登이 升樓하여 遙謂之曰 爲臣弑君而立像求福이면 庸有益乎아하고 因大呼曰 弑君賊姚萇은 何不自出고 吾與汝決之호리라 萇이 不應이러니 久之요 以軍未有利라하여 斬像首以送秦이러라

① 위의 太元 10년(385)에 姚萇이 사람을 보내어 苻堅을 新平의 佛寺에서 목메어 죽였다. 爲(위하다)는 去聲이다. 晉 穆帝 升平 원년(357)에 姚襄이 秦나라에 의해 살해당하였다.
上十年, 萇遣人, 縊堅於新平佛寺. 爲, 去聲. 穆帝升平元年, 姚襄爲秦所殺.

② 위의 太元 8년(383)에 秦王 苻堅이 姚萇을 龍驤將軍으로 삼고, 그에게 이르기를 "옛날 朕이 용양장군으로 왕업을 세웠기에 일찍이 이 관직을 가볍게 남에게 제수하지 않았으니, 경은 힘쓸지어다."라고 하였다.
上八年, 秦王堅以萇爲龍驤將軍, 謂曰 "昔朕以龍驤建業, 未嘗輕以授人, 卿其勉之."

【目】 이때에 苻登이 치중대를 大界에 머물러두고 스스로 경무장한 기병을 거느리고 安定을 공격하니, 後秦의 장수들이 姚萇에게 결전할 것을 권하였다. 그러나 요장은 말하기를 "곤궁한 적과 승리를 다투는 것은 병가에서 꺼리는 것이다. 내 장차 계략으로 취하겠다."라고 하고는 마침내 군대를 남겨두어 안정을 지키게 하고, 밤중에 기병 3만을

---

39) 秦后毛氏死之 : "'死之'라고 쓴 것은 어째서인가. 절개를 인정한 것이다. 부인이 절개에 죽는 것은 ≪資治通鑑綱目≫이 끝날 때까지 두 사람 뿐이다. 秦世(前秦)는 氏族일 뿐인데도 앞서는 王兗을 썼고 이어서 徐嵩을 썼고 여기에서는 毛氏를 써서 절개에 죽은 자가 모두 세 사람이니, 혼란한 세상에서 충신을 안다는 말이 진실이다. ≪자치통감강목≫이 끝날 때까지 烈婦를 쓴 것이 2번이다.(漢獻帝 建安 9년(204) 孫翊의 처 徐氏이고 이해(389) 毛氏이다.)〔書死之 何 予節也 婦人死節 終綱目(一)〔二〕人而已 秦世氐耳 前書王兗 繼書徐嵩 此書毛氏 死節者凡三人 世亂識忠臣 信哉 終綱目書烈婦二(漢獻帝建安九年孫翊妻徐氏 是年毛氏)〕" ≪書法≫

거느리고 대계를 기습하여 점령하고 이름 난 장수 수십 인을 사로잡고, 남녀 5만 명을 노략질하였다.

至是에 登이 留輜重於大界하고 自將輕騎攻安定①하니 諸將이 勸萇決戰이어늘 萇曰 與窮寇爭勝은 兵家之忌也라 吾將以計取之호리라하고 乃留兵守安定하고 夜帥騎三萬하여 襲大界하여 克之하고 禽名將數十人하고 掠男女五萬口하다

① 大界는 마땅히 安定과 新平의 사이에 있었을 것이다.
大界, 當在安定・新平之間.

【目】苻登의 后인 毛氏는 용모가 아름답고 용맹하였고 말타기와 활쏘기를 잘하였는데, 後秦의 군대가 그녀의 진영까지 쳐들어왔는데도 오히려 활을 쏘고 말을 타고서 壯士를 거느리고 온 힘을 다해 싸워 700여 명의 적을 죽였다. 그러나 많은 적을 대적하기에는 힘에 부쳐 후진에게 사로잡혔다.

姚萇이 장차 그녀를 아내로 삼으려 하였는데, 모씨가 꾸짖고 또 통곡하며 말하기를 "요장아 네가 이미 천자를 죽이고, 또 황후를 욕보이려고 하니, 皇天과 后土가 어찌 너를 용서하겠는가."라고 하자, 요장이 그녀를 죽였다.

장수들이 秦나라(前秦) 군사들이 놀라고 혼란한 틈을 타서 공격하려 하자, 요장이 말하기를 "부등의 무리가 비록 혼란하나 성난 기운이 아직도 성하니, 가볍게 보아서는 안 된다."라고 하고는 마침내 중지하였다. 부등은 남은 무리를 거두어 胡空堡에 주둔하였다.

登后毛氏 美而勇하고 善騎射①러니 兵入其營에 猶彎弓跨馬하여 帥壯士力戰하여 殺七百餘人이로되 衆寡不敵하여 爲後秦所執하다 萇이 將納之러니 毛氏罵且哭曰 姚萇아 汝已殺天子하고 又欲辱皇后하니 皇天后土 寧汝容乎아 萇이 殺之하다 諸將이 欲因秦軍駭亂擊之어늘 萇曰 登衆이 雖亂이나 怒氣猶盛하니 未可輕也라하고 遂止하니 登收餘衆하여 屯胡空堡하다

① 毛氏는 毛興의 딸이다.
毛氏, 興之女也.

【綱】겨울 11월에 〈晉나라(東晉)가〉 范甯을 豫章太守로 삼았다.

冬十一月에 以范甯爲豫章太守하다

【目】 처음에 황제(孝武帝)가 직접 정사를 다스리자, 위엄과 권위가 자신의 몸에서 나오고 군주의 도량이 있었는데, 이윽고 술과 여색에 빠져서 정사를 琅邪王 司馬道子에게 맡기니, 사마도자 또한 술을 좋아하여 밤낮으로 황제와 함께 술에 취하여 노래 부르는 것을 일삼았다. 또 불교를 숭상하여 사치를 지극히 하여 재물을 허비하고, 친애하여 가까이하는 자들은 모두 姏姆와 僧尼였다.

近習들이 정권을 농락하였기에 뇌물을 주고 청탁을 해서 뇌물이 공공연히 행해지니, 관작이 남발되고 형벌과 옥사가 혼란해졌다. 尙書令 陸納이 궁궐을 바라보고 탄식하기를 "좋은 저택을 갓난아이가 부숴 무너트리려 하는가."라고 하였다.

初에 帝旣親政事에 威權이 已出하고 有人主之量이러니 已而요 溺於酒色하여 委事於琅邪王道子하니 道子亦嗜酒하여 日夕에 與帝 以酣歌爲事하고 又崇尙浮屠하여 窮奢極費하고 所親昵者 皆姏姆(감무)僧尼①라 近習이 弄權하여 交通請託하여 賄賂公行하니 官爵이 濫雜하고 刑獄이 繆亂이러라 尙書令陸納이 望宮闕歎曰 好家居를 纖兒欲撞壞之邪②아하니라

① 姏은 음이 甘이니 늙은 여자의 칭호이고, 姆는 음이 茂이니 女師(유모)이다.
姏, 音甘, 老女稱也. 姆, 音茂, 女師也.
② 陸納은 陸玩의 아들이다. '家居'는 宮闕을 이르고, '纖兒'는 司馬道子를 가리킨다. 纖은 매우 작은 것이니, '纖兒'라고 한 것은 너무 작아서 小兒에게 미치지 못함을 말한 것이다.
納, 玩之子也. 家居, 謂宮闕也. 纖兒, 指道子也. 纖者, 小之至, 言爲纖兒, 謂不及小兒也.

【目】 左衛將軍 許營이 다음과 같이 상소하였다.

"局吏와 衛官, 僕隷와 婢兒가 모두 수령이 되고 혹은 내직을 맡으며, 僧尼와 乳母가 다투어 가까운 무리들을 천거하고 또 재화와 뇌물을 받습니다. 그리하여 번번이 이들에게 관직을 맡게 하니, 政敎가 고르지 못하여 죄 없는 자들을 잔학하게 처벌합니다. 또 부처는 淸遠하고 玄虛한 神인데, 지금 僧尼들은 五誡와 같은 간단한 法戒도 오히려 따르지 못하는데도 세속의 사람들이 다투어 그들을 공경히 섬깁니다. 심지어는 백성들을 침탈하여 재물을 갈취하는 것을 은혜로 삼으니, 이 역시 布施(보시)의 道에 부합하지 않습니다."

상소문을 아뢰었으나 살펴보지 않았다.

左衛將軍許營이 上疏曰 局吏衛官과 僕隷婢兒 皆爲守令하며 或帶內職①하고 僧尼乳母 競進親黨하고 又受貨賂하여 輒使臨官하니 政敎不均하여 暴濫無罪하니이다 且佛者는 淸遠玄虛之神이라

今僧尼於五誡麤法에도 **尙不能遵**이어늘 **而流俗**이 **競加敬事**하여 **以至侵漁百姓**하여 **取財爲惠**하니 **亦未合布施之道也**니이다 **疏奏**에 **不省**②이러라

① 局吏는 臺府의 局吏(하급관리)를 이르고, 衛官은 궁중에 숙직하며 호위하는 武官을 이른다.
局吏, 謂臺府局吏. 衛官, 謂(眞)〔直〕[40]衛武官.

② 佛敎에 다섯 가지 계율이 있으니, 간음하지 않는 것, 도둑질하지 않는 것, 산 것을 죽이지 않는 것, 함부로 말하지 않는 것, 술에 취하지 않는 것이다.
佛有五戒, 不淫・不盜・不殺・不妄語・不遭酒敗.

【目】 司馬道子의 권세가 온 나라를 휩쓰니 황제(孝武帝)가 점점 불안하였다. 侍中 王國寶가 참소와 아첨으로 사마도자에게 은총을 받아서 八座에 넌지시 알려서 '사마도자에게 마땅히 殊禮를 가해야 한다.'고 황제에게 아뢰게 하였다. 護軍 車胤이 말하기를 "이것은 바로 周나라 成王이 周公을 높인 것이다. 지금 주상께서 친히 정사를 다스리시니, 어찌 이것을 할 수 있겠는가."라고 하고는 마침내 병을 핑계 대고 서명하지 않았다. 상소문을 아뢰자 황제가 크게 노하고 차윤이 지조를 지킨 것을 가상히 여겼다.

道子勢傾中外하니 **帝漸不平**이러니 **侍中王國寶 以讒佞**으로 **有寵於道子**하여 **諷八座**하여 **啓道子宜加殊禮**①라하여늘 **護軍車胤曰 此乃成王所以尊周公者**라 **今主上**이 **當陽**하시니 **豈得爲此**리오하고 **乃稱疾不署**②하다 **疏奏**에 **帝大怒**하고 **而嘉胤有守**러라

① 晉氏(東晉)가 長江을 건너 올 때에 吏部, 祠部, 五兵, 左民, 度支의 다섯 尙書와 두 尙書僕射와 한 尙書令이 있었으니, 이들을 八座라 하였다.
晉氏渡江, 有吏部・祠部・五兵・左民・度支五尙書・二僕射・一令爲八座.

② 군주가 남쪽을 바라보아 밝은 곳을 향하여 서서 천하를 다스린다. 그러므로 '當陽'이라 하였다. '不署'는 서명하지 않음을 이른다.
人主南面, 鄕明而立, 以治天下. 故曰當陽. 不署, 謂不署名也.

【目】 中書侍郎 范甯과 徐邈이 황제에게 친애와 신임을 받아서 자주 충직한 말을 아뢰어 군주의 부족함을 보충하고 잘못을 바로잡으며 간악한 무리들을 배척하였다. 王國寶는 범녕의 생질인데, 범녕은 더욱 그가 아첨하는 것을 미워하여 황제에게 내칠 것을 권하니, 왕국보가 마침내 司馬道子와 함께 범녕을 모함하여 豫章太守로 내보냈다.

---

40) (眞)〔直〕: 저본에는 '眞'으로 되어 있으나, ≪資治通鑑≫에 '直衛武官'이라 한 것에 의거하여 '直'으로 바로잡았다.

中書侍郎范甯, 徐邈이 爲帝所親信하여 數進忠言하여 補正闕失하고 指斥姦黨하다 國寶는 甯之甥也라 甯이 尤疾其阿諛하여 勸帝黜之하니 國寶遂與道子譖甯하여 出爲豫章太守①하다

① 范甯은 范汪의 아들이다.
甯, 汪之子也.

【目】 范甯이 출발에 앞서 다음과 같이 상소하였다.

"지금 변방의 봉화불이 올려지지 않는데도 창고가 텅 비었습니다. 옛날에는 백성을 부역에 동원한 것이 1년에 3일을 넘지 않았는데, 지금의 노역은 거의 3일의 휴식도 없습니다. 그리하여 아이를 낳아도 더 이상 안아서 기르지 못하며, 홀아비와 과부는 再娶를 하거나 再嫁를 하지 못합니다. 신은 사직의 우환이 쌓아놓은 나무섶 위에 불을 올려놓는 것과도 비교할 수 없다고 생각합니다."

또다시 상소하기를 "中原의 선비와 백성들이 江左 지역에서 떠돌며 우거하다가 세월이 오래 지나 편안히 생업에 종사하게 되었으니 마땅히 백성들이 거주하는 경계를 바로잡아서 戶口를 모두 현재 토착한 지역으로 결정해야 합니다."41)라고 하였고, 또다시 다음과 같이 상소하였다.

"사람의 습성은 끝이 없어서 사치하고 검소함이 상황에 따릅니다. 지금 겸병하는 집안도 대부분 넉넉하지 않으니, 이는 절제하지 않고 쓰면서 앞다투어 화려함과 사치함을 고상함으로 여기기 때문입니다. ≪禮記≫에 '19세에 죽은 자를 長殤이라 한다.'라고 하였으니, 이는 그가 아직 成人이 되지 않았기 때문입니다. 그런데 지금 16세를 全丁으로 삼고 13세를 半丁으로 삼으니, 이는 天理를 손상하고 백성을 곤궁하게 하는 것입니다. 마땅히 20세를 전정으로 삼고 16세를 반정으로 삼으면 사람들이 요절하지 않아서 자식을 낳아 기르는 것이 점점 많아질 것입니다."

황제가 그의 말을 많이 채용하였다.

◑甯이 臨發에 上疏曰 今邊烽不擧로되 而倉庫空匱하니 古者使民이 歲不過三日①이러니 今之勞擾 殆無三日之休라 至有生兒에 不復擧養하며 鰥寡不敢嫁娶하니 臣恐社稷之憂 厝火積薪이 不足喩也니이다 又言中原士民이 流寓江左하여 歲久安業하니 謂宜正其封疆하여 戶口를 皆以土斷②이니이다

41) 中原의……합니다 : 土斷法을 시행할 것을 주청한 것이다. 토단법은 東晉과 南朝에서 시행한 제도이다. 당시 잦은 전란으로 강북의 사람들이 강남으로 이주하면서 本籍으로 戶口를 파악하기 힘들어지자 현거주지에 따라 호적을 정하였는데, 이를 토단이라 한다. 특히 東晉 哀帝 때 桓溫이 僑置郡縣을 병합하여 호적을 정리하였고, 이후에도 이를 시행하였다.

又人性無涯하여 奢儉由勢라 今幷兼之室이 亦多不贍하니 由用之無節하여 爭以靡麗相高故也[③]니이다 禮에 十九爲長殤이니 以其未成人也[④]라 今以十六爲全丁하고 十三爲半丁하니 傷天理하고 困百姓이라 謂宜二十爲全丁하고 十六爲半丁이면 則人無夭折하여 生長滋矣리이다 帝多納用之하다

① ≪禮記≫ 〈王制〉에 "옛날에는 백성의 노동력을 쓰되 1년에 3일을 넘지 않으며, 노인이 할 정도의 쉬운 일을 맡기고, 젊은이가 먹을 정도의 많은 것을 먹게 한다."라고 하였다.
記王制 "古者用民之力, 歲不過三日, 任老者之事, 食壯者之食."

② 晉나라 때에 남쪽으로 장강을 건너온 中原의 士民들이 모두 江左에 郡縣을 僑置하여 거처하고 토착한 지역으로 호구를 결정하지 않았다.
晉時, 中原士民南渡者, 皆於江左, 僑立郡縣以居之, 不以土著爲斷.

③ 겸병하는 집안이란 큰 집안이 작은 백성의 힘을 아울러 부리고 부자가 가난한 자의 재물을 겸하여 소유함을 이른다.
幷兼之室, 謂大家幷役小民之力, 富者兼有貧者之財.

④ 成人이 되기 전에 죽은 것을 殤이라 하니, 그 喪禮가 성인보다 줄어든다.
未成人而死曰殤, 其喪禮殺於成人.

【目】范寗이 豫章에 있을 적에 15명의 議曹를 屬城(郡에 소속된 縣)으로 내려보내어 풍속과 정사를 조사하고 아울러 관리들이 휴가에서 돌아올 적에 그 지방관의 잘잘못을 물었는데, 徐邈이 범녕에게 편지를 보내어 다음과 같이 말하였다.

"足下께서 분명하게 듣고 진실하게 결단하여 여러 일이 막힘이 없으면 관리들은 죄를 짓는 것을 조심하여 백성들의 들음(여론)에 의혹하지 않을 것입니다. 어찌 굳이 〈관리를 파견하여〉 邑마다 이르고 里마다 찾아가서 떠도는 소문을 꾸미게 한단 말입니다. 이는 유익하지 못할 뿐만 아니라, 참으로 파견한 관리들이 누에가 뽕잎을 파먹고 물고기를 잡듯 백성들을 갈취하는 수단이 될 것이니, 어찌 善人 君子로서 자기가 맡은 일이 아닌 것에 관여하여 아뢰는 것을 많게 한단 말입니까. 예로부터 좌우의 사람으로 이목이 되기를 원하는 자가 모두 소인이었습니다. 이들은 모두 먼저 작은 충성을 인하여 큰 불충을 이루고 먼저 작은 신의를 빌려 큰 불신을 이루어서, 마침내 참소하고 아첨하는 사람들로 하여금 함께 나오게 하여 선과 악이 뒤바뀌게 할 것이니, 경계하지 않을 수 있겠습니까. 족하께서 綱紀를 신중히 선발하여 반드시 國士를 얻어서 여러 曹를 통솔하게 하고 여러 曹의 관원들을 모두 훌륭한 관리를 얻어서 文案을 담당하게 하고, 또 공정하고 방정한 사람을 택하여 監司(감독하는 사람)로 삼으면 깨끗하고 혼탁한 자와 재능이 있고 없는 자가 일과 함께 분명해질 것이니, 족하께서는 다만 평안한 마음으로 처리

하시면 됩니다. 어찌 이목으로 삼은 사람들이 사찰하는 것을 취할 것이 있겠습니까. 옛날 明德馬后는 일찍이 좌우의 측근들을 돌아보며 함께 정사를 말하지 않았으니, 식견이 원대하다고 이를 만합니다. 하물며 대장부가 이것을 면하지 못한단 말입니까."

◑ **甯**이 **在豫章**에 **遣十五議曹**하여 **下屬城**하여 **採求風政**하고 **幷吏假還**에 **訊問官長得失**[①]이러니 **徐邈**이 **與甯書曰 足下聽斷明允**하여 **庶事無滯**하면 **則吏慎其負而人聽不惑矣**[②]리니 **豈須邑至里詣**하여 **飾其游聲哉**리오 **非徒不足以致益**이라 **乃實蠶漁之所資**[③]니 **豈有善人君子而干非其事**하여 **多所告白者乎**아 **自古以來**로 **欲爲左右耳目者 無非小人**이라 **皆先因小忠而成其大不忠**하며 **先藉小信而成其大不信**하여 **遂使讒諂竝進**하고 **善惡倒置**하니 **可不戒哉**아 **足下慎選綱紀**하여 **必得國士**하여 **以攝諸曹**[④]하고 **諸曹皆得良吏**하여 **以掌文案**[⑤]하고 **又擇公方之人**하여 **以爲監司**하면 **則清濁能否與事而明**이니 **足下但平心而處之**라 **何取於耳目哉**리오 **昔**에 **明德馬后 未嘗顧左右與言**하니 **可謂遠識**이라 **況大丈夫而不能免此乎**[⑥]아

① 豫章郡은 南昌, 海昏, 新淦, 建成, 望蔡, 永脩, 建昌, 吳平, 豫章, 彭澤, 艾, 康樂, 豐城, 新昌, 宜豐, 鍾陵의 16개 縣으로 이루어져 있다. 한 현은 負郭(성곽 부근의 교외)이고, 나머지 15개 현은 각각 한 명의 議曹를 파견한 것이다. 幷(아울러)은 及과 같다. '假還'은 관리가 휴가를 받은 날짜가 차서 府로 돌아오는 것을 이른다.
豫章, 領南昌·海昏·新淦·建成·望蔡·永脩·建昌·吳平·豫章·彭澤·艾·康樂·豐城·新昌·宜豐·鍾陵十六縣, 一縣負郭, 餘十五縣, 各遣一議曹. 幷, 猶及也. 假還, 謂吏休假日滿而還府者.

② 負는 죄를 이르니, 관리가 죄를 두려워하면 매사를 더 조심한다. '人聽'은 바로 '民聽(백성들이 듣는 것)'이니, ≪晉書≫는 史臣이 唐 太宗의 諱(世民)를 피하여 民을 고쳐 人으로 썼는데, ≪資治通鑑≫이 이것을 인습한 것이다.
負, 謂罪也. 吏畏罪, 則每事加謹. 人聽, 卽民聽. 晉書, 史臣避唐太宗諱, 改民爲人, 通鑑因之."

③ '蠶漁'는 파견한 자들이 누에처럼 파먹고 물고기를 잡듯 백성에게서 취하는 것을 이른다.
蠶漁, 謂所遣者蠶食漁取於民.

④ 郡은 僚佐를 綱紀로 삼았다. 攝은 총괄함이고 정돈함이다.
郡以僚佐爲綱紀. 攝, 總也, 整也.

⑤ 按은 근거함이니, '文按'은 여러 曹의 문서를 남겨두어 근거로 삼는 것을 이른다.
按, 據也, 文按, 謂諸曹文書留爲按據者.

⑥ 漢 明帝의 后인 馬氏의 시호가 明德皇后이다.
漢明帝后馬氏, 諡明德皇后.

【目】 范甯은 儒學을 좋아하고 성품이 질박하고 정직하였다. 일찍이 말하기를 "王弼과

何晏은 桀王과 紂王보다도 죄가 심하다.”라고 하였는데, 혹자가 너무 지나치게 폄하한다고 하니, 범녕이 다음과 같이 말하였다.

“왕필과 하안은 經典과 文獻을 경시하여 仁義를 인멸시키고 근거 없는 말과 부화한 말로 후생들을 미혹시켰다. 그리하여 사대부들로 하여금 번연히 발자취를 고치게 하여 예악이 무너지고 중원이 전복되는 데 이르게 하였으니, 남은 풍속이 지금까지도 폐해가 되고 있다. 걸왕과 주왕은 비록 한때에 방종하고 포악하였으나 다만 자신의 몸을 망치고 나라를 전복시켜서 후세의 경계가 되었을 뿐이니, 어찌 백성들의 이목을 돌릴 수 있었겠는가. 그러므로 내가 생각건대 한 세대의 화는 가볍고 역대에 이어지는 환란은 중하며, 자기 몸을 망친 죄악은 작고 여러 사람을 혼미하게 한 죄는 크다고 여긴다.

◑ 寗이 好儒學하고 性質直이러니 常謂王弼何晏之罪 深於桀紂어늘 或이 以爲貶之太過라한대 寗曰 王何는 蔑棄典文하여 幽沈仁義하고 游辭浮說하여 波蕩後生하여 使搢紳之徒로 翻然改轍하여 以至禮壞樂崩하여 中原傾覆하니 遺風餘俗이 至今爲患이라 桀紂는 縱暴一時나 適足以喪身覆國하여 爲後世戒하니 豈能回百姓之視聽哉리오 故로 吾以爲一世之禍는 輕하고 歷代之患은 重하며 自喪之惡은 小하고 迷衆之罪는 大也라하노라

【綱】 秦나라(前秦) 장군 雷惡地가 後秦에게 항복하였다.

秦將軍雷惡地 降於後秦하다

【目】 後秦主 姚萇이 사람을 시켜서 거짓으로 〈항복하여〉 秦主(前秦) 苻登을 부르게 하면서 성문을 열어 〈秦나라 군대가〉 들어오도록 약속하니, 부등이 장차 그것을 따르려 하였다. 장군 雷惡地가 밖에 있다가 이 말을 듣고 말을 급히 몰아 부등을 뵙고 말하기를 “요장은 속임수가 많으니 믿을 수 없습니다.”라고 하였다. 요장은 뇌악지가 갔다는 말을 듣고 여러 장수에게 말하기를 “이 羌族이 부등을 만나 보았으니, 일이 이루어지지 못할 것이다.”라고 하였다. 부등 또한 뇌악지가 용맹과 지략이 보통 사람보다 뛰어나다 해서 그를 꺼리니, 뇌악지가 마침내 후진에 항복하였다.

後秦主萇이 使人詐招秦主登하여 許開門納之[42)]하니 登이 將從之러니 將軍雷惡地 在外聞之하고 馳騎見登曰 萇이 多詐하니 不可信也니이다 萇이 聞之하고 謂諸將曰 此羌이 見登하니 事不成矣로다

---

42) 後秦主萇……許開門納之 : ≪資治通鑑≫에는 “後秦主萇使其東門將軍任瓮 詐遣使招秦主登 許開門納之”로 되어 있다. 이에 의거하여 번역하였다.

登이 亦以惡地勇略過人이라하여 憚之하니 惡地乃降於後秦하다

庚寅年(390)

【綱】 晉나라(東晉) 孝武皇帝 太元 15년이다.

十五年이라

【目】 秦나라(前秦) 苻登 太初 5년이고, 燕나라(後燕) 世祖 慕容垂 建興 5년이고, 後秦 太祖 姚萇 建初 5년이고, 魏나라(北魏) 太祖 道武帝 拓跋珪 登國 5년이다.

秦太初五요 燕建興五요 後秦建初五요 魏登國五年이라

【綱】 봄 정월에 西燕主 慕容永이 洛陽을 침략하자, 〈晉나라(東晉)의〉 朱序가 공격하여 패주시키고 돌아와 翟遼를 공격하여 또다시 패주시켰다.

春正月에 西燕主永이 寇洛陽이어늘 朱序擊走之하고 還擊翟遼하여 又走之[43]하다

【目】 西燕主 慕容永이 군대를 이끌고 洛陽을 향하였는데 朱序가 河陰의 북쪽에서 河水를 건너 공격하여 패퇴시키니, 모용영이 달아나 上黨으로 돌아갔다. 주서가 추격하여 白水에 이르렀는데, 마침 翟遼가 낙양을 향할 것을 도모하였다. 주서가 마침내 군대를 이끌고 돌아가 적요를 공격하여 패주시키고, 장군 朱黨을 남겨두어 石門을 지키게 하고 자기 아들 朱略으로 하여금 낙양을 감독하여 지키게 하고 자신은 襄陽으로 돌아갔다.

西燕主永이 引兵向洛陽이어늘 朱序自河陰北濟河하여 擊敗之하니 永이 走還上黨이라 序追至白水①러니 會에 翟遼謀向洛陽이라 序乃引兵還하여 擊走之하고 留將軍朱黨하여 守石門하고 使其子略으로 督護洛陽하고 身還襄陽하다

① ≪水經註≫에 "白水는 上黨 高都縣 옛 성 서쪽에서 발원하여 동쪽으로 흘러 天井關을 지난다."라고 하였다.
水經註 "白水, 出上黨高都縣故城西, 東流歷天井關."

---

43) 又走之 : "'又走之'라고 쓴 것은 朱序를 거듭 가상히 여긴 것이다.〔書又走之 重嘉序也〕" ≪書法≫

【綱】 2월에 〈晉나라(東晉)가〉 王恭을 都督靑・兗等州軍事로 삼았다.

二月에 **以王恭**으로 **都督靑兗等州軍事**하다

【目】 琅邪王 司馬道子가 황제(孝武帝)의 총애를 믿고 교만 방자하니, 황제가 점점 불평이 쌓여 당시 명망 있는 자를 뽑아 藩鎭을 삼아서 은근히 제재하고자 하였다. 그리하여 太子左衛率 王雅에게 묻기를 "내 王恭과 殷仲堪을 중용하려 하는데, 어떻겠는가?" 하니, 왕아가 대답하기를 "왕공은 풍채가 소탈하고 고귀하며 志氣가 방정하고 엄하며, 은중감은 작은 행실을 삼가고 문장으로 이름이 났습니다. 그러나 모두 성격이 준엄하고 좁아서 자기가 옳다 하며 재간과 지략이 뛰어나지 못하니, 천하에 일이 없을 때에는 충분히 직책을 맡길 만하지만 만약 일이 있으면 반드시 환란의 단서가 될 것입니다."라고 하였다. 황제는 그의 말을 따르지 않고 왕공으로 하여금 京口에 진주하게 하니, 왕공은 王蘊의 아들이다.

琅邪王道子 恃寵驕恣하니 帝浸不能平하여 欲選時望爲藩鎭以潛制之하여 問於太子左衛率王雅曰 吾欲用王恭, 殷仲堪하노니 何如[①]오 雅曰 恭은 風神簡貴하며 志氣方嚴하고 仲堪은 謹於細行하고 以文義著稱이라 然皆峻狹自是하고 幹略不長하니 天下無事면 足以守職이어니와 若其有事면 必爲亂階矣리이다 帝不從하고 使恭鎭京口하니 恭은 蘊之子也라

① 殷仲堪은 殷融의 손자이다.
仲堪, 融之孫也.

【綱】 여름 4월에 秦나라(前秦) 장군 魏揭飛가 後秦의 杏城을 공격하니, 雷惡地가 秦나라에 호응하므로 後秦主 姚萇이 공격하여 위게비를 참수하니, 뇌악지가 항복하였다.

夏四月에 **秦將軍魏揭飛 攻後秦之杏城**하니 **雷惡地應之**어늘 **後秦主萇**이 **擊斬揭飛**하니 **惡地降**하다

【目】 秦나라 장군 魏揭飛가 氐族과 胡族을 거느리고서 後秦의 장수 姚當成을 杏城에서 공격하니, 장군 雷惡地가 秦나라에 호응하여 李潤을 공격하였다. 後秦主 姚萇이 직접 공격하려고 하자, 신하들이 말하기를 "폐하께서는 60리 안에 있는 苻登을 걱정하지 않

고 도리어 600리에 있는 위게비를 근심하는 것은 어째서입니까?"라고 하니, 요장이 말하기를 "부등은 갑자기 멸망시킬 수 있는 인물이 아니고, 우리의 城(長安) 또한 부등이 쉽게 함락할 수 있는 것이 아니다. 하지만 뇌악지는 지략이 비상하니, 만약 남쪽으로 위게비를 끌어들이고 동쪽으로 董成과 결탁하여 행성과 이윤을 얻어 점거하면 장안의 동북쪽은 우리의 소유가 아니다."라고 하였다. 요장은 마침내 은밀히 정병 1600명을 데리고 달려갔다.

秦將軍魏揭飛 帥氐胡하여 攻後秦將姚當成於杏城하니 將軍雷惡地 應之하여 攻李潤①이어늘 後秦主萇이 欲自擊之한대 群臣曰 陛下不憂六十里苻登하시고 乃憂六百里魏揭飛는 何也②잇고 萇曰 登은 非可猝滅이요 吾城亦非登所能猝拔이어니와 惡地는 智略이 非常하니 若南引揭飛하고 東結董成하여 得杏城李潤而據之하면 長安東北이 非吾有也③리라 乃潛引精兵一千六百赴之하다

① 李潤은 지명이니, 邢望의 남쪽에 있다. 李延壽가 말하기를 "馮翊의 동쪽에 李潤鎭이 있다." 라고 하였다.
李潤, 地名, 在邢望南. 李延壽曰 "馮翊東, 有李潤鎭."
② 이때 苻登이 長安으로 달려가서 新豐의 千戶固를 점령하였다.
時, 登趣長安, 據新豐之千戶固.
③ 董成은 屠各의 종족이니, 이때 北地를 점령하였다.
董成, 屠各種也, 時據北地.

【目】 魏揭飛와 雷惡地가 수만의 병력을 보유하니, 그들에게 달려가는 氐族과 胡族의 대열이 끊이지 않았다. 後秦의 군대가 적은 것을 보고는 병력을 총동원하여 공격하자, 姚萇은 보루를 굳게 지키고 싸우지 아니하여 약함을 보여주면서 은밀히 그들의 후미로 기병을 내보내니, 위게비의 군대가 소란하였다. 요장이 군대를 풀어 공격하여 위게비와 그의 장병 만여 명의 수급을 베니, 뇌악지가 항복을 청하므로, 요장은 그를 처음과 같이 대우하였다.

揭飛惡地 有衆數萬하니 氐胡赴之者 首尾不絶이라 見後秦兵少하고 悉衆攻之어늘 萇이 固壘不戰하여 示之以弱하고 潛遣騎出其後하니 揭飛兵이 擾亂이라 萇이 縱兵擊之하여 斬揭飛及其將士萬餘級하니 惡地請降이어늘 萇이 待之如初하다

【目】 姚萇은 姚當成에게 명하여 營地의 안에 목책의 구멍 가운데마다 한 개의 나무를 세워서 戰功을 표시하게 하였는데, 1년이 지난 뒤에 요당성에게 묻자, 요당성이 말하기를

"영지가 너무 작아서 이미 넓혔습니다."라고 하였다. 요장이 말하기를 "내 結髮[44]한 이래로 적과 싸우면서 일찍이 이처럼 통쾌한 전쟁은 없었으니, 1천여 명의 병력으로 3만 명의 적군을 격파하였다. 영지는 다만 적은 것이 좋다. 어찌 큰 것을 귀하게 여기겠는가."라고 하였다.

命姚當成하여 於所營之地에 每柵孔中樹一木하여 以旌戰功①하고 歲餘에 問之한대 當成曰 營地太小라 已廣之矣로이다 萇曰 吾自結髮以來로 與人戰에 未嘗如此之快라 以千餘兵으로 破三萬之衆하니 營地는 惟小爲奇라 豈以大爲貴哉리오

① 땅을 파 구멍을 만들고 나무를 세워 목책을 만들었다. 그러므로 목책의 구멍이 있는 것이다. 掘地作孔, 竪木以爲柵. 故有柵孔.

【綱】 가을 7월에 馮翊 사람 郭質이 군대를 일으켜 秦나라(前秦)에 호응하였다가 이기지 못하였다.

秋七月에 馮翊人郭質이 起兵應秦이라가 不克[45]하다

【目】 郭質이 廣鄕에서 군대를 일으키고서 三輔 지역에 격문을 돌리기를 "姚萇이 흉악하고 포학해서 해독이 神과 사람에게 끼친다. 우리들은 대대로 先帝의 인자함을 입어서 常伯과 納言의 자식이 아니면 바로 卿校(九卿·校尉)와 牧守의 후손이니, 그 치욕을 참고 생존하기보다는 어찌 道를 따르다가 죽는 것만 하겠는가."라고 하였다. 이에 삼보 지역의 壁壘들이 모두 호응하였는데, 오직 鄭縣 사람 苟曜가 따르지 않고 수천 명의 무리를 모아 後秦에게 붙어서 곽질을 공격하니, 곽질이 洛陽으로 달아났다.

質이 起兵廣鄕①하여 移檄三輔曰 姚萇이 凶虐하여 毒被神人이라 吾屬이 世蒙先帝之仁②하여 非常伯, 納言之子면 卽卿校, 牧守之孫也③라 與其含恥而存으론 孰若蹈道而死오 於是에 三輔壁壘皆應之호되 獨鄭縣人苟曜 不從하고 聚衆數千하여 附於後秦하여 擊質하니 質이 走洛陽④하다

---

44) 結髮 : 처음 冠禮를 하여 성년이 되었을 적에 곧바로 戰陣에 있었음을 말한다.(≪思政殿訓義 資治通鑑綱目≫ 제4권 下)

45) 馮翊人……不克 : "보통 사람일 뿐이고 또 이기지 못하였는데 어찌하여 썼는가. 의리를 인정한 것이다. 진실로 의리에 맞으면 비록 보통 사람이라도 반드시 썼다. 그러므로 漢나라에는 析 사람을 썼고,(帝玄 更始 원년(23)이다.) 秦나라는 馮翊 사람을 썼고,(이해(390)이다.) 唐나라는 虢州 사람을 쓴 것이다.(中宗 嗣聖 4년(687)이다.)〔人耳 且不克 何以書 予義也 苟義也 雖人必書 故漢書析人(帝玄更始元年) 秦書馮翊人(是年) 唐書虢州人(中宗嗣聖四年)〕" ≪書法≫

① 魏收의 ≪魏書≫ 〈地形志〉에 "鄭縣에 廣鄕原이 있다."라고 하였으니, 鄭縣은 이때 京兆에 속하였다.
魏收地形志 "鄭縣, 有廣鄕原." 鄭縣, 時屬京兆.
② 先帝는 秦主 苻堅을 이른다.
先帝, 謂秦主堅.
③ 常伯은 侍中이고 納言은 尙書이다.
常伯, 侍中也. 納言, 尙書也.
④ 陳濟가 말하기를 "郭質이 군대를 일으켜 苻秦에 호응했으나 홀로 苟曜가 따르지 않았으므로 後秦에 붙어서 곽질을 공격한 것이다."라고 하였다.
陳濟曰 "郭質起兵應苻秦, 獨苟曜不從, 故附於後秦而擊質."

【綱】 8월에 〈晉나라(東晉)의〉 劉牢之가 翟遼를 공격하여 패배시키니, 張願이 秦나라(前秦)에 와서 항복하였다.

八月에 **劉牢之 擊翟遼敗之**하니 **張願**이 **來降**하다

【綱】 9월에 〈晉나라(東晉)가〉 王國寶를 中書令으로 삼고 王珣을 尙書僕射로 삼았다.

◑ **九月**에 **以王國寶爲中書令**하고 **王珣爲尙書僕射**하다

辛卯年(391)

【綱】 晉나라(東晉) 孝武皇帝 太元 16년이다.

十六年이라

【目】 秦나라(前秦) 苻登 太初 6년이고, 燕나라(後燕) 世祖 慕容垂 建興 6년이고, 後秦 太祖 姚萇 建初 6년이고, 魏나라(北魏) 太祖 道武帝 拓跋珪 登國 6년이다.

秦太初六이요 燕建興六이요 後秦建初六이요 魏登國六年이라

【綱】 여름 5월에 秦主 苻登이 後秦主 姚萇과 싸워 秦나라(前秦) 군대가 크게

패하였다.

夏五月에 **秦主登**이 **及後秦主萇戰**하여 **秦師敗績**[46)]하다

【目】苟曜가 은밀히 秦主 苻登을 불러 內應이 될 것을 약속하니, 부등이 曲牢에서 달려가 馬頭原에 군대를 주둔하였다. 後秦主 姚萇이 병력을 인솔하고 가서 맞아 싸웠으나, 부등이 그를 격파하고 그의 右將軍 吳忠을 참수하였다. 요장이 병력을 수습하여 다시 싸우자, 姚碩德이 말하기를 "폐하는 가볍게 싸우는 것을 조심하여 매번 계략으로 취하려 하셨는데, 지금은 승리하지 못하였는데도 다시 전진함은 어째서입니까?" 하니, 요장이 말하기를 "부등은 용병하는 것이 더디고 허실을 모르는 자인데 지금 경무장한 군사가 곧바로 전진하였으니, 이는 반드시 구요와 함께 모의를 했을 것이다. 느슨히 대처하면 그들의 계책이 이루어질 것이다. 그러므로 그들이 아직 연합하지 않았을 때에 미쳐서 급히 공격하는 것이다."라고 하였다. 마침내 나아가 싸워서 부등을 대파하니, 부등이 후퇴하여 郿縣에 주둔하였다.

苟曜 密召秦主登하여 許爲內應하니 登이 自曲牢赴之하여 軍于馬頭原①이러니 後秦主萇이 引兵逆戰이어늘 登이 擊破之하고 斬其右將軍吳忠하다 萇이 收兵復戰이어늘 姚碩德曰 陛下愼於輕戰하여 每欲以計取之러니 今失利而更前은 何也잇고 萇曰 登이 用兵遲緩하고 不識虛實이러니 今輕兵直進은 此必苟曜與之有謀也라 緩之則其謀得成이라 故로 及其未合하여 急擊之耳니라 遂進戰하여 大敗之하니 登이 退屯郿②하다

① 曲牢는 杜縣 동북쪽에 있다. 馬頭原 지역은 아마도 長安의 동쪽에 있었을 것이다.

---

46) 秦主登……秦師敗績 : "≪春秋≫에서 '戰(싸우다)'을 쓸 때에는 及者(더불어 싸운 자)를 위주하였다. 그러나 ≪춘추≫는 전쟁을 쓰는 것을 싫어한 글이다. 그리하여 무릇 전쟁에 있어, 及者에게 전적으로 죄를 주었다. 그러므로 부연 설명하는 자가 이르기를 '及은 汲汲과 같다.'라고 하였으니, 어찌 백성을 사랑하는 군주가 되어서 급급히 남과 싸우는 자가 있겠는가. 그러나 복수를 하거나 역적을 토벌하는 것에 이르러서는 급급히 하는 것을 아름답게 여긴다. 이 때문에 莊公 9년에 '齊나라 군대와 더불어 乾時에서 싸워서 우리 군대가 크게 패했다.'라고 썼으니, 이는 장공이 능히 원수와 싸움을 말한 것이다. 그러므로 이것을 써서 인정한 것이다. 지금 姚萇은 苻堅을 시해한 죄가 있는데 苻登이 능히 그와 싸웠으니, 이는 복수하여 역적을 토벌하는 데에 뜻을 둔 것이다. 그러므로 ≪資治通鑑綱目≫에 이것을 쓴 것이 ≪춘추≫의 乾時와 의리를 같이하니, 이 또한 그를 인정한 것이다. 그렇지 않다면 이는 전쟁을 좋아하고 살인을 즐기는 것을 일삼는 것이니, 어찌 ≪춘추≫의 필법이겠는가.〔春秋書戰 以及者爲主 然春秋惡兵之書 凡戰 專罪及者 故傳者謂及猶汲汲也 烏有爲子民之君 而可汲汲與人戰者哉 至於復讐討賊 則汲汲爲美 是以莊公九年 書及齊師戰於乾時 我師敗績 蓋謂莊公能與讐戰 故書以與之 今姚萇有弑堅之罪 苻登能與之戰 意蓋在於復讐討賊 故綱目書此 與乾時同義 是亦與之之意爾 不然則是以好攻戰樂殺人爲事也 豈春秋之法哉〕" ≪發明≫

曲牢, 在杜縣東北. 馬頭原之地, 蓋在長安東.

② 鄠는 縣의 이름이니, 右扶風에 속하였다.
鄠, 縣名, 屬右扶風.

【綱】 西燕이 〈晉나라(東晉)의〉 河南을 침략하자, 太守 楊佺期가 격파하였다.

西燕이 **寇河南**이어늘 **太守楊佺期 擊破之**[①]하다

① 佺은 음이 銓이니, 楊佺期는 楊亮의 아들이다.
佺, 音銓. 佺期, 亮之子也.

【綱】 魏王(北魏) 拓跋珪가 아우 拓跋觚를 燕나라(後燕)에 보내었다.

◑ **魏王珪 遣其弟觚**하여 **如燕**하다

【目】 처음에 燕나라가 趙王 慕容麟을 보내어 魏나라 군대와 회합하여 賀訥을 공격해서 격파하였는데, 모용린이 돌아가서 燕主 慕容垂에게 말하기를 "신이 拓跋珪의 거동을 보니, 끝내 우리 나라의 우환이 될 것입니다. 그를 잡아들여 조정으로 데려오고 그의 아우 拓跋觚로 하여금 나랏일을 감독하게 하는 것만 못합니다."라고 하였으나 모용수가 따르지 않았다.

이때에 이르러서 탁발규가 탁발고를 보내어 연나라에 공물을 바치고 알현하니, 모용수가 노쇠하여 자제들이 권력을 행사하고 있었다. 탁발고를 머물러두고 좋은 말을 요구하자, 탁발규가 주지 않고 마침내 연나라와 절교하였다.

初에 **燕**이 **遣趙王麟**하여 **會魏兵**하여 **伐賀訥破之**[①]러니 **歸**하여 **言於燕主垂曰 臣**이 **觀拓跋珪擧動**하니 **終爲國患**이라 **不若攝之還朝**하고 **使其弟監國事**니이다 **垂不從**[②]이러니 **至是**하여 **珪遣觚**하여 **獻見**(현)**於燕**하니 **垂衰老**하고 **子弟用事**라 **留觚以求良馬**어늘 **珪弗與**하고 **遂與燕絶**하다

① 賀染干이 그 형 賀訥을 죽일 것을 도모하였는데, 하눌이 이것을 알고 군대를 일으켜 서로 공격하였다. 魏王 拓跋珪가 燕나라에 고하여 鄕導가 되어서 토벌할 것을 청하니, 燕主 慕容垂가 慕容麟을 보내어 군대를 거느리고 가서 하눌을 구속하여 사로잡았다.
賀染干謀殺其兄訥, 訥知之, 擧兵相攻. 魏王珪告于燕, 請爲鄕導以討之, 燕主垂遣麟, 將兵繫訥禽之.

② 攝은 체포함이고 거둠이다.

攝, 錄也, 收也.

【綱】 가을 9월에 〈晉나라(東晉)가〉 博士 范弘之를 내쳐 餘杭令으로 삼았다.

秋九月에 黜博士范弘之하여 爲餘杭令①47)하다

① 餘杭縣은 漢나라 때에는 會稽郡에 속하였다. 顧來가 말하기를 "여항현은 秦 始皇 때에 세웠는데, 後漢 때에 나누어 吳郡에 소속시켰고, 吳나라 때에 나누어 吳興郡에 소속시켰다."라고 하였다.
餘杭縣, 漢屬會稽郡. 顧來曰 "縣, 秦始皇立, 後漢分屬吳郡, 吳分屬吳興郡."

【目】 范弘之가 논하기를 "殷浩에게 마땅히 贈諡를 내려야 한다."라고 하고, 인하여 桓溫이 신하 노릇 하지 않은 자취를 말하니, 환온의 옛 掾吏였던 王珣이 말하기를 "환온은 어리석은 군주를 폐하고 밝은 군주를 세워서 忠貞의 절개가 있다."라고 하고서 마침내 범홍지를 내쳤다.

弘之 論殷浩宜加贈諡라하고 因敍桓溫不臣之迹①하니 王珣은 溫故吏也라 以爲溫이 廢昏立明하여 有忠貞之節이라하여 遂黜弘之②하다

① 范弘之는 范汪의 손자이다.
弘之, 汪之孫也.
② 王珣이 예전에 桓溫의 府中의 主簿가 되었었다. 어리석은 군주를 폐위하고 밝은 군주를 세웠다는 것은 海西公(司馬奕)을 폐위하고 簡文帝를 뽑아 세운 것을 이른다.
珣先爲溫府主簿. 廢昏立明, 謂廢海西公, 拔立簡文帝也.

【綱】 겨울 10월에 魏王(北魏) 拓跋珪가 柔然을 공격하여 대파하고 유연을 雲中으로 옮겼다.

冬十月에 魏王珪 擊柔然하여 大破之하고 徙之雲中48)하다

47) 黜博士……爲餘杭令 : "博士를 현령으로 삼았는데 내쳤다고 쓴 것은 어째서인가. 桓溫의 도당인 王珣을 미워해서이다.〔博士爲令 書黜 何 惡桓黨也〕" ≪書法≫
"范弘之가 내침을 당할 적에 그 죄를 쓰지 않았다. 分注(目)를 가지고 상고해보면 바로 王珣이 桓氏의 徒黨이 되어서 환온을 위하여 환온이 신하 노릇 하지 않은 자취를 숨기려 하여 사사로운 마음으로 무함하여 내친 것이다. 그러므로 그 서법이 이와 같은 것이다.〔弘之之黜 不書其罪 以分注考之 乃王珣黨於桓氏 爲桓溫隱諱不臣之迹 私意誣而黜之爾 故其書法如此〕" ≪發明≫

48) 魏王珪……徙之雲中 : "柔然이 ≪資治通鑑綱目≫에 처음 보인다.〔柔然 始見綱目〕" ≪書法≫

【目】 처음에 柔然의 부족 사람들이 대대로 代나라에 복종하였는데, 秦나라(前秦)가 대나라를 멸망시키자 마침내 劉衛辰에게 귀부하였다.

魏王 拓跋珪가 즉위하자 高車의 여러 부족이 모두 복종하였으나 홀로 유연이 항복하지 않았다. 탁발규가 군대를 이끌고 가서 유연을 공격하니, 유연이 온 부족을 데리고 도망하였다. 탁발규가 유연을 추격하여 600리를 달려가니, 장수들이 말하기를 "적은 멀리 있는데 군량은 다하였으니, 서둘러 돌아가는 것만 못합니다."라고 하니, 탁발규가 말하기를 "副馬를 잡으면 충분히 3일의 양식이 된다."라고 하고 마침내 다시 행군 속도를 倍加하여 추격해서 大磧의 南牀山 아래에서 따라잡아 유연을 대파시키고 그 부족의 무리를 모두 雲中으로 옮겼다.

初에 柔然部人이 世服於代러니 及秦滅代에 遂附於劉衛辰하다 魏王珪卽位에 高車諸部 皆服①호되 獨柔然이 不下어늘 珪引兵擊之하니 柔然이 擧部遁走라 珪追奔六百里하니 諸將曰 賊遠糧盡하니 不如早還이니이다 珪曰 殺副馬면 足以爲三日食矣②라하고 乃復倍道追之하여 及於大磧南牀山下하여 大破之하고 悉徙其部衆於雲中③하다

① 高車는 바로 敕勒[49]이니, 세속에서 바퀴가 높은 수레를 타고 다니므로 또한 高車部라 하기도 한다. 李延壽가 말하였다. "고차는 옛날 赤狄의 남은 종족이다. 처음에는 狄歷이라고 이름했었는데, 北方에서는 高車・丁零이라고 하였다. 이들은 水草를 따라 옮겨다니고 짐승의 가죽으로 옷을 만들어 입고 짐승의 고기를 먹는 것이 柔然과 같았는데, 오직 수레바퀴가 높고 크고 바큇살의 수가 지극히 많다."라고 하였다.
高車, (服)〔卽〕[50]敕勒也, 俗乘高輪車, 故亦號高車部. 李延壽曰"高車, 蓋古赤狄之餘種也. 初號爲狄歷, 北方以爲高車・丁零. 其遷徙隨水草, 衣皮食肉, 與柔然同, 唯車輪高大, 輻數至多."

② 무릇 북쪽 지역 사람들은 騎兵을 사용할 적에 각각 한 마리의 말을 타고 또다시 한 마리의 말을 두어서 副馬로 삼는다.
凡北人用騎兵, 各乘一馬, 又有一馬爲副馬.

③ 이때에 魏나라(北魏)가 번성하여 代나라 북쪽 지역을 점유하자, 柔然이 서쪽 南牀山으로 달아났으니, 아마도 大磧의 서쪽에 있을 것이다. ≪北史≫ 〈魏本紀〉에는 南商山으로 되어 있다.
是時, 魏盛, 跨有代北, 柔然西犇南牀山, 蓋在大磧之西. 北史帝紀, 作南商山.

---

49) 敕勒 : 중국 북방 민족 가운데 하나로 匈奴의 후예이다. 뒤에 돌궐에 복속되어 지금의 淸海 지방에 거주하였다. 시대에 따라 鐵勒, 回紇, 回鶻, 畏兀兒 등으로 불리었고, 오늘날에는 위구르〔維吾爾〕라 불린다.

50) (服)〔卽〕: 저본에는 '服'으로 되어 있으나, ≪資治通鑑≫ 註에 의거하여 '卽'으로 바로잡았다.

【綱】〈丁零의〉 翟遼가 죽으니, 아들 翟釗(적소)가 대신하여 그 무리를 거느렸다.

翟遼死하니 子釗 代領其衆하다

【綱】〈匈奴의〉 劉衛辰이 魏나라(北魏)의 남부 지방을 공격하자 魏王 拓跋珪가 대파하였는데, 유위신이 패주하다가 죽으니 여러 부족이 모두 항복하였다.

◑ 劉衛辰이 攻魏南部어늘 魏王珪 大破之한대 衛辰이 走死하니 諸部悉降하다

【目】 劉衛辰이 아들 劉直力鞮(유직력제)를 보내어 9만 명의 병력을 인솔하고 魏나라의 南部 지방을 공격하자, 魏王 拓跋珪가 5, 6천 명의 병력을 인솔하여 대파하고, 승세를 타고 도망하는 적을 추격하니, 유위신의 부락이 놀라 혼란하였다.

탁발규가 마침내 직접 그들이 거주하는 悅跋城으로 쳐들어가니, 유위신 부자가 나가 도망하였다. 탁발규가 경무장한 기병을 나누어 보내어 추격해서 유직력제를 사로잡으니, 유위신이 그의 부하에게 죽임을 당하였다. 탁발규가 그의 宗黨 5천 명을 주살하니, 황하 남쪽의 여러 부락이 모두 항복하였다. 말 30여만 필과 소와 양 400여만 두를 노획하니, 국가의 재정이 이로 말미암아 마침내 풍족해졌다.

유위신의 작은 아들 劉勃勃이 薛干部로 달아나자, 설간부가 그를 沒奕干에게 보내었는데, 몰혁간이 그에게 딸을 시집보내었다.

劉衛辰이 遣子直力鞮하여 率衆九萬하고 攻魏南部어늘 魏王珪 引兵五六千人하여 大破之하고 乘勝追奔하니 部落이 駭亂이라 珪遂直抵其所居悅跋城①하니 衛辰父子 出走어늘 分遣輕騎追之하여 獲直力鞮하니 衛辰이 爲其下所殺이라 珪誅其宗黨五千人②하니 河南諸部 悉降이라 獲馬三十餘萬匹과 牛羊四百餘萬頭하니 國用이 由是遂饒라 衛辰少子勃勃이 亡奔薛干部③하니 薛干部 送於沒奕干한대 沒奕干이 以女妻之하다

① ≪晉書≫ 〈載記〉로 상고해보면 悅跋城은 바로 代來城이다.
考之載記, 悅跋城, 卽代來城也.

② 太元 원년(376)에 劉衛辰이 秦나라(前秦)에서 군대를 빌려 代나라를 멸망시킨 원한을 보복한 것이다.
報元年衛辰藉兵於秦以滅代之怨也.

③ 薛干은 본래 鮮卑族의 別部의 인명이었는데, 그 뒤에 인하여 이것으로 부족의 칭호를 삼았다.
薛干, 本鮮卑別部之人名, 其後因以爲號焉.

【綱】12월에 秦主(前秦) 苻登이 安定을 공격하자, 後秦主 姚萇이 부등을 공격하여 패주시켰다.

十二月에 秦主登이 攻安定이어늘 後秦主萇이 擊敗之하다

【目】秦主 苻登이 安定을 공격하니, 後秦主 姚萇이 陰密에 가서 막을 적에 태자 姚興에게 이르기를 "苟曜는 내가 북쪽으로 간다는 말을 듣고 반드시 와서 너를 만나볼 것이니, 너는 그를 잡아 죽여라."[51]라고 하였다. 요장이 이미 길을 떠나자 구요가 과연 장안에 왔는데, 요흥이 그를 주살하였다. 요장이 부등을 安定城 동쪽에서 패배시키니, 부등이 후퇴하여 路承堡를 점거하였다.

秦主登이 攻安定하니 後秦主萇이 如陰密以拒之할새 謂太子興曰 苟曜聞吾北行하면 必來見汝하리니 汝執誅之①하라 萇이 旣行에 曜果至長安이어늘 興이 誅之하다 萇이 敗登於安定城東하니 登이 退據路承堡②하다

① 長安에서 陰密에 가려면 북쪽으로 가야 한다.
自長安如陰密, 爲北行.

② 路承은 사람의 성명인데, 보루를 쌓아 스스로 지켰으므로 당시에 인하여 보루의 이름으로 삼은 것이다.
路承, 人姓名, 築堡自守, 時因以爲名.

【目】姚萇이 술자리를 베풀어 크게 잔치하였는데, 장수들이 모두 말하기를 "만약 魏武王을 만났다면 이 적이 지금에 이르지 않게 하였을 것입니다. 폐하께서는 신중하게 지키는 것이 너무 지나치십니다."라고 하니, 요장이 웃으며 다음과 같이 말하였다.

"내가 돌아가신 형님보다 못한 것이 네 가지가 있다. 돌아가신 형님은 신장이 8척 5촌이고 팔뚝이 무릎 아래에까지 내려와 사람들이 바라보고 두려워하는 것이 첫째요, 10만의 병력을 거느리고서 적의 대장기를 바라보며 전진하여 앞을 가로막는 적진이 없는 것이 둘째요, 옛일을 기억하고 지금을 알며 도학과 기예를 강론하고 영걸들을 거두어 망라함이 셋째요, 많은 병력을 독려하여 사람들이 사력을 다해 싸우게 하는 것이 넷째이다. 그런데도 〈내가〉 공업을 세워서 여러 현자인 그대들을 책려할 수 있던 것은 바

---

51) 苟曜는……죽여라 : 苟曜가 苻登에게 내응하기로 약속했기 때문에 이렇게 말한 것이다. 본서 太元 16년(391) 5월 조 참조.

로 계략 가운데에 조금 장점이 있었기를 바랄 뿐이다.”

萇이 置酒高會러니 諸將이 皆曰 若值魏武王이면 不令此賊至今이니 陛下將牢太過耳[①]로소이다 萇이 笑曰 吾不如亡兄이 有四하니 身長八尺五寸이요 臂垂過膝하여 人望而畏之一也요 將十萬之衆하여 望麾而進하여 前無橫陣이 二也요 溫古知今하고 講論道藝하며 收羅英儁이 三也요 董帥大衆하여 人盡死力이 四也로되 所以得建立功業하여 驅策諸賢者는 正望算略中有片長耳로라

① 姚萇이 황제를 僭稱하고 자기 형 姚襄을 追諡하여 魏武王이라 하였다. ‘將牢’는 一本에는 ‘持牢’로 되어 있으니, 잡아 지키기를 견고히 함을 이르니, 신중히 한다〔持重〕는 말과 같다. 두 秦나라(前秦과 後秦) 군대가 서로 대치한 지 7년에 요장이 가볍게 싸우는 것을 조심하여 매번 계략으로 적을 취하고자 하였으므로 ‘將牢太過’라 한 것이다.
姚萇僭號, 追謚兄襄, 爲魏武王. 將牢, 一作持牢, 謂持守牢固, 猶言持重. 兩秦兵相持七年, 萇愼於輕戰, 每欲以計取之. 故曰將牢太過.

壬辰年(392)

【綱】 晉나라(東晉) 孝武皇帝 太元 17년이다.

十七年이라

【目】 秦나라(前秦) 苻登 太初 7년이고, 燕나라(後燕) 世祖 慕容垂 建興 7년이고, 後秦 太祖 姚萇 建初 7년이고, 魏나라(北魏) 太祖 道武帝 拓跋珪 登國 7년이다.

秦太初七이요 燕建興七이요 後秦建初七이요 魏登國七年이라

【綱】 봄 3월에 後秦이 장군 王統과 徐成을 죽였다.

春三月에 後秦이 殺其將軍王統徐成하다

【目】 後秦主 姚萇이 병이 들어서 姚興을 불러 行營으로 나오게 하자, 姚方成이 요흥에게 말하기를 “지금 적(前秦)이 아직 멸망하지 않았고 王統 등이 部曲을 소유하였으니, 끝내 우리의 우환이 될 것입니다.”라고 하였다. 요흥은 마침내 왕통과 王廣, 苻胤, 徐成, 毛盛 등을 죽이니, 요장이 말하기를 “왕통 형제는 나와 같은 州里 사람이요, 서성 등은 前

朝의 명장이다. 내 막 이들을 등용하려 했는데, 어찌하여 그들을 죽였느냐?"라고 책망하였다.

後秦主萇이 寢疾하여 召興詣行營①이어늘 姚方成이 言於興曰 今寇敵이 未滅하고 王統等이 皆有部曲하니 終爲人患이리이다 興이 遂殺統及王廣, 苻胤, 徐成, 毛盛等②하니 萇이 怒曰 統兄弟는 吾之州里요 成等은 前朝名將이라 吾方用之어늘 柰何輒殺之오하니라

① 姚萇이 이때에 安定에 주둔하였다.
萇時屯安定.
② 王統 등은 모두 苻氏의 옛 신하이다.
皆苻氏舊臣也.

【綱】 여름 5월 초하루에 일식이 있었다.

夏五月朔에 日食하다

【綱】 燕主 慕容垂가 〈丁零의〉 翟釗를 공격하자, 적소가 西燕으로 달아났다.

○燕主垂 擊翟釗한대 釗奔西燕하다

【目】 燕主 慕容垂가 翟釗를 공격하니, 적소가 西燕에 구원을 청하자 西燕主 慕容永이 신하들과 상의하였다.

이때 尙書郞 鮑遵이 말하기를 "두 적으로 하여금 서로 싸워 피폐하게 하고 우리는 그들이 피폐해진 뒤에 기회를 노리는 것이 卞莊子의 계책[52]입니다."라고 하니, 侍郞 張騰이 말하기를 "모용수는 강하고 적소는 약하니, 무슨 피폐함을 이용할 수 있겠습니까. 속히 적소를 구원하여 鼎足의 형세를 이루는 것만 못합니다. 지금 우리가 군대를 이끌고 中山으로 달려가서 낮에는 疑兵(기치를 많이 세워 군사가 많은 것처럼 보이는 것)을 많이 나열하고 밤에는 횃불을 많이 들고 있으면 모용수가 반드시 두려워하여 스스로 구원할 것이니, 이때 우리가 그 앞을 충돌하고 적소가 그 뒤를 밟으면 이는 하늘이 준 기회입

52) 卞莊子의 계책 : 卞莊子는 춘추시대 魯나라의 大夫로 勇力이 뛰어난 인물이다. 변장자가 범을 창으로 찔러 잡으려 하자, 館에 있는 下人이 만류하기를 "두 범이 이제 소를 잡아먹으려 하니, 반드시 먹이를 빼앗으려고 싸울 것입니다. 이렇게 되면 큰 놈은 반드시 부상을 당하고 작은 놈은 죽을 것입니다. 이때 부상당한 놈을 찌르면 일거양득할 것입니다." 하였다. 변장자는 그의 말대로 하여 두 마리 범을 잡았다.(≪史記≫ 권70 〈張儀列傳〉)

니다. 이것을 놓쳐서는 안 됩니다."라고 하였으나, 모용영이 따르지 않았다.

燕主垂 擊翟釗하니 釗求救於西燕이어늘 西燕主永이 謀於群臣할새 尙書郎鮑遵曰 使兩寇相弊하고 吾乘其後는 此卞莊子之策也니이다 侍郎張騰曰 垂彊釗弱하니 何弊之乘이리오 不如速救之하여 以成鼎足之勢니이다 今我引兵趨中山하여 晝多疑兵하고 夜多火炬면 垂必懼而自救하리니 我衝其前하고 釗躡其後면 此天授之機라 不可失也니이다 永이 不從하다

【目】慕容垂가 黎陽에 군대를 주둔하고서 河水에 임하여 건너고자 하였는데, 翟釗가 南岸에 군대를 나열하여 막았다. 모용수가 진영을 옮겨 西津으로 나아가니, 黎陽과는 서쪽으로 40리 떨어진 거리였다. 소가죽으로 배 백여 척을 만들고서 거짓으로 병장기를 나열하고 흐르는 물을 거슬러 올라가는 체하니, 적소가 급히 군대를 이끌고 달려왔다. 모용수가 은밀히 王鎭 등을 보내어 黎陽津에서 밤에 河水를 건너 河水 남쪽에 진영을 치게 하니, 날이 밝을 즈음 진영이 이루어졌다.

적소가 급히 돌아와 공격하자, 모용수가 진영의 벽을 굳게 지키고 싸우지 말 것을 명하니, 적소의 병사들은 오가느라 피로하고 더위에 지쳐 모용수의 진영을 공격하였으나 함락하지 못하고 장차 병사들을 이끌고 떠나려 하였다.

왕진 등이 나가 싸우고 慕容農이 西津에서 물을 건너가 협공해서 적소를 대파하여 그의 무리와 그가 거느리고 있던 7개 郡의 3만여 호를 모두 사로잡았다. 적소가 長子로 달아나서 1년 뒤에 모반을 하자, 모용영이 그를 죽였다.

垂軍黎陽하여 臨河欲濟러니 釗列兵南岸하여 以拒之어늘 垂徙營就西津하니 去黎陽西四十里라 爲牛皮船百餘艘하여 僞列兵仗하고 泝流而上하니 釗亟引兵趨之라 垂潛遣王鎭等하여 自黎陽津夜濟하여 營于河南하니 比明에 營成이라 釗亟還攻이어늘 垂命堅壁勿戰하니 釗兵이 往來疲暍하여 攻營不拔하고 將引去①라 鎭等이 出戰하고 慕容農이 自西津濟하여 夾擊大破之하여 盡獲其衆及所統七郡三萬餘戶하다 釗奔長子하여 歲餘謀反이어늘 永이 殺之하다

① 暍은 음이 謁이니, 더위에 상하는 것이다.
暍, 音謁, 傷暑也.

【目】慕容垂는 章武王 慕容宙를 滑臺에 진주시키고 崔蔭을 司馬로 삼았는데, 최음이 명민하고 강직하고 바루어서 規諫을 잘하니, 모용주가 그를 두려워하고 꺼렸다. 최음은 형법을 간소화하고 부역을 가볍게 하니, 유민들이 그에게 귀의하여 戶口가 더욱 불어났다.

垂以章武王宙로 鎭滑臺하고 崔蔭爲司馬하니 蔭이 明敏强正하여 善規諫하니 宙嚴憚之러라 簡刑法하고 輕賦役하니 流民이 歸之하여 戶口滋息이러라

【綱】 가을 7월에 秦主(前秦) 苻登이 군대를 이끌고 安定을 핍박하니, 後秦主 姚萇이 막아 물리쳤다.

秋七月에 秦主登이 引兵逼安定하니 後秦主萇이 拒卻之하다

【目】 秦主 苻登은 後秦主 姚萇이 병들었다는 말을 듣고 크게 기뻐하여 말에게 먹이를 먹이고 병기를 수선하여 나아가 安定을 핍박하였는데, 요장의 병이 조금 나았다. 요장이 군대를 출동하여 막자 부등이 두려워하여 돌아갔다. 요장이 밤중에 병사를 이끌고 그 뒤를 밟았는데, 아침에 정탐하던 기병이 부등에게 아뢰기를 "적의 군영이 이미 비어서 어디로 갔는지를 알지 못합니다." 하였다. 부등은 놀라 말하기를 "저 요장은 어떤 사람이길래 오고 감에 나로 하여금 알아차리지 못하게 하는가. 그가 장차 죽을 것이라고 생각했는데 갑자기 다시 살아 돌아왔다. 짐이 이 羌族과 같은 세상을 사니, 어쩌면 이리도 운수가 사나운가."라고 하였다. 부등이 마침내 雍州로 돌아가니, 요장 또한 安定으로 돌아갔다.

秦主登이 聞後秦主萇病하고 大喜하여 秣馬厲兵하여 進逼安定하니 萇疾이 小瘳라 出兵拒之어늘 登이 懼而還하니 萇이 夜引兵躡其後러니 旦而候騎告曰 賊營已空하여 不知所向이라한대 登이 驚曰 彼爲何人이완대 去來에 不令我覺고 謂其將死러니 忽然復至로다 朕이 與此羌同世하니 何其厄哉오 登이 遂還雍하니 萇이 亦還安定하다

【綱】 겨울 11월에 殷仲堪을 都督荊·益·寧州軍事로 삼았다.

冬十一月에 以殷仲堪으로 都督荊益寧州軍事하다

【目】 殷仲堪은 비록 당시 사람들의 칭찬이 있었으나 이력과 명망이 아직 얕았고, 관청에 부임하자 작은 은혜를 행하기를 좋아하여 크고 작은 일이 제대로 거행되지 못하였다. 南郡公 桓玄은 자신의 재주와 문벌을 믿고 雄豪로 자처하니, 조정에서는 그를 의심하고 등용하지 않았다. 환현은 나이 23세에 비로소 洗馬에 제수되었다.

仲堪이 雖有時譽나 資望猶淺하고 到官에 好行小惠하여 綱目不擧러라 南郡公桓玄이 負其才地하여 以雄豪自處①하니 朝廷이 疑而不用이러니 年二十三에 始拜洗馬러라

①'負其才地'는 그 재주와 문벌을 믿음을 이른다.
負其才地, 謂負其才與其門地也.

【目】〈桓玄이〉 일찍이 琅邪王 司馬道子에게 찾아갔을 적에 사마도자가 마침 술에 취해 있었는데, 눈을 크게 뜨고 객들에게 이르기를 "桓溫이 말년에 역적이 되려고 했다 하니, 어떻게 생각하는가?"라고 묻자, 환현이 땅에 엎드려 땀을 흘리면서 일어나지 못하였다. 이로 인해 환현은 스스로 편안히 여기지 못하고서 사마도자에게 이를 갈았다. 이후에 義興太守로 나가 보임되니, 환현은 뜻을 얻지 못하여 우울해하다가 한탄하기를 "아버지는 九州의 伯이 되셨는데 자식은 五湖의 현령이 되었다."라고 하고는 마침내 관직을 버리고 봉국[53]으로 돌아가 상소하여 하소연하니, 황제(孝武帝)가 이에 답하지 않았다.

嘗詣琅邪王道子할새 値其酣醉하여 張目謂衆客曰 桓溫이 晩塗에 欲作賊이라하니 云何오 玄이 伏地流汗하여 不能起라 由是로 不自安而切齒於道子러라 後에 出補義興太守①하니 鬱鬱不得志하여 嘆曰 父爲九州伯하고 兒爲五湖長②이라하고 遂棄官歸國하여 上疏自訟하니 不報하다

太湖圖

①懷帝 永嘉 4년(301)에 琅邪王 司馬睿가 陽羨 사람 周玘에게 鄕里의 병사들을 규합해서 錢璯를 토벌하게 하여 참수하였다. 그러므로 주기의 鄕里에 義興郡을 설치하여 표창하였으니, 바로 이곳이다.
懷帝永嘉四年, 琅邪王睿, 以陽羨人周玘, 糾合鄕里, 討斬錢璯. 故於玘鄕里, 置義興郡以旌之, 卽此.

②虞翻은 말하기를 "太湖에 五湖가 있으니 隔湖, 洮湖, 射湖, 貴湖, 太湖가 오호가 된다. 태호의 작은 지류를 아울러 모두 태호

53) 봉국 : 桓玄은 南郡公의 작위를 이어받았다.

와 연결하였기 때문에 태호가 오호의 이름을 겸하여 얻은 것이다." 하였고, 韋昭는 말하기를 "胥湖, 蠡湖, 洮湖, 隔湖에 太湖까지 넣어 오호라 한다." 하였고, 酈善長은 "長塘湖, 射湖, 貴湖, 隔湖에 太湖를 넣어 오호라 한다." 하였고 ≪吳中志≫에는 "貢湖, 遊湖, 胥湖, 梅梁湖, 金鼎湖를 오호라 한다." 하였다. 長(우두머리)은 知兩의 切이다.

虞翻曰 "太湖有五湖, 隔湖・洮湖・射湖・貴湖及太湖爲五湖, 竝太湖之小支, 俱連太湖. 故太湖兼得五湖之名." 韋昭曰 "胥湖・蠡湖・洮湖・隔湖, 就太湖而五. 酈善長, 謂長塘湖・射湖・貴湖・隔湖, 與太湖而五." 吳中志謂 "貢湖・遊湖・胥湖・梅梁湖・金鼎湖爲五也." 長, 知兩切.

【目】 桓氏가 여러 대에 걸쳐 荊州에 군림하였고 桓玄이 다시 권세를 믿고 제멋대로 행동하니, 선비와 백성들이 그를 두려워하였다. 일찍이 殷仲堪의 청사 앞에서 말〔馬〕을 달리며 놀 적에 은중감에게 창을 겨누었는데, 參軍 劉邁가 말하기를 "말을 타며 창질하는 데는 넉넉함이 있으나 정묘한 이치를 터득하는 데는 부족하다."라고 하니, 환현이 기뻐하지 않았다. 나온 뒤에 은중감이 유매에게 이르기를 "경은 狂人이다. 환현이 밤중에 사람을 보내어 경을 죽일 것이니, 내 어찌 그대를 구원할 수 있겠는가."라고 하고는 유매로 하여금 피하게 하였다. 환현이 과연 사람을 시켜 쫓아가게 하였으나 따라잡지 못하였다.

桓氏累世臨荊州하고 玄이 復豪橫하니 士民이 畏之[①]러라 嘗於仲堪聽事前戲馬할새 以矟擬仲堪[②]이어늘 參軍劉邁曰 馬矟은 有餘로되 精理不足이로다 玄이 不悅하니라 旣出에 仲堪이 謂邁曰 卿은 狂人也라 玄이 夜遣殺卿이니 我豈能相救邪아하고 使邁避之러니 玄이 果使人追之不及하다

① 橫은 戶孟의 切이니, '豪橫'은 권세를 믿고 제멋대로 행동함을 이른다.
橫, 戶孟切. 豪橫, 謂豪强恣橫也.

② 擬는 창을 들어 향해서 장차 찌를 듯이 하는 것이다.
擬者, 擧矟向之, 若將刺之也.

【目】 征虜參軍 胡藩이 江陵을 지날 적에 殷仲堪을 보고 말하기를 "桓玄은 뜻이 비범한데 節下께서 그를 너무 높여 우대하니 좋은 계책이 아닙니다."라고 하였다. 호번의 內弟인 羅企生이 은중감의 功曹가 되었는데, 호번이 나기생에게 이르기를 "殷侯가 창을 거꾸로 잡아 창자루를 남에게 주니, 반드시 화에 이를 것이다. 그대가 일찍 떠나지 않으면 후회해도 소용없을 것이다."라고 하였다.

征虜參軍胡藩이 過江陵할새 見仲堪하고 曰 玄이 志趣不常이어늘 節下崇待太過하니 非計也니이다 藩內弟羅企生이 爲仲堪功曹①러니 藩이 謂曰 殷侯倒戈授人하니 必及於禍라 君不早去면 悔無及矣리라

① 內弟는 외숙의 아들이다.
內弟, 舅之子.

【綱】〈晉나라(東晉) 황제(孝武帝)가〉 아들 司馬德文을 세워 琅邪王으로 삼고 司馬道子를 옮겨 會稽王으로 삼았다.

立子德文爲琅邪王하고 **徙道子爲會稽王**하다

【綱】〈晉나라(東晉)의〉 李遼가 표문을 올려 孔子廟를 수리할 것을 청하였으나 답하지 않았다.

◑ **李遼 表請修孔子廟**어늘 **不報**[54)]하다

【目】 清河 사람 李遼가 표문을 올려서 兗州에 칙명을 내려 孔子廟를 수리하고 청소할 家戶를 배치해주고 이어서 庠序를 세워 배우는 자들을 가르칠 것을 청하면서 말하기를 "일이 여유가 있는 듯하면서도 실제로 급하다는 것은 이것을 말한 것입니다."라고 하였

54) 李遼……不報 : "李遼는 누구인가. 清河 사람이다. 그가 청한 것은 兗州의 孔子廟인데 어찌하여 여기에 썼는가. 이요를 가상하게 여긴 것이다. 그러므로 특별히 써서 그 이름을 게시한 것이다. 兗州는 孔子가 태어나신 곳인데 사당이 폐지되어 수리되지 못하였으니, 다른 곳은 말하지 않아도 알 수 있다. ≪資治通鑑綱目≫에 앞에서는 '罷遣太學生徒(태학의 생도를 해산하여 보냈다.)'라고 썼고 뒤이어 '立佛精舍(부처의 精舍를 內殿에 세웠다.)'라고 썼고 이때에 '請修孔子廟 不報'라고 썼으니, 晉나라를 거듭 서글퍼한 것이다. '孔子廟'를 쓴 것이 이때 처음 시작되었으니, ≪자치통감강목≫에 '孔子廟'를 쓴 것이 3번이다.(이해(392)와 임오년(442)에 宋나라가 孔子廟를 수리한 것, 을유년(505)에 梁나라가 孔子廟를 세운 것이다.)〔李遼 何 清河人也 所請兗州廟也 何以書 嘉遼也 故特書而揭名之 兗州 夫子所生也 廟廢不修 他可知矣 綱目前書罷遣太學生徒 繼書立佛精舍 於是書請修孔子廟不報 重傷晉也 書孔子廟始此 綱目書孔子廟三(是年 壬午年 宋修孔子廟 乙酉年 梁立孔子廟)〕" ≪書法≫

"晉나라가 나라를 세움에 원대한 계책이 없어서 앞서는 군수 물자로 인하여 태학의 생도를 파하여 보내니, 이 때문에 학교가 마침내 폐하였다. 지금 李遼가 孔子廟를 수리할 것을 청하였는데, 만일 그 말을 따른다면 한 번 兗州에 칙명을 내리는 데 불과할 뿐인데도, 상소문이 들어왔으나 답하지 않았으니, 과연 무엇하는 것인가. 이때에 임금이 불교를 숭상하고 조정의 사대부들은 한창 老莊學을 좋아하였다. 그러므로 하는 바가 이와 같았다. 특별히 써서 폄하하였으니, 매우 부끄럽도다.〔晉氏立國無遠猷 前因軍興罷遣生徒 由是學校遂廢 今李遼請修孔子廟 使其從之 不過一敕下兗州爾 疏入不報 果何爲者 是時 人君崇尙浮屠 而朝廷薦紳 方好老莊 故其所爲如此 特筆貶之 可媿甚矣〕" ≪發明≫

다. 표문을 올렸으나 황제는 살펴보지 않았다.

清河人李遼 上表하여 請敕兗州修孔子廟하고 給戶灑掃하고 仍立庠序以教學者하여 曰 事有如賒而實急者는 此之謂也니이다 疏奏에 不省①하다

① 孔子廟가 魯郡에 있었으니, 魯郡은 前漢 때에는 徐州에 속하였고 後漢과 晉나라 때에는 豫州에 속하였는데, 江表(東晉·南朝) 때에 처음으로 나누어 兗州에 소속시켰다.
孔子廟, 在魯. 魯郡, 前漢屬徐州, 後漢·晉屬豫州, 江表始分屬兗州.

癸巳年(393)

【綱】 晉나라(東晉) 孝武皇帝 太元 18년이다.

十八年이라

【目】 秦나라(前秦) 苻登 太初 8년이고, 燕나라(後燕) 世祖 慕容垂 建興 8년이고, 後秦 太祖 姚萇 建初 8년이고, 魏나라(北魏) 太祖 道武帝 拓跋珪 登國 8년이다.

秦太初八이요 燕建興八이요 後秦建初八이요 魏登國八年이라

【綱】 가을 7월에 秦나라(前秦) 竇衝이 배반하자 秦主 苻登이 그를 토벌하니, 後秦이 太子 姚興으로 하여금 두충을 구원하게 하여 마침내 平涼을 습격하였다.

秋七月에 秦竇衝이 叛이어늘 秦主登이 討之하니 後秦이 使太子興救衝하여 遂襲平涼하다

【目】 秦나라 丞相 竇衝이 배반하여 秦王이라 칭하고 改元하자, 秦主 苻登이 그를 토벌하니 두충이 後秦에게 구원을 청하였다. 尹緯가 後秦主 姚萇에게 말하기를 "太子가 인자하고 후덕함은 세상에 알려졌으나 영명함과 지략은 드러나지 않았으니, 그로 하여금 부등을 공격하게 할 것을 청합니다."라고 하였다. 요장이 그의 말을 따라서 姚興으로 하여금 군대를 거느리고 胡空堡를 공격하게 하자, 부등이 두충의 포위를 풀고 호공보로 달려오니, 요흥이 인하여 平涼을 기습해서 크게 사로잡고 돌아가 다시 長安에 진주하였다.

秦丞相竇衝이 叛하여 稱秦王하고 改元한대 秦主登이 討之하니 衝이 求救於後秦이어늘 尹緯 言於後秦主萇曰 太子仁厚有聞이나 而英略未著하시니 請使擊登하노이다 萇이 從之하여 使興將兵하여 攻

胡空堡한대 登이 解衙圍以赴之하니 興이 因襲平涼하여 大獲而歸하여 復鎭長安[①]하다

① 平涼城은 漢나라 安定郡 鶉陰縣 경계에 있다. 苻登이 大界에서 패전한 뒤로 平涼을 근거지로 삼았다.
平涼城, 在漢安定鶉陰縣界. 登自大界之敗, 以平涼爲根本.

【綱】 겨울 10월에 燕主(後燕) 慕容垂가 西燕을 공격하였다.

冬十月에 燕主垂 擊西燕하다

【目】 燕主 慕容垂가 西燕을 공격할 것을 의논할 적에 장수들이 말하기를 "慕容永이 아직은 큰 허물이 있지 않고 우리는 해마다 정벌하여 사졸들이 피폐하니, 공격해서는 안 됩니다."라고 하였다. 范陽王 慕容德이 말하기를 "모용영은 우리 나라의 방계 족속입니다. 그런데 황제의 지위와 칭호를 참람하게 칭하니, 마땅히 그를 먼저 제거하여 민심을 통일시켜야 합니다."라고 하였다. 모용수는 말하기를 "司徒의 뜻이 참으로 나와 같다. 내 늙음에 이르렀으나 주머니 밑에 있는 지혜를 짜내면 충분히 서연을 점령할 수 있으니, 마침내 이 적을 남겨두어 자손에게 물려주지 않겠다."라고 하고는 마침내 中山을 출발하여 鄴城에 머물렀다.

燕主垂 議伐西燕할새 諸將曰 永이 未有釁하고 我連年征討하여 士卒疲弊하니 未可也니이다 范陽王德이 曰 永은 國之枝葉이라 僭擧位號하니 宜先除之하여 以壹民心이니이다 垂曰 司徒意 正與吾同[①]이라 吾比老나 叩囊底智하면 足以取之니 終不留此賊以遺子孫也리라 遂發中山하여 次于鄴[②]하다

① 慕容德이 이때에 司徒가 되었다.
德時爲司徒.

② 比는 미침이요, 叩는 꺼냄이다. 漢나라 晁錯가 지혜와 구변이 있으니, 智囊이라 불렀다. 慕容垂가 스스로 말하기를 '내 비록 늙었으나 주머니 밑에 남아 있는 지혜를 짜내면 충분히 西燕을 점령할 수 있다.'고 한 것이다.
比, 及也. 叩, 發也. 漢晁錯有智辯, 號曰智囊. 垂自言雖老, 然發囊底所存之餘智, 足以取西燕.

【綱】 12월에 後秦主 姚萇이 卒하니, 太子 姚興이 군대를 거느리고 秦나라(前秦)를 공격하였다.

十二月에 **後秦主萇**이 **卒**하니 **太子興**이 **帥兵擊秦**하다

【目】 姚萇이 병이 위독해지자 長安으로 돌아와서 太尉 姚旻과 僕射 尹緯 등을 불러 遺詔를 받아 정사를 보필하게 하고, 태자 姚興에게 이르기를 "이 公들을 훼방하는 자가 있거든 부디 받아들이지 말라. 너는 너의 형제들을 은혜로 어루만지며 大臣을 예로 대우하며 남을 신의로 대하며 백성을 인자함으로 대하라. 이 네 가지를 잃지 않으면 나는 근심이 없다."라고 하였다. 요장이 卒하자 요흥이 상을 숨겨 발표하지 않고 스스로 大將軍이라 칭하고 군대를 거느리고서 秦나라를 공격하였다.

萇이 疾甚에 還長安하여 召太尉姚旻僕射尹緯等하여 受遺輔政하고 謂太子興曰 有毁此諸公者어든 愼勿受之하라 汝撫骨肉以恩하며 接大臣以禮하며 待物以信하며 遇民以仁하여 四者不失이면 吾無憂矣로라 萇이 卒에 興이 秘不發喪하고 自稱大將軍하고 帥衆伐秦하다

思政殿訓義 ≪資治通鑑綱目≫ 제22권 하

-晉 孝武帝 太元 19년(394)~晉 安帝 隆安 2년(398)-

甲午年(394)

【綱】 晉나라(東晉) 孝武皇帝 太元 19년이다.

十九年이라

【目】 秦主(前秦) 苻崇 延初 원년이고, 燕나라(後燕) 世祖 慕容垂 建興 9년이고, 後秦主 姚興 皇初 원년이고, 魏나라(北魏) 太祖 道武帝 拓跋珪 登國 9년이다. 이해에 秦나라(前秦)와 西燕이 망하니, 큰 나라(後燕, 後秦, 北魏)가 셋이고, 작은 나라(西秦, 後涼)가 둘이니, 합하여 僭國이 다섯이다.

秦主苻崇延初元이요 燕建興九요 後秦主姚興皇初元이요 魏登國九年이라 ◑是歲에 秦及西燕亡하니 大三이라 小二하여 凡五僭國이라

【綱】 봄 정월에 三河王(後涼) 呂光이 禿髮烏孤를 河西都統으로 삼았다.

春正月에 三河王光이 以禿髮烏孤로 爲河西都統하다

【目】 禿髮烏孤는 본래 鮮卑族의 別種이어서 拓跋氏와 조상이 같았는데, 뒤에 河西로 이주하였다. 독발오고가 雄大하고 용맹하며 큰 뜻을 품어서 大將 紛陁(분타)와 함께 涼州를 점령할 것을 모의하였다. 분타가 말하기를 "公이 기필코 양주를 점령하고자 한다면 마땅히 먼저 농업을 힘쓰고 무예를 강습하며 현자를 예우하고 정사를 잘 닦은 뒤에야 가능하다."라고 하니, 독발오고가 그 말을 따랐다.

烏孤는 本鮮卑別種이라 與拓跋同祖러니 後徙河西하다 烏孤雄勇有大志하여 與大將紛陁로 謀取涼州①러니 紛陁曰 公必欲得涼州인댄 宜先務農講武하고 禮賢修政然後에 可也라하니 烏孤從之하다

① 紛은 아마도 오랑캐 姓일 것이다. 涼州를 점령할 것을 도모했다는 것은 呂光을 합병하고자 한 것이다.
紛, 蓋夷姓. 謀取涼州, 欲幷呂光也.

【目】 呂光이 사자를 보내어서 禿髮烏孤를 鮮卑大都統으로 임명하니, 독발오고의 부하들이 모두 말하기를 "우리는 병사와 말이 많습니다. 어찌하여 남에게 소속됩니까."라고 하자, 石眞若留가 말하기를 "우리는 근거지가 아직 견고하지 못하여 큰 나라이든 작은 나라이든 상대가 안 되니, 除授를 받아주어 저들을 교만하게 해서 틈이 있기를 기다려 움직이는 것만 못합니다."라고 하자, 독발오고가 마침내 그 말을 받아들였다.

呂光이 遣使하여 拜烏孤鮮卑大都統하니 群下皆曰 吾士馬衆多라 何爲屬人이리잇고 石眞若留曰① 吾根本未固하여 大小非敵이니 不如受以驕之하여 俟釁而動이니이다 烏孤乃受之하다

① 石眞은 아마도 또한 오랑캐 성일 것이다.
石眞, 蓋亦夷姓.

【綱】 여름 4월에 秦主(前秦) 苻登이 後秦과 싸워 크게 패하고 平涼으로 달아났다.

夏四月에 **秦主登**이 **及後秦戰**하여 **敗績**하고 **奔平涼**하다

【目】 秦主 苻登은 後秦主 姚萇이 죽었다는 말을 듣고 기뻐하여 말하기를 "어린아이 姚興을 내가 회초리를 꺾어 볼기를 치겠다."라고 하고는 마침내 安成王 苻廣에게 남아서 雍州를 지키게 하고 태자 苻崇에게 胡空堡를 지키게 하고서 병력을 총동원하여 동쪽으로 출병하였다.

後秦의 태자 요흥이 尹緯로 하여금 廢橋를 점거하여 상대하게 하였는데, 秦나라 군대가 〈後秦의 군대와〉 물을 다투었지만 얻지 못하여 목말라 죽은 자가 열에 두서넛이었다. 윤위가 秦나라 군대와 싸워 크게 패배시키니, 그 무리가 밤을 틈타 달아나자 부등이 한 필의 말을 타고 雍州로 달아나니, 부숭과 부광이 모두 성을 버리고 달아났다. 부등이 平涼으로 달아나 남은 무리를 거두어 馬毛山으로 들어갔다.

秦主登이 聞後秦主萇死하고 喜曰 姚興小兒를 吾折杖笞之耳라하고 乃留安成王廣守雍하고 太子崇守胡空堡하고 盡衆而東①하다 後秦太子興이 使尹緯로 據廢橋以待之러니 秦兵이 爭水不得하여 渴死什二三이라 緯與戰大敗之하니 其衆夜潰어늘 登單騎奔雍한대 崇廣이 皆棄城走라

登奔平涼하여 收遺衆하여 入馬毛山②하다

① 苻廣은 苻登의 아우이다.
廣, 登之弟也.
② 馬毛山은 平涼의 험한 요새일 것이다.
馬毛山, 蓋平涼之險要處也.

【綱】 5월에 西燕主 慕容永이 燕나라(後燕)와 싸워서 크게 패하였다.

五月에 西燕主永이 及燕戰하여 敗績하다

【目】 燕主 慕容垂가 2월에 장수들을 나누어 배치하고서 壺關과 滏口, 沙亭으로 출동하여 西燕을 공격할 적에 진격할 곳을 표시하여 군대마다 각각 주둔할 곳에 나아가게 하였다. 西燕主 慕容永은 이 말을 듣고 길을 나누어 막아 지켜서 군량을 臺壁에 모으고 병사를 보내어 지키게 하였다. 이윽고 모용수가 鄴城 서남쪽에 군대를 주둔하였는데, 한 달이 지나도록 전진하지 않으니, 모용영은 모용수가 길을 속여 太行山으로 들어오고자 하는 것이라 의심해서 마침내 여러 군대를 모두 거두어 태항산의 입구를 막고 오직 臺壁에만 한 군대를 남겨두었다.

燕主垂 以二月로 部分諸將하여 出壺關滏口沙(庭)〔亭〕[1]하여 以擊西燕할새 標榜所趣하여 軍各就頓①하다 西燕主永이 聞之하고 分道拒守하여 聚糧臺壁하고 遣兵戍之②러니 既而요 垂頓軍鄴西南하여 月餘不進하니 永이 疑垂欲詭道由太行入하여 乃悉斂諸軍하여 杜太行口하고 惟留臺壁一軍이러라

① 滏는 음이 釜이니, 물 이름으로 鄴城에 있다. 庭은 마땅히 亭이 되어야 하니, 그 지역이 업성 서남쪽에 있다. 標(푯말)는 卑遙의 切이니, 燕主 慕容垂가 이때 길을 나누어 진군해서 西燕을 공격하였다. 그러므로 푯말을 세우고 榜文을 걸어두어 여러 군사들이 나아갈 길을 나누어 보여준 것이다. 頓은 행군하면서 머무는 지역이니, '軍各就頓'는 장소를 나누어 군대를 배치하여 적을 의심하게 해서 적군으로 하여금 대비할 방법을 모르게 한 것이다.
滏, 音釜, 水名, 在鄴. 庭, 當作亭, 其地在鄴西南. 標, 卑遙切. 燕主垂時分道進軍, 攻西燕, 故立標揭榜, 分示諸軍所趣之路. 頓者, 軍行頓舍之地. 軍各就頓, 謂分處置兵以疑敵, 使不知所備.
② ≪水經註≫에 "潞縣의 북쪽을 마주한 곳에 옛 臺壁이 있는데, 漳水가 그 남쪽에서 발원하니, 이는 본래 潞子[2]가 세운 것이다.

1) (庭)〔亭〕: 저본에는 '庭'으로 되어 있으나, 아래 訓義에 의거하여 '亭'으로 바로잡았다.

水經註 "潞縣北對故臺壁, 漳水出其南, 本潞子所立也."

【目】 4월에 慕容垂가 대군을 이끌고 滏口로 출동하여 天井關에 들어가서 5월에 臺壁에 이르러 西燕의 군대를 격파하였다. 慕容永은 太行山에 있던 군대를 불러 돌아오게 해서 자신이 직접 거느리고 燕나라(後燕) 군대를 막았다. 모용수가 臺壁 남쪽에 진을 치고 천여 명의 기병을 보내어 시내 아래에 매복하게 하였다. 싸울 때에 미쳐 거짓으로 후퇴하니 모용영의 무리가 추격하였는데, 시냇 가운데에 매복했던 군대들이 일어나 후미를 끊고 여러 군대가 사방에서 함께 진격하여 서연의 군대를 대파하니, 모용영이 달아나 長子로 돌아갔다.

四月에 垂引大軍하고 出滏口하여 入天井關하여 五月에 至臺壁破之①하다 永이 召太行軍還하여 自將拒之어늘 垂陳于臺壁南하여 遣千騎伏澗下②러니 及戰僞退하니 永衆追之어늘 澗中伏發하여 斷其後하고 諸軍이 四面俱進하여 大破之하니 永이 走歸長子하다

① 胡三省이 말하였다. "지금 澤州 晉城縣에 太行關이 있고 태항관 안에 天井泉 세 곳이 있으니, 바로 天井關이다."
胡三省曰 "今澤州晉城縣, 有太行關, 關內有天井泉三所, 卽天井關也."

② 陳(진을 치다)은 陣으로 읽는다.
陳, 讀曰陣.

【綱】 後秦主 姚興이 즉위하였다.

後秦主興이 立하다

【綱】 6월에 〈晉나라(東晉)가〉 會稽太妃 鄭氏[3]를 추존하여 簡文宣太后라 하였다.

◑ 六月에 追尊會稽太妃鄭氏하여 曰簡文宣太后라하다

【目】 신하들이 혹 말하기를 "宣太后를 마땅히 元帝에게 배향하여야 합니다."라고 하니, 太子前率 徐邈이 말하기를 "太后가 평소 先帝에게 짝이 되지 못하였으니, 자손이 어찌

2) 潞子 : 春秋時代의 인물로, 赤狄의 別種이다.(≪春秋左氏傳≫ 魯 宣公 15년 조)

3) 鄭氏 : 晉 元帝의 후궁인 鄭阿春으로 晉 簡文帝의 생모이며 孝武帝의 祖母이다. 간문제가 즉위하여 1년도 안 돼서 죽자 추존하지 못하였다. 간문제의 아들 司馬道子에게 정아춘의 제사를 받들게 하였는데, 사마도자가 會稽王에 봉해졌기 때문에 會稽太妃라 한 것이다.

祖考를 위하여 配位로 세울 수 있겠습니까."라고 하였다. 國學明教 臧燾(장도)가 말하기를 "존호가 바루어지고 나면 황제의 망극한 심정이 펴지고, 별도로 寢廟를 세우면 아버지(元帝) 사당을 높이는 의리가 드러나고, 아들(簡文帝)과 연관하여 칭호를 하면 태후가 귀해진 이유를 밝히게 됩니다. 일거에 세 가지 의리에 부합하니, 좋지 않습니까."라고 하였다. 이에 太廟의 길 서쪽에 태후의 사당을 세웠다.

群臣이 或謂宣太后 應配食元帝라하니 太子前率徐邈曰 太后平素에 不伉儷於先帝①하시니 子孫이 豈可爲祖考立配②리오 國學明教臧燾曰③ 尊號既正이면 則罔極之情申하고 別建寢廟면 則嚴禰之義顯하고 繫子爲稱이면 兼明貴之所由니 一擧而允三義 不亦善乎④잇가 乃立廟於太廟路西(下)[4]하다

① '不伉儷於先帝'는 正妃가 아님을 말한 것이다. 伉은 苦浪의 切이니 대등함이요, 儷은 力計의 切이니 나란히 함이다.
言非正妃. 伉, 苦浪切, 敵也. 儷, 力計切, 竝也.
② 爲(위하다)는 去聲이다.
爲, 去聲.
③ 國學明教의 관직은 마땅히 明帝와 簡文帝 때에 설치했을 것이다.
國學明教之官, 當置於明帝・簡文時也.
④ 嚴은 높임이다. 禰는 아버지 사당이다. '繫子爲稱'은 '簡文'을 '宣太后'의 앞에 연결하여 〈簡文宣太后라 한〉 것이다. ≪春秋公羊傳≫에 "어머니는 자식 덕분에 귀해진다."[5]라고 하였다.
嚴, 尊也. 禰, 父廟也. 繫子爲稱, 簡文繫之宣太后之上也. 春秋傳曰 "母以子貴."

【綱】 가을 7월에 後秦主 姚興이 秦主 苻登을 공격하여 죽이니, 秦나라(前秦) 太子 苻崇이 즉위하여 湟中으로 달아났다.

秋七月에 後秦主興이 擊秦主登하여 殺之하니 秦太子崇이 立하여 奔湟中하다

【綱】 8월에 〈晉나라(東晉)가〉 太妃 李氏[6]를 높여 皇太后라 하였다.

---

4) (下) : 저본에는 '下'가 있으나, ≪資治通鑑綱目≫(≪朱子全書≫ 9, 上海古籍出版社)에 의거하여 衍字로 처리하였다.

5) 어머니는……귀해진다 : 庶子가 지위를 계승한 경우 그 생모 또한 아들로 인하여 지위가 높아지는 것으로, ≪春秋公羊傳≫ 隱公 원년에 "桓公은 어찌하여 귀한가? 어머니의 신분이 귀하기 때문이다. 어머니의 신분이 귀하면 자식은 어찌하여 귀해지는가? 자식은 어머니 덕분에 귀해지고 어머니는 자식 덕분에 귀해지는 것이다.〔桓 何以貴 母貴也 母貴則子何以貴 子以母貴 母以子貴〕"라고 보인다.

6) 太妃 李氏 : 晉 簡文帝의 后妃 李陵容이다. 孝武帝의 생모로 孝武文皇太后이다.

◑ 八月에 尊太妃李氏하여 爲皇太后하다

【目】 황태후는 崇訓宮에 거처하였다.

居崇訓宮하다

【綱】 燕主(後燕) 慕容垂가 長子를 포위하여 함락하고 西燕主 慕容永을 죽였다.

燕主垂 圍長子拔之하고 殺西燕主永하다

【目】 慕容永이 몹시 곤궁하여 晉나라(東晉)와 魏나라(北魏)에 구원을 청하였는데, 구원병이 모두 오기 전에 장병들이 성문을 열고 燕나라 군대를 받아들이니, 燕主 慕容垂가 모용영을 사로잡아 참수하고 그가 거느리고 있던 8개 郡의 7만여 호를 얻었다.

永이 困急하여 求救於晉魏러니 兵皆未至에 將士開門納燕兵하니 燕主垂 執永斬之하고 得所統八郡七萬餘戶하다

【綱】 겨울에 秦主 苻崇과 隴西王 楊定이 西秦을 공격하다가 군대가 패하여 모두 전사하니, 양정의 아우 楊盛이 사신을 晉나라(東晉)에 보내어 와서 藩臣을 칭하였다.

冬에 秦主崇과 及隴西王楊定이 攻西秦이라가 兵敗皆死하니 定弟盛이 遣使來稱藩하다

【目】 西秦主 乞伏乾歸가 秦主 苻崇을 공격하니, 부숭이 隴西王 楊定에게로 달아났다. 양정이 3만 병사를 인솔하고 부숭과 함께 걸복건귀를 공격하다가 대패하여 죽임을 당하니, 苻氏가 마침내 망하였다. 걸복건귀가 이에 隴西 지역을 모두 차지하고서 스스로 秦王이라 칭하였다. 양정의 숙부의 아들 楊盛이 먼저 仇池를 지키면서 스스로 秦州刺史 仇池公이라 칭했는데, 마침내 사자를 晉나라에 보내어 번신을 칭하니, 晉나라에서는 氐族과 羌族을 나누어 20개 部의 護軍을 만들어서 각각 鎭戍로 삼고 郡縣을 설치하지 않았다.

西秦主乾歸 攻秦主崇하니 崇이 奔隴西王楊定한대 定이 帥衆三萬하여 與崇共攻乾歸라가 大敗見殺하니 苻氏遂亡이라 乾歸 於是에 盡有隴西之地하여 自稱秦王하다 定叔父之子盛이 先守仇池하여 自稱秦州刺史仇池公이러니 乃遣使稱藩于晉하니 分氐羌하여 爲二十部護軍하여 各爲鎭戍하고 不

置郡縣하다

【綱】 秦나라(後秦)가 燕나라(後燕)에 사신을 보내었다.

秦이 遣使如燕하다

【目】 이후로 姚氏를 다만 秦이라고 칭하였다.

是後에 姚氏를 止稱秦하다

乙未年(395)

【綱】 晉나라(東晉) 孝武皇帝 太元 20년이다.

二十年이라

【目】 燕나라(後燕) 世祖 慕容垂 建興 10년이고, 秦主(後秦) 姚興 皇初 2년이고, 魏나라(北魏) 太祖 道武帝 拓跋珪 登國 10년이다.

燕建興十이요 秦皇初二요 魏登國十年이라

【綱】 봄 정월에 燕나라(後燕)가 秦나라(後秦)에 사신을 보내었다.

春正月에 燕이 遣使如秦하다

【綱】 3월 초하루에 일식이 있었다.

◑ 三月朔에 日食하다

【綱】 〈晉나라(東晉)가〉 丹陽尹 王雅에게 太子少傅를 겸하게 하였다.

◑ 以丹陽尹王雅로 領太子少傅하다

【目】 이때 會稽王 司馬道子가 권력을 전횡하며 사치하고 방종하다. 趙牙는 본래 倡優(광대)

출신이고, 茹千秋는 본래 도적을 잡는 낮은 관리였는데, 이 두 사람이 모두 아첨을 하고 뇌물을 써서 등용되니, 사마도자는 조아를 郡守로 삼고 여천추를 參軍으로 삼았다.

조아가 사마도자를 위하여 東第(王侯의 저택)를 개설하여 산을 쌓고 못을 파니, 공사를 하는 데 鉅萬의 비용이 들었다. 황제(孝武帝)가 일찍이 그의 저택에 가서 사마도자에게 이르기를 "會稽王府 안에 마침내 이러한 산이 있으니, 매우 좋다. 그러나 집을 꾸민 것이 너무 지나치다."라고 하니, 사마도자는 대답할 말이 없었다. 황제가 떠난 뒤에 사마도자가 조아에게 이르기를 "황제께서 만약 이 산이 사람의 힘으로 만든 것임을 안다면 너는 반드시 죽을 것이다."라고 하니, 조아가 말하기를 "公이 살아 계시니, 제가 어찌 감히 죽겠습니까."라고 하고는 저택을 경영하고 짓는 것을 더욱 심하게 하였다.

時에 會稽王道子 專權奢縱이러니 趙牙는 本倡優요 茹千秋는 本捕賊吏也어늘 皆以諂賂得進[①]하니 道子以牙爲郡守하고 千秋爲參軍하다 牙爲道子開東第하여 築山穿池하니 功用鉅萬[②]이라 帝嘗幸其第하여 謂道子曰 府內에 乃有山하니 甚善이라 然이나 修飾太過로다 道子無以對러니 帝去에 道子謂牙曰 上이 若知山是人力所爲면 爾必死矣리라 牙曰 公在어니 牙何敢死리잇고하고 營作彌甚이러라

① 茹는 음이 如이고, 또 而據의 切이니 姓이다.
茹, 音如, 又而據切, 姓也.
② '牙爲'의 爲(위하다)는 去聲이다.
牙爲之爲, 去聲.

【目】 茹千秋는 관직을 팔아먹고 권력을 농간하여 재물을 모은 것이 몇 億이었는데, 博平令 聞人奭이 상소하여 이것을 말하였다. 황제는 司馬道子를 더욱 미워하였으나 太后에게 핍박받아 차마 그를 폐출하지 못하고, 마침내 王恭과 殷仲堪, 王珣과 王雅 등을 발탁하여 내외의 요직에 두어 그를 막게 하니, 사마도자 역시 王國寶와 王緖를 끌어와 심복으로 삼았다. 이로 말미암아 붕당이 다투어 일어나 다시는 예전처럼 우애하는 기쁨이 없으니, 태후가 매번 화해시켰다.

千秋 賣官招權하여 聚貨累億이어늘 博平令聞人奭이 上疏言之[①]한대 帝益惡(오)道子로되 而逼於太后하여 不忍廢黜하고 乃擢王恭, 殷仲堪, 王珣, 王雅等하여 居內外要任以防之하니 道子亦引王國寶, 王緖爲心腹[②]이라 由是로 朋黨競起하여 無復曩時友愛之驩矣하니 太后每和解之러라

① 博平縣은 漢나라 때에는 東郡에 속하였고, 晉나라 때 는 平原郡에 속하였고, 江左(東晉·南朝) 때에는 魏郡에 속하였으니, 郡과 함께 모두 僑置한 것이다. 聞人은 複姓이고 奭은 그의 이름

이다.

博平縣, 漢屬東郡, 晉屬平原郡, 江左屬魏郡, 與郡皆僑置. 聞人, 複姓. 奭, 其名也.

② 王緖는 王國寶의 從弟이다.

緖, 國寶之從弟.

【目】 徐邈이 황제에게 말하기를 "漢나라 文帝는 현명한 군주였으나 오히려 淮南王을 죽게 함을 후회하였으니,[7] 會稽王(司馬道子)이 비록 술에 취하고 설만하게 행동하는 잘못이 있으나, 마땅히 너그럽게 용서하여 태후의 마음을 위로해야 합니다."라고 하였다. 황제는 그 말을 받아들여서 사마도자를 예전처럼 직무를 맡겼다.

徐邈이 言於帝曰 漢文은 明主로되 猶悔淮南하니 會稽王이 雖有酣媟之累나 宜加弘貸以慰太后之心①이니이다 帝納之하여 委任道子를 如故러라

① 媟은 私列의 切이니, 친압하고 설만함이다.

媟, 私列切, 嬻也, 慢也.

【綱】 여름 5월에 燕나라(後燕)가 太子 慕容寶를 보내어 魏나라(北魏)를 공격해서 가을 7월에 別部를 항복시키고 전진하여 臨河에 주둔하였다.

夏五月에 燕이 遣其太子寶擊魏하여 秋七月에 降其別部하고 進軍臨河하다

【目】 魏王 拓跋珪가 燕나라를 배반하여 변방에 있는 여러 部를 침략하고 핍박하자, 燕主 慕容垂가 太子 慕容寶를 보내어 8만의 병력을 인솔하고 五原에서 위나라를 공격하니, 散騎常侍 高湖가 다음과 같이 간하였다.

"위나라와 연나라는 대대로 혼인을 하여 우호를 맺은 지가 오래되었습니다. 중간에 말〔馬〕을 요구하였으나 얻지 못하여 그 아우를 억류하였으니, 이는 잘못이 우리에게 있는데, 어찌하여 갑자기 위나라를 공격하십니까. 涉珪(拓跋珪)는 침착하고 용맹하며 지략이 있고, 어려서부터 어려운 일을 겪었으며, 정예병과 강한 군마를 보유하였으니, 가

7) 漢나라……하였으니 : 淮南王 劉長은 漢 高祖의 아들이자 文帝의 아우이다. 그는 오만불손한 행동을 하였으나 문제가 눈감아주며 타일렀으나, 오히려 흉노 등과 내통하여 반란을 꾀하였다. 문제는 회남왕의 추종자들을 모두 토벌하고 그를 蜀 지역으로 귀양 보냈는데, 회남왕은 도중에 분을 참지 못하고 굶어 죽었다. 문제는 이를 슬퍼하여 회남왕을 '厲王'이라 시호하고, 列侯의 禮로 雍 땅에 장례하고 무덤을 지키는 30가호를 배치하였으며, 그의 세 아들을 모두 王으로 봉하였다.(≪資治通鑑綱目≫ 권3 漢 文帝 6년(B.C. 174))

볍게 보아서는 안 됩니다. 그런데 태자는 나이가 어리고 기운이 왕성하여 반드시 위나라를 얕볼 것이니, 만에 하나라도 바라는 대로 되지 않으면 위엄과 중한 명망을 손상시킬 것이니, 폐하께서는 헤아리소서."

모용수가 노하여 고호를 파직하니, 고호는 高泰의 아들이다.

魏王珪叛燕하여 侵逼附塞諸部[8)]어늘 燕主垂 遣太子寶하여 帥衆八萬하여 自五原伐魏하니 散騎常侍高湖 諫曰 魏與燕이 世爲婚姻하여 結好久矣[①]라 間以求馬不獲而留其弟하니 曲在於我어늘 柰何遽擊之[②]니잇고 涉珪는 沈勇有謀하고 幼歷艱難하며 兵精馬彊하니 未易輕也[③]라 太子는 年少氣銳[9)]하니 必小魏而易之리니 萬一不如所欲이면 傷威損重이니 願陛下는 圖之하소서 垂怒하여 免湖官하니 湖는 泰之子也라

① 拓跋什翼犍이 두 번 慕容氏에게 장가들었는데 아내가 모두 일찍 죽었다. 哀帝 隆和 원년(362)에 탁발십익건이 딸을 燕나라에 바쳤고, 연나라에서는 또 딸을 魏나라에게 시집보내었다.
什翼犍兩娶於慕容, 皆早卒. 哀帝隆和元年, 什翼犍納女於燕, 燕又以女妻之.

② 間은 中間을 이른다.
間, 謂中間.

③ 涉珪는 바로 拓跋珪이다. 처음에 그 조부 拓跋什翼犍이 涉圭라 이름하였는데, 뒤에 圭를 고쳐 珪라 하였다.
涉珪, 卽拓跋珪也. 初其祖什翼犍, 命名曰涉圭, 後改圭作珪.

【目】魏나라(北魏) 張袞이 拓跋珪에게 말하기를 "燕나라(後燕)가 자주 승리함에 익숙하여 우리를 얕보는 마음이 있으니, 마땅히 우리의 형세를 허약하게 보여서 저들을 교만하게 만들어야 비로소 이길 수 있습니다."라고 하였다. 탁발규가 이 말을 따라서 부락과 가축을 모두 옮겨서 서쪽으로 河水를 건너 천여 리를 가서 피하게 하였다. 연나라 군대가 五原에 이르러 위나라의 別部 3만여 가호를 항복시키고 기장밭〔穄田〕에서 기장 100여만 斛을 거두고 전진하여 臨河에 주둔해서 배를 만들어 강을 건너갈 준비를 하였다.

魏張袞이 言於珪曰 燕이 狃於屢勝하여 有輕我心하니 宜羸(리)形以驕之라야 乃可克也니이다 珪從之하여 悉徙部落畜産하여 西渡河千餘里以避之하다 燕軍이 至五原하여 降魏別部三萬餘家하고 收穄田百餘萬斛[①]하고 進軍臨河하여 造船爲濟具[②]러라

① 胡三省이 말하기를 "穄는 子例의 切이니 기장이니, 지금 남쪽 사람들은 기장을 불러 穄라

8) 部 : 참고로 《資治通鑑綱目》(《朱子全書》 9, 上海古籍出版社)에는 '郡'으로 되어 있다.
9) 銳 : 참고로 《資治通鑑綱目》(《朱子全書》 9, 上海古籍出版社)에는 '壯'으로 되어 있다.

한다. 북쪽 지방은 땅이 추워서 五穀이 자라지 않고 오직 기장만이 자란다. 그러므로 기장밭이 있는 것이다."라고 하였고, 項安世가 말하기를 "기장은 두 종류가 있다. 찰기장〔正黍〕은 조와 비슷한데 크고 5월에 익으니, 지금 荊州 사람들이 이것을 오로지 黍라고 이르고 또 黍穄라고 이르는 것이 이것이다. 또 한 종류는 키가 더욱 크고 줄기의 모양이 갈대와 비슷하고 열매의 모양이 율무와 비슷하니, 형주 사람들이 이것을 討黍라 하고 또 蘆穄라 한다. 그러나 이것은 가을에 익으니, 찰기장이 아니다."라고 하였다.

胡三省曰 "穄, 子例切, 糜(미)也, 今南人呼黍爲穄. 北方地寒, 五穀不生, 唯黍生之, 故有穄田." 項安世曰 "黍有二種. 正黍, 似粟而大, 以五月熟, 今荊人專謂之黍, 又謂之黍穄是也. 又一種尤高大, 稈之狀, 至如蘆, 實之狀, 至如薏苡, 荊人謂之討黍, 又謂之蘆穄. 然以秋而熟, 非正黍也."

② ≪水經≫에 "河水는 新秦 중간에서 꺾여 남쪽으로 흐르고 五原, 西安陽, 成宜, 宜梁, 臨沃, 稒陽 등의 縣 남쪽을 지나간다."라고 하였다.

水經 "河水自新秦中, 屈而南流, 過五原·西安陽·成宜·宜梁·臨沃·稒陽等縣南."

【綱】 禿髮烏孤가 廉川으로 천도하였다.

禿髮烏孤 徙都廉川하다

【目】 禿髮烏孤가 乙部와 折掘部를 공격하여 항복시키고 廉川으로 천도하였다. 廣武의 趙振이 어려서부터 기이한 지략을 좋아하였는데, 집을 버리고 독발오고를 따라가자, 독발오고가 기뻐하며 말하기를 "내가 趙生을 얻었으니, 大事가 이루어지겠다."라고 하고는 左司馬로 임명하였다.

烏孤 擊乙弗, 折掘部하여 **降之**하고 **徙都廉川**①하다 **廣武趙振**이 **少好奇略**이러니 **棄家從烏孤**한대 **烏孤喜曰 吾得趙生**하니 **大事濟矣**라하고 **拜左司馬**하다

① 乙弗部와 折掘部는 모두 禿髮氏의 서쪽에 있다. 廉川은 湟中과 河西의 경계에 있다.

乙弗·折掘二部, 皆在禿髮氏之西. 廉川, 在湟中·河西界.

【綱】 長星이 나타났다.

長星이 **見**[10)]하다

10) 長星見 : "≪資治通鑑綱目≫에 長星을 쓴 것이 3번이다.(漢 文帝 8년(B.C. 172), 景帝 3년(B.C. 154), 武帝 元狩 4년(B.C. 119)이다.) 長星이 나온 곳을 쓰지 않은 적이 없었는데, 여기서는 다만 나타났다고만 쓴 것은 어째서인가. 특별히 생략한 것이다. 이때 長星이 나타나서 須女星에서 哭星까지

【目】長星이 나타나 須女星에서 哭星에까지 이르니, 황제(晉 孝武帝)가 내심 이것을 싫어하여, 華林園에서 술잔을 들어 축원하기를 "장성아, 너에게 한 잔의 술을 권하노니, 예로부터 어찌 만세의 천자가 있었겠는가."라고 하였다.

有長星이 見(현)하여 自須女로 至于哭星①하니 帝心惡(오)之하여 於華林園에 擧酒祝之曰 長星아 勸汝一杯酒하노니 自古로 何有萬歲天子邪②아하다

① ≪晉書≫ 〈天文志〉에 "須女星은 4개의 별로 이루어져 있으니, 須는 賤妾의 칭호로 부인의 직책에 낮은 자이다. 斗宿, 牛宿, 女宿는 揚州의 분야이다. 虛宿는 두 별이고 危宿는 세 별인데, 모두 死喪과 哭泣을 주관한다. 墳墓星 네 별이 危宿의 아래에 있으니, 死喪과 哭泣를 주관하여 墳墓가 된다."라고 하였다.
天文志 "須女四星. 須, 賤妾之稱, 婦職之卑者也. 斗·牛·女, 揚州分. 虛二星, 危三星, 皆主死喪哭泣. 墳墓四星, 屬危之下, 主死喪哭泣, 爲墳墓也."

② 晉나라는 建康에 도읍하면서 洛都을 모방하여 華林園을 세웠다.
晉都建康, 倣洛都, 起華林園.

【綱】9월에 魏王(北魏) 拓跋珪가 군대를 거느리고 燕나라(後燕)를 막으니, 겨울 10월에 연나라 군대가 밤에 도망하였다. 11월에 탁발규가 추격하여 參合陂에 이르러서 연나라 군대를 크게 패배시켰다.

九月에 魏王珪 將兵拒燕하니 冬十月에 燕軍이 夜遁이라 十一月에 追至參合陂하여 大敗之하다

【目】9월에 魏王 拓跋珪가 전진하여 臨河에 주둔하였다. 燕나라 태자 慕容寶가 군대

이르렀는데, 貴人 張氏가 황제를 시해한 것이 부절을 맞춘 듯이 징험되었다. ≪자치통감강목≫은 견강부회하는 것을 싫어하므로 다만 나타났다고 쓴 것이다.〔綱目 書長星三矣(漢文帝八年 景帝三年 武帝元狩四年) 未有不書所出者 此其止書見 何 特略之也 於是長星見 自須女至于哭星 貴人張氏之弑 若合符節矣 綱目 惡傅會 故止書見〕" ≪書法≫

"옛사람은 별의 변고를 만나면 두려워하였는데, 후세의 사람들은 별의 변고를 만나면 안일하게 여겼으니, 秦主 苻生이 '太白星이 목말라 우물에 들어갔다.'라고 하고, 晉나라 孝武帝가 長星에 술잔을 권한 것이 그 예이다. ≪資治通鑑綱目≫에서 이것을 쓸 적에 애당초 특이한 말이 없다. 그러나 당시에 별의 변고를 보고 실제로 행실을 닦고 살폈다는 말을 듣지 못했는데, 일찍이 한 해를 넘기기 전에 화가 미쳤으니, 하늘의 변고의 형체가 매우 빠르게 응한다는 것을 알 수 있다. 어찌 얕보고 소홀히 여길 수 있겠는가. 이것을 쓴 것은 또한 후세의 감계로 삼은 것이다.〔古人遇星變則恐懼 後世遇星變則戲豫 若秦主生謂太白爲渴入井 晉孝武勸長星杯酒 是已 綱目書之 初無異詞 然當時不聞有修省之實 曾未閱歲而見及 則知天變之形 其應甚速 尙可以玩忽待之乎 書此 亦所以爲後世鑑也〕" ≪發明≫

를 진열하여 장차 河水를 건너려 하였는데, 바람에 배가 표류하여 南岸에 정박하니, 魏나라가 연나라의 甲士 300여 명을 사로잡아서 모두 풀어주어 보내었다.

모용보가 中山을 출발할 적에 燕主 慕容垂가 이미 병이 들었는데, 모용보가 五原에 이르자, 탁발규가 사람을 시켜 중산의 길을 막아 모용보의 사자를 살펴서 모두 사로잡으니, 모용보 등이 몇 달 동안 모용수의 안부를 듣지 못하였다. 탁발규는 사로잡은 사자로 하여금 河水에 임하여 모용보에게 고하기를 "네 아비가 이미 죽었으니, 어찌 일찍 돌아가지 않는가."라고 하였다. 이에 모용보 등이 근심하고 두려워하고 사졸들이 놀라 동요하였다.

九月에 魏王珪 進軍臨河하니 燕太子寶 列兵將濟러니 風漂其船하여 泊南岸하니 魏獲其甲士三百餘人하여 皆釋而遣之하다 寶之發中山也에 燕主垂 已有疾이러니 既至五原에 珪使人邀中山之路하여 伺其使者하여 盡執之하니 寶等이 數月不聞垂起居라 珪使所執使者로 臨河告之曰 若父已死하니 何不早歸오한대 寶等憂恐하고 士卒駭動이러라

【目】拓跋珪가 略陽公 拓跋遵으로 하여금 7만 騎兵을 거느리고 燕나라(後燕) 군대의 남쪽을 차단하게 하였다.

10월에 연나라 군대가 배를 불태우고 밤에 도망하니, 이때 河水에 아직 얼음이 얼지 않았다. 慕容寶는 위나라 군대가 반드시 하수를 건너지 못할 것이라 여겨 척후병을 보내지 않았다.

그런데 11월에 폭풍이 불어서 얼음이 얼어 탁발규가 군대를 이끌고 하수를 건너고서, 정예 기병 2만여 명을 선발하여 〈연나라 군대를〉 급히 추격하였다. 연나라 군대가 參合陂에 이르자, 큰 바람이 불어 제방과 같은 먹구름이 군영 뒤에서 와서 군대 위를 덮었다. 沙門 支曇猛이 말하기를 "위나라 군대가 장차 몰려올 징후이니, 마땅히 군대를 보내어 막아야 합니다."라고 하였으나, 모용보가 응하지 않았다. 司徒 慕容德이 모용보에게 지담맹의 말을 따를 것을 권하자, 모용보는 마침내 趙王 慕容麟을 보내어 3만 명의 기병을 거느리고 군대 후미에 있으면서 비상사태에 대비하게 하였다. 그러나 모용린 또한 지담맹의 말을 허망한 말이라 하여 기병들을 풀어놓아 나가 사냥하고는 더 이상 대비하지 않았다.

珪使略陽公遵으로 將七萬騎하여 塞燕軍之南①하다 十月에 燕軍이 燒船夜遁하니 時에 河冰未結이라 寶以魏軍必不能度라하여 不設斥候러니 十一月에 暴風冰合하니 珪引兵濟河하여 選精銳二萬餘騎하여

急追之하다 燕軍이 至參合陂하니 有大風하고 黑氣如堤하여 自軍後來하여 覆軍上②이라 沙門支曇猛曰③ 魏軍將至之候니 宜遣兵禦之하소서 寶不應이러니 司徒德이 勸寶從之하니 寶乃遣趙王麟하여 帥騎三萬하고 居軍後하여 以備非常하다 麟亦以曇猛言爲妄하여 縱騎遊獵하고 不復設備러라

① 拓跋遵은 拓跋什翼犍의 손자이다.
遵, 什翼犍之孫也.

② 後漢 淮陽王(劉玄) 更始 원년(23)에 王邑이 昆陽을 포위하자, 낮에 무너지는 산과 같은 검은 구름이 군대 위로 떨어지니 군인들이 모두 싫어하였는바, 이것을 營頭星이라 한다. 占에 이르기를 "營頭星이 떨어져서 그 아래에 있는 군대를 덮으면 피가 흘러 30리에 이른다."라고 하였다. 覆(덮다)는 扶又의 切이다.
後漢淮陽王更始元年, 王邑圍昆陽, 晝有黑氣如壞山, 墮軍上, 軍人皆厭, 所謂營頭之星也. 占曰"營頭之所墮, 其下覆軍, 流血三十里." 覆, 扶又切.

③ 支는 曇猛의 俗姓이다.
支者, 曇猛之俗姓.

【目】 魏나라(北魏) 군대가 새벽부터 밤늦도록 행군하면서 속도를 배가하여 參合陂 서쪽에 이르니, 燕나라(後燕) 군대는 삼합피 동쪽 산 남쪽의 물가에 있었다. 拓跋珪가 밤에 장수들을 나누어 배치하고 사졸에게는 입에 재갈을 물리고 말의 주둥이를 묶고 은밀하게 진군하여 새벽에 산에 올라가 아래의 연나라 진영을 굽어보니, 연나라 군사들이 크게 놀라 소요하였다. 탁발규가 군대를 풀어 공격하니, 죽은 자가 만 명으로 헤아려졌다. 略陽公 拓跋遵이 군대를 돌려 그 앞을 공격해서 다시 4, 5만 명을 사로잡으니, 慕容寶 등은 單騎로 도망하여 겨우 죽음을 면하였다.

魏軍이 晨夜兼行하여 至參合陂西하니 燕軍이 在陂東山南水上①이라 珪夜部分諸將[11)]하여 令士卒銜枚하고 束馬口하고 潛進하여 旦日登山하여 下臨燕營하니 燕軍이 大驚擾亂이라 珪縱兵擊之하니 死者以萬數러라 略陽公遵이 還兵擊其前하여 復禽四五萬人하니 寶等이 單騎僅免하다

① 山은 蟠羊山을 이른다. ≪水經註≫에 "可不埿水는 雁門 沃陽縣 동남쪽 60리 산 아래에서 발원하여 서북쪽으로 沃水에 흘러 합류하여 동쪽으로 흘러 參合縣 남쪽을 지나간다."라고 하였다.
山, 謂蟠羊山. 水經註 "可不埿水, 出雁門沃陽縣東南六十里山下, 西北流注沃水, 合流而東, 逕參合縣南."

11) 將 : 참고로 ≪資治通鑑綱目≫(≪朱子全書≫ 9, 上海古籍出版社)에는 '部'로 되어 있다.

【目】拓跋珪는 燕나라 신하 중에 재주가 있는 자를 가려서 남겨두고 그 나머지는 모두 옷과 양식을 주어 돌려보내어 中州(中原)의 사람들을 불러 회유하게 하니, 中部大人 王建이 말하기를 "연나라 무리가 강성하니 이들을 다 죽이는 것만 못합니다. 그들을 다 죽이면 연나라가 텅 비어서 취하기가 쉽습니다."라고 하자, 탁발규는 마침내 모두 묻어 죽이고 돌아갔다.

연나라 司徒 慕容德이 慕容垂에게 말하기를 "오랑캐들은 參合陂의 승리로 인하여 태자를 얕보는 마음이 있으니, 마땅히 폐하께서 신묘한 지략이 있을 때에 저들을 복종시켜야 합니다. 그렇지 않으면 장차 후환이 될 것입니다."라고 하니, 모용수는 마침내 중산에 군대를 모아 다음 해 크게 거병하여 위나라를 공격할 것을 기약하였다.

珪擇燕臣之有才用者하여 留之하고 其餘는 悉給衣糧遣還하여 以招懷中州之人하니 中部大人王建曰 燕衆彊盛하니 不如悉殺之니 則其國空虛하여 取之爲易라한대 乃盡坑之而還하다 燕司徒德이 言於垂曰 虜以參合之捷으로 有輕太子心하니 宜及陛下神略以服之라 不然이면 將爲後患하리이다 垂乃會兵中山하여 期以明年에 大擧擊魏하다

丙申年(396)

【綱】晉나라(東晉) 孝武皇帝 太元 21년이다.

二十一年이라

【目】燕主(後燕) 慕容寶 永康 원년이고, 秦主(後秦) 姚興 皇初 3년이고, 魏나라(北魏) 太祖 道武帝 拓跋珪 皇始 원년이다. 涼王(後涼) 呂光 龍飛 원년이다.

燕主慕容寶永康元이요 秦皇初三이요 魏皇始元年이라 ◑ 涼龍飛元年이라

【綱】봄 윤3월에 燕主(後燕) 慕容垂가 魏나라(北魏)의 平城을 기습하여 점령하고, 여름 4월에 돌아오다가 上谷에서 卒하니, 太子 慕容寶가 즉위하였다.

春閏三月에 燕主垂 襲魏平城하여 克之하고 夏四月에 還이라가 卒于上谷하니 太子寶立하다

【目】燕主 慕容垂가 范陽王 慕容德을 남겨두어 中山을 지키게 하고, 군대를 이끌고 은밀

히 출발하여 靑嶺을 넘고 天門을 경유하면서 산을 뚫어 길을 통해서 魏나라가 생각하지 못했을 때에 출동하여 곧바로 雲中을 향해 전진하였다. 위나라 陳留公 拓跋虔이 平城에 진주하였는데 모용수가 습격하니, 탁발건이 나와 싸우다가 패하여 죽자 연나라 군대가 그의 부락을 모두 거두었다. 魏王 拓跋珪가 놀라고 두려워하여 달아나려고 하였는데, 여러 부락이 다 배반할 마음을 품었으므로 탁발규는 어디로 가야 할지를 알지 못하였다.

燕主垂 留范陽王德하여 守中山하고 引兵密發하여 踰靑嶺經天門하여 鑿山通道하여 出魏不意하여 直指雲中[①]하다 魏陳留公虔이 鎭平城이어늘 垂襲之하니 虔이 出戰敗死[②]한대 燕軍이 盡收其部落하다 魏王珪震怖欲走하니 諸部皆有貳心이라 珪不知所適이러라

① 靑嶺은 아마도 이곳이 바로 廣昌嶺일 것이다. 代郡 廣昌縣 남쪽에 있으니, 이른바 五迴道라는 것이다. 그 남쪽은 층층의 벼랑이 하늘을 찌르고 험준하게 바위가 쌓여 직선으로 바위가 서 있으니, 아마도 이곳이 바로 天門일 것이다.
靑嶺, 蓋卽廣昌嶺, 在代郡廣昌縣南, 所謂五迴道也. 其南, 層崖刺天, 積石之峻, 壁立直上, 蓋卽天門也.

② 拓跋虔은 拓跋什翼犍의 손자이다.
虔, 什翼犍之孫也.

【目】 慕容垂가 參合陂를 지나갈 적에 산처럼 쌓인 해골을 보고는 그들을 위하여 제사를 지내니, 군사들의 통곡 소리가 산골짜기를 진동하였다. 모용수는 부끄럽고 분하여 피를 토하니 이로 인해 병이 났었는데, 이때 이르러 더욱 심해져서 마침내 燕昌城을 쌓고 돌아가다가 上谷에서 卒하니, 慕容寶가 즉위하였다.

垂之過參合陂也에 見積骸如山하고 爲之設祭하니 軍士慟哭하여 聲震山谷이라 垂慙憤嘔血하여 由是發疾이러니 至是轉篤하여 乃築燕昌城而還이라가 卒于上谷하니 寶卽位[①]하다

① ≪水經≫에 "燕昌城은 平城 북쪽 40리 지점에 있다."라고 하였다.
水經 "燕昌城, 在平城北四十里."

【綱】 5월에 燕나라(後燕)가 慕容德을 冀州牧으로 삼아서 鄴城을 지키게 하고 慕容農을 幷州牧으로 삼아 晉陽을 지키게 하였다.

五月에 燕以慕容德爲冀州牧하여 守鄴하고 慕容農爲幷州牧하여 守晉陽하다

【綱】 燕主(後燕) 慕容寶가 太后 段氏를 시해하였다.

◑燕主寶 弑其太后段氏하다

【目】 처음에 燕主 慕容垂의 先段后는 아들 慕容令과 慕容寶를 낳았고, 後段后는 아들 慕容朗, 慕容鑑, 慕容愛를 낳았으나, 모용수는 여러 후궁의 아들인 慕容麟, 慕容農, 慕容隆, 慕容柔, 慕容熙를 사랑하였다. 모용보가 처음 태자가 되었을 때에 훌륭하다는 칭찬이 있었는데, 얼마 안 되어 주색에 빠지고 태만하니, 온 나라가 실망하였다.

後段后가 일찍이 모용수에게 말하기를 "지금 국운에 어려움이 많은데, 태자는 세상을 구제할 재주가 아닙니다. 遼西王과 高陽王은 폐하의 훌륭한 아드님이니, 마땅히 그중 한 사람을 가려서 大業을 맡기소서. 趙王(慕容麟)은 간사하고 속이고 강하고 괴팍하여 반드시 나라의 근심이 될 것이니, 일찍 도모하여야 합니다."라고 하였다.

初에 燕主垂先段后 生子令, 寶하고 後段后 生子朗, 鑑하나 愛諸姬子麟, 農, 隆, 柔, 熙①라 寶初爲太子에 有美稱이러니 已而荒怠하니 中外失望이라 後段后 嘗言於垂曰 今國步多艱하고 太子非濟世之才也라 遼西, 高陽은 陛下賢子니 宜擇一人하여 付以大業②하소서 趙王은 姦詐彊愎하니 必爲國患이니 宜早圖之하소서

① 燕王 慕容垂가 처음 段氏에게 장가들었는데, 可足渾后의 참소로 죽었다. 뒤에 즉위하여 그녀를 추존하여 后라 하고 다시 段氏를 들여 后로 삼았다. 그러므로 史官이 後段后라고 써서 구별한 것이다.
燕王垂初娶段氏, 以可足渾后之讒而死. 後卽位, 追尊爲后, 復納段氏爲后, 故史書後段后以別之.

② 遼西와 高陽은 遼西王 慕容農과 高陽王 慕容隆을 이른다.
遼西・高陽, 謂遼西王農・高陽王隆.

【目】 慕容寶는 慕容垂의 측근을 잘 섬겨서 그를 칭찬하는 자가 많았다. 그러므로 모용수는 모용보를 훌륭하게 여겨서 段氏에게 이르기를 "너는 나로 하여금 晉나라 獻公을 만들고자 하는가."라고 하였다. 단씨는 눈물을 흘리며 물러나서, 그녀의 여동생인 范陽王(慕容德)의 妃에게 고하기를 "태자가 재주가 없음은 천하가 아는 바이다. 내가 사직을 위하여 말씀드렸는데, 주상은 마침내 나를 驪姬로 여기니, 어쩌면 이리도 고통스러운가. 태자는 반드시 사직을 망칠 것이요, 범양왕은 비상한 기국과 도량이 있으니, 만약

연나라의 국운이 다하지 않는다면 아마도 범양왕에게 있을 것이다."라고 하였다. 慕容寶와 慕容麟은 이 말을 듣고 원한을 품었다.

寶善事垂左右하여 多譽之者라 故로 垂以爲賢하여 謂段氏曰 汝欲使我爲晉獻公乎①아 段氏泣而退하여 告其妹范陽王妃曰 太子不才는 天下所知라 吾爲社稷言之②러니 主上이 乃以吾爲驪姬하니 何其苦哉오 太子必喪社稷이요 范陽王은 有非常器度하니 若燕祚未盡이면 其在王乎인저 寶, 麟이 聞而恨之러라

① 晉나라 獻公이 驪姬의 참소를 믿고서 태자 申生을 죽였다.
晉獻公信(纚)〔驪〕[12]姬之讒, 殺太子申生.
② 爲(위하다)는 去聲이다.
爲, 去聲.

【目】 이때에 慕容寶가 慕容麟으로 하여금 段氏에게 말하게 하기를 "마땅히 일찍 자결하여 단씨 집안을 온전히 하라."라고 하였다. 단씨가 노하여 말하기를 "너희 형제들이 어미를 핍박하여 죽이는 것을 어려워하지 않으니, 하물며 선대의 기업을 지키겠는가. 내 어찌 죽음을 아까워하겠는가. 다만 나라가 망할 날이 오래지 않음을 염려할 뿐이다."라고 하고는 마침내 자살하였다.

모용보는 의논하기를 "段后가 적통을 폐할 것을 도모했으니, 母后의 도리가 없다. 國喪을 이루어서는 안 된다."라고 하였는데, 中書令 眭邃(수수)가 조정에서 큰 소리로 말하기를 "자식이 어미를 폐하는 의리는 없으니, 漢나라의 安思閻后[13]는 친히 順帝를 폐하였으나 오히려 太廟에 배향이 되었다. 하물며 先后가 애매한 말을 한 것에 있어서이겠는가."라고 하여 마침내 국상을 이루었다.

至是에 寶使麟謂段氏曰 宜早自裁하여 以全段宗하라 段氏怒曰 汝兄弟不難逼殺其母어든 況能守先業乎아 吾豈愛死리오 但念國亡不久耳로라하고 遂自殺하다 寶議以段后 謀廢適統하니 無母后道라 不宜成喪①이라한대 中書令眭邃 颺言於朝曰② 子無廢母之義하니 漢安思閻后 親廢順帝호되 猶得配饗太廟하니 況先后曖昧之言乎잇가 乃成喪하다

① 適은 嫡으로 읽는다.

---

12) (纚)〔驪〕 : 저본에는 '纚'로 되어 있으나, ≪資治通鑑≫ 註에 의거하여 '驪'로 바로잡았다.

13) 安思皇后 : 安思는 後漢 安帝의 皇后 閻氏의 시호이다. 閻后는 질투와 시기가 심해 後宮 李氏가 皇子 劉保를 낳자 李氏를 독살하였고, 뒤에는 太子 劉保를 폐위하여 濟陰王으로 삼았다.(≪資治通鑑綱目≫ 권10)

適, 讀曰嫡.

② 크고 빠르게 말하는 것을 颷이라 한다.
大言而疾曰颷.

【綱】 6월에 燕나라(後燕)가 士族의 옛 호적을 정하였다.

六月에 燕定士族舊籍하다

【目】 燕主 慕容寶가 士族의 옛 호적을 정하여 淸濁을 분별하고 戶口를 교열하여 군영에서 보호하는〔封蔭〕 가호를 없애어서 모두 郡縣에 소속시키니, 이로 말미암아 선비와 백성들이 한탄하고 원망하여 이반할 마음을 가졌다.

燕主寶 定士族舊籍하여 分辨淸濁하고 校閱戶口하여 罷軍營封蔭之戶하여 悉屬郡縣하니 由是로 士民이 嗟怨有離心[①]이러라

① 군영에 封蔭하는 가호는 여러 군대가 비호하고 점유하여 部曲으로 삼은 자를 이른다.
軍營封蔭之戶, 蓋諸軍庇占以爲部曲者.

【綱】 三河王 呂光이 스스로 涼나라(後涼) 天王이라 칭하였다.

三河王光이 自稱涼天王하다

【目】 呂光이 天王에 즉위하여 국호를 大涼이라 하고, 백관을 설치하고 사자를 보내어 禿髮烏孤를 益州牧으로 임명하니, 독발오고가 사자에게 이르기를 "呂王의 아들들은 탐욕스럽고 음탕하며 세 생질은 포악하니, 원근의 사람들이 근심하고 원망한다. 내 어찌 백성의 마음을 어기고서 의롭지 못한 관작을 받겠는가." 하고는 그가 보낸 鼓吹와 羽儀(의장대)를 남겨두게 하고 사신에게 사례하고 보내었다.

光이 卽天王位하여 國號大涼이라하고 置百官하고 遣使者하여 拜禿髮烏孤하여 爲益州牧하니 烏孤謂使者曰 呂王諸子貪淫하고 三甥暴虐하니 遠近愁怨[①]이라 吾安可違百姓之心하여 受不義之爵乎아하고 留其鼓吹羽儀하고 謝遣之하다

① 呂光의 여러 아들로서 史書에 보이는 자는 군주인 呂纂, 呂弘, 呂紹, 呂覆이다. 여광의 생질인 石聰은 杜進을 모함해 죽였으며, 나머지 생질 두 사람은 마땅히 상고해야 한다.

光諸子見於史, 君纂・弘・紹・覆. 光甥石聰譖殺杜進, 餘二人當攷.

【綱】 가을 8월에 魏王(北魏) 拓跋珪가 燕나라(後燕)를 공격하였다.

秋八月에 **魏王珪 擊燕**하다

【目】 魏나라(北魏)의 신하들이 魏王 拓跋珪에게 존호를 칭할 것을 권하자, 탁발규는 처음으로 천자의 旌旗를 세우고, 궁을 출입할 때에 警蹕[14]을 하였다. 參軍 張恂이 탁발규에게 진군하여 中原을 점령할 것을 권하니, 탁발규가 그 말을 좋게 여겼다.

燕나라(後燕) 遼西王 慕容農이 晉陽에 진주하니 部曲이 수만이었다. 幷州는 평소 저축한 물자가 부족하여 백성들이 제대로 공급하지 못하였는데, 모용농이 또다시 護軍을 보내어 나누어 胡族들을 감시하게 하니, 병주의 백성과 오랑캐들이 모두 원망하여 위나라 군대를 몰래 불러들였다.

8월에 탁발규가 크게 군대를 일으켜 연나라를 공격할 적에 보병과 기병이 40여만 명이었다. 남쪽으로 馬邑으로 출동하여 句注를 거쳐가니, 旌旗가 2천여 리를 이었다. 북을 치며 행군하여 전진하고 別將을 보내어 동쪽 길을 따라 幽州를 기습하였다.

魏群臣이 **勸魏王珪稱尊號**한대 **珪始建天子旌旗**하고 **出入警蹕**하다 **參軍張恂**이 **勸珪進取中原**하니 **珪善之**러라 **燕遼西王農**이 **鎭晉陽**하니 **部曲數萬**이라 **幷州素乏儲偫**하여 **民不能供**①이러라 **農**이 **又遣護軍**하여 **分監諸胡**하니 **民夷皆怨**하여 **潛召魏軍**하다 **八月**에 **珪大擧伐燕**할새 **步騎四十餘萬**이라 **南出馬邑**하여 **踰句注**하니 **旌旗二千餘里**라 **鼓行而進**하고 **遣別將**하여 **從東道**하여 **襲幽州**하다

① '儲偫'는 음이 除値이니, 蓄積과 같다.
儲偫, 音除値, 猶蓄積也.

【綱】 燕나라(後燕)가 皇子 慕容策을 세워 태자로 삼았다.

燕이 **立子策爲太子**[15]하다

---

14) 警蹕 : 황제가 거둥할 때 행인의 통행을 금하는 제도이다. 황제가 궁을 나갈 때 警이라 외치고, 들어올 때 蹕이라고 외쳤다.

15) 燕 立子策爲太子 : "僭國의 태자는 연고가 있지 않으면 '立(즉위)'을 쓰지 않는데 '立策'이라고 쓴 것은 어째서인가. 慕容會의 난리를 기록한 것이다.〔僭國太子 非有故不書立 書立策 何 志會之亂也〕" ≪書法≫

【目】 燕主 慕容寶의 아들 淸河公 慕容會는 모친의 신분이 천하였으나 나이가 가장 많았고 웅대하고 준걸하며 기국과 재주가 있으니, 燕主 慕容垂가 그를 아꼈다. 魏나라(北魏)를 공격하게 되자 모용회를 보내어 龍城에 진주해서 동북 지역을 다스릴 임무를 맡기고 그의 봉국의 관리와 府中의 보좌관들을 모두 한때의 재주 있고 명망 있는 사람들을 선발하였다.

慕容垂는 모용회를 후사로 삼을 것을 모용보에게 遺命하였는데, 모용보가 작은아들 慕容策을 사랑하여 그를 세우니, 모용회가 이 말을 듣고 노여워하고 원망하여 비로소 다른 마음을 품었다.

燕主寶之子淸河公會 母賤而年長하고 雄俊有器藝하니 燕主垂愛之러라 及伐魏에 遣鎭龍城하여 委以東北之任하고 國官府佐[16]를 皆選一時才望하고 遺言命寶以爲嗣러니 而寶愛少子策하여 立之하니 會聞之하고 慍懟하여 始有異志러라

【綱】 9월에 燕나라(後燕) 慕容農이 魏나라(北魏) 군대와 싸우다가 패주하니, 위나라가 마침내 幷州를 점령하였다.

九月에 燕慕容農이 及魏師戰하여 敗走하니 魏遂取幷州하다

【目】 魏王 拓跋珪의 군대가 晉陽에 이르자, 慕容農이 나와 싸우다가 크게 패하여 달아나 돌아가니, 司馬 慕輿嵩이 문을 닫고 항거하였다. 모용농이 마침내 동쪽으로 달아나니, 위나라가 추격하여 처자를 사로잡아 연나라 군대가 모두 전몰하였다. 모용농은 홀로 세 기병과 함께 도망하여 中山으로 돌아갔다.

魏나라가 마침내 幷州를 점령하여 처음으로 臺省을 세우고 刺史와 太守, 尙書郞 이하의 관직을 설치하고 모두 儒生을 등용하여 이들을 관직에 임명하고, 사대부로서 軍門에 찾아온 자를 모두 데리고 군문 안으로 데리고 들어와 위로하여 사람마다 각자 하고 싶은 말을 모두 하게 하고, 조금이라도 쓸 만한 재주가 있으면 모두 발탁하여 敍用하였다. 張恂 등을 여러 郡의 太守로 삼아 離散한 자들을 불러 어루만지고 농업과 누에치기를 권장하였다.

魏王珪 軍至晉陽한대 慕容農이 出戰이라가 大敗奔還하니 司馬慕輿嵩이 閉門拒之하다 農遂

16) 國官府佐 : 慕容會는 ≪資治通鑑≫ 당시 기사를 보면 征北大將軍 幽平二州牧 淸河公이다. ≪新譯資治通鑑≫(張大可 等 注釋, 三民書局, 2017)에 보면 國官은 封國의 관리, 府는 將軍府와 刺史府라 하였다.

東走한대 魏追獲其妻子하여 燕軍盡沒하니 農이 獨與三騎로 逃歸中山하다 魏遂取并州하여 初建臺省하고 置刺史, 太守, 尙書郞以下官하여 悉用儒生爲之하고 士大夫詣軍門者를 皆引入存慰하여 使人人盡言하고 少有才用이면 咸加擢敍하다 以張恂等으로 爲諸郡守하여 招撫離散하고 勸課農桑하다

【目】燕主 慕容寶는 魏나라(北魏) 군대가 장차 쳐들어온다는 말을 듣고 東堂에서 신하들과 의논하였는데, 이때 苻謨가 다음과 같이 말하였다.

"위나라 군대가 승세를 타고 사기가 드높으니, 만약 그들을 풀어놓아 평지로 들어오게 하면 대적할 수가 없습니다. 마땅히 험한 곳을 점거하고 막아야 합니다."

眭邃는 다음과 같이 말하였다.

"위나라는 기병이 많은데, 말 위에 실리는 군량은 열흘 치에 불과합니다. 마땅히 郡縣으로 하여금 民家 1000가호를 모아 하나의 보루를 만든 다음, 들의 곡식을 깨끗이 치우고서 기다리면 저들은 60일을 넘기지 못하고 식량이 바닥나 스스로 물러갈 것입니다."

封懿는 다음과 같이 말하였다.

"위나라 병력은 수십만 명이니 백성들이 비록 보루를 구축하더라도 스스로 견고히 지킬 수 없을 것이니, 이는 군대와 양식을 모아서 적에게 도와주는 것입니다. 또 이렇게 되면 또 민심을 동요하여 약함을 보이는 것이니, 관문을 막고 항거하여 싸우는 것만 못합니다."

趙王 慕容麟이 다음과 같이 말하였다.

"위나라의 예봉을 당할 수가 없으니, 마땅히 中山을 견고하게 지키면서 위나라의 군대가 피폐해지기를 기다려 틈을 타야 합니다."

이에 성을 수리하고 곡식을 쌓아 지구전에 대비하고 모든 군대의 일을 모용린에게 위임하였다.

燕主寶聞魏軍將至하고 議于東堂할새 苻謨曰 魏軍이 乘勝氣銳하니 若縱之入平土면 不可敵也니 宜杜險以拒之니라 眭邃曰 魏多騎兵하니 馬上齎糧이 不過旬日이니 宜令郡縣으로 聚民千家爲一堡하여 淸野以待之면 彼不過六旬에 食盡自退리라 封懿曰① 魏兵數十萬이니 民雖築堡나 不能自固니 是聚兵及糧以資之也라 且動搖民心하여 示之以弱이니 不如阻關拒戰이니라 趙王麟曰 魏鋒不可當이니 宜完守中山하여 待其弊而乘之니라 於是에 修城積粟하여 爲持久之備하고 悉以軍事委麟하다

① 封懿는 封放의 아들이다.

懿, 放之子也.

【綱】〈晉나라(東晉)〉 貴人 張氏가 淸暑殿에서 황제(孝武帝)를 시해하니, 태자 司馬德宗이 즉위하고 會稽王 司馬道子가 太傅로 지위를 올렸다. 겨울 10월에 황제를 隆平陵에 장례하였다.

貴人張氏 弑帝於淸暑殿①하니 **太子德宗**이 **卽位**하고 **會稽王道子 進位太傅**하다 **冬十月**에 **葬隆平陵**[17]하다

① 향년이 25세였다.
壽, 二十五.

【目】 황제(孝武帝)는 술을 좋아하여 內殿에서 향락에 빠지니, 외부 사람들이 나아가 뵙는 것이 드물었다. 張貴人의 총애가 으뜸이었는데, 이때 나이가 30세에 가까웠다. 황

17) 貴人張氏……葬隆平陵 : "시해한 것에 대해 주동자의 이름을 쓴 뒤에 '卽位'를 쓰고 '進位'를 써서 평상시처럼 하였으니, 그렇다면 그 군주와 신하가 역적을 풀어준 죄를 폄하하지 않아도 저절로 드러난다. 司馬道子가 스스로 지위를 올린 것으로 글을 엮은 것은 사마도자가 독단했기 때문이다.○군주를 시해한 역적을 토죄하지 않고 급히 장례한 것은 漢나라 桓帝 때에 일찍이 보였고,(漢나라 建和 원년(147)이다.) 이때 다시 보이니, 곧바로 그 일을 써서 당시 군주와 신하의 죄를 드러낸 것이다.〔弑書主名矣 下書卽位進位 如常時 則其君臣縱賊之罪 不貶自見矣 道子以自進爲文 專也○君弑賊不討而急於葬 桓帝嘗見之(漢建和元年) 於是再見 直書其事 當時君臣之罪著矣〕" ≪書法≫

"이때 군주와 신하가 주색에 빠져 온 나라가 향락을 즐겼다. 이 때문에 변란이 궁중에서 일어났는데도 다시는 추궁하여 묻지 않았다. 그러므로 ≪資治通鑑綱目≫에 곧바로 '貴人張氏'라고 썼으니, 그렇다면 그녀는 품계가 낮고 미천해서 中宮殿에 正室(황후)의 존엄함과 흉악하고 포학하여 두려워할 만한 형세가 있지 못한데도 당시에 스스로 토죄하지 못한 것이다. 아래에 '道子進位太傅'라고 썼으니, 이는 대신이 직책을 수행하지 못하고 다만 작위의 높음만을 받고 大行 황제가 승하한 이유를 推究하지 못하여 역적을 토죄하지 못한 것이다. 晉나라 군주가 한마디의 농담 때문에 자신은 큰 화에 걸리고, 장씨 또한 임금의 한마디 말 때문에 몸소 대역죄를 저질렀다. 여자의 마음이 만족할 줄 모르고 부인의 난이 끝이 없으니, 성인이 마음을 바루고 몸을 닦고 집안을 다스린 것은 단지 장차 이로써 나라를 다스리고 천하를 고르게 하려고 할 뿐만이 아니요, 또한 자기 몸을 보위하여 혼미하고 어지러운 화에서 면하기를 바란 것이다. 군주가 이것을 보면 부부간의 寢席을 마치 원수의 보루와 같이 여기고 여자의 마음을 마치 해충과 같이 여길 것이니, 이렇게 하면 또한 거의 옳을 것이다. ○天子는 7월에 장례하는 것이 禮인데, 지금 晉 孝武帝는 9월 庚申日에 崩하여 곧바로 10월 甲申日에 장례하였으니, 이는 채 1개월이 되지 못한 것이다. 사실에 근거하여 곧바로 씀에 그 잘못이 저절로 드러난 것이다.〔是時君臣沈湎 內外留連 由是變起宮掖 不復推問 故綱目直書貴人張氏 則見其秩品卑微 非有正位中宮之尊 凶暴可畏之勢 而當時自不克討也 下書道子進位太傅 則見大臣失職 徒能受爵位之尊 而不能推究大行晏駕之由 失於討賊也 夫晉君以一言之戲 身嬰大禍 張氏亦以一言之故 躬行大逆 女德無厭 婦亂無極 聖人所以正心修身齊家者 非但曰將以治國平天下而已 亦所以保衛其身 而蘄免於迷亂之禍爾 人主觀此 則視衽席如寇壘 視女德如蟊賊 其亦庶乎可也 ○天子七月而葬 禮也 今晉孝武以九月庚申崩 卽以十月甲申葬 則是未及一月爾 據事直書 其失自見〕" ≪發明≫

제가 그녀를 놀리기를 "너는 나이가 많아 또한 마땅히 폐출될 것이니, 나는 다시 젊은 여자에게 마음이 갈 것이다."라고 하였다.

이윽고 황제가 술에 취하여 淸暑殿에서 잠이 들었을 적에 貴人이 계집종을 시켜 황제의 얼굴에 이불을 덮어 시해하고 측근에게 많은 뇌물을 주어서 말하기를 "황제가 가위에 눌려 갑자기 崩했다."라고 하였다.

帝嗜酒하여 流連內殿하니 外人이 罕得進見이라 張貴人이 寵冠後宮이러니 時年近三十이라 帝戲之曰 汝以年亦當廢矣리니 吾意更屬少者로라 已而요 醉寢淸暑殿①할새 貴人이 使婢以被蒙帝面而弑之하고 重賂左右曰 因魘暴崩②이라하다

① 淸暑殿은 황제(孝武帝)가 지은 궁전이다.
淸暑殿, 帝所作.

② 魘(가위눌리다)은 於琰의 切이니, ≪廣韻≫에 "잠자는 가운데 가위에 눌린다."라고 하였다. 毛晃이 말하기를 "숨이 막히고 마음이 두려워 정신이 혼란하면 가위에 눌린다."라고 하였다.
魘, 於琰切. 廣韻曰 "睡中魘." 毛晃曰 "氣窒心懼而神亂則魘."

【目】 이때 太子는 어리석고 유약하였으며 會稽王 司馬道子는 혼우하고 주색에 빠져 마침내 다시는 황제를 시해한 죄인을 추궁하지 않았다. 王國寶가 밤에 궁궐문을 두드리면서 입궐하여 遺詔를 만들려 하자, 侍中 王爽이 거절하기를 "황제가 승하하시고 황태자가 아직 오지 않으셨으니, 감히 들어오는 자는 참수하겠다."라고 하니, 왕국보가 마침내 중지하였다. 왕상은 王恭의 아우이다. 태자가 즉위하고 사마도자가 太傅 揚州牧으로 지위를 올리고 黃鉞을 받았다.

태자는 나이가 어리고 지혜롭지 못하여 말을 제대로 하지 못하고 추운지 더운지, 배가 고픈지 부른지조차 또한 제대로 구분하지 못하여 먹고 마시고 잠자고 일어나는 것을 모두 자기 마음대로 하지 못하였다. 同母弟 琅邪王 司馬德文이 항상 좌우에서 모시면서 그를 위하여 조절해서 맞게 하였다.

時에 太子闇弱하고 會稽王道子 昏荒이라 遂不復推問하다 王國寶夜叩禁門하여 欲入爲遺詔하니 侍中王爽이 拒之曰 大行晏駕하시고 皇太子未至하니 敢入者면 斬하리라 國寶乃止하니 爽은 恭之弟也라 太子卽位하고 道子進位太傅揚州牧하고 假黃鉞하다 太子幼而不慧하여 口不能言①하고 至於寒暑飢飽하여도 亦不能辨하여 飮食寢興이 皆非己出이라 母弟琅邪王德文이 嘗侍左右하여 爲之節適②하다

① '不慧'는 세상에서 이른바 白癡라는 것이다.
不慧, 世所謂白癡.

② 嘗은 ≪資治通鑑≫에 常으로 되어 있다. 爲(위하다)는 去聲이다. '節適'은 일마다 그를 위하여 조절해서 그 입과 몸에 맞게 함을 이른다.
嘗, 通鑑作常. 爲, 去聲. 節適, 謂事爲之節, 以適其口體.

【目】 처음에 王國寶가 司馬道子의 黨이 되어 교만하고 방종하여 불법을 저지르니, 孝武帝가 그를 미워하였다. 왕국보가 두려워해서 마침내 다시 황제에게 아첨하니, 사마도자가 크게 노하여 劍을 그에게 던진 일이 있었다. 그러다가 황제가 붕어하자 왕국보가 다시 사마도자를 섬겨서 王緖와 함께 간사한 짓을 하고 아첨하자, 사마도자는 또 이들에게 의지하여 심복으로 삼아서 마침내 조정의 권세에 참여하여 관장하게 하니, 이들의 위세가 내외에 진동하였다.

初에 國寶黨附道子하여 驕縱不法하니 武帝惡(오)之하다 國寶懼하여 遂更媚於帝하니 道子大怒하여 以劍擲之러니 及帝崩에 國寶復事道子하여 與王緖로 共爲邪諂한대 道子又倚爲心腹하여 遂參管朝權하니 威振內外러라

【目】 王恭이 〈京師에〉 들어와서 山陵(孝武帝의 장례)에 달려와 매번 얼굴빛을 바르게 하고 직언을 하니, 司馬道子가 그를 꺼려서 자신의 심복을 깊이 심어놓았는데, 왕공이 매번 時政을 언급할 때마다 번번이 목소리와 얼굴빛을 엄하게 하니, 사마도자가 마침내 왕공을 도모하고자 하였다.

혹자가 왕공에게 王國寶를 주살할 것을 권하자, 王珣이 말하기를 "그의 죄악이 아직 드러나지 않았으니, 이제 그들의 죄악에 앞서 손을 쓴다면 반드시 朝野의 사람들을 실망시킬 것입니다. 저들이 만약 고치지 아니하여 죄악이 천하에 퍼진 뒤에 여러 사람의 마음을 순히 따라 제거하면 또한 성공하지 못함이 없을 것입니다."라고 하니, 왕공이 마침내 중지하였다.

王恭이 入赴山陵하여 每正色直言하니 道子憚之하여 深布腹心한대 而恭每及時政에 輒厲聲色하니 道子遂欲圖之러라 或이 勸恭誅國寶한대 王珣曰 彼罪逆未彰하니 今先事而發이면 必失朝野之望이니 若其不改하여 惡布天下然後에 順衆心以除之면 亦無不濟也리라 恭이 乃止하다

【目】 이윽고 王恭이 王珣에게 이르기를 "근래 그대를 보면 한결같이 胡廣과 같다."라

고 하였다. 왕순이 말하기를 "王陵은 조정에서 간쟁하였고, 陳平은 신중하여 침묵하여 다만 세월이 태평함을 물을 뿐입니다."라고 하였다.

山陵의 일이 장차 마무리 되어 왕공이 장차 진영으로 돌아가려 할 적에 司馬道子에게 이르기를 "주상께서 상중에 계시는데, 冢宰의 임무는 옛날 伊尹과 周公도 어렵게 여긴 것입니다. 부디 대왕은 萬機를 직접 다스리고 직언을 받아들이며, 鄭나라의 음탕한 음악을 추방하고 아첨하는 사람을 멀리하십시오."라고 하니, 王國寶 등이 더욱 두려워하였다.

旣而요 謂珣曰 比來視君하니 一似胡廣①이로다 珣曰 王陵廷爭하고 陳平愼默하여 但問歲晏何如耳②니라 山陵旣畢에 恭이 將還鎭할새 謂道子曰 主上諒闇하시니 冢宰之任은 伊周所難이라 惟大王은 親萬機納直言하고 放鄭聲遠佞人하라 國寶等이 愈懼러라

①〈'一似胡廣'은〉 權姦의 사이를 기웃거리며 자신의 녹과 지위를 보존함을 이른다. 胡廣이 漢나라에서 벼슬하면서 30여 년간 네 번 公의 지위에 올라 여섯 황제를 차례로 섬겼는데,[18] 성품이 온화하고 유순하며 삼가고 조심해서 항상 말소리와 얼굴빛을 공손히 하여 시속에 잘 보여서 충직한 기풍이 없었다. 혹자가 王公(王恭)에게 王國寶를 주살할 것을 권하였으나 王珣이 이를 저지하였다. 그러므로 王恭이 호광을 가지고 왕순에 비유한 것이다.
謂依違於權姦之間, 以保祿位. 廣仕漢, 周流四公三十餘年, 歷事六帝, 溫柔謹慤, 常遜言恭色, 以取媚於時, 無忠直之風. 或勸王公誅王國寶, 而王珣止之, 故恭以廣比珣.

②〈'王陵廷爭……但問歲晏何如耳'는〉 王陵은 조정에서 간쟁하다가 정승의 지위를 잃었고, 陳平은 신중하고 침묵하여 끝내 劉氏의 漢나라에서 편안히 지낼 수 있었음을 말한 것이다.
謂陵以廷爭失位, 平以愼默, 終能安劉.

【綱】 魏王(北魏) 拓跋珪가 常山을 함락하였다.

魏王珪 拔常山하다

【目】 魏王 拓跋珪가 冠軍將軍 于栗磾(우율제)로 하여금 은밀히 晉陽에서 韓信의 옛길을 개통하여 井陘(정형)에서 中山으로 달려가 常山을 진격해서 함락하게 하니, 군현이 모

---

18) 胡廣 : 後漢 때의 사람으로 자는 伯始이다. 安帝 때 尙書郎이 된 후 관직이 太傅에 이르고, 안제·順帝·沖帝·質帝·桓帝·靈帝에 이르기까지 여섯 황제를 섬겼다. 성품이 溫柔하고 말소리와 태도가 공순하며 일 처리에 숙달하고 조정의 법도에도 밝아, 비록 강직한 기풍은 없었으나 임금의 부족한 점을 도운 것이 많았다. 그러므로 그 당시 京師 사람들은 "모든 일에 있어서 해결되지 않는 것은 호광에게 물어라. 천하의 중용은 호광에게 있다."라고 하였다. 그러나 당시에 王莽이 세력을 전횡하여 나라를 빼앗았는데도 그는 나라를 생각하지 않고 몸만 보전하니, 후세에서는 이를, "호광의 중용"이라고 비난하였다.(≪後漢書≫ 권44 〈胡廣列傳〉)

두 항복하였으나 오직 中山과 鄴城, 信都 세 성만이 燕나라(後燕)를 위하여 〈魏나라(北魏)를〉 수비하였다.

탁발규가 東平公 拓跋儀에게 명하여 업성을 공격하게 하고 관군장군과 王建은 信都를 공격하게 하고 자신은 중산으로 진격하였는데, 이윽고 탁발규가 장수들에게 이르기를 "중산은 성이 견고하니 급히 공격하면 병사들이 부상할 것이요 오랫동안 포위하면 군량을 허비할 것이니, 먼저 신도를 점령한 뒤에 도모하는 것만 못하다."라고 하고, 마침내 군대를 데리고 남쪽으로 가서 魯口에 군대를 주둔하였다.

魏王珪 使冠軍將軍于栗磾(제)로 潛自晉陽으로 開韓信故道[①]하여 自井陘趨中山하여 進攻常山하여 拔之하니 郡縣皆降호되 唯中山, 鄴, 信都三城이 爲燕守[②]러라 珪命東平公儀攻鄴하고 冠軍, 王建攻信都[③]하고 珪進攻中山이러니 旣而요 謂諸將曰 中山城固하니 急攻則傷士요 久圍則費糧이니 不如先取信都然後에 圖之라하고 乃引兵而南하여 軍于魯口하다

① 〈'韓信故道'는〉 옛날 韓信이 井陘에서 趙나라를 공격했던 옛길이다.
韓信自井陘伐趙之故路也.

② 中山은 燕나라의 수도이고 慕容德은 鄴城을 지키고 慕容鳳은 信都를 지켰으니, 모두 중요한 城鎭이다. 爲(위하다)는 去聲이다.
中山燕都, 慕容德守鄴, 慕容鳳守信都, 皆重鎭也. 爲, 去聲.

③ 儀는 바로 九原公 拓跋儀이다.
儀, 卽九原公儀也.

【目】 高陽太守 崔宏이 海島로 달아나자, 拓跋珪는 평소 그의 명성을 들었으므로 관리를 보내어 쫓아가 사로잡아서 그를 黃門侍郎으로 삼아 張袞과 함께 중요한 기무를 관장하여 법도를 창건하게 하였다. 博陵令 屈遵이 항복하자 탁발규는 그를 中書令으로 삼아서 號令을 출납하고 겸하여 임금의 誥命을 총괄하게 하였다.

高陽太守崔宏이 奔海渚[①]어늘 珪素聞其名이라 遣吏追獲하여 以爲黃門侍郎하여 與張袞對掌機要하여 創立法度하고 博陵令屈遵이 降이어늘 以爲中書令하여 出納號令하고 兼總文誥하다

① '海渚'는 바다 가운데의 섬이다.
海渚, 海中洲也.

【綱】 魏나라(北魏) 別將 拓跋儀가 鄴城을 공격하자, 燕나라(後燕) 慕容德이 그

를 격파하였다.

魏別將拓跋儀 攻鄴이어늘 **燕慕容德**이 **擊破之**하다

【目】魏나라 東平公 拓跋儀가 鄴城을 공격하자, 燕나라 范陽王 慕容德이 南安王 慕容青 등으로 하여금 밤중에 탁발의를 격파하게 하니, 위나라 군대가 후퇴하여 新城에 주둔하였다.

모용청 등이 추격할 것을 청하자 別駕 韓諄(한탁)이 다음과 같이 말하였다.

"옛사람은 계책을 먼저 세운 뒤에 싸웠으니, 위나라 군대를 공격해서는 안 되는 이유가 네 가지입니다. 저들은 먼 곳의 적지에 깊이 쳐들어온 客軍으로 야전에 이로움이 있는 것이 첫 번째요, 近畿 지역에 깊이 쳐들어와서 死地에 군대를 주둔한 것이 두 번째요, 선봉이 이미 패하였으나 후진이 막 견고한 것이 세 번째요, 저들은 병력이 많고 우리는 적어서 대적할 수 없음이 네 번째입니다. 우리 군대는 자신의 지역에서 싸우고,[19] 전투를 했다가 이기지 못하면 군사들의 마음이 견고하기 어렵고, 성벽과 해자를 수리하기 전에 적이 쳐들어와서 대비하지 못하였으니, 보루를 높게 쌓고 군영을 견고히 하여 적을 지치게 하는 것만 못합니다."

모용덕이 그의 말을 따라 모용청을 불러 돌아오게 하였다.

魏東平公儀 攻鄴이어늘 **燕范陽王德**이 **使南安王青等**으로 **夜擊破之**①하니 **魏軍**이 **退屯新城**이라 **青等**이 **請追擊之**②한대 **別駕韓諄曰**③ **古人**이 **先計而後戰**하니 **魏軍不可擊者四**니 **懸軍遠客**하여 **利在野戰**이 **一也**요 **深入近畿**하여 **頓兵死地 二也**요 **前鋒既敗**에 **後陳方固 三也**요 **彼衆我寡**하여 **不敵**이 **四也**니 **我軍**이 **自戰其地**하고 **動而不勝**이면 **衆心難固**하고 **城隍未修**에 **敵來無備**④하니 **不如深壘固軍以老之**니이다 **德**이 **從之**하여 **召青還**하다

① 慕容青은 慕容皝의 증손이다.
青, 皝之曾孫也.
② 新城은 바로 燕主 慕容垂가 鄴城을 공격할 때에 쌓은 것이다.
新城, 卽燕主垂攻鄴所築者也.
③ 諄은 음이 卓이다.
諄, 音卓.
④ 자신의 지역에서 싸우는 자는 병사들이 쉽게 패하여 흩어진다. ≪資治通鑑≫에는 "官軍(燕

19) 자신의……싸우고 : 원문의 "自戰其地"는 ≪孫子≫ 〈九地〉에 보인다. 거기에 "제후가 스스로 그 영토 안에서 싸우는 것을 散地라 한다.〔諸侯自戰其地 爲散地〕"라 하였다. 이는 군사들이 자기 영토를 믿고 처자식과 함께 지내다가 위급한 일이 생기면 서로 흩어지는 것을 말한다.

軍)이 출동해서는 안 되는 이유가 세 가지이니, 자신의 지역에서 싸우는 것이 첫 번째요, 전투를 했다가 이기지 못하면 병사들의 마음이 견고하기 어려운 것이 두 번째요, 성벽과 해자를 수리하기도 전에 적이 쳐들어와서 대비하지 못한 것이 세 번째이다."라고 하였다. 自戰其地者, 衆易敗散. 通鑑 "官軍不宜動者三, 自戰其地一也, 動而不勝, 衆心難固二也, 城隍未修, 敵來無備三也."

【綱】〈晉나라(東晉)가〉 楊盛을 봉하여 仇池公으로 삼았다.

封楊盛爲仇池公하다

【綱】秦나라(後秦)가 蒲阪을 함락하였다.

◑秦이 陷蒲阪하다

【目】처음 永嘉의 난리[20]에 汾陰 薛氏가 종족을 모아 河水를 막고 스스로 지키고는 劉氏, 石氏, 苻氏에게 벼슬하지 않았는데, 이때에 이르러 後秦主 姚興이 禮로써 薛彊을 초빙하여 鎭東將軍을 삼으니, 설강이 秦나라 군대를 이끌고 蒲阪을 점령하였다.

初永嘉之亂에 汾陰薛氏 聚族하여 阻河自保하고 不仕劉, 石, 苻氏①러니 至是에 後秦主興이 以禮聘薛彊하여 以爲鎭東將軍하니 彊이 引秦兵取蒲阪하다

①〈劉氏, 石氏, 苻氏는〉 劉聰, 石勒, 苻堅을 이른다.
謂劉聰·石勒及苻堅也.

丁酉年(397)

【綱】晉나라(東晉) 孝安皇帝 隆安 원년이다.

安皇帝隆安元年이라

20) 永嘉의 난리 : 永嘉는 西晉 懷帝의 연호인데, 永嘉 5년(311)에 匈奴族인 劉聰이 前軍大將軍 呼延晏과 劉曜, 王彌, 石勒 등으로 하여금 서진의 수도인 洛陽을 침략하여 황제를 사로잡아간 일을 가리킨다. 그후 회제가 상해를 당하고 愍帝가 즉위하였으나 3년 뒤에 민제 또한 살해를 당하고 司馬睿가 建康에서 즉위하니, 이것이 東晉의 中宗이다.(≪晉書≫ 권5 〈孝懷帝紀〉, 권6 〈元帝紀〉)

【目】燕主(後燕) 慕容寶 永康 2년이고, 秦主(後秦) 姚興 皇初 4년이고, 魏나라(北魏) 太祖 道武帝 拓跋珪 皇始 2년이다. 南涼王 禿髮烏孤 太初 원년이다. 北涼王 段業 神璽 원년이다. 옛날에 있던 큰 나라(後燕, 後秦, 北魏)가 셋이고 西秦과 涼나라(後涼) 등 작은 나라가 둘이고, 새로 생긴 작은 나라(南涼, 北涼)가 둘이니, 합하여 僭國이 일곱이다.

燕永康二요 秦皇初四요 魏皇始(三)〔二〕[21]年이라 ○ 南涼王禿髮烏孤太初元年이라 ○ 北涼王段業神璽元年이라 ○ 舊大國三이요 西秦, 涼小國二요 新小國二니 凡七僭國이라

【綱】봄 정월에 황제(晉 安帝)가 관례를 하였다.

春正月에 帝冠하다

【綱】〈晉나라(東晉)는〉 王珣을 尙書令으로 삼고, 王國寶를 左僕射로 삼았다.

◑ 以王珣爲尙書令하고 王國寶爲左僕射하다

【綱】魏나라(北魏) 拓跋儀의 군대가 궤멸하니, 〈燕나라(後燕)〉 慕容德이 추격하여 깨트렸다.

◑ 魏拓跋儀 軍潰하니 慕容德이 追擊破之하다

【目】賀訥이 아우 賀賴盧를 보내어 기병 2만을 거느리고 東平公 拓跋儀를 만나 燕나라의 鄴城을 공격할 적에 자신이 왕(拓跋珪)의 외숙이라 하여 탁발의의 지휘를 받지 않았으며, 탁발의의 司馬인 丁建이 은밀히 연나라와 내통하여 뒤따라 이간질하였다. 이때 마침 하뇌로의 진영에 불이 나자, 정건이 말하기를 "하뇌로가 진영에 불을 놓아 변란을 일으켰다."라고 하니, 탁발의가 마침내 군대를 이끌고 후퇴하자 하뇌로 또한 후퇴하였다.

정건이 군대를 거느리고 연나라에 항복하고 또 탁발의의 군대가 지쳐 있어 공격할 만하다고 말하자, 范陽王 慕容德이 군대를 보내어 추격해서 탁발의를 크게 깨트렸다.

賀訥이 遣弟賴盧하여 帥騎二萬하고 會東平公儀하여 攻鄴할새 自以王舅라하여 不受儀節度하고 儀司馬丁建이 陰與燕通하여 從而間之러라 會에 賴盧營이 失火어늘 建曰 賴盧燒營爲變矣라한대 儀遂

21) (三)〔二〕: 저본에는 '三'으로 되어 있으나, 《資治通鑑綱目》(《朱子全書》 9, 上海古籍出版社)에 의거하여 '二'로 바로잡았다.

引退하니 賴盧亦退라 建이 帥衆降燕하고 且言儀師老可擊이라한대 范陽王德이 遣兵追擊하여 大破之하다

【綱】 魏王 拓跋珪가 〈燕나라(後燕)의〉 信都를 공격하여 항복시켰다.

魏王珪 擊信都하여 降之하다

【綱】 涼王(後涼) 呂光이 西秦을 공격하니, 서진이 그와 싸워서 여광의 아우 呂延을 죽였다.

◑ 涼王光이 擊西秦하니 西秦與戰하여 殺其弟延하다

【目】 涼王 呂光은 西秦主 乞伏乾歸가 자주 번복한다고 하여 군대를 일으켜 공격하니, 西秦의 신하들이 동쪽에 있는 成紀로 달아날 것을 청하였다. 걸복건귀는 말하기를 "군대의 승패는 군대를 잘 운용하느냐 잘못 운용하느냐에 달려 있고, 병력의 많고 적음에 달려 있지 않다. 여광은 군대가 많으나 기강이 없고 아우 呂延은 용맹하기만 하고 지모가 없으니, 두려워할 것이 못 된다. 또 그들의 정예병이 모두 여연의 처소에 있으니, 여연이 죽으면 여광은 스스로 도망할 것이다."라고 하였다.

涼王光이 以西秦主乾歸 數反覆이라하여 擧兵伐之①하니 西秦群臣이 請東奔成紀②어늘 乾歸曰 軍之勝敗는 在於巧拙이요 不在衆寡라 光은 兵衆而無法하고 弟延은 勇而無謀하니 不足憚也라 且其精兵이 盡在延所하니 延死면 光이 自走矣리이다

① 西秦主는 《資治通鑑》에는 西秦王으로 되어 있다. '反覆'은 이미 藩臣을 칭했다가 후회함을 이른다. 晉 孝武帝 太元 20년(395)에 呂光이 西秦을 공격하자 乞伏乾歸가 여광에게 번신을 칭하고 아들 乞伏敕勃을 인질로 삼았는데, 여광이 군대를 이끌고 돌아가자 걸복건귀가 이를 후회하였다.
西秦主, 通鑑作西秦王. 反覆, 謂既稱藩而悔之也. 武帝太元二十年, 光伐西秦, 乾歸稱藩於光, 以子敕勃爲質, 光引兵還, 乾歸悔之.

② 成紀縣은 漢나라 이래로 天水郡에 속하였으니, 小坑川을 치소로 하였다.
成紀縣, 自漢以來, 屬天水郡, 治小坑川.

【目】 呂光이 長最에 군대를 주둔하고서 아들 太原公 呂纂을 보내어 金城을 공격하고 天

水公 呂延은 臨洮와 武始, 河關을 공격하여 모두 점령하였다. 乞伏乾歸가 사람을 시켜서 여연을 속이기를 "걸복건귀의 무리가 궤멸하여 成紀로 달아났다."라고 하니, 여연이 날랜 기병을 이끌고 추격하려고 하자, 司馬 耿稚가 다음과 같이 간하였다.

"걸복건귀는 용맹과 지략이 보통 사람보다 뛰어나니, 그가 어찌 우리의 위세를 멀리서 바라보고 스스로 궤멸하겠습니까. 또 이 말을 고하는 자의 시선이 높고 얼굴빛이 동요하니, 아마도 반드시 간사한 계책이 있을 것입니다. 마땅히 진영을 정돈하고 전진하여 보병과 기병이 서로 연결되어서 여러 군대가 모두 전진하기를 기다린 뒤에 공격하면 승리하지 못함이 없을 것입니다."

그러나 여연은 그 말을 따르지 않고 진군하여 걸복건귀와 만나서 싸우다가 죽으니, 여광이 군대를 이끌고 姑臧으로 돌아갔다.

光이 **軍長最**하여 **遣子太原公纂**하여 **攻金城**하고 **天水公延**은 **攻臨洮, 武始, 河關**하여 **皆克之**[①]하다 **乾歸使人紿延曰 乾歸衆潰**하여 **奔成紀矣**라하니 **延**이 **欲引輕騎追之**어늘 **司馬耿稚諫曰 乾歸**는 **勇略過人**하니 **安肯望風自潰**리오 **且告者視高色動**하니 **殆必有姦**이라 **宜整陳而前**하여 **使步騎相屬**하여 **俟諸軍畢進然後擊之**면 **無不克矣**리이다 **延**이 **不從**하고 **進與乾歸遇**하여 **戰死**하니 **光**이 **引兵還姑臧**하다

① 長最는 지명이니, 西河郡에 있었다. 臨洮縣은 漢나라 때에는 隴西郡에 속하였고, 西晉의 惠帝 때에 나누어 狄道郡에 소속시켰다. 武始郡은 옛날 狄道縣의 땅이다. 河關縣은 前漢 때에는 金城郡에 속하였고 後漢 때에는 隴西郡에 속하였고, 晉나라 때에는 狄道郡에 소속하였다. 長最, 地名, 在西河郡. 臨洮縣, 漢屬隴西郡, 惠帝分屬狄道郡. 武始郡, 故狄道縣地. 河關縣, 前漢屬金城郡, 後漢屬隴西郡, 晉屬狄道郡.

【綱】禿髮烏孤가 스스로 **西平王**을 칭하고 **涼**나라(後涼)를 공격하여 **金城**을 점령하였다.

禿髮烏孤 自稱西平王하고 **攻涼**하여 **取金城**하다

【目】이를 南涼이라 한다.

是爲南涼이라

【綱】2월에 **燕主**(後燕) **慕容寶**가 **魏**나라(北魏) 군대를 습격하였다가 크게 패하고 달아나 돌아갔다.

二月에 燕主寶 襲擊魏軍이라가 大敗奔還하다

【目】燕主 慕容寶는 魏王 拓跋珪가 信都를 공격한다는 말을 듣고 진귀한 보물과 궁녀들을 모두 내어 여러 도적들을 모집해서 魏나라를 공격하였다. 滹沱水 북쪽에 진영을 세우니, 위나라 군대가 도착하여 호타수 남쪽에 진영을 쳤다. 모용보가 은밀히 군대를 출동하여 밤중에 물을 건너 위나라 진영을 기습해서 바람을 따라 불을 지르니, 위나라 군대가 크게 혼란하였다.

탁발규가 진영을 버리고 달아났는데, 얼마 안 되어 연나라 군중에서 이유 없이 자기들끼리 칼로 베고 활을 쏘아 죽이니, 탁발규가 이것을 바라보고는 마침내 북을 치고 무리를 수습하여 횃불을 진영 밖에 많이 진열하고서 군대를 풀어놓아 충돌하니, 연나라 군대가 대패하여 이끌고 돌아갔다. 위나라 군대가 뒤따라가서 공격하니, 연나라 군대가 여러 번 패하였다.

모용보가 두려워하여 2만의 기병을 거느리고 달아나 中山으로 돌아가니, 이때 크게 바람이 불며 눈이 내려서 얼어 죽은 자가 서로 이어졌다. 조정의 신하들과 將卒들이 대부분 위나라에 항복하였다.

燕主寶 聞魏王珪攻信都하고 悉出珍寶及宮人하여 募群盜以擊之할새 營於滹沱(호타)水北하니 魏軍至하여 營水南이러니 寶潛師夜濟하여 襲魏營하여 因風縱火하니 魏軍大亂이라 珪棄營走러니 旣而요 燕兵이 無故自相斫射하니 珪望見之하고 乃擊鼓收衆하여 多布火炬於營外하여 縱兵衝之하니 燕兵이 大敗引還이라 魏兵이 隨而擊之하니 燕兵屢敗라 寶懼하여 棄軍하고 以二萬騎奔還하니 時大風雪하여 凍死者相枕이라 朝臣將卒이 多降於魏러라

【目】이보다 앞서 張袞이 일찍이 拓跋珪에게 燕나라(後燕) 祕書監 崔逞의 재능을 칭찬하였는데, 탁발규는 최영을 얻고는 매우 기뻐해서 그를 尙書로 삼아 정사를 맡겼다.

탁발규는 새로 귀부한 자들을 어루만지고 위로하고자 하면서 마음속으로 參合에서 항복한 자들을 죽인 것을[22] 매우 후회하였는데, 幷州刺史 素延이 배반한 자들을 토벌하면서 너무 많이 살육한 죄에 걸려서 파면되었다.

---

22) 參合에서……것을 : 본서 太元 20년(395) 11월 北魏 拓跋珪가 後燕 慕容寶의 군대를 參合陂에서 격파하고 後燕의 사람 4, 5만 명을 사로잡았다. 탁발규가 이들을 돌려보내어 中原의 사람들을 회유하고자 하였는데, 북위의 신하 王建이 이들을 모두 죽여 후연을 약화시켜야 한다고 하자 모두 묻어 죽였다.

燕나라 尙書郞 慕輿皓가 慕容寶를 시해하고 趙王 慕容麟을 세울 것을 모의하다가 이기지 못하고 魏나라(北魏)로 달아나니, 모용린이 이 때문에 불안해하였다.

先是에 張袞이 常爲珪言 燕秘書監崔逞之材러니 珪得之하고 甚喜하여 以爲尙書하여 任以政事하다 珪欲撫慰新附하여 甚悔參合之誅러니 幷州刺史素延이 坐討反者殺戮過多하여 免官하다 燕尙書郞慕輿皓 謀弑寶立趙王麟이라가 不克奔魏하니 麟이 由是不安이러라

【綱】 3월에 燕나라(後燕) 幽平牧 慕容會가 군대를 이끌고 薊州에 이르니, 慕容麟이 난을 일으키고 달아났다. 魏王(北魏) 拓跋珪가 나아가 中山을 포위하자, 燕主 慕容寶가 모용회의 군대로 달아나니, 慕容詳이 성을 지키면서 魏나라에 항거하였다.

三月에 燕幽平牧慕容會 引兵至薊[23]하니 慕容麟이 作亂出走하다 魏王珪進圍中山한대 燕主寶 奔會軍하니 慕容詳이 城守拒魏하다

【目】 처음에 燕나라 淸河王 慕容會가 표문을 올려서 國難에 달려가기를 청하였으나, 갈 뜻이 없어서 장군 庫傉官偉와 餘崇을 보내어 병사 5천 명을 거느리고 선봉이 되게 하니, 고녹관위는 盧龍에 주둔한 지 100일이 다되도록 모용회가 출발하지 못하였다.

燕主 慕容寶가 노하여 크게 꾸짖자, 모용회는 마지못해 행장을 꾸리고 병사를 훈련한다는 명분으로 다시 한 달이 넘도록 머물렀다.

初에 燕淸河王會 表求赴難이로되 而無行意하여 遣將軍庫傉官偉(고녹관위)餘崇하여 將兵五千하여 爲前鋒①하니 偉頓盧龍近百日에 會不發②하다 燕主寶怒하여 切責之한대 會不得已하여 以治行簡練

---

23) 燕幽平牧慕容會 引兵至薊 : "'至'라는 것은 어떤 것인가. 늦었다는 말이다. 燕나라가 지난해 병란을 받은 뒤로 군주가 직접 달아나 패하였으니, 위급하다고 이를 만하였다. 慕容會가 표문을 올려 달려가 구원한다고 하였으나 오랜 뒤에야 비로소 이르렀으니, 그가 君父를 급하게 여기지 않음이 어떠한가. 그러므로 '赴援'이라고 쓰지 않고 '至'라고 써서 비난한 것이다. 그렇다면 지난번 溫嶠에 대해서 '尋陽에 이르렀다.〔至尋陽〕'고 쓴 것은 어째서 비난하는 말이 되지 않는가. 온교가 심양에 이른 것은 陶侃 때문에 지체된 것이니, '至'라고 쓴 것은 도간을 죄책한 것이다.(晉나라 成帝 咸和 3년(328)이다.) 그러므로 ≪資治通鑑綱目≫에 '溫嶠以兵赴難至尋陽(온교가 군대를 이끌고 국난에 달려와서 尋陽에 이르렀다.)'라고 쓴 것이다. 모용회는 출발할 생각이 없어서 천천히 이르렀다. 그러므로 ≪자치통감강목≫에 '赴難'이라고 쓰지 않고 다만 '慕容會引兵至薊'라고 썼으니, 筆削하는 판단이 분명하다.〔至者 何 緩辭也 燕自往歲受兵 君親奔敗 可謂急矣 會表赴援 久之乃至 其不急君父爲何如 故不書赴援 書至 譏之 然則溫嶠書至尋陽 則曷爲非譏辭 嶠至尋陽 稽於陶侃 書至 所以罪侃也(晉成帝咸和三年) 故綱目書曰溫嶠以兵赴難 至尋陽 會無行意 徐徐而至 故綱目不書赴難 止書曰慕容會引兵至薊 筆削之權衡審矣〕" ≪書法≫

爲名하고 復留月餘러라

① 傉은 奴沃의 切이다. 庫傉官은 오랑캐의 세 글자의 姓이고 偉는 이름이다.
　傉, 奴沃切. 庫傉官, 虜三字姓, 偉, 名也.
② 遼東의 新昌縣에 盧龍山이 있으니, 唐나라 때에는 平州 盧龍縣이라 하였다. 慕容令이 이른 바 肥如의 험함을 지킨다고 한 것이 바로 이곳이다.[24] 이 遼東의 新昌은 후인들이 漢나라 遼西郡 경계에 설치한 것이요, 한나라 때 오래전부터 있던 군현의 지역은 아니다.
　遼東新昌縣, 有盧龍山, 唐爲平州盧龍縣. 慕容令所謂守肥如之險, 卽其地也. 此遼東新昌, 後人置於漢遼西郡界, 非漢久郡縣地也.

【目】 庫傉官偉가 경무장한 군대로 하여금 앞서 가서 길을 통하고 또 聲勢를 과장하게 하였는데, 장수들이 모두 두려워하고 피하여 가려고 하지 않았다. 餘崇이 분발하여 다음과 같이 말하였다.

"지금 큰 도적이 하늘에 가득하여 京都(中山)가 위태롭고 핍박받으니, 필부도 오히려 목숨을 바쳐서 君父를 구원할 것을 생각하는데, 제군들은 나라의 은총과 직임을 받고서도 다시 목숨을 아까워하는가. 만약 사직이 기울고 전복되어서 신하의 절개가 확립되지 못하면 죽어도 남은 치욕이 있을 것이니, 제군들은 여기에 편안히 있으라. 나는 가서 맞서겠다."

고녹관위가 보병과 기병 500명을 주었다. 여숭이 漁陽에 이르러 魏나라(北魏) 군대를 만나 공격하여 물리치니, 군사들의 마음이 조금 진작되었다. 慕容會가 마침내 길에 올라 이때 이르러서야 비로소 薊城에 도달하였다.

偉使輕軍으로 前行通道하고 且張聲勢①하니 諸將이 皆畏避不欲行이어늘 餘崇이 奮曰 今巨寇滔天하여 京都危逼②하니 匹夫도 猶思致命以救君父어든 諸君이 荷國寵任而更惜生乎아 若社稷傾覆하여 臣節不立이면 死有餘辱이니 諸君은 安居於此하라 崇請當之호리라 偉給步騎五百人하니 崇至漁陽하여 遇魏兵擊却之한대 衆心稍振이라 會乃上道하여 至是에 始達薊城하다

① 張(벌리다)은 본음대로 읽는다.
　張, 如字.
② 京都는 中山을 이른다.
　京都, 謂中山.

---

24) 慕容令이……이곳이다 : 이 내용은 본서 太和 4년(369) 11월 조에 보인다.

【目】魏나라(北魏)가 中山을 포위한 지 오래되었다. 성안의 장병들이 모두 나가 싸울 것을 생각하였는데, 高陽王 慕容隆이 다음과 같이 말하였다.

"涉珪(拓跋珪)가 비록 작은 이익을 얻었으나 주둔한 지 1년이 넘어서 죽고 부상한 군사와 말이 태반이니, 병사들이 마음속으로 돌아가고 싶어 하고 여러 部가 이산되어 흩어졌습니다. 만약 우리 군대의 정예로움을 이용하여 저들의 쇠퇴한 틈을 타면 쳐들어가서 승리하지 못할 리가 없습니다. 우리가 만약 신중함을 견지하며 결전하지 않아서 장병들의 사기가 저상되고 일이 오래되어 변란이 생기면 비록 장병들을 쓰고자 하나 될 수 없을 것입니다."

慕容寶는 그의 말을 옳게 여겼으나 趙王 慕容麟이 매번 그의 의논을 저지하였다. 모용륭이 대열을 갖추었다가 해산하기를 서너 번하니, 무리가 크게 분노하고 원망하였다.

魏圍中山旣久에 城中將士 皆思出戰이어늘 高陽王隆曰 涉珪雖獲小利나 然頓兵經年하여 士馬死傷이 大半하니 人心思歸하고 諸部離解①라 若因我之銳하여 乘彼之衰면 往無不克이라 如持重不決하여 將卒氣喪하여 事久變生이면 雖欲用之나 不可得也리이다 寶然之로되 而趙王麟이 每沮其議하여 隆이 成列而罷者 數四라 衆大忿恨이러라

①〈여러 部는〉 賀蘭, 紇隣, 紇奚의 세 部를 이른다.
謂賀蘭·紇隣·紇奚三部.

【目】慕容麟이 군대를 가지고 北地王 慕容精을 위협해서 그로 하여금 禁軍을 거느리고 慕容寶를 시해하게 하자, 모용정은 의리로 거절하였다. 모용린이 노하여 모용정을 죽이고 西山으로 달아나 丁零의 남은 무리에게 의지하니, 이에 성안이 놀라고 두려워하였다. 모용보는 모용린이 慕容會의 군대를 빼앗아 龍城을 점거할 것을 염려하여, 마침내 모용륭과 遼西王 慕容農을 불러 용성으로 달려가 지킬 것을 모의하였는데, 모용륭이 다음과 같이 말하였다.

"지금 북쪽으로 옮겨가려는 것이 또한 사세에 마땅합니다. 그러나 龍川은 지역이 협소하고 백성들이 가난하니, 만약 中國에 있을 때를 생각하면서 용천 안에서 만족을 취하려고 한다면 功이 있기를 바라기 어렵습니다. 만약 비용을 절약하고 백성을 사랑하며 농업에 힘쓰고 병사들을 훈련시키면 수년 안에 공적으로나 사적으로 재정이 충실해지고 부유해질 것입니다. 趙와 魏 지역은 도적의 포악함을 싫어하여 백성들이 燕나라의 은덕을 생각할 것이니, 이때 거의 깃발을 되돌리면 충분히 옛 基業을 회복할 것입니다.

만일 이것이 불가능하다면, 험요한 지역에 의지하여 스스로 견고히 지키면 오히려 한가로이 지내면서 銳氣를 기를 수 있습니다."

모용보가 이 말을 옳게 여겨서 마침내 밤중에 태자 慕容策과 慕容隆, 慕容農 등 만여 명의 기병과 함께 나가 모용회의 군대로 달려가니, 성안에 주인이 없어 백성들이 두려워하고 의혹하였다.

麟이 以兵劫北地王精하여 使帥禁兵弑寶①한대 精이 以義拒之어늘 麟怒하여 殺精하고 出奔西山하여 依丁零餘衆하니 於是에 城中震駭②라 寶恐麟奪會軍하고 據龍城하여 乃召隆及遼西王農하여 謀走保龍城할새 隆曰 今欲北遷이 亦事之宜라 然龍川은 地狹民貧③하니 若以中國之意로 取足其中이면 難望有功이니 若節用愛民하며 務農訓兵이면 數年之中에 公私充實이요 而趙魏之間이 厭苦寇暴하여 民思燕德하니 庶幾返旆(패)하면 克復故業이요 如其未能인댄 則憑險自固면 猶足以優游養銳耳니이다 寶然之하여 遂夜與太子策及隆, 農等萬餘騎로 出赴會軍하니 城中無主라 百姓惶惑이러라

① 慕容精은 慕容垂의 從弟이다.
精, 垂之從弟也.
② 中山 서북쪽 200리 지점에 狼山이 있으니, 낭산으로부터 서쪽으로 가면 남쪽의 常山과 연결되는데 산골짜기가 깊고 험하다. 漢나라 말기 黑山의 張燕과 五代時代 孫方簡의 형제가 모두 이 지역을 의지하였다. '丁零餘衆(丁零의 남은 무리)'은 翟眞의 무리이니, 燕나라(後燕)에게 패하고서 후퇴하여 西山에 모여 있었다. 西山은 曲陽의 西山이다.
中山西北二百里, 有狼山, 自狼山而西, 南連常山, 山谷深險. 漢末, 黑山張燕, 五代孫方簡兄弟, 皆依阻其地. 丁零餘衆, 翟眞之黨也. 爲燕所敗, 退聚西山. 西山, 曲陽之西山也.
③ 龍川은 바로 和龍 지역을 이른다.
龍川, 卽謂和龍之地.

【目】 魏王 拓跋珪가 밤에 中山城으로 쳐들어가고자 하였는데, 장군 王建은 노략질하는 데에 뜻이 있어서 마침내 "士卒들이 府庫의 물건을 도둑질할까 염려되니, 내일 새벽을 기다리십시오."라고 하니, 탁발규가 마침내 중지하였다.

燕나라 開封公 慕容詳이 慕容寶를 따라가려 하였으나 하지 못하니, 성안에서는 그를 세워 군주로 삼아서 성문을 닫고 지키며 항거하였다. 탁발규가 병력을 총동원하여 공격하였으나 함락하지 못하고 사람을 시켜 성에 가서 타이르니, 모두들 말하기를 "소인들은 무지하여 다시 參合에서 죽은 무리들처럼 죽게 될까 걱정합니다. 그러므로 구차하게 열흘이나 한 달을 연명할 뿐입니다."라고 하였다. 이에 탁발규는 왕건의 얼굴을 돌아보

고 그의 얼굴에 침을 뱉었다.

魏王珪 欲夜入城이러니 將軍王建이 志在虜掠하여 乃言恐士卒盜府庫物하니 請俟明旦이라한대 珪乃止하다 燕開封公詳이 從寶不及하니 城中이 立以爲主하여 閉門拒守①라 珪盡衆攻之호되 不拔하고 使人臨城諭之하니 皆曰 群小無知 恐復如參合之衆이라 故로 苟延旬月之命耳니이다 珪顧王建而唾其面②하다

① 慕容詳은 慕容靑의 아우이다.
詳, 靑之弟也.

② 王建이 이미 參合의 주살을 부추기어 이루었고 또 拓跋珪가 밤을 틈타 中山에 들어가는 것을 저지하였으니, 계책을 잃은 것이 두 번이었으므로 그의 얼굴에 침을 뱉은 것이다.
建旣鼓成參合之誅, 又沮止珪乘夜入中山, 失計者再. 故唾其面.

【綱】〈晉나라(東晉)가〉 皇太后 李氏를 높여 太皇太后로 삼고 王氏를 皇后로 세웠다.

尊皇太后李氏爲太皇太后하고 立皇后王氏하다

【綱】魏나라(北魏) 군대가 燕主(後燕) 慕容寶를 추격하자 慕容會가 공격하여 퇴각시켰다. 여름 4월에 모용보가 龍城에 이르니, 모용회가 난을 일으켰으나 이기지 못하고서 中山으로 달아났다가 誅殺을 당하였다.

◑ 魏兵이 追燕主寶어늘 慕容會擊郤之하다 夏四月에 寶至龍城하니 會作亂不克하여 奔中山이라가 伏誅하다

【目】燕主 慕容寶가 中山에서 나오니, 淸河王 慕容會가 기병 2만을 거느리고서 薊城 남쪽에서 맞이하였다. 모용보는 모용회가 원망하는 기색이 있음을 괴이하게 여기고는 그의 병력을 줄여 遼西王 慕容農과 高陽王 慕容隆에게 나누어 주고, 계성 안의 府庫의 물자를 모두 옮겨서 북쪽의 龍城으로 달려가니, 魏나라 石河頭가 군대를 이끌고 추격하여 모용보를 夏謙澤에서 따라잡았다. 모용회가 진영을 정돈하고 석하두와 싸우니, 모용농과 모용륭 등이 남쪽에서 온 기병을 거느리고 충돌하자, 위나라 군대가 크게 패하였으므로 달아나는 위나라 군대를 추격한 것이 백여 리였다.

모용륭이 陽璆에게 이르기를 "중산에는 수만 명의 병력이 있으나 내 뜻을 펼 수가 없으니, 오늘의 승리는 나로 하여금 한을 남기게 한다." 하고는 인하여 비분강개하며 눈물을 흘렸다.

燕主寶出中山하니 淸河王會 帥騎卒二萬하여 迎于薊南이어늘 寶怪會有恨色①하여 減其兵하여 分給遼西王農과 及高陽王隆하고 盡徙薊中府庫하여 北趣龍城하니 魏石河頭 引兵追之하여 及寶於夏謙澤②이러니 會整陳與戰하니 農隆等이 將南來騎衝之한대 魏軍大敗라 追奔百餘里하다 隆이 謂陽璆曰 中山에 積兵數萬하되 不得展吾意하니 今日之捷이 令人遺恨이라하고 因慷慨流涕러라

①〈慕容會가 원망하는 기색이 있음은〉 자기가 후사가 되지 못함을 한한 것이다.
恨不得爲嗣也.

②石은 성이고 河頭는 그의 이름이니, 이때 漁陽에 주둔하였다. 夏謙澤은 薊城 북쪽 200여리 지점에 있었다.
石, 姓也. 河頭, 其名. 時屯漁陽. 夏謙澤, 在薊北二百餘里.

【目】慕容會가 이미 魏나라(北魏) 군대를 패퇴시키자 잘난 체하며 사납게 구는 것이 더욱 심해지니, 慕容隆이 여러 번 훈계하고 책망하였다. 모용회는 더욱 분노하여 마침내 난을 일으킬 것을 도모하였다. 慕容寶가 慕容農과 모용륭에게 이르기를 "道通의 의향을 보건대 틀림없이 배반하리라는 것은 의심할 것이 없으니, 마땅히 일찍 제거해야 한다." 하였다. 모용농과 모용륭이 말하기를 "모용회가 국난에 멀리서 달려왔고 반역의 정황이 아직 드러나지 않았는데, 갑자기 그를 죽이면 어찌 다만 부자간의 은혜를 손상할 뿐이겠습니까. 또한 대왕의 위엄과 명망을 크게 손상할까 염려됩니다."라고 하였다. 모용회는 이 말을 듣고 더욱 두려워하여 밤에 자기 당을 보내어 기습하여 장막 아래에서 모용륭을 죽이려 하니, 모용륭이 큰 부상을 입었다.

會旣敗魏兵에 矜狠滋甚이어늘 隆이 屢訓責之한대 會益忿怒하여 遂謀作亂이러니 寶謂農隆曰 觀道通志趣컨대 必反無疑하니 宜早除之①하라 農隆曰 會遠赴國難하고 逆狀未彰이어늘 而遽殺之하면 豈徒傷父子之恩이리오 亦恐大損威望이니이다 會聞之하고 益懼하여 夜遣其黨하여 襲殺隆於帳下하니 農被重創하다

①道通은 慕容會의 字이다.
道通, 會字.

【目】 慕容寶가 慕容會를 토벌하고자 하여 마침내 거짓으로 좋게 말을 하여 안심시키고, 다음 날 신하들을 불러 회식할 적에 모용회가 자리에 나오자, 모용보가 慕輿騰에게 눈짓하여 모용회의 목을 치게 하였는데, 머리만 다치고 죽지 않았다. 모용회가 달아나 자기 군중으로 가서 군대를 무장하여 모용보를 공격하니, 모용보가 수백 기병을 거느리고 내달려 龍城에 이르렀다.

모용회가 군대를 이끌고 성 아래에 주둔하니, 성안의 장병들이 모두 분노하여 나와 싸워서 모용회를 크게 격파하고, 侍御郎 高雲이 다시 밤중에 기습하니, 모용회의 무리가 궤멸하여 中山으로 달아나자 慕容詳이 그를 죽였다. 모용보는 고운을 장군으로 삼고 길러 양자로 삼으니, 고운은 高句麗의 支屬이었다.

寶欲討會하여 乃陽爲好言以安之하고 明日에 召群臣食할새 會就坐어늘 寶目慕輿騰斬會한대 傷首不死라 走赴其軍하여 勒兵攻寶한대 寶帥數百騎하고 馳至龍城하다 會引兵頓城下하니 城中將士 皆憤怒하여 出戰大破之하고 侍御郎高雲이 復夜襲之①하니 會衆潰하여 奔中山한대 慕容詳이 殺之하다 寶以雲爲將軍하여 養以爲子하니 雲은 高句麗之支屬也②라

① 慕容寶가 태자였을 때에 高雲이 武藝給事로서 東宮을 모셔 侍御郎에 제수되었다.
寶之爲太子, 雲以武藝給事, 侍東宮, 拜侍御郎.

② 燕王 慕容皝이 高句麗를 격파하고 고구려의 지속들을 青山으로 옮겼다. 이 때문에 고구려의 지속들이 대대로 연나라의 신하가 된 것이다.
燕王皝破高句麗, 徙於青山. 由是世爲燕臣.

【綱】 王恭이 군대를 일으켜 배반하자, 晉나라(東晉) 조정에서는 조명을 내려 僕射 王國寶와 將軍 王緒를 죽이니, 왕공이 군대를 해산하고 진영으로 돌아갔다.

王恭이 擧兵反이어늘 詔誅僕射王國寶將軍王緒하니 恭이 罷兵還鎭[25]하다

25) 王恭……罷兵還鎭 : "'王恭이 배반했다.'고 쓴 것은 어째서인가. 명분을 바로잡은 것이다. 왕공을 '反'이라고 쓰지 않으면 趙鞅을 가지고 구실 삼는 자가 서로 이어질 것이다. 殷仲堪을 어찌하여 '反'이라고 쓰지 않았는가. 왕공이 처음으로 일을 일으켰기 때문이다. 王國寶와 王緒는 어찌하여 관직을 썼는가. 晉나라에 政事가 없음을 비난한 것이다. 왕공이 한 번 군대를 일으켜서 이 때문에 한 명의 僕射와 한 명의 將軍을 죽여 姑息적으로 처리하였으니, 정사가 없음이 심한 것이다. 그렇다면 어찌하여 '殺'이라고 쓰지 않았는가. '殺'이라고 쓰면 漢나라가 鼂錯를 죽인 것과 비슷하기 때문이다. 그러므로 왕국보와 왕서는 죽일 만하나 왕공이 배반했다 하여 마침내 그들을 죽이는 것도 옳지 않다. '罷兵還鎭'이라고 쓴 것은 왕공을 좋게 여긴 것이 아닌가. 두 대신을 죽인 뒤에야 돌아갔으니, 이를 쓴 것은 그가 군주를 강요하는 기세를 드러낸 것이다.〔恭書反 何 正名也 不書反 則以趙鞅

【目】 王國寶와 王緖가 會稽王 司馬道子에게 의지하여 뇌물을 받고 심하게 사치를 부

藉口者接跡矣 仲堪何以不書 恭首事也 國寶緖曷爲書官 譏晉之無政也 恭一擧兵 而爲之殺一僕射一將軍 以姑息之 無政甚矣 然則曷爲不書殺 書殺則疑於漢鼂錯 故國寶緖可誅 不當以恭反遂誅之也 書罷兵還鎭 非善恭歟 殺二大臣而後還 書 所以著其要君之勢也〕" ≪書法≫

"살펴보건대 ≪春秋≫ 定公 13년(B.C. 497)에 '晉나라 趙鞅이 자신의 食邑인 晉陽으로 들어가서 배반하였다. 晉나라 荀寅과 士吉射가 朝歌로 들어가서 배반하였다. 晉나라 趙鞅이 晉나라로 돌아왔다.'라고 썼다. 그런데 ≪春秋公羊傳≫에 이것을 '조앙이 진양의 군대를 취하여 순인과 사길야를 쫓아냈으니, 순인과 사길야는 임금 곁에 있는 악한 사람이다.'라고 하였다. 그러다가 우리 宋나라에 이르러서 胡安國이 ≪춘추≫에 傳을 지으면서 ≪春秋左氏傳≫에 실려 있는 韓氏와 魏氏가 趙氏를 위하여 晉侯에게 청한 일을 참작해서 비로소 세 사람의 반란이 그 죄가 똑같은데 조앙은 구원하는 자가 있으므로 다시 회복되었고, 순인과 사길야는 도와주는 이가 없기 때문에 끝내 배반한 것임을 알게 하였으니, ≪춘추≫에 조앙이 진나라로 돌아왔다고 쓴 것은 그를 인정한 것이 아니다. 반역은 신하의 큰 죄악인데 晉侯가 天討를 받들어 행하지 못하고, 마침내 한씨와 위씨의 요청을 따랐다. 그러므로 ≪춘추≫에 이것을 써서 죄책한 것이다. 만약 조앙이 진양의 군대를 취하여 임금 곁에 있는 악한 사람을 쫓아냈다고 말한다면 이것은 군주를 위협할 수 있는 것이요 신하가 제멋대로 군대를 일으키는데도 죄가 없는 것이어서 군대로써 간하는 자는 참으로 그 군주를 사랑하는 것이 되니, 후세의 賊臣으로 하여금 군대를 일으켜 대궐을 향해서 임금 곁에 있는 악한 사람을 주살한다는 것으로 명분을 삼아 실로 군주를 위협하고 나라를 탈취하고자 하는 자들은 모두 이 말 때문에 나올 것이다. 이를 통해 보면 ≪춘추≫에 애당초 악한 사람을 쫓아냈다는 말이 있지 않음이 매우 분명하다. 지금 王恭이 王國寶와 王緖가 국가의 정사를 혼탁하게 하고 어지럽힌다는 죄상으로 그를 토벌하였고, 桓玄 또한 晉陽의 일을 가지고 말하였다. 더구나 ≪資治通鑑綱目≫에 '조명을 내려 왕국보와 왕서를 죽이자, 왕공이 군대를 해산하고 진영으로 돌아갔다.'라고 썼으니, 그렇다면 왕국보와 왕서 두 사람은 실로 주벌할 만한 죄가 있고, 왕공이 진영으로 돌아간 것도 또한 이 두 사람을 이미 주살하였기 때문이니, 그들이 임금 곁의 악한 사람임이 분명하다. 그러나 '왕공이 군대를 일으켜 배반했다.'라고 씀을 면치 못함은 어째서인가. 아, 만일 왕국보와 왕서가 과연 죄가 있다면 군주가 직접 그들을 주살하는 것이 옳으니, 신하가 어찌 참여하여 이 일에 관여하겠는가. 저 왕공이라는 자는 평소 다른 마음을 품고서 跋扈하여 신하 노릇을 하지 않았는데, 하루아침에 이유 없이 군대를 일으켜 조정을 위협하여 제재하였다. 비록 왕국보와 왕서 두 사람의 죄를 빌어서 구실로 삼았으나 逆으로서 順을 범하고 신하로서 군주를 위협하여 그 일이 도리에 어긋난다. '反'으로써 썼으니, 다시 무슨 말을 하겠는가. 그렇다면 후세에 晉陽의 일을 빌려서 군주를 위협하고 제재하는 일을 하는 자들은 모두 ≪춘추≫에서 주벌한 바이고, ≪자치통감강목≫에서 이른바 '反'이라는 것이다. 이 의리가 행해지면 난신적자의 무리가 구실로 삼아 군대를 일으키는 단서로 삼을 수가 없어서 반란하는 화가 거의 그칠 수 있을 것이다. 아, 슬프다.〔按春秋定十三年 書晉趙鞅入于晉陽以叛 晉荀寅士吉射入于朝歌以叛 晉趙鞅歸于晉 公羊傳之 以謂趙鞅取晉陽之甲 以逐荀寅士吉射 荀寅士吉射者 君側之惡人也 至我朝 胡公安國傳春秋 參之左氏所載韓魏爲趙氏請於晉侯之事 乃知三子之叛 其罪則一 鞅以有援 故得復 寅吉射以無助 故終叛 春秋書鞅歸于晉者 非與之也 叛逆 人臣之大惡 晉侯不能奉行天討 乃徇韓魏之請 故春秋書以罪之 若謂取晉陽之甲 以逐君側之惡人 則是人主可得而脅 人臣擅興無罪 以兵諫者 眞愛其君 使後世賊臣 稱兵向闕 以誅君側爲名 而實欲脅君取國者 皆此說啓之 由是而觀 則春秋初 未嘗有逐惡人之說 曉然甚明 今王恭 以王國寶王緖濁亂國政 罪狀討之 而桓玄亦以晉陽之事爲言 況綱目 書詔誅王國寶王緖 恭罷兵還鎭 則二人實有可誅之罪 而恭之還鎭 亦以二人旣誅之故 其爲君側之惡明矣 然王恭則未免書擧兵反者 何哉 嗚呼 使國寶與緖 果有罪耶 則人主自誅之可也 人臣烏得而與聞之 彼王恭者 素懷異志 跋扈不臣 一旦無故稱兵 脅制朝廷 雖假二人之罪 以爲口實 而以逆犯順 以臣脅君 其事悖矣 以反書之 夫復何說 然則後世有假晉陽之事 以爲脅制之擧者 皆春秋之所誅 而綱目之所謂反者也 此義行 則賊亂之徒 無以藉口爲擧兵之端 而反叛之禍 庶乎其可熄矣 吁〕" ≪發明≫

려 끝을 알지 못하였다. 이들은 王恭과 殷仲堪을 미워하여 사마도자에게 권해서 그들의 병권을 약화시키게 하였다.

왕공 등이 갑옷을 수리하고 군대를 무장하고서 표문을 올려 북벌할 것을 청하였는데, 사마도자가 의심하고는 조명을 내려 한여름에 농사에 방해된다고 하여 계엄한 군대를 모두 해산하게 하였다. 왕공이 사자를 보내서 은중감과 상의하여 왕국보 등을 토벌하기로 하고 桓玄 또한 벼슬에 뜻을 얻지 못했으므로 은중감의 군대의 세력을 빌려 내란을 일으키고자 해서 마침내 은중감을 설득하기를 "왕국보와 그대는 오직 서로 빨리 죽이지 못할까 두려워할 뿐이다. 왕국보가 이제 이미 큰 권력을 잡았으니, 뜻대로 못 할 것이 없다. 만약 조령을 내어 그대를 부르면 어떻게 대처하겠는가."라고 하였다.

王國寶, 王緖 依附會稽王道子하여 納賄窮奢하여 不知紀極이라 惡(오)王恭, 殷仲堪하여 勸道子하여 裁損其兵權①하다 恭等이 繕甲勒兵하여 表請北伐이러니 道子疑之하여 詔以盛夏妨農이라하여 悉使解嚴②하다 恭이 遣使하여 與仲堪謀하여 討國寶等하고 桓玄이 亦以仕不得志로 欲假仲堪兵勢以作亂하여 乃說(세)仲堪曰 國寶與君은 惟患相斃之不速耳라 今旣執大權하니 無不如志라 若發詔徵君이면 何以處之오

① 惡(미워하다)는 烏路의 切이다.
惡, 烏路切.
② '解嚴'은 군대의 계엄을 해제함을 이른다.
解嚴, 謂解散兵嚴也.

【目】 殷仲堪이 묻기를 "장차 어떻게 계책을 내야 하는가." 하니, 桓玄이 말하기를 "孝伯은 매우 악을 미워하니, 마땅히 그와 은밀히 맹약하여 晉陽의 군대를 일으켜서 임금 곁에 있는 악한 사람을 제거하여야 한다. 내 비록 불초하나 荊楚 지역의 호걸들을 거느리고서 창을 메고 먼저 앞장서고자 하니, 이는 齊 桓公과 晉 文公이 세운 공훈과 같다."라고 하였다.

은중감은 그의 말을 옳게 여겨 밖으로는 雍州刺史 郗恢(치회)와 결탁하고 안으로는 從兄인 南蠻校尉 殷顗와 南郡相 江績과 모의하였다. 은기가 말하기를 "신하는 마땅히 각각 자신의 직분을 지켜야 하니, 조정의 옳고 그름을 어찌 藩屛의 신하가 제재할 수 있겠는가. 진양의 일은 내가 감히 참여하여 듣지 못하겠다."라고 하였다. 그리고 강적 또한 그 불가함을 극구 말하였다.

仲堪曰 計將安出고 玄曰 孝伯이 疾惡深至[①]하니 宜潛輿之約하여 興晉陽之甲하여 以除君側之惡[②]이니 玄雖不肖나 願帥荊楚豪傑하여 荷戈先驅하노니 此桓文之勳也니라 仲堪이 然之하여 乃外結雍州刺史郗恢하고 內與從兄南蠻校尉顗(기)와 南郡相江績謀之[③]한대 顗曰 人臣이 當各守職分이니 朝廷是非 豈藩屛所制也리오 晉陽之事는 不敢預聞이로라 績이 亦極言其不可하다

① 孝伯은 王恭의 자이다.
孝伯, 王恭字.

② ≪春秋公羊傳≫에 "趙鞅이 晉陽의 군대를 일으켜서 임금 곁에 있는 악한 자들을 제거했다."라고 하였다.
春秋公羊傳曰 "趙鞅興晉陽之甲, 以除君側之惡."

③ 郗恢는 郗曇의 아들이다. 南蠻府는 南郡의 相이 荊州刺史의 府와 함께 江陵을 치소로 하였다.
恢, 曇之子也. 南蠻府, 南郡相與荊州刺史府, 同治江陵.

【目】殷顗는 江績에게 화가 미칠까 염려하여 둘을 화해시켰는데, 강적이 말하기를 "대장부가 어찌 목숨을 가지고 서로 위협하는 지경에 이르겠는가. 이 江仲元이 나이가 60인데, 다만 아직까지 죽을 곳을 얻지 못했다."라고 하였다. 殷仲堪은 그가 의지가 굳세고 바름을 두려워하여 楊佺期로 대신하게 하니, 조정에서는 이 말을 듣고 강적을 불러 御史中丞으로 삼았다.

顗恐績及禍하여 和解之한대 績曰 大丈夫 何至以死相脅邪아 江仲元이 行年六十이니 但未獲死所耳[①]로라 仲堪이 憚其堅正하여 以楊佺期代之하니 朝廷이 聞之하고 徵績爲御史中丞하다

① 仲元은 江績의 자이다.
仲元, 績字.

【目】殷顗가 마침내 병을 칭탁하고 사직하자, 殷仲堪이 가서 문안하며 말하기를 "형의 병세가 자못 우려할 만합니다." 하니, 은기가 말하기를 "나의 병은 내 몸이 죽는 데 불과하지만 너의 병은 마땅히 너의 가문을 멸하게 할 것이니, 마땅히 깊이 스스로를 아끼고 나를 염려하지 말라." 하였다. 郗恢 또한 따르려고 하지 않으니 은중감이 의심하여 결정하지 못했는데, 마침 王恭의 사자가 이르자, 은중감이 마침내 허락하였다. 왕공은 크게 기뻐하여 표문을 올려서 王國寶의 죄상을 나열하고 군대를 일으켜 토벌하였다. 표문이 이르자 온 나라가 경계하고 두려워하였다.

覬遂以疾辭位어늘 仲堪이 往省之하고 曰 兄病이 殊可憂로이다 曰 我疾은 不過身死어니와 汝病은 乃當滅門이니 宜深自愛하여 勿以我爲念하라 郗恢亦不肯從하니 仲堪이 疑未決이러니 會에 恭使至하니 仲堪이 乃許之한대 恭이 大喜하여 上表罪狀國寶하고 擧兵討之하니 表至에 內外戒嚴이러라

【目】 王國寶가 두려워하여 어찌할 바를 모르고서 수백 명을 보내어 竹里를 수비하게 하였는데, 밤에 비바람을 만나 해산하고 돌아갔다. 王緖가 왕국보를 설득하여 王珣과 車胤을 죽여서 당시의 명망이 있는 자들을 제거하고 임금과 정승을 위협하여 두 번진(王恭과 殷仲堪)을 토벌하게 하자, 왕국보가 이를 허락하였다.

그러나 왕순과 차윤이 왔는데도 왕국보는 감히 이들을 살해하지 못하고 다시 왕순에게 계책을 물었다. 왕순이 대답하기를 "왕공과 은중감은 경과 평소 깊은 원한이 없으니, 경과 다투는 것은 권세와 이익의 사이에 지나지 않는다."라고 하였다. 왕국보가 말하기를 "장차 나를 曹爽으로 만들려는가." 하니, 왕순이 말하기를 "이것이 무슨 말인가. 경이 어찌 조상의 죄가 있으며 효백이 어찌 宣帝(司馬懿)의 무리이겠는가."라고 하였다.

왕국보가 또다시 차윤에게 계책을 묻자, 차윤이 대답하기를 "지금 조정이 군대를 보내면 왕공이 반드시 성을 지킬 것이니, 만약 京口를 함락하지 못하고 상류에 있는 왕공의 부대가 갑자기 쳐들어오면 어떻게 대처하겠는가."라고 하였다. 왕국보는 마침내 글을 올려 직위를 내려놓고 죄가 내리기를 기다렸다.

國寶懼하여 不知所爲하여 遣數百人戍竹里러니 夜遇風雨散歸①라 緖說(세)國寶하여 殺王珣車胤하여 以除時望하고 挾君相以討二藩한대 國寶許之러니 珣胤이 至에 不敢害하고 更問計於珣한대 珣曰 王殷이 與卿素無深怨하니 所競이 不過勢利之間耳니라 國寶曰 將曹爽我乎②아 珣曰 是何言歟오 卿이 寧有爽之罪며 孝伯이 豈宣帝之儔邪아 又問計於車胤한대 胤曰 今朝廷이 遣軍에 恭必城守니 若京口未拔하고 上流奄至면 何以待之오 國寶遂上疏하여 解職待罪하다

① 胡三省이 말하였다. "竹里는 지금의 建康府 竹篠鎭이 바로 이 지역이니, 行宮의 성 동북쪽 30리 지점에 있었다."
胡三省曰 "竹里, 今建康府竹篠鎭, 是其地, 在行宮城東北三十許里."

② 〈"장차 나를 曹爽으로 만들려는가."라고 한 것은〉 王珣이 마치 蔣濟가 曹爽을 설득하여 병권을 내놓게 해서 司馬懿가 끝내 그의 三族을 멸한 것[26]과 같이 함을 이른다.

26) 蔣濟가……것 : 蔣濟는 자가 子通으로, 都鄕侯에 봉해졌다. 魏나라(曹魏) 曹芳의 嘉平 원년(249) 정월에 大將軍 曹爽이 魏主 조방을 따라 高平陵을 배알할 적에, 司馬懿가 皇太后의 詔令으로 모든 성문을 닫아걸고 병권을 장악한 뒤, 조상의 죄목을 上奏하였다. 한편 장제를 시켜 免官만 될 뿐이라

謂珣如蔣濟說(세)曹爽釋權, 而司馬懿終族之也.

【目】 司馬道子는 어리석고 나약하여 구차히 편안하게 지내기를 바라서 마침내 王國寶에게 사약을 내리고 王緖를 시장에서 참수하고 사자를 보내어 王恭에게 사죄하니, 왕공이 마침내 군대를 해산하고 京口로 돌아갔다. 殷仲堪은 처음에 주저하여 감히 내려가지 못하였다가 왕국보가 죽었다는 말을 듣고 비로소 표문을 올려 군대를 일으켰는데, 사마도자가 편지로 중지하게 하니, 은중감이 비로소 돌아왔다.

道子闇懦하여 欲求姑息하여 乃賜國寶死하고 斬緖於市하고 遣使謝恭하니 恭乃罷兵하고 還京口하다 仲堪이 初猶豫不敢下러니 聞國寶死하고 始抗表擧兵이어늘 道子以書止之하니 仲堪이 乃還하다

【綱】〈晉나라(東晉)〉 會稽王의 세자 司馬元顯을 征虜將軍으로 삼았다.

以會稽世子元顯爲征虜將軍[27)]하다

【目】 司馬元顯이 나이 16세에 걸출한 재능이 있어 侍中이 되었는데, 會稽王 司馬道子를 설득하기를 "王恭과 殷仲堪이 끝내 반드시 후환이 될 것이니, 은밀히 대비하십시오."라고 하였다. 사마도자는 마침내 사마원현을 征虜將軍으로 임명하고 그의 衛府와 徐州의 文武 관원을 모두 그에게 배속하였다.

元顯이 年十六에 有儁材하여 爲侍中이러니 說(세)會稽王道子호되 以王殷이 終必爲患이니 請潛爲之備한대 道子乃拜元顯征虜將軍하고 以其衛府及徐州文武로 悉配之하다

【綱】 涼나라(後涼) 沮渠蒙遜이 배반하여 臨松을 함락하고 金山을 점거하였다.

涼沮渠蒙遜이 叛하여 拔臨松하고 據金山하다

고 조상을 설득하여 조상이 죄를 자수하게 하였다. 그러나 사마의는 조상에게 반역죄를 덮어 曹羲 등과 함께 三族을 멸하였다.(≪資治通鑑綱目≫ 제15권 하, ≪資治通鑑≫ 권75)

27) 以會稽世子……征虜將軍 : "公侯가 대를 이을 적에 世子를 썼으나 벼슬을 제수할 적에 세자를 쓴 경우가 있지 않았는데, 여기서 '會稽王의 세자'라고 쓴 것은 어째서인가. 대대로 권력을 잡음을 비난한 것이다. 그러므로 征虜將軍을 삼았을 적에 세자라고 쓰고 錄尙書事를 삼았을 적에 세자라고 쓰고 都督十六州軍事를 삼았을 적에 세자라고 쓴 것이다.〔公侯繼世 書世子 除拜 未有書世子者 此其書會稽世子 何 譏世權也 故爲征虜將軍書世子 錄尙書事 書世子 都督十六州軍事 書世子〕" ≪書法≫

【目】 처음에 張掖의 盧水胡인 沮渠羅仇는 匈奴 沮渠王의 후손이다. 대대로 匈奴 部落의 수령이 되니, 涼王 呂光이 그를 尙書로 삼았는데, 呂延이 패하여 죽자 저거나구의 아우인 三河太守 沮渠麴粥이 저거나구에게 이르기를 "主上이 나이가 많아 혼몽하고 참소를 믿는데, 지금 군대가 패하여 장수가 죽었으니, 바로 지혜롭고 용맹한 사람을 시기할 때입니다. 우리 형제가 반드시 용납받지 못할 것이니, 군대를 무장하여 西平으로 향하고 苕藋(초조)로 출동하여 팔뚝을 걷어붙이고 한 번 고함치는 것만 못하니, 이렇게 하면 涼州는 군이 평정할 것이 못 될 것입니다."라고 하였다.

저거나구가 말하기를 "우리 집안은 대대로 忠孝로써 서쪽 지방에 이름이 났으니, 차라리 남이 나를 저버리게 할지언정 내가 차마 남을 저버릴 수는 없다."라고 하였다. 이윽고 여광이 과연 저거나구와 저거국육을 죽였다.

初에 張掖盧水胡沮渠羅仇는 匈奴沮渠王之後也①라 世爲部帥(수)하니 涼王光이 以爲尙書러니 及呂延敗死에 羅仇弟三河太守麴粥(국육)이 謂羅仇曰② 主上이 荒耄信讒하고 今軍敗將死하니 正其猜忌智勇之時也③라 吾兄弟必不見容이니 不若勒兵向西平하고 出苕藋(초조)하여 奮臂一呼면 涼州을 不足定也④리이다 羅仇曰 吾家世以忠孝로 著於西土하니 寧使人負我언정 我不忍負人也로라 已而요 光이 果殺羅仇及麴粥하다

① 盧水胡는 安定과 張掖에 나누어 살았으니, 史書에서는 각각 그들이 거처하는 郡을 가지고 이름을 붙였다. 沮는 子余의 切이다.
盧水胡, 分居安定·張掖, 史各以其所居郡繫之. 沮, 子余切.

② 呂光이 涼州를 얻고 스스로 三河王이라 하였으니, 이 삼하군은 아마도 여광이 설치했을 것이다. 李賢이 말하기를 "三河는 金城河, 賜支河, 湟河를 이르니, 이 군은 마땅히 漢나라의 張掖郡과 金城郡 경계에 설치했을 것이다."라고 하였다. 粥은 음이 育이다.
呂光得涼州, 自號三河王. 此郡, 蓋光置也. 賢曰 "三河, 謂金城河·賜支河·湟河. 此郡, 當置於漢張掖·金城郡界." 粥, 音育.

③ 將(장수)은 卽亮의 切이다.
將, 卽亮切.

④ 河西의 張氏가 西平郡을 설치하였다. 苕는 음이 條이고, 藋는 음이 掉이다. 苕藋는 지명이니, 漢나라 張掖郡 番禾縣 경계에 있었다.
河西張氏, 置西平郡. 苕, 音條. 藋, 音掉. 苕藋, 地名. 在漢張掖郡番禾縣界.

【目】 沮渠羅仇의 아우의 아들인 沮渠蒙遜은 웅대하고 걸출하며 지략이 있었고 經書와 史書를 두루 읽었는데, 저거나구의 상여를 가지고 돌아가 장례할 적에 모인 자들이 만

여 명이었다. 저거몽손이 통곡하면서 사람들에게 이르기를 "呂王(呂光)이 무도하여 죄가 없는 사람을 많이 죽이니, 이제 내가 여러 부족과 함께 두 숙부(沮渠羅仇·沮渠麴粥)의 치욕을 갚고 선대의 기업을 회복하고자 하노니, 어떠한가."라고 하니, 사람들이 만세를 외쳤다. 마침내 이들과 맹약을 맺고 군대를 일으켜 涼나라(後涼)의 臨松郡을 공격하여 함락하고 金山에 주둔하여 점거하였다.

羅仇弟子蒙遜이 雄傑有策略하고 涉書史러니 以其喪歸葬할새 會者 萬餘人이라 蒙遜이 哭謂衆曰 呂王이 無道하여 多殺不辜하니 今欲與諸部로 雪二父之恥하고 復上世之業하노니 何如오 衆稱萬歲라 遂結盟起兵하여 攻涼臨松郡하여 拔之하고 屯據金山①하다

① 臨松郡은 〈前涼의〉 張天錫이 설치하였다. ≪五代志≫(≪隋書≫ 〈地理志〉)에 "張掖郡 刪丹縣에 金山이 있다."라고 하였다.
臨松郡, 張天錫置. 五代史志 "張掖刪丹縣, 有金山."

【綱】 燕나라(後燕) 慕容詳이 中山에서 황제를 칭하였다.

燕慕容詳이 稱帝於中山하다

【目】 中山城에 정해진 주인이 없으니, 백성들이 魏나라(北魏) 군대가 이 틈을 타고 쳐들어올까 염려해서 백성들이 맹약을 맺고서 스스로 싸우기로 하였는데, 魏王 拓跋珪가 포위를 풀고 河間으로 가서 곡식을 취하고서 東平公 拓跋儀를 봉하여 衛王을 삼았다. 慕容詳은 자신이 위나라 군대를 퇴각시켰으므로, 위엄과 덕이 이미 떨쳐졌다고 여겨 마침내 帝位에 올랐다.

中山이 城無定主하니 民恐魏兵乘之하여 男女結盟하여 人自爲戰이러니 魏王珪 罷圍하고 就穀河間하고 封東平公儀爲衛王하다 慕容詳이 自謂能卻魏兵하니 威德已振이라하여 遂卽帝位하다

【綱】 涼나라(後涼) 段業이 배반하여 스스로 建康公이라고 칭하니, 沮渠蒙遜이 무리를 데리고 그에게 귀의하였다.(北涼의 건국)

涼段業이 叛하여 自稱建康公하니 沮渠蒙遜이 以衆歸之하다

【目】 涼王 呂光이 呂纂을 보내어 군대를 거느리고 가서 沮渠蒙遜을 공격하여 깨트렸다.

저거몽손의 從兄인 沮渠男成이 또한 병력을 모아 建康을 공격하고 사자를 보내어 太守 段業을 설득하기를 "呂氏의 정사가 쇠함에 사람들이 용납될 곳이 없어서 무너져 흩어질 형상이 분명하게 눈앞에 있습니다. 府君은 어찌하여 세상을 뒤덮는 재주를 가지고도 망해가는 나라에 충성을 세우려고 하십니까. 우리들이 이미 大義를 제창하고 府君에게 굽혀서 우리의 州를 다스려주기를 바라노니, 어떠합니까."라고 하였다. 단업이 이를 허락하니, 저거남성이 단업을 涼州牧 建康公으로 추대하자, 저거남성을 輔國將軍으로 삼아서 軍國의 임무를 맡겼다. 거저몽손이 군대를 거느리고 그에게 귀의하자, 단업은 그를 鎭西將軍으로 삼았다. 여광이 여찬에게 명하여 토벌하게 하였는데 이기지 못하니, 이것이 北涼이다.

涼王光이 遣呂纂하여 將兵擊沮渠蒙遜하여 破之하다 蒙遜從兄男成이 亦合衆攻建康하고 遣使하여 說(세)太守段業曰 呂氏政衰에 人無容處하여 瓦解之形이 昭然在目하니 府君이 柰何以蓋世之才로 欲立忠於垂亡之國고 男成等이 旣唱大義하고 欲屈府君하여 撫臨鄙州하니 何如오 業이 許之하니 男成이 推業爲涼州牧建康公한대 以男成爲輔國將軍하여 委以軍國之任하다 蒙遜이 帥衆歸之어늘 業이 以爲鎭西將軍하다 光이 命呂纂討之러니 不克하니 是爲北涼이라

【綱】 가을 7월에 燕나라(後燕) 慕容麟이 慕容詳을 기습하여 죽이고 스스로 즉위하였는데, 魏나라(北魏)가 中山을 기습하여 郛城까지 쳐들어갔다가 돌아왔다.

秋七月에 燕慕容麟이 襲殺詳而自立이러니 魏襲中山하여 入其郛而還[28)]하다

【目】 慕容詳이 술을 좋아하며 사치하고 음탕하여 형벌로 사람을 죽이는 것이 한도가 없으니, 부하들의 마음이 떠나가고 성안이 굶주려 몹시 곤궁하였다. 慕容麟이 기습하여 그를 죽이고 스스로 즉위하여 魏나라를 막았는데, 위나라 군대에 큰 전염병이 돌아서 사람과 가축이 많이 죽으니, 대다수의 장병들이 돌아갈 것을 생각하였다. 魏王 拓跋珪가 장수들에게 역병의 피해를 묻자, 대답하기를 "살아 있는 자가 열 명에 고작 네다섯 명입니다." 하니, 탁발규가 말하기를 "이는 참으로 天命이니, 장차 어찌한단 말인가. 四

28) 燕慕容麟……入其郛而還 : "慕容詳이 '帝'를 칭하였는데, 어찌하여 '殺'이라고 썼는가. 모용상이 황제가 됨을 인정하지 않은 것이다. 인정하지 않음은 어째서인가. 慕容寶가 살아 있는데 모용상이 또 다시 참칭하였으니, 이는 두 군주인 것이다.〔詳稱帝矣 何以書殺 不予詳之爲帝也 其不予 何 寶在而詳又僭焉 是二君也〕" ≪書法≫

海의 백성들이 다 나라의 백성으로 삼을 수 있으니, 내가 이들을 통제함에 달려 있을 뿐이다. 백성이 없음을 어찌 근심하겠는가."라고 하니, 신하들이 마침내 감히 말하지 못하였다.

詳이 嗜酒奢淫하여 刑殺無度하니 群下離心하고 城中飢窘이라 麟蘘殺之하고 自立以拒魏러니 魏軍大疫하여 人畜多死하니 將士皆思歸라 魏王珪問疫於諸將한대 對曰 在者纔什四五니이다 珪曰 此固天命이니 將若之何오 四海之民이 皆可爲國이니 在吾所以御之耳라 何患無民이리오 群臣이 乃不敢言하다

【綱】 8월에 涼나라(後涼) 郭麐(곽논)과 楊軌가 배반하였다.

八月에 涼郭麐楊軌叛하다

【目】 涼나라 太常 郭麐(곽논)이 天文을 잘 관찰하니, 나라 사람들이 그를 믿었다. 마침 熒惑城이 東井을 지키니, 곽논이 僕射 王詳에게 이르기를 "양나라 분야에 큰 병란이 있을 것이다. 내 公과 함께 대사를 함께 일으키고자 하노니, 어떠한가." 하자, 왕상이 그의 말을 따랐다. 그러나 일이 누설되어 주살을 당하니, 곽논이 마침내 東苑에서 군대를 일으켜 배반하였다.

涼太(當)〔常〕[29]郭麐이 善天文하니 國人信之①러니 會에 熒惑이 守東井하니 麐이 謂僕射王詳曰 涼分野에 有大兵②하리니 吾欲與公同擧大事하노니 何如오 詳이 從之러니 事泄被誅하니 麐이 遂據東苑以叛③하다

① 麐은 奴昆의 切이다.
麐, 奴昆切.
② 分(분야)은 扶問의 切이다.
分, 扶問切.
③ 涼州는 姑臧을 치소로 삼으니, 東苑城과 西苑城이 있었다.
涼州, 治姑臧, 有東・西苑城.

【目】 涼王 呂光이 太原公 呂纂을 불러 郭麐을 토벌하게 하였는데, 여찬이 장차 돌아가려 할 적에 장수들이 말하기를 "段業이 반드시 우리 군대의 뒤를 추격할 것이니, 마땅히 군

29) (當)〔常〕: 저본에는 '當'으로 되어 있으나, ≪資治通鑑≫에 의거하여 '常'으로 바로잡았다.

대를 은밀히 하여 밤에 출발하여야 합니다." 하였다. 여찬이 말하기를 "단업은 뛰어난 재주가 없어서 성을 의지하여 스스로 지킬 뿐이니, 만약 우리가 군대를 은밀히 하여 밤에 떠나면 다만 그의 기세를 커지게 할 뿐이다." 하고는 마침내 사자를 보내어 단업에게 고하기를 "곽논이 난을 일으켰다. 내 지금 도성(姑臧)으로 돌아가노니, 卿이 나와 결전할 수 있거든 빨리 나와 싸워라." 하였다. 이에 군대를 이끌고 돌아가니, 단업이 감히 출전하지 못하였다.

涼王光이 召太原公纂하여 討之러니 纂이 將還에 諸將曰 段業이 必躡軍後리니 宜潛師夜發이니이다 纂曰 業無雄才하여 憑城自守하니 若潛師夜去면 適足張其氣勢耳①라하고 乃遣使告業曰 郭麐作亂이라 吾今還都②하니 卿能決者어든 可早出戰하라 於是引還하니 業不敢出이러라

① 張(확장시키다)은 知亮의 切이다.
張, 知亮切.
② 都는 姑臧을 이른다.
都, 謂姑臧.

【目】 呂纂의 司馬인 楊統이 여찬을 죽이고 그의 종형인 楊桓을 추대하여 군주로 삼고자 하였는데, 양환이 노하기를 "나는 呂氏의 신하가 되어서 편안히 녹봉을 누리면서도 위태로울 때 구원하지 못하였다. 어찌 다시 병란을 더하겠는가. 여씨가 만약 망하면 나는 弘演이 되겠다."라고 하니, 양통이 마침내 郭麐에게 항복하였다.

여찬이 곽논을 공격하여 대파하고 마침내 姑臧으로 들어가니, 涼나라(後涼) 사람 張捷 등이 戎族과 夏族을 불러모아 休屠城을 점거하고 곽논과 함께 涼나라 後將軍 楊軌를 추대하여 盟主로 삼았다.

纂司馬楊統이 欲殺纂而推其從兄桓爲主러니 桓이 怒曰 吾爲呂氏臣하여 安享其祿하고 危不能救하니 豈可復增其難乎아 呂氏若亡이면 吾爲弘演矣리라 統遂降麐①하다 纂이 擊麐大破之하고 乃得入姑臧하니 涼人張捷等이 招集戎夏하여 據休屠城하여 與麐으로 共推涼後將軍楊軌하여 爲盟主②하다

① ≪呂氏春秋≫에 "衛나라 懿公에게 弘演이라는 한 신하가 있었는데, 사명을 받들고 사신을 갔었다. 그 사이 翟人이 위나라를 공격하자, 위나라 백성들이 말하기를 '임금이 지위와 녹봉을 준 것은 鶴이요 귀하게 여긴 것은 궁녀이니, 임금은 궁녀와 학을 데리고 싸워라. 우리들이 어찌 싸우겠는가.'라고 하고 마침내 흩어져 떠나갔다. 적인이 쳐들어와서 滎澤에서 懿公을 따라잡아 그를 죽이고서 그의 살덩이를 다 먹고 홀로 간만 버렸다. 홍연이 사신 갔다

가 돌아와서 〈죽은 의공을 대신하여〉 버려진 간에 사신으로 갔던 일을 復命하고 이를 마친 뒤에 하늘을 부르짖고 울면서 지극히 애통해하다가 눈물을 그치고 말하기를 '신이 청컨대 시신의 겉싸개〔褋〕가 되겠습니다.'라고 하고 인하여 자살하였는데, 먼저 자기 뱃속에 있는 것을 다 꺼낸 뒤 거기에 의공의 간을 넣었다."라고 하였다. 褋은 伯各의 切이니, 겉이다. 의공의 간을 자신의 뱃속에 넣었으므로 신이 겉싸개가 되겠다고 청한 것이다. 楊桓의 딸이 呂纂에게 시집가서 다른 신하와 다르게 친애를 받았으므로 이렇게 말한 것이다.

呂氏春秋 "衛懿公有臣, 曰弘演, 有所於使, 翟人攻衛, 其民曰 '君之所與位祿者, 鶴也, 所貴者, 宮人也, 君使宮人與鶴戰. 余焉能戰.' 遂潰而去, 翟人至, 及懿公於熒澤, 殺之, 盡食其肉, 獨捨其肝. 弘演至, 報使於肝畢, 呼天而啼, 盡哀而止曰 '臣請爲褋.' 因自殺, 先出其腹實, 內(납)懿公之肝." 褋, 伯各切, 表也. 納公之肝於其腹中. 故曰臣請爲褋. 桓女配纂, 其見親, 異於他臣, 故云然.

② 休屠縣은 漢나라 때에는 武威郡에 속하였으니, 休屠王의 城을 인하여 이름한 것이다. 晉나라 때에 縣을 없앴다. ≪水經註≫에 "姑臧城 서쪽에 馬城과 東城이 있으니, 休屠縣의 옛 성이다."라고 하였다.

休屠(爲)〔縣〕[30], 漢屬武威郡, 因休屠王城, 以爲名也. 晉省縣. 水經註 "姑臧城西, 有馬城·東城, 卽休屠縣故城也."

【綱】 9월에 秦나라(後秦) 太后 蛇氏가 卒하였다.

九月에 **秦太后蛇氏卒**[①31]하다

① 蛇는 以者와 食遮의 두 切이고 또 음이 他이니, 오랑캐의 姓이다.
蛇, 以者·食遮二切, 又音他, 虜姓也.

【目】 秦나라 太后가 卒하니, 秦主 姚興이 禮를 넘어 슬퍼하여 여러 정사를 친히 다스리지 않았다. 신하들이 漢나라와 魏나라의 故事를 따라서 장례하는 즉시 吉服을 입을 것을 청하자, 尙書郎 李嵩이 상소하여 아뢰기를 "효도로 천하를 다스림은 선왕의 훌륭한 일입니다. 마땅히 성상의 성품을 따라 道의 가르침을 빛내어야 하니, 장례한 뒤에 소복으로 조정에 임하소서." 하였다. 尹緯가 논박하기를 "이숭이 常規를 바꾸고 禮法에서 벗어나니, 有司에게 맡겨서 논죄하기를 청합니다." 하였다. 요흥이 말하기를 "이숭은 충신

---

30) (爲)〔縣〕: 저본에는 '爲'라고 되어 있으나, ≪資治通鑑≫ 註에 의거하여 '縣'으로 바로잡았다.

31) 秦太后蛇氏卒 : "'蛇氏'를 쓴 것은 어째서인가. 孝를 일으킨 것을 가상히 여긴 것이다. 그러므로 僭國의 태후는 모두 쓰지 않았지만 여기에서는 특별히 쓴 것이다.〔書蛇氏 何 嘉興孝也 故僭國太后不悉書 於是特書〕" ≪書法≫

이고 효자이니, 무슨 죄가 있겠는가. 이숭의 의논과 같이 하라."라고 하였다.

秦太后卒하니 秦主興이 哀毁過禮하여 不親庶政이러라 群臣이 請依漢魏故事하여 旣葬即吉한대 尙書郎李嵩이 上疏曰 孝治天下는 先王之高事也라 宜遵聖性하여 以光道訓이니 旣葬之後에 素服臨朝하소서 尹緯駁曰 嵩이 矯常越禮하니 請付有司論罪하노이다 興曰 嵩은 忠臣孝子니 有何罪乎아 其如嵩議하라

【目】姚興은 정사에 부지런하였으며 좋은 말을 잘 받아들이니, 杜瑾 등이 일을 논함으로 인하여 크게 발탁되었고, 姜龕 등은 儒學으로 존경과 예우를 받았고, 古成詵 등은 文學으로 정사의 機密에 참여하였다. 고성선은 성품이 굳세고 정직하며 전아하고 순정하여 風敎를 자신의 임무로 삼았는데, 京兆 韋高가 阮籍[32]의 인품을 흠모하여 모친상에 있으면서 거문고를 타고 술을 마시자, 고성선이 그 이야기를 듣고 눈물을 흘리고는 검을 잡고 죽이려 하니, 위고가 두려워하여 도망해 숨었다.

興이 勤於政事하며 延納善言하니 杜瑾等은 以論事得顯拔하고 姜龕等은 以儒學見尊禮하고 古成詵等은 以文章參機密①하다 詵이 剛介雅正하여 以風敎爲己任이러니 京兆韋高 慕阮籍爲人하여 居母喪에 彈琴飮酒어늘 詵이 聞之而泣하고 持劍欲殺之하니 高懼而逃匿하다

① 古成은 複姓이고 詵은 이름이다.
古成, 複姓. 詵, 名也.

【綱】秦나라(後秦)가 〈晉나라(東晉)의〉 湖縣과 陝縣을 침략하여 함락하였다.

秦이 寇陷湖陝하다

【綱】겨울 10월에 魏王(北魏) 拓跋珪가 燕나라(後燕) 慕容麟과 싸워서 그를 대파하여 패주시키고 마침내 中山을 점령하였다.

◑冬十月에 魏王珪及燕慕容麟戰하여 大破走之하고 遂克中山[33]하다

32) 阮籍 : 210~263. 자는 嗣宗이고, 陳留 출신이다. 竹林七賢의 한 사람으로 특히 술과 거문고를 좋아하여, 자신의 어머니가 죽었을 때에도 조문을 오면서 술과 거문고를 갖고 온 嵇康을 크게 기뻐하며 맞이하였다 한다.(≪晉書≫ 권49 〈阮籍列傳〉)

33) 魏王珪……遂克中山 : "慕容麟이 慕容詳을 죽이고 스스로 즉위하였는데, 어찌하여 배척하여 이름을 썼는가. 모용린이 스스로 황제가 된 것을 인정하지 않은 것이다. 인정하지 않는 것은 어째서인가. 慕容寶가 살아 있는데 모용린이 또 참람하였으니, 이는 군주가 둘인 것이다.〔麟殺詳自立矣 何以斥書

【目】中山에 기근이 심하였다. 魏王 拓跋珪가 진격하니, 太史令 鼂崇이 아뢰기를 "지금은 불길합니다. 紂王이 甲子日에 망하였으니, 이것을 '疾日'이라 합니다."라고 하였다. 탁발규가 말하기를 "주왕은 갑자일에 망했으나 周나라 武王은 갑자일에 흥왕하지 않았는가."라고 하고는 마침내 진격하여 慕容麟과 義臺에서 싸워 대파시키니, 모용린이 鄴城으로 달아났다.

魏나라가 中山을 함락하고 燕나라의 옥새와 인끈, 圖書와 府庫, 진귀한 보물을 얻은 것이 만으로 헤아려졌는데, 탁발규는 이것을 가지고 장병들에게 상을 주었다.

中山이 飢甚이라 魏王珪進攻之하니 太史令鼂崇曰 不吉이라 紂以甲子亡하니 謂之疾日[①]이니이다 珪曰 紂以甲子亡이나 周武不以甲子興乎아하고 遂進하여 與慕容麟으로 戰於義臺하여 大破之[②]하니 麟이 奔鄴이어늘 魏克中山하고 得燕璽綬圖書府庫珍寶以萬數하여 班賞將士하다

① ≪春秋左氏傳≫에 "일진이 子와 卯에 있는 것을 疾日이라 한다."라고 하였는데, 註에 "疾은 미워함이다. 紂王이 甲子日에 망하고 桀王이 乙卯日에 망하였다. 그러므로 갑자일과 을묘일을 꺼리는 날로 삼았다."라고 하였다.
左傳 "辰在子・卯, 謂之疾日." 註 "疾, 惡(오)也. 紂以甲子喪, 桀以乙卯亡, 故以爲忌日."

② 李延壽의 ≪北史≫를 근거해보면 義臺는 塢의 이름이다. 魏收의 ≪魏書≫ 〈地形志〉에 "新市縣에 義臺城이 있다."라고 하였다.
據李延壽北史, 義臺塢名. 魏收地形志 "新市縣, 有義臺城."

【目】慕容麟이 鄴城에 이르러 다시 趙王을 칭하고 范陽王 慕容德을 설득하기를 "魏나라(北魏)가 장차 승세를 타고 업성을 공격할 것이니, 업성은 성이 커서 견고하게 지키기 어렵고 또 사람들이 두려운 마음을 갖고 있으니, 지킬 수가 없습니다. 남쪽으로 滑臺로 달려가서 河水를 막아 위나라 군대를 대비하면서 틈을 기다려 출동하는 것만 못하니, 이렇게 하면 河北 지역을 거의 수복할 수 있을 것입니다."라고 하였다. 이때 魯王 慕容和가 활대에 진주하였는데, 모용화 또한 사자를 보내어 모용덕을 맞이하니, 모용덕이 이를 허락하였다.

麟이 至鄴하여 復稱趙王하고 說(세)范陽王德曰 魏將乘勝攻鄴하리니 鄴은 城大難固하고 且人心恇懼하니 不可守也라 不如南趣(추)滑臺하여 阻河以待魏하여 伺釁而動이면 河北을 庶可復也리이다 時에 魯王和 鎭滑臺러니 亦遣使迎德하니 德이 許之하다

名 不予麟之自帝也 其不予 何 寶在而麟又僭焉 是二君也]" ≪書法≫

戊戌年(398)

【綱】 晉나라(東晉) 孝安皇帝 隆安 2년이다.

二年이라

【目】 燕主(後燕) 慕容盛 建平 원년이고, 秦主(後秦) 姚興 皇初 5년이고, 魏나라(北魏) 太祖 道武帝 拓跋珪 天興 원년이다. 南燕主 慕容德의 燕平 원년이다. 옛날에 있던 큰 나라(後燕, 後秦, 北魏)가 셋이고 西秦과 涼(後涼), 南涼, 北涼 등 작은 나라가 넷이고, 새로 생긴 작은 나라(南燕)가 하나이니, 합하여 僭國이 여덟이다.

燕主慕容盛建平元이요 秦皇初五요 魏天興元年이라 ○ 南燕主慕容德〔燕平〕[34)]元年이라 ○ 舊大國三이요 西秦, 涼, 南涼, 北涼小國四요 新小國一이니 凡八僭國이라

【綱】 봄 정월에 燕나라(後燕) 慕容德이 거처를 滑臺로 옮기고 燕王을 칭하였다.(南燕의 건국) 慕容麟이 반란을 도모하다가 誅殺 당하였다. 魏나라(北魏) 拓跋儀가 鄴城으로 들어갔다.

春正月에 燕慕容德이 徙居滑臺하고 稱燕王하다 麟이 謀反伏誅[35)]하다 魏拓跋儀 入鄴하다

【目】 燕나라 范陽王 慕容德이 鄴城에서 4만 가호를 거느리고 거처를 남쪽 滑臺로 옮기니, 魏나라 衛王 拓跋儀가 업성에 들어가서 모용덕을 추격하여 河水에 이르렀으나 따라잡지 못하였다. 慕容麟이 모용덕에게 존호를 올리자, 모용덕은 형 慕容垂의 고사를 따라 燕王을 칭하고 統府로서 황제의 制命을 행하고 백관을 설치하니, 이것이 南燕이다. 모용린이 다시 반역을 도모하자 모용덕이 그를 죽였다.

燕范陽王德이 自鄴으로 帥戶四萬하여 南徙滑臺하니 魏衛王儀入鄴하여 追德至河나 弗及하다 慕

---

34) 〔燕平〕: 저본에는 '燕平'이 없으나, ≪資治通鑑綱目≫의 기술 방식에 따라 추가하였다.

35) 燕慕容德……麟謀反伏誅 : "慕容麟을 '反'이라고 쓰고 '誅'라고 썼으니, 慕容德이 스스로 왕이 된 것을 인정한 것인가. 모용덕을 인정한 것이 아니요, 모용린을 죄책한 것이다. 어찌하여 그를 죄책하였는가. 모용덕에게 존호를 올린 자도 모용린이고 배반한 자도 또한 모용린이다. '伏誅'라고 쓴 것은 번복하여 불충함을 징계한 것이다.〔麟書反書誅 其予德之自王乎 非予德也 罪麟也 曷爲罪之 上尊號者 麟也 反之者 亦麟也 書曰伏誅 所以懲反覆也〕" ≪書法≫

容麟이 上尊號於德이어늘 德이 用兄垂故事하여 稱燕王하고 以統府行帝制하고 置百官하니 是爲南燕이라 麟이 復謀反이어늘 德이 殺之①라

① 統府라는 것은 여러 方鎭을 燕王府에서 모두 통솔하게 한 것이다. '行帝制'는 황제의 制命을 칭하여 일을 행한 것이다.
統府者, 諸方鎭皆統於燕王府. 行帝制者, 稱制以行事.

【綱】 魏나라(北魏)가 行臺를 鄴城과 中山에 설치하고 和跋과 拓跋儀로 지키게 하였다.

魏置行臺于鄴中山하고 以和跋拓跋儀로 守之하다

【目】 魏王 拓跋珪가 中山에서 남쪽으로 순행하여 高邑에 이르러 王永의 아들 王憲을 얻고 기뻐하여 말하기를 "이 사람은 王景略(王猛)의 손자이다."라고 하고 本州의 中正으로 삼아서 選曹의 일을 겸하게 하였다. 탁발규는 鄴城에 이르러 行臺를 설치하고 和跋을 尙書로 삼아 업성에 진주하게 하였다.

탁발규가 중산으로 돌아와서 장차 북쪽으로 돌아가려 할 적에 군대를 동원하여 直道(직선으로 연결된 도로)를 다스리되 望都縣에서부터 恒嶺을 뚫어 代에 이르기까지 500여 리를 파고, 다시 행대를 중산에 설치하고는 衛王 拓跋儀에게 명하여 진주하게 하였다.

魏王珪 自中山으로 南巡至高邑하여 得王永之子憲하고 喜曰 王景略之孫也라하고 以爲本州中正하여 領選曹事①하고 至鄴하여 置行臺하고 以和跋爲尙書하여 鎭之②하다 珪還中山하여 將北歸할새 發卒治直道하되 自望都로 鑿恒嶺하여 至代五百餘里③하고 復置行臺於中山하고 命衛王儀鎭之하다

① 王猛은 靑州 北海의 劇縣 사람이다. 太康 연간에 劇縣을 나누어 東莞郡에 소속시켰고, 晉나라 때에는 동관군을 徐州에 소속시켰다. ≪晉書≫ 〈載記〉에 왕맹을 北海 劇縣이라고 썼으니, 왕맹은 예로부터 漢나라 郡縣의 사람이었다. 그러나 魏郡에 집이 있었으나 華陰에 은둔하였다. 이로 말미암아 秦나라(前秦)에 귀의하였다. 그의 아들 王永이 幽州에 진주하였는데 苻丕를 따라 종군했다가 襄陵에서 전사하였다. 그러므로 王憲이 高邑으로 흘러와서 우거한 것이다. 지금 魏나라(北魏)가 그를 本州의 中正으로 삼았으면 아직 靑州와 徐州를 얻지 못한 것이니, 이는 그로 하여금 東夏의 人士를 전형하여 등용하게 했을 뿐이다. 選曹는 吏部尙書의 직책이다.
王猛, 靑州北海劇縣人. 太康中分劇屬東莞郡, 晉東莞屬徐州. 晉書載記, 以北海劇縣書之, 蓋猛自古漢郡縣也. 然家于魏郡, 而隱於華陰. 由是歸秦. 其子永鎭幽州, 從苻丕, 戰死於襄陵,

故憲流寓高邑. 今魏以爲本州中正, 則未得靑・徐, 蓋使之銓敍東夏人士耳. 選曹, 吏部尙書之職.

② 行臺는 魏・晉時代부터 있었는데, 後魏(北魏)에서는 尙書大行臺라 하고 별도로 관속을 두었다. 後漢 光武帝가 尙書省에 정사를 맡긴 뒤로부터 정사가 臺閣으로 돌아가니, 尙書省을 일러 尙書臺라 하였다. 晉나라 惠帝가 서쪽의 長安으로 옮기고 留臺를 洛陽에 설치하여 유대의 일을 주관하게 하니, 이에 留臺라는 명칭이 있게 되었다. 拓跋氏에 이르러 行臺를 설치하고 설치한 곳에 따라 한 道의 일을 관장하였다.

行臺, 自魏・晉有之, 後魏謂之尙書大行臺, 別置官屬. 自漢光武委任尙書, 事歸臺閣, 謂尙書省曰尙書臺. 晉惠帝西遷長安, 置留臺於洛陽, 主留事, 於是有留臺之名. 至拓跋氏, 置行臺, 隨其所置, 掌一道之事.

③ 望都縣은 中山郡에 속하였다. 恒嶺은 恒山의 고개〔嶺〕이니, 上曲陽 서북쪽에 있다.

望都縣, 屬中山郡. 恒嶺, 恒山之嶺也, 在上曲陽西北.

【綱】魏王(北魏) 拓跋珪가 북쪽으로 돌아가서 山東의 백성과 오랑캐 십여만 명을 옮겨 代 지역을 채웠다.

魏王珪 北還하여 **徙山東民夷十餘萬口以實代**하다

【綱】2월에 燕主(後燕) 慕容寶가 군대를 거느리고 龍城을 출발하였는데 衛卒인 段速骨이 난을 일으키니, 무리가 무너져 흩어져 돌아왔다.

◑ **二月**에 **燕主寶將兵發龍城**이러니 **衛卒段速骨**이 **作亂**하니 **衆潰而還**하다

【目】처음에 燕나라 사람 중에 中山에서 龍城으로 온 자가 있어서 拓跋涉珪(拓跋珪)가 쇠약하다고 말하니, 이에 燕主 慕容寶는 다시 中原을 점령하고자 해서 군대를 징발하여 모두 용성에 모이게 하였다. 그러나 이때 모용보는 중산이 이미 魏나라(北魏)에 함락되었다는 말을 듣고는 마침내 군대를 해산하도록 명하였다. 遼西王 慕容農이 말하기를 "우리는 새로 천도한 지가 아직 얼마 안 되었으니, 남쪽으로 정벌할 수가 없습니다. 마땅히 집결한 군대를 이용하여 庫莫奚를 기습해서 그곳의 소와 말을 취하여 군수물자에 충당하여야 합니다." 하니, 모용보가 그 말을 따라 북쪽으로 가서 澆洛水를 건넜다.

初에 燕人이 有自中山至龍城者하여 言拓跋涉珪衰弱이라하니 於是에 燕主寶 欲復取中原하여 調兵悉集①이러니 至是에 聞中山已陷하고 乃命罷兵하다 遼西王農曰 遷都尙新하니 未可南(往)〔征〕36)이라

宜因成師하여 **襲庫莫奚**하여 **取其牛馬**하여 **以充軍資**②니이다 **寶從之**하여 **北行度澆洛水**③하다

① 調는 징발함이다.
調, 發也.

② 庫莫奚는 北狄의 국명이니, 일명은 奚이다. 선대는 東胡로 宇文部의 別種이었는데, 뒤에 점점 많아져서 나누어 五部가 되니, 첫 번째는 辱紇主, 두 번째는 莫賀弗, 세 번째는 契箇, 네 번째는 木昆, 다섯 번째는 室得이다. 이들의 풍속은 목축을 하여 물과 풀을 따라 이동해서 자못 突厥과 같았다.
庫莫奚, 北狄國名也, 一名奚. 其先東胡, 宇文部之別種, 後種類漸多, 分爲五部, 一曰辱紇主, 二曰莫賀弗, 三曰契箇, 四曰木昆, 五曰室得. 其俗隨逐水草, 頗同突厥.

③ 澆洛水는 바로 澆樂水이다. 李賢이 말하기를 "요락수는 바로 지금의 營州 북쪽에 있다."라고 하였다.
澆洛水, 蓋卽澆樂水也. 賢曰 "水在今營州北."

【目】 이때 마침 南燕王 慕容德이 사자를 보내어 拓跋涉珪가 〈중국(중원)을 경략하고〉 서쪽으로 돌아가서 중국이 텅 비었다고 말하자, 慕容寶가 크게 기뻐해서 당일에 군대를 이끌고 돌아와서 여러 군대에게 명하여 주둔지로 나아가게 하고 해산하는 것을 들어주지 않았다. 慕容農과 長樂王 慕容盛이 강력히 간하기를 "군대가 피로하고 힘이 약한데 魏나라(北魏)가 새로 뜻을 얻었으니, 위나라와 대적할 수가 없습니다."라고 하자, 모용보가 장차 그 말을 따르려 하였는데, 慕輿騰이 말하기를 "지금 병사들이 이미 모였으니 마땅히 성상의 마음에 홀로 결단하여 기회를 틈타 진취하여야 합니다."라고 하였다. 이에 모용성을 남겨두어 후방의 일을 다스리게 하고, 모여등을 前軍으로 삼고 모용농을 中軍으로 삼고 모용보를 後軍으로 삼으니, 서로의 거리가 각각 1頓이었다.

會에 **南燕王德**이 **遣使**하여 **言涉珪西上**하고 **中國空虛**①라한대 **寶大喜**하여 **卽日引還**하여 **詔諸軍就頓**하고 **不聽罷散**하다 **農及長樂王盛**이 **切諫**하여 **以爲兵疲力弱**하고 **魏新得志**하니 **未可與敵**이라한대 **寶將從之**러니 **慕輿騰曰 今師衆已集**하니 **宜獨決聖心**하여 **乘機進取**니이다 **乃留盛統後事**하고 **以騰爲前軍**하고 **農爲中軍**하고 **寶爲後軍**하니 **相去各一頓**②이러라

① '西上(서쪽으로 돌아갔다.)'은 中山에서 恒嶺을 취하고서 서쪽 雲中과 代 지역으로 돌아감을 말한 것이다.
西上, 謂自中山取恒嶺, 而西歸雲・代也.

---

36) (往)〔征〕: 저본에는 '往'으로 되어 있으나, ≪資治通鑑綱目≫(≪朱子全書≫ 9, 上海古籍出版社)에 의거하여 '征'으로 바로잡았다.

② 1頓은 1舍와 같으니, 1舍는 30里이다.
一頓, 猶言一舍也. 一舍, 三十里.

【目】長上 段速骨이 병사들의 마음이 전쟁에 동원되는 것을 꺼림을 인하여 마침내 난을 일으켜서 高陽王 慕容隆의 아들 慕容崇을 압박하여 세워 군주로 삼았다. 慕容寶가 십여 명의 기병을 거느리고 慕容農의 병영으로 달아났는데, 모용농과 慕輿騰의 진영의 병사들 역시 전쟁에 동원되는 것을 싫어하여 달아나 흩어지니, 모용보가 마침내 달아나 龍城으로 돌아왔다.

長上段速骨이 因衆心憚征役하여 遂作亂하여 逼立高陽王隆之子崇爲主[①]하다 寶將十餘騎하여 奔農營한대 農騰營兵이 亦厭役奔潰하니 寶乃奔還龍城하다

① 長上은 宿衛의 관명이다. 모든 숙위하는 군대는 모두 번갈아 上番하게 하였으나, 長上은 番을 교대하지 않았다.
長上, 宿衛官名. 凡衛兵皆更番迭上, 長上者不番代也.

【綱】〈晉나라(東晉)는〉 王愉를 都督江·豫州軍事로 삼았다.

以王愉로 都督江豫州軍事하다

【目】會稽王 司馬道子가 王恭과 殷仲堪의 핍박을 꺼려 譙王 司馬尙之와 아우 司馬休之가 재주와 지략이 있다고 여겨 데려와 심복으로 삼았다. 사마상지가 말하기를 "지금 方鎭이 강성하고 宰輔의 권한이 가벼우니, 마땅히 밖에 심복을 심어놓아서 스스로 호위하게 해야 합니다." 하였다. 사마도자는 마침내 그의 司馬인 王愉를 江州刺史로 삼아서 江州와 豫州의 네 郡의 軍事를 都督하게 하고서 밤낮으로 모의하며 사방에 틈이 있기를 기다렸다.

會稽王道子 忌王殷之逼하여 以譙王尙之及弟休之有才略이라하여 引爲腹心[①]하니 尙之曰 今方鎭彊盛하고 宰輔權輕하니 宜樹腹心於外以自衛니이다 道子乃以其司馬王愉로 爲江州刺史하여 都督江州及豫之四郡軍事하여 日夜謀議하여 以伺四方之隙[②]이러라

① 司馬尙之는 司馬恬의 아들이다.
尙之, 恬之子也.
② 王愉는 王國寶의 형이다.

愉, 國寶之兄也.

【綱】魏나라(北魏)가 새로 이주시킨 백성들에게 농지와 소를 주었다.

魏給新徙民田及牛하다

【綱】魏나라(北魏)가 爾朱羽健을 秀容川에 봉하였다.

◑ 魏封爾朱羽健於秀容川하다

【目】秀容川의 酋長인 爾朱羽健이 魏王(北魏) 拓跋珪를 따라 晉陽과 中山을 공격하여 공을 세웠다. 탁발규는 그가 거주하는 곳을 빙 둘러 300리 땅을 떼어 봉하였다.

秀容川의 酋長爾朱羽健이 從魏王珪하여 攻晉陽中山有功이라 環其所居하여 割地三百里以封之①하다

① 이곳 秀容川은 北秀容이니, 漢나라 定襄郡의 경계에 있었다. 爾朱는 複姓이니, 그 선대는 契胡의 部落이다. 大人이 대대로 추장이 되어서 爾朱川에 거주하고 인하여 爾朱를 씨로 삼았다. 羽健은 그의 이름이다.
此北秀容也, 在漢定襄郡界. 爾朱, 複姓. 其先, 契胡部落. 大人代爲酋帥, 居爾朱川, 因以爲氏. 羽健, 其名.

【綱】3월에 燕나라(後燕) 段速骨이 龍城을 공격하여 함락시키자, 燕主(後燕) 慕容寶가 나가 달아났는데, 尙書 蘭汗이 그를 유인하여 시해하였다.

三月에 燕段速骨이 攻陷龍城하니 燕主寶出奔이어늘 尙書蘭汗이 誘而弑之하다

【目】燕나라 尙書 蘭汗이 은밀히 段速骨 등과 내통하여 군대를 이끌고 龍城의 동쪽에 주둔하였다. 遼西王 慕容農이 밤중에 그곳으로 달려가자, 단속골이 그를 데리고서 성을 순행하였다. 모용농은 본래 충절과 위엄과 명성이 있었으므로, 성안의 사람들이 그를 믿고 힘껏 싸울 마음을 가졌는데, 그가 갑자기 성 아래에 있음을 보고는 모두 놀라고 士氣를 상실하여 마침내 모두 달아나 무너졌다. 단속골이 성안으로 들어가서 군대를 풀어 백성들을 죽이고 노략질하니, 燕主 慕容寶와 長樂王 慕容盛 등이 경무장한 기병을

데리고 남쪽으로 달아났다.

燕尙書蘭汗이 陰與段速骨等通謀하여 引兵營龍城東①하니 遼西王農이 夜出赴之한대 速骨이 將以循城②하다 農素有忠節威名이라 城中이 恃以爲强이러니 忽見在城下하고 無不驚愕喪氣하여 遂皆逃潰하다 速骨入城하여 縱兵殺掠하니 燕主寶及長樂王盛等이 輕騎南走하다

① 汗은 음이 寒이니, 蘭汗은 사람의 성명이다.
汗, 音寒. 蘭汗, 姓名.

② ≪資治通鑑≫에 "慕容農이 지키지 못할까 염려하였고 또 蘭汗에게 유인당하여 밤에 몰래 나가 달아나서 스스로 몸을 온전히 하기를 바란 것이다."라고 하였다. 將은 이끎이고 위협함이다.
通鑑"農恐不能守, 且爲蘭汗所誘, 夜潛出赴之, 冀以自全." 將, 引也, 挾也.

【目】段速骨은 高陽王 慕容崇이 나이가 어리다 하여 다시 慕容農을 세우고자 하였는데, 모용숭의 도당이 이 말을 듣고 마침내 모용농을 죽였다. 蘭汗이 단속골을 습격하여 죽이고 모용숭을 폐위하고서 태자 慕容策을 받들고서 制命을 받들어 사자를 보내어 慕容寶를 맞이해서 薊城에 이르렀다.

慕容盛 등이 말하기를 "난한이 충성을 바치는 것인지 속이고 있는 것인지를 알 수가 없으니, 남쪽으로 范陽王(慕容德)에게 나아가서 병력을 연합하여 冀州를 점령하는 것만 못합니다. 만일 우리가 승리하지 못하면 천천히 龍城으로 돌아가도 늦지 않을 것입니다."라고 하였다. 모용보가 이 말을 따라 행군하여 黎陽에 이르러 中黃門令 趙思를 보내어서 범양왕 모용덕에게 고하여 받들어 맞이하게 하였다. 모용덕은 慕輿護를 보내어 장사 수백 명을 거느리고서 조사를 따라 북쪽으로 가면서 모용보를 맞이하여 호위한다고 소문을 퍼뜨렸으나, 실제로는 모용보를 도모한 것이었다.

速骨이 以高陽王崇幼弱이라하여 欲更立農이러니 崇黨聞之하고 遂殺農하니 蘭汗이 襲擊速骨殺之하고 廢崇하고 奉太子策하여 承制하여 遣使迎寶하여 及於薊城하니 盛等曰 汗之忠詐를 未可知니 不如南就范陽王하여 合衆以取冀州라 若其不捷이면 徐歸龍城이라도 未晩也니이다 寶從之하여 行至黎陽하여 遣中黃門令趙思하여 告范陽王德하여 奉迎한대 德이 遣慕輿護하여 帥壯士數百人하고 隨思而北하여 聲言迎衛라하나 其實은 圖之러라

【目】慕容寶가 이미 趙思를 보냈는데, 慕容德이 이미 황제의 制命을 칭했다는 말을 듣고

는 또한 두려워하여 북쪽으로 달아나니, 慕輿護가 이르렀으나 보이는 바가 없었다. 조사를 잡아 돌아가니, 모용덕은 그가 典故에 익숙하다 하여 머물러두어 등용하고자 하였다. 조사가 말하기를 "개와 말도 오히려 주인을 그리워할 줄 아니, 내가 비록 환관이나 上(모용보)에게 돌아가기를 바랍니다." 하였다. 모용덕이 굳이 만류하자, 조사가 노하여 말하기를 "殿下는 친족으로는 숙부가 되고 지위로는 上公이 되는데, 제후들의 솔선이 되어 황실을 바로잡지 못하고 근본이 되는 지역이 기운 것을 요행으로 여겨서 趙王 司馬倫의 짓[37]을 하려 하니, 내 비록 申包胥가 楚나라를 보존한 것[38]처럼 하지는 못하나, 그래도 龔君賓이 王莽의 세대에 구차히 살지 않은 것[39]을 흠모한다."라고 하자, 모용덕이 그를 참수하였다.

寶既遣思而聞德已稱制하고 亦懼而北走하니 護至에 無所見이라 執思以歸하니 德以其練習典故라하여 欲留而用之한대 思曰 犬馬도 猶知戀主하니 思雖刑臣이나 乞還就上①하노이다 德固留之한대 思怒曰 殿下親則叔父요 位爲上公하여 不能帥先群后以匡帝室하고 而幸本根之傾하여 爲趙王倫之事②하니 思雖不能如申包胥之存楚나 猶慕龔君賓之不偷生於莽世也니이다 德이 斬之③하다

① 환관을 刑臣이라 이른다. 上은 慕容寶를 이른다.
宦者, 謂之刑臣. 上, 謂寶也.

② 趙王 司馬倫이 宗室로서 晉나라를 찬탈하였으니, 慕容德의 소행이 사마륜과 같음을 말한 것이다. 사마륜은 惠帝와는 작은 從祖〔叔祖〕이다.
言趙王倫, 以宗室而簒晉, 德所爲類之. 倫於惠帝, 叔祖也.

③ 君賓은 龔勝의 자이다.

---

37) 趙王 司馬倫의 짓 : 사마륜(?~301)은 晉나라의 趙王으로 자는 子彝이며, 晉나라 宣帝 司馬懿의 9번째 아들이다. 王位를 찬탈하여 차지했다가 다시 뒤집혀서 사약을 받았다. 또 정권을 전횡하면서 封爵을 남발하여 관리들의 장식으로 사용하는 담비 꼬리가 부족해지자 개 꼬리로 대신하였는데, 이 때문에 당시 사람들이 "담비 꼬리가 부족하여 개 꼬리로 잇네.〔貂不足 狗尾續〕"라고 하였다.(≪晉書≫ 권59 〈趙王倫列傳〉)

38) 申包胥가……것 : 春秋時代 楚나라 사람으로, 昭王의 大夫를 지냈다. 伍子胥가 吳나라 군대를 이끌고 쳐들어와 초나라 수도인 郢을 함락하자, 秦나라의 哀公에게 7일 동안 먹지도 마시지도 않고 울면서 구원병을 청하였다. 이에 감동한 秦나라 애공은 구원병을 보내어 결국 오나라 군대를 물리쳤다.(≪史記≫ 권66 〈伍子胥列傳〉)

39) 龔君賓이……것 : 君賓은 龔勝의 字인데, 漢나라 哀帝 때 사람으로, 세 번 孝廉의 추천을 받아 諫議大夫가 되었다. 그가 諫官이 되자 자주 상소하여 조정의 정사를 논하였고, 뒤에 외직으로 나가 渤海太守로 있었는데, 王莽이 帝位를 찬탈하자 벼슬을 버리고 향리로 돌아가 은거하였다. 왕망이 사자를 보내어 上卿으로 불렀으나 응하지 않고, 문인 高暉 등에게 말하기를 "내가 조만간에 땅속으로 들어갈 터인데, 어찌 한 몸으로 두 성씨를 섬길 수 있겠는가."라고 하고, 14일 동안 음식을 먹지 않다가 죽었다.(≪漢書≫ 권72 〈兩龔傳〉)

君賓, 龔勝字.

【目】慕容寶가 長樂王 慕容盛을 보내어 冀州에서 군대를 수합하고 鉅鹿에 이르러 호걸들을 설득하니, 모두 군대를 일으키는 것을 원하였다. 이때 마침 蘭汗이 사자를 보내어 모용보를 받들어 맞이하였다.

모용보는 난한이 燕主 慕容垂의 외숙이고 모용성의 妃의 부친이니, 반드시 다른 마음이 없을 것이라고 생각해서 마침내 길을 떠났다. 모용성이 눈물을 흘리며 〈가지 말도록〉 굳이 간하였으나 듣지 않으니, 모용성은 마침내 장군 張眞과 함께 사잇길로 피하여 숨었다. 모용보가 龍城과 40리쯤 떨어진 곳에 갔을 때에 난한이 아우 蘭加難을 보내어 기병 500을 거느리고서 바깥 저택으로 맞아들여서 모용보를 죽이고 태자 慕容策과 王公과 卿士 백여 명을 죽이고는 스스로 昌黎王을 칭하였다.

寶遣長樂王盛하여 收兵冀州하여 行至鉅鹿하여 說(세)諸豪傑하니 皆願起兵이러니 會에 蘭汗이 復遣使奉迎하다 寶以汗燕主垂之舅요 而盛妃之父니 謂必無他라하여 遂行하다 盛이 流涕固諫하되 不聽하니 盛이 乃與將軍張眞으로 下道避匿이러니 寶去龍城四十里에 汗이 遣弟加難하여 帥五百騎하여 迎入外邸而殺之하고 殺太子策及王公卿士百餘人하고 自稱昌黎王하다

【目】慕容盛이 國喪(慕容寶의 喪)에 달려가고자 하였는데, 張眞이 저지하자, 모용성이 말하기를 "내 지금 곤궁한 몸으로 蘭汗에게 돌아가면 난한은 성품이 어리석고 얕아서 반드시 옛날 혼인한 정을 생각하여 차마 나를 죽이지 못할 것이다. 그리되면 열흘이나 한 달 사이에 충분히 나의 뜻을 펼 수 있을 것이다." 하고는 마침내 찾아가서 난한을 만나보았다. 난한의 아내 乙氏와 모용성의 妃가 모두 눈물을 흘리고 모용성을 초청하자, 난한이 매우 가엾게 여기고서 마침내 모용성을 宮中에 머물게 하여 侍中으로 삼아 옛날처럼 친하게 대하였다. 난한의 형 蘭提가 교만하고 사나우며 음탕하여 난한을 섬김에 예의가 없자 모용성이 인하여 이간질하니, 난한의 형제가 점점 서로 혐의하고 시기하였다.

盛이 欲赴哀어늘 張眞止之한대 盛曰 我今以窮歸汗이면 汗性愚淺하여 必念婚姻하여 不忍殺我라 旬月之間에 足以展吾志라하고 遂往見汗하다 汗妻乙氏及盛妃 皆涕泣請盛한대 汗이 惻然哀之하여 乃舍盛於宮中하여 以爲侍中하여 親待如舊러라 汗兄提 驕狠荒淫하여 事汗無禮어늘 盛이 因而間之하니 汗兄弟浸相嫌忌러라

【綱】北涼이 涼나라(後涼)를 공격하여 西郡과 晉昌, 敦煌, 張掖을 점령하였다.

北涼이 攻涼하여 取西郡, 晉昌, 敦煌, 張掖①하다

① 西郡은 武威 서쪽에 있으니, 고개〔嶺〕의 요지에 해당한다.
西郡, 在武威西, 據嶺之要.

【綱】여름 6월에 涼나라(後涼)의 呂纂이 楊軌와 郭麐(곽눈)을 공격하여 깨트렸다.

◑ 夏六月에 涼呂纂이 擊楊軌, 郭麐하여 破之하다

【綱】가을 7월에 燕나라(後燕) 長樂王 慕容盛이 蘭汗을 토벌하여 죽이고 황제의 일을 대행하여 다스렸다.

◑ 秋七月에 燕長樂王盛이 討殺蘭汗하고 攝行統制하다

【目】燕나라 太原王 慕容奇는 慕容楷의 아들이고, 蘭汗의 외손이다. 난한이 그를 장군으로 삼았는데, 〈이에 모용기가 궁에 들어가서 慕容盛을 만나자〉 長樂王 모용성이 은밀히 그로 하여금 도망해 나와 군대를 일으키게 하였다. 그러자 난한이 仇尼慕를 보내어 군대를 거느리고 가서 모용기를 토벌하게 하였다.

이때 龍城에 여름부터 비가 내리지 않아 7월까지 이어졌다. 난한은 날마다 燕나라의 여러 사당에 나아가 기도하고 비가 내리기를 청하였고 蘭加難에게 죄를 떠넘기자, 난가난이 이 말을 듣고 노해서 자기 부하들을 거느리고서 구니모의 군대를 기습하여 깨트렸다. 난한이 태자 蘭穆을 보내어 난가난을 토벌하니, 난목이 난한과 함께 모용성을 죽일 것을 모의하였으나 결행하지 못하였다.

燕太原王奇는 楷之子요 蘭汗外孫也라 汗以爲將軍이러니 長樂王盛이 潛使逃出起兵한대 汗이 遣仇尼慕하여 將兵討之①하다 於是에 龍城이 自夏不雨하여 至于七月이라 汗이 日詣燕諸廟禱請하고 委罪加難②한대 加難이 聞之怒하여 率所部하여 襲敗慕軍이어늘 汗이 遣太子穆討之하니 穆이 與汗謀殺盛이라가 不果하다

① 仇尼는 複姓이다.
仇尼, (復)〔複〕[40]姓.

40) (復)〔複〕: 저본에는 '復'으로 되어 있으나, 문맥을 살펴 '複'으로 바로잡았다.

② 〈蘭加難에게 죄를 떠넘겼다는 것은〉 慕容寶를 시해한 난가난의 죄를 말한 것이다.
言弑寶者加難之罪.

【目】 李旱과 張眞은 모두 慕容盛과 평소 친하게 지내는 사람이었다. 蘭穆이 이한과 장진을 데려다가 심복으로 삼으니, 이한 등이 몰래 모용성과 결탁하여 도모하였다. 난목이 蘭加難을 격파하고 돌아와 장병들에게 연향을 베풀 적에 난한과 난목이 모두 술에 취하였다. 모용성이 인하여 담을 뛰어 넘어 동궁으로 들어가서 이한 등과 함께 난목을 죽였다. 여러 군영에서는 모용성이 탈출해 나왔다는 말을 듣고는 모두 함성을 지르고 앞을 다투어 난한을 공격하여 참수하니, 온 나라가 평정되고 백성이 서로 경하하였다.

李旱, 張眞은 皆盛素所厚也라 而穆이 引爲腹心하니 旱等이 潛與盛結謀러니 穆이 擊破加難하고 還饗將士할새 汗, 穆皆醉라 盛이 因踰垣入東宮하여 與旱等殺穆하니 諸軍이 聞盛得出하고 皆呼躍爭先하여 攻汗斬之하니 內外帖然하고 士女相慶이러라

【目】 慕容盛이 太廟에게 고유하고 인하여 명령을 내리기를 "다섯 선조의 아름다움과 文武 관원의 도움을 받아 어두워진 사직이 다시 밝게 드러났으니, 이는 다만 내가 보잘것없는 몸으로서 원수와 하늘을 함께하지 않는 책임을 면했을 뿐만 아니라, 모든 신하와 백성들이 눈을 밝게 뜨고 세상을 보게 되었다." 하고는 마침내 大赦令를 내리고 改元하고 長樂王으로서 황제의 일을 섭행하여 다스리고, 慕容奇에게 명하여 군대를 해산하게 하였다. 모용기가 명령을 받아들이지 않고 3만 병력을 무장하여 橫溝로 전진하자, 모용성이 나가 공격하여 깨트리고 모용기를 잡아 賜死하였다.

盛이 告于太廟하고 因下令曰 賴五祖之休와 文武之力하여 社稷이 幽而復顯[①]하니 不獨孤以眇眇之身으로 免不同天之責[②]이라 凡在臣民이 皆得明目當世라하고 遂大赦改元하고 以長樂王으로 攝行統制하고 命奇罷兵하다 奇不受命하고 勒兵三萬하여 進至橫溝어늘 盛이 出擊破之하고 執奇賜死[③]하다

① '五祖'는 慕容涉歸, 慕容廆, 慕容皝, 慕容儁, 慕容垂의 다섯 사당을 이른다.
五祖, 謂慕容涉歸・廆・皝・儁・垂凡五廟.

② ≪禮記≫에 "아버지의 원수는 자식이 그와 더불어 한 하늘을 함께 하지 않는다."라고 하였다.
禮記曰 "父之讐, 不與共戴天."

③ 橫溝는 龍城과의 거리가 10리이다.
橫溝, 去龍城十里.

【綱】魏나라(北魏)가 平城으로 천도하였다.

魏遷都平城하다

【目】魏나라가 平城으로 천도하고서 처음으로 宮室을 경영하여 宗廟를 세우고 社稷을 세웠다. 宗廟에는 해마다 다섯 번 제사하였는데, 分至와 臘日을 사용하였다.

魏遷都平城하여 始營宮室하여 建宗廟하고 立社稷하다 宗廟에 歲五祭하되 用分至及臘①하다

① 魏나라는 平城에 도읍하면서 代尹과 司州를 平城에 설치하였으니, 여기서 말한 宗廟는 代都의 東廟이다. '分至及臘'은 春分과 秋分, 夏至와 冬至, 臘日을 이른다.
魏都平城, 置代尹及司州於平城, 此所謂宗廟, 卽代都之東廟也. 分至及臘, 謂春秋分・夏冬至與臘日也.

【綱】〈晉나라(東晉)의〉 王恭과 殷仲堪, 南郡公 桓玄이 군대를 일으켜 반란하여 환현이 江州를 함락하였다.

王恭, 殷仲堪及南郡公桓玄이 擧兵反하여 玄이 陷江州하다

【目】桓玄이 廣州刺史가 되기를 청하자 會稽王 司馬道子가 환현이 荊州에 있음을 꺼려서 그의 말을 따르니, 환현은 명령을 받고도 부임하지 않았다. 豫州刺史 庾楷는 사마도자가 네 郡을 떼어 王愉에게 소속시켰다 해서 상소하여 말하기를 "江州는 강남의 內地이고 西府는 북쪽으로 寇戎과 이어졌으니, 왕유로 하여금 나누어 감독하게 해서는 안 됩니다."라고 하였다. 조정이 이를 허락하지 않자, 유해가 노하여 그 아들 庾鴻을 보내어 王恭을 설득하기를 "司馬尙之 형제가 다시 정권을 잡아서 方鎭을 깎아내리고자 하니, 마땅히 일찍 도모해야 한다."라고 하였다.

桓玄이 求爲廣州어늘 會稽王道子 忌玄在荊州하여 因從之하니 玄이 受命而不行하다 豫州刺史庾楷 以道子割其四郡하여 屬王愉라하여 上疏言 江州內地요 而西府北帶寇戎하니 不應使愉分督①이라하니 朝廷不許한대 楷怒하여 遣其子鴻하여 說(세)王恭曰 尙之兄弟 復秉機權하여 欲削方鎭하니 宜早圖之②하라

① 庾楷는 庾亮의 손자이다. 江州는 尋陽을 치소로 하였으니 장강의 남쪽에 있었으므로 內地라고 말한 것이다. 晉나라는 京口를 北府라 하고 歷陽을 西府라 하니, 豫州는 歷陽을 치소

로 하여 장강의 서쪽에 있었기 때문에 '北帶寇戎'이라고 말한 것이다.
楷, 亮之孫也. 江州治尋陽, 在江南. 故云內地. 晉以京口爲北府, 歷陽爲西府, 豫州治歷陽, 在江西. 故云北帶寇戎.

② 司馬尙之 형제는 譙王 사마상지와 아우 司馬休之를 이른다.
尙之兄弟, 謂譙王尙之及弟休之也.

【目】 王恭은 그 말을 옳게 여기고 殷仲堪과 桓玄에게 고하니 모두 반란할 것을 허락하였다. 그리하여 왕공을 맹주로 추대하고 날짜를 잡아 함께 京師로 달려가기로 하였는데, 司馬 劉牢之가 간하기를 "會稽王 司馬道子는 천자의 숙부이고 또 국가의 정사를 담당하고 있습니다. 지난번 장군을 위하여 그가 아끼는 자들을 죽였으니, 장군에게 굴복한 것이 이미 많습니다. 지난번에 관직을 제수하여 맡긴 것이 비록 진실로 합당하지는 못하나 또한 큰 실수가 없었고 庾楷의 네 郡을 떼어서 王愉에게 소속한 것도 장군에게 무슨 손해가 되기에 晉陽의 군대를 어찌 자주 일으킬 수 있습니까."라고 하였다.

恭以爲然하여 以告殷仲堪及玄하니 皆許之라 推恭爲盟主하고 刻期同趣京師어늘 司馬劉牢之諫曰 會稽王은 天子叔父也요 而又當國秉政이어늘 曏爲將軍하여 戮其所愛하니 其伏將軍이 已多矣[①]라 頃所授任이 雖未允愜이나 亦無大失이요 割庾楷四郡하여 以配王愉가 於將軍何損이리오 晉陽之甲을 豈可數(삭)興乎아

① 爲(위하다)는 去聲이다. '戮其所愛'는 王國寶와 王緖를 죽임을 이른다.
爲, 去聲. 戮其所愛, 謂殺王國寶·王緖.

【目】 王恭은 그의 말을 따르지 않고 表文을 올려 王愉와 司馬尙之 형제를 토벌할 것을 청하니, 조정은 근심하고 두려워하여 도성 안팎에 계엄을 선포하였다. 司馬道子는 어찌할 방법을 알지 못하여 모두 일을 세자인 司馬元顯에게 맡기고, 날마다 독한 술을 마실 뿐이었다. 사마원현은 총명하여 문장을 상당히 섭렵하였고 志氣가 과감하고 용맹하였다. 그리하여 국가의 안위를 자신의 임무로 삼으니, 그를 따르는 자가 이르기를 "그가 英明하고 무용이 있어서 明帝[41]의 유풍이 있다."라고 하였다.

恭이 不從하고 上表請討王愉, 司馬尙之兄弟하니 朝廷憂懼하여 內外戒嚴이러라 道子不知所爲하여 悉以事委世子元顯하고 日飮醇酒而已라 元顯聰警하여 頗涉文義하고 志氣果銳라 以安危

41) 明帝 : 東晉의 황제였던 司馬紹를 가리킨다. 太寧 2년(324)에 王敦이 반란을 일으키자 직접 정벌하여 평정하였다.

爲己任하니 附之者 謂其英武하여 有明帝之風이러라

【目】殷仲堪은 王恭이 군대를 일으켰다는 말을 듣고 군대를 무장하여 서둘러 출발할 적에 모든 軍事를 南郡相 楊佺期 형제에게 맡기니, 양전기가 수군 5천 명을 거느리고서 선봉이 되고 桓玄이 그 다음이 되고 은중감이 정예병 2만 명을 거느리고서 서로 이어서 내려갔다.

仲堪이 聞恭擧兵하고 勒兵趣(촉)發할새 悉以軍事로 委南郡相楊佺期兄弟①하니 佺期帥舟師五千하여 爲前鋒하고 桓玄次之하고 仲堪이 帥精兵二萬하여 繼下하다

① 趣(재촉하다)은 促으로 읽는다.
趣, 讀曰促.

【目】楊佺期는 스스로 자기 선조가 漢나라 太尉 楊震으로서 아버지 楊亮에 이르기까지 9대가 모두 재주와 덕으로 명망이 드러났다고 하여 자기 문벌을 자랑하면서 江左에서 자신을 따라올 자가 없다고 여겼으나, 당시 時流들은 그가 뒤늦게 長江을 건너와서 혼인하고 벼슬한 것이 걸맞지 않고 형제가 모두 성품이 거칠고 추악하다 하여 매번 배척하고 억제하였다. 양전기는 항상 이를 갈면서 事變을 인하여 분풀이를 하려고 하였기 때문에 그 역시 殷仲堪의 계책을 찬성하였다.

8월에 양전기와 桓玄이 갑자기 湓浦의 어구에 이르니, 王愉는 이에 대비함이 없었다. 왕유가 두려워하고 급하여 臨川으로 달아나니, 환현이 추격하여 사로잡았다.

佺期自以其先이 漢太尉震으로 至父亮九世히 皆以材德著名이라하여 矜其門地하여 謂江左莫及이로되 而時流以其晩過江하여 婚宦失類하고 兄弟皆麤獷이라하여 每排抑之①하니 佺期常切齒하여 欲因事際以逞其志라 故로 亦贊成仲堪之謀하다 八月에 佺期及玄이 奄至湓口하니 王愉無備라 惶遽奔臨川하니 玄이 追獲之②하다

① 楊佺期의 증조부 楊準은 晉나라의 太常이었으니, 楊震으로부터 양준에 이르기까지 7대가 모두 명망과 덕이 있었다. 조고 楊林은 젊어서부터 재주와 명망이 있었는데, 병난을 만나 오랑캐(匈奴)에게 죽고 부친 楊亮은 젊어서 僞朝42)에서 벼슬하다가 뒤늦게 晉나라로 돌아오니, 王氏와 謝氏 등 여러 집안에 비하면 〈강남으로 온 것이〉 늦었다. 양량과 양전기는 모

42) 僞朝 : 오호십육국 시기 오랑캐의 조정 중 하나인 姚襄의 세력을 가리킨다. 356년 東晉의 桓溫이 북벌을 개시하여 洛陽 지역을 차지하고 있던 요양을 공격하여 낙양을 회복하였다. 이때 요양의 밑에 있던 楊亮이 환온에게 투항하였다.

두 武力으로 벼슬을 하였고 傖荒(東晉과 南朝 시기 南人이 北人을 멸시한 말)과 혼인하였으므로 '失類'라 한 것이다. '時流'는 時輩라는 말과 같다. 麤는 粗와 통하니, 마음이 정밀하지 못한 것이다. 獷은 古猛의 切이니, 개의 추악함과 같아서 따를 수 없는 것이다. 양전기와 그의 형 楊廣, 아우 楊思平, 從弟 楊孜와 楊敬이 모두 성품이 거칠고 추악하였다.

佺期曾祖準, 晉太常, 自震至準七世, 有名德. 祖林, 少有才望, 値亂沒胡, 父亮少仕僞朝, 後歸晉, 比王・謝諸家爲晩. 亮及佺期皆以武力爲官, 又與傖荒爲婚, 故云失類. 時流, 猶言時輩也. 麤, 通作粗, 心不精也. 獷, 古猛切, 若犬之獷獷, 不可附也. 佺期及兄廣・弟思平・從弟孜・敬皆麤獷.

② '湓口'는 湓浦의 어구이다. 晉나라 사람은 이곳에 성을 쌓고 수비병을 배치하였다. 吳나라 孫亮 太平 2년(257)에 豫章의 東部都尉를 나누어서 臨川郡을 세웠다.

湓口, 湓浦口也. 晉人於此, 築城置戍. 吳孫亮太平二年, 分豫章東部都尉, 立臨川郡.

【綱】魏나라(北魏)가 사자를 보내어 郡國을 순행하게 하였다.

魏遣使하여 **循行郡國**하다

【目】魏王 拓跋珪가 有司에게 명하여 封畿(왕도와 기내)를 바로잡고 道路의 里數를 표시하고 저울추와 저울대를 바르게 하고 度量을 살폈으며 사자를 보내어 郡國을 순행해서 수령 중에 불법을 저지르는 자들을 살피게 하고서 직접 考課하고 살펴서 내치거나 올려주었다.

魏王珪命有司하여 **正封畿標道里**하고 **平權衡審度量**하고 **遣使循行郡國**하여 **察守宰不法者**하여 **親考察黜陟之**[①]하다

① 宋白이 말하였다. "魏나라(北魏) 道武帝가 平城에 도읍하니, 동쪽으로는 上谷軍 都關에 이르고 서쪽으로는 河水에 이르고 남쪽으로는 中山의 隘門塞에 이르고 북쪽으로는 五原에 이르러 땅이 사방 1천 리였는데, 이곳을 甸服이라 했다." 하였다.

宋白曰 "魏道武都平城, 東至上谷軍都關, 西至河, 南至中山隘門塞, 北至五原, 地方千里, 以爲甸服."

【綱】9월에 會稽王 司馬道子에게 黃鉞을 더해주고 王恭을 토벌하게 하니, 왕공의 司馬 劉牢之가 왕공을 잡아 항복하므로 왕공을 참수하고, 유뇌지를 都督青・兗七州軍事로, 桓玄은 江州刺史로, 楊佺을 雍州刺史로 삼고, 殷仲堪에게

칙명을 내려서 회군하게 하였다.

九月에 **加會稽王道子黃鉞**하여 **討王恭**하니 **恭司馬劉牢之 執恭以降**이어늘 **斬之**하고 **以牢之**로 **都督靑兗七州軍事**하고 **桓玄爲江州刺史**하고 **楊佺爲雍州刺史**하고 **敕殷仲堪**하여 **使回軍**[43]하다

【目】 9월에 會稽王 司馬道子에게 黃鉞을 더해주고 세자 司馬元顯을 征討都督으로 삼고 王珣을 보내어 군대를 거느리고 가서 王恭을 토벌하게 하고, 譙王 司馬尙之는 군대를 거느리고 가서 庾楷를 토벌하게 하였다. 사마상지가 유해를 牛渚에서 대파하자, 유해가 桓玄에게로 달아났다. 환현이 관군을 白石에서 대파하고 전진하여 橫江에 이르니, 사마상지가 후퇴하여 달아났다. 사마도자가 中堂에 주둔하고 사마원현이 石頭를 지키고 왕순이 北郊를 지키면서 대비하였다.

九月에 加會稽王道子黃鉞하고 以世子元顯으로 爲征討都督하고 遣王珣하여 將兵討王恭하고 譙王尙之로 將兵討庾楷러니 尙之大破楷於牛渚한대 楷奔桓玄하다 玄이 大破官軍於白石하고 進至橫江하니 尙之退走①라 道子屯中堂하고 元顯守石頭하고 珣이 守北郊以備之러라

① 白石은 巢縣의 경계에 있다. ≪水經註≫에 "柵江은 수원이 巢湖의 동쪽에서 발원하여 왼쪽으로 淸溪水와 합류하니, 이곳을 淸溪口라고 한다. 柵水가 또 동쪽으로 흘러 왼쪽으로 白石山의 물과 만나니, 물이 백석산 서쪽에서 발원하여 李鵲城 남쪽을 지나 서남쪽으로 柵水에

---

43) 加會稽王……使回軍 : "앞에서는 '桓玄이 군대를 일으켜 반란하여 江州를 함락하였다.'라고 썼고 여기서는 '환현을 江州刺史로 삼았다.'라고 썼으며, 여기서는 '殷仲堪에게 칙명을 내려 회군하게 했다.'라고 썼고 이 아래에는 '다시 은중감으로 荊州와 益州의 軍事를 감독했다.'라고 썼으니, 晉나라에 정사가 없음이 더욱 심하다. ≪資治通鑑綱目≫에서는 桓玄과 楊佺期를 劉牢之와 똑같이 쓴 것은 진나라가 賞을 내림에 법도가 없음을 나타낸 것이다.〔前書桓玄擧兵反 陷江州矣 此書以桓玄爲江州刺史 此書敕殷仲堪 使回軍矣 下書復以殷仲堪督荊益軍 晉之無政 益甚矣 綱目以桓楊 與牢之同書 所以見晉賞之無章也〕" ≪書法≫

"王恭과 殷仲堪이 원래 함께 반란하였다. 그러나 유독 왕공을 토벌하게 했다고 한 것은 어째서인가. 왕공은 두 차례 군대를 일으켜 대궐을 향하였고 또 스스로 맹주가 되었다. 그러므로 조정에서 유독 그를 토벌함을 지극히 한 것이요, 劉牢之는 왕공의 부장이었는데 왕공을 잡아서 항복하였으니, 또한 이를 다시 혐의하지 않은 것이다. 이 당시 다시 典午(東晉의 司馬氏)가 쇠미해서 여러 軍鎭이 다투어 반란을 일으켰다. 왕공이 비록 죽었으나 여러 흉악한 자들이 여전히 주벌을 피하였고 심지어는 칙명을 내려 회군하게 하였으나 오히려 다시 군대로 막고 따르지 않음에 이르렀으니, 晉나라의 정사가 없음을 또한 알 수 있다. ≪資治通鑑綱目≫에 이것을 자세하게 구비하여 썼으니, 이를 서글퍼 한 것이다.〔恭仲堪元同反 然獨討恭 何也 恭再擧兵向闕 且身爲盟主 故朝廷獨致其討 而牢之是其部將 執之以降 亦不復爲嫌也 當是時 典午衰微 諸鎭鬨亂 王恭雖死 而群凶尙爾逋誅 甚至敕使回軍 猶復旅拒不從 晉之無政 抑可知矣 綱目備而書之 蓋傷之也〕" ≪發明≫

주입된다."라고 하였다.
白石, 在巢縣界. 水經註"柵江, 水導源巢湖東, 左會清溪水, 謂清溪口, 柵水又東, 左會白石山水, 水發白石山西, 逕李鵲城南, 西南注柵水."

【目】王恭이 평소 재주와 문벌이 높다 하여 남을 능멸하였는데, 王國寶를 죽이고 나자 스스로 위엄이 행해지지 못함이 없다고 여겨 劉牢之를 의지하여 호위하는 심복으로 삼았으나 그를 部曲의 장수로 천하게 대우하니, 유뇌지가 재주를 믿고 원한을 품었다. 司馬元顯은 이것을 알고는 사람을 보내어 유뇌지를 설득해서 하여금 왕공을 배반하게 하고서 일이 이루어지면 왕공의 지위와 칭호를 주겠다고 하였다.

恭이 素以才地陵物이러니 既殺王國寶에 自謂威無不行이라하여 仗劉牢之爲爪牙로되 而以部曲將遇之①하니 牢之負才懷恨이라 元顯知之하고 遣人說(세)牢之하여 使叛恭하여 事成에 授以恭位號하다

① 將(장수)은 郎亮의 切이다.
將, 郎亮切.

【目】劉牢之가 그의 아들 劉敬宣에게 이르기를 "王恭은 황제(晉 安帝)의 외숙이 되어서 황실을 도와 떠받들지 못하고 자주 군대를 일으켜 京師를 향하니, 내 그를 토벌하고자 하노니 어떠한가." 하였다. 유경선이 대답하기를 "조정(황제)이 비록 周나라의 成王과 康王의 아름다운 정사가 없으나 또한 幽王과 厲王의 포악함이 없는데, 왕공이 자기 군대의 위세를 믿고서 황실을 능욕하고 멸시하니, 大人(부친)께서는 그와 골육 간의 친족이 아니요, 군신 간의 의리도 없습니다. 오늘날 토벌하는 것이 情과 義에 무슨 문제가 있겠습니까."라고 하였다.

牢之謂其子敬宣曰 恭爲帝舅하여 不能翼戴帝室하고 數(삭)擧兵向京師하니 吾欲討之하노니 何如오 敬宣曰 朝廷이 雖無成康之美나 亦無幽厲之惡이어늘 而恭이 恃其兵威하여 暴蔑王室하니 大人은 親非骨肉이요 義非君臣이라 今日討之 於情義何有리잇고

【目】參軍 何澹之가 이러한 계책을 알고 王恭에게 고하니, 왕공은 믿지 않고서 다시 술자리를 베풀어 劉牢之에게 절하며 형이라 하고 예리한 병기와 견고한 갑옷을 모두 유뇌지에게 맡겨서 帳下督 顏延을 통솔하여 선봉이 되게 하였다. 유뇌지가 竹里에 이르러서 안연을 참수하고 항복한 다음 劉敬宣을 보내어 도리어 왕공을 기습하게 하니, 왕공의 군

대가 무너져서 도망하여 달아나다가 남에게 사로잡혀 京師로 압송되어 참수당하였다.

參軍何澹之 知其謀以告恭하니 恭不信①하여 更置酒하여 拜牢之爲兄하고 精兵堅甲을 悉以付之하여 使帥帳下督顔延爲前鋒하다 牢之至竹里하여 斬延以降하고 遣敬宣하여 還襲恭하니 恭이 兵潰亡走라가 爲人所獲하여 送京師斬之하다

① ≪資治通鑑≫에 "王恭은 河澹之가 평소 劉牢之와 틈이 있으므로 믿지 않았다."라고 하였다. 通鑑 "恭以澹之素與牢之有隙, 不信."

【目】 王恭은 형벌을 받을 적에 정신과 얼굴빛이 태연자약하여 형벌을 감독하는 자에게 이르기를 "나는 사람을 믿는 데 어두워서 이 지경에 이르렀노라. 그러나 나의 마음을 따져보면 어찌 社稷에 충성하고자 하지 않았겠는가. 다만 百世의 뒤에 이 왕공이 있음을 알게 할 뿐이다."라고 하였다. 왕공을 대신하여 劉牢之를 都督과 刺史로 삼아 京口에 진주하게 하였다.

恭이 臨刑에 神色自若하여 謂監刑者曰 我闇於信人이라 所以至此①로라 原[44)]其本心하면 豈不欲忠於社稷邪아 但令百世之下에 知有王恭耳니라 以牢之代恭하여 爲都督刺史하여 鎭京口하다

①〈'我闇於信人'은〉 모든 군사의 일을 유뇌지에게 위임함을 스스로 후회한 것이다. 自悔悉以軍事委劉牢之也.

【目】 얼마 후 楊佺期와 桓玄이 石頭에 이르고 殷仲堪이 蕪湖에 이르러 표문을 올려서 王恭을 변호하고 劉牢之를 죽일 것을 요구하니, 유뇌지가 北府의 군대를 거느리고 京師로 달려와서 新亭에 주둔하였다. 양전기와 환현은 유뇌지를 보고 모두 실색하여 蔡洲로 회군하였다. 조정에서는 서쪽 군대의 허실을 알지 못하여 안으로 근심하고 밖으로 핍박을 받았다.

俄而楊佺期, 桓玄이 至石頭하고 殷仲堪이 至蕪湖하여 上表理王恭하고 求誅牢之러니 牢之帥北府之衆하여 馳赴京師하여 軍于新亭하니 佺期, 玄見之하고 皆失色하여 回軍蔡洲①하다 朝廷이 未知西軍虛實하여 內外憂逼②이러라

① 胡三省이 말하였다. "蔡洲는 지금 建康府 上元縣 서쪽 25리 지점에 있었다." 胡三省曰 "蔡洲, 在今建康府上元縣西二十五里."

②〈'內外憂逼'은〉 안으로 근심하고 밖으로 핍박받음을 말한 것이다.

44) 原 : 참고로 ≪資治通鑑綱目≫(≪朱子全書≫ 9, 上海古籍出版社)에는 '然'으로 되어 있다.

言內憂而外逼也.

【目】桓脩가 司馬道子에게 말하기를 "지금 만약 많은 이익으로 桓玄과 楊佺期를 유인하면 두 사람이 반드시 마음속으로 기뻐할 것이니, 환현으로 殷仲堪을 제재할 수 있고 양전기로 창을 거꾸로 잡고서 은중감을 잡게 할 수 있습니다."라고 하였다. 사마도자가 그의 말을 받아들여 환현을 江州刺史로, 양전기를 雍州刺史로 삼고 은중감을 내쳐 廣州刺史로 삼고, 사자를 보내어 조명을 내려서 은중감으로 하여금 회군하도록 칙명하였다.

桓脩言於道子曰① 今若以重利로 啗玄及佺期하면 二人이 必內喜하리니 玄能制仲堪이요 佺期可使倒戈하여 取仲堪矣리이다 道子納之하여 以玄爲江州刺史하고 佺期爲雍州刺史하고 黜仲堪爲廣州刺史하고 遣使宣詔하여 敕使回軍하다

① 桓脩는 桓仲의 아들이다.
脩, 仲之子也.

【綱】南涼이 嶺南의 5개 郡을 점령하였다.

南涼이 取嶺南五郡하다

【目】楊軌가 廉川에 주둔하여 夷族과 漢族을 수합하니, 무리가 만여 명에 이르렀다. 사자를 보내어 南涼에 항복하였는데, 양궤가 얼마 후 羌族의 추장인 梁飢에게 패하여 서쪽으로 僆海로 달아나니, 양기가 마침내 西平을 공격하였다. 南涼王 禿髮烏孤가 구원하고자 하였는데, 신하들은 양기의 군대가 강성함을 두려워하여 대부분 망설였다.

楊軌屯廉川하여 收集夷夏하니 衆至萬餘라 遣使降於南涼이러니 軌尋爲羌酋梁飢所敗하여 西奔僆(련)海①하니 飢遂進攻西平이라 南涼王烏孤 欲救之러니 群臣이 憚飢兵彊하여 多以爲疑라

① 僆은 零과 같으니, 음이 憐이다. 闞駰이 말하기를 "金城의 臨羌縣 서쪽에 卑和羌海가 있다." 라고 하였고, 酈道元이 말하기를 "옛날 西零의 땅이다."라고 하였다.
僆, 與零同, 音憐. 闞駰曰 "金城臨羌縣西, 有卑和羌海." 酈道元曰 "古西零之地也."

【目】左司馬 趙振이 다음과 같이 말하였다.
"楊軌가 막 패하였고 呂氏(後涼)가 한창 강성하니, 洪池 이북을 바랄 수가 없습니다.

그러나 嶺南의 다섯 郡은 아마도 점령할 수 있을 것입니다. 대왕께서 만약 국경을 개척할 원대한 뜻이 없으시다면 제가 감히 말씀드리지 못하지만, 기필코 사방을 경영하고자 하신다면 이 기회를 놓쳐서는 안 됩니다. 羌族들로 하여금 西平을 얻어 夷族과 漢族이 진동하면 우리의 이익이 아닙니다."

禿髮烏孤가 기뻐하여 말하기를 "나 역시 때를 틈타 공을 세우고자 하니, 어찌 가만히 앉아서 궁벽한 골짝을 지키겠는가."라고 하고는 마침내 진격하여 梁飢를 크게 격파하자, 樂都와 湟河와 澆河의 太守가 모두 郡을 가지고 항복하였고, 嶺南의 羌族과 胡族 수만의 부락이 모두 독발오고에게 붙으니, 독발오고가 다시 武威王을 칭하였다.

左司馬趙振曰 楊軌新敗하고 呂氏方彊하니 洪池以北을 未可冀也어니와 嶺南五郡은 庶幾可取[①]니이다 大王이 若無開拓遠志면 振不敢言이어니와 必欲經營四方인댄 此機를 不可失也라 使羌得西平하여 夷夏震動이면 非我之利也니이다 烏孤喜曰 吾亦欲乘時立功하니 安能坐守窮谷乎[②]리오하고 遂進擊飢하여 大破之한대 樂都, 湟河, 澆河太守 皆以郡降하고 嶺南羌胡數萬落이 皆附於烏孤하니 烏孤更稱武威王이러라

① 洪池는 고개 이름이니, 涼州 姑臧의 남쪽에 있다. 嶺南은 洪池嶺의 남쪽을 이른다. 다섯 군은 廣武郡, 西平郡, 樂都郡, 澆河郡, 湟河郡을 이른다.
洪池, 嶺名, 在涼州姑臧之南. 嶺南, 謂洪池嶺南也. 五郡, 謂廣武・西平・樂都・澆河・湟河也.

② 廉川은 변방 밖(만리장성 밖)에 있으므로 궁벽한 골짜기라 한 것이다.
廉川, 在塞外, 故謂之窮谷.

【綱】 겨울 10월에 燕나라(後燕) 長樂王(慕容盛)이 황제를 칭하였다.

冬十月에 燕長樂王이 稱皇帝하다

【綱】〈晉나라가〉 또다시 殷仲堪으로 荊州와 益州의 軍事를 감독하게 하니, 은중감 등이 군대를 해산하고 진영으로 돌아갔다.

◑ 復以殷仲堪으로 督荊益軍하니 仲堪等이 罷兵還鎭[45)]하다

---

45) 復以殷仲堪 : "'復以'라고 쓴 것은 어째서인가. 조정에서 마음대로 명령하지 못함을 비난한 것이다. 다시 荊州와 益州를 감독하게 한 뒤에야 군대를 해산하였으니, 殷仲堪을 쓴 것은 괜찮지만 어찌하여 '等'이라고 썼는가. 은중감이 지위를 회복하지 않았으면 두 鎭(桓玄과 楊佺期)의 군대가 여전히 해산하지 않았을 것이다. 그렇다면 晉나라의 약함과 세 진영의 패악함이 더욱 나타난다. '復以'는 네 가지의 예가 있으니, 허물을 고친 말이 있고, 허물을 두 번 저지른 말이 있고, 능히 호령하지 못하는 말이 있고, 그대로 따른 말이 있다. 은중감이 형주와 익주의 군사를 도독한 것과 唐나라 時溥가 感化節度使가 된 것과 王建이 西川節度使가 된 것과 崔胤이 司空 同平章事가 된 것과 後唐의 石

【目】殷仲堪이 詔書를 얻고 크게 노하고 桓玄과 楊佺期를 재촉하여 진군하게 하였다. 환현 등은 조정의 명령에 기뻐하여 지시를 받고자 하였는데, 은중감이 갑자기 蕪湖에서 남쪽으로 돌아가 蔡洲의 군사들[46]에게 고유하기를 "너희들이 해산하지 않으면 내 江陵에 가서 너희들의 남은 식구를 다 죽이겠다."라고 하였다. 양전기가 거느리고 있던 2천 명이 먼저 돌아가니, 환현 등은 크게 두려워하여 바삐 서쪽으로 돌아가서 은중감을 쫓아가 尋陽에 이르러 따라잡았다.

殷仲堪이 得詔書하고 大怒하여 趣(촉)桓玄楊佺期進軍①하다 玄等이 喜於朝命하여 欲受之어늘 仲堪이 遽自蕪湖南歸하여 告喩蔡洲軍士曰 汝輩不散이면 吾至江陵하여 盡誅汝餘口②호리라 佺期所部二千人이 先歸하니 玄等이 大懼하여 狼狽西還하여 追仲堪하여 至尋陽及之하다

① 詔書를 얻었음은 廣州로 내치는 詔書를 얻은 것이다. 趣(재촉하다)은 促으로 읽는다.
得詔書, 得黜廣州之詔書也. 趣, 讀曰促.

② '餘口'는 蔡洲의 군사 중에 江陵에 가솔을 남겨둔 자를 이른다.
餘口, 謂蔡洲之軍所餘家口留在江陵者.

【目】殷仲堪이 이미 직책을 잃자, 桓玄 등에게 의지하여 지원세력으로 삼고 환현 등이 또한 은중감의 병력에 의뢰하니, 비록 속으로는 의심하고 사이가 막혔으나 형편상 연합하지 않을 수가 없었다. 이에 자제를 보내어 서로 인질로 삼은 뒤에 맹약하고 연명하여 상소해서 王恭을 변호하고 劉牢之와 譙王 司馬尙之를 주살할 것을 청하였으며, 아울러 은중감에게 죄가 없음을 하소연하자, 조정에서는 이들을 매우 두려워하여 마침내 다시 荊州를 은중감에게 돌려주고 우대하는 조서를 내려 위로하고 타일러 달랬다.

仲堪이 旣失職에 倚玄等爲援하고 玄等이 亦資仲堪兵하니 雖內相疑阻나 勢不得不合이라 乃以子弟交質而盟하고 連名上疏하여 申理王恭하고 求誅劉牢之及譙王尙之하고 幷訴仲堪無罪한대 朝廷이 深憚之하여 乃復以荊州還仲堪하고 優詔慰喩하다

【目】殷仲堪 등이 마침내 조명을 받들고 桓玄을 맹주로 추대하니, 환현은 더욱 스스로 자

敬瑭이 河東節度使가 된 것은 모두 조정에서 마음대로 명령하지 못한 말이다.(漢나라 文帝 14년(B.C. 166)에 자세히 보인다.)〔書復以 何 譏不能令也 復督荊益而後罷兵 書仲堪可也 曷爲以等書之 仲堪不復 則二鎭之兵 猶未罷也 然則晉之弱 三鎭之悖 益見矣 復以之例有四 有改過之辭 有貳過之辭 有不能令之辭 有因仍之辭 殷仲堪督荊益軍 唐時溥感化節度 王建西川節度 崔胤司空同平章事 後唐石敬瑭河東節度使 皆不能令之辭也(詳漢文帝十四年)〕"《書法》

46) 蔡洲의 군사들 : 당시 桓玄과 楊佺期의 군대가 蔡洲에 주둔하였다.

랑하고 거만하였다. 이에 楊佺期는 매우 원망하여 은밀히 은중감을 설득하여 환현을 기습하게 하였다. 은중감은 양전기 형제가 용맹하고 건장함을 시기하여 환현을 죽이고 나면 다시 제재할 수 없을 것을 염려해서 굳이 만류하니, 이에 각각 자기 진영으로 돌아갔다.

환현은 이것을 알고서 또한 양전기를 취할 뜻이 있어서 마침내 夏口에 군대를 주둔하고서 卞範之를 데려다가 謀主로 삼았다. 이때 詔書가 내려왔으나 유독 庾楷만 사면하지 않았으니, 환현은 유해를 武昌太守로 삼았다.

仲堪等이 乃受詔하고 推玄爲盟主하니 玄이 愈自矜倨라 佺期甚恨하여 密說(세)仲堪襲之한대 仲堪이 忌佺期兄弟勇健하여 恐旣殺玄에 不可復制하여 苦禁之하니 於是에 各還所鎭이라 玄이 知之하고 亦有取佺期之志하여 乃屯於夏口하여 引卞範之爲謀主라 時에 詔書獨不赦庾楷라 玄이 以楷爲武昌太守하다

【綱】12월에 魏王(北魏) 拓跋珪가 황제를 칭하였다.

十二月에 魏王珪 稱皇帝하다

【目】魏王 拓跋珪가 吏部郎 鄧淵에게 명하여 官制를 확립하고 音律을 맞추게 하고, 儀曹郎 董謐이 禮儀를 만들고, 三公郎 王德이 律令을 정하고, 太史令 鼂崇이 天象을 상고하고, 尙書 崔宏이 총괄해 제재해서 영원한 법식으로 만들게 하였다.

魏王珪命吏部郎鄧淵하여 立官制하고 協音律하고 儀曹郎董謐(밀)이 制禮儀하고 三公郎王德이 定律令하고 太史令鼂崇이 考天象하고 尙書崔宏이 總而裁之하여 以爲永式①하다

① 鄧淵은 鄧羌의 손자이다. 吏部, 儀曹, 三公郎은 모두 曹魏(삼국시대 魏나라) 때에 설치한 것이다.
淵, 羌之孫也. 吏部·儀曹·三公郎, 皆曹魏所置.

【目】12월에 拓跋珪가 황제에 즉위하고는 朝野에 명해서 모두 머리를 묶어 상투를 틀고 冠帽를 쓰게 하고, 먼 선조인 拓跋毛 이하 27명을 추존하여 모두 황제라 하였다.

魏나라(北魏)의 옛 풍속은 4월에 하늘 및 東廟에 제사하고, 6월에 무리를 모아 陰山에서 서리가 내리지 말라고 기도하고, 7월에 西郊에서 하늘에 제사하였는데, 이때에 이르러 처음으로 옛 제도를 따라서 郊祭와 종묘, 조정의 연향 등의 禮樂을 정하고 또다시 崔宏의 의논을 따라 스스로 黃帝의 후손이라 하여 土德으로 왕 노릇 하고 6개의 州와

22개의 郡의 守宰와 豪傑 2천 가호를 代都로 옮겼으며, 동쪽으로 代都에 이르고 서쪽으로 善無에 이르고 남쪽으로 陰館에 이르고 북쪽으로 參合 끝까지를 모두 畿內로 삼고는 그 외 四方과 四維에 八部師를 두어 감독하게 하였다.

十二月에 珪卽皇帝位하여 命朝野하여 皆束髮加帽①하고 追尊遠祖毛以下二十七人하여 皆爲皇帝라 魏之舊俗이 孟夏에 祀天及東廟하고 季夏에 帥衆[47]却霜於陰山하고 孟秋에 祀天於西郊②러니 至是에 始倣古制하여 定郊, 廟, 朝[48]饗禮樂하고 又用崔宏議하여 自謂黃帝之後라하여 以土德王하고 徙六州, 二十二郡守宰, 豪傑二千家于代都하여 東至代郡하고 西及善無하고 南極陰館하고 北盡參合하여 皆爲畿內하고 其外四方四維에 置八部師以監之③하다

① 帽는 어린아이의 머리에 씌우는 오랑캐의 모자이다. ≪晉書≫ 〈輿服志〉에 "帽는 冠과 같다. 뜻이 그 머리를 덮어 씌움을 취하였으니, 본래 纚(머리싸개)이다. 옛날 冠은 幘(망건)이 없어서 관 아래에 纚가 있고 이것을 비단으로 만들었는데, 후세에 幘을 冠에 베풀고 인하여 다시 纚를 잘라 帽를 만들어서 황제가 사사로이 거처할 때로부터 관작이 없는 庶人에 이르기까지 모두 착용하였다. 江左 때에 野人들이 이미 帽를 착용하고 人士들도 왕왕 그러하였으나, 다만 정수리를 둘렀을 뿐이었는데, 뒤에 마침내 그 뚜껑을 높게 하였다."라고 하였다. 纚는 所爾의 切이다.
帽, 小兒蠻夷蒙頭衣. 晉書輿服志曰"帽, 猶冠也, 義取於蒙覆其首, 其本, 纚(사)也. 古者, 冠無幘, 冠下有纚, 以繒爲之, 後世施幘於冠, 因復裁纚爲帽, 自乘輿宴居, 下至庶人無爵者, 皆服之. 江左時, 野人已著(착)帽, 人(上)〔士〕[49]亦往往而然, 但其頂圓耳, 後乃高其屋云." 纚, 所爾切.

② 〈東廟는〉 宗廟가 동쪽에 있는 것이니, 이는 또한 종묘를 왼쪽에 두는〔左祖〕 뜻이다.[50]
宗廟在東, 蓋亦左祖之義.

③ 魏나라(北魏)는 平城에 도읍하고 평성을 代都라 하였으니, 漢나라가 건국했을 때 〈代郡의〉 이름을 따른 것이다. 善無縣은 漢나라 때에는 雁門郡에 속하였고 後漢 때에는 定襄郡에 속하였는데 元魏(北魏) 天平 2년(535)에 善無郡을 설치하였다. ≪漢書≫ 〈地理志〉에 "陰館縣은 雁門郡에 속하니 본래 樓煩鄕이었는데 景帝 後元 3년(B.C. 141)에 陰館縣을 설치하였다. 여기에는 累頭山이 있으니 治水가 발원하는 곳이다."라고 하였다. ≪五代志≫(≪隋書≫ 〈地理志〉)에 "代州의 雁門縣에 纍頭山이 있으니, 漢나라의 陰館縣은 이미 雁門縣으로 합병되어 들어갔다."라고 하였다. 八部師는 ≪魏書≫에 八部帥로 되어 있으니, 八部帥가 백성들에게 농사와 밭 가는 일을 권장하고 수입과 지출을 비교하고 헤아려서 지방관의 殿最[51]로 삼은 것

---

47) 衆 : 참고로 ≪資治通鑑綱目≫(≪朱子全書≫ 9, 上海古籍出版社)에는 '兵'으로 되어 있다.

48) 朝 : 참고로 ≪資治通鑑綱目≫(≪朱子全書≫ 9, 上海古籍出版社)에는 '祭'로 되어 있다.

49) (上)〔士〕 : 저본에는 '上'으로 되어 있으나, ≪資治通鑑≫ 註에 의거하여 '士'로 바로잡았다.

50) 종묘를……뜻이다 : 원문의 '左祖'는 ≪周禮≫ 〈考工記 匠人〉에 보이는데, 鄭玄의 注에 祖는 宗廟라 하였다.

이다.

魏都平城, 以平城爲代都, 依漢建國之名也. 善無縣, 漢屬雁門郡, 後漢屬定襄郡, 元魏天平二年, 置善無郡. 班志"陰館縣, 屬雁門郡, 本樓煩鄕, 景帝後三年, 置陰館縣. 有累頭山, 治水所出." 五代史志"代州雁門縣, 有纍頭山, 則漢之陰館縣, 已倂入雁門縣矣." 八部師, 魏書作八部帥, 八部帥勸課農耕, 量校收入, 以爲殿最.

【綱】〈晉나라(東晉)의〉 요망한 사람 孫泰가 반란을 도모하다가 誅殺을 당하였다.

妖人孫泰 謀亂伏誅하다

【目】 처음에 孫泰가 杜子恭에게 요망한 방술을 배우니, 士人과 백성들이 많이 그를 받들었다. 王珣이 그를 미워하여 손태를 廣州로 유배 보냈는데, 王雅가 그를 孝武帝에게 천거하면서 '養生하는 방법을 안다.'라고 말하니, 효무제가 불러 여러 번 벼슬을 주어 벼슬이 新安太守에 이르렀다.

손태는 晉나라의 국운이 장차 끝날 줄을 알고 王恭을 토벌한다는 명분으로 병기를 수집하고 재화를 모아 난을 일으킬 것을 도모하였으나, 中領軍 司馬元顯이 그와 친하다 하여 감히 말하는 자가 없었다.

이때 마침 會稽內史 謝輶가 그의 음모를 발설하니, 會稽王 司馬道子가 유인하여 참수하고 그의 여섯 아들을 함께 죽였다. 손태의 형의 아들 孫恩이 도망하여 海島로 들어갔는데, 어리석은 백성들이 아직도 손태가 매미 껍질을 벗듯 〈신선이 되어〉 죽지 않았다고 생각하여 바다 가운데로 나아가 물자를 공급하니, 손은이 마침내 망명 온 자들을 수합하여 백여 명을 얻어서 복수할 것을 도모하였다.

初에 泰學妖術於杜子恭하니 士民이 多奉之어늘 王珣이 惡(오)之하여 流泰於廣州러니 王雅 薦於武帝하여 云 知養性之方이라하니 召還하여 累官至新安太守하다 泰知晉祚將終하고 以討王恭爲名하여 收兵聚貨하여 謀作亂호되 以中領軍元顯이 與之善이라하여 無敢言者러니 會稽內史謝輶發其謀하니 會稽王道子 誘而斬之하고 幷其六子한대 兄子恩이 逃入海라 愚民이 猶以爲泰蟬蛻不死라하여 就海中資給之①하니 恩이 乃聚合亡命하여 得百餘人하여 以謀復讐하다

① 蛻는 輸芮와 吐外의 두 切이다. 매미가 껍질을 벗는 것을 蛻라 한다. 神仙家에 尸解라는 설이 있으니, 시신이 해체되어 신선으로 올라가기를 매미가 껍질을 벗는 것과 같이한다고 한

51) 殿最 : 해마다 정기적으로 관원의 근무 성적을 평가하는 것으로 展은 下等, 最는 上等을 말한다.

다. '資給之'는 ≪資治通鑑≫에 '資給恩(孫恩에게 물자를 주다.)'이라고 되어 있다.

蛻, 輸芮・吐外二切, 蟬解殼曰蛻. 神仙家, 有尸解之說, 言尸解登仙, 如蟬之蛻殼也. 資給之, 通鑑作資給恩.

思政殿訓義 資治通鑑綱目 15 年表

年度	在位年	역문쪽수	주요 사건
360 庚申年	東晉 穆帝(司馬聃) 升平 4 前秦 宣昭帝(苻堅) 甘露 2 前燕 幽帝(慕容暐) 建熙 1 前涼 沖王(張玄靚) 建元 4 代 昭成帝(拓跋什翼犍) 建國 23	13 14 17 18 20	• 前燕 황제 慕容儁이 사망, 태자 慕容暐 즉위. • 前燕이 慕容恪을 太宰로 삼았는데, 太師 慕輿根이 반란을 일으키려 하자 모용각이 모여근을 죽임. • 匈奴 劉衛辰이 前秦에 항복함. • 東晉의 桓溫이 謝安을 征西司馬로 삼음. • 烏桓의 獨孤部와 鮮卑의 沒奕干이 前秦에 항복함. • 前燕의 李績 사망.
361 辛酉年	東晉 穆帝 升平 5 前秦 宣昭帝 甘露 3 前燕 幽帝 建熙 2 前涼 沖王 建元 5 代 昭成帝 建國 24	21 22 24 25	• 匈奴 劉衛辰이 前秦을 배반하고 代나라에 항복함. • 前燕 河內太守 呂護가 東晉에 항복하자 전연이 그의 성을 포위함. • 前涼의 宋混 사망하자 張玄靚이 宋澄에게 정사를 보필하게 함. • 東晉 穆帝가 사망하니 琅邪王 司馬丕(哀帝)가 즉위함. 목제를 永平陵에 장례함. • 東晉이 皇后 王氏를 세우고 穆帝의 황후 何氏를 穆皇后로 높임. • 前涼 張邕이 宋澄을 죽이니, 張玄靚이 그와 張天錫에게 정사를 보필하게 하였는데, 장천석이 장옹을 주살하고 정사를 독점함. 또한 東晉이 장현정에게 涼州刺史 西平公을 내림. 전량이 이때 東晉의 연호인 升平을 사용함. • 前秦이 張平을 멸함. • 前秦이 孝悌, 廉直, 文學, 政事의 네 과목으로 인재를 선발함. • 呂護가 前燕으로 달아남.

年度	在位年	역문쪽수	주요 사건
362 壬戌年	東晉 哀帝 隆和 1 前秦 宣昭帝 甘露 4 前燕 幽帝 建熙 3 前涼 沖王 建元 6 代 昭成帝 建國 25	26	• 東晉이 田租를 감하여 畝마다 2升을 거둠.
			• 庾希를 徐州와 兗州의 刺史로 삼고 袁眞을 監豫司等州軍事로 삼음.
			• 東晉 哀帝가 생모 周貴人을 皇太妃로 높임.
			• 前燕의 呂護가 洛陽을 공격하자, 東晉의 桓溫이 군대를 보내어 낙양을 구원하니, 전연의 군대가 돌아감.
		30	• 前秦 苻堅이 太學에 왕림함.
		31	• 東晉의 庾希가 후퇴하여 山陽에 주둔하고 袁眞이 후퇴하여 壽陽에 주둔함.
363 癸亥年	東晉 哀帝 興寧 1 前秦 宣昭帝 甘露 5 前燕 幽帝 建熙 4 前涼 沖王 建元 7 代 昭成帝 建國 26	31	• 東晉의 皇太妃 周氏 사망.
		32	• 東晉이 桓溫에게 大司馬 都督中外諸軍 錄尙書事를 가함. 환온이 王坦之, 郗超, 王珣 등을 자신의 掾吏로 삼음.
		33	• 前涼의 張天錫이 군주인 張玄靚을 시해하고 즉위함.
		34	• 東晉의 汝南太守 朱斌이 前燕의 許昌을 점령함.
364 甲子年	東晉 哀帝 興寧 2 前秦 宣昭帝 甘露 6 前燕 幽帝 建熙 5 前涼 西平悼公 太淸 1 代 昭成帝 建國 27	34	• 前燕의 慕容評이 河南 지방을 점령함.
			• 東晉이 土斷法을 시행하여 현 거주지에 따라 호적을 정리함.(庚戌土斷)
			• 東晉 哀帝의 병환으로 褚太后가 섭정함.
		35	• 前燕이 東晉의 許昌, 汝南, 陳郡을 함락시킴.
		36	• 東晉이 王述을 尙書令으로 삼음. 또한 大司馬 桓溫에게 楊州牧을 가함.
			• 前秦이 前涼의 張天錫에게 西平公을 삼음.
			• 東晉의 桓溫이 赭圻(자기)에 성을 쌓음.
		38	• 前秦 苻騰이 반역을 모의하다가 伏誅됨.
			• 前燕이 宗廟와 百官을 鄴城에 옮김.
		40	• 前秦이 平陽公 苻融 등의 작위를 侯로 강등함.

年度	在位年	역문쪽수	주요 사건
365 乙丑年	東晉 哀帝 興寧 3 前秦 宣昭帝 建元 1 前燕 幽帝 建熙 6 前涼 西平悼公 太淸 2 代 昭成帝 建國 28	41	• 東晉의 皇后 王氏 사망. • 匈奴 劉衛辰이 代나라를 배반하고 拓跋什翼健을 패주시킴.
		42	• 東晉의 桓溫이 진영을 姑孰으로 옮기고 桓豁에게 監荊揚等州軍事로 삼음. • 東晉 哀帝가 사망하니, 琅邪王 司馬奕(廢帝)이 즉위함. • 前燕이 洛陽을 함락하니, 東晉의 將軍 沈勁이 전사함.
		44	• 東晉 哀帝를 安平陵에 장례함. • 前燕이 陽騖를 太尉로 삼음. • 東晉 益州刺史 周撫 사망.
		45	• 東晉이 會稽王 司馬昱을 琅邪王으로 삼음. • 東晉이 皇后 庾氏를 세움.
		46	• 匈奴 曹轂과 劉衛辰이 前秦을 배반하자, 전진이 이들을 공격하여 항복시킴. • 東晉의 梁州刺史 司馬勳이 배반하여 成都를 포위하자, 大司馬 桓溫이 江夏相 朱序를 보내어 성도를 구원하게 함. • 東晉이 王彪之를 僕射로 삼음.
366 丙寅年	東晉 廢帝(司馬奕) 太和 1 前秦 宣昭帝 建元 2 前燕 幽帝 建熙 7 前涼 西平悼公 太淸 3 代 昭成帝 建國 29	47	• 東晉의 皇后 庾氏 사망. • 東晉의 朱序와 益州刺史 周楚가 司馬勳을 공격하여 죽임. • 代나라 拓跋什翼犍이 前秦에 入貢함.
		48	• 東晉의 皇后 庾氏(孝皇后)를 장례함. • 前秦이 東晉의 荊州를 침략함. • 東晉이 會稽王 司馬昱을 丞相 錄尙書事로 삼고 殊禮를 더함. • 前燕이 東晉의 兗州를 침략하여 魯와 高平 등 여러 郡을 함락시킴. • 東晉의 南陽督護 趙億이 宛城을 가지고 배반하자, 前燕이 趙盤으로 완성을 지키게 함.

年度	在位年	역문쪽수	주요 사건
367 丁卯年	東晉 廢帝 太和 2 前秦 宣昭帝 建元 3 前燕 幽帝 建熙 8 前涼 西平悼公 太清 4 代 昭成帝 建國 30	49 51 52	• 前燕 太宰 慕容恪 사망. • 匈奴의 曹轂이 前燕에 사신을 보냄. • 東晉의 桓豁이 宛城을 공격하여 함락시키고는 趙盤을 사로잡음. • 東晉이 郗愔을 都督徐兗等州軍事로 삼음. • 前秦 苻柳와 苻雙, 苻廋, 苻武가 군대를 일으켜 배반하자, 前秦이 군대를 보내어 토벌함. • 代나라 拓跋什翼犍이 匈奴의 劉衛辰을 공격하여 패주시킴.
368 戊辰年	東晉 廢帝 太和 3 前秦 宣昭帝 建元 4 前燕 幽帝 建熙 9 前涼 西平悼公 太清 5 代 昭成帝 建國 31	53 54 55 56 57	• 前燕 慕容沖을 大司馬로 삼음. • 前秦 苻廋가 陝城을 가지고 煎燕에 항복함. • 前秦이 苻雙, 苻武, 苻柳를 토벌하여 참수함. • 前燕이 蔭戶를 혁파하자 조정의 사람들이 원망함. • 前秦이 陝城을 함락하여 苻廋를 참수함. • 東晉이 大司馬 桓溫에게 殊禮를 가함. • 東晉이 仇池公 楊世를 秦州刺史로 삼음. 양세가 前秦에 칭신하니, 전진에서 그를 南秦州刺史로 삼음.
369 己巳年	東晉 廢帝 太和 4 前秦 宣昭帝 建元 5 前燕 幽帝 建熙 10 前涼 西平悼公 太清 6 代 昭成帝 建國 32	58 66 69 75	• 東晉의 桓溫이 前燕을 공격하자, 前秦이 전연을 구원함. 환온이 전연과 枋頭에서 싸우다가 승리하지 못하고 돌아오니, 袁眞이 壽春을 점거하고 배반하여 전연에 항복함.(枋頭의 전투) • 前燕이 郝晷와 梁琛을 前秦에 보냈는데, 王猛에 의해 학구가 전연의 실정을 누설하였지만 양침은 절개를 지킴. • 前燕의 慕容垂가 前秦으로 도망하자 전진이 그를 冠軍將軍으로 삼음. • 前秦이 王猛 등을 보내어 前燕을 공격하여 洛陽을 점령함. • 東晉의 桓溫이 진영을 廣陵으로 옮김.

年度	在位年	역문쪽수	주요 사건
370 庚午年	東晉 廢帝 太和 5 前秦 宣昭帝 建元 6 前燕 幽帝 建熙 11 前涼 西平悼公 太淸 7 代 昭成帝 建國 33	77 79 80 81 82 83 89 93	• 慕容令이 前秦에서 前燕으로 달아남. • 前燕의 慕容臧이 前秦의 군대를 막았는데, 전진의 王猛이 공격하여 패주시킴. • 袁眞이 죽자 아들 袁瑾이 대신 그 무리를 거느리니, 前燕과 前秦이 모두 군대를 보내어 도왔는데, 東晉의 桓溫이 군대를 보내어 격파함. • 慕容令이 前燕의 龍城을 습격하다가 이기지 못하고 죽음. • 前秦의 王猛이 여러 군대를 감독하여 다시 前燕을 공격함. • 前秦이 壺關을 점령함. • 東晉의 桓溫이 袁瑾을 壽春에서 패퇴시키고 마침내 그를 포위함. • 前秦의 王猛이 晉陽으로 쳐들어가서 前燕 慕容評과 潞川에서 싸워 패퇴시키고 鄴城을 포위함. • 前秦의 苻堅이 鄴城으로 들어가서 前燕의 황제 慕容暐를 잡고, 王猛을 冀州牧都督關東六州軍事로 삼음.(前燕 멸망) • 前秦이 慕容暐와 鮮卑族 4만 호를 長安으로 옮김.
371 辛未年	東晉 簡文帝(司馬昱) 咸安 1 前秦 宣昭帝 建元 7 前涼 西平悼公 太淸 8 代 昭成帝 建國 34	95 96 98 99 100 106	• 東晉의 桓溫이 壽春을 함락하고 袁瑾을 사로잡아 죽임. • 前秦이 關東 지방의 豪傑과 여러 오랑캐 15만 호를 關中 지방으로 옮김. • 前涼의 張天錫이 前秦에 번신을 칭함. • 吐谷渾이 前秦에 入貢함. • 代나라 世子 拓跋寔 사망 • 前秦이 仇池를 함락하고 楊纂을 사로잡음. • 前秦이 鄧羌을 鎭軍將軍으로 삼음. • 前秦 苻堅이 鄴城에 감. • 東晉의 桓溫이 조정에 들어와 황제 司馬奕을 廢하여 東海王으로 삼고 會稽王 司馬昱을 영입하여 즉위하게 함. • 東晉이 東海王 司馬奕을 강등하여 海西縣公에 봉함.

年度	在位年	역문쪽수	주요 사건
372 壬申年	東晉 簡文帝 咸安 2 前秦 宣昭帝 建元 8 前涼 西平悼公 太淸 9 代 昭成帝 建國 35	108 109 110 112 115	• 前秦이 慕容評을 范陽太守로 삼음. • 前秦이 關東 지방에 명하여 經書를 통달하고 기예를 갖춘 선비를 예우하여 올려 보내게 함. • 東晉이 海西公 司馬奕을 吳縣으로 옮김. • 前秦이 王猛을 丞相으로 삼고 苻融을 冀州牧으로 삼음. • 東晉 簡文帝가 사망하니 太子 司馬曜가 즉위함. • 前秦이 王猛에게 都督中外諸軍事를 가함. • 東晉 簡文帝를 高平陵에서 장례함.
373 癸酉年	東晉 孝武帝(司馬曜) 寧康 1 前秦 宣昭帝 建元 9 前涼 西平悼公 太淸 10 代 昭成帝 建國 36	116 118 120 121 123	• 東晉 桓溫이 조정에 와서 조회함. • 東晉 桓溫이 사망하자 桓沖을 都督揚豫江州軍事로 삼음. • 東晉 褚太后가 攝政하고서 王彪之를 尙書令으로 삼고 謝安을 僕射로 삼음. • 前秦이 東晉의 梁州와 益州를 침략하여 함락시킴. • 東晉이 王坦之를 中書令으로 삼아 丹楊尹을 겸하게 함.
374 甲戌年	東晉 孝武帝 寧康 2 前秦 宣昭帝 建元 10 前涼 西平悼公 太淸 11 代 昭成帝 建國 37	125	• 東晉이 王坦之를 都督徐兗等州軍事로 삼고 謝安에게 명하여 中書省을 총괄하게 함.
375 乙亥年	東晉 孝武帝 寧康 3 前秦 宣昭帝 建元 11 前涼 西平悼公 太淸 12 代 昭成帝 建國 38	127 129	• 東晉의 王坦之 사망. • 東晉이 桓沖을 徐州刺史로 삼고 謝安을 揚州刺史를 겸하게 함. • 前秦 丞相 淸河侯 王猛 사망. • 東晉이 皇后 王氏를 세움. • 東晉이 徐邈을 中書舍人으로 삼음. • 前秦이 聽訟觀을 설치하고 太子를 보내어 입학하게 하고 老莊學과 圖讖學을 금지함.

年度	在位年	역문쪽수	주요 사건
376 丙子年	東晉 孝武帝 太元 1 前秦 宣昭帝 建元 12	131	• 東晉 孝武帝가 관례를 하니, 褚太后가 정사를 돌려줌. 동진이 謝安을 中書監 錄尙書事로 삼음.
		132	• 前秦이 近臣을 보내어 郡縣을 나누어 순행하게 함.
			• 前秦이 前涼을 공격하니 전량의 張天錫이 항복함.(전량 멸망)
		135	• 東晉 哀帝가 田租를 減하여 1畝에 쌀 두 되를 거두었는데, 이때 이것을 없애고 王公 이하는 식구마다 稅米 3斛을 거두고 兵役이나 勞役에 복역 중인 사람은 賦稅를 면제함.
			• 前秦이 代나라를 공격하여 패주시키니, 대나라 拓跋寔君이 그 군주 拓跋什翼犍을 시해하자, 전진이 그를 토벌하여 죽이고 마침내 대나라를 나누어 匈奴 劉衛辰과 劉庫仁에게 소속시킴.(代國 멸망)
377 丁丑年	東晉 孝武帝 太元 2 前秦 宣昭帝 建元 13	138	• 高句麗와 新羅와 西南에 있는 오랑캐들이 前秦에 사신을 보내어 조공을 바침.
			• 前秦이 熊邈을 將作長史로 삼음.
		139	• 東晉이 朱序를 梁州刺史로 삼아서 襄陽에 진주시킴.
			• 東晉이 謝安을 都督揚豫等州軍事로 삼음.
			• 東晉이 桓沖을 都督江荊等州軍事로 삼고 謝玄을 監江北軍事로 삼음.
		141	• 東晉의 散騎常侍 王彪之 사망.
		142	• 東晉의 臨海太守 郗超 사망.
378 戊寅年	東晉 孝武帝 太元 3 前秦 宣昭帝 建元 14	143	• 前秦이 梁州를 침략하여 南陽을 함락시킴.
		145	• 前秦이 東晉의 盱眙, 彭城, 魏興을 침략함.
		147	• 서역의 大宛이 前秦에 말을 헌상함.
			• 前秦의 豫州刺史 苻重이 반역을 도모하였는데, 사면함.

年度	在位年	역문쪽수	주요 사건
379 己卯年	東晉 孝武帝 太元 4 前秦 宣昭帝 建元 15	148 150 151 152	• 秦나라가 東晉의 襄陽을 함락하고 刺史 朱序를 사로잡음. • 秦나라가 東晉의 彭城과 淮陰을 함락함. • 東晉이 조령을 내려 군국의 중요한 일이 아니면 재정의 사용을 줄이게 함. • 前秦이 東晉의 魏興을 함락하니, 태수 吉挹이 전사함. • 前秦이 盱眙를 함락하고서 전진하여 三阿를 포위하였는데, 謝玄이 싸워 이들을 패주시킴.
380 庚辰年	東晉 孝武帝 太元 5 前秦 宣昭帝 建元 16	154 155 157 158 159	• 前秦이 苻重을 鎭北大將軍으로 삼아 薊城을 지키게 함. • 前秦이 教武堂을 지음. • 前秦 幽州刺史 苻洛과 苻重이 배반하자, 전진이 공격해서 부중을 참수하고 부락을 사로잡았으나 사면함. • 東晉의 謝安을 衛將軍으로 삼아 桓沖과 함께 開府儀同三司가 되게 함. • 前秦이 苻融을 中書監 都督諸軍 錄尙書事로 삼고, 苻丕를 冀州牧으로 삼고 苻暉를 豫州牧으로 삼음. • 東晉의 皇后 王氏가 사망하니, 定皇后를 장례함.
381 辛巳年	東晉 孝武帝 太元 6 前秦 宣昭帝 建元 17	159 160	• 東晉이 부처의 精舍를 궁전 안에 세움. • 東夷와 西域 62개국이 前秦에 朝貢함. • 前秦이 竟陵을 침략하였는데, 東晉의 桓沖이 격파하고서 管城을 함락하고 이곳의 장수 閻振과 吳仲을 사로잡음.

年度	在位年	역문쪽수	주요 사건
382 壬午年	東晉 孝武帝 太元 7 前秦 宣昭帝 建元 18	161 163 164	• 前秦의 司農 苻陽과 侍郎 王皮, 尙書郎 周虓가 반란을 도모하다가 일이 발각되어 변방으로 귀양 감. • 前秦이 鄴城에 있던 구리로 만든 낙타와 말, 飛廉, 翁仲을 長安으로 옮겨옴. • 前秦이 苻融을 征南大將軍으로 삼음. • 前秦이 裴元略을 巴西·梓潼太守로 삼음. • 前秦이 將軍 呂光을 보내어 西域을 공격하게 함.
383 癸未年	東晉 孝武帝 太元 8 前秦 宣昭帝 建元 19	171 172 175 184 185 186	• 東晉의 桓沖이 前秦을 공격하여 筑陽을 함락함. • 前秦 苻堅이 크게 군대를 일으켜 東晉을 침략하자, 동진이 征討都督 謝石과 冠軍將軍 謝玄 등을 명하여 막게 함. • 東晉의 琅邪王 司馬道子를 錄尙書六條事로 삼음. • 東晉의 謝石과 謝玄 등이 前秦의 군대를 肥水에서 대파하여 苻融을 죽이니, 苻堅이 패주하여 長安으로 돌아감.(肥水의 전투) • 東晉이 謝石을 尙書令으로 삼고 謝玄의 칭호를 前將軍으로 올려주었는데, 굳이 사양하고 받지 않음. • 東晉이 王國寶를 尙書郎으로 삼음. • 東晉이 금주령을 解制하고 백성들의 稅米를 늘려 인구마다 다섯 石을 거둠. • 前秦의 呂光이 서역의 龜茲를 공격함. • 前秦의 장군 乞伏國仁이 배반하여 隴右를 점거함. • 丁零의 翟斌이 洛陽을 공격하자, 前秦이 慕容垂에게 토벌하게 하였는데, 모용수가 배반하고 적빈과 연합함.

年度	在位年	역문쪽수	주요 사건
384 甲申年	東晉 孝武帝 太元 9 前秦 宣昭帝 建元 20 後燕 武成帝(慕容垂) 燕元 1 後秦 武昭帝(姚萇) 白雀 1 西燕 歸皇帝(慕容泓) 燕興 1	191	• 慕容垂가 燕王을 칭하고 前秦의 군대를 대파하고 그 장수 石越을 죽임.(後燕의 건국)
		196	• 東晉이 劉牢之를 보내어 前秦을 공격하게 하여 譙城을 함락하고 桓沖이 전진을 공격하여 魏興과 上庸, 新城을 함락함. • 東晉 荊江都督 豐城公 桓沖 사망.
		197	• 後燕 慕容垂가 鄴城을 포위함.
		198	• 後燕이 前秦의 枋頭와 館陶를 공격하여 점령함. • 東晉이 謝安을 太保로 삼음.
		199	• 西燕 慕容泓이 군대를 華陰에서 일으키고 慕容沖이 군대를 平陽에서 일으키자, 前秦은 苻叡를 보내어 모용홍을 공격하게 하였는데, 패전하여 죽음.(西燕의 건국) 부예의 司馬인 姚萇이 北地에서 秦王이라 칭함.(後秦의 건국)
		201	• 前秦의 苻定과 苻紹가 信都와 高城을 가지고 後燕에 항복함. • 前秦이 西燕의 慕容沖을 격파하니, 모용충이 華陰으로 달아나자, 서연의 慕容泓이 마침내 長安을 압박함.
		202	• 東晉의 竟陵太守 趙統이 襄陽을 공격하여 함락하고 梁州刺史 楊亮이 군대를 거느리고 蜀을 정벌하여 巴郡에 주둔함. • 前秦의 洛州刺史 張五虎가 豐陽을 가지고 東晉에 항복함. • 東晉의 崇德太后 褚氏 사망.
		203	• 前秦의 苻堅이 後秦을 격파함. • 西燕의 여러 장수들이 慕容泓을 죽이고 慕容沖을 皇太弟로 삼음.
		204	• 後燕 장군 慕容麟이 常山과 中山을 함락하고, 西燕의 慕容沖이 前秦의 군대를 대파하고 마침내 阿房城을 점거함. • 前秦 梓潼太守 壘襲이 涪城을 가지고 항복함. • 東晉이 康獻皇后(褚太后)를 장례함. • 後燕이 丁零의 翟斌을 죽임.

年度	在位年	역문쪽수	주요 사건
384 甲申年	東晉 孝武帝 太元 9 前秦 宣昭帝 建元 20 後燕 武成帝(慕容垂) 燕元 1 後秦 武昭帝(姚萇) 白雀 1 西燕 歸皇帝(慕容泓) 燕興 1	205	• 前秦의 呂光이 龜玆를 대파함.
		206	• 後燕 慕容垂가 鄴城의 포위를 풀고 新城으로 감.
		207	• 東晉이 謝玄을 보내어 前秦을 공격하게 하여 河南을 점령함.
		208	• 東晉이 太保 謝安에게 都督十五州諸軍事를 가하고 黃鉞을 내림.
			• 西燕 慕容沖이 전진하여 長安을 압박함.
			• 東晉의 謝玄이 前秦의 靑州를 항복시킴.
			• 慕輿文이 匈奴의 劉庫仁을 죽임.
		209	• 東晉이 謝玄에게 都督七州軍事를 가함.
		210	• 後秦의 姚萇이 前秦의 新平을 공격함.
		212	• 前秦이 新興侯 慕容暐를 죽임.
			• 後燕 慕容垂가 다시 前秦의 鄴城을 포위하니, 東晉의 謝玄이 劉牢之를 보내어 구원하게 하고곡식을 보내줌.
			• 前秦의 梁州刺史 潘猛이 漢中을 버리고 달아남.
385 乙酉年	東晉 孝武帝 太元 10 前秦 哀平帝(苻丕) 大安 1 後燕 成武帝 燕元 2 後秦 武昭帝 白雀 2 西燕 威皇帝(慕容沖) 更始 1 西秦 宣烈王(乞伏國仁) 建義 1	214	• 西燕 慕容沖이 阿房에서 황제를 칭함.
		215	• 西燕 慕容沖이 長安을 습격하니, 前秦의 苻堅이 패주시킴.
		216	• 前秦 益州刺史 王廣이 成都를 버리고 달아남.
			• 後燕 平規가 薊城을 함락시킴.
			• 西燕의 馮翊太守 韋謙이 東晉으로 도망 옴.
		217	• 後燕이 慕容麟을 보내서 信都에 주둔하고 慕容溫은 中山에 주둔하게 함.
		219	• 東晉의 劉牢之가 진군하여 鄴城에 이르니, 後燕 慕容垂가 맞이해 싸우다가 패하여 中山으로 달아나니, 유뇌지가 추격하였다가 대패하고 돌아옴.
		220	• 東晉의 太保 謝安이 廣陵에 진주함.
		221	• 東晉의 蜀郡太守 任權이 成都를 공격하여 함락하고, 다시 益州를 점령함.
			• 後秦이 前秦의 新平을 공격하여 함락시킴.
			• 西燕이 長安을 공격하니, 前秦의 苻堅이 五將

年度	在位年	역문쪽수	주요 사건
385 乙酉年	東晉 孝武帝 太元 10 前秦 哀平帝(苻丕) 大安 1 後燕 成武帝 燕元 2 後秦 武昭帝 白雀 2 西燕 威皇帝(慕容沖) 更始 1 西秦 宣烈王(乞伏國仁) 建義 1	 223 224 226 227 230 231 232 233	山으로 달아남. • 前秦의 太子 苻宏이 下辨으로 달아나니, 西燕 慕容沖이 長安에 들어감. • 後秦이 五將山을 포위하여 秦王 苻堅을 사로잡음. • 前秦의 太子 苻宏이 東晉으로 달아남. • 東晉의 太保 建昌公 謝安 사망. • 後秦의 姚萇이 前秦의 苻堅을 죽임. • 前秦의 苻丕가 晉陽에서 황제를 칭함. • 後燕이 南中郎將 慕容和를 보내어 鄴城을 지키게 함. • 匈奴의 劉顯이 그 군주 劉頭眷을 죽이고 즉위함. • 前秦의 呂光이 龜茲에서 돌아와 涼州를 공격하여 涼州刺史 梁熙를 죽이고 대신 刺史가 됨. • 乞伏國仁이 單于를 칭함.(西秦의 건국) • 河北의 州郡의 牧守인 苻定, 苻紹, 苻謨, 苻亮 등이 다시 前秦에 항복함. 이후 苻定이 隴西王을 칭함. • 後燕이 慕容農을 幽州牧으로 삼아 龍城을 지키게 함. • 慕容麟이 前秦의 博陵을 공격하니, 이곳을 지키던 장수 王兗이 전사시킴. • 後燕이 中山에 도읍함.
386 丙戌年	東晉 孝武帝 太元 11 前秦 高帝(苻登) 太初 1 後燕 成武帝 建興 1 後秦 武昭帝 建初 1 西燕 末帝(慕容永) 中興 1 西秦 宣烈王 建義 2 北魏 道武帝(拓跋珪) 登國 1 後涼 懿武帝(呂光) 太安 1	234 235 236 237	• 拓跋珪가 다시 즉위하여 代王이 됨. • 後燕 慕容垂가 皇帝를 칭함. • 丁零의 翟遼가 黎陽을 점거함. • 西燕이 임금 慕容沖을 시해하고 段隨를 세워 燕王으로 삼음. • 前涼의 張天錫의 世子 張大豫가 군대를 일으켜 姑臧을 공격함. • 代나라가 盛樂으로 천도함. • 東晉의 泰山太守 張願이 배반하니, 謝玄이 후퇴하여 淮陰에 주둔함.

<table>
<tr><th>年度</th><th>在位年</th><th>역문쪽수</th><th>주요 사건</th></tr>
<tr><td rowspan="18">386
丙戌年</td><td rowspan="18">東晉 孝武帝 太元 11
前秦 高帝(苻登) 太初 1
後燕 成武帝 建興 1
後秦 武昭帝 建初 1
西燕 末帝(慕容永) 中興 1
西秦 宣烈王 建義 2
北魏 道武帝(拓跋珪) 登國 1
後涼 懿武帝(呂光) 太安 1</td><td>238</td><td>• 後燕의 慕容垂가 어미 蘭氏를 추존하여 文昭皇后라 함.</td></tr>
<tr><td>240</td><td>• 西燕이 段隨를 죽이고 동쪽으로 갔는데, 聞喜에 이르러 慕容忠을 황제로 세움.</td></tr>
<tr><td>241</td><td>• 代나라가 魏로 국명을 바꿈.</td></tr>
<tr><td></td><td>• 後秦의 姚萇이 長安을 점령하고 황제를 칭함.</td></tr>
<tr><td></td><td>• 東晉이 楊亮을 雍州刺史로 삼아서 洛陽의 山陵을 진주하며 지키고 荊州刺史 桓石民이 弘農을 취하고는 湖縣과 陝縣에 戍를 설치함.</td></tr>
<tr><td></td><td>• 西燕이 임금 慕容忠을 시해하고 慕容永을 세워 河東王이라 함.</td></tr>
<tr><td>242</td><td>• 前秦의 河北의 州郡이 後燕에 항복함.</td></tr>
<tr><td></td><td>• 關中과 隴 지역의 郡들이 군대를 일으켜 前秦에 귀부함.</td></tr>
<tr><td></td><td>• 前秦이 苻登을 南安王으로 삼음.</td></tr>
<tr><td>243</td><td>• 西燕이 前秦을 공격하여 패주시키자, 전진의 苻丕가 東垣으로 달아나니, 東晉의 장군 馮該가 그를 공격하여 죽임.</td></tr>
<tr><td>244</td><td>• 西燕의 慕容永이 長子에서 황제를 칭함.</td></tr>
<tr><td></td><td>• 東晉의 海西公 司馬奕이 吳에서 사망.</td></tr>
<tr><td>245</td><td>• 前秦의 苻登이 後秦의 姚萇을 대파함.</td></tr>
<tr><td></td><td>• 呂光이 酒泉公을 칭함.</td></tr>
<tr><td>246</td><td>• 前秦의 苻登이 後秦을 정벌함.</td></tr>
<tr><td colspan="2"></td></tr>
<tr><td colspan="2"></td></tr>
<tr><td colspan="2"></td></tr>
<tr><td rowspan="7">387
丁亥年</td><td rowspan="7">東晉 孝武帝 太元 12
前秦 高帝 太初 2
後燕 成武帝 建興 2
後秦 武昭帝 建初 2
西燕 末帝 中興 2
西秦 宣烈王 建義 3
北魏 道武帝 登國 2
後涼 懿武帝 太安 2</td><td>247</td><td>• 東晉은 朱序를 青州와 兗州의 刺史로 삼아 淮陰에 진주시키고 謝玄을 會稽內史로 삼음.</td></tr>
<tr><td></td><td>• 後燕이 東晉의 東阿를 함락시킴.</td></tr>
<tr><td>249</td><td>• 前秦이 苻纂을 魯王에 봉함.</td></tr>
<tr><td></td><td>• 後燕이 張願을 격파하고 慕容紹를 青州刺史로 삼아 歷城을 지키게 함.</td></tr>
<tr><td>250</td><td>• 東晉이 孝武帝의 모친 李氏를 높여 皇太妃로 삼음.</td></tr>
<tr><td></td><td>• 慕容柔 등이 西燕의 長子에서 後燕으로 돌아감.</td></tr>
<tr><td>251</td><td>• 後燕이 太原王 慕容楷를 보내 翟遼를 공격하여 항복시킴.</td></tr>
</table>

年度	在位年	역문쪽수	주요 사건
387 丁亥年	東晉 孝武帝 太元 12 前秦 高帝 太初 2 後燕 成武帝 建興 2 後秦 武昭帝 建初 2 西燕 末帝 中興 2 西秦 宣烈王 建義 3 北魏 道武帝 登國 2 後涼 懿武帝 太安 2	252 254 255	• 東晉이 戴逵를 부름. • 西秦이 鮮卑族의 세 部를 공격하여 항복시킴. • 後秦의 姚萇이 陰密에 군대를 주둔하고, 太子 姚興에게 長安을 지키게 함. • 後涼의 呂光이 張大豫를 죽임. • 東晉 孝武帝의 아들 司馬德宗을 皇太子로 삼음. • 前秦 苻師奴가 그의 형 苻纂을 죽이자 後秦이 공격하여 패주시키고 그 무리들을 항복시킴. • 前秦 苻登이 將軍 胡空의 보루를 점거함. • 丁零의 翟遼가 다시 後燕을 배반함. • 後秦이 前秦을 공격하여 將軍 徐嵩의 보루를 함락시킴.
388 戊子年	東晉 孝武帝 太元 13 前秦 高帝 太初 3 後燕 成武帝 建興 3 後秦 武昭帝 建初 3 西燕 末帝 中興 3 西秦 武元王(乞伏乾歸) 太初 1 北魏 道武帝 登國 3 後涼 懿武帝 太安 3	256 257 258 259	• 東晉의 康樂公 謝玄 사망. • 前秦의 苻登은 朝那에 군대를 주둔하고 後秦主 姚萇은 武都에 군대를 주둔함. • 丁零의 翟遼가 魏天王을 칭함. • 後涼의 呂光이 武威太守 杜進을 죽임. • 東晉이 朱序를 都督司雍等州軍事로 삼아 洛陽을 지키게 하고, 譙王 司馬恬으로 都督兗冀等州軍事를 삼아 淮陰에 진주하게 함. • 西秦 乞伏國仁이 사망하니, 아우 乞伏乾歸가 즉위함. • 前秦과 後秦이 군대가 돌아감. • 北魏가 後燕에 사신을 보냄.
389 己丑年	東晉 孝武帝 太元 14 前秦 高帝 太初 4 後燕 成武帝 建興 4 後秦 武昭帝 建初 4 西燕 末帝 中興 4 西秦 武元王 太初 2 北魏 道武帝 登國 4 後涼 懿武帝 麟嘉 1	260 262 268	• 後燕이 慕容隆을 幽州牧으로 삼아 龍城을 지키게 함. • 後涼의 呂光이 三河王을 칭함. • 前秦 苻登이 安定을 공격하자, 後秦 姚萇이 습격하여 輜重 부대를 격파함. 전진의 后인 毛氏가 죽음. • 東晉의 范甯이 孝武帝에게 아첨하는 王國寶를 비판하자 범녕을 豫章太守로 삼음. • 前秦의 장군 雷惡地가 後秦에 항복함.

年度	在位年	역문쪽수	주요 사건
390 庚寅年	東晉 孝武帝 太元 15 前秦 高帝 太初 5 後燕 成武帝 建興 5 後秦 武昭帝 建初 5 西燕 末帝 中興 5 西秦 武元王 太初 3 北魏 道武帝 登國 5 後涼 懿武帝 麟嘉 2	269 270 272 273	• 西燕 慕容永이 洛陽을 침략하자, 東晉의 朱序가 공격하여 패주시키고 돌아와 翟遼를 공격하여 또다시 패주시킴. • 東晉이 王恭을 都督靑·兗等州軍事로 삼음. • 前秦 장군 魏揭飛가 後秦의 杏城을 공격하니, 雷惡地가 전진에 호응하므로 후진 姚萇이 공격하여 위게비를 참수하니, 뇌악지가 항복함. • 郭質이 馮翊에서 군대를 일으켜 前秦에 호응하다가 後秦을 이기지 못함. • 東晉의 劉牢之가 翟遼를 공격하여 패배시키니, 張願이 前秦에 와서 항복함. • 東晉이 王國寶를 中書令으로 삼고 王珣을 尙書僕射로 삼음.
391 辛卯年	東晉 孝武帝 太元 16 前秦 高帝 太初 6 後燕 成武帝 建興 6 後秦 武昭帝 建初 6 西燕 末帝 中興 6 西秦 武元王 太初 4 北魏 道武帝 登國 6 後涼 懿武帝 麟嘉 3	273 275 276 278 279	• 前秦 苻登이 後秦 姚萇과 싸워 전진의 군대가 크게 패함. • 西燕이 東晉의 河南을 침략하자, 太守 楊佺期가 격파함. • 北魏 拓跋珪가 아우 拓跋觚를 後燕에 보냄. • 東晉의 博士 范弘之가 殷浩에게 贈諡할 것을 주장하자 내쳐서 餘杭令으로 삼음. • 北魏 拓跋珪가 柔然을 공격하여 대파하고 그 부족을 雲中으로 옮김. • 丁零의 翟遼가 죽으니, 아들 翟釗가 그 무리를 거느림. • 匈奴의 劉衛辰이 北魏의 南部를 공격하자 拓跋珪가 대파하였는데, 劉衛辰이 패주하다가 죽으니 여러 부족이 항복함. • 前秦의 苻登이 安定을 공격하자, 後秦 姚萇이 부등을 공격하여 패주시킴.

年度	在位年	역문쪽수	주요 사건
392 壬辰年	東晉 孝武帝 太元 17 前秦 高帝 太初 7 後燕 成武帝 建興 7 後秦 武昭帝 建初 7 西燕 末帝 中興 7 西秦 武元王 太初 5 北魏 道武帝 登國 7 後涼 懿武帝 麟嘉 4	280 281 283 286	• 後秦이 장군 王統과 徐成을 죽임. • 後燕 慕容垂가 丁零의 翟釗를 공격하자, 적소가 西燕으로 달아남. • 前秦 苻登이 군대를 이끌고 安定을 핍박하니, 後秦 姚萇이 물리침. • 東晉이 殷仲堪을 都督荊益寧州軍事로 삼음. • 東晉이 皇子 司馬德文을 세워 琅邪王으로 삼고 司馬道子를 옮겨 會稽王으로 삼음.
393 癸巳年	東晉 孝武帝 太元 18 前秦 高帝 太初 8 後燕 成武帝 建興 8 後秦 武昭帝 建初 8 西燕 末帝 中興 8 西秦 武元王 太初 6 北魏 道武帝 登國 8 後涼 懿武帝 麟嘉 5	287 288	• 前秦 竇衝이 배반하자 苻登이 그를 토벌하니, 後秦이 太子 姚興에게 두충을 구원하게 함. 이에 요흥이 平涼을 습격함. • 後燕의 慕容垂가 西燕을 공격함. • 後秦의 姚萇이 사망하니, 太子 姚興이 군대를 거느리고 前秦을 공격함.
394 甲午年	東晉 孝武帝 太元 19 前秦 末主(苻崇) 延初 1 後燕 成武帝 建興 9 後秦 文桓帝(姚興) 皇初 1 西燕 末帝 中興 9 西秦 武元王 太初 7 北魏 道武帝 登國 9 後涼 懿武帝 麟嘉 6	290 292 293 294 295 296	• 後涼 三河王 呂光이 禿髮烏孤를 河西都統으로 삼음. • 前秦 苻登이 後秦과 싸워 크게 패하고 平涼으로 달아남. • 西燕의 慕容永이 後燕과 싸워서 크게 패함. • 後秦의 姚興이 즉위함. • 東晉이 會稽太妃 鄭氏(鄭阿春)를 추존하여 簡文宣太后라 함. • 後秦의 姚興이 前秦의 苻登을 공격하여 죽이니, 전진의 太子 苻崇이 즉위하여 湟中으로 달아남. • 東晉이 孝武帝의 생모 太妃 李氏를 높여 皇太后라 함. • 後燕 慕容垂가 長子를 포위하여 함락하고 西燕의 군주 慕容永을 죽임.(西燕 멸망) • 前秦의 苻崇과 隴西王 楊定이 西秦을 공격하다가 군대가 패하여 모두 전사하니, 양정의 아우 楊盛이 사신을 東晉에 보내어 와서 藩臣을 칭함.(前秦 멸망) • 後秦이 後燕에 사신을 보냄.

年度	在位年	역문쪽수	주요 사건
395 乙未年	東晉 孝武帝 太元 20 後燕 成武帝 建興 10 後秦 文桓帝 皇初 2 西秦 武元王 太初 8 北魏 道武帝 登國 10 後涼 懿武帝 麟嘉 7	296	• 後燕이 後秦에 사신을 보냄. • 東晉이 丹陽尹 王雅에게 太子少傅를 겸하게 함. 당시 會稽王 司馬道子가 권력을 전횡하여 광대인 趙牙와 낮은 관리 茹千秋를 심복으로 삼음. 孝武帝는 사마도자를 미워하여 王恭과 殷仲堪, 王珣과 王雅 등을 발탁하여 내외의 요직에 두어 사마도자를 견제하니, 사마도자 역시 王國寶와 王緖를 심복으로 삼음. 이에 붕당이 다투게 됨.
		298	• 後燕이 太子 慕容寶를 보내어 北魏를 공격하게 함.
		300	• 西秦의 禿髮烏孤가 廉川으로 천도함.
		301	• 北魏 拓跋珪가 군대를 거느리고 後燕을 막고서 參合陂로 추격하여 후연의 군대를 크게 격파함.(參合陂 전투)
396 丙申年	東晉 孝武帝 太元 21 後燕 惠愍帝(慕容寶) 永康 1 後秦 文桓帝 皇初 3 西秦 武元王 太初 8 北魏 道武帝 皇始 1 後涼 懿武帝 龍飛 1	304	• 後燕 慕容垂가 北魏의 平城을 기습하여 점령하고 돌아오다가 上谷에서 사망하니, 太子 慕容寶가 즉위함.
		305	• 後燕이 慕容德을 冀州牧으로 삼아서 鄴城을 지키게 하고 慕容農을 幷州牧으로 삼아 晉陽을 지키게 함.
		306	• 後燕 慕容寶가 太后 段氏를 시해함.
		308	• 後燕이 士族의 옛 호적을 정하여 淸濁을 분별하고 戶口를 교열하여 군영의 封蔭戶를 없애어서 郡縣에 소속시키니, 이에 민심이 크게 이반하게 됨. • 前涼의 三河王 呂光이 涼天王이라 칭함.
		309	• 北魏 拓跋珪가 後燕을 공격함. • 後燕이 皇子 慕容策을 세워 태자로 삼음.
		310	• 後燕의 慕容農이 北魏의 군대와 싸우다가 패주하니, 북위가 幷州를 점령함.
		312	• 貴人 張氏가 淸暑殿에서 孝武帝를 시해하니, 태자 司馬德宗이 즉위하고 會稽王 司馬道子가 太傅로 지위를 올림. 효무제를 隆平陵에 장례함.

年度	在位年	역문쪽수	주요 사건
396 丙申年	東晉 孝武帝 太元 21 後燕 惠愍帝(慕容寶) 永康 1 後秦 文桓帝 皇初 3 西秦 武元王 太初 8 北魏 道武帝 皇始 1 後涼 懿武帝 龍飛 1	315 316 318	• 北魏 拓跋珪가 常山을 함락시킴. • 北魏의 拓跋儀가 鄴城을 공격하자, 後燕의 慕容德이 격파함. • 東晉이 楊盛을 봉하여 仇池公으로 삼음. • 後秦이 蒲阪을 함락시킴.
397 丁酉年	東晉 安帝 隆安 1 後燕 惠愍帝 永康 2 後秦 文桓帝 皇初 4 西秦 武元王 太初 10 北魏 道武帝 皇始 2 後涼 懿武帝 龍飛 2 南涼 武王(禿髮烏孤) 太初 1 北涼 段業 神璽 1	319 320 321 323 327 329 334	• 東晉 安帝가 관례를 행함. • 東晉은 王珣을 尙書令으로 삼고, 王國寶를 左僕射로 삼음. • 北魏 拓跋儀의 군대가 鄴城을 공격하다 무너지자, 後燕 慕容德이 추격하여 격파함. • 北魏 拓跋珪가 後燕의 信都를 공격하여 항복시킴. • 後涼의 呂光이 西秦을 공격하니, 서진이 싸워서 여광의 아우 呂延을 죽임. • 禿髮烏孤가 西平王을 칭하고 後涼을 공격하여 金城을 점령함.(南涼의 건국) • 後燕의 慕容寶가 北魏를 습격하였다가 패하고 돌아옴. • 後燕 幽平牧 慕容會가 군대를 이끌고 薊州에 이르니, 慕容麟이 난을 일으키고 달아남. 北魏의 拓跋珪가 나아가 中山을 포위하자, 後燕의 慕容寶가 모용회의 군대로 달아나니, 慕容詳이 성을 지키면서 북위에 항거함. • 東晉이 皇太后 李氏를 높여 太皇太后로 삼고 王氏를 皇后로 세움. • 北魏의 군대가 後燕의 慕容寶를 추격하자 慕容會가 공격하여 퇴각시킴. 모용보가 龍城에 이르니, 모용회가 난을 일으켰으나 이기지 못하고서 中山으로 달아났다가 誅殺당함. • 王恭이 군대를 일으켜 배반하자, 東晉의 조정에서는 조명을 내려 僕射 王國寶와 將軍 王緖를 죽이니, 왕공이 군대를 해산하고 진영으로 돌아감. • 東晉 會稽王의 세자 司馬元顯을 征虜將軍으로 삼음.

年度	在位年	역문쪽수	주요 사건
397 丁酉年	東晉 安帝 隆安 1 後燕 惠愍帝 永康 2 後秦 文桓帝 皇初 4 西秦 武元王 太初 10 北魏 道武帝 皇始 2 後涼 懿武帝 龍飛 2 南涼 武王(禿髮烏孤) 太初 1 北涼 段業 神璽 1		• 後涼의 沮渠蒙遜이 배반하여 臨松을 함락하고 金山을 점거함.
		336	• 後燕 慕容詳이 中山에서 황제를 칭함.
			• 後涼의 段業이 배반하여 建康公이라고 칭하니, 沮渠蒙遜이 무리를 데리고 그에게 귀의함.(北涼의 건국)
		337	• 後燕 慕容麟이 慕容詳을 기습하여 죽이고 즉위함. 北魏가 中山을 기습하였다가 돌아옴.
		338	• 後涼의 郭黁과 楊軌가 후량을 배반함.
		340	• 後秦의 太后 蛇氏 사망.
		341	• 後秦이 東晉의 湖縣과 陝縣을 함락시킴.
			• 北魏의 拓跋珪가 後燕 慕容麟과 싸워서 대파시키고 中山을 점령함.
398 戊戌年	東晉 安帝 隆安 2 後燕 昭武帝(慕容盛) 建平 1 後秦 文桓帝 皇初 5 西秦 武元王 太初 11 北魏 道武帝 天興 1 後涼 懿武帝 龍飛 3 南涼 武王(禿髮烏孤) 太初 2 北涼 段業 神璽 2 南燕 獻武帝(慕容德) 燕平 1	343	• 慕容德이 거처를 滑臺로 옮기고 燕王을 칭함.(南燕의 건국) 慕容麟이 반란을 도모하다가 誅殺 당함. 北魏 拓跋儀가 鄴城으로 쳐들어감.
		344	• 北魏가 行臺를 鄴城과 中山에 설치하고 和跋과 拓跋儀로 지키게 함.
		345	• 北魏 拓跋珪가 북쪽으로 돌아가서 山東의 華夷이 10만 명을 옮겨 代 지역을 채움.
			• 後燕 慕容寶가 군대를 거느리고 龍城을 출발하였는데 衛卒인 段速骨이 난을 일으키니, 무리가 흩어지자 모용보가 용성으로 돌아옴.
		347	• 東晉은 王愉를 都督江豫州軍事로 삼음.
			• 北魏가 새로 이주시킨 백성들에게 농지와 소를 줌.
		348	• 北魏가 爾朱羽健을 秀容川에 봉함.
			• 段速骨이 龍城을 공격하여 함락하자, 後燕의 慕容寶가 달아났는데, 尙書 蘭汗이 그를 유인하여 시해함.
		352	• 北涼이 後涼을 공격하여 西郡과 晉昌, 敦煌, 張掖을 점령함.
			• 後涼의 呂纂이 楊軌와 郭黁을 격파함.
			• 後燕 長樂王 慕容盛이 蘭汗을 토벌하여 죽이고 황제의 일을 대행함.
		354	• 北魏가 平城으로 천도함.

年度	在位年	역문쪽수	주요 사건
398 戊戌年	東晉 安帝 隆安 2 後燕 昭武帝(慕容盛) 建平 1 後秦 文桓帝 皇初 5 西秦 武元王 太初 11 北魏 道武帝 天興 1 後涼 懿武帝 龍飛 3 南涼 武王(禿髮烏孤) 太初 2 北涼 段業 神璽 2 南燕 獻武帝(慕容德) 燕平 1	 357 361 362 364 366	• 東晉의 王恭과 殷仲堪, 桓玄이 군대를 일으켜 반란함. 환현이 江州를 함락시킴. • 北魏가 有司에게 명하여 封畿를 바로잡고 道路의 里數와 度量衡을 바로잡고, 사자를 보내어 郡國을 순행해서 수령 중에 불법을 저지르는 자들을 살피게 함. • 東晉의 會稽王 司馬道子에게 黃鉞을 더해주고 王恭을 토벌하게 하니, 왕공의 司馬 劉牢之가 왕공을 잡아 항복하므로 왕공을 참수하고, 유뇌지를 都督青兗七州軍事로, 桓玄은 江州刺史로, 楊佺을 雍州刺史로 삼고, 殷仲堪에게 칙명을 내려서 회군하게 함. • 南涼이 嶺南의 5개 郡을 점령함. • 後燕 長樂王 慕容盛이 황제를 칭함. • 東晉이 殷仲堪으로 荊州와 益州의 軍事를 감독하게 하니, 은중감 등이 군대를 해산하고 진영으로 돌아감. • 北魏 拓跋珪가 황제를 칭함. • 東晉의 妖人 孫泰가 반란을 도모하다가 주살됨.

2. 思政殿訓義 資治通鑑綱目 15 地圖

1) 太和 4년(369) 枋頭의 戰鬪

2) 太元 8년(383) 肥水의 戰鬪

3) 太元 10년(385) 西秦 興起

4) 太元 11년(386) 後燕 興起

5) 隆安 원년(397) 北魏의 興起・北涼의 建國

※ 이 지도는 ≪柏楊白話版 資治通鑑≫(北岳文藝出版社, 2006)을 참조하여 本書를 이해하는 데 도움이 되도록 수정 편집하였다.

1) 太和 4년(369) 枋頭의 戰鬪(58~66쪽)

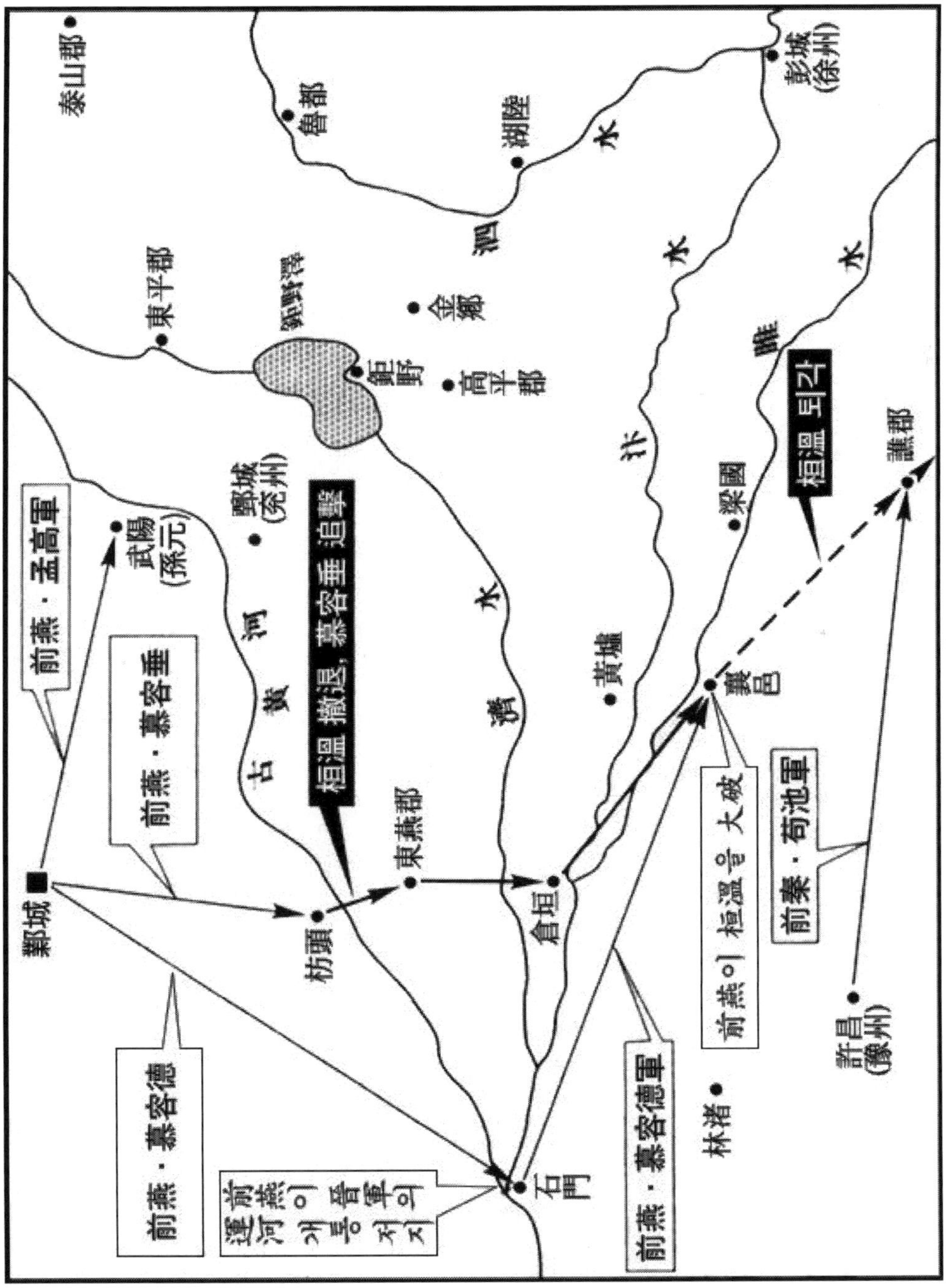

2) 太元 8년(383) 肥水의 戰鬪(176~183쪽)

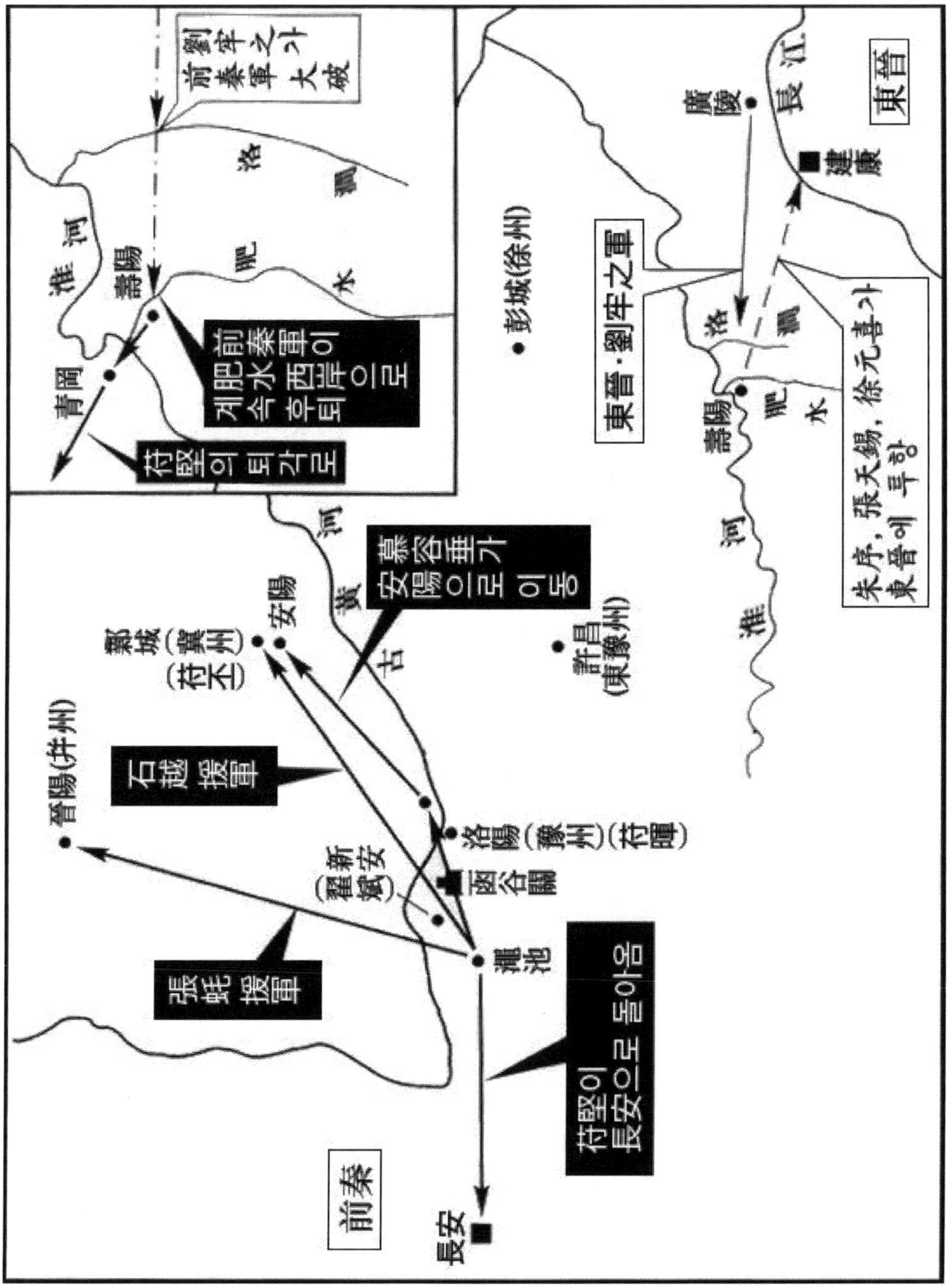

3) 太元 10년(385) 西秦 興起

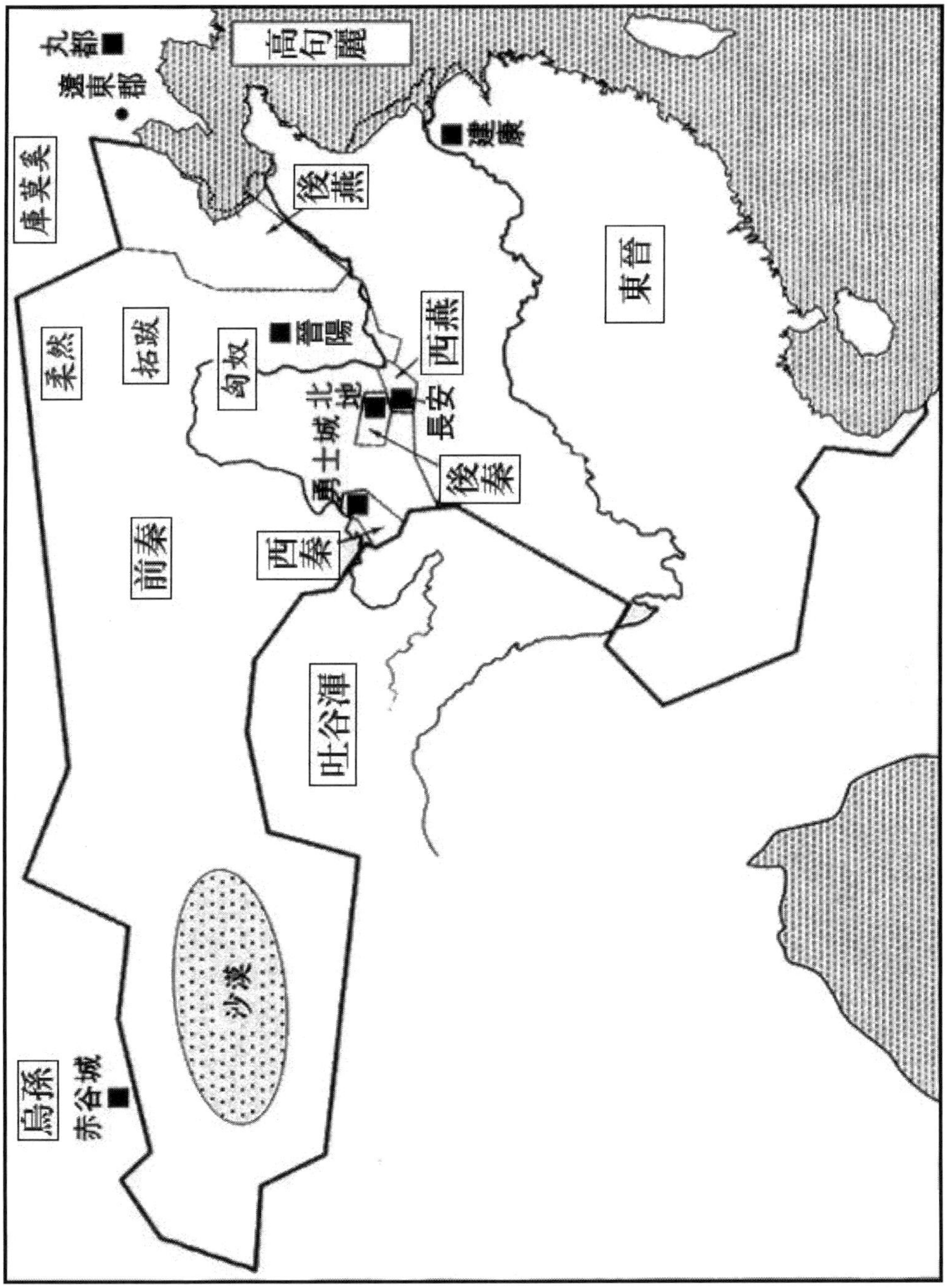

4) 太元 11년(386) 後燕 興起

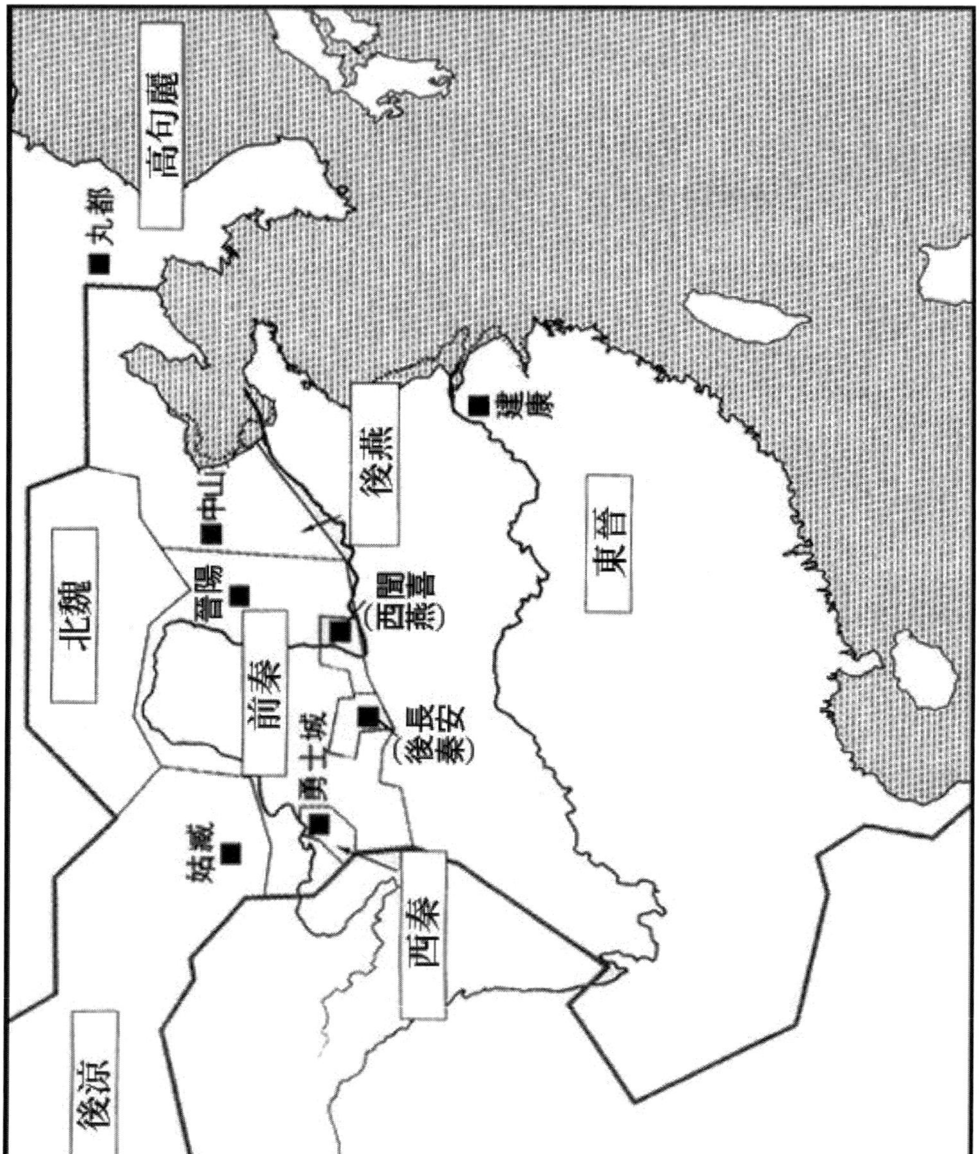

5) 隆安 원년(397) 北魏의 興起·北涼의 建國

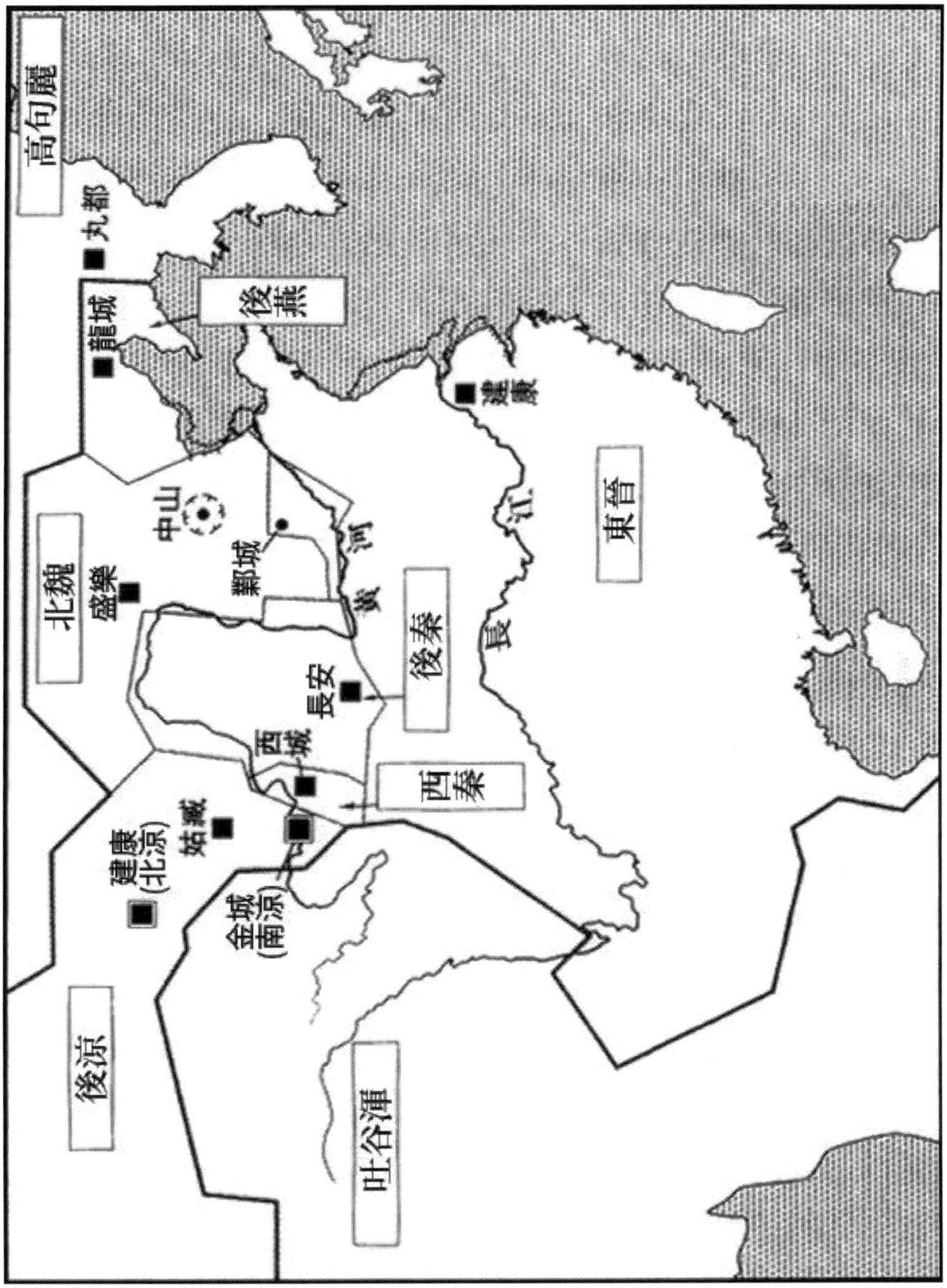

3. 東晉 世系表

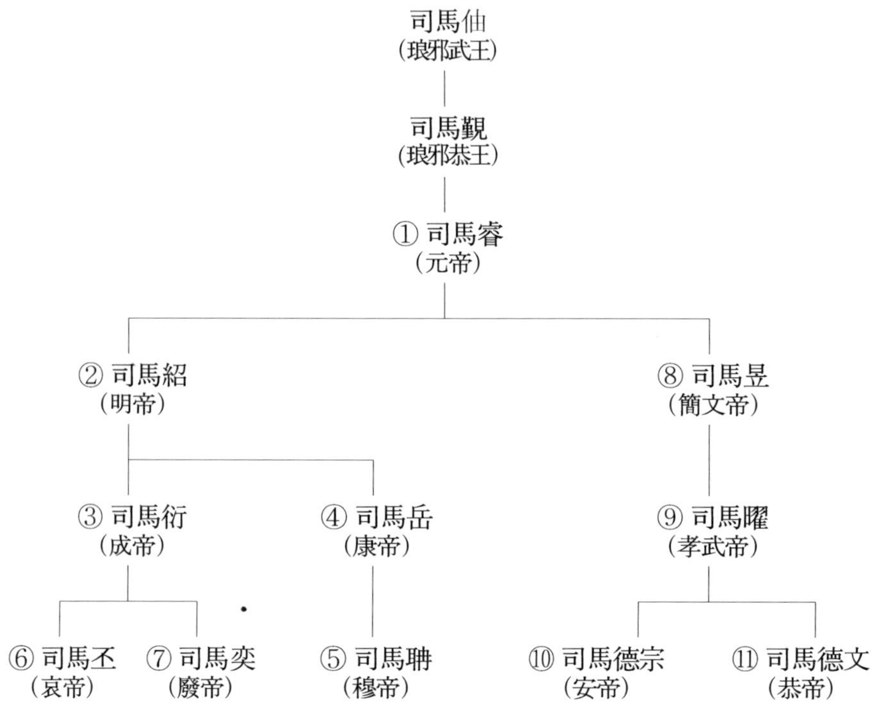

— 親屬關係 ○ 帝位 순서

皇帝	后妃
元帝	元敬皇后 虞氏, 簡文宣皇太后 鄭氏(鄭阿春)
明帝	明穆皇后 庾氏
成帝	成恭皇后 杜氏, 周貴人(哀帝의 母親, 皇太妃로 추존)
康帝	康獻皇后 褚氏
哀帝	哀靖皇后 王氏
穆帝	穆章皇后 何氏
簡文帝	簡文順皇后 王氏, 孝武文皇太后 李氏(李陵容)
孝武帝	孝武定皇后 王氏
安帝	安僖皇后 王氏
恭帝	恭思皇后 褚氏

4. 前秦 世系表

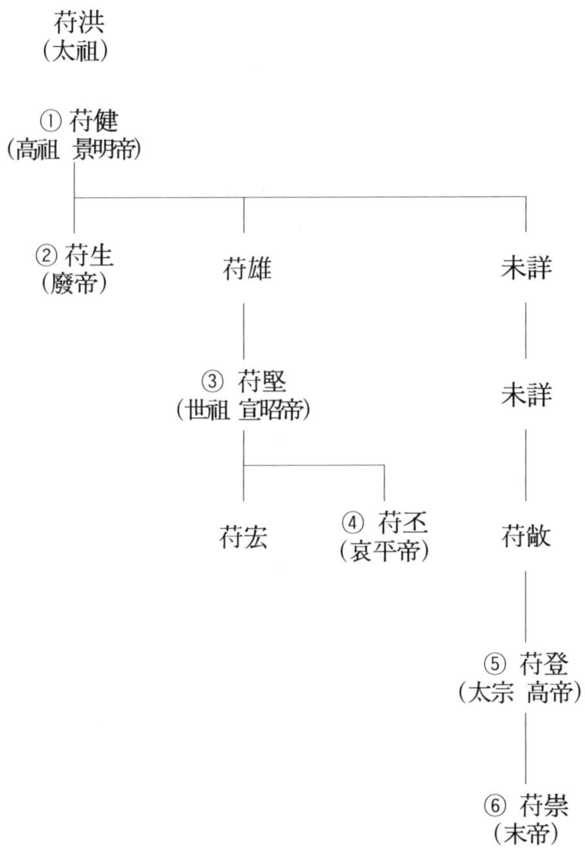

— 親屬關係　○ 帝位 순서

5. 後秦 世系表

- 姚弋仲
  - 姚襄（魏武王）
  - ① 姚萇（武昭帝）
    - ② 姚興（文桓帝）
      - ③ 姚泓（末帝）

— 親屬關係　○ 帝位 순서

6. 西秦 世系表

- 乞伏司繁
  - ① 乞伏國仁（宣烈王）
  - ② 乞伏乾歸（武元王）
    - ③ 乞伏熾磐（文昭王）
      - ④ 乞伏暮末（厲武王）

— 親屬關係　○ 帝位 순서

7. 前燕 世系表

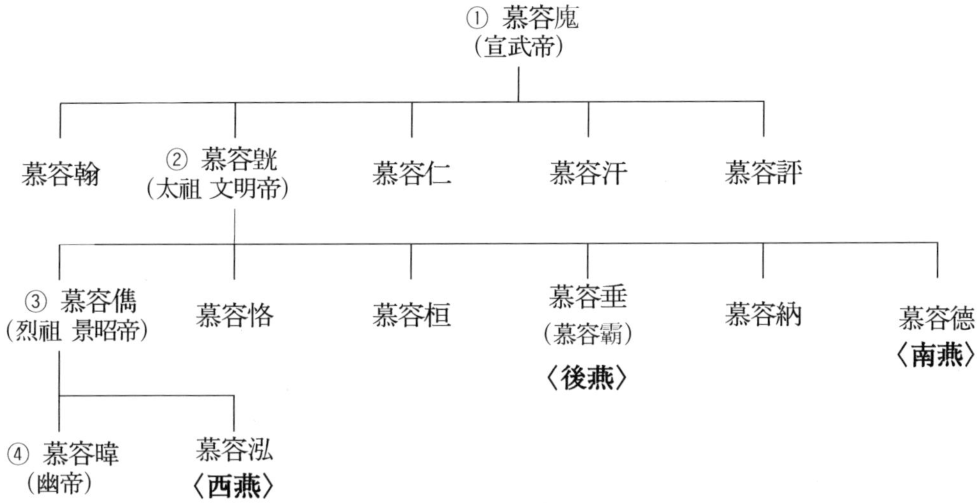

— 親屬關係　○ 帝位 순서　〈　〉後燕·南燕·西燕의 건국 시조

皇帝	后妃
慕容廆	武宣皇后 段氏
慕容皝	文明皇后 段氏, 文昭皇后 蘭氏(慕容垂의 母)
慕容儁	景昭皇后 可足渾氏(慕容暐의 母), 景德皇后 段氏
慕容暐	皇后 可足渾氏

8. 後燕 世系表

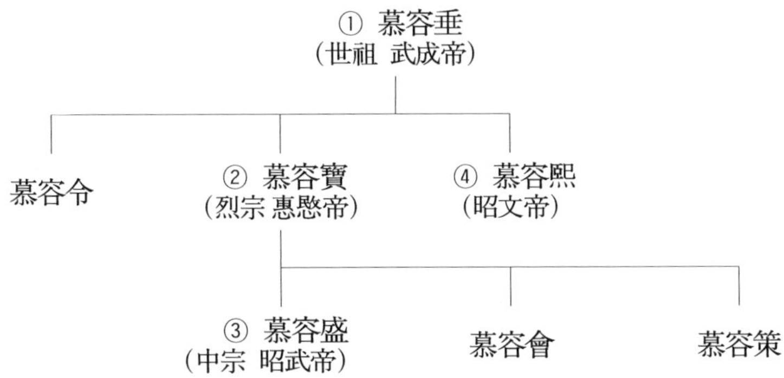

— 親屬關係　○ 帝位 순서

9. 西燕 世系表

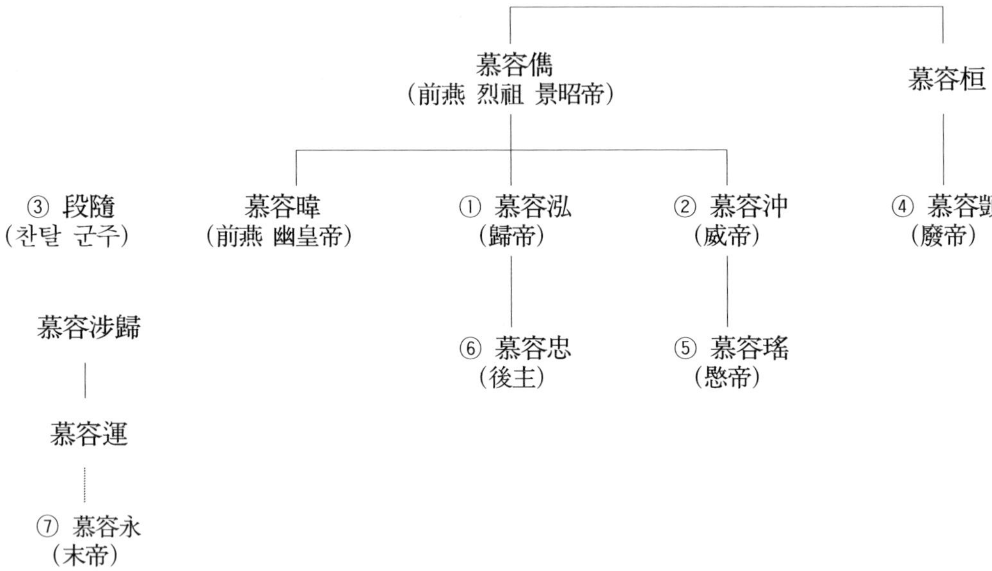

— 親屬關係 …血族關係 ○ 帝位 순서

10. 南燕 世系表

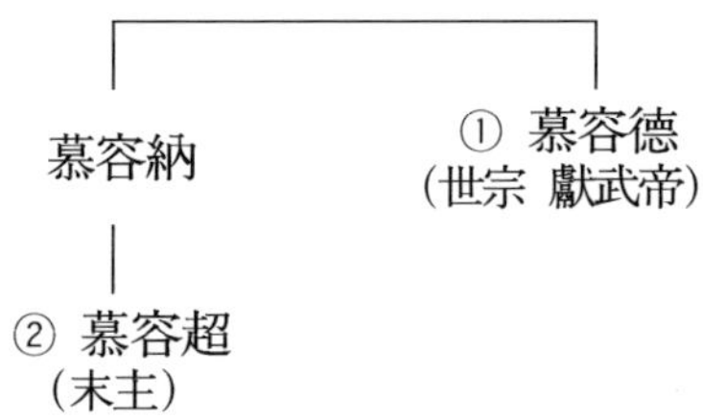

— 親屬關係 ○ 帝位 순서

11. 前涼 世系表

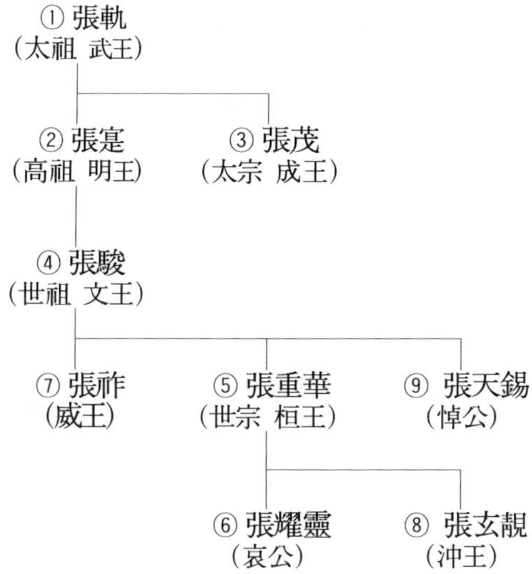

— 親屬關係　○ 王位 순서

12. 後涼 世系表

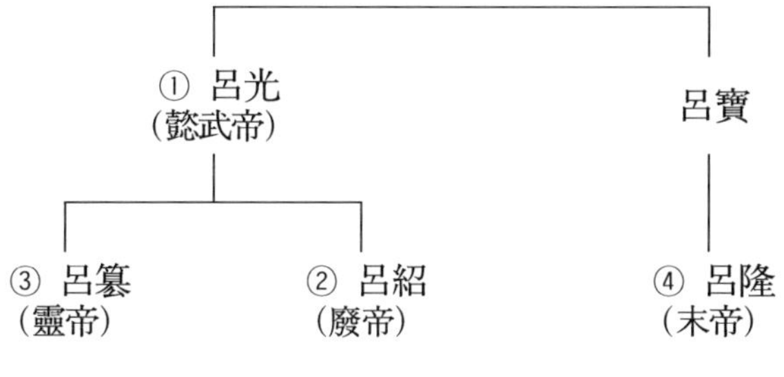

— 親屬關係　○ 帝位 순서

13. 北涼 世系表

① 段業

② 沮渠蒙遜 (太祖 武宣王)

- ③ 沮渠牧犍 (哀王)
- 1 沮渠無諱 (酒泉公, 拓王)
- 2 沮渠安周 (武拓王)

— 親屬關係 ○ 北涼의 王位 순서 □ 高昌北涼의 王位 순서

14. 南涼 世系表

禿髮思復鞬

- ① 禿髮烏孤 (烈祖 武王)
- ② 禿髮利鹿孤 (康王)
- ③ 禿髮傉檀 (景王)

— 親屬關係 ○ 王位 순서

15. 代 世系表

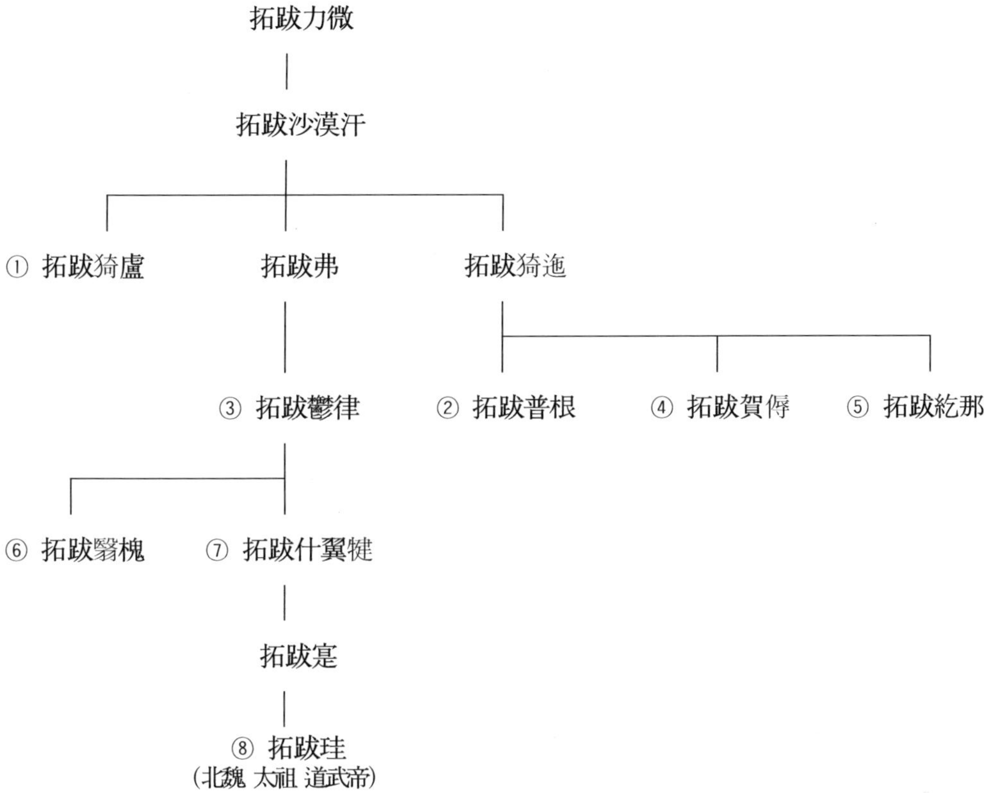

— 親屬關係　○ 王位 순서

16. 思政殿訓義 資治通鑑綱目 15 圖版目錄

17. 思政殿訓義 資治通鑑綱目 總目次

※ 總目次는 QR코드를 통해 스마트 기기로만 이용 가능

總目次

18. 思政殿訓義 資治通鑑綱目 解題

※ 解題는 QR코드를 통해 스마트 기기로만 이용 가능

解 題

譯註者 略歷

成百曉

忠南 禮山 出生
家庭에서 父親 月山公으로부터 漢文 修學
月谷 黃璟淵, 瑞巖 金熙鎭 先生 師事
民族文化推進會 國譯硏修院 修了
高麗大學校 敎育大學院 漢文敎育科 修了
한국고전번역원 부설 고전번역교육원 名譽漢學敎授(現)
傳統文化硏究會 副會長(前) 해동경사연구소 소장(現)
古典國譯賞 受賞

論文 및 譯書

〈艮齋의 性理說小考〉〈燕岩의 學問思想硏究〉
四書集註 ≪詩經集傳≫ ≪書經集傳≫ ≪周易傳義≫
≪古文眞寶≫ ≪牛溪集≫ 등 數十種 國譯
≪宣祖實錄≫ ≪宋子大全≫ ≪茶山集≫ ≪退溪集≫ 등 共譯

延錫煥

慶北 奉化 出生
啓明大學校 漢文教育科 卒業
高麗大學校 一般大學院 古典飜譯協同課程學科 碩·博士課程 卒業
韓國古典飜譯院 研修課程 I 및 專門課程 I 卒業
海東經史研究所 研究員(現)

論文 및 譯書

≪晦隱 南鶴鳴의 〈雜說〉 研究≫, ≪南鶴鳴의 ≪晦隱集≫ 譯注≫
≪梅山集≫, ≪承政院日記≫, ≪槿域書彙≫ 등 共譯

成昌勳

忠南 青陽 出生
公州大學校 漢文教育科 卒業
成均館大學校 一般大學院 漢文學科 碩士 및 博士課程 修了
韓國古典飜譯院 研修課程 및 研究課程 I 卒業
韓國古典飜譯院 飜譯委員(現)

論文 및 譯書

〈進菴 李遂浩의 ≪小學集註增解≫ 研究〉, 〈≪青城雜記≫에 표출된 고문 인용과 그 의미〉
≪承政院日記≫, ≪山堂集≫, ≪與猶堂全書≫ 등 共譯

譯註 思政殿訓義 資治通鑑綱目 15　　33,000원

2020년 12월 31일 초판 발행
2021년 04월 30일 초판 2쇄

編　　著　朱　熹
責任飜譯　成百曉
共同飜譯　延錫煥 成昌勳
企劃編輯　東洋古典飜譯編輯委員會
常任原文校閱　吳圭根
飜譯研究管理　南賢熙
潤　　文　南賢熙
校　　訂　李孝宰
裝　　幀　김진디자인
發 行 人　朴洪植
發 行 處　社團法人 傳統文化研究會

서울시 종로구 삼일대로 428 낙원빌딩 411호
전화 : (02)762-8401　전송 : (02)747-0083
전자우편 : juntong@juntong.or.kr
홈페이지 : juntong.or.kr
사이버書堂 : cyberseodang.or.kr
온라인서점 : book.cyberseodang.or.kr

등록 : 1989. 7. 3. 제1-936호

인쇄처 : 한국법령정보주식회사(02-462-3860)
총　판 : 한국출판협동조합(070-7119-1750)

ISBN 979-11-5794-288-6 94910
979-11-5794-061-5(세트)

※ 이 책은 2020년도 교육부 고전문헌 국역지원사업 지원비에 의해 초판(비매품) 간행.

전통문화연구회 도서목록

漢文讀解捷徑시리즈

漢文독해기본패턴 고전교육연구실 著 15,000원
四書독해첩경 고전교육연구실 著 20,000원

基礎漢文敎材

四字小學 / 習字敎本 成百曉 譯 各 8,000원/4,000원
推句·啓蒙篇 / 習字敎本 成百曉 譯 各 7,000원/4,000원
明心寶鑑 成百曉 譯 11,000원
童蒙先習·擊蒙要訣 成百曉 譯 15,000원
註解千字文 成百曉 譯 13,000원

〈新編〉

四字小學·推句 고전교육연구실 編譯 11,000원
啓蒙篇·童蒙先習 고전교육연구실 編譯 11,000원
原文으로 읽는 故事成語 元周用 編譯 15,000원

東洋古典國譯叢書

大學·中庸集註 - 개정증보판 成百曉 譯註 10,000원
論語集註 - 개정증보판 成百曉 譯註 25,000원
孟子集註 - 개정증보판 成百曉 譯註 30,000원
詩經集傳 上·下 成百曉 譯註 各 33,000원
書經集傳 上·下 成百曉 譯註 各 33,000원
周易傳義 上·下 成百曉 譯註 各 40,000원
小學集註 成百曉 譯註 30,000원
古文眞寶 後集 成百曉 譯註 32,000원

〈五書五經讀本〉

大學·中庸集註 李光虎·田炳秀 譯註 15,000원
論語集註 上·下 鄭太鉉 譯註 各 25,000원
詩經集傳 上·中·下 朴小東 譯註 各 30,000원
書經集傳 上·中·下 金東柱 譯註 各 30,000원
小學集註 上·下 李忠九 外 譯註 各 25,000원
古文眞寶後集 上·下 李相夏 外 譯註 各 32,000원
周易傳義 元·亨·利·貞 崔英辰 外 譯註 各 30,000원

東洋古典譯註叢書

〈經部〉

十三經注疏
周易正義 1~4 成百曉·申相厚 譯註 各 30,000원~40,000원
尙書正義 1~7 金東柱 譯註 各 25,000원~36,000원
毛詩正義 1~3 朴小東 譯註 各 32,000원/37,000원
禮記正義 中庸·大學 李光虎·田炳秀 譯註 20,000원
論語注疏 1~3 鄭太鉉·李聖敏 譯註 各 25,000원~40,000원
孟子注疏 1 崔彩基·梁基正 譯註 30,000원
孝經注疏 鄭太鉉·姜珉廷 譯註 35,000원
周禮注疏 1 金容天·朴禮慶 譯註 30,000원
春秋左氏傳 1~8 鄭太鉉 譯註 各 18,000원~35,000원
禮記集說大全 1 辛承云 譯註 25,000원
東萊博議 1~5 鄭太鉉·金炳愛 譯註 各 25,000원~35,000원
韓詩外傳 1~2 許敬震 外 譯註 各 29,000원~30,000원

〈史部〉

思政殿訓義 資治通鑑綱目 1~15, 17~20
辛承云 外 譯註 各 18,000원~35,000원
通鑑節要 1~9 成百曉 譯註 各 18,000원~40,000원
唐陸宣公奏議 1~2 沈慶昊·金愚政 譯註 各 35,000원~45,000원
貞觀政要集論 1~4 李忠九 外 譯註 各 25,000원~32,000원
列女傳補注 1~2 崔秉準·孔勤植 譯註 各 30,000원~38,000원
歷代君鑑 1~3 洪起殷·全百燦 譯註 各 32,000원~35,000원

〈子部〉

近思錄集解 1~3 成百曉 譯註 各 25,000원/35,000원
孔子家語 1~2 許敬震 外 譯註 各 35,000원/36,000원
老子道德經注 金是天 譯註 30,000원
大學衍義 1~5 辛承云 外 譯註 各 26,000원~30,000원
墨子閒詁 1~4 李相夏 外 譯註 各 32,000~38,000원
說苑 1~2 許鎬九 譯註 各 25,000원
世說新語補 1~3 金鎭玉 外 譯註 各 36,000원~38,000원
荀子集解 1~7 宋基采 譯註 各 25,000원~38,000원
心經附註 成百曉 譯註 35,000원
顔氏家訓 1~2 鄭在書·盧暻熙 譯註 各 22,000원/25,000원
揚子法言 1 朴勝珠 譯註 24,000원
二程全書 1~3 崔錫起·姜導顯 譯註 各 36,000원~38,000원
莊子 1~4 安炳周·田好根 共譯 各 25,000원~30,000원
政經·牧民心鑑 洪起殷·全百燦 譯註 27,000원
韓非子集解 1~4 許鎬九 外 譯註 各 32,000~38,000원
武經七書直解
孫武子直解·吳子直解 成百曉·李蘭洙 譯註 35,000원
六韜直解·三略直解 成百曉·李鍾德 譯註 26,000원
尉繚子直解·李衛公問對直解 成百曉·李蘭洙 譯註 26,000원
司馬法直解 成百曉·李蘭洙 譯註 26,000원

〈集部〉

古文眞寶 前集 成百曉 譯註 30,000원
唐詩三百首 1~3 宋載卲 外 譯註 各 25,000원~36,000원
唐宋八大家文抄 韓愈 1~3 鄭太鉉 譯註 各 22,000원/28,000원
〃 歐陽脩 1~7 李相夏 譯註 各 25,000원~35,000원
〃 王安石1~2 申用浩·許鎬九 共譯 各 20,000원/25,000원
〃 蘇洵 李章佑 外 譯註 25,000원
〃 蘇軾 1~5 成百曉 譯註 各 22,000원
〃 蘇轍 1~3 金東柱 譯註 各 20,000원/22,000원
〃 曾鞏 宋基采 譯註 25,000원
〃 柳宗元 1~2 宋基采 譯註 各 22,000원
明淸八大家文鈔 1 李相夏 外 譯註 37,000원

東洋古典新譯

당시선 송재소·최경렬·김영죽 편역 22,000원
손자병법 성백효 역주 14,000원
장자 안병주·전호근·김형석 역주 13,000원
고문진보 후집 신용호 번역 28,000원
노자도덕경 김시천 역주 15,000원

동양문화총서

동양사상 해설과 원전 정규훈 외 저 22,000원
화합의 길 -《중용》 읽기 금장태 저 20,000원
호설과 시장 신용호 저 20,000원

문화문고

경전으로 본 세계종교 그리스도교 이정배 편저 10,000원
〃 도교 이강수 편역 10,000원
〃 천도교 윤석산·홍성엽 편저 10,000원
〃 힌두교 길희성 편역 10,000원
〃 유교 이기동 편저 10,000원
〃 불교 김용표 편저 10,000원
〃 이슬람 김영경 편역 10,000원
논어·대학·중용 / 맹자 조수익·박승주 공역 각 10,000원
소학 박승주·조수익 공역 10,000원
십구사략 1~2 정광호 저 각 12,000원
무경칠서 손자병법·오자병법 성백효 역 10,000원
〃 육도·삼략 성백효 역 10,000원
〃 사마법·울료자·이위공문대 성백효 역 10,000원
당시선 송재소·최경렬·김영죽 편역 10,000원
한문문법 이상진 저 10,000원
한자한문전통교재 조수익·이성민 공역 10,000원
士小節 선비 집안의 작은 예절 이동희 편역 12,000원
儒學이란 무엇인가 이동희 저 10,000원
동아시아의 유교와 전통문화 이동희 저 13,000원
현대인, 동양고전에서 길을 찾다 이동희 저 10,000원
100자에 담긴 한자문화 이야기 김경수 저 12,000원
우리 설화 1~2 김동주 편역 각 10,000원
대한민국 국무총리 이재원 저 10,000원
백운거사 이규보의 문학인생 신용호 저 14,000원